DE LA DÉMOCRATIE
EN AMÉRIQUE
I

Dans la même collection
Œuvres de philosophie politique

ARISTOTE	*Les Politiques.*
BECCARIA	*Des délits et des peines.*
HOBBES	*Le Citoyen ou les Fondements de la politique.*
LA BOÉTIE	*Discours de la servitude volontaire.*
LOCKE	*Traité du gouvernement civil. — Lettre sur la tolérance et autres textes.*
MACHIAVEL	*L'Art de la guerre. — Le Prince.*
MALTHUS	*Essai sur le principe de population.*
MARX	*Manuscrits de 1844.*
MONTESQUIEU	*De l'esprit des lois* (deux volumes).
MORE	*L'Utopie.*
PLATON	*Apologie de Socrate. Criton. — Gorgias. — Lettres. — République.*
QUESNAY	*Physiocratie.*
RICARDO	*Principes de l'économie politique et de l'impôt.*
ROUSSEAU	*Du contrat social. — Discours sur l'origine et les fondements de l'inégalité parmi les hommes. — Considérations sur le gouvernement de Pologne. L'Économie politique. Projet de constitution pour la Corse.*
SAY	*Cours d'économie politique et autres essais.*
SMITH	*La Richesse des nations.*
SPINOZA	*Traité théologico-politique. — Traité politique. Lettres.*
TOCQUEVILLE	*De la démocratie en Amérique* (deux volumes). *— L'Ancien Régime et la Révolution.*
TURGOT	*Formation et distribution des richesses.*
VOLTAIRE	*Traité sur la tolérance.*

Alexis de TOCQUEVILLE

DE LA DÉMOCRATIE EN AMÉRIQUE

I

Biographie, préface et bibliographie
par
François FURET

GF Flammarion

Ouvrage publié avec le concours
du Centre National des Lettres

BIOGRAPHIE DE TOCQUEVILLE
REPÈRES CHRONOLOGIQUES

1805 : Naissance à Paris d'Alexis de Tocqueville, issu d'une famille de très ancienne noblesse normande. Sous l'Empire, enfance à Paris l'hiver, au château de Verneuil l'été.

1820-1823 : Etudes au Collège de Metz où son père, le comte Hervé, était préfet (de la Moselle).

1826 : Licencié en droit à Paris.

1826-1827 : Voyage en Italie et en Sicile. Nommé en 1827 juge-auditeur à Versailles (où son père est préfet).

1829-1830 : Assiste aux cours de Guizot à la Sorbonne sur l'histoire de la civilisation européenne.

1830 : Prête serment au nouveau régime issu de la Révolution de juillet en dépit de drames de conscience

1831 (avril) - **1832** (mars) : Voyage aux Etats-Unis en compagnie de Gustave de Beaumont.

1833 : Publication en collaboration avec Beaumont du rapport sur le système pénitentiaire américain sous le titre : *Du système pénitentiaire aux Etats-Unis et de son application en France.*

1832-1835 : Démission du poste de juge suppléant. Rédaction du premier volume de *La Démocratie en Amérique.* Voyage en Angleterre en août 1833.

1835 : Publication du premier volume de la *Démocratie.* Deuxième voyage en Angleterre. Mariage avec Mary Mottley, une Anglaise que Tocqueville a connue à Versailles avant la Révolution de 1830.

1836 : Voyage en Suisse.
Publication d'un essai sur *L'Etat social et politique de la France avant et depuis 1789.*

1837 : Echoue aux élections législatives de l'arrondissement de Valognes (Manche), proche du château de Tocqueville.

1838 : Elu membre de l'Académie des Sciences morales et politiques.

1839 : Elu député de l'arrondissement de Valognes, sur une plate-forme d'opposition au ministère Molé. Son activité parlementaire sera notamment illustrée par trois grands rapports : sur l'abolition de l'esclavage dans les colonies (1839), sur la réforme des prisons (1843), sur les affaires d'Algérie (1847).

1840 : Publication du deuxième volume de la *Démocratie*.

1841 : Elu à l'Académie française.
Premier voyage en Algérie.

1846 : Deuxième voyage en Algérie.

1848 (avril) : Conserve son mandat législatif à l'Assemblée constituante, après la révolution de Février. Membre de la commission chargée d'élaborer la nouvelle Constitution.

1849 : Premier voyage en Allemagne.
Mai : Elu à l'Assemblée législative.
Juin-octobre : Ministre des Affaires étrangères du prince Louis-Napoléon, président de la République depuis décembre 1848.

1850-1851 : Rédaction des *Souvenirs*. Séjour à Sorrente pour raisons de santé.
Juillet 1851 : Rapport à l'Assemblée législative au sujet de la révision de la Constitution.
Décembre 1851 : Opposant au coup d'Etat du prince Louis-Napoléon, bientôt l'empereur Napoléon III. Cesse toute activité publique.

1852 : Début du travail de documentation qui conduira à la rédaction de *L'Ancien Régime et la Révolution*, et qui est dans l'esprit de Tocqueville le premier volume d'une histoire de la Révolution.

1853 : Consultations des Archives de l'intendance de Tours, à Tours.

1854 : Deuxième voyage en Allemagne.

1856 : Publication de *L'Ancien Régime et la Révolution*.

1857 : Dernier voyage en Angleterre.

1859 : Mort à Cannes.

PRÉFACE

LE SYSTÈME CONCEPTUEL
DE LA « DÉMOCRATIE EN AMÉRIQUE * »

Il y a dans le voyage américain de Tocqueville un mystère de l'origine : à quelle date en a-t-il eu l'idée pour la première fois ? quand le projet a-t-il pris corps ? Et pourquoi l'Amérique ?

Ni les faits connus, ni la documentation existante ne permettent de répondre vraiment à ces questions élémentaires. Les faits sont clairs, mais n'en illuminent que le petit côté : la mission pénitentiaire. Quand Tocqueville et son ami Beaumont s'embarquent au Havre, en avril 1831, les deux jeunes magistrats sont investis d'une mission d'examen des institutions pénitentiaires américaines [1]. Mission sollicitée par les intéressés, non payée, mais officielle, et qui sera couronnée par un « rapport » remis aux pouvoirs publics, comme il se doit, et publié ensuite [2]. Mais cette étude, quelque intérêt qu'elle présente pour Tocqueville, qui ne cessera de s'intéresser à la réforme des prisons françaises, n'est bien évidemment, sur le plan intellectuel, qu'un à-côté de son grand voyage.

La documentation disponible ne permet pas d'avoir un témoignage irrécusable sur ses raisons profondes : en effet, la correspondance de Tocqueville et de Gustave de Beaumont n'y fait allusion que par une lettre de Tocqueville du 14 mars 1831 [3], tout juste à la veille du départ; encore cette lettre n'en mentionne-t-elle que les raisons circonstancielles liées à la révolution de 1830

---

* Je remercie mon ami André Jardin, le plus grand spécialiste actuel de Tocqueville, d'avoir bien voulu lire mon manuscrit et m'aider de ses conseils.

qui a placé les deux candidats au voyage, rejetons de familles légitimistes, dans une « position délicate ». D'ailleurs, même à s'en tenir à ce type de motivation « diplomatique », pourquoi l'Amérique ? Bien d'autres pays pouvaient s'offrir à la curiosité de deux amis et légitimer aussi leur absence. A cette époque, la jeune République américaine constitue le modèle d'une famille d'esprits étrangère à la tradition dans laquelle ils ont été élevés, et qui a constitué l'opposition libérale sous la Restauration : ce sont les libéraux de toutes nuances, les francs-maçons, les républicains qui forment sous la houlette symbolique de La Fayette le camp des sympathies américaines [4]. Il est vrai que Beaumont était parent lointain de La Fayette, et que sur le plan familial le jeune Alexis avait pu rencontrer d'anciens « Américains », comme Chateaubriand, ou Hyde de Neuville, l'ancien agent des princes pendant la Révolution, ex-ambassadeur à Washington et ami intime du comte Hervé, enfin Mgr de Cheverus, archevêque de Bordeaux et ancien évêque de Boston [4 bis].

Les institutions libres dont Tocqueville et Beaumont recherchent peut-être le secret, c'est plutôt dans des pays moins radicalement étrangers à leur tradition, et spontanément plus chers à leur cœur, qu'ils pourraient aller les étudier : la Suisse, l'Angleterre surtout. Mais la Suisse n'est réputée républicaine que par suite de l'exiguïté de son territoire, selon la théorie politique classique ; et l'Angleterre, que l'opinion du temps voit au bord de la faillite, n'est pas, de toute façon, une démocratie. Il reste que Tocqueville y fera, un peu plus tard, des voyages. Et sa correspondance des années qui précèdent 1830, au moment où il suit avec passion les fameux cours de Guizot à la Sorbonne, montre son intérêt pour l'histoire comparée de France et d'Angleterre [5]. Alors, pourquoi l'Amérique ?

A cette question-là, au moins, il y a une réponse de Tocqueville lui-même, bien après son retour, puisque c'est juste après la publication du premier volume de la *Démocratie* qu'il l'écrit à son ami Kergorlay, en janvier 1835 [6]. Il lui expose d'abord que la marche vers l'égalité étant inévitable, le problème central du temps est de savoir si elle est compatible avec la liberté; puis il ajoute : « Ce n'est donc pas sans y avoir mûrement réfléchi que je me suis déterminé à écrire le livre que je publie en ce moment. Je ne me dissimule point ce qu'il y a de fâcheux dans ma position : elle ne doit m'attirer les sympathies vives de personne. Les uns trouveront qu'au fond je n'aime point la démocratie et que je suis sévère envers elle, les autres penseront que je favorise imprudemment son développement. Ce qu'il y aurait de plus heureux pour moi, c'est qu'on ne lût pas le livre, et c'est un bonheur qui m'arrivera peut-être. Je sais tout cela, mais voici ma réponse : il y a dix ans que je pense une partie des choses que je t'exposerai tout à l'heure. Je n'ai été en Amérique que pour m'éclairer sur ce point. Le système pénitentiaire était un prétexte : je l'ai pris comme un passeport qui devait me faire pénétrer partout aux Etats-Unis. Dans ce pays où j'ai rencontré mille objets hors de mon attente, j'en ai aperçu plusieurs sur les questions que je m'étais si souvent faites à moi-même. »

« Il y a déjà près de dix ans... » Tocqueville écrit cela en 1835, et il est né en 1805 : il avait donc autour de vingt ans quand il a imaginé la question qui allait le conduire en Amérique et plus généralement gouverner toute sa vie intellectuelle et politique. Cas très rare, il me semble, dans l'histoire de la pensée, qu'un système cristallisé si tôt, chez un jeune homme élevé au surplus dans un milieu étroit, et ne sachant guère que du droit. Vient naturellement à l'esprit le mot de Sainte-Beuve : « Il a commencé à penser avant d'avoir rien appris [7]. » En reprenant la même idée sous une autre forme, on peut dire qu'il offre l'exemple limite d'un intellectuel qui n'a jamais « appris » que dans le cadre de ce qu'il avait préalablement pensé, ce qui lui donne à la fois — en dehors des gains de temps et d'énergie — une exceptionnelle étroitesse et une exceptionnelle profondeur : rien n'est enregistré au hasard, pour le plaisir simple de savoir. Le voyage américain, comme l'histoire de France ou d'Angleterre, est un élément de l'expérimentation systématique de cet esprit déductif. Reste à comprendre pourquoi, ce qui oblige à refaire en amont l'histoire de ses « pensées ».

Si le « système » est constitué si tôt, il me semble que c'est parce qu'il est construit, *même dans sa partie explicite,* sur un socle qui n'est pas d'ordre intellectuel, mais purement existentiel : Tocqueville appartient au monde vaincu par la Révolution française, d'où il tire, comme toute sa génération, le sentiment de la marche irréversible de l'histoire. Mais comme c'est un esprit porté à l'abstraction, le fameux « destin » romantique prend chez lui la forme d'un concept, directement tiré de l'expérience de son milieu, et qui est la victoire du principe démocratique sur le principe aristocratique. Toute son œuvre peut être considérée comme une interminable réflexion sur la noblesse.

C'est son point de départ, et sa partie vécue autant que pensée : une méditation commencée dès l'adolescence sur lui-même, sa famille, sa vie, le sens historique de ce qu'ont traversé ses parents et de ce que lui-même est en train de vivre, ou de revivre, à travers les échecs de la Restauration et 1830. Son père, Hervé de Tocqueville, sauvé de la guillotine par le 9 thermidor, n'a cessé de porter en lui les mêmes questions. La preuve, c'est qu'il a publié en 1847, sous un titre d'un autre âge [8], qui trahit sa génération, une étude historique des causes de la Révolution : disciple de Montesquieu, le vieux comte met au centre de son analyse la dégradation des rapports entre la monarchie absolue et la noblesse, et l'incapacité de Louis XV à adapter le régime aux revendications libérales de l'aristocratie : « Richelieu et Louis XIV firent prévaloir l'autorité absolue sur les libertés publiques parce que la nation était lasse des dissensions qui avaient ensanglanté les régimes précédents. Louis XV méconnut l'esprit de son temps ; des paroles de liberté se répétaient de toutes parts : elles retentissaient sous les voûtes de la justice et elles sortaient de la bouche même des courtisans. Ce n'était pas la main débile d'un monarque déconsidéré qui pouvait soutenir l'édifice élevé par Louis le Grand. Déjà la révolution apparaissait dans la haute classe ; elle descendra peu à peu dans la dernière [9]. » Ainsi, Hervé de Tocqueville, pour comprendre ce qu'il a vécu, invoque l' « esprit du temps », incarné par la noblesse, méconnu par la monarchie. Alexis a trouvé dans son berceau cette interrogation, inséparable de son milieu, sur le grand drame historique vécu et pensé à la fois comme inévitable et noué pourtant à deux responsables, la noblesse et le roi de France.

Or cette interrogation n'a cessé d'être vivante. Depuis 1815, la monarchie restaurée en nourrit activement les éléments, par sa volonté de lutter contre l' « esprit du temps » au nom de l'alliance retrouvée entre le roi et sa noblesse. Au bout de cette monarchie de plus en plus aristocratique, il y a les journées de juillet 1830 : la Révolution française continue. Et ce n'est pas un hasard

si cette date cristallise les choix profonds d'Alexis de Tocqueville, en révélant la manière dont il réinvestit l'héritage familial dans des enjeux inédits et dans des pensées
nouvelles. L'affaire du serment au nouveau roi, exigé
par la loi du 31 août 1830, le met un peu en marge de son
milieu. Son ami le plus proche, Louis de Kergorlay,
quitte l'armée et sera mêlé un peu plus tard à l'aventure
de la duchesse de Berry; lui, au contraire, prête le serment, sans joie (« c'est un moment désagréable », com-
mente-t-il dans une lettre [10]), mais aussi sans drame de
conscience majeur, regrettant simplement que cet acte
puisse être interprété comme dicté par l'intérêt, alors
qu'il est un témoignage de résignation. Et la décision
du voyage américain, même si cette longue absence peut
avoir été délibérée pour faire oublier la situation un peu
délicate où l'affaire du serment met Tocqueville par rapport à son milieu, révèle la même indifférence, mais
sur un plan théorique : car elle est liée à un système
intellectuel déjà construit, par lequel l'interrogation
paternelle se trouve puissamment renouvelée, débarrassée
des conformismes de la tradition et de la rhétorique
nobiliaire.

Dans ce système sur l'élaboration duquel nous ne
savons presque rien, puisque Tocqueville est déjà Tocqueville à vingt ans, peu importe que la dynastie régnante
soit légitime; peu importe même, à la limite, qu'il y ait
une dynastie. La question centrale n'est pas celle des
rapports entre la noblesse et la monarchie; elle est celle
de la compatibilité entre noblesse et démocratie. Des
trois éléments disparates dont son milieu fabriquait le
malheur de l'histoire, monarchie, noblesse, esprit du
temps, Tocqueville a fait un système tout simple à deux
dimensions. Il conserve le pôle de la noblesse, point de
départ obligé, expérience sociale première, enracinement
vital de sa théorie : type de gouvernement, ou de société,
ou de culture, l' « aristocratie » sera le devoir-être de la
noblesse. A l'autre bout, cet héritier d'un principe vaincu
fait figurer le principe vainqueur : la démocratie, qui est
inséparablement gouvernement du peuple, société égalitaire, et, pour reprendre le vocabulaire paternel, « esprit
du temps ».

Il entre dans cette élaboration une part de fatalisme,
un consentement à l'inévitable qui correspond à l'expérience historique du milieu : c'est la marche vers la
démocratie de plus en plus complète qui définit le sens

de l'évolution mis en évidence par la Révolution française. Mais Tocqueville n'en recherche pas les raisons, à cette époque du moins. A la différence de Marx, par exemple, pour qui le sens de l'histoire est démontrable, et la fin du capitalisme déductible des lois économiques qui le gouvernent, il pose comme un axiome ou comme une évidence, que l'humanité marche à grands pas vers l'âge démocratique. Ce n'est pas un raisonnement, mais tout juste la traduction abstraite, conforme à la nature de son génie, de son expérience vécue et de celle de son milieu. Idée qui d'ailleurs n'est pas nouvelle (bien qu'il ait contribué puissamment à la répandre), et qu'on trouve chez bien des auteurs de l'époque, et même dans son milieu (son parent Chateaubriand, par exemple), mais qu'il est le seul, une fois qu'il l'a posée comme point de départ, à vouloir approfondir et explorer sous tous ses aspects. Il l'entend à des niveaux divers, culturel, social, politique, mais dont seuls les deux premiers définissent pour lui la part de l'inévitable : en effet, si les sociétés de son temps lui paraissent poussées par une sorte de fatalité vers une croyance de plus en plus générale à l'égalité, et vers une égalisation de plus en plus grande des conditions, les formes politiques dont cette évolution peut s'accompagner continuent à dépendre des choix humains. Le problème qui va dominer sa vie intellectuelle de bout en bout est donc moins celui des causes de l'égalité, que celui de ses conséquences sur la civilisation politique. Démarche et problématique, là encore, aux antipodes de celles de Marx. Marx s'intéresse aux lois de la structure économique et aux rapports entre l'économique et le social, d'où il a tendance à « déduire » le politique. Tocqueville explore les relations entre le principe qui gouverne les sociétés et le type de régime politique qui peut en découler, sans que cet enchaînement soit jamais nécessaire.

Ainsi, Tocqueville mêle-t-il sans cesse deux types d'analyse, et deux types de convictions. Au plan du raisonnement, il juxtapose une logique de la typologie, à partir de l'opposition aristocratie/démocratie, et une logique de l'évolution, fondée sur le triomphe inévitable de la démocratie. S'agissant de sa conception générale du monde, il compense son acceptation rationnelle de la démocratie par le combat pour les valeurs inséparables du monde aristocratique, et d'abord de la liberté. Sa vie tout entière est articulée très tôt sur ce problème, mixte de théorique et de vécu, ou sur cette théorie du vécu familial, qui mêlera sans cesse les faits et les valeurs, et qui joindra la richesse conceptuelle et la minutie documentaire aux convictions politiques.

Et si le voyage américain tient déjà dans cette exploration, c'est que l'Amérique offre au jeune aristocrate et à l'esprit systématique qu'il est, un double laboratoire, existentiel et conceptuel; patrie construite et fondée sur la négation de la noblesse (c'est-à-dire où la possibilité de son existence à lui est exclue), l'Amérique présente l'exemple d'une expérience chimiquement pure de la démocratie : trouvaille proprement géniale par sa simplicité et par son audace, Tocqueville va en faire l'espace de vérification et d'enrichissement d'une idée. J'imagine qu'il avait pressenti, quand il s'embarque, le grand secret qu'il confiera un peu plus tard au comte Molé au retour de son deuxième voyage en Angleterre en 1835, dans une lettre qui répond après coup à la question de 1831 : pourquoi l'Amérique [11] ? « ... Il faudrait être doué d'une grande fatuité philosophique pour imaginer pouvoir juger l'Angleterre en six mois. Un an m'a toujours paru un espace trop court pour pouvoir apprécier convenablement les Etats-Unis, et il est infiniment plus facile d'acquérir des idées claires et des notions précises sur l'Union américaine que sur la Grande-Bretagne. En Amérique, toutes les lois sortent en quelque sorte de la même pensée. Toute la société, pour ainsi dire, est fondée sur un seul fait; tout découle d'un principe unique. On pourrait comparer l'Amérique à une grande forêt percée d'une multitude de routes droites qui abordent au même endroit. Il ne s'agit que de rencontrer le rond-point, et tout se découvre d'un seul coup d'œil. »

Ainsi, l'Amérique permet par excellence l'analyse *in vivo* du principe démocratique à l'œuvre : des risques qu'il fait courir et des avantages qu'il offre à la liberté. Les nations européennes, elles, sont à mi-chemin entre aristocratie et démocratie, déchirées par le conflit des deux principes et des deux mondes, souvent en proie à cette forme extrême de la démocratie qu'est la révolution; l'exemple américain ne constitue pas leur avenir, nécessairement différent, mais leur offre de quoi penser cet avenir, de façon à en tirer le maximum d'avantages et le minimum d'inconvénients pour la liberté. Tocqueville se résigne à la fin de la noblesse, si le legs aristocratique de la liberté peut survivre aux temps démocratiques.

Si on veut, d'ailleurs, comprendre le lien étroit qu'il y a entre le voyage américain et l'analyse « française » de Tocqueville, on peut aussi se reporter, en aval, à la « Démocratie », tout entière orientée vers la comparaison entre l'Amérique et l'Europe. Le texte le plus explicite à cet égard est la fin du chapitre IX, dans le livre II du premier volume. Tocqueville s'interroge d'abord sur l'importance des lois et des mœurs dans le maintien de la démocratie américaine, par opposition à ce qu'il appelle les « causes matérielles », c'est-à-dire les particularités du nouveau monde, et ses privilèges en ce qui concerne le rapport de l'homme à l'espace. Il est en face d'un problème classique — peut-être du problème central — des sciences sociales, qui consiste à isoler le rôle et l'influence d'une variable ou d'un ensemble limité de variables sur un processus d'ensemble. Il en discerne très bien la difficulté. La preuve, c'est qu'il cherche comme point de comparaison un pays hors d'Amérique, donc privé des bénéfices géographiques qui en sont inséparables, et pourvu en revanche de lois et de mœurs comparables : mais il n'en trouve pas. Il en conclut que faute d'objet de comparaison, « on ne peut hasarder que des opinions [12] ».

Passage typique dans la mesure où il exprime son mode fondamental de pensée et de démonstration, qui est la méthode comparative. Une fois qu'il a une ou plusieurs idées comme hypothèses d'explication du phénomène dont il recherche les raisons, Tocqueville les met à l'épreuve des différents « terrains ». Quand il ne trouve pas de terrains pertinents par rapport au problème posé, il « hasarde des opinions », c'est-à-dire, dans son esprit, des propositions non démontrables, qui sont au mieux vraisemblables. Or l'Amérique figure un des pôles de cet aller et retour intellectuel qui forme la trame de tout son livre.

Mais comme toujours dans les sciences de l'homme, il n'existe pas de termes de comparaison rigoureux. L'Europe n'est pas seulement privée des « avantages physiques » dont ont bénéficié les Anglo-Américains. Elle comporte des traits historiques qui la différencient radicalement du nouveau monde : Tocqueville cite le nombre de ses habitants, ses grandes villes, ses armées, et « les complications de sa politique ». Ces héritages suffiraient à eux seuls à empêcher qu'on puisse transposer les lois de la démocratie américaine en Europe, puisqu'elles s'y heurteraient à d'autres mœurs, d'autres idées, d'autres croyances religieuses. Les Etats-Unis ne constituent donc pour l'Europe, dans la pensée de Tocqueville, qui ne distingue jamais nettement entre les faits et les valeurs, ni une expérience conceptuellement comparable, ni un modèle qu'il faudrait suivre. Car « on peut supposer un peuple démocratique organisé d'une autre manière que le peuple américain [13] ».

Ce qui fait pourtant la valeur universelle de son analyse de la démocratie américaine, c'est l'existence d'un problème commun au peuple américain et aux peuples européens; problème commun lié à ce que les hommes ne sont pas différents ici et là, et à ce qu'ils éprouvent ici et là les mêmes passions, caractéristiques de l'état social démocratique : l'impatience de leur sort, l'inquiétude de la promotion, l'envie de ce qui est au-dessus. De cet *état d'esprit*, les Américains ont fait la nature même de leur société, et son moteur; mais ils l'ont canalisé par le droit, la religion, les institutions, les mœurs. Les peuples européens, parce qu'ils sont en proie à des passions sociales identiques, sont en face du même problème institutionnel, au sens large du mot : comment organiser ces passions en lois et en mœurs ?

Problème d'autant plus difficile à résoudre que, comme Tocqueville l'expliquera dans le deuxième volume de son livre (3e partie, chap. XXI), en raffinant son analyse, les peuples européens sont moins « démocratiques » que « révolutionnaires ». Il introduit par là une distinction essentielle, qui court tout au long de ce deuxième volume, et par laquelle il explique la stabilité politique et le consensus américain. Il montre que l'état social démocratique est peu propice aux révolutions, par suite du tissu très serré des micro-intérêts conservateurs qu'il ne cesse de créer et d'entretenir. C'est, au contraire, l'inégalité qui porte à la révolution, et c'est pour détruire l'état social aristocratique, et l'idéologie de l'inégalité que les Français l'ont faite; mais ils en ont gardé des passions et un état d'esprit peu propices à la stabilité des institutions. « En Amérique, on a des idées et des passions démocratiques; en France, nous avons encore des passions et des idées révolutionnaires [14]. »

Mais, même si le problème européen est plus difficile à résoudre que le problème américain, il reste que seule la comparaison en cerne les éléments : « L'organisation et l'établissement de la démocratie parmi les chrétiens est le grand problème de notre temps. Les Américains ne résolvent point sans doute ce problème, mais ils fournissent d'utiles renseignements à ceux qui veulent le résoudre. » A partir de ce jugement, les pages qui suivent donnent la clé des intentions de Tocqueville. Consacrées à la situation en Europe, elles anticipent une partie des analyses que présentera, vingt-cinq ans après, « l'Ancien Régime ». Ce qui se passe ou s'est passé dans le vieux monde, aux yeux de Tocqueville, c'est la création de conditions historiques exceptionnellement favorables à l'instauration d'un pouvoir central véritablement absolu : là est le péril qu'il faut connaître pour le conjurer. En effet, les anciennes monarchies étaient réputées absolues, mais ne l'étaient pas dans les faits : car les institutions politiques (notamment les corps et communautés d'habitants), les traditions intellectuelles et morales (notamment le lien « familial » entre le roi et ses sujets, ou l'indépendance et l'honneur aristocratiques), la religion enfin empêchaient qu'elles le devinssent.

Or, ces institutions, ces traditions, la religion elle-même ont disparu ou dépérissent pour faire place à une société où les classes sont de moins en moins différenciées, les individus de plus en plus semblables les uns aux autres et isolés les uns des autres, l'opinion enfin de plus en plus malléable et indistincte. « Aujourd'hui », écrit Tocqueville dans une formule qui fait écho à Montesquieu, « que l'honneur monarchique ayant presque perdu son empire sans être remplacé par la vertu, rien ne soutient plus l'homme au-dessus de lui-même, qui peut dire où s'arrêteraient les exigences du pouvoir et les complaisances de la faiblesse [15] ? »

En d'autres termes : les nations européennes ont acquis un état social démocratique, un état d'esprit démocratique, sans qu'elles aient les institutions correspondantes, ni encore, faute de ces institutions, des traditions politiques ou religieuses qui fassent contrepoids à cette démocratie. C'est pourquoi leur histoire est caractérisée par le silence de peuples passifs et démoralisés, en face de gouvernements forts et organisés, prélude à une situation comparable à la fin de la République romaine. « Quant à moi, lorsque je considère l'état où sont déjà arrivées plusieurs nations européennes, et celui où toutes les autres tendent, je me sens porté à croire que bientôt parmi elles il ne se trouvera plus de place que pour la liberté démocratique ou la tyrannie des Césars.

» Ceci ne mérite pas qu'on y songe ? Si les hommes devaient arriver, en effet, à ce point qu'il fallût les rendre tous libres ou tous esclaves, tous égaux en droits ou tous privés de droits; si ceux qui gouvernaient les sociétés en étaient réduits à cette alternative d'élever graduellement le fond jusqu'à eux, ou de laisser tomber tous les citoyens au-dessous du niveau de l'humanité, n'en serait-ce pas assez pour vaincre bien des doutes, rassurer bien des consciences, et préparer chacun à faire aisément de grands sacrifices ?

» Ne faudrait-il pas alors considérer le développement graduel des institutions et des mœurs démocratiques, non comme les meilleurs, mais comme le seul moyen qui nous reste d'être libres; et sans aimer le gouvernement de la démocratie, ne serait-on pas disposé à l'adopter comme le remède le mieux applicable et le plus honnête qu'on puisse opposer aux maux présents de la société [16] ? »

Passage à mon sens capital, parce qu'il relie le voyage américain non seulement à l'intention fondamentale de Tocqueville, au but de sa vie, mais aussi à l'économie interne de sa pensée. Tocqueville est, sur un versant de son analyse, celui qu'il n'explicite pas, un fataliste. Il croit à l'inévitable, et cet inévitable est la marche des sociétés vers la « démocratie ». Ce processus est commun au vieux et au nouveau monde, bien qu'il n'apparaisse dans sa pureté originelle que dans l'expérience américaine. Mais le peuple américain s'est donné des mœurs et des lois adaptées à cet état social et culturel, alors que les peuples européens ont hérité des Etats centralisés, contradictoires avec le développement d'institutions politiques ou de mœurs nationales démocratiques. Dans le premier cas, l'histoire a subordonné l'Etat à la société. Dans le second, elle livre la société à l'Etat.

Or, ce deuxième processus, lui, n'est pas inévitable : c'est l'autre versant de la pensée de Tocqueville qui donne un sens quasi militant à ses livres. Il s'agit de faire évoluer les lois et les mœurs des vieilles nations européennes, et d'abord de la France, en harmonie avec les progrès de la démocratie dans les faits et les esprits : condition *sine qua non* pour éviter la dictature d'un seul, devenu maître de l'Etat. Pour un aristocrate comme Tocqueville, il y a un prix à payer, des sacrifices à faire de sentiments et d'intérêts, mais il y consent d'avance eu égard à l'enjeu : « Les volontés de la démocratie sont changeantes; ses agents grossiers; ses lois, imparfaites;

je l'accorde. Mais s'il était vrai que bientôt il ne dût
exister aucun intermédiaire entre l'empire de la démocratie et le joug d'un seul, ne devrions-nous pas plutôt
tendre vers l'un que nous soumettre volontairement à
l'autre ? et s'il fallait enfin en arriver à une complète
égalité, ne vaudrait-il pas mieux se laisser niveler par la
liberté que par un despote [17] ? »

Tocqueville est donc allé chercher aux Etats-Unis
non pas un modèle, mais un principe à étudier, et une
question à illustrer et à résoudre; à quelles conditions
la démocratie, si elle est un état de société, devient ce
qu'elle *doit* être aussi, faute de conduire à une dictature :
un état de gouvernement.

Au fond, son système, formé très tôt, est articulé
autour de quelques oppositions simples, dont il fait un
usage raffiné, à travers une dialectique constante entre le
culturel, le social et le politique. Au niveau social et
culturel, il y a deux états historiquement concevables,
l'aristocratique et le démocratique; le premier est inséparable, au niveau politique, du gouvernement local,
alors que le second tend au gouvernement centralisé.
Mais ici s'ouvre une deuxième alternative, de nature
purement politique, à savoir que tout gouvernement centralisé n'est pas forcément oppressif. Il peut être soit
tyrannique, soit respectueux de la liberté des citoyens.
A un premier niveau, la pensée de Tocqueville travaille sur l'opposition aristocratique/démocratique. A un
second, sur l'alternative césarisme démocratique/liberté
démocratique, c'est-à-dire sur l'analyse des conditions
de compatibilité entre démocratie et liberté. C'est ce qui
explique qu'il glisse constamment, comme on l'a souvent
dit [18], du sens social au sens politique du mot « démocratie », et vice versa, selon qu'il explore l'un ou l'autre de
ces niveaux conceptuels.

L'Amérique lui offre, comme société et comme culture,
une démocratie pure. Et un gouvernement déduit de
cette démocratie pure. Une anti-Europe dans les deux
cas, sans héritage aristocratique, sans legs absolutiste,
sans passions révolutionnaires. Avec, au contraire, une
tradition de libertés locales collectives. Par tous ces traits,
mutatis mutandis, un objet de réflexion capital pour les
Européens.

***

On sait que la « Démocratie » a été publiée en deux fois. Le premier volume, essentiellement consacré à la description analytique des institutions américaines, a paru en 1835 ; le second, qui étudie de façon plus abstraite l'influence de la démocratie sur les mœurs et les habitudes nationales, à partir de l'exemple américain, en 1840. Le commentaire du voyage le plus intelligent du XIXe siècle a pris à Tocqueville près de dix ans d'études supplémentaires et de travail intellectuel acharné. Les principales idées mères, notamment celles du premier volume, le plus spécifiquement « américain », sont déjà dans les notes du voyage [19] : preuve que le voyageur est arrivé avec son « système » en tête. Mais s'il a pris son temps pour écrire, ce n'est pas seulement par goût du beau style ; c'est pour « mettre à plat » son objet d'étude, ce qui supposait beaucoup de lectures, dans le domaine constitutionnel, politique et juridique notamment [20]. C'est ensuite et surtout parce qu'il veut « penser » complètement ce qu'il a « appris », approfondir son schème conceptuel à l'aide des matériaux américains et en raffiner la « leçon » pour les peuples européens. Tocqueville est un esprit qui laboure indéfiniment les mêmes idées et qui en déterre toujours des aspects nouveaux : le deuxième volume de la « Démocratie » est le meilleur exemple de ce type de patience intellectuelle.

En plus de ses vertus simplificatrices, l'Amérique lui donne, en prime, à lui que la question n'intéresse guère, le secret des origines. Dans le nouveau monde, la démocratie n'est pas cachée dans la nuit des temps, ou les desseins de la Providence. Elle a été apportée par les immigrants, puritains de la Nouvelle-Angleterre ou Quakers de Pennsylvanie, comme un principe religieux fondateur de la nouvelle patrie. Il y a ainsi une matrice culturelle de la démocratie américaine, une logique de l'évolution inscrite dans l'histoire des origines, pour une fois claire et connue. Mieux, l'Amérique offre même sur son territoire l'antithèse de cette histoire : le Sud, peuplé par une sous-aristocratie de planteurs, sans véritable pouvoir sur la population libre, parce que régnant sur des esclaves. D'un côté, l'esprit de religion et de liberté indissolublement liés. De l'autre, une civilisation fondée sur l'esclavage, principe destructeur de l'état social.

Mais Tocqueville ne s'attarde pas sur la généalogie de la société américaine : il insiste beaucoup moins sur

cet aspect de la réalité que par exemple, à la même époque,
Michel Chevalier, dans les « Lettres sur l'Amérique
du Nord [21] ». C'est, là encore, que la question historique
l'intéresse moins, à cette époque, que la compréhension
du présent et le diagnostic sur l'avenir. Le centre de son
analyse, c'est l' « état social » des Anglo-Américains,
non leur histoire. Etat social qui « est ordinairement
le produit d'un fait, quelquefois des lois, le plus souvent
des deux causes réunies; mais une fois qu'il existe, on
peut le considérer lui-même comme la cause première
de la plupart des lois, des coutumes et des idées qui
règlent la conduite des nations; ce qu'il ne produit pas,
il le modifie [22] ». Donc, pas de débat scolastique sur les
causes premières. Tocqueville, méthodiquement, s'en
tient à son système d'analyse. Il ne bouge pas du fameux
rond-point central de la forêt d'où il doit apercevoir
toutes les allées.

C'est le chapitre III, sur l' « état social des Anglo-
Américains », caractérisé par la démocratie portée à son
extrême, par la tradition des origines, le soulèvement pour
l'indépendance, enfin la législation, notamment la loi
sur le partage égal des successions. L'égalité, trait dominant de la démocratie, ne veut pas dire que les fortunes y
sont égales ou que les Américains souhaitent qu'elles le
soient, au contraire; mais simplement qu'elles ne sont
pas enracinées dans la transmission familiale, et que l'argent circule très vite. A la limite, la « démocratie » ne
connaît comme sanction que les aptitudes naturelles,
sans prendre aucunement en compte la hiérarchie préexistante; c'est pourquoi elle a atteint une sorte d'absolu là
où la société n'existe pas encore, mais où les passions
sociales des habitants sont pourtant surexcitées par
l'habitude ou l'impatience d'un lien social antérieur :
à la frontière de la colonisation européenne. D'ailleurs
l'égalité ne règne pas seulement à travers la mobilité
des fortunes et la distribution de l'aisance; elle unifor-
mise aussi les niveaux d'instruction, et jusqu'aux intelligences, en donnant à tous une éducation minimum,
sans donner à personne le privilège de classe que constitue le loisir ou le goût de se consacrer tout entier aux
choses de l'esprit.

De cette situation sociale absolument unique dans
l'histoire, deux conséquences politiques sont possibles,
incompatibles entre elles : la liberté ou la servitude, la
souveraineté du peuple ou celle d'un maître. On passe

ainsi au deuxième niveau de la conceptualisation de Tocqueville, niveau clairement déduit du premier (puisqu'il
s'agit explicitement des « conséquences politiques de
l'état social »), mais non déterminé par lui puisqu'il
ouvre, au contraire, une alternative : les Anglo-Américains ont su tirer de la démocratie sociale la démocratie
politique.

Comprendre comment et pourquoi permet de passer
en revue la série de médiations entre les deux articulations
de l'analyse. Tocqueville ne les explicite pas systématiquement, au moins dans l'immédiat, puisqu'il passe du
chapitre sur « l'état social » à la fameuse et très minu-
tieuse description du système politique américain; mais
on les trouve au chapitre ix du deuxième livre et aussi
dans les notes de voyage, qui témoignent de ce que les
éléments de son explication sont déjà en place dès 1831.
Ce qui maintient à ses yeux la démocratie politique américaine, après que les circonstances historiques lui ont
donné naissance, ce n'est pas seulement la fidélité aux
origines; c'est quelque chose comme un état d'esprit,
si généralement répandu et si profondément enraciné
qu'on peut aussi le nommer des mœurs nationales et qui
fabrique jour après jour l'indépendance du social, et sa
primauté, par rapport au politique.

En premier lieu la religion joue un rôle admirablement
régulateur dans les deux sens, par ce qu'elle recommande
et par ce qu'elle interdit. Tandis que le catholicisme,
selon Tocqueville, incline les esprits à l'égalité et à
l'obéissance (sauf quand il est séparé de l'Etat, ce qui lui
donne des traits nouveaux), le protestantisme, surtout
sous sa forme sectaire et pluraliste, les porte à l'égalité
et à l'indépendance : la religion américaine est faite d'un
ensemble de christianismes républicains. Mais d'un autre
côté elle fixe des bornes à ce qui peut être connu et à
ce qui peut être transformé dans l'homme, ce qui mêle
à l'audace américaine une sorte de modération collective. En empêchant les citoyens de « tout concevoir »,
elle fait obstacle, en d'autres termes (que Tocqueville
n'emploie pas), à l'esprit révolutionnaire, cette négation
de la démocratie au nom de la démocratie : paradoxe sur
lequel il s'interroge toute sa vie, sans jamais bien en maî-
triser le vertige, mais dont, en Amérique, le consensus
religieux a brisé l'attraction.

Autre élément clé de l'indépendance de la société
américaine, le niveau élevé de culture. Tocqueville se

sépare ici de Montesquieu : le ressort des républiques n'est pas la vertu, mais les lumières, il entend par là la démocratisation des connaissances, notamment en matière politique. S'interrogeant sur les « mille raisons qui font supporter aux Etats-Unis la liberté républicaine », il écrit dans ses carnets de voyage : « Il y a une grande raison qui domine toutes les autres et qui, après qu'on les a toutes posées, emporte à elle seule la balance. Le peuple américain pris en masse non seulement est le plus éclairé du monde, mais — ce que je mets bien au-dessus de cet avantage — est celui dont l'éducation politique pratique est la plus avancée. C'est cette vérité dans laquelle je crois fermement qui fait naître en moi la seule espérance que j'aie pour le bonheur futur de l'Europe [23]. » En dépit de la grossièreté de ses mœurs, de la vulgarité de ses manières, de l'obsession qu'il a de l'argent, le peuple américain est pour l'aristocrate français le plus *civilisé* de la terre : Tocqueville mesure ici la valeur de l'investissement humain, préparé par dix-huit siècles d'histoire européenne. L'Amérique est une nation d'hommes des villes à la conquête de la nature, court-circuitant l'interminable malédiction paysanne de l'Europe. Le pionnier est cette rencontre improbable entre l'extrême civilisation et l'extrême sauvagerie, ce qu'il y a de plus historique et ce qu'il y a de plus naturel. Sur ce thème, Tocqueville écrit, dans ses carnets de voyage, des pages d'une beauté inoubliable [24], dont il ne reprend qu'une petite partie dans son livre.

C'est ce haut degré de civilisation qui donne à l'union — si l'on met à part le Sud, miné de l'intérieur par l'esclavage — cette composante essentielle des mœurs démocratiques : l'uniformité. Tocqueville, dans ses notes, confesse sa surprise devant ce trait de l'existence américaine : habitué qu'il était à observer des différences de « plusieurs siècles » entre les provinces, ou les parties de provinces des nations européennes, il s'attendait à voir cette dénivellation d'autant plus accentuée à l'intérieur du Nouveau Monde que celui-ci était en voie de peuplement, et devait donc offrir, selon les lieux, « l'image de la société à tous les âges... depuis l'opulent patricien des villes jusqu'au sauvage du désert [25] ». Or, il constate le contraire. Comme les Américains qui viennent peupler la « frontière » arrivent non pas directement d'Europe, mais des territoires le plus anciennement mis en valeur, ils ont préalablement subi les effets

de l'esprit d'égalité et été soumis à l'uniformisation des
goûts et des mœurs. « L'homme que vous avez laissé
dans les rues de New York, vous le retrouverez au milieu
des solitudes presque impénétrables : même habille-
ment, même esprit, même langue, mêmes habitudes,
mêmes plaisirs [26]. » Tocqueville ne croit pas, comme
Michel Chevalier [27], que la frontière constitue une troisième Amérique, après celle du business puritain et
celle des planteurs propriétaires d'esclaves. C'est que
les critères du saint-simonien sont économiques, alors
que les siens sont moraux et culturels.

En réalité, dans son analyse de l'Ouest et plus généralement de l'esprit américain (car l'Ouest ne fait qu'en
révéler la quintessence), il réutilise, mais en le transformant, un concept qui date du siècle précédent, celui de
« civilisation ». Il l'entend bien, comme les philosophes
du XVIIIe siècle, au sens d'un ensemble de traits culturels
qui rendent les sociétés à la fois plus policées et plus
actives ; mais il n'en fait pas, comme Voltaire, la ligne de
crête d'une succession de cycles, ou comme Condorcet,
le terme d'un progrès linéaire. Il arrache le concept à
l'histoire, vecteur indéfinissable, autre nom de la Providence, pour le réintégrer dans son système intellectuel
propre : la « civilisation » est cette forme particulière d'activité sociale étendue à tous les citoyens par la démocratie,
quand celle-ci est libre. Et du coup, cette définition
lui permet de relativiser le champ de sa réflexion, et d'en
restreindre les bienfaits à la souche européenne de l'humanité. C'est le fameux passage de ces carnets de voyage
sur le génocide des Indiens, passage que je ne résiste
pas au plaisir de citer longuement, non parce qu'il dit
des choses qui sont dans la sensibilité d'aujourd'hui,
mais parce qu'il éclaire bien les vertus exceptionnelles du
système d'interprétation que j'analyse : « Les races
indiennes fondent en présence de la civilisation de
l'Europe comme les neiges au milieu du soleil. Les
efforts qu'elles font pour lutter contre leur destinée ne
font qu'accélérer pour elles la marche destructive du
temps. Tous les dix ans, à peu près, les tribus indiennes
qui ont été repoussées dans les déserts de l'Ouest,
s'aperçoivent qu'elles n'ont point gagné à reculer et que
la race blanche s'avance plus rapidement encore qu'elles
ne se retirent. Irritées par le sentiment même de leur
impuissance, ou enflammées par quelque nouvelle
injure, elles se rassemblent et fondent impétueusement

sur les contrées qu'elles habitaient jadis, et où s'élèvent maintenant les habitations des Européens, les cabanes rustiques des pionniers et plus loin les premiers villages. Ils parcourent le pays, brûlent les habitations, tuent les troupeaux, enlèvent quelques chevelures. La civilisation recule alors, mais elle recule comme le flot de la mer qui monte. Les Etats-Unis prennent en main la cause du dernier de leurs colons, déclarent la guerre à ces misérables peuplades. Une armée régulière marche alors à leur rencontre, non seulement le territoire américain est reconquis, mais les Blancs, poussant les sauvages devant eux, détruisant leurs villages et prenant leurs troupeaux, vont poser l'extrême limite de leurs possessions cent lieux plus loin qu'elle n'était placée. Privés de leur nouvelle patrie adoptive par ce qu'il a plu à l'Europe savante et éclairée d'appeler le *droit* de la guerre, les Indiens reprennent leur marche vers l'ouest, jusqu'à ce qu'il fassent halte dans quelques nouvelles solitudes où la hache du Blanc ne tardera pas à se faire entendre à nouveau. Dans le pays qu'ils viennent de saccager et désormais à l'abri de l'invasion, s'élèvent de récents villages qui bientôt (l'habitant du moins en a la conscience) formeront de populeuses cités. Marchant en avant de l'immense famille européenne dont il forme comme l'avant-garde, le pionnier s'empare à son tour des forêts récemment habitées par les sauvages. Il y bâtit sa cabane rustique, et attend que la première guerre lui ouvre le chemin vers de nouveaux déserts [28]. »

Ainsi la « démocratie » n'est pas la fin de l'histoire, ou une de ses figures universelles, moins encore la réconciliation de l'humanité avec elle-même. C'est un concept qui permet à Tocqueville de penser un état de société et de mœurs propre à l'Europe, et plus particulièrement propre à ce prolongement anglais dans le Nouveau Monde qu'est la République américaine. Là, en effet, l'expérience historique de la démocratie a été faite d'une manière si radicale, au niveau social et culturel, que toute la sphère de la politique s'en est trouvée pénétrée et investie, au point d'y être complètement subordonnée. Car un des sentiments les plus forts de Tocqueville, pendant son voyage, c'est même la quasi-inexistence du « politique » dans la société américaine : il parle dans ses notes de l' « absence de gouvernement [29] », bienfait que l'homme ne peut trouver « qu'aux deux extrémités de la civilisation », soit à l'état sauvage, quand il est seul

en face de ses besoins, soit, après que la société s'est
formée, quand les individus qui la composent sont assez
éclairés et indépendants de leurs passions (ou respectueux
des lois, ce qui revient au même) pour s'en passer. Un
peu plus loin [30], il distingue entre ce qu'il appelle « deux
états sociaux » clairement distincts : « Dans l'un, le peuple
est assez éclairé et se trouve dans des circonstances telles
qu'il peut se gouverner lui-même. Alors la société agit
sur elle-même. Dans l'autre, un pouvoir extérieur à la
société agit sur elle et la force de marcher dans une certaine voie. » L'Amérique répond, bien sûr, à la première
définition, celle d'une société auto-administrée. Elle
n'offre pas seulement ce qu'on pourrait appeler du
« démocratique pur »; mais, à la limite, aussi du « social
pur », à l'exclusion du politique.

Cette analyse va naturellement trop loin, puisqu'une
grande partie du premier volume de la *Démocratie* est
consacrée à la description du système politique américain.
Mais elle a l'avantage de souligner l'approbation intellectuelle que Tocqueville donne à la démocratie politique,
malgré ce qui lui apparaît comme ses « excès ». Car si
celle-ci assure par la décentralisation administrative
(qu'il distingue soigneusement, comme on sait, de la
décentralisation gouvernementale) la liberté et la responsabilité des citoyens, elle comporte fondamentalement
les avantages d'un régime politique aristocratique, tout
en en multipliant les bénéficiaires. Dès lors, le problème,
au double niveau administratif et gouvernemental, est
dans la comparaison des avantages et des inconvénients
respectifs des deux types de régimes, l'un aux mains de
la société tout entière, l'autre dirigé par une élite héréditaire : cette partie du livre, justement célèbre et passion-
nante, n'apporte rien à mon sujet, dans la mesure où
elle est parcourue de bout en bout par cette opposition
conceptuelle, explicite ou implicite. Ce qui en fait l'intérêt est l'exceptionnelle minutie avec laquelle Tocqueville
l'explore et la retourne dans tous les sens, à partir de
l'exemple des institutions américaines; mais il n'en
modifie pas l'articulation centrale.

Il existe pourtant un chapitre du premier volume de
la *Démocratie* — le dernier — où il se trouve dans l'obligation de renoncer à ce « centre » de ses pensées : car
dans cet extraordinaire chapitre x, il quitte justement la
« démocratie » américaine pour examiner l'avenir de ce
qu'il appelle les « trois races » qui peuplent les Etats-

Unis ; donc, en plus des Anglo-Américains, les Indiens et les Noirs. D'où le sentiment qu'il doit quitter, pour une fois, son système d'analyse, qui n'a aucune pertinence pour ces deux « races » marginalisées, ces deux peuples par définition non « démocratiques » ; et comme leur existence n'est pas sans conséquence sur l'avenir de l'Union, cet avenir lui-même n'est pas tout entier contenu dans le pronostic sur la démocratie. Curieusement d'ailleurs, et presque comme un remords, Tocqueville ajoute à cette liste de sujets laissés de côté par son type d'analyse « l'activité commerciale qui règne dans l'Union » et son importance sur le futur, comme s'il s'agissait pour lui d'énumérer, même dans le désordre intellectuel, les questions qu'il n'a pas traitées, et de dire pourquoi : « Ces objets, qui touchent à mon sujet, n'y entrent pas ; ils sont américains sans être démocratiques, et c'est surtout la démocratie dont j'ai voulu faire le portrait. J'ai donc dû les écarter d'abord ; mais je dois y revenir en terminant [31]. »

Sur les Indiens, on a déjà vu, en lisant ses carnets de voyage, qu'il utilise pour faire l'analyse de leur société le concept de « civilisation », hérité du XVIIIe siècle, mais remanié : il s'en sert pour désigner moins le « retard » historique de ce monde sauvage que son état d'étanchéité par rapport au monde civilisé, c'est-à-dire à la démocratie américaine. Une fois encore, il part de « l'état social » des Indiens, c'est-à-dire un monde nomade, tribal, guerrier, chasseur, pour en venir à leurs mœurs et à leurs croyances, qui lui rappellent, *mutatis mutandis*, celles des anciens Germains selon Tacite : ainsi sa vision de l'histoire, loin d'être enfermée dans le sentiment d'une évolution nécessaire de l'humanité, retrouve-t-elle par ce biais le raisonnement typologique. Tocqueville ne croit pas que les sociétés indiennes vont être, par la vertu du contact, même conflictuel, hissées peu à peu au niveau de la « civilisation » anglo-américaine. Il pense, au contraire, que leur état social nomade, solidifié par le système des mœurs et des croyances, les isole durablement, définitivement : en effet, ou bien les Indiens réagissent par la guerre, et ils sont battus, poussés vers l'ouest ; ou bien ils acceptent de se « civiliser », et ils abordent un monde étranger, où ils sont irrémédiablement inférieurs, exploités, perdus. Le recours aux armées et le consentement aux lois les condamnent également. Le génie sociologique de Tocqueville lui épargne l'illusion humaniste sur les bienfaits de la civilisation européenne quand elle aborde les autres continents.

La destinée des Noirs, au contraire, ne peut être scellée aussi dramatiquement, car elle est liée à celle des Blancs. Mais elle pose à l'Union un double problème sur lequel Tocqueville n'entretient pas non plus de sentiments optimistes. Car la conjonction d'une institution aussi anachronique que l'esclavage dans un siècle d'égalité et de sa limitation à une race particulière de la population, les Noirs, lui paraît entraîner à la fois des effets catastrophiques sur l'activité de la société blanche, là où l'esclavage existe, et une inévitable lutte pour sa disparition, là surtout où il n'existe pas. Mais cette lutte, qui a pour base l'intérêt des Blancs, non celui des Noirs, n'entraîne pas la disparition des préjugés de race, au contraire : car l'émancipation des Noirs n'apporterait ni le métissage des populations, refusé avec passion par les colons anglo-américains, ni l'égalité, impossible entre deux peuples étrangers l'un à l'autre. Et il y a tout à parier que l'abolition de la servitude amènerait par un effet de compensation le renforcement des préjugés de couleur, et de ce que nous appelons aujourd'hui le racisme. Ainsi, même l'hypothèse dans laquelle l'esclavage serait aboli du fait du maître, et non par la violence des Noirs, comporte un risque grave pour la cohésion de l'Union.

Dans ces pages étincelantes sur les Indiens et les Noirs, où Tocqueville laisse de côté son concept de la « démocratie », puisque celui-ci n'expliquerait rien des deux sociétés dont il parle, ce qui relie pourtant ses analyses à son système intellectuel général est la priorité qu'il donne à l'idée d' « état social » et au principe qui le définit. Les Indiens ou les Noirs sont à ses yeux moins des races distinctes des Anglo-Américains que des groupes sociaux organisés selon des principes incompatibles avec la démocratie qui règne dans l'Union. Mais incompatibles dans des sens différents. Les Indiens forment une société particulière, close sur elle-même, dont les règles, les opinions et les mœurs « sauvages » traduisent moins une origine de l'humanité, comme on le croyait au XVIIIe siècle, qu'un type d'organisation sociale qui ignore l'agriculture et la sédentarisation. Les Noirs, esclaves, sont une non-société, puisque la servitude est par définition un pur rapport de force, non un lien « social »; mais le principe de l'esclavage compromet l'existence de la société libre qui l'a instaurée, et qui, une fois qu'elle l'a instauré et perpétué, s'en trouve minée de l'intérieur. Les Indiens peuvent être et seront détruits par la loi, comme une société située en dehors d'elle. Les Noirs existent, au contraire, en fonction d'une institution de la démocratie américaine, contradictoire avec elle, mais pourtant voulue par elle : ils sont à la fois indispensables et inassimilables, nécessaires et destructeurs du pacte social fondamental. L'Amérique égalitaire s'est incorporée un principe inavouable et nocif; et si ce paradoxe est dangereux pour son existence même, c'est qu'il détruit plus encore la société démocratique blanche que la population des esclaves noirs.

Ce diagnostic pessimiste sur le problème noir s'accompagne, comme on sait, d'un certain nombre de doutes sur la durée de la solution fédérale américaine. Mais il ne touche en rien à l'admiration de Tocqueville pour l' « esprit » dans lequel s'est faite la colonisation anglaise de l'Amérique, l'état social auquel elle a conduit, les usages et les idées qui découlent de cet état social. On a beaucoup parlé de sa « résignation » d'aristocrate à la démocratie. Il me semble que la *Démocratie* ne justifie pas ce mot-là, sans doute plus approprié à son jugement sur la situation européenne. De la démocratie américaine, il est en réalité un admirateur critique, et il y aurait bien des passages du livre pour montrer qu'il lui donne, dans l'ensemble et malgré tout, la préférence sur le régime aristocratique, à la fois comme état social et comme type de gouvernement. Sous ces rubriques l'Amérique lui a montré la puissance de la société sur elle-même : leçon ou exemple que, précisément, il était allé y chercher.

**

Cinq ans après, en 1840, Tocqueville publie le deuxième volume de la *Démocratie*. Il peut supposer le système politique américain connu de ses lecteurs, puisque c'est l'objet essentiel du livre de 1835. Son problème est alors d'approfondir la question plus difficile qu'il a déjà touchée, cernée dans le premier volume, mais qu'il n'a pas traitée systématiquement : l'influence de l'état social démocratique sur l'esprit américain, et plus généralement sur l'esprit des peuples où il règne. Non qu'il veuille faire de cet « état social démocratique », c'est-à-dire de l'égalité, la cause unique des caractères de la société américaine, ou « de tout ce qui arrive de nos jours [32] » : il sait bien que le contraire est vrai, et qu'il faut faire leur part à mille circonstances indépendantes de l'égalité. Mais d'une part, c'est à travers ce trait commun au vieux et au Nouveau Monde qu'il peut comparer Amérique et Europe. De l'autre, c'est son sujet, le point à partir duquel il examine le social et l'historique, parce qu'il est à ses yeux le plus apte à éclairer l'état présent du monde. Car ce qu'il y a de plus surprenant dans l'espèce d'obsession intellectuelle avec laquelle Tocqueville tourne autour du concept d'égalité, c'est l'*évidence* que possède à ses yeux ce concept comme explicatif de l'état présent des sociétés et aussi de leur avenir. Or, sous le premier de ces aspects, le moins qu'on puisse dire est que les sociétés de son temps, et notamment la sienne, la France de la monarchie de Juillet, n'offraient pas le spectacle de l'égalité. D'ailleurs sa vie, dans ce qu'elle a d'extérieur, est tout entière gouvernée [32 bis] par l'esprit de conformité aux valeurs de son milieu familial et l'observance la plus stricte des principes de la hiérarchie sociale : il suffit de jeter un œil dans sa correspondance pour l'apercevoir. Même après la révolution de Juillet, la France de Louis-Philippe est ce pays où des hommes comme lui, descendants de l'ancienne aristocratie, continuent à exercer, sans avoir besoin de le briguer, un magistère quasiment naturel d'opinion et de puissance. D'où lui vient donc une certitude intellectuelle que son existence même dément tous les jours ?

Moins de l'état présent de la société que de son histoire, ce qui veut dire de son passé. Il est probablement difficile d'imaginer aujourd'hui ce qu'a représenté pour une famille comme la sienne le coup de tonnerre de la Révolution française, la masse de souvenirs et de récits dramatiques qui a bercé son enfance, les sentiments de fascination horrifiée qu'il a dû en concevoir très tôt. Il a réussi, très jeune, dès la sortie de l'adolescence, à transformer ce vécu familial en un problème intellectuel : son génie tient dans cette appropriation précoce de l'héritage, à un autre niveau et d'une autre manière. C'est avec ce que la tradition lui a transmis comme le malheur qu'il fabrique à la fois l'idée de l'égalité et l'idée de l'inévitable.

Les deux idées ne sont pas dissociables précisément parce qu'elles sont enracinées dans le même terreau existentiel : le sentiment que la Révolution française est inscrite dans un sens de l'histoire, autrement dit qu'elle n'est pas finie, et que, s'étant manifestée par une hostilité si radicale à la noblesse et même à toute idée de supériorité sociale, elle ne peut être définie que par la passion de l'égalité. Peu importe que cette égalité ne soit pas « réalisée » dans les sociétés qui lui ont succédé : car s'il est vrai que Tocqueville ne conceptualise que son expérience — et c'est probablement ce qui le sépare de la plupart des grands esprits philosophiques, formés surtout par l'étude abstraite des doctrines et des idées, et c'est aussi ce qui explique son obstination à creuser une seule idée, qu'on peut bien appeler, comme on dit d'une femme, celle de sa vie — cette expérience lui dit, en effet, que la Révolution française continue, à travers l'Empire, la Restauration et 1830, et que l'égalité reste le centre des débats et des événements politiques. En réalité, cette conviction constitue sa manière de s'approprier la fameuse tristesse de la génération romantique, dont il est aussi un des fils. Mais elle est en même temps un concept.

D'où son ambiguïté permanente, et qui se situe à deux niveaux distincts. L'emploi du mot démocratie, comme substitut approximatif de celui d'égalité, mais d'une acception plus vaste encore, entraîne Tocqueville à des usages sémantiques divers du même mot, notamment en ce qu'ils ne séparent pas le domaine social du domaine politique. Mais l'ambiguïté existe aussi, et peut-être de façon plus profonde, parce que plus cachée, à l'intérieur de l'emploi du mot « démocratie » pour désigner un état social égalitaire — ce qui est d'ailleurs l'emploi le plus fréquent. Qu'est-ce pour notre auteur qu'une société ou un état social caractérisé par l'égalité ? La réponse n'est pas facile à donner.

La plus simple est celle du sens commun : une société où règne l'égalité est une société où ont disparu entre les individus les barrières des classes. Or Tocqueville, par instants, donne cette définition. Par exemple quand il écrit [33] : « Un peuple qui a vécu pendant des siècles sous le régime des castes et des classes ne parvient à un état social démocratique qu'à travers une longue suite de transformations plus ou moins pénibles... » Ou, un peu plus loin, dans une note au chapitre XXVI, plus explicitement encore, puisque le « c'est-à-dire » introduit une définition : « Quand un peuple a un état social démocratique, c'est-à-dire qu'il n'existe plus dans son sein de castes ni de classes [34]... » Citations tout à fait concordantes qui assimilent les classes sociales et les castes, au moins sous le rapport de leur caractère contradictoire avec la démocratie, et qui fait de la société sans classes la condition de l'égalité. On retrouve ailleurs ce type de définition à la fois maximaliste (l'égalité comme état social réel) et naïf (l'égalité conforme à la représentation que s'en font les acteurs sociaux) : par exemple dans la comparaison que fait Tocqueville entre le mariage aristocratique et le mariage démocratique [35]. Il oppose le premier, socialement programmé, offrant d'ailleurs, en tout état de cause, peu de liberté de choix, et unissant des biens plutôt que des personnes, au second, résultant d'un choix libre, fondé sur l'inclination des conjoints et la similitude de leurs goûts (d'ailleurs, dans cette mesure, plus exigeant sur la fidélité conjugale). On voit sur cet exemple comment, pour les besoins d'une pensée qui procède par opposition, il peut être amené à confondre ce qu'il appelle l'état social démocratique et la représentation que cet état social a et souhaite donner de lui-même. A une époque où le mariage bourgeois comme alliance des patrimoines est un des sujets préférés de la littérature romanesque, Tocqueville est bizarrement et provisoirement aveugle, pour les besoins de son système conceptuel, à l'évidence du mariage de classe, masquée par l'apparente liberté des inclinations individuelles.

Bizarrement et provisoirement : car il sait bien évidemment, et il le dit ailleurs, « qu'on n'a point encore vu de sociétés où les conditions fussent si égales, qu'il ne s'y rencontrât point de riches et de pauvres; et, par conséquent, de maîtres et de serviteurs ». Qu'est-ce que change alors à cette situation l'état social démocratique ? « La démocratie n'empêche point que ces deux classes d'hommes n'existent, mais elle change leur esprit et modifie leurs rapports [36]. » Passage essentiel pour comprendre ce qu'il entend le plus souvent par « démocratie » : non un état social réel, mais la perception égalitaire du rapport social, normalement hiérarchique (au moins à en juger par l'histoire humaine), par les acteurs de ce rapport. Perception égalitaire qui à son tour modifie la nature de ce rapport, même quand il est resté totalement inégal. Par exemple, la relation maître-serviteur : elle existe dans la société démocratique que constituent les Etats-Unis, mais elle n'y fait pas partie, comme dans les sociétés aristocratiques, du principe de l'ordre social.

Elle n'y crée donc pas, sur la base de la sujétion personnelle, un peuple à part, caractérisé de père en fils par des
mœurs et un tour d'esprit particuliers. Elle est, au
contraire, le résultat d'un contrat librement consenti,
par lequel l'intéressé négocie son obéissance provisoire,
et les limites de cette obéissance. « L'égalité des conditions », dit Tocqueville, « fait, du serviteur et du maître,
des êtres nouveaux, et établit entre eux des nouveaux
rapports [37]. » Ainsi, « l'égalité des conditions », qui est
une de ses expressions favorites pour caractériser la démocratie, ne signifie pas que maître et serviteur soient réellement égaux, mais qu'*ils peuvent l'être*, ou encore que le
rapport de subordination provisoire n'est pas constitutif
d'un « état » qui les définisse tout entiers l'un et l'autre,
puisqu'il peut par exemple s'inverser un jour en fonction de leurs réussites réciproques. Puisque le serviteur
peut devenir maître, et aspire à le devenir, il n'est pas
différent du maître. D'ailleurs, en dehors de la sphère du
contrat révocable qui le lie à son maître, il est, comme lui,
et exactement au même titre, avec les mêmes droits, un
citoyen. L' « égalité des conditions » ne doit donc pas
être entendue dans le sens matériel de la formule, mais
comme un principe constitutif de l'ordre social démocratique, par opposition au monde aristocratique : une norme
et non pas un constat.

Tocqueville aperçoit que cette norme est une sorte
d'objectif inatteignable, indéfiniment fuyant, jamais une
réalité : d'où le caractère perpétuellement instable des
individus et des sociétés démocratiques. Comme il
n'est pas possible qu'un peuple parvienne à rendre toutes
les conditions parfaitement égales en son sein, et qu'il
existe toujours des situations dominantes convoitées par
les ambitions, la présence d'une règle égalitaire de l'existence sociale, en ouvrant théoriquement toutes les carrières à tous les hommes, aiguise leurs désirs et leurs
luttes. C'est ce qui explique que Tocqueville passe si
souvent de l'égalité comme état social dominant, c'est-
à-dire comme norme, à l'égalité comme passion, c'est-
à-dire à la fois comme sentiment et comme idéologie. A la
limite l'état social démocratique existe plus par les passions qu'il induit que par la situation qu'il crée, puisque
l'égalité réelle des conditions n'est jamais atteinte, mais
toujours convoitée. « Quand l'inégalité est la loi commune
d'une société, les plus fortes inégalités ne frappent point
l'œil ; quand tout est à peu près de niveau, les moindres

le blesse. C'est pour cela que le désir de l'égalité devient toujours plus insatiable à mesure que l'égalité est plus grande [38]. »

Ce qui veut dire, en réalité, que cette égalité réelle, but avoué mais évanescent, référence à la norme mais matière du désir, se décompose en d'innombrables objectifs partiels de différenciation sociale : Tocqueville a compris que la croyance à l'égalité comme valeur ne supprime pas ce qu'il appelle « l'orgueil particulier des individus », c'est-à-dire la passion de se distinguer des autres. Elle en aiguise, au contraire, l'intensité, en même temps qu'elle en modifie et qu'elle en augmente les points d'application. La tendance à la « distinction » est d'autant plus légitime, en effet, que les classes sont moins fixées par la coutume ou par la loi, comme dans les aristocraties. D'autre part, la démocratie multiplie les signes de différenciation parce qu'en égalisant les conditions, et plus encore en uniformisant les citoyens, elle valorise le moindre avantage; et qu'en rendant les situations sociales plus mobiles, elle substitue aux hiérarchies traditionnelles des privilèges récents et provisoires, que les bénéficiaires tiennent d'autant plus à afficher, pendant le temps où ils en jouissent. Il y a en filigrane dans la *Démocratie* (notamment dans les chapitres XIV et XVI du deuxième volume) une théorie de la production des inégalités symboliques par l'égalité, cause de l'inquiétude et de l'envie qui sont les sentiments caractéristiques des démocraties.

A cette instabilité de nature, Tocqueville aperçoit pourtant des correctifs, qui permettent le fonctionnement harmonieux du système. Il y a la religion, qui est à ses yeux un élément clé du consensus social, et qui protège les citoyens « démocratiques » contre les prétentions déraisonnables à tout connaître, donc à tout changer; mais il existe aussi un correctif interne, caché à l'intérieur même du désir de l'égalité, et de la passion de s'élever : c'est que dans l'état démocratique, caractérisé par des carrières relativement lentes, et par l'habitude prise des efforts quotidiens pour monter peu à peu dans l'échelle sociale, les désirs ont tendance à s'accorder aux moyens, et les ambitions aux chances. Tocqueville découvre le premier cette loi fondamentale des sociétés modernes, selon laquelle les hommes n'intériorisent par le désir qu'un destin probable, au sens statistique du terme. Ils n'anticipent que ce qui peut leur arriver, ce

qui évite à la fois les ambitions immenses et les décep-
tions insurmontables.

C'est d'ailleurs l'inexistence de ces correctifs à l'égalité
qui caractérise un état social intermédiaire entre l'aristocratie et la démocratie, et qui est la révolution. Etat
social intermédiaire au sens chronologique, puisque la
révolution est ce par quoi s'effectue le passage de l'aristocratie à la démocratie ; mais aussi au sens sociologique,
puisque la révolution crée brutalement les éléments de la
démocratie sans pourtant en réunir les conditions de
fonctionnement, à la fois par la rupture qu'elle opère dans
les esprits et par la tradition qu'elle véhicule sans le
savoir. Les individus « révolutionnaires » héritent de la
démesure des ambitions aristocratiques ; leur sentiment
de créer un monde totalement nouveau participe de cette
démesure, et le renouvellement des hommes et des lois
barre la route au mécanisme d'ajustement des désirs sur
les chances. La révolution tient ainsi dans l'éclatement
de l'égalitarisme plus que de l'égalité ; elle exploite une
vaste distorsion entre ce que souhaitent les hommes et
ce que peut offrir la société. Elle crée, à son tour, une
tradition qui survit aux années exceptionnelles et qui
explique l'instabilité post-révolutionnaire : « Les passions que la révolution avait suggérées ne disparaissent
point avec elles. Le sentiment de l'instabilité se perpétue
au milieu de l'ordre — l'idée de la facilité du succès
survit aux étranges vicissitudes qui l'avaient fait
naître.[39] »

La « démocratie » en France n'exprime donc pas pour
Tocqueville le régime « normal » de cet état social : c'est
son état révolutionnaire. Cette distinction essentielle
court tout au long du deuxième volume de la *Démocratie*,
et constitue le fil directeur de la comparaison dont le
voyageur était venu chercher les éléments. Il a trouvé
aux Etats-Unis une démocratie pure, c'est-à-dire
conforme à son idéal type : ayant été fondée comme telle,
à partir d'une matrice religieuse qui en exaltait les valeurs,
et n'ayant donc jamais eu à lutter contre un état aristocratique antérieur. Le concept de révolution, qu'il
construit tout entier à partir de l'expérience française,
lui paraît donc étranger à l'histoire américaine (sauf dans
ce qu'elle comporte de guerre civile potentielle entre
l'aristocratie sudiste et la démocratie yankee). Bien plus,
il lui paraît contradictoire avec le fonctionnement de la
démocratie, dans la mesure où l'égalité constitue un

tissu social beaucoup plus homogène et plus résistant que la société aristocratique. Tocqueville consacre un chapitre [40] à exprimer pourquoi l'état social démocratique, par l'uniformisation sociale et culturelle qu'il cultive, et par le réseau de micro-intérêts conservateurs auquel il attache les citoyens, offre peu de terrain à l'éclatement des révolutions; c'est, au contraire, la destruction de l'inégalité aristocratique qui en offre le prétexte et l'objectif, comme le montre l'expérience européenne.

Ainsi, l'idée de démocratie, telle que Tocqueville ne cesse de la tourner et de la retourner, se confond-elle bien, le plus souvent, avec celle d'égalité : mais elle en épouse aussi les significations multiples et les ambiguïtés. Il n'y a guère qu'un de ses aspects qui n'intéresse pas Tocqueville : celui de la réalité objective. En fait, il lui suffit à cet égard de la conviction que les conditions sociales réelles se sont égalisées et continuent à s'égaliser progressivement. Mais il n'essaie jamais de préciser cette idée, moins encore de la mesurer : c'est une évidence existentielle et non pas statistique. Quand il parle de cet aspect de la question, c'est en descendant d'une grande famille de l'Ancien Régime : il a dans l'esprit l'égalisation des conditions d'existence entre la noblesse et la classe moyenne (exactement comme Guizot, qui partage son diagnostic, en partant, lui, de la classe moyenne).

Mais ce qui l'intéresse le plus, et le plus souvent, c'est à la fois l'égalité comme norme de l'existence collective, et le mécanisme mental dont l'apparition de cette norme est inséparablement la conséquence et la cause : la passion de l'égalité. Sous le premier de ces rapports, la démocratie ne cesse de comporter, incorporé à elle-même, indissociable d'elle, un horizon qui menace son histoire, un au-delà au nom duquel elle ne peut refuser sa contestation permanente : l'égalité est une valeur que par définition aucun état social ne réalise (tout comme la démocratie dans l'acception courante du terme, au sens du gouvernement du peuple par lui-même, est un type idéal de pouvoir dont aucune collectivité moderne ne peut remplir les conditions); et c'est dans cet écart inévitable entre les valeurs et les faits, entre la société et sa norme, que prend racine l'égalité comme passion sociale, qui est un des traits caractéristiques de la démocratie tocquevillienne. En effet, les sociétés aristocratiques ne comportent pas d'écart de ce type, puisqu'elles vivent sans déchirement leurs propres valeurs, la subordination et la hiérarchie; si elles sont renversées, c'est au nom d'une légitimité inverse, celle de l'égalité, mobilisant à son profit des passions d'une même nature et visant au même objectif. Mais la société égalitaire, elle, une fois qu'elle a paru, ne peut pas vivre ses propres valeurs sans se nier constamment elle-même dans son état réel; et les passions qu'elle a décuplées par sa victoire ou par sa seule existence la mettent en question elle-même dans son fonctionnement quotidien [41]. C'est pourquoi la démocratie, si elle a l'avantage sur les autres états de société de mobiliser l'activité des citoyens à travers leurs passions égalitaires, présente également un problème inconnu des aristocraties : celui de sa viabilité quotidienne.

Problème de toute façon difficile à résoudre, et qui devient dramatique quand la passion de l'égalité prend le pas sur toutes les autres, et notamment sur celle qui fait chérir aux hommes la liberté : car c'est cette dénivellation de préférence qui crée pour les démocraties le principal danger. En effet, si les deux passions étaient également fortes, également générales, elles conjugueraient leurs effets, et chaque citoyen aurait effectivement un droit égal de concourir au gouvernement. Or, l'expérience suggère qu'il peut y avoir égalité, et passion de l'égalité, dans la société civile et pas dans la société politique : c'est le cas des régimes censitaires, par exemple. Ou encore égalité et passion de l'égalité dans la société politique sans qu'il y ait liberté : c'est le cas du despotisme.

Le rapport de la passion égalitaire avec les autres passions de la vie démocratique apparaît ainsi comme un des éléments essentiels de ce type de société. Au fond, Tocqueville pense que cette passion figure toujours chez les peuples démocratiques la passion principale, distinctive, et que tout le problème, justement, qu'elle pose, est celui de sa gestion dans des limites compatibles avec la liberté. Pourquoi est-elle plus forte que tous les autres sentiments politiques ? Le chapitre premier de la deuxième partie du deuxième volume offre une série de raisons : le conformisme d'époque, l'enracinement dans les habitudes profondes de l'état social, le fait, surtout, que la passion égalitaire est conforme à la logique de la démocratie, puisqu'elle peut être partagée par tous, alors que les avantages de la liberté ne sont sensibles qu'à un petit nombre. Inversement les abus de la liberté (l'anarchie, par exemple) sont évidents pour tous, alors que ceux de l'égalité sont insensibles, et n'apparaissent qu'à peu d'esprits. Enfin, Tocqueville n'oublie jamais l'exemple français puisque c'est le problème de sa vie : en France, la passion de l'égalité est d'autant plus forte qu'elle préexiste longtemps à la liberté, et qu'elle a été favorisée par l'action niveleuse des rois absolus. La tradition de liberté est fragile, intermittente, limitée; celle de l'égalité est constitutive de la nation.

Ce qui n'est pas le cas en Amérique. Tocqueville y trouve, au contraire, une démocratie où la passion égalitaire est contenue à la fois par le consensus religieux, qui réserve à la divinité la question des fins dernières de l'humanité, et par les institutions politiques, qui donnent le pas et même le pouvoir à la société sur l'Etat : le fameux chapitre du deuxième volume sur les associations [42] montre que celles-ci jouent dans la société démocratique un rôle comparable à celui de l'aristocratie dans la société aristocratique, en constituant autant de corps collectifs manifestant l'initiative du social, indépendamment de l'Etat. Dès lors, l'analyse de Tocqueville ne consiste pas à étudier seulement la passion égalitaire, même si celle-ci est centrale, mais à comprendre comment, dans le cas américain, la démocratie a tissé un réseau de sentiments, d'idées et de mœurs qui donne à la société ses caractères distinctifs, et sa vie particulière. L'architecture intellectuelle du livre de 1840 s'en trouve ainsi clarifiée. Il ne s'agit pas de recomposer l'histoire de la démocratie américaine, ses origines ou ses causes; il s'agit de la considérer, au contraire, comme le fait central de cette histoire, son élément clé d'interprétation, sous le double aspect de son rôle comme norme des relations sociales, et de son existence comme ensemble de passions et de désirs individuels. C'est l'aval, et non pas l'amont, qui intéresse Tocqueville dans ce deuxième ouvrage : comment la démocratie tend à fabriquer ce que nous appellerions un « esprit public » *sui generis*, c'est-à-dire à la fois des idées et des mœurs, qui contribuent, en retour, à la solidité du système.

Ce deuxième volume est à vrai dire si brillant et si dense qu'il est tout à fait impossible d'entrer dans le détail de ses analyses : il faut laisser au lecteur le plaisir et la peine d'en découvrir, sous l'apparente clarté du style, la profondeur et la complexité. Nulle part le génie conceptuel de Tocqueville n'apparaît mieux que dans ce texte-là, qui traite le problème de sa vie à son plus haut niveau de généralité et d'ambition intellectuelle [43]. A travers l'étude successive du « mouvement intellectuel », des « sentiments » et des « mœurs » du peuple américain, Tocqueville s'attaque en réalité à la question la plus importante des sciences sociales, celle sur laquelle nous n'avons cessé de vivre depuis : quel est le rapport entre la production des idées et des représentations et les autres niveaux de l'existence sociale. C'est la question que presque à la même époque le jeune Marx cherche à résoudre aussi, en présupposant de son côté un lien entre les idées et l'état social en général. Mais cet état social chez Marx est caractérisé seulement par des éléments objectifs et pour ainsi dire matériels, les forces productives et les rapports de production qu'elles induisent. Tocqueville s'installe, lui, directement au cœur du social sans préalablement passer par l'économique, inexistant dans son type d'analyse; et ce social est en réalité culturel.

Car, s'il l'examine dans son sens objectif, l'égalité n'est que l'égalisation des conditions : un processus auquel on ne peut prédire aucune fin, puisque le but est évanescent. Non pas un état, mais une histoire qui donne son sens aux comportements des individus, et aux représentations qui guident ces comportements. Elle existe plus par la signification qu'elle donne aux rapports sociaux que par les transformations qu'elle y introduit. En constituant une légitimité, elle imprime à tout le social ce mouvement d'autonomie conflictuelle qui caractérise la démocratie américaine. A tout le social, représentations comprises : il n'y a pas chez Tocqueville ce fossé, que Marx n'a jamais pu combler, entre production de la vie matérielle et production des idées. Comme son outil analytique central est moins l'égalité que les représentations de l'égalité, au double niveau de la norme sociale et des passions individuelles, il n'a pas de mal à descendre, à partir de là, jusqu'à la production des idées et des traditions morales et intellectuelles.

Cette « descente » n'implique pas forcément de lien central unique ou constant entre état social et idées. Et même ce lien est d'autant moins unique qu'il s'agit de domaines plus « savants »; à propos de la littérature, par exemple, Tocqueville met en garde son lecteur contre cette espèce de déterminisme par l'état social, démocratique ou aristocratique : « J'irais plus loin que ma pensée, si je disais que la littérature d'une nation est toujours subordonnée à son état social et à sa constitution politique. Je sais que, indépendamment de ces causes, il en est plusieurs autres qui donnent de certains caractères aux œuvres littéraires : mais celles-là me paraissent les principales.

» Les rapports qui existent entre l'état social et politique d'un peuple et le génie de ses écrivains sont toujours très nombreux : qui connaît l'un n'ignore jamais complètement l'autre [44]. »

Ainsi, quelles que soient les précautions qu'il prend pour en assouplir le caractère systématique, la nature de la pensée de Tocqueville est déductive : de la « démocratie » découlent les traits intellectuels, les habitudes mentales et les mœurs des Américains. Proposition qui est partiellement tautologique, puisque la définition de la démocratie inclut la norme et les passions égalitaires; mais dont Tocqueville tire des variations d'une finesse et d'une richesse presque infinies, dans la mesure où il s'agit pour lui de retravailler sans cesse, à travers ses corrélats, sa définition centrale.

Il n'est donc pas très important, à mes yeux, que le plan de cet admirable deuxième volume n'ait que l'apparence de la rigueur; que la distinction entre les « idées », les « sentiments » et les « mœurs » soit souvent discutable; qu'à l'intérieur même de chacune des parties, notamment la troisième, la distribution des matières puisse être peu logique. Ce qui compte est la transparence exceptionnelle de l'objet « Amérique » par rapport à la définition de la démocratie dont Tocqueville se sert pour l'explorer. Par leur origine, à la fois récente et homogène, par leur état social, par leurs institutions politiques, les Américains réunissent les conditions d'une expérience de laboratoire de la démocratie. Que tout, chez eux, procède de la démocratie est une facilité d'exposition pour dire que tout peut y être compris à partir du consensus social sur l'égalité. Cette association d'hommes nouveaux, pour exploiter un territoire vierge, sans autre sédimentation historique que cette croyance commune, a offert à Tocqueville un terrain d'étude providentiellement adapté à son génie conceptuel, c'est-à-dire profond et simple.

⋆

Profond et simple : la comparaison avec Marx [45] permet peut-être d'ajouter un mot final qui éclaire ces attributs.

Les concepts de Marx, à n'importe quelle époque de l'histoire de sa pensée, ne sont jamais simples. Héritages remaniés de la philosophie allemande, ou produits transformés de l'économie politique anglaise, ils ne doivent rien à l'expérience existentielle de Marx, et presque tout à sa pensée sur d'autres pensées. Au contraire, chez Tocqueville, le socle du système n'est pas intellectuellement construit : c'est une évidence empirique transposée au niveau abstrait, sous la forme des progrès irréversibles de l'égalité. Evidence qui, dès lors, se trouve constituée en foyer central de l'analyse, et dont il s'agit de tirer les conséquences.

Marx, derrière l'égalité proclamée par la Révolution française, devenue la légitimité sociale de l'Occident, dévoile et dénonce l'inégalité réelle, la contradiction entre les faits et les valeurs. Il écrit une généalogie de la cause de cette contradiction, cause qu'il va trouver au niveau de l'économie et des rapports sociaux impliqués par le processus de production des richesses. Du coup, l'égalité n'est plus que mensonge idéologique, ou finalité supérieure dont le préalable est la destruction du capitalisme. Dans cet écartèlement disparaît tout ce qui constitue l'égalité pour Tocqueville, c'est-à-dire une norme sociale et des passions égalitaires. Marx s'intéresse aux mécanismes de la vie économique, et aux rapports entre l'économique et le social — Tocqueville explore la relation entre le principe du social et les comportements des hommes : située de plain-pied avec ce qui commande l'action, individuelle et collective, des hommes de son temps, il n'a pas besoin de réduire le domaine politique à un autre ordre de réalités qui serait censé le fonder et le déterminer. Il rompt ainsi avec l'obsession du fondement du social, si caractéristique du XVIIIe siècle, et de Marx, qui en est à cet égard l'héritier; il se place délibérément en aval, le principe fondateur lui paraissant une sorte d'acquis historique à la fois évident et irréductible à la démonstration causale, l'essentiel étant d'en tirer les conséquences sur la vie de la société. Marx voit la liberté dans la suppression de la plus-value; Tocqueville dans la gestion intelligente de la croyance égalitaire:

En ce sens, Marx a une pensée infiniment plus complexe, qui n'aborde le politique qu'à travers une série

de médiations (où d'ailleurs celui-ci finit par se perdre).
Mais dans un autre sens, la « simplicité » de Tocqueville
a plus de profondeur. Car malgré les apparences, Marx
reste tout entier situé dans une perspective qui cherche à
réaliser les promesses de l'égalité. Dénonçant l'inégalité
à travers l'analyse des rapports sociaux capitalistes, il
retrouve l'égalité sous la forme de la nécessité historique
du socialisme, mais il ne la quitte jamais comme valeur
fondamentale du pacte social. Il ne critique sa version
capitaliste que pour mieux démontrer qu'elle doit fonder *à nouveau* le sens de l'histoire, dans un redoublement
révolutionnaire. Tocqueville, lui, n'a pas intériorisé
l'égalité comme une valeur : c'est un aristocrate. Mais
il constate le *fait* que l'égalité est devenue la légitimité
des sociétés modernes, et il cherche à en prendre la
mesure. Du coup, à travers la méthode comparative,
à la fois dans l'espace et dans le temps, il relativise
l'égalité comme une légitimité et une croyance nouvelle,
qu'il faut opposer aux anciennes pour en saisir l'immense
portée. Il fonde ainsi le regard anthropologique sur le
moderne.
    Le paradoxe est que plus sa pensée est « simple », moins
sa théorie est livresque, plus toutes deux sont directement
nourries du vécu psychologique contemporain, et plus
elles permettent de disjoindre le vécu et son concept.
Tocqueville est passé du monde aristocratique au
monde démocratique, et c'est même ce passage qui
constitue le tissu, et l'angoisse, de sa vie. Ayant un pied
dans chacun des deux mondes, il conçoit comme une
évidence le fait que l'égalité n'est qu'un des modes de
l'existence sociale. C'est avec l'archaïsme de sa position
existentielle qu'il fabrique la modernité de son interrogation conceptuelle.
    La pensée de Marx, au contraire, se veut entièrement
savante, et cherche à traquer l'inégalité dans ses sources
les plus cachées, sous l'apparence inverse du contrat
libre entre individus égaux. Mais plus elle se veut scientifique, dégagée du vécu contemporain, dévoilant la réalité sous le masque de l'idéologie, et plus elle « colle »
sans le savoir à l'égalité comme choix, sans permettre
le moindre écart, véhiculer le moindre doute à l'égard
de sa nécessité morale comme principe du social. Elle
habille la valeur moderne par excellence du langage de
la science : amalgame qui fait une prophétie avec une
analyse, et qui, sans doute, explique la formidable des-

tinée posthume d'un lourd traité d'économie politique.

Marx reste à l'intérieur du système de croyance égalitaire. Tocqueville en fait l'analyse comparée. C'est sûrement ce qui explique le plus, et le mieux, le retentissement si contrasté des deux œuvres ou plutôt la gloire universelle de l'une, et le caractère un peu confidentiel de l'autre. Mais c'est peut-être aussi ce qui rend compte de la supériorité de Tocqueville sur Marx dans le domaine de la véracité prospective : on n'aurait pas de mal à montrer que le pronostic de l'aristocrate français sur le monde contemporain (je parle de ce que nous appelons aujourd'hui le monde européen « développé », puisque les deux auteurs n'en ont pas étudié d'autre) est infiniment plus proche des réalités que nous vivons aujourd'hui que celui du socialiste allemand. La valeur prédictive de l'œuvre de Tocqueville reste extraordinaire, même dans le détail, et les pages fameuses, mais pas très originales pour l'époque, sur l'avenir impérial de l'Amérique et de la Russie sont à cet égard moins extraordinaires que cent observations sur l'idéologie dont nous vivons encore. Or, cette inégalité dans le réalisme de la prédiction, chez Tocqueville et chez Marx, est d'autant plus frappante qu'elle semble inversement proportionnelle à la véracité de leurs points de départ empiriques. L'égalité sociale dont Tocqueville semble obsédé ne paraît pas à l'historien un trait caractéristique des sociétés européennes de la première moitié du XIXᵉ siècle. Par contre, la misère des classes ouvrières, qui constitue la toile de fond de la théorie de l'exploitation capitaliste, est hors de conteste.

Mais Marx, en construisant la doctrine de cette situation, braque le projecteur sur un mécanisme économique qui n'explique à peu près rien des grands événements du XIXᵉ et du XXᵉ siècle : non seulement il réduit en dernière analyse le politique à l'économique, mais il « fige » l'évolution dans le développement d'une contradiction « objective » des rapports de production. Si cette pensée scientiste de l'avenir, à travers l'extinction de la plus-value par la révolution prolétarienne, s'est révélée finalement moins prophétique que l'étude des rapports de l'égalité et de l'Etat administratif, ce n'est pas seulement parce qu'un sentiment de l'évolution, à condition d'être l'objet d'une élaboration abstraite, peut se révéler plus vrai que la prétention à une connaissance scientifique de l'histoire. C'est surtout parce que Tocqueville, en analysant l'égalité non comme une situation, mais comme un principe, un ensemble de passions, une dynamique politique indéfinie, a un double avantage sur Marx. Il se situe de plain-pied avec l'histoire d'une promesse ouverte pour l'Europe par la Révolution française, et dont l'Amérique lui montre les traits : et il cherche à en comprendre non pas les causes, mais les conséquences. Ce faisant, il fait un pari qu'il a gagné : à savoir, que l'univers de l'égalité et les comportements qu'il induit sont des phénomènes durables, irréversibles, déterminants pour l'avenir. C'est dans cette mesure qu'il analyse déjà le monde où nous vivons toujours.

François FURET.

NOTES DE LA PRÉFACE

N.B. — Les références aux autres ouvrages de Tocqueville renvoient à l'édition en cours des *Œuvres complètes*, chez Gallimard.

1. Le livre fondamental sur le voyage de Tocqueville aux Etats-Unis reste celui de G. W. Pierson : *Tocqueville and Beaumont in America*, Oxford University Press, 1938.

2. Gustave de BEAUMONT et Alexis de TOCQUEVILLE, *Note sur le système pénitentiaire et sur la mission confiée par Monsieur le Ministre de l'Intérieur à MM.* ..., Paris, 1831. Il existe une deuxième édition, publié en 1836, en deux volumes précédés par une longue introduction : « Système pénitentiaire aux Etats-Unis et de son application en France, suivi d'un appendice sur les colonies pénales et de notes statistiques. »

3. Correspondance d'Alexis de Tocqueville et de Gustave de Beaumont (*Œuvres complètes*, t. VIII), t. I, p. 105-106.

4. René RÉMOND, *Les Etats-Unis devant l'opinion française*, deux volumes, A. Colin. Cf. t. II, chap. VII notamment.

4 *bis.* André JARDIN, « L'Amérique et les Américains vus par Tocqueville », *in Histoire*, n° 4, mars 1980, Hachette, p. 227-240.

5. Cf. notamment la lettre de Tocqueville à Gustave de Beaumont du 5 octobre 1828 (*Corr.*, t. I, p. 47-71).

6. Correspondance d'Alexis de Tocqueville et de Louis de Kergorlay (*Œuvres complètes*, XIII), t. I, p. 373-375.

7. A la vérité, la formule est citée par Sainte-Beuve comme appartenant à « quelqu'un de très judicieux et de très respectable », et suivie d'un commentaire de son cru : « ce qui fait qu'il a quelquefois pensé creux ». Cf. *Causeries du lundi*, 3ᵉ édition, t. XV.

8. *Histoire philosophique du règne de Louis XV*, par H. de TOCQUEVILLE, 1847.

9. Paris, 1847, 2 vol., t. II, p. 405.

10. *Correspondance d'Alexis de Tocqueville et de Louis de Kergorlay*, t. I, p. 214.

11. TOCQUEVILLE, *Œuvres complètes*, V, *Voyages en Sicile et aux Etats-Unis*, lettre citée p. 26.

12. *Démocratie*, t. I, p. 323.

13. *Id.*, t. I, p. 418.

14. *Id.*, t. II, p. 316.

15. *Id.*, t. I, p. 423.

16. *Id.*, t. I, p. 424.

17. *Id.*

18. Cf. notamment S. DRESCHER, *Dilemmas of democracy. Tocqueville and modernization*, University of Pittsburgh Press, 1968.

19. *Œuvres complètes*, V, *Voyages en Sicile et aux Etats-Unis*.

20. Cf. G. W. PIERSON, *op. cit.*

21. Michel CHEVALIER, *Lettres sur l'Amérique du Nord*, deux volumes, 1836.

22. *Démocratie*, t. I, p. 107.

23. *Œuvres complètes*, t. V, p. 205.

24. *Id.*, p. 342-387, notamment le récit de « quinze jours dans le désert », l'expédition de Tocqueville et Beaumont à l'extrême pointe de la « frontière », près du lac Michigan.

25. *Id.*, p. 346.

26. *Id.*, p. 347.

27. Michel CHEVALIER, *op. cit.*, t. I, chap. X, p. 149 notamment.

28. *Œuvres complètes*, V, p. 155-156.

29. *Id.*, p. 81.

30. *Id.*, p. 258-259.

31. *Id.*, t. I, p. 331.

32. *Id.*, t. I, p. 7.

32 *bis*. Sauf, il est vrai, son mariage, considéré comme une mésalliance par les siens.

33. *Démocratie*, t. II, p. 311.

34. *Id.*, t. II, p. 346.

35. *Démocratie*, t. II, p. 213-218.

36. *Id.*, t. II, p. 221.

37. *Id.*, t. II, p. 225.

38. *Id.*, t. II, p. 174.

39. *Id.*, t. II, p. 300.

40. *Id.*, t. II, chap. XXI (3ᵉ partie).

41. En posant la question de l'égalité sous la forme principale des passions que l'idéologie égalitaire véhicule, et des frustrations relatives qu'elle entraîne, Tocqueville se révèle là encore un auteur incroyablement moderne. La sociologie contemporaine, dans ce domaine, a multiplié les études sur ce thème, notamment autour du concept de « groupe de référence ». On trouvera un bon bilan de ces études dans Philippe BÉNÉTON, *Les frustrations de l'égalité, contribution aux recherches sur la relativité des aspirations et la perception des inégalités*, Archives européennes de sociologie, t. XIX, nᵒ I, 1978.

42. *Démocratie*, t. II, chap. V (2ᵉ partie).

43. Cet aspect du génie de Tocqueville rebutait Sainte-Beuve qui, dans l'article des *Causeries du lundi*, cité plus haut, critique le caractère abstrait et systématique du deuxième volume de la « Démocratie ». D'une manière générale, Sainte-Beuve passe d'ailleurs à côté de la pensée de Tocqueville, à laquelle il reproche sa nature même.

44. *Démocratie*, t. II, p. 74-75.

45. Comparaison qui est l'objet d'une analyse infiniment plus systématique que la mienne dans un article de Raymond ARON, *La définition libérale de la liberté, Alexis de Tocqueville et Karl Marx*, Archives européennes de sociologie, t. V, 1964.

BIBLIOGRAPHIE DE TOCQUEVILLE

Je tire les indications sommaires qui suivent d'une bibliographie exhaustive que me communique aimablement mon ami André Jardin, qui est la cheville ouvrière de la publication en cours des « œuvres complètes ».

I — ŒUVRES DE TOCQUEVILLE

Il existe deux éditions complètes des œuvres de Tocqueville :
— celle publiée sous le nom de Madame de Tocqueville, en réalité établie par Gustave de Beaumont, communément appelée édition Beaumont. 9 volumes, Michel-Lévy frères, 1864-1866.

Cette édition laisse de côté les « Souvenirs » et d'importantes parties de la correspondance jugées trop politiques ou trop intimes. Elle comporte des remaniements de textes abusifs.

— l'édition véritablement complète est en cours de publication depuis 1951 chez Gallimard, sous le patronage d'une Commission nationale. Cette édition comporte un appareil critique de préfaces et de notes inédites qui en fait la seule édition scientifique des œuvres de Tocqueville. En voici le plan général :

Tome 1. *De la démocratie en Amérique.* 2 volumes (parus).
Tome 2. *L'Ancien Régime et la Révolution.* 2 volumes (parus).
Tome 3. *Écrits et discours politiques.* 2 volumes (1 volume paru).

Tome 4. *Ecrits sur le système pénitentiaire en France et à l'étranger* (1 volume).

Tome 5. *Voyages.* 2 volumes (parus).

Tome 6. *Correspondances anglaises.* 2 volumes (1 volume paru).

Tome 7. *Correspondances anglo-américaines et autres correspondances étrangères.* 1 volume.

Tome 8. *Correspondance Tocqueville-Beaumont.* 3 volumes (parus).

Tome 9. *Correspondance Tocqueville-Gobineau.* 1 volume (paru).

Tome 10. *Correspondance locale* (1 volume).

Tome 11. *Correspondance Tocqueville-Ampère et Tocqueville-Royer-Collard.* 1 volume (paru).

Tome 12. *Souvenirs.* 1 volume (paru).

Tome 13. *Correspondance Tocqueville-Kergorlay.* 2 volumes (parus).

Tome 14. *Correspondance familiale.*

Tome 15. *Correspondance Tocqueville-Corcelle et Tocqueville-Mme Swetchine.* 1 volume.

Tome 16. *Mélanges littéraires et économiques.* 1 volume.

Tome 17. *Correspondance à divers.*

II — Principaux travaux sur Tocqueville

R. Aron : La définition libérale de la liberté : Alexis de Tocqueville et Karl Marx, in *Archives européennes de sociologie*, 5, 1964.

R. Aron : *Les grandes étapes de la pensée sociologique*, Gallimard, Paris, 1967.

P. Birnbaum : *Sociologie de Tocqueville*, Paris, 1970.

S. Drescher : *Dilemmas of Democracy, Tocqueville and modernization*, Pittsburgh, 1968.

F. Furet : *Penser la Révolution française*, Gallimard, Paris, 1978.

E. T. Gargan : *De Tocqueville*, Londres, 1965.

M. Gauchet : Tocqueville, l'Amérique et nous. Sur la genèse des Sociétés démocratiques, in *Libre*, n⁰ 7, Payot, 1980.

M. Hereth : *Alexis de Tocqueville, Die Gefährdung der Freiheit in der Demokratie*, Stuttgart, 1979.

M. Lerner : *Tocqueville and American Civilization*, New York, 1969.

J. LIVELY : *The Social and Political Thought of Alexis de Tocqueville*, Oxford, 1962.

G. W. PIERSON : *Tocqueville and Beaumont in America*, New York, 1938.

M. RICHTER : Tocqueville's contribution to the theory of Revolution, in *Nomos*, 8.

M. RICHTER : The Uses of Theory : Tocqueville's adaptation of Montesquieu, in *Essays in Theory and History*, Harvard University Press, 1970.

J. T. SCHLEIFER : *The making of Tocqueville's Democracy*, Ann Arbor, Xerox Company, 1972.

S. R. WEITMAN : The sociological theories of Tocqueville's « the old Regime and the Revolution », in *Social Research*, New York, 1966.

N.B. Ce travail était déjà sous presse quand est paru le livre important de James T. Schleifer : *The making of Tocqueville's Democracy in America*, Univ. of North Carolina Press, 1980.

NOTE SUR CETTE ÉDITION

Nous reprenons le texte de la 13ᵉ édition, qui peut être considéré comme définitif.

DE LA DÉMOCRATIE
EN AMÉRIQUE

AVERTISSEMENT DE LA DOUZIÈME ÉDITION

Quelque grands et soudains que soient les événements qui viennent de s'accomplir en un moment sous nos yeux, l'auteur du présent ouvrage a le droit de dire qu'il n'a point été surpris par eux. Ce livre a été écrit, il y a quinze ans, sous la préoccupation constante d'une seule pensée : l'avènement prochain, irrésistible, universel de la démocratie dans le monde. Qu'on le relise : on y rencontrera à chaque page un avertissement solennel qui rappelle aux hommes que la Société change de forme, l'humanité de condition et que de nouvelles destinées s'approchent.

En tête étaient tracés ces mots :

Le développement graduel de l'égalité est un fait providentiel. Il en a les principaux caractères : il est universel, il est durable, il échappe chaque jour à la puissance humaine, tous les événements comme tous les hommes ont servi à son développement. Serait-il sage de croire qu'un mouvement social qui vient de si loin puisse être suspendu par une génération ? Pense-t-on qu'après avoir détruit la féodalité et vaincu les rois, la démocratie reculera devant les bourgeois et les riches ? S'arrêtera-t-elle maintenant qu'elle est devenue si forte et ses adversaires si faibles ?

L'homme qui, en présence d'une monarchie raffermie plutôt qu'ébranlée par la Révolution de Juillet a tracé ces lignes que l'événement a rendu prophétiques, peut aujourd'hui sans crainte appeler de nouveau sur son œuvre l'attention du public.

On doit lui permettre également d'ajouter que les circonstances actuelles donnent à son livre un intérêt du moment et une utilité pratique qu'il n'avait point quand il a paru pour la première fois.

La royauté existait alors. Aujourd'hui, elle est détruite.

Les institutions de l'Amérique, qui n'étaient qu'un sujet de curiosité pour la France monarchique, doivent être un sujet d'étude pour la France républicaine. Ce n'est pas la force seule qui assoit un gouvernement nouveau; ce sont de bonnes lois. Après le combattant, le législateur. L'un a détruit, l'autre fonde. A chacun son œuvre. S'il ne s'agit plus de savoir si nous aurons en France la royauté ou la République, il nous reste à apprendre si nous aurons une République agitée ou une République tranquille, une République régulière ou une République irrégulière, une République pacifique ou une République guerroyante, une République libérale ou une République oppressive, une République qui menace les droits sacrés de la propriété et de la famille ou une République qui les reconnaisse et les consacre. Terrible problème, dont la solution n'importe pas seulement à la France, mais à tout l'univers civilisé. Si nous nous sauvons nous-mêmes, nous sauvons en même temps tous les peuples qui nous environnent. Si nous nous perdons, nous les perdons tous avec nous. Suivant que nous aurons la liberté démocratique ou la tyrannie démocratique, la destinée du monde sera différente, et l'on peut dire qu'il dépend aujourd'hui de nous que la République finisse par être établie partout ou abolie partout.

Or, ce problème que nous venons seulement de poser, l'Amérique l'a résolu il y a plus de soixante ans. Depuis soixante ans, le principe de la souveraineté du peuple que nous avons intronisé hier parmi nous règne là sans partage. Il y est mis en pratique de la manière la plus directe, la plus illimitée, la plus absolue. Depuis soixante ans, le peuple qui en a fait la source commune de toutes ses lois, grandit sans cesse en population, en territoire, en richesse, et, remarquez-le bien, il se trouve avoir été, durant cette période, non seulement le plus prospère, mais le plus stable de tous les peuples de la terre. Tandis que toutes les nations de l'Europe étaient ravagées par la guerre ou déchirées par les discordes civiles, le peuple américain seul dans le monde civilisé restait paisible. Presque toute l'Europe était bouleversée par des révolutions; l'Amérique n'avait pas même d'émeutes; la République n'y était pas perturbatrice, mais conservatrice de tous les droits; la propriété individuelle y avait plus de garanties que dans aucun pays du monde, l'anarchie y restait aussi inconnue que le despotisme.

Où pourrions-nous trouver ailleurs de plus grandes

espérances et de plus grandes leçons ? Ne tournons pas nos regards vers l'Amérique pour copier servilement les institutions qu'elle s'est données, mais pour mieux comprendre celles qui nous conviennent, moins pour y puiser des exemples que des enseignements, pour lui emprunter les principes plutôt que les détails de ses lois. Les lois de la République française peuvent et doivent, en bien des cas, être différentes de celles qui régissent les Etats-Unis, mais les principes sur lesquels les constitutions américaines reposent, ces principes d'ordre, de pondération des pouvoirs, de liberté vraie, de respect sincère et profond du droit sont indispensables à toutes les Républiques, ils doivent être communs à toutes, et l'on peut dire à l'avance que là où ils ne se rencontreront pas, la République aura bientôt cessé d'exister.

INTRODUCTION

Parmi les objets nouveaux qui, pendant mon séjour aux Etats-Unis, ont attiré mon attention, aucun n'a plus vivement frappé mes regards que l'égalité des conditions. Je découvris sans peine l'influence prodigieuse qu'exerce ce premier fait sur la marche de la société; il donne à l'esprit public une certaine direction, un certain tour aux lois; aux gouvernants des maximes nouvelles, et des habitudes particulières aux gouvernés.

Bientôt je reconnus que ce même fait étend son influence fort au-delà des mœurs politiques et des lois, et qu'il n'obtient pas moins d'empire sur la société civile que sur le gouvernement : il crée des opinions, fait naître des sentiments, suggère des usages et modifie tout ce qu'il ne produit pas.

Ainsi donc, à mesure que j'étudiais la société américaine, je voyais de plus en plus, dans l'égalité des conditions, le fait générateur dont chaque fait particulier semblait descendre, et je le retrouvais sans cesse devant moi comme un point central où toutes mes observations venaient aboutir.

Alors je reportai ma pensée vers notre hémisphère, et il me sembla que j'y distinguais quelque chose d'analogue au spectacle que m'offrait le nouveau monde. Je vis l'égalité des conditions qui, sans y avoir atteint comme aux Etats-Unis ses limites extrêmes, s'en rapprochait chaque jour davantage; et cette même démocratie, qui régnait sur les sociétés américaines, me parut en Europe s'avancer rapidement vers le pouvoir.

De ce moment j'ai conçu l'idée du livre qu'on va lire.

Une grande révolution démocratique s'opère parmi nous; tous la voient, mais tous ne la jugent point de la même manière. Les uns la considèrent comme une

chose nouvelle, et, la prenant pour un accident, ils
espèrent pouvoir encore l'arrêter; tandis que d'autres la
jugent irrésistible, parce qu'elle leur semble le fait le
plus continu, le plus ancien et le plus permanent que
l'on connaisse dans l'histoire.

Je me reporte pour un moment à ce qu'était la France
il y a sept cents ans : je la trouve partagée entre un petit
nombre de familles qui possèdent la terre et gouvernent
les habitants; le droit de commander descend alors de
générations en générations avec les héritages; les hommes
n'ont qu'un seul moyen d'agir les uns sur les autres, la
force; on ne découvre qu'une seule origine de la puissance, la propriété foncière.

Mais voici le pouvoir politique du clergé qui vient à
se fonder et bientôt à s'étendre. Le clergé ouvre ses
rangs à tous, au pauvre et au riche, au roturier et au seigneur; l'égalité commence à pénétrer par l'Eglise au
sein du gouvernement, et celui qui eût végété comme
serf dans un éternel esclavage, se place comme prêtre
au milieu des nobles, et va souvent s'asseoir au-dessus
des rois.

La société devenant avec le temps plus civilisée et
plus stable, les différents rapports entre les hommes
deviennent plus compliqués et plus nombreux. Le besoin
des lois civiles se fait vivement sentir. Alors naissent les
légistes; ils sortent de l'enceinte obscure des tribunaux
et du réduit poudreux des greffes, et ils vont siéger dans
la cour du prince, à côté des barons féodaux couverts
d'hermine et de fer.

Les rois se ruinent dans les grandes entreprises; les
nobles s'épuisent dans les guerres privées; les roturiers
s'enrichissent dans le commerce. L'influence de l'argent
commence à se faire sentir sur les affaires de l'Etat. Le
négoce est une source nouvelle qui s'ouvre à la puissance,
et les financiers deviennent un pouvoir politique qu'on
méprise et qu'on flatte.

Peu à peu, les lumières se répandent; on voit se
réveiller le goût de la littérature et des arts; l'esprit
devient alors un élément de succès; la science est un
moyen de gouvernement, l'intelligence une force sociale;
les lettrés arrivent aux affaires.

A mesure cependant qu'il se découvre des routes nouvelles pour parvenir au pouvoir, on voit baisser la valeur
de la naissance. Au XIe siècle, la noblesse était d'un prix
inestimable; on l'achète au XIIIe; le premier anoblisse-

ment a lieu en 1270, et l'égalité s'introduit enfin dans le gouvernement par l'aristocratie elle-même.

Durant les sept cents ans qui viennent de s'écouler, il est arrivé quelquefois que, pour lutter contre l'autorité royale ou pour enlever le pouvoir à leurs rivaux, les nobles ont donné une puissance politique au peuple.

Plus souvent encore, on a vu les rois faire participer au gouvernement les classes inférieures de l'Etat, afin d'abaisser l'aristocratie.

En France, les rois se sont montrés les plus actifs et les plus constants des niveleurs. Quand ils ont été ambitieux et forts, ils ont travaillé à élever le peuple au niveau des nobles; et quand ils ont été modérés et faibles, ils ont permis que le peuple se plaçât au-dessus d'eux-mêmes. Les uns ont aidé la démocratie par leurs talents, les autres par leurs vices. Louis XI et Louis XIV ont pris soin de tout égaliser au-dessous du trône, et Louis XV est enfin descendu lui-même avec sa cour dans la poussière.

Dès que les citoyens commencèrent à posséder la terre autrement que suivant la tenure féodale, et que la richesse mobilière, étant connue, put à son tour créer l'influence et donner le pouvoir, on ne fit point de découvertes dans les arts, on n'introduisit plus de perfectionnements dans le commerce et l'industrie, sans créer comme autant de nouveaux éléments d'égalité parmi les hommes. A partir de ce moment, tous les procédés qui se découvrent, tous les besoins qui viennent à naître, tous les désirs qui demandent à se satisfaire, sont des progrès vers le nivellement universel. Le goût du luxe, l'amour de la guerre, l'empire de la mode, les passions les plus superficielles du cœur humain comme les plus profondes, semblent travailler de concert à appauvrir les riches et à enrichir les pauvres.

Depuis que les travaux de l'intelligence furent devenus des sources de force et de richesses, on dut considérer chaque développement de la science, chaque connaissance nouvelle, chaque idée neuve, comme un germe de puissance mis à la portée du peuple. La poésie, l'éloquence, la mémoire, les grâces de l'esprit, les feux de l'imagination, la profondeur de la pensée, tous ces dons que le ciel répartit au hasard, profitèrent à la démocratie, et lors même qu'ils se trouvèrent dans la possession de ses adversaires, ils servirent encore sa cause en mettant en relief la grandeur naturelle de l'homme; ses conquêtes s'étendirent donc avec celles de la civilisation et des lumières, et la littérature fut un arsenal ouvert à tous, où les faibles et les pauvres vinrent chaque jour chercher des armes.

Lorsqu'on parcourt les pages de notre histoire, on ne rencontre pour ainsi dire pas de grands événements qui depuis sept cents ans n'aient tourné au profit de l'égalité.

Les croisades et les guerres des Anglais déciment les nobles et divisent leurs terres; l'institution des communes introduit la liberté démocratique au sein de la monarchie féodale; la découverte des armes à feu égalise le vilain et le noble sur le champ de bataille; l'imprimerie offre d'égales ressources à leur intelligence; la poste vient déposer la lumière sur le seuil de la cabane du pauvre comme à la porte des palais; le protestantisme soutient que tous les hommes sont également en état de trouver le chemin du ciel. L'Amérique, qui se découvre, présente à la fortune mille routes nouvelles, et livre à l'obscur aventurier les richesses et le pouvoir.

Si, à partir du XIᵉ siècle, vous examinez ce qui se passe en France de cinquante en cinquante années, au bout de chacune de ces périodes, vous ne manquerez point d'apercevoir qu'une double révolution s'est opérée dans l'état de la société. Le noble aura baissé dans l'échelle sociale, le roturier s'y sera élevé; l'un descend, l'autre monte. Chaque demi-siècle les rapproche, et bientôt ils vont se toucher.

Et ceci n'est pas seulement particulier à la France. De quelque côté que nous jetions nos regards, nous apercevons la même révolution qui se continue dans tout l'univers chrétien.

Partout on a vu les divers incidents de la vie des peuples tourner au profit de la démocratie; tous les hommes l'ont aidée de leurs efforts : ceux qui avaient en vue de concourir à ses succès et ceux qui ne songeaient point à la servir; ceux qui ont combattu pour elle, et ceux mêmes qui se sont déclarés ses ennemis; tous ont été poussés pêle-mêle dans la même voie, et tous ont travaillé en commun, les uns malgré eux, les autres à leur insu, aveugles instruments dans les mains de Dieu.

Le développement graduel de l'égalité des conditions est donc un fait providentiel, il en a les principaux caractères : il est universel, il est durable, il échappe chaque jour à la puissance humaine; tous les événements, comme tous les hommes, servent à son développement.

Serait-il sage de croire qu'un mouvement social qui vient de si loin pourra être suspendu par les efforts d'une génération ? Pense-t-on qu'après avoir détruit la féodalité et vaincu les rois, la démocratie reculera devant les bourgeois et les riches ? S'arrêtera-t-elle maintenant qu'elle est devenue si forte et ses adversaires si faibles ?

Où allons-nous donc ? Nul ne saurait le dire; car déjà les termes de comparaison nous manquent : les conditions sont plus égales de nos jours parmi les chrétiens qu'elles ne l'ont jamais été dans aucun temps ni dans aucun pays du monde; ainsi la grandeur de ce qui est déjà fait empêche de prévoir ce qui peut se faire encore.

Le livre entier qu'on va lire a été écrit sous l'impression d'une sorte de terreur religieuse produite dans l'âme de l'auteur par la vue de cette révolution irrésistible qui marche depuis tant de siècles à travers tous les obstacles, et qu'on voit encore aujourd'hui s'avancer au milieu des ruines qu'elle a faites.

Il n'est pas nécessaire que Dieu parle lui-même pour que nous découvrions des signes certains de sa volonté; il suffit d'examiner quelle est la marche habituelle de la nature et la tendance continue des événements; je sais, sans que le Créateur élève la voix, que les astres suivent dans l'espace les courbes que son doigt a tracées.

Si de longues observations et des méditations sincères amenaient les hommes de nos jours à reconnaître que le développement graduel et progressif de l'égalité est à la fois le passé et l'avenir de leur histoire, cette seule découverte donnerait à ce développement le caractère sacré de la volonté du souverain maître. Vouloir arrêter la démocratie paraîtrait alors lutter contre Dieu même, et il ne resterait aux nations qu'à s'accommoder à l'état social que leur impose la Providence.

Les peuples chrétiens me paraissent offrir de nos jours un effrayant spectacle; le mouvement qui les emporte est déjà assez fort pour qu'on ne puisse le suspendre, et il n'est pas encore assez rapide pour qu'on désespère de le diriger : leur sort est entre leurs mains; mais bientôt il leur échappe.

Instruire la démocratie, ranimer s'il se peut ses croyances, purifier ses mœurs, régler ses mouvements, substituer peu à peu la science des affaires à son inexpérience, la connaissance de ses vrais intérêts à ses aveugles instincts; adapter son gouvernement aux temps et aux lieux; le modifier suivant les circonstances et les hommes :

tel est le premier des devoirs imposé de nos jours à ceux qui dirigent la société.

Il faut une science politique nouvelle à un monde tout nouveau.

Mais c'est à quoi nous ne songeons guère : placés au milieu d'un fleuve rapide, nous fixons obstinément les yeux vers quelques débris qu'on aperçoit encore sur le rivage, tandis que le courant nous entraîne et nous pousse à reculons vers des abîmes.

Il n'y a pas de peuples de l'Europe chez lesquels la grande révolution sociale que je viens de décrire ait fait de plus rapides progrès que parmi nous; mais elle y a toujours marché au hasard.

Jamais les chefs de l'Etat n'ont pensé à rien préparer d'avance pour elle; elle s'est faite malgré eux ou à leur insu. Les classes les plus puissantes, les plus intelligentes et les plus morales de la nation n'ont point cherché à s'emparer d'elle, afin de la diriger. La démocratie a donc été abandonnée à ses instincts sauvages; elle a grandi comme ces enfants, privés des soins paternels, qui s'élèvent d'eux-mêmes dans les rues de nos villes, et qui ne connaissent de la société que ses vices et ses misères. On semblait encore ignorer son existence, quand elle s'est emparée à l'improviste du pouvoir. Chacun alors s'est soumis avec servilité à ses moindres désirs; on l'a adorée comme l'image de la force; quand ensuite elle se fut affaiblie par ses propres excès, les législateurs conçurent le projet imprudent de la détruire au lieu de chercher à l'instruire et à la corriger, et sans vouloir lui apprendre à gouverner, ils ne songèrent qu'à la repousser du gouvernement.

Il en est résulté que la révolution démocratique s'est opérée dans le matériel de la société, sans qu'il se fît, dans les lois, les idées, les habitudes et les mœurs, le changement qui eût été nécessaire pour rendre cette révolution utile. Ainsi nous avons la démocratie, moins ce qui doit atténuer ses vices et faire ressortir ses avantages naturels; et voyant déjà les maux qu'elle entraîne, nous ignorons encore les biens qu'elle peut donner.

Quand le pouvoir royal, appuyé sur l'aristocratie, gouvernait paisiblement les peuples de l'Europe, la société, au milieu de ses misères, jouissait de plusieurs genres de bonheur, qu'on peut difficilement concevoir et apprécier de nos jours.

La puissance de quelques sujets élevait des barrières

insurmontables à la tyrannie du prince; et les rois, se sentant d'ailleurs revêtus aux yeux de la foule d'un caractère presque divin, puisaient, dans le respect même qu'ils faisaient naître, la volonté de ne point abuser de leur pouvoir.

Placés à une distance immense du peuple, les nobles prenaient cependant au sort du peuple cette espèce d'intérêt bienveillant et tranquille que le pasteur accorde à son troupeau; et, sans voir dans le pauvre leur égal, ils veillaient sur sa destinée, comme sur un dépôt remis par la Providence entre leurs mains.

N'ayant point conçu l'idée d'un autre état social que le sien, n'imaginant pas qu'il pût jamais s'égaler à ses chefs, le peuple recevait leurs bienfaits et ne discutait point leurs droits. Il les aimait lorsqu'ils étaient cléments et justes, et se soumettait sans peine et sans bassesse à leurs rigueurs, comme à des maux inévitables que lui envoyait le bras de Dieu. L'usage et les mœurs avaient d'ailleurs établi des bornes à la tyrannie et fondé une sorte de droit au milieu même de la force.

Le noble n'ayant point la pensée qu'on voulût lui arracher des privilèges qu'il croyait légitimes; le serf regardant son infériorité comme un effet de l'ordre immuable de la nature, on conçoit qu'il put s'établir une sorte de bienveillance réciproque entre ces deux classes si différemment partagées du sort. On voyait alors dans la société, de l'inégalité, des misères, mais les âmes n'y étaient pas dégradées.

Ce n'est point l'usage du pouvoir ou l'habitude de l'obéissance qui déprave les hommes, c'est l'usage d'une puissance qu'ils considèrent comme illégitime, et l'obéissance à un pouvoir qu'ils regardent comme usurpé et comme oppresseur.

D'un côté étaient les biens, la force, les loisirs, et avec eux les recherches de luxe, les raffinements du goût, les plaisirs de l'esprit, le culte des arts; de l'autre, le travail, la grossièreté et l'ignorance.

Mais au sein de cette foule ignorante et grossière, on rencontrait des passions énergiques, des sentiments généreux, des croyances profondes et de sauvages vertus.

Le corps social ainsi organisé pouvait avoir de la stabilité, de la puissance, et surtout de la gloire.

Mais voici les rangs qui se confondent; les barrières élevées entre les hommes s'abaissent; on divise les domaines, le pouvoir se partage, les lumières se répandent, les intelligences s'égalisent; l'état social devient démocratique, et l'empire de la démocratie s'établit enfin paisiblement dans les institutions et dans les mœurs.

Je conçois alors une société où tous, regardant la loi comme leur ouvrage, l'aimeraient et s'y soumettraient sans peine; où l'autorité du gouvernement étant respectée comme nécessaire et non comme divine, l'amour qu'on porterait au chef de l'Etat ne serait point une passion, mais un sentiment raisonné et tranquille. Chacun ayant des droits, et s'étant assuré de conserver ses droits, il s'établirait entre toutes les classes une mâle confiance, et une sorte de condescendance réciproque, aussi éloignée de l'orgueil que de la bassesse.

Instruit de ses vrais intérêts, le peuple comprendrait que, pour profiter des biens de la société, il faut se soumettre à ses charges. L'association libre des citoyens pourrait remplacer alors la puissance individuelle des nobles, et l'Etat serait à l'abri de la tyrannie et de la licence.

Je comprends que dans un Etat démocratique, constitué de cette manière, la société ne sera point immobile; mais les mouvements du corps social pourront y être réglés et progressifs; si l'on y rencontre moins d'éclat qu'au sein d'une aristocratie, on y trouvera moins de misères; les jouissances y seront moins extrêmes et le bien-être plus général; les sciences moins grandes et l'ignorance plus rare; les sentiments moins énergiques et les habitudes plus douces; on y remarquera plus de vices et moins de crimes.

A défaut de l'enthousiasme et de l'ardeur des croyances, les lumières et l'expérience obtiendront quelquefois des citoyens de grands sacrifices; chaque homme étant également faible sentira un égal besoin de ses semblables; et connaissant qu'il ne peut obtenir leur appui qu'à la condition de leur prêter son concours, il découvrira sans peine que pour lui l'intérêt particulier se confond avec l'intérêt général.

La nation prise en corps sera moins brillante, moins glorieuse, moins forte peut-être; mais la majorité des citoyens y jouira d'un sort plus prospère, et le peuple s'y montrera paisible, non qu'il désespère d'être mieux, mais qu'il sait être bien.

Si tout n'était pas bon et utile dans un semblable ordre de choses, la société du moins se serait approprié tout ce qu'il peut présenter d'utile et de bon, et les hommes, en abandonnant pour toujours les avantages sociaux que peut fournir l'aristocratie, auraient pris à la démocratie tous les biens que celle-ci peut leur offrir.

Mais nous, en quittant l'état social de nos aïeux, en jetant pêle-mêle derrière nous leurs institutions, leurs idées et leurs mœurs, qu'avons-nous pris à la place ?

Le prestige du pouvoir royal s'est évanoui, sans être remplacé par la majesté des lois; de nos jours, le peuple méprise l'autorité, mais il la craint, et la peur arrache de lui plus que ne donnaient jadis le respect et l'amour.

J'aperçois que nous avons détruit les existences individuelles qui pouvaient lutter séparément contre la tyrannie; mais je vois le gouvernement qui hérite seul de toutes les prérogatives arrachées à des familles, à des corporations ou à des hommes : à la force quelquefois oppressive, mais souvent conservatrice, d'un petit nombre de citoyens, a donc succédé la faiblesse de tous.

La division des fortunes a diminué la distance qui séparait le pauvre du riche; mais en se rapprochant, ils semblent avoir trouvé des raisons nouvelles de se haïr, et jetant l'un sur l'autre des regards pleins de terreur et d'envie, ils se repoussent mutuellement du pouvoir; pour l'un comme pour l'autre, l'idée des droits n'existe point, et la force leur apparaît, à tous les deux, comme la seule raison du présent, et l'unique garantie de l'avenir.

Le pauvre a gardé la plupart des préjugés de ses pères, sans leurs croyances; leur ignorance, sans leurs vertus; il a admis, pour règle de ses actions, la doctrine de l'intérêt, sans en connaître la science, et son égoïsme est aussi dépourvu de lumières que l'était jadis son dévouement.

La société est tranquille, non point parce qu'elle a la conscience de sa force et de son bien-être, mais au contraire parce qu'elle se croit faible et infirme; elle craint de mourir en faisant un effort : chacun sent le mal, mais nul n'a le courage et l'énergie nécessaires pour chercher le mieux; on a des désirs, des regrets, des chagrins et des joies qui ne produisent rien de visible, ni de durable, semblables à des passions de vieillards qui n'aboutissent qu'à l'impuissance.

Ainsi nous avons abandonné ce que l'état ancien pouvait présenter de bon, sans acquérir ce que l'état actuel pourrait offrir d'utile; nous avons détruit une société aristocratique, et, nous arrêtant complaisamment au milieu des débris de l'ancien édifice, nous semblons vouloir nous y fixer pour toujours.

Ce qui arrive dans le monde intellectuel n'est pas moins déplorable.

Gênée dans sa marche ou abandonnée sans appui à ses passions désordonnées, la démocratie de France a renversé tout ce qui se rencontrait sur son passage, ébranlant ce qu'elle ne détruisait pas. On ne l'a point vue s'emparer peu à peu de la société, afin d'y établir paisiblement son empire; elle n'a cessé de marcher au milieu des désordres et de l'agitation d'un combat. Animé par la chaleur de la lutte, poussé au-delà des limites naturelles de son opinion par les opinions et les excès de ses adversaires, chacun perd de vue l'objet même de ses poursuites et tient un langage qui répond mal à ses vrais sentiments et à ses instincts secrets.

De là l'étrange confusion dont nous sommes forcés d'être les témoins.

Je cherche en vain dans mes souvenirs, je ne trouve rien qui mérite d'exciter plus de douleur et plus de pitié que ce qui se passe sous nos yeux; il semble qu'on ait brisé de nos jours le lien naturel qui unit les opinions aux goûts et les actes aux croyances; la sympathie qui s'est fait remarquer de tout temps entre les sentiments et les idées des hommes paraît détruite, et l'on dirait que toutes les lois de l'analogie morale sont abolies.

On rencontre encore parmi nous des chrétiens pleins de zèle, dont l'âme religieuse aime à se nourrir des vérités de l'autre vie; ceux-là vont s'animer sans doute en faveur de la liberté humaine, source de toute grandeur morale. Le christianisme, qui a rendu tous les hommes égaux devant Dieu, ne répugnera pas à voir tous les citoyens égaux devant la loi. Mais, par un concours d'étranges événements, la religion se trouve momentanément engagée au milieu des puissances que la démocratie renverse, et il lui arrive souvent de repousser l'égalité qu'elle aime, et de maudire la liberté comme un adversaire, tandis qu'en la prenant par la main, elle pourrait en sanctifier les efforts.

A côté de ces hommes religieux, j'en découvre d'autres dont les regards sont tournés vers la terre plutôt que vers le ciel; partisans de la liberté, non seulement parce qu'ils voient en elle l'origine des plus nobles vertus, mais surtout parce qu'ils la considèrent comme la source des plus grands biens, ils désirent sincèrement assurer son empire et faire goûter aux hommes ses bienfaits : je comprends que ceux-là vont se hâter d'appeler la

religion à leur aide, car ils doivent savoir qu'on ne peut
établir le règne de la liberté sans celui des mœurs, ni
fonder les mœurs sans les croyances; mais ils ont aperçu
la religion dans les rangs de leurs adversaires, c'en est
assez pour eux : les uns l'attaquent, et les autres n'osent
la défendre.

Les siècles passés ont vu des âmes basses et vénales
préconiser l'esclavage, tandis que des esprits indépendants et des cœurs généreux luttaient sans espérance pour
sauver la liberté humaine. Mais on rencontre souvent, de
nos jours, des hommes naturellement nobles et fiers,
dont les opinions sont en opposition directe avec leurs
goûts, et qui vantent la servilité et la bassesse qu'ils
n'ont jamais connues pour eux-mêmes. Il en est d'autres,
au contraire, qui parlent de la liberté comme s'ils pouvaient sentir ce qu'il y a de saint et de grand en elle, et
qui réclament bruyamment en faveur de l'humanité des
droits qu'ils ont toujours méconnus.

J'aperçois des hommes vertueux et paisibles que leurs
mœurs pures, leurs habitudes tranquilles, leur aisance
et leurs lumières placent naturellement à la tête des
populations qui les environnent. Pleins d'un amour
sincère pour la patrie, ils sont prêts à faire pour elle
de grands sacrifices : cependant la civilisation trouve
souvent en eux des adversaires; ils confondent ses abus
avec ses bienfaits, et dans leur esprit l'idée du mal est
indissolublement unie à celle du nouveau.

Près de là j'en vois d'autres qui, au nom des progrès,
s'efforçant de matérialiser l'homme, veulent trouver
l'utile sans s'occuper du juste, la science loin des
croyances, et le bien-être séparé de la vertu : ceux-là se
sont dits les champions de la civilisation moderne, et ils
se mettent insolemment à sa tête, usurpant une place
qu'on leur abandonne et dont leur indignité les repousse.

Où sommes-nous donc ?

Les hommes religieux combattent la liberté, et les
amis de la liberté attaquent les religions; des esprits
nobles et généreux vantent l'esclavage, et des âmes basses
et serviles préconisent l'indépendance; des citoyens
honnêtes et éclairés sont ennemis de tous les progrès,
tandis que des hommes sans patriotisme et sans mœurs
se font les apôtres de la civilisation et des lumières!

Tous les siècles ont-ils donc ressemblé au nôtre ?
L'homme a-t-il toujours eu sous les yeux, comme de nos
jours, un monde où rien ne s'enchaîne, où la vertu est

sans génie, et le génie sans honneur; où l'amour de l'ordre se confond avec le goût des tyrans et le culte saint de la liberté avec le mépris des lois; où la conscience ne jette qu'une clarté douteuse sur les actions humaines; où rien ne semble plus défendu, ni permis, ni honnête, ni honteux, ni vrai, ni faux?

Penserai-je que le Créateur a fait l'homme pour le laisser se débattre sans fin au milieu des misères intellectuelles qui nous entourent? Je ne saurais le croire: Dieu prépare aux sociétés européennes un avenir plus fixe et plus calme; j'ignore ses desseins, mais je ne cesserai pas d'y croire parce que je ne puis les pénétrer, et j'aimerai mieux douter de mes lumières que de sa justice.

Il est un pays dans le monde où la grande révolution sociale dont je parle semble avoir à peu près atteint ses limites naturelles; elle s'y est opérée d'une manière simple et facile, ou plutôt on peut dire que ce pays voit les résultats de la révolution démocratique qui s'opère parmi nous, sans avoir eu la révolution elle-même.

Les émigrants qui vinrent se fixer en Amérique au commencement du XVIIe siècle dégagèrent en quelque façon le principe de la démocratie de tous ceux contre lesquels il luttait dans le sein des vieilles sociétés de l'Europe, et ils le transplantèrent seul sur les rivages du nouveau monde. Là, il a pu grandir en liberté, et, marchant avec les mœurs, se développer paisiblement dans les lois.

Il me paraît hors de doute que tôt ou tard nous arriverons, comme les Américains, à l'égalité presque complète des conditions. Je ne conclus point de là que nous soyons appelés un jour à tirer nécessairement, d'un pareil état social, les conséquences politiques que les Américains en ont tirées. Je suis très loin de croire qu'ils aient trouvé la seule forme de gouvernement que puisse se donner la démocratie; mais il suffit que dans les deux pays la cause génératrice des lois et des mœurs soit la même, pour que nous ayons un intérêt immense à savoir ce qu'elle a produit dans chacun d'eux.

Ce n'est donc pas seulement pour satisfaire une curiosité, d'ailleurs légitime, que j'ai examiné l'Amérique; j'ai voulu y trouver des enseignements dont nous puissions profiter. On se tromperait étrangement si l'on pensait que j'aie voulu faire un panégyrique; quiconque lira ce livre sera bien convaincu que tel n'a point été mon dessein; mon but n'a pas été non plus de préconiser telle forme de gouvernement en général; car je suis du nombre de ceux qui croient qu'il n'y a presque jamais de bonté absolue dans les lois; je n'ai même pas prétendu juger si la révolution sociale, dont la marche me semble irrésistible, était avantageuse ou funeste à l'humanité; j'ai admis cette révolution comme un fait accompli ou prêt à s'accomplir, et, parmi les peuples qui l'ont vue s'opérer dans leur sein, j'ai cherché celui chez lequel elle a atteint le développement le plus complet et le plus paisible, afin d'en discerner clairement les conséquences naturelles, et d'apercevoir, s'il se peut, les moyens de la rendre profitable aux hommes. J'avoue que dans l'Amérique j'ai vu plus que l'Amérique; j'y ai cherché une image de la démocratie elle-même, de ses penchants, de son caractère, de ses préjugés, de ses passions; j'ai voulu la connaître, ne fût-ce que pour savoir du moins ce que nous devions espérer ou craindre d'elle.

Dans la première partie de cet ouvrage, j'ai donc essayé de montrer la direction que la démocratie, livrée en Amérique à ses penchants et abandonnée presque sans contrainte à ses instincts, donnait naturellement aux lois, la marche qu'elle imprimait au gouvernement, et en général la puissance qu'elle obtenait sur les affaires. J'ai voulu savoir quels étaient les biens et les maux produits par elle. J'ai recherché de quelles précautions les Américains avaient fait usage pour la diriger, et quelles autres ils avaient omises, et j'ai entrepris de distinguer les causes qui lui permettent de gouverner la société.

Mon but était de peindre dans une seconde partie l'influence qu'exercent en Amérique l'égalité des conditions et le gouvernement de la démocratie sur la société civile, sur les habitudes, les idées et les mœurs; mais je commence à me sentir moins d'ardeur pour l'accomplissement de ce dessein. Avant que je puisse fournir ainsi la tâche que je m'étais proposée, mon travail sera devenu presque inutile. Un autre doit bientôt montrer aux lecteurs les principaux traits du caractère américain, et, cachant sous un voile léger la gravité des tableaux, prêter à la vérité des charmes dont je n'aurais pu la parer [1].

---

1. A l'époque où je publiai la première édition de cet ouvrage, M. Gustave de Beaumont, mon compagnon de voyage en Amérique, travaillait encore à son livre intitulé *Marie, ou l'Esclavage aux Etats-Unis*, qui a paru depuis. Le but principal de M. de Beaumont a été de mettre en relief et de faire connaître la situation des nègres au milieu de la société anglo-américaine. Son ouvrage jettera une vive et nouvelle

Je ne sais si j'ai réussi à faire connaître ce que j'ai vu en Amérique, mais je suis assuré d'en avoir eu sincèrement le désir, et de n'avoir jamais cédé qu'à mon insu au besoin d'adapter les faits aux idées, au lieu de soumettre les idées aux faits.

Lorsqu'un point pouvait être établi à l'aide de documents écrits, j'ai eu soin de recourir aux textes originaux et aux ouvrages les plus authentiques et les plus estimés [1]. J'ai indiqué mes sources en notes, et chacun pourra les vérifier. Quand il s'est agi d'opinions, d'usages politiques, d'observations de mœurs, j'ai cherché à consulter les hommes les plus éclairés. S'il arrivait que la chose fût importante ou douteuse, je ne me contentais pas d'un témoin, mais je ne me déterminais que sur l'ensemble des témoignages.

Ici il faut nécessairement que le lecteur me croie sur parole. J'aurais souvent pu citer à l'appui de ce que j'avance l'autorité de noms qui lui sont connus, ou qui du moins sont dignes de l'être; mais je me suis gardé de le faire. L'étranger apprend souvent auprès du foyer de son hôte d'importantes vérités, que celui-ci déroberait peut-être à l'amitié; on se soulage avec lui d'un silence obligé; on ne craint pas son indiscrétion, parce qu'il passe. Chacune de ces confidences était enregistrée par moi aussitôt que reçue, mais elles ne sortiront jamais de mon portefeuille; j'aime mieux nuire au succès de mes récits que d'ajouter mon nom à la liste de ces voyageurs qui renvoient des chagrins et des embarras en retour de la généreuse hospitalité qu'ils ont reçue.

Je sais que, malgré mes soins, rien ne sera plus facile que de critiquer ce livre, si personne songe jamais à le critiquer.

lumière sur la question de l'esclavage, question vitale pour les républiques unies. Je ne sais si je me trompe, mais il me semble que le livre de M. de Beaumont, après avoir vivement intéressé ceux qui voudront y puiser des émotions et y chercher des tableaux, doit obtenir un succès plus solide et plus durable encore parmi les lecteurs qui, avant tout, désirent des aperçus vrais et de profondes vérités.

1. Les documents législatifs et administratifs m'ont été fournis avec une obligeance dont le souvenir excitera toujours ma gratitude. Parmi les fonctionnaires américains qui ont ainsi favorisé mes recherches, je citerai surtout M. Edward Livingston, alors secrétaire d'Etat (maintenant ministre plénipotentiaire à Paris). Durant mon séjour au sein du congrès, M. Livingston voulut bien me faire remettre la plupart des documents que je possède, relativement au gouvernement fédéral. M. Livingston est un de ces hommes rares qu'on aime en lisant leurs écrits, qu'on admire et qu'on honore avant même de les connaître, et auxquels on est heureux de devoir de la reconnaissance.

Ceux qui voudront y regarder de près retrouveront, je pense, dans l'ouvrage entier, une pensée mère qui enchaîne, pour ainsi dire, toutes ses parties. Mais la diversité des objets que j'ai eus à traiter est très grande, et celui qui entreprendra d'opposer un fait isolé à l'ensemble des faits que je cite, une idée détachée à l'ensemble des idées, y réussira sans peine. Je voudrais donc qu'on me fît la grâce de me lire dans le même esprit qui a présidé à mon travail, et qu'on jugeât ce livre par l'impression générale qu'il laisse, comme je me suis décidé moi-même, non par telle raison, mais par la masse des raisons.

Il ne faut pas non plus oublier que l'auteur qui veut se faire comprendre est obligé de pousser chacune de ses idées dans toutes leurs conséquences théoriques, et souvent jusqu'aux limites du faux et de l'impraticable; car s'il est quelquefois nécessaire de s'écarter des règles de la logique dans les actions, on ne saurait le faire de même dans les discours, et l'homme trouve presque autant de difficultés à être inconséquent dans ses paroles qu'il en rencontre d'ordinaire à être conséquent dans ses actes.

Je finis en signalant moi-même ce qu'un grand nombre de lecteurs considérera comme le défaut capital de l'ouvrage. Ce livre ne se met précisément à la suite de personne; en l'écrivant, je n'ai entendu servir ni combattre aucun parti; j'ai entrepris de voir, non pas autrement, mais plus loin que les partis; et tandis qu'ils s'occupent du lendemain, j'ai voulu songer à l'avenir.

PREMIÈRE PARTIE

CHAPITRE PREMIER

Configuration extérieure de l'Amérique du Nord

L'Amérique du Nord divisée en deux vastes régions, l'une descendant vers le pôle, l'autre vers l'équateur. — Vallée du Mississippi. — Traces qu'on y rencontre des révolutions du globe. — Rivage de l'océan Atlantique sur lequel se sont fondées les colonies anglaises. — Différent aspect que présentaient l'Amérique du Sud et l'Amérique du Nord à l'époque de la découverte. — Forêts de l'Amérique du Nord. — Prairies. — Tribus errantes des indigènes. — Leur extérieur, leurs mœurs, leurs langues. — Traces d'un peuple inconnu.

L'Amérique du Nord présente, dans sa configuration extérieure, des traits généraux qu'il est facile de discerner au premier coup d'œil.

Une sorte d'ordre méthodique y a présidé à la séparation des terres et des eaux, des montagnes et des vallées. Un arrangement simple et majestueux s'y révèle au milieu même de la confusion des objets et parmi l'extrême variété des tableaux.

Deux vastes régions la divisent d'une manière presque égale.

L'une a pour limite, au septentrion, le pôle arctique; à l'est, à l'ouest, les deux grands océans. Elle s'avance ensuite vers le midi, et forme un triangle dont les côtés irrégulièrement tracés se rencontrent enfin au-dessous des grands lacs du Canada.

La seconde commence où finit la première, et s'étend sur tout le reste du continent.

L'une est légèrement inclinée vers le pôle, l'autre vers l'équateur.

Les terres comprises dans la première région descendent au nord par une pente si insensible, qu'on pourrait presque dire qu'elles forment un plateau. Dans l'in-

térieur de cet immense terre-plein on ne rencontre ni
hautes montagnes ni profondes vallées.

Les eaux y serpentent comme au hasard ; les fleuves s'y
entremêlent, se joignent, se quittent, se retrouvent encore,
se perdent dans mille marais, s'égarent à chaque instant
au milieu d'un labyrinthe humide qu'ils ont créé, et ne
gagnent enfin qu'après d'innombrables circuits les mers
polaires. Les grands lacs qui terminent cette première
région ne sont pas encaissés, comme la plupart de ceux
de l'ancien monde, dans des collines ou des rochers ;
leurs rives sont plates et ne s'élèvent que de quelques
pieds au-dessus du niveau de l'eau. Chacun d'eux forme
donc comme une vaste coupe remplie jusqu'aux bords :
les plus légers changements dans la structure du globe
précipiteraient leurs ondes du côté du pôle ou vers la
mer des tropiques.

La seconde région est plus accidentée et mieux préparée pour devenir la demeure permanente de l'homme ;
deux longues chaînes de montagnes la partagent dans
toute sa longueur : l'une, sous le nom d'Alléghanys, suit
les bords de l'océan Atlantique ; l'autre court parallèle-
ment à la mer du Sud.

L'espace renfermé entre les deux chaînes de montagnes
comprend 228 343 lieues carrées [1]. Sa superficie est donc
environ six fois plus grande que celle de la France [2].

Ce vaste territoire ne forme cependant qu'une seule
vallée, qui, descendant du sommet arrondi des Alléghanys, remonte, sans rencontrer d'obstacles, jusqu'aux
cimes des montagnes Rocheuses.

Au fond de la vallée coule un fleuve immense. C'est
vers lui qu'on voit accourir de toutes parts les eaux qui
descendent des montagnes.

Jadis les Français l'avaient appelé le fleuve Saint-
Louis, en mémoire de la patrie absente ; et les Indiens,
dans leur pompeux langage, l'ont nommé le Père des
eaux, ou le Mississippi.

Le Mississippi prend sa source sur les limites des deux
grandes régions dont j'ai parlé plus haut, vers le sommet
du plateau qui les sépare.

Près de lui naît un autre fleuve [3] qui va se décharger

---

1. 1 341 649 milles. Voyez *Darby's View of the United States*,
p. 499. J'ai réduit ces milles en lieues de 2 000 toises.
2. La France a 35 181 lieues carrées.
3. La rivière Rouge.

dans les mers polaires. Le Mississippi lui-même semble quelque temps incertain du chemin qu'il doit prendre : plusieurs fois il revient sur ses pas, et ce n'est qu'après avoir ralenti son cours au sein de lacs et de marécages qu'il se décide enfin et trace lentement sa route vers le midi.

Tantôt tranquille au fond du lit argileux que lui a creusé la nature, tantôt gonflé par les orages, le Mississippi arrose plus de mille lieues dans son cours [4].

Six cents lieues [5] au-dessus de son embouchure, le fleuve a déjà une profondeur moyenne de 15 pieds, et des bâtiments de 300 tonneaux le remontent pendant un espace de près de deux cents lieues.

Cinquante-sept grandes rivières navigables viennent lui apporter leurs eaux. On compte, parmi les tributaires du Mississippi, un fleuve de 1 300 lieues de cours [6], un de 900 [7], un de 600 [8], un de 500 [9], quatre de 200 [10], sans parler d'une multitude innombrable de ruisseaux qui accourent de toutes parts se perdre dans son sein.

La vallée que le Mississippi arrose semble avoir été créée pour lui seul; il y dispense à volonté le bien et le mal, et il en est comme le dieu. Aux environs du fleuve, la nature déploie une inépuisable fécondité; à mesure qu'on s'éloigne de ses rives, les forces végétales s'épuisent, les terrains s'amaigrissent, tout languit ou meurt. Nulle part les grandes convulsions du globe n'ont laissé de traces plus évidentes que dans la vallée du Mississippi. L'aspect tout entier du pays y atteste le travail des eaux. Sa stérilité comme son abondance est leur ouvrage. Les flots de l'océan primitif ont accumulé dans le fond de la vallée d'énormes couches de terre végétale qu'ils ont eu le temps d'y niveler. On rencontre sur la rive droite du fleuve des plaines immenses, unies comme la surface d'un champ sur lequel le laboureur aurait fait passer son rouleau. À mesure qu'on approche des montagnes, le terrain, au contraire, devient de plus en plus inégal et stérile; le

---

4. 2 500 milles, 1 032 lieues. Voyez *Description des Etats-Unis*, par Warde, vol. I, p. 166.

5. 1 364 milles, 563 lieues. Voyez *id.*, vol. I, p. 169.

6. Le Missouri. Voyez *id.*, vol. I, p. 132 (1 278 lieues).

7. L'Arkansas. Voyez *id.*, vol. I, p. 188 (877 lieues).

8. La rivière Rouge. Voyez *id.*, vol. I, p. 190 (598 lieues).

9. L'Ohio. Voyez *id.*, vol. I, p. 192 (490 lieues).

10. L'Illinois, le Saint-Pierre, le Saint-François, la Moingona. Dans les mesures ci-dessus, j'ai pris pour base le mille légal *(statute mile)* et la lieue de poste de 2 000 toises.

sol y est, pour ainsi dire, percé en mille endroits, et des roches primitives apparaissent çà et là, comme les os d'un squelette après que le temps a consumé autour d'eux les muscles et les chairs. Un sable granitique, des pierres irrégulièrement taillées couvrent la surface de la terre; quelques plantes poussent à grand-peine leurs rejetons à travers ces obstacles; on dirait un champ fertile couvert des débris d'un vaste édifice. En analysant ces pierres et ce sable, il est facile, en effet, de remarquer une analogie parfaite entre leurs substances et celles qui composent les cimes arides et brisées des montagnes Rocheuses. Après avoir précipité la terre dans le fond de la vallée, les eaux ont sans doute fini par entraîner avec elles une partie des roches elles-mêmes; elles les ont roulées sur les pentes les plus voisines; et, après les avoir broyées les unes contre les autres, elles ont parsemé la base des montagnes de ces débris arrachés à leurs sommets A *.

La vallée du Mississippi est, à tout prendre, la plus magnifique demeure que Dieu ait jamais préparée pour l'habitation de l'homme, et pourtant on peut dire qu'elle ne forme encore qu'un vaste désert.

Sur le versant oriental des Alléghanys, entre le pied de ces montagnes et l'océan Atlantique, s'étend une longue bande de roches et de sable que la mer semble avoir oubliée en se retirant. Ce territoire n'a que 48 lieues de largeur moyenne [11], mais il compte 390 lieues de longueur [12]. Le sol, dans cette partie du continent américain, ne se prête qu'avec peine aux travaux du cultivateur. La végétation y est maigre et uniforme.

C'est sur cette côte inhospitalière que se sont d'abord concentré les efforts de l'industrie humaine. Sur cette langue de terre aride sont nées et ont grandi les colonies anglaises qui devaient devenir un jour les Etats-Unis d'Amérique. C'est encore là que se trouve aujourd'hui le foyer de la puissance, tandis que sur les derrières s'assemblent presque en secret les véritables éléments du grand peuple auquel appartient sans doute l'avenir du continent.

Quand les Européens abordèrent les rivages des Antilles, et plus tard les côtes de l'Amérique du Sud, ils

* Les lettres renvoient aux notes de Tocqueville, p. 543.

11. 100 milles.
12. Environ 900 milles.

se crurent transportés dans les régions fabuleuses qu'avaient célébrées les poètes. La mer étincelait des feux du tropique; la transparence extraordinaire de ses eaux découvrait pour la première fois, aux yeux du navigateur, la profondeur des abîmes [13]. Çà et là se montraient de petites îles parfumées qui semblaient flotter comme des corbeilles de fleurs sur la surface tranquille de l'Océan. Tout ce qui, dans ces lieux enchantés, s'offrait à la vue, semblait préparé pour les besoins de l'homme, ou calculé pour ses plaisirs. La plupart des arbres étaient chargés de fruits nourrissants, et les moins utiles à l'homme charmaient ses regards par l'éclat et la variété de leurs couleurs. Dans une forêt de citronniers odorants, de figuiers sauvages, de myrtes à feuilles rondes, d'acacias et de lauriers-roses, tous entrelacés par des lianes fleuries, une multitude d'oiseaux inconnus à l'Europe faisaient étinceler leurs ailes de pourpre et d'azur, et mêlaient le concert de leurs voix aux harmonies d'une nature pleine de mouvement et de vie *B*.

La mort était cachée sous ce manteau brillant; mais on ne l'apercevait point alors, et il régnait d'ailleurs dans l'air de ces climats je ne sais quelle influence énervante qui attachait l'homme au présent et le rendait insouciant de l'avenir.

L'Amérique du Nord parut sous un autre aspect : tout y était grave, sérieux, solennel; on eût dit qu'elle avait été créée pour devenir le domaine de l'intelligence, comme l'autre la demeure des sens.

Un océan turbulent et brumeux enveloppait ses rivages; des rochers granitiques ou des grèves de sable lui servaient de ceinture; les bois qui couvraient ses rives étalaient un feuillage sombre et mélancolique; on n'y voyait guère croître que le pin, le mélèze, le chêne vert, l'olivier sauvage et le laurier.

Après avoir pénétré à travers cette première enceinte, on entrait sous les ombrages de la forêt centrale; là se trouvaient confondus les plus grands arbres qui croissent sur les deux hémisphères. Le platane, le catalpa, l'érable

13. Les eaux sont si transparentes dans la mer des Antilles, dit Malte-Brun, vol. III, p. 726, qu'on distingue les coraux et les poissons à 60 brasses de profondeur. Le vaisseau semble planer dans l'air ; une sorte de vertige saisit le voyageur dont l'œil plonge à travers le fluide cristallin au milieu des jardins sous-marins où des coquillages et des poissons dorés brillent parmi les touffes de fucus et des bosquets d'algues marines.

à sucre et le peuplier de Virginie entrelaçaient leurs branches avec celles du chêne, du hêtre et du tilleul.

Comme dans les forêts soumises au domaine de l'homme, la mort frappait ici sans relâche ; mais personne ne se chargeait d'enlever les débris qu'elle avait faits. Ils s'accumulaient donc les uns sur les autres : le temps ne pouvait suffire à les réduire assez vite en poudre et à préparer de nouvelles places. Mais, au milieu même de ces débris, le travail de la reproduction se poursuivait sans cesse. Des plantes grimpantes et des herbes de toute espèce se faisaient jour à travers les obstacles ; elles rampaient le long des arbres abattus, s'insinuaient dans leur poussière, soulevaient et brisaient l'écorce flétrie qui les couvrait encore, et frayaient un chemin à leurs jeunes rejetons. Ainsi la mort venait en quelque sorte y aider à la vie. L'une et l'autre étaient en présence, elles semblaient avoir voulu mêler et confondre leurs œuvres.

Ces forêts recelaient une obscurité profonde ; mille ruisseaux, dont l'industrie humaine n'avait point encore dirigé le cours, y entretenaient une éternelle humidité. A peine y voyait-on quelques fleurs, quelques fruits sauvages, quelques oiseaux.

La chute d'un arbre renversé par l'âge, la cataracte d'un fleuve, le mugissement des buffles et le sifflement des vents y troublaient seuls le silence de la nature.

A l'est du grand fleuve, les bois disparaissaient en partie ; à leur place s'étendaient des prairies sans bornes. La nature, dans son infinie variété, avait-elle refusé la semence des arbres à ces fertiles campagnes, ou plutôt la forêt qui les couvrait avait-elle été détruite jadis par la main de l'homme ? C'est ce que les traditions ni les recherches de la science n'ont pu découvrir.

Ces immenses déserts n'étaient pas cependant entièrement privés de la présence de l'homme ; quelques peuplades erraient depuis des siècles sous les ombrages de la forêt ou parmi les pâturages de la prairie. A partir de l'embouchure du Saint-Laurent jusqu'au delta du Mississippi, depuis l'océan Atlantique jusqu'à la mer du Sud, ces sauvages avaient entre eux des points de ressemblance qui attestaient leur commune origine. Mais, du reste, ils différaient de toutes les races connues [14] : ils n'étaient

---

14. On a découvert depuis quelques ressemblances entre la conformation physique, la langue et les habitudes des Indiens de l'Amérique du Nord et celles des Tongouses, des Mantchoux, des Mongols, des

ni blancs comme les Européens, ni jaunes comme la plupart des Asiatiques, ni noirs comme les nègres ; leur peau était rougeâtre, leurs cheveux longs et luisants, leurs lèvres minces et les pommettes de leurs joues très saillantes. Les langues que parlaient les peuplades sauvages de l'Amérique différaient entre elles par les mots, mais toutes étaient soumises aux mêmes règles grammaticales. Ces règles s'écartaient en plusieurs points de celles qui jusque-là avaient paru présider à la formation du langage parmi les hommes.

L'idiome des Américains semblait le produit de combinaisons nouvelles ; il annonçait de la part de ses inventeurs un effort d'intelligence dont les Indiens de nos jours paraissent peu capables C.

L'état social de ces peuples différait aussi sous plusieurs rapports de ce qu'on voyait dans l'ancien monde : on eût dit qu'ils s'étaient multipliés librement au sein de leurs déserts, sans contact avec des races plus civilisées que la leur. On ne rencontrait donc point chez eux ces notions douteuses et incohérentes du bien et du mal, cette corruption profonde qui se mêle d'ordinaire à l'ignorance et à la rudesse des mœurs, chez les nations policées qui sont redevenues barbares. L'Indien ne devait rien qu'à lui-même : ses vertus, ses vices, ses préjugés étaient son propre ouvrage ; il avait grandi dans l'indépendance sauvage de sa nature.

La grossièreté des hommes du peuple, dans les pays policés, ne vient pas seulement de ce qu'ils sont ignorants et pauvres, mais de ce qu'étant tels, ils se trouvent journellement en contact avec des hommes éclairés et riches.

La vue de leur infortune et de leur faiblesse, qui vient chaque jour contraster avec le bonheur et la puissance de quelques-uns de leurs semblables, excite en même temps dans leur cœur de la colère et de la crainte ; le sentiment de leur infériorité et de leur dépendance les irrite et les humilie. Cet état intérieur de l'âme se reproduit dans leurs mœurs, ainsi que dans leur langage ; ils sont tout à la fois insolents et bas.

Tatars et autres tribus nomades de l'Asie. Ces derniers occupent une position rapprochée du détroit de Behring, ce qui permet de supposer qu'à une époque ancienne ils ont pu venir peupler le continent désert de l'Amérique. Mais la science n'est pas encore parvenue à éclaircir ce point. Voyez sur cette question Malte-Brun, vol. V ; les ouvrages de M. de Humboldt ; Fischer, *Conjectures sur l'origine des Américains ;* Adair, *History of the American Indians.*

La vérité de ceci se prouve aisément par l'observation. Le peuple est plus grossier dans les pays aristocratiques que partout ailleurs, dans les cités opulentes que dans les campagnes.

Dans ces lieux, où se rencontrent des hommes si forts et si riches, les faibles et les pauvres se sentent comme accablés de leur bassesse; ne découvrant aucun point par lequel ils puissent regagner l'égalité, ils désespèrent entièrement d'eux-mêmes et se laissent tomber au-dessous de la dignité humaine.

Cet effet fâcheux du contraste des conditions ne se retrouve point dans la vie sauvage : les Indiens, en même temps qu'ils sont tous ignorants et pauvres, sont tous égaux et libres.

Lors de l'arrivée des Européens, l'indigène de l'Amérique du Nord ignorait encore le prix des richesses et se montrait indifférent au bien-être que l'homme civilisé acquiert avec elles. Cependant on n'apercevait en lui rien de grossier; il régnait au contraire dans ses façons d'agir une réserve habituelle et une sorte de politesse aristocratique.

Doux et hospitalier dans la paix, impitoyable dans la guerre, au-delà même des bornes connues de la férocité humaine, l'Indien s'exposait à mourir de faim pour secourir l'étranger qui frappait le soir à la porte de sa cabane, et il déchirait de ses propres mains les membres palpitants de son prisonnier. Les plus fameuses républiques antiques n'avaient jamais admiré de courage plus ferme, d'âmes plus orgueilleuses, de plus intraitable amour de l'indépendance, que n'en cachaient alors les bois sauvages du nouveau monde [15]. Les Européens ne produisirent que peu d'impression en abordant sur les rivages de l'Amérique du Nord; leur présence ne fit naître ni envie ni peur. Quelle prise pouvaient-ils avoir sur de pareils hommes ? l'Indien savait vivre sans besoins,

---

15. On a vu chez les Iroquois, attaqués par des forces supérieures, dit le président Jefferson (*Notes sur la Virginie*, p. 148), les vieillards dédaigner de recourir à la fuite ou de survivre à la destruction de leur pays, et braver la mort, comme les anciens Romains dans le sac de Rome par les Gaulois.

Plus loin, p. 150 : « Il n'y a point d'exemple, dit-il, d'un Indien tombé au pouvoir de ses ennemis, qui ait demandé la vie. On voit, au contraire, le prisonnier rechercher, pour ainsi dire, la mort des mains de ses vainqueurs, en les insultant et les provoquant de toutes les manières. »

souffrir sans se plaindre, et mourir en chantant [16]. Comme tous les autres membres de la grande famille humaine, ces sauvages croyaient du reste à l'existence d'un monde meilleur et adoraient sous différents noms le Dieu créateur de l'univers. Leurs notions sur les grandes vérités intellectuelles étaient en général simples et philosophiques *D*.

Quelque primitif que paraisse le peuple dont nous traçons ici le caractère, on ne saurait pourtant douter qu'un autre peuple plus civilisé, plus avancé en toutes choses que lui, ne l'eût précédé dans les mêmes régions.

Une tradition obscure, mais répandue chez la plupart des tribus indiennes des bords de l'Atlantique, nous enseigne que jadis la demeure de ces mêmes peuplades avait été placée à l'ouest du Mississippi. Le long des rives de l'Ohio et dans toute la vallée centrale, on trouve encore chaque jour des monticules élevés par la main de l'homme. Lorsqu'on creuse jusqu'au centre de ces monuments, on ne manque guère, dit-on, de rencontrer des ossements humains, des instruments étranges, des armes, des ustensiles de tous genres faits d'un métal, ou rappelant des usages ignorés des races actuelles.

Les Indiens de nos jours ne peuvent donner aucun renseignement sur l'histoire de ce peuple inconnu. Ceux qui vivaient il y a trois cents ans, lors de la découverte de l'Amérique, n'ont rien dit non plus dont on puisse inférer même une hypothèse. Les traditions, ces monuments périssables et sans cesse renaissants du monde primitif, ne fournissent aucune lumière. Là, cependant, ont vécu des milliers de nos semblables ; on ne saurait en douter. Quand y sont-ils venus, quelle a été leur origine, leur destinée, leur histoire ? quand et comment ont-ils péri ? Nul ne pourrait le dire.

Chose bizarre ! il y a des peuples qui sont si complètement disparus de la terre, que le souvenir même de leur nom s'est effacé ; leurs langues sont perdues, leur gloire s'est évanouie comme un son sans écho ; mais je ne sais s'il en est un seul qui n'ait pas au moins laissé un tombeau en mémoire de son passage. Ainsi, de tous les ouvrages

16. Voyez *Histoire de la Lousiane*, par Lepage-Dupratz ; Charlevoix, *Histoire de la Nouvelle-France ;* Lettres du R. Hecwelder, *Transactions of the American philosophical Society*, vol. I ; Jefferson, *Notes sur la Virginie*, p. 135-190. Ce que dit Jefferson est surtout d'un grand poids, à cause du mérite personnel de l'écrivain, de sa position particulière, et du siècle positif et exact dans lequel il écrivait.

de l'homme, le plus durable est encore celui qui retrace le mieux son néant et ses misères!

Quoique le vaste pays qu'on vient de décrire fût habité par de nombreuses tribus d'indigènes, on peut dire avec justice qu'à l'époque de la découverte il ne formait encore qu'un désert. Les Indiens l'occupaient, mais ne le possédaient pas. C'est par l'agriculture que l'homme s'approprie le sol, et les premiers habitants de l'Amérique du Nord vivaient du produit de la chasse. Leurs implacables préjugés, leurs passions indomptées, leurs vices, et plus encore peut-être leurs sauvages vertus, les livraient à une destruction inévitable. La ruine de ces peuples a commencé du jour où les Européens ont abordé sur leurs rivages; elle a toujours continué depuis; elle achève de s'opérer de nos jours. La Providence, en les plaçant au milieu des richesses du nouveau monde, semblait ne leur en avoir donné qu'un court usufruit; ils n'étaient là, en quelque sorte, qu'*en attendant*. Ces côtes, si bien préparées pour le commerce et l'industrie, ces fleuves si profonds, cette inépuisable vallée du Mississippi, ce continent tout entier, apparaissaient alors comme le berceau encore vide d'une grande nation.

C'est là que les hommes civilisés devaient essayer de bâtir la société sur des fondements nouveaux, et qu'appliquant pour la première fois des théories jusqu'alors inconnues ou réputées inapplicables, ils allaient donner au monde un spectacle auquel l'histoire du passé ne l'avait pas préparé.

CHAPITRE II

DU POINT DE DÉPART ET DE SON IMPORTANCE POUR L'AVENIR DES ANGLO-AMÉRICAINS

Utilité de connaître le point de départ des peuples pour comprendre leur état social et leurs lois. — L'Amérique est le seul pays où l'on ait pu apercevoir clairement le point de départ d'un grand peuple. — En quoi tous les hommes qui vinrent peupler l'Amérique anglaise se ressemblaient. — En quoi ils différaient. — Remarque applicable à tous les Européens qui vinrent s'établir sur le rivage du nouveau monde. — Colonisation de la Virginie. — Id. de la Nouvelle-Angleterre. — Caractère original des premiers habitants de la Nouvelle-Angleterre. — Leur arrivée. — Leurs premières lois. — Contrat social. — Code pénal emprunté à la législation de Moïse. — Ardeur religieuse. — Esprit républicain. — Union intime de l'esprit de religion et de l'esprit de liberté.

Un homme vient à naître; ses premières années se passent obscurément parmi les plaisirs ou les travaux de l'enfance. Il grandit; la virilité commence; les portes du monde s'ouvrent enfin pour le recevoir; il entre en contact avec ses semblables. On l'étudie alors pour la première fois, et l'on croit voir se former en lui le germe des vices et des vertus de son âge mûr.

C'est là, si je ne me trompe, une grande erreur.

Remontez en arrière; examinez l'enfant jusque dans les bras de sa mère; voyez le monde extérieur se refléter pour la première fois sur le miroir encore obscur de son intelligence; contemplez les premiers exemples qui frappent ses regards; écoutez les premières paroles qui éveillent chez lui les puissances endormies de la pensée; assistez enfin aux premières luttes qu'il a à soutenir; et alors seulement vous comprendrez d'où viennent les préjugés, les habitudes et les passions qui vont dominer sa vie. L'homme est pour ainsi dire tout entier dans les langes de son berceau.

Il se passe quelque chose d'analogue chez les nations. Les peuples se ressentent toujours de leur origine. Les circonstances qui ont accompagné leur naissance et servi à leur développement influent sur tout le reste de leur carrière.

S'il nous était possible de remonter jusqu'aux éléments des sociétés et d'examiner les premiers monuments de leur histoire, je ne doute pas que nous ne pussions y découvrir la cause première des préjugés, des habitudes, des passions dominantes, de tout ce qui compose enfin ce qu'on appelle le caractère national; il nous arriverait d'y rencontrer l'explication d'usages qui, aujourd'hui, paraissent contraires aux mœurs régnantes; de lois qui semblent en opposition avec les principes reconnus; d'opinions incohérentes qui se rencontrent çà et là dans la société, comme ces fragments de chaînes brisées qu'on voit pendre encore quelquefois aux voûtes d'un vieil édifice, et qui ne soutiennent plus rien. Ainsi s'expliquerait la destinée de certains peuples qu'une force inconnue semble entraîner vers un but qu'eux-mêmes ignorent. Mais jusqu'ici les faits ont manqué à une pareille étude; l'esprit d'analyse n'est venu aux nations qu'à mesure qu'elles vieillissaient, et lorsqu'elles ont enfin songé à contempler leur berceau, le temps l'avait déjà enveloppé d'un nuage, l'ignorance et l'orgueil l'avaient environné de fables, derrière lesquelles se cachait la vérité.

L'Amérique est le seul pays où l'on ait pu assister aux développements naturels et tranquilles d'une société, et où il ait été possible de préciser l'influence exercée par le point de départ sur l'avenir des Etats.

A l'époque où les peuples européens descendirent sur les rivages du nouveau monde, les traits de leur caractère national étaient déjà bien arrêtés; chacun d'eux avait une physionomie distincte; et comme ils étaient déjà arrivés à ce degré de civilisation qui porte les hommes à l'étude d'eux-mêmes, il nous ont transmis le tableau fidèle de leurs opinions, de leurs mœurs et de leurs lois. Les hommes du XVe siècle nous sont presque aussi bien connus que ceux du nôtre. L'Amérique nous montre donc au grand jour ce que l'ignorance ou la barbarie des premiers âges a soustrait à nos regards.

Assez près de l'époque où les sociétés américaines furent fondées, pour connaître en détail leurs éléments, assez loin de ce temps pour pouvoir déjà juger ce que ces germes ont produit, les hommes de nos jours semblent être destinés à voir plus avant que leurs devanciers dans les événements humains. La Providence a mis à notre portée un flambeau qui manquait à nos pères, et nous a permis de discerner, dans la destinée des nations, des causes premières que l'obscurité du passé leur dérobait.

Lorsque, après avoir étudié attentivement l'histoire de l'Amérique, on examine avec soin son état politique et social, on se sent profondément convaincu de cette vérité : qu'il n'est pas une opinion, pas une habitude, pas une loi, je pourrais dire pas un événement, que le point de départ n'explique sans peine. Ceux qui liront ce livre trouveront donc dans le présent chapitre le germe de ce qui doit suivre et la clef de presque tout l'ouvrage.

Les émigrants qui vinrent, à différentes périodes, occuper le territoire que couvre aujourd'hui l'Union américaine, différaient les uns des autres en beaucoup de points ; leur but n'était pas le même, et ils se gouvernaient d'après des principes divers.

Ces hommes avaient cependant entre eux des traits communs, et ils se trouvaient tous dans une situation analogue.

Le lien du langage est peut-être le plus fort et le plus durable qui puisse unir les hommes. Tous les émigrants parlaient la même langue ; ils étaient tous enfants d'un même peuple. Nés dans un pays qu'agitait depuis des siècles la lutte des partis, et où les factions avaient été obligées tour à tour de se placer sous la protection des lois, leur éducation politique s'était faite à cette rude école, et on voyait répandus parmi eux plus de notions des droits, plus de principes de vraie liberté que chez la plupart des peuples de l'Europe. A l'époque des premières émigrations, le gouvernement communal, ce germe fécond des institutions libres, était déjà profondément entré dans les habitudes anglaises, et avec lui le dogme de la souveraineté du peuple s'était introduit au sein même de la monarchie des Tudors.

On était alors au milieu des querelles religieuses qui ont agité le monde chrétien. L'Angleterre s'était précipitée avec une sorte de fureur dans cette nouvelle carrière. Le caractère des habitants, qui avait toujours été grave et réfléchi, était devenu austère et argumentateur. L'instruction s'était beaucoup accrue dans ces luttes intellectuelles; l'esprit y avait reçu une culture plus profonde. Pendant qu'on était occupé à parler religion, les mœurs étaient devenues plus pures. Tous ces traits généraux de la nation se retrouvaient plus ou moins dans la physionomie de ceux de ses fils qui étaient venus chercher un nouvel avenir sur les bords opposés de l'Océan.

Une remarque, d'ailleurs, à laquelle nous aurons occasion de revenir plus tard, est applicable non seulement aux Anglais, mais encore aux Français, aux Espagnols et à tous les Européens qui sont venus successivement s'établir sur les rivages du nouveau monde. Toutes les nouvelles colonies européennes contenaient, sinon le développement, du moins le germe d'une complète démocratie. Deux causes conduisaient à ce résultat : on peut dire qu'en général, à leur départ de la mère patrie, les émigrants n'avaient aucune idée de supériorité quelconque les uns sur les autres. Ce ne sont guère les heureux et les puissants qui s'exilent, et la pauvreté ainsi que le malheur sont les meilleurs garants d'égalité que l'on connaisse parmi les hommes. Il arriva cependant qu'à plusieurs reprises de grands seigneurs passèrent en Amérique à la suite de querelles politiques ou religieuses. On y fit des lois pour y établir la hiérarchie des rangs, mais on s'aperçut bientôt que le sol américain repoussait absolument l'aristocratie territoriale. On vit que pour défricher cette terre rebelle il ne fallait rien moins que les efforts constants et intéressés du propriétaire lui-même. Le fonds préparé, il se trouva que ses produits n'étaient point assez grands pour enrichir tout à la fois un maître et un fermier. Le terrain se morcela donc naturellement en petits domaines que le propriétaire seul cultivait. Or, c'est à la terre que se prend l'aristocratie, c'est au sol qu'elle s'attache et qu'elle s'appuie; ce ne sont point les privilèges seuls qui l'établissent, ce n'est pas la naissance qui la constitue, c'est la propriété foncière héréditairement transmise. Une nation peut présenter d'immenses fortunes et de grandes misères; mais si ces fortunes ne sont point territoriales, on voit dans son sein des pauvres et des riches; il n'y a pas, à vrai dire, d'aristocratie.

Toutes les colonies anglaises avaient donc entre elles, à l'époque de leur naissance, un grand air de famille. Toutes, dès leur principe, semblaient destinées à offrir le développement de la liberté, non pas la liberté aristocratique de leur mère patrie, mais la liberté bourgeoise et démocratique dont l'histoire du monde ne présentait point encore de complet modèle.

Au milieu de cette teinte générale, s'apercevaient cependant de très fortes nuances, qu'il est nécessaire de montrer.

On peut distinguer dans la grande famille anglo-américaine deux rejetons principaux qui, jusqu'à présent, ont grandi sans se confondre entièrement, l'un au sud, l'autre au nord.

La Virginie reçut la première colonie anglaise. Les émigrants y arrivèrent en 1607. L'Europe, à cette époque, était encore singulièrement préoccupée de l'idée que les mines d'or et d'argent font la richesse des peuples : idée funeste qui a plus appauvri les nations européennes qui s'y sont livrées, et détruit plus d'hommes en Amérique, que la guerre et toutes les mauvaises lois ensemble. Ce furent donc des chercheurs d'or que l'on envoya en Virginie [1], gens sans ressources et sans conduite, dont l'esprit inquiet et turbulent troubla l'enfance de la colonie [2] et en rendit les progrès incertains. Ensuite arrivèrent les industriels et les cultivateurs, race plus morale et plus tranquille, mais qui ne s'élevait presque en aucuns points au-dessus du niveau des classes inférieures d'Angleterre [3]. Aucune noble pensée, aucune combinaison immatérielle ne présida à la fondation des nouveaux établissements. A peine la colonie était-elle créée qu'on y introduisait l'esclavage [4]; ce fut là le fait

1. La charte accordée par la couronne d'Angleterre, en 1609, portait entre autres clauses que les colons paieraient à la couronne le cinquième du produit des mines d'or et d'argent. Voyez *Vie de Washington*, par Marshall, vol. I, p. 18-66.

2. Une grande partie des nouveaux colons, dit Stith (*History of Virginia*), étaient des jeunes gens de famille déréglés, et que leurs parents avaient embarqués pour les soustraire à un sort ignominieux; d'anciens domestiques, des banqueroutiers frauduleux, des débauchés et d'autres gens de cette espèce, plus propres à piller et à détruire qu'à consolider l'établissement, formaient le reste. Des chefs séditieux entraînèrent aisément cette troupe dans toutes sortes d'extravagances et d'excès. Voyez, relativement à l'histoire de la Virginie, les ouvrages qui suivent :

History of Virginia from the first Settlements to the year 1624, par Smith.

History of Virginia, par William Stith.

History of Virginia from the earliest period, par Beverley, traduit en français en 1807.

3. Ce n'est que plus tard qu'un certain nombre de riches propriétaires anglais vinrent se fixer dans la colonie.

4. L'esclavage fut introduit vers l'année 1620 par un vaisseau hol-

capital qui devait exercer une immense influence sur le caractère, les lois et l'avenir tout entier du Sud.

L'esclavage, comme nous l'expliquerons plus tard, déshonore le travail; il introduit l'oisiveté dans la société, et avec elle l'ignorance et l'orgueil, la pauvreté et le luxe. Il énerve les forces de l'intelligence et endort l'activité humaine. L'influence de l'esclavage, combinée avec le caractère anglais, explique les mœurs et l'état social du Sud.

Sur ce même fond anglais se peignaient au Nord des nuances toutes contraires. Ici on me permettra quelques détails.

C'est dans les colonies anglaises du Nord, plus connues sous le nom d'Etats de la Nouvelle-Angleterre [5], que se sont combinées les deux ou trois idées principales qui aujourd'hui forment les bases de la théorie sociale des Etats-Unis.

Les principes de la Nouvelle-Angleterre se sont d'abord répandus dans les Etats voisins; ils ont ensuite gagné de proche en proche les plus éloignés, et ont fini, si je puis m'exprimer ainsi, par *pénétrer* la confédération entière. Ils exercent maintenant leur influence au-delà de ses limites, sur tout le monde américain. La civilisation de la Nouvelle-Angleterre a été comme ces feux allumés sur les hauteurs qui, après avoir répandu la chaleur autour d'eux, teignent encore de leurs clartés les derniers confins de l'horizon.

La fondation de la Nouvelle-Angleterre a offert un spectacle nouveau; tout y était singulier et original.

Presque toutes les colonies ont eu pour premiers habitants des hommes sans éducation et sans ressources, que la misère et l'inconduite poussaient hors du pays qui les avait vus naître, ou des spéculateurs avides et des entrepreneurs d'industrie. Il y a des colonies qui ne peuvent pas même réclamer une pareille origine : Saint-Domingue a été fondé par des pirates, et de nos jours les cours de justice d'Angleterre se chargent de peupler l'Australie.

landais qui débarqua vingt nègres sur les rivages de la rivière James Voyez Chalmer.

5. Les Etats de la Nouvelle-Angleterre sont ceux situés à l'est de l'Hudson; ils sont aujourd'hui au nombre de six : 1° le Connecticut; 2° Rhode Island; 3° Massachusetts; 4° Vermont; 5° New Hampshire; 6° Maine.

Les émigrants qui vinrent s'établir sur les rivages de la Nouvelle-Angleterre appartenaient tous aux classes aisées de la mère patrie. Leur réunion sur le sol américain présenta, dès l'origine, le singulier phénomène d'une société où il ne se trouvait ni grands seigneurs, ni peuple, et, pour ainsi dire, ni pauvres, ni riches. Il y avait, à proportion gardée, une plus grande masse de lumières répandue parmi ces hommes que dans le sein d'aucune nation européenne de nos jours. Tous, sans en excepter peut-être un seul, avaient reçu une éducation assez avancée, et plusieurs d'entre eux s'étaient fait connaître en Europe par leurs talents et leurs sciences. Les autres colonies avaient été fondées par des aventuriers sans famille; les émigrants de la Nouvelle-Angleterre apportaient avec eux d'admirables éléments d'ordre et de moralité; ils se rendaient au désert accompagnés de leurs femmes et de leurs enfants. Mais ce qui les distinguait surtout de tous les autres, était le but même de leur entreprise. Ce n'était point la nécessité qui les forçait d'abandonner leur pays; ils y laissaient une position sociale regrettable et des moyens de vivre assurés; ils ne passaient point non plus dans le nouveau monde afin d'y améliorer leur situation ou d'y accroître leurs richesses; ils s'arrachaient aux douceurs de la patrie pour obéir à un besoin purement intellectuel; en s'exposant aux misères inévitables de l'exil, ils voulaient faire triompher *une idée*.

Les émigrants, ou, comme ils s'appelaient si bien eux-mêmes, les *pèlerins* (pilgrims), appartenaient à cette secte d'Angleterre à laquelle l'austérité de ses principes avait fait donner le nom de puritaine. Le puritanisme n'était pas seulement une doctrine religieuse; il se confondait encore en plusieurs points avec les théories démocratiques et républicaines les plus absolues. De là lui étaient venus ses plus dangereux adversaires. Persécutés par le gouvernement de la mère patrie, blessés dans la rigueur de leurs principes par la marche journalière de la société au sein de laquelle ils vivaient, les puritains cherchèrent une terre si barbare et si abandonnée du monde, qu'il fût encore permis d'y vivre à sa manière et d'y prier Dieu en liberté.

Quelques citations feront mieux connaître l'esprit de ces pieux aventuriers que tout ce que nous pourrions ajouter nous-mêmes.

Nathaniel Morton, l'historien des premières années

de la Nouvelle-Angleterre, entre ainsi en matière [6] :
« J'ai toujours cru, dit-il, que c'était un devoir sacré
pour nous, dont les pères ont reçu des gages si nombreux
et si mémorables de la bonté divine dans l'établissement
de cette colonie, d'en perpétuer par écrit le souvenir.
Ce que nous avons vu et ce qui nous a été raconté par
nos pères, nous devons le faire connaître à nos enfants,
afin que les générations à venir apprennent à louer le
Seigneur; afin que la lignée d'Abraham son serviteur
et les fils de Jacob son élu gardent toujours la mémoire
des miraculeux ouvrages de Dieu (*Ps.* cv, 5, 6). Il faut
qu'ils sachent comment le Seigneur a apporté sa vigne
dans le désert; comment il l'a plantée et en a écarté
les païens; comment il lui a préparé une place, en a
enfoncé profondément les racines et l'a laissée ensuite
s'étendre et couvrir au loin la terre (*Ps.* lxxx, 13, 15);
et non seulement cela, mais encore comment il a guidé
son peuple vers son saint tabernacle, et l'a établi sur la
montagne de son héritage (*Exod.*, xv, 13). Ces faits
doivent être connus, afin que Dieu en retire l'honneur
qui lui est dû, et que quelques rayons de sa gloire puissent
tomber sur les noms vénérables des saints qui lui ont
servi d'instruments. »

Il est impossible de lire ce début sans être pénétré
malgré soi d'une impression religieuse et solennelle; il
semble qu'on y respire un air d'antiquité et une sorte de
parfum biblique.

La conviction qui anime l'écrivain relève son langage.
Ce n'est plus à vos yeux, comme aux siens, une petite
troupe d'aventuriers allant chercher fortune au-delà
des mers; c'est la semence d'un grand peuple que Dieu
vient déposer de ses mains sur une terre prédestinée.

L'auteur continue et peint de cette manière le départ
des premiers émigrants [7] :

« C'est ainsi, dit-il, qu'ils quittèrent cette ville (Delft-
Haleft) qui avait été pour eux un lieu de repos; cependant
ils étaient calmes; ils savaient qu'ils étaient pèlerins et
étrangers ici-bas. Ils ne s'attachaient pas aux choses de
la terre, mais levaient les yeux vers le ciel, leur chère
patrie, où Dieu avait préparé pour eux sa cité sainte. Ils
arrivèrent enfin au port où le vaisseau les attendait. Un

---

6. *New England's Memorial*, p. 14, Boston, 1826. Voyez aussi
l'*Histoire* de Hutchinson, vol. II, p. 440.
7. *New England's Memorial*, p. 22.

grand nombre d'amis qui ne pouvaient partir avec eux avaient du moins voulu les suivre jusque-là. La nuit s'écoula sans sommeil; elle se passa en épanchements d'amitié, en pieux discours, en expressions pleines d'une véritable tendresse chrétienne. Le lendemain ils se rendirent à bord; leurs amis voulurent encore les y accompagner; ce fut alors qu'on ouït de profonds soupirs, qu'on vit des pleurs couler de tous les yeux, qu'on entendit de longs embrassements et d'ardentes prières dont les étrangers eux-mêmes se sentirent émus. Le signal du départ étant donné, ils tombèrent à genoux, et leur pasteur, levant au ciel des yeux pleins de larmes, les recommanda à la miséricorde du Seigneur. Ils prirent enfin congé les uns des autres, et prononcèrent cet adieu qui, pour beaucoup d'entre eux, devait être le dernier. »

Les émigrants étaient au nombre de cent cinquante à peu près, tant hommes que femmes et enfants. Leur but était de fonder une colonie sur les rives de l'Hudson; mais, après avoir erré longtemps dans l'Océan, ils furent enfin forcés d'aborder les côtes arides de la Nouvelle-Angleterre, au lieu où s'élève aujourd'hui la ville de Plymouth. On montre encore le rocher où descendirent les pèlerins [8].

« Mais avant d'aller plus loin, dit l'historien que j'ai déjà cité, considérons un instant la condition présente de ce pauvre peuple, et admirons la bonté de Dieu qui l'a sauvé [9].

« Ils avaient passé maintenant le vaste Océan, ils arrivaient au but de leur voyage, mais ils ne voyaient point d'amis pour les recevoir, point d'habitation pour leur offrir un abri; on était au milieu de l'hiver; et ceux qui connaissent notre climat savent combien les hivers sont rudes, et quels furieux ouragans désolent alors nos côtes. Dans cette saison, il est difficile de traverser des lieux connus, à plus forte raison de s'établir sur des rivages nouveaux. Autour d'eux n'apparaissait qu'un désert hideux et désolé, plein d'animaux et d'hommmes

8. Ce rocher est devenu un objet de vénération aux Etats-Unis. J'en ai vu des fragments conservés avec soin dans plusieurs villes de l'Union. Ceci ne montre-t-il pas bien clairement que la puissance et la grandeur de l'homme est tout entière dans son âme ? Voici une pierre que les pieds de quelques misérables touchent un instant, et cette pierre devient célèbre; elle attire les regards d'un grand peuple; on en vénère les débris, on s'en partage au loin la poussière. Qu'est devenu le seuil de tant de palais ? qui s'en inquiète ?

9. *New England's Memorial*, p. 35.

sauvages, dont ils ignoraient le degré de férocité et le nombre. La terre était glacée ; le sol était couvert de forêts et de buissons. Le tout avait un aspect barbare. Derrière eux, ils n'apercevaient que l'immense Océan qui les séparait du monde civilisé. Pour trouver un peu de paix et d'espoir, ils ne pouvaient tourner leurs regards qu'en haut. »

Il ne faut pas croire que la piété des puritains fût seulement spéculative, ni qu'elle se montrât étrangère à la marche des choses humaines. Le puritanisme, comme je l'ai dit plus haut, était presque autant une théorie politique qu'une doctrine religieuse. A peine débarqués sur ce rivage inhospitalier, que Nathaniel Morton vient de décrire, le premier soin des émigrants est donc de s'organiser en société. Ils passent immédiatement un acte qui porte [10] :

« Nous, dont les noms suivent qui, pour la gloire de Dieu, le développement de la foi chrétienne et l'honneur de notre patrie, avons entrepris d'établir la première colonie sur ces rivages reculés, nous convenons dans ces présentes, par consentement mutuel et solennel, et devant Dieu, de nous former en corps de société politique, dans le but de nous gouverner et de travailler à l'accomplissement de nos desseins ; et en vertu de ce contrat, nous convenons de promulguer des lois, actes, ordonnances, et d'instituer, selon les besoins, des magistrats auxquels nous promettons soumission et obéissance. »

Ceci se passait en 1620. A partir de cette époque, l'émigration ne s'arrêta plus. Les passions religieuses et politiques qui déchirèrent l'Empire britannique pendant tout le règne de Charles Ier poussèrent chaque année, sur les côtes de l'Amérique de nouveaux essaims de sectaires. En Angleterre, le foyer du puritanisme continuait à se trouver placé dans les classes moyennes ; c'est du sein des classes moyennes que sortaient la plupart des émigrants. La population de la Nouvelle-Angleterre croissait rapidement, et, tandis que la hiérarchie des rangs classait encore despotiquement les hommes dans la mère patrie, la colonie présentait de plus en plus le spectacle nouveau d'une société homo-

10. Les émigrants qui créèrent l'Etat de Rhode Island en 1638, ceux qui s'établirent à New Haven en 1637, les premiers habitants du Connecticut en 1639, et les fondateurs de Providence en 1640, commencèrent également par rédiger un contrat social qui fut soumis à l'approbation de tous les intéressés. *Pitkin's History*, p. 42 et 47.

gène dans toutes ses parties. La démocratie, telle que n'avait point osé la rêver l'antiquité, s'échappait toute grande et tout armée du milieu de la vieille société féodale.

Content d'éloigner de lui des germes de troubles et des éléments de révolutions nouvelles, le gouvernement anglais voyait sans peine cette émigration nombreuse. Il la favorisait même de tout son pouvoir, et semblait s'occuper à peine de la destinée de ceux qui venaient sur le sol américain chercher un asile contre la dureté de ses lois. On eût dit qu'il regardait la Nouvelle-Angleterre comme une région livrée aux rêves de l'imagination, et qu'on devait abandonner aux libres essais des novateurs.

Les colonies anglaises, et ce fut l'une des principales causes de leur prospérité, ont toujours joui de plus de liberté intérieure et de plus d'indépendance politique que les colonies des autres peuples; mais nulle part ce principe de liberté ne fut plus complètement appliqué que dans les Etats de la Nouvelle-Angleterre.

Il était alors généralement admis que les terres du nouveau monde appartenaient à la nation européenne qui, la première, les avait découvertes.

Presque tout le littoral de l'Amérique du Nord devint de cette manière une possession anglaise vers la fin du XVIe siècle. Les moyens employés par le gouvernement britannique pour peupler ces nouveaux domaines furent de différente nature : dans certains cas, le roi soumettait une portion du nouveau monde à un gouverneur de son choix, chargé d'administrer le pays en son nom et sous ses ordres immédiats [11]; c'est le système colonial adopté dans le reste de l'Europe. D'autres fois, il concédait à un homme ou à une compagnie la propriété de certaines portions de pays [12]. Tous les pouvoirs civils et politiques se trouvaient alors concentrés dans les mains d'un ou de plusieurs individus qui, sous l'inspection et le contrôle de la couronne, vendaient les terres et gouvernaient les habitants. Un troisième système enfin consistait à donner à un certain nombre d'émigrants le droit de se former en société politique, sous le patronage de la mère patrie, et de se gouverner eux-mêmes en tout ce qui n'était pas contraire à ses lois.

11. Ce fut là le cas de l'Etat de New York.
12. Le Maryland, les Carolines, la Pennsylvanie, le New Jersey étaient dans ce cas. Voyez *Pitkin's History*, vol. I, p. 11-31.

Ce mode de colonisation, si favorable à la liberté, ne fut mis en pratique que dans la Nouvelle-Angleterre [13].

Dès 1628 [14], une charte de cette nature fut accordée par Charles Ier à des émigrants qui vinrent fonder la colonie du Massachusetts.

Mais, en général, on n'octroya les chartes aux colonies de la Nouvelle-Angleterre que longtemps après que leur existence fut devenue un fait accompli. Plymouth, Providence, New Haven, l'Etat de Connecticut et celui de Rhode Island [15] furent fondés sans le concours et en quelque sorte à l'insu de la mère-patrie. Les nouveaux habitants, sans nier la suprématie de la métropole, n'allèrent pas puiser dans son sein la source des pouvoirs, ils se constituèrent eux-mêmes, et ce ne fut que trente ou quarante ans après, sous Charles II, qu'une charte royale vint légaliser leur existence.

Aussi est-il souvent difficile, en parcourant les premiers monuments historiques et législatifs de la Nouvelle-Angleterre, d'apercevoir le lien qui attache les émigrants au pays de leurs ancêtres. On les voit à chaque instant faire acte de souveraineté; ils nomment leurs magistrats, font la paix et la guerre, établissent les règlements de police, se donnent des lois comme s'ils n'eussent relevé que de Dieu seul [16].

Rien de plus singulier et de plus instructif tout à la

13. Voyez dans l'ouvrage intitulé : *Historical collection of state papers and other authentic documents intended as materials for an history of the United States of America, by Ebeneser Hasard, printed at Phila-delphia MDCCXCII*, un très grand nombre de documents précieux par leur contenu et leur authenticité, relatifs au premier âge des colonies, entre autres les différentes chartes qui leur furent concédées par la couronne d'Angleterre, ainsi que les premiers actes de leurs gouvernements.

Voyez également l'analyse que fait de toutes ces chartes M. Story, juge à la Cour suprême des Etats-Unis, dans l'introduction de son *Commentaire sur la Constitution des Etats-Unis*.

Il résulte de tous ces documents que les principes du gouvernement représentatif et les formes extérieures de la liberté politique furent introduits dans toutes les colonies presque dès leur naissance. Ces principes avaient reçu de plus grands développements au nord qu'au sud, mais ils existaient partout.

14. Voyez *Pitkin's History*, t. I., p. 35. Voyez *The History of the colony of Massachusetts*, par Hutchinson, vol. I, p. 9.

15. Voyez *id.*, p. 42-47.

16. Les habitants du Massachusetts, dans l'établissement des lois criminelles et civiles des procédures et des cours de justice, s'étaient écartés des usages suivis en Angleterre : en 1650, le nom du roi ne paraissait point encore en tête des mandats judiciaires. Voyez Hutchinson, vol. I, p. 452.

fois que la législation de cette époque; c'est là surtout que se trouve le mot de la grande énigme sociale que les États-Unis présentent au monde de nos jours.

Parmi ces monuments, nous distinguerons particulièrement, comme l'un des plus caractéristiques, le code de lois que le petit État de Connecticut se donna en 1650[17].

Les législateurs du Connecticut[18] s'occupent d'abord des lois pénales; et, pour les composer, ils conçoivent l'idée étrange de puiser dans les textes sacrés :

« Quiconque adorera un autre Dieu que le Seigneur, disent-ils en commençant, sera mis à mort. »

Suivent dix ou douze dispositions de même nature empruntées textuellement au *Deutéronome*, à l'*Exode* et au *Lévitique*.

Le blasphème, la sorcellerie, l'adultère[19], le viol, sont punis de mort; l'outrage fait par un fils à ses parents est frappé de la même peine. On transportait ainsi la législation d'un peuple rude et à demi civilisé au sein d'une société dont l'esprit était éclairé et les mœurs douces; aussi ne vit-on jamais la peine de mort plus prodiguée dans les lois, ni appliquée à moins de coupables.

Les législateurs, dans ce corps de lois pénales, sont surtout préoccupés du soin de maintenir l'ordre moral et les bonnes mœurs dans la société; ils pénètrent ainsi sans cesse dans le domaine de la conscience, et il n'est presque pas de péchés qu'ils ne parviennent à soumettre à la censure du magistrat. Le lecteur a pu remarquer avec quelle sévérité ces lois frappaient l'adultère et le viol. Le simple commerce entre gens non mariés y est sévèrement réprimé. On laisse au juge le droit d'infliger aux coupables l'une de ces trois peines : l'amende, le fouet

---

17. *Code of 1650*, p. 28 (Hartford, 1830).
18. Voyez également dans l'*Histoire* de Hutchinson, vol. I, p. 435-456, l'analyse du code pénal adopté en 1648 par la colonie du Massachusetts ; ce code est rédigé sur des principes analogues à celui du Connecticut.
19. L'adultère était de même puni de mort par la loi du Massachusetts, et Hutchinson, vol. I, p. 441, dit que plusieurs personnes souffrirent en effet la mort pour ce crime ; il cite à ce propos une anecdote curieuse, qui se rapporte à l'année 1663. Une femme mariée avait eu des relations d'amour avec un jeune homme ; elle devint veuve, elle l'épousa ; plusieurs années se passèrent : le public étant enfin venu à soupçonner l'intimité qui avait jadis régné entre les époux, ils furent poursuivis criminellement ; on les mit en prison, et peu s'en fallut qu'on ne les condamnât l'un et l'autre à mort.

ou le mariage [20]; et, s'il en faut croire les registres des anciens tribunaux de New Haven, les poursuites de cette nature n'étaient pas rares; on trouve, à la date du 1er mai 1660, un jugement portant amende et réprimande contre une jeune fille qu'on accusait d'avoir prononcé quelques paroles indiscrètes et de s'être laissé donner un baiser [21]. Le Code de 1650 abonde en mesures préventives. La paresse et l'ivrognerie y sont sévèrement punies [22]. Les aubergistes ne peuvent fournir plus d'une certaine quantité de vin à chaque consommateur : l'amende ou le fouet répriment le simple mensonge quand il peut nuire [23]. Dans d'autres endroits, le législateur, oubliant complètement les grands principes de liberté religieuse réclamés par lui-même en Europe, force, par la crainte des amendes, à assister au service divin [24], et il va jusqu'à frapper de peines sévères [25] et souvent de mort les chrétiens qui veulent adorer Dieu sous une autre formule que la sienne [26]. Quelquefois, enfin, l'ardeur réglementaire qui le possède le porte à s'occuper des soins les plus indignes de lui. C'est ainsi qu'on trouve dans le même code une loi qui prohibe l'usage du tabac [27].

20. *Code of 1650*, p. 48.
Il arrivait, à ce qu'il paraît, quelquefois aux juges de prononcer cumulativement ces diverses peines, comme on le voit dans un arrêt rendu en 1643 (p. 114, *New Haven Antiquities*, qui porte que Marguerite Bedfort, convaincue de s'être livrée à des actes répréhensibles, subira la peine du fouet, et qu'il lui sera enjoint de se marier avec Nicolas Jemmings, son complice.
21. *New Haven Antiquities*, p. 104. Voyez aussi dans l'*Histoire* d'Hutchinson, vol. I, p. 435, plusieurs jugements aussi extraordinaires que celui-là.
22. *Id.*, 1650, p. 50, 57.
23. *Id.*, p. 64.
24. *Id.*, p. 44.
25. Ceci n'était pas particulier au Connecticut. Voyez entre autres la loi rendue le 13 septembre 1644, dans le Massachusetts, qui condamne au bannissement les anabaptistes. *Historical collection of state papers*, vol. I, p. 538. Voyez aussi la loi publiée le 14 octobre 1656 contre les quakers : « Attendu, dit la loi, qu'il vient de s'élever une secte maudite d'hérétiques appelés quakers... » Suivent les dispositions qui condamnent à une très forte amende les capitaines de vaisseaux qui amèneront des quakers dans le pays. Les quakers qui parviendront à s'y introduire seront fouettés et renfermés dans une prison pour y travailler. Ceux qui défendront leurs opinions seront d'abord mis à l'amende, puis condamnés à la prison, et chassés de la province. Même collection, vol. I, p. 630.
26. Dans la loi pénale du Massachusetts, le prêtre catholique qui met le pied dans la colonie après en avoir été chassé est puni de mort.
27. *Code of 1650*, p. 96.

Il ne faut pas, au reste, perdre de vue que ces lois bizarres ou tyranniques n'étaient point imposées ; qu'elles étaient votées par le libre concours de tous les intéressés eux-mêmes, et que les mœurs étaient encore plus austères et plus puritaines que les lois. A la date de 1649, on voit se former à Boston une association solennelle ayant pour but de prévenir le luxe mondain des longs cheveux [28] *E*.

De pareils écarts font sans doute honte à l'esprit humain ; ils attestent l'infériorité de notre nature, qui, incapable de saisir fermement le vrai et le juste, en est réduite le plus souvent à ne choisir qu'entre deux excès.

A côté de cette législation pénale si fortement empreinte de l'étroit esprit de secte et de toutes les passions religieuses que la persécution avait exaltées et qui fermentaient encore au fond des âmes, se trouve placé, et en quelque sorte enchaîné avec elles, un corps de lois politiques qui, tracé il y a deux cents ans, semble encore devancer de très loin l'esprit de liberté de notre âge.

Les principes généraux sur lesquels reposent les constitutions modernes, ces principes, que la plupart des Européens du XVIIe siècle comprenaient à peine et qui triomphaient alors incomplètement dans la Grande-Bretagne, sont tous reconnus et fixés par les lois de la Nouvelle-Angleterre : l'intervention du peuple dans les affaires publiques, le vote libre de l'impôt, la responsabilité des agents du pouvoir, la liberté individuelle et le jugement par jury, y sont établis sans discussion et en fait.

Ces principes générateurs y reçoivent une application et des développements qu'aucune nation de l'Europe n'a encore osé leur donner.

Dans le Connecticut, le corps électoral se composait, dès l'origine, de l'universalité des citoyens, et cela se conçoit sans peine [29]. Chez ce peuple naissant régnait alors une égalité presque parfaite entre les fortunes et plus encore entre les intelligences [30].

Dans le Connecticut, à cette époque, tous les agents du pouvoir exécutif étaient élus, jusqu'au gouverneur de l'Etat [31].

28. *New England's Memorial*, p. 316.
29. Constitution de 1638, p. 17.
30. Dès 1641, l'assemblée générale de Rhode Island déclarait à l'unanimité que le gouvernement de l'Etat consistait en une démocratie, et que le pouvoir reposait sur le corps des hommes libres, lesquels avaient seuls le droit de faire les lois et d'en surveiller l'exécution. *Code of 1650*, p. 70.
31. *Pitkin's History*, p. 47.

Les citoyens au-dessus de seize ans étaient obligés d'y porter les armes; ils formaient une milice nationale qui nommait ses officiers et devait se trouver prête en tout temps à marcher pour la défense du pays [32].

C'est dans les lois du Connecticut, comme dans toutes celles de la Nouvelle-Angleterre, qu'on voit naître et se développer cette indépendance communale qui forme encore de nos jours comme le principe et la vie de la liberté américaine.

Chez la plupart des nations européennes, l'existence politique a commencé dans les régions supérieures de la société et s'est communiquée peu à peu, et toujours d'une manière incomplète, aux diverses parties du corps social.

En Amérique, au contraire, on peut dire que la commune a été organisée avant le comté, le comté avant l'Etat, l'Etat avant l'Union.

Dans la Nouvelle-Angleterre, dès 1650, la commune est complètement et définitivement constituée. Autour de l'individualité communale viennent se grouper et s'attacher fortement des intérêts, des passions, des devoirs et des droits. Au sein de la commune on voit régner une vie politique réelle, active, toute démocratique et républicaine. Les colonies reconnaissent encore la suprématie de la métropole; c'est la monarchie qui est la loi de l'Etat, mais déjà la république est toute vivante dans la commune.

La commune nomme ses magistrats de tout genre; elle se taxe; elle répartit et lève l'impôt sur elle-même [33]. Dans la commune de la Nouvelle-Angleterre, la loi de la représentation n'est point admise. C'est sur la place publique et dans le sein de l'assemblée générale des citoyens que se traitent, comme à Athènes, les affaires qui touchent à l'intérêt de tous.

Lorsqu'on étudie avec attention les lois qui ont été promulguées durant ce premier âge des républiques américaines, on est frappé de l'intelligence gouvernementale et des théories avancées du législateur.

Il est évident qu'il se fait des devoirs de la société envers ses membres une idée plus élevée et plus complète que les législateurs européens d'alors, et qu'il lui impose des obligations auxquelles elle échappait encore ailleurs. Dans les Etats de la Nouvelle-Angleterre, dès l'origine,

32. Constitution de 1638, p. 12.
33. *Code of 1650*, p. 80.

le sort des pauvres est assuré [34]; des mesures sévères sont prises pour l'entretien des routes, on nomme des fonctionnaires pour les surveiller [35]; les communes ont des registres publics où s'inscrivent le résultat des délibérations générales, les décès, les mariages, la naissance des citoyens [36]; des greffiers sont préposés à la tenue de ces registres [37]; des officiers sont chargés d'administrer les successions vacantes, d'autres de surveiller la borne des héritages; plusieurs ont pour principales fonctions de maintenir la tranquillité publique dans la commune [38].

La loi entre dans mille détails divers pour prévenir et satisfaire une foule de besoins sociaux, dont encore de nos jours on n'a qu'un sentiment confus en France.

Mais c'est par les prescriptions relatives à l'éducation publique que, dès le principe, on voit se révéler dans tout son jour le caractère original de la civilisation américaine.

« Attendu, dit la loi, que Satan, l'ennemi du genre humain, trouve dans l'ignorance des hommes ses plus puissantes armes et qu'il importe que les lumières qu'ont apportées nos pères ne restent point ensevelies dans leur tombe; — attendu que l'éducation des enfants est un des premiers intérêts de l'Etat, avec l'assistance du Seigneur [39]... » Suivent les dispositions qui créent des écoles dans toutes les communes, et obligent les habitants, sous peine de fortes amendes, à s'imposer pour les soutenir. Des écoles supérieures sont fondées de la même manière dans les districts les plus populeux. Les magistrats municipaux doivent veiller à ce que les parents envoient leurs enfants dans les écoles; ils ont le droit de prononcer des amendes contre ceux qui s'y refusent; et si la résistance continue, la société, se mettant alors à la place de la famille, s'empare de l'enfant et enlève aux pères les droits que la nature leur avait donnés, mais dont ils savaient si mal user [40]. Le lecteur aura sans doute remarqué le préambule de ces ordonnances : en Amérique, c'est la religion qui mène aux lumières; c'est l'observance des lois divines qui conduit l'homme à la liberté.

---

34. *Code of 1650*, p. 78.
35. *Id.*, p. 49.
36. Voyez l'*Histoire* de Hutchinson, vol. I, p. 455.
37. *Code of 1650*, p. 86.
38. *Id.*, p. 40.
39. *Id.*, p. 90.
40. *Id.*, p. 83.

Lorsque après avoir ainsi jeté un regard rapide sur la société américaine de 1650, on examine l'état de l'Europe et particulièrement celui du continent vers cette même époque, on se sent pénétré d'un profond étonnement : sur le continent de l'Europe, au commencement du XVIIe siècle, triomphait de toutes parts la royauté absolue sur les débris de la liberté oligarchique et féodale du Moyen Age. Dans le sein de cette Europe brillante et littéraire, jamais peut-être l'idée des droits n'avait été plus complètement méconnue; jamais les peuples n'avaient moins vécu de la vie politique; jamais les notions de la vraie liberté n'avaient moins préoccupé les esprits; et c'est alors que ces mêmes principes, inconnus aux nations européennes ou méprisés par elles, étaient proclamés dans les déserts du nouveau monde et devenaient le symbole futur d'un grand peuple. Les plus hardies théories de l'esprit humain étaient réduites en pratique dans cette société si humble en apparence, et dont aucun homme d'Etat n'eût sans doute alors daigné s'occuper; livrée à l'originalité de sa nature, l'imagination de l'homme y improvisait une législation sans précédent. Au sein de cette obscure démocratie, qui n'avait encore enfanté ni généraux, ni philosophes, ni grands écrivains, un homme pouvait se lever en présence d'un peuple libre et donner, aux acclamations de tous, cette belle définition de la liberté :

« Ne nous trompons pas sur ce que nous devons entendre par notre indépendance. Il y a, en effet, une sorte de liberté corrompue, dont l'usage est commun aux animaux comme à l'homme, et qui consiste à faire tout ce qui plaît. Cette liberté est l'ennemie de toute autorité; elle souffre impatiemment toutes règles; avec elle, nous devenons inférieurs à nous-mêmes; elle est l'ennemie de la vérité et de la paix; et Dieu a cru devoir s'élever contre elle! Mais il est une liberté civile et morale qui trouve sa force dans l'union, et que la mission du pouvoir lui-même est de protéger : c'est la liberté de faire sans crainte tout ce qui est juste et bon. Cette sainte liberté, nous devons la défendre dans tous les hasards, et exposer, s'il le faut, pour elle notre vie [41]. »

---

41. *Mather's magnalia Christi americana*, vol. II, p. 13.
Ce discours fut tenu par Winthrop; on l'accusait d'avoir commis, comme magistrat, des actes arbitraires; après avoir prononcé le discours dont je viens de rappeler un fragment, il fut acquitté avec

J'en ai déjà dit assez pour mettre en son vrai jour le caractère de la civilisation anglo-américaine. Elle est le produit (et ce point de départ doit sans cesse être présent à la pensée) de deux éléments parfaitement distincts, qui ailleurs se sont fait souvent la guerre, mais qu'on est parvenu, en Amérique, à incorporer en quelque sorte l'un dans l'autre, et à combiner merveilleusement. Je veux parler de l'*esprit de religion* et de l'*esprit de liberté*.

Les fondateurs de la Nouvelle-Angleterre étaient tout à la fois d'ardents sectaires et des novateurs exaltés. Retenus dans les liens les plus étroits de certaines croyances religieuses, ils étaient libres de tous préjugés politiques.

De là deux tendances diverses, mais non contraires, dont il est facile de retrouver partout la trace, dans les mœurs comme dans les lois.

Des hommes sacrifient à une opinion religieuse leurs amis, leur famille et leur patrie; on peut les croire absorbés dans la poursuite de ce bien intellectuel qu'ils sont venus acheter à si haut prix. On les voit cependant rechercher d'une ardeur presque égale les richesses matérielles et les jouissances morales, le ciel dans l'autre monde, et le bien-être et la liberté dans celui-ci.

Sous leur main, les principes politiques, les lois et les institutions humaines semblent choses malléables, qui peuvent se tourner et se combiner à volonté.

Devant eux s'abaissent les barrières qui emprisonnaient la société au sein de laquelle ils sont nés; les vieilles opinions, qui depuis des siècles dirigeaient le monde, s'évanouissent; une carrière presque sans bornes, un champ sans horizon se découvrent : l'esprit humain s'y précipite; il les parcourt en tous sens; mais, arrivé aux limites du monde politique, il s'arrête de lui-même; il dépose en tremblant l'usage de ses plus redoutables facultés; il abjure le doute; il renonce au besoin d'innover; il s'abstient même de soulever le voile du sanctuaire; il s'incline avec respect devant des vérités qu'il admet sans les discuter.

Ainsi, dans le monde moral, tout est classé, coordonné, prévu, décidé à l'avance. Dans le monde politique, tout est agité, contesté, incertain; dans l'un, obéissance passive, bien que volontaire; dans l'autre, indépendance,

applaudissements, et depuis lors il fut toujours réélu gouverneur de l'Etat. Voyez Marshall, vol. I, p. 166.

mépris de l'expérience et jalousie de toute autorité.

Loin de se nuire, ces deux tendances, en apparence si opposées, marchent d'accord et semblent se prêter un mutuel appui.

La religion voit dans la liberté civile un noble exercice des facultés de l'homme; dans le monde politique, un champ livré par le Créateur aux efforts de l'intelligence. Libre et puissante dans sa sphère, satisfaite de la place qui lui est réservée, elle sait que son empire est d'autant mieux établi qu'elle ne règne que par ses propres forces et domine sans appui sur les cœurs.

La liberté voit dans la religion la compagne de ses luttes et de ses triomphes, le berceau de son enfance, la source divine de ses droits. Elle considère la religion comme la sauvegarde des mœurs; les mœurs comme la garantie des lois et le gage de sa propre durée *F*.

RAISONS DE QUELQUES SINGULARITÉS QUE PRÉSENTENT LES LOIS ET LES COUTUMES DES ANGLO-AMÉRICAINS

Quelques restes d'institutions aristocratiques au sein de la plus complète démocratie. — Pourquoi? — Il faut distinguer avec soin ce qui est d'origine puritaine et d'origine anglaise.

Il ne faut pas que le lecteur tire des conséquences trop générales et trop absolues de ce qui précède. La condition sociale, la religion et les mœurs des premiers émigrants ont exercé sans doute une immense influence sur le destin de leur nouvelle patrie. Toutefois, il n'a pas dépendu d'eux de fonder une société dont le point de départ ne se trouvât placé qu'en eux-mêmes; nul ne saurait se dégager entièrement du passé; il leur est arrivé de mêler, soit volontairement, soit à leur insu, aux idées et aux usages qui leur étaient propres, d'autres usages et d'autres idées qu'ils tenaient de leur éducation ou des traditions nationales de leur pays.

Lorsqu'on veut connaître et juger les Anglo-Américains de nos jours, on doit donc distinguer avec soin ce qui est d'origine puritaine ou d'origine anglaise.

On rencontre souvent aux Etats-Unis des lois ou des coutumes qui font contraste avec tout ce qui les environne. Ces lois paraissent rédigées dans un esprit opposé à l'esprit dominant de la législation américaine; ces mœurs semblent contraires à l'ensemble de l'état social. Si les colonies anglaises avaient été fondées dans un siècle de ténèbres, ou si leur origine se perdait déjà dans la nuit des temps, le problème serait insoluble.

Je citerai un seul exemple pour faire comprendre ma pensée.

La législation civile et criminelle des Américains ne connaît que deux moyens d'action : la *prison* ou le *cautionnement*. Le premier acte d'une procédure consiste à obtenir caution du défendeur, ou, s'il refuse, à le faire incarcérer; on discute ensuite la validité du titre ou la gravité des charges.

Il est évident qu'une pareille législation est dirigée contre le pauvre, et ne favorise que le riche.

Le pauvre ne trouve pas toujours de caution, même en matière civile, et, s'il est contraint d'aller attendre justice en prison, son inaction forcée le réduit bientôt à la misère.

Le riche, au contraire, parvient toujours à échapper à l'emprisonnement en matière civile; bien plus, a-t-il commis un délit, il se soustrait aisément à la punition qui doit l'atteindre : après avoir fourni caution, il disparaît. On peut donc dire que pour lui toutes les peines qu'inflige la loi se réduisent à des amendes [42]. Quoi de plus aristocratique qu'une semblable législation ?

En Amérique, cependant, ce sont les pauvres qui font la loi, et ils réservent habituellement pour eux-mêmes les plus grands avantages de la société.

C'est en Angleterre qu'il faut chercher l'explication de ce phénomène : les lois dont je parle sont anglaises [43]. Les Américains ne les ont point changées, quoiqu'elles répugnent à l'ensemble de leur législation et à la masse de leurs idées.

La chose qu'un peuple change le moins après ses usages c'est sa législation civile. Les lois civiles ne sont familières qu'aux légistes, c'est-à-dire à ceux qui ont un intérêt direct à les maintenir telles qu'elles sont, bonnes ou mauvaises, par la raison qu'ils les savent. Le gros de la nation les connaît à peine; il ne les voit agir que dans des cas particuliers, n'en saisit que difficilement la tendance, et s'y soumet sans y songer.

---

42. Il y a sans doute des crimes pour lesquels on ne reçoit pas caution, mais ils sont en très petit nombre.
43. Voyez Blackstone et Delolme, liv. I, chap. x.

J'ai cité un exemple, j'aurais pu en signaler beaucoup d'autres.

Le tableau que présente la société américaine est, si je puis m'exprimer ainsi, couvert d'une couche démocratique, sous laquelle on voit de temps en temps percer les anciennes couleurs de l'aristocratie.

CHAPITRE III

ÉTAT SOCIAL DES ANGLO-AMÉRICAINS

L'état social est ordinairement le produit d'un fait, quelquefois des lois, le plus souvent de ces deux causes réunies; mais une fois qu'il existe, on peut le considérer lui-même comme la cause première de la plupart des lois, des coutumes et des idées qui règlent la conduite des nations; ce qu'il ne produit pas, il le modifie.

Pour connaître la législation et les mœurs d'un peuple, il faut donc commencer par étudier son état social.

QUE LE POINT SAILLANT DE L'ÉTAT SOCIAL DES ANGLO-AMÉRICAINS EST D'ÊTRE ESSENTIELLEMENT DÉMOCRATIQUE

Premiers émigrants de la Nouvelle-Angleterre. — Egaux entre eux. — Lois aristocratiques introduites dans le Sud. — Epoque de la révolution. — Changement des lois de succession. — Effets produits par ce changement. — Egalité poussée à ses dernières limites dans les nouveaux Etats de l'Ouest. — Egalité parmi les intelligences.

On pourrait faire plusieurs remarques importantes sur l'état social des Anglo-Américains, mais il y en a une qui domine toutes les autres.

L'état social des Américains est éminemment démocratique. Il a eu ce caractère dès la naissance des colonies; il l'a plus encore de nos jours.

J'ai dit dans le chapitre précédent qu'il régnait une très grande égalité parmi les émigrants qui vinrent s'établir sur les rivages de la Nouvelle-Angleterre. Le germe même de l'aristocratie ne fut jamais déposé dans cette partie de l'Union. On ne put jamais y fonder que des influences intellectuelles. Le peuple s'habitua à révérer certains noms, comme des emblèmes de lumières et de vertus. La voix de quelques citoyens obtint sur lui un pouvoir qu'on eût peut-être avec raison appelé aristocratique, s'il avait pu se transmettre invariablement de père en fils.

Ceci se passait à l'est de l'Hudson; au sud-ouest de ce fleuve, et en descendant jusqu'aux Florides, il en était autrement.

Dans la plupart des Etats situés au sud-ouest de l'Hudson, de grands propriétaires anglais étaient venus s'établir. Les principes aristocratiques, et avec eux les lois anglaises sur les successions, y avaient été importés. J'ai fait connaître les raisons qui empêchaient qu'on pût jamais établir en Amérique une aristocratie puissante. Ces raisons, tout en subsistant au sud-ouest de l'Hudson, y avaient cependant moins de puissance qu'à l'est de ce fleuve. Au sud, un seul homme pouvait, à l'aide d'esclaves, cultiver une grande étendue de terrain. On voyait donc dans cette partie du continent de riches propriétaires fonciers; mais leur influence n'était pas précisément aristocratique, comme on l'entend en Europe, puisqu'ils ne possédaient aucuns privilèges, et que la culture par esclaves ne leur donnait point de tenanciers, par conséquent point de patronage. Toutefois, les grands propriétaires, au sud de l'Hudson, formaient une classe supérieure, ayant des idées et des goûts à elle, et concentrant en général l'action politique dans son sein. C'était une sorte d'aristocratie peu différente de la masse du peuple dont elle embrassait facilement les passions et les intérêts, n'excitant ni l'amour ni la haine; en somme, débile et peu vivace. Ce fut cette classe qui, dans le Sud, se mit à la tête de l'insurrection : la révolution d'Amérique lui doit ses plus grands hommes.

A cette époque, la société tout entière fut ébranlée : le peuple, au nom duquel on avait combattu, le peuple, devenu une puissance, conçut le désir d'agir par lui-même; les instincts démocratiques s'éveillèrent; en brisant le joug de la métropole, on prit goût à toute espèce d'indépendance : les influences individuelles cessèrent peu à peu de se faire sentir; les habitudes comme les lois commencèrent à marcher d'accord vers le même but.

Mais ce fut la loi sur les successions qui fit faire à l'égalité son dernier pas.

Je m'étonne que les publicistes anciens et modernes n'aient pas attribué aux lois sur les successions [1] une plus grande influence dans la marche des affaires humaines. Ces lois appartiennent, il est vrai, à l'ordre civil ; mais elles devraient être placées en tête de toutes les institutions politiques, car elles influent incroyablement sur l'état social des peuples, dont les lois politiques ne sont que l'expression. Elles ont de plus une manière sûre et uniforme d'opérer sur la société ; elles saisissent en quelque sorte les générations avant leur naissance. Par elles, l'homme est armé d'un pouvoir presque divin sur l'avenir de ses semblables. Le législateur règle une fois la succession des citoyens, et il se repose pendant des siècles : le mouvement donné à son œuvre, il peut en retirer la main ; la machine agit par ses propres forces, et se dirige comme d'elle-même vers un but indiqué d'avance. Constituée d'une certaine manière, elle réunit, elle concentre, elle groupe autour de quelque tête la propriété, et bientôt après le pouvoir ; elle fait jaillir en quelque sorte l'aristocratie du sol. Conduite par d'autres principes, et lancée dans une autre voie, son action est plus rapide encore ; elle divise, elle partage, elle dissémine les biens et la puissance ; il arrive quelquefois alors qu'on est effrayé de la rapidité de sa marche ; désespérant d'en arrêter le mouvement, on cherche du moins à créer devant elle des difficultés et des obstacles ; on veut contrebalancer son action par des efforts contraires ; soins inutiles ! Elle broie, ou fait voler en éclats tout ce qui se rencontre sur son passage, elle s'élève et retombe incessamment sur le sol, jusqu'à ce qu'il ne présente plus à la vue qu'une poussière mouvante et impalpable, sur laquelle s'assoit la démocratie.

Lorsque la loi des successions permet, et à plus forte raison ordonne le partage égal des biens du père entre tous les enfants, ses effets sont de deux sortes ; il importe de les distinguer avec soin, quoiqu'ils tendent au même but.

En vertu de la loi des successions, la mort de chaque

1. J'entends par les lois sur les successions toutes les lois dont le but principal est de régler le sort des biens après la mort du propriétaire. La loi sur les substitutions est de ce nombre ; elle a aussi pour résultat, il est vrai, d'empêcher le propriétaire de disposer de ses biens avant sa mort ; mais elle ne lui impose l'obligation de les conserver que dans la vue de les faire parvenir intacts à son héritier. Le but principal de la loi des substitutions est donc de régler le sort des biens après la mort du propriétaire. Le reste est le moyen qu'elle emploie.

propriétaire amène une révolution dans la propriété;
non seulement les biens changent de maîtres, mais ils
changent, pour ainsi dire, de nature; ils se fractionnent
sans cesse en portions plus petites.

C'est là l'effet direct et en quelque sorte matériel de la
loi. Dans les pays où la législation établit l'égalité des
partages, les biens, et particulièrement les fortunes territoriales, doivent donc avoir une tendance permanente à
s'amoindrir. Toutefois, les effets de cette législation ne se
feraient sentir qu'à la longue, si la loi était abandonnée à
ses propres forces; car, pour peu que la famille ne se
compose pas de plus de deux enfants (et la moyenne des
familles dans un pays peuplé comme la France, n'est,
dit-on, que de trois), ces enfants se partageant la fortune
de leur père et de leur mère, ne seront pas plus pauvres que
chacun de ceux-ci individuellement.

Mais la loi du partage égal n'exerce pas seulement son
influence sur le sort des biens; elle agit sur l'âme même
des propriétaires, et appelle leurs passions à son aide. Ce
sont ses effets indirects qui détruisent rapidement les
grandes fortunes et surtout les grands domaines.

Chez les peuples où la loi des successions est fondée
sur le droit de primogéniture, les domaines territoriaux
passent le plus souvent de générations en générations sans
se diviser. Il résulte de là que l'esprit de famille se maté-
rialise en quelque sorte dans la terre. La famille représente la terre, la terre représente la famille; elle perpétue
son nom, son origine, sa gloire, sa puissance, ses vertus.
C'est un témoin impérissable du passé, et un gage précieux
de l'existence à venir.

Lorsque la loi des successions établit le partage égal,
elle détruit la liaison intime qui existait entre l'esprit de
famille et la conservation de la terre; la terre cesse de
représenter la famille, car, ne pouvant manquer d'être
partagée au bout d'une ou de deux générations, il est
évident qu'elle doit sans cesse s'amoindrir et finir par
disparaître entièrement. Les fils d'un grand propriétaire
foncier, s'ils sont en petit nombre, ou si la fortune leur est
favorable, peuvent bien conserver l'espérance de n'être
pas moins riches que leur auteur, mais non de posséder
les mêmes biens que lui; leur richesse se composera nécessairement d'autres éléments que la sienne.

Or, du moment où vous enlevez aux propriétaires
fonciers un grand intérêt de sentiment, de souvenirs,
d'orgueil, d'ambition à conserver la terre, on peut être

assuré que tôt ou tard ils la vendront, car ils ont un grand intérêt pécuniaire à la vendre, les capitaux mobiliers produisant plus d'intérêts que les autres, et se prêtant bien plus facilement à satisfaire les passions du moment.

Une fois divisées, les grandes propriétés foncières ne se refont plus ; car le petit propriétaire tire plus de revenu de son champ [2], proportion gardée, que le grand propriétaire du sien ; il le vend donc beaucoup plus cher que lui. Ainsi les calculs économiques qui ont porté l'homme riche à vendre de vastes propriétés, l'empêcheront, à plus forte raison, d'en acheter de petites pour en recomposer de grandes.

Ce qu'on appelle l'esprit de famille est souvent fondé sur une illusion de l'égoïsme individuel. On cherche à se perpétuer et à s'immortaliser en quelque sorte dans ses arrière-neveux. Là où finit l'esprit de famille, l'égoïsme individuel rentre dans la réalité de ses penchants. Comme la famille ne se présente plus à l'esprit que comme une chose vague, indéterminée, incertaine, chacun se concentre dans la commodité du présent ; on songe à l'établissement de la génération qui va suivre, et rien de plus.

On ne cherche donc pas à perpétuer sa famille, ou du moins on cherche à la perpétuer par d'autres moyens que par la propriété foncière.

Ainsi, non seulement la loi des successions rend difficile aux familles de conserver intacts les mêmes domaines, mais elle leur ôte le désir de le tenter, et elle les entraîne, en quelque sorte, à coopérer avec elle à leur propre ruine.

La loi du partage égal procède par deux voies : en agissant sur la chose, elle agit sur l'homme ; en agissant sur l'homme, elle arrive à la chose.

Des deux manières elle parvient à attaquer profondément la propriété foncière et à faire disparaître avec rapidité les familles ainsi que les fortunes [3].

---

2. Je ne veux pas dire que le petit propriétaire cultive mieux, mais il cultive avec plus d'ardeur et de soin, et regagne par le travail ce qui lui manque du côté de l'art.

3. La terre étant la propriété la plus solide, il se rencontre de temps en temps des hommes riches qui sont disposés à faire de grands sacrifices pour l'acquérir et qui perdent volontiers une portion considérable de leur revenu pour assurer le reste. Mais ce sont là des accidents. L'amour de la propriété immobilière ne se retrouve plus habituellement que chez le pauvre. Le petit propriétaire foncier, qui a moins de lumière, moins d'imagination et moins de passions que le grand, n'est,

Ce n'est pas sans doute à nous, Français du XIXᵉ siècle, témoins journaliers des changements politiques et sociaux que la loi des successions fait naître, à mettre en doute son pouvoir. Chaque jour nous la voyons passer et repasser sans cesse sur notre sol, renversant sur son chemin les murs de nos demeures, et détruisant la clôture de nos champs. Mais si la loi des successions a déjà beaucoup fait parmi nous, beaucoup lui reste encore à faire. Nos souvenirs, nos opinions et nos habitudes lui opposent de puissants obstacles.

Aux Etats-Unis, son œuvre de destruction est à peu près terminée. C'est là qu'on peut étudier ses principaux résultats.

La législation anglaise sur la transmission des biens fut abolie dans presque tous les Etats à l'époque de la révolution.

La loi sur les substitutions fut modifiée de manière à ne gêner que d'une manière insensible la libre circulation des biens G.

La première génération passa; les terres commencèrent à se diviser. Le mouvement devint de plus en plus rapide à mesure que le temps marchait. Aujourd'hui, quand soixante ans à peine se sont écoulés, l'aspect de la société est déjà méconnaissable; les familles des grands propriétaires fonciers se sont presque toutes englouties au sein de la masse commune. Dans l'Etat de New York, où on en comptait un très grand nombre, deux surnagent à peine sur le gouffre prêt à les saisir. Les fils de ces opulents citoyens sont aujourd'hui commerçants, avocats, médecins. La plupart sont tombés dans l'obscurité la plus profonde. La dernière trace des rangs et des distinctions héréditaires est détruite; la loi des successions a partout passé son niveau.

Ce n'est pas qu'aux Etats-Unis comme ailleurs il n'y ait des riches; je ne connais même pas de pays où l'amour de l'argent tienne une plus large place dans le cœur de l'homme, et où l'on professe un mépris plus profond pour

en général, préoccupé que du désir d'augmenter son domaine, et souvent il arrive que les successions, les mariages, ou les chances du commerce, lui en fournissent peu à peu les moyens.

A côté de la tendance qui porte les hommes à diviser la terre, il en existe donc une autre qui les porte à l'agglomérer. Cette tendance, qui suffit à empêcher que les propriétés ne se divisent à l'infini, n'est pas assez forte pour créer de grandes fortunes territoriales, ni surtout pour les maintenir dans les mêmes familles.

la théorie de l'égalité permanente des biens. Mais la fortune y circule avec une incroyable rapidité, et l'expérience apprend qu'il est rare de voir deux générations en recueillir les faveurs.

Ce tableau, quelque coloré qu'on le suppose, ne donne encore qu'une idée incomplète de ce qui se passe dans les nouveaux Etats de l'Ouest et du Sud-Ouest.

A la fin du siècle dernier, de hardis aventuriers commencèrent à pénétrer dans les vallées du Mississippi. Ce fut comme une nouvelle découverte de l'Amérique : bientôt le gros de l'émigration s'y porta; on vit alors des sociétés inconnues sortir tout à coup du désert. Des Etats, dont le nom même n'existait pas peu d'années auparavant, prirent rang au sein de l'Union américaine. C'est dans l'Ouest, qu'on peut observer la démocratie parvenue à sa dernière limite. Dans ces Etats, improvisés en quelque sorte par la fortune, les habitants sont arrivés d'hier sur le sol qu'ils occupent. Ils se connaissent à peine les uns les autres, et chacun ignore l'histoire de son plus proche voisin. Dans cette partie du continent américain, la population échappe donc non seulement à l'influence des grands noms et des grandes richesses, mais à cette naturelle aristocratie qui découle des lumières et de la vertu. Nul n'y exerce ce respectable pouvoir que les hommes accordent au souvenir d'une vie entière occupée à faire le bien sous leurs yeux. Les nouveaux Etats de l'Ouest ont déjà des habitants; la société n'y existe point encore.

Mais ce ne sont pas seulement les fortunes qui sont égales en Amérique; l'égalité s'étend jusqu'à un certain point sur les intelligences elles-mêmes.

Je ne pense pas qu'il y ait de pays dans le monde où, proportion gardée avec la population, il se trouve aussi peu d'ignorants et moins de savants qu'en Amérique.

L'instruction primaire y est à la portée de chacun; l'instruction supérieure n'y est presque à la portée de personne.

Ceci se comprend sans peine, et est pour ainsi dire le résultat nécessaire de ce que nous avons avancé plus haut.

Presque tous les Américains ont de l'aisance; ils peuvent donc facilement se procurer les premiers éléments des connaissances humaines.

En Amérique, il y a peu de riches; presque tous les Américains ont donc besoin d'exercer une profession.

Or, toute profession exige un apprentissage. Les Américains ne peuvent donc donner à la culture générale de l'intelligence que les premières années de la vie : à quinze ans, ils entrent dans une carrière; ainsi leur éducation finit le plus souvent à l'époque où la nôtre commence. Si elle se poursuit au-delà, elle ne se dirige plus que vers une matière spéciale et lucrative; on étudie une science comme on prend un métier; et l'on n'en saisit que les applications dont l'utilité présente est reconnue.

En Amérique, la plupart des riches ont commencé par être pauvres; presque tous les oisifs ont été, dans leur jeunesse, des gens occupés; d'où il résulte que, quand on pourrait avoir le goût de l'étude, on n'a pas le temps de s'y livrer; et que, quand on a acquis le temps de s'y livrer, on n'en a plus le goût.

Il n'existe donc point en Amérique de classe dans laquelle le penchant des plaisirs intellectuels se transmette avec une aisance et des loisirs héréditaires, et qui tienne en honneur les travaux de l'intelligence.

Aussi la volonté de se livrer à ces travaux manque-t-elle aussi bien que le pouvoir.

Il s'est établi en Amérique, dans les connaissances humaines, un certain niveau mitoyen. Tous les esprits s'en sont rapprochés; les uns en s'élevant, les autres en s'abaissant.

Il se rencontre donc une multitude immense d'individus qui ont le même nombre de notions à peu près en matière de religion, d'histoire, de sciences, d'économie politique, de législation, de gouvernement.

L'inégalité intellectuelle vient directement de Dieu, et l'homme ne saurait empêcher qu'elle ne se retrouve toujours.

Mais il arrive du moins de ce que nous venons de dire, que les intelligences, tout en restant inégales, ainsi que l'a voulu le Créateur, trouvent à leur disposition des moyens égaux.

Ainsi donc, de nos jours, en Amérique, l'élément aristocratique, toujours faible depuis sa naissance, est sinon détruit, du moins affaibli, de telle sorte qu'il est difficile de lui assigner une influence quelconque dans la marche des affaires.

Le temps, les événements et les lois y ont au contraire rendu l'élément démocratique, non pas seulement prépondérant, mais pour ainsi dire unique. Aucune influence de famille ni de corps ne s'y laisse apercevoir; souvent même on ne saurait y découvrir d'influence individuelle quelque peu durable.

L'Amérique présente donc, dans son état social, le plus étrange phénomène. Les hommes s'y montrent plus égaux par leur fortune et par leur intelligence, ou, en d'autres termes, plus également forts qu'ils ne le sont dans aucun pays du monde, et qu'ils ne l'ont été dans aucun siècle dont l'histoire garde le souvenir.

CONSÉQUENCES POLITIQUES DE L'ÉTAT SOCIAL DES ANGLO-AMÉRICAINS

Les conséquences politiques d'un pareil état social sont faciles à déduire.

Il est impossible de comprendre que l'égalité ne finisse pas par pénétrer dans le monde politique comme ailleurs. On ne saurait concevoir les hommes éternellement inégaux entre eux sur un seul point, égaux sur les autres; ils arriveront donc, dans un temps donné, à l'être sur tous.

Or, je ne sais que deux manières de faire régner l'égalité dans le monde politique : il faut donner des droits à chaque citoyen, ou n'en donner à personne.

Pour les peuples qui sont parvenus au même état social que les Anglo-Américains, il est donc très difficile d'apercevoir un terme moyen entre la souveraineté de tous et le pouvoir absolu d'un seul.

Il ne faut point se dissimuler que l'état social que je viens de décrire ne se prête presque aussi facilement à l'une et à l'autre de ses deux conséquences.

Il y a en effet une passion mâle et légitime pour l'égalité qui excite les hommes à vouloir être tous forts et estimés. Cette passion tend à élever les petits au rang des grands; mais il se rencontre aussi dans le cœur humain un goût dépravé pour l'égalité, qui porte les faibles à vouloir attirer les forts à leur niveau, et qui réduit les hommes à préférer l'égalité dans la servitude à l'inégalité dans la liberté. Ce n'est pas que les peuples dont l'état social est démocratique méprisent naturellement la liberté; ils ont au contraire un goût instinctif pour elle. Mais la liberté n'est pas l'objet principal et continu de leur désir; ce qu'ils aiment d'un amour éternel, c'est l'égalité; ils

s'élancent vers la liberté par impulsion rapide et par
efforts soudains, et, s'ils manquent le but, ils se
résignent; mais rien ne saurait les satisfaire sans l'égalité, et ils consentiraient plutôt à périr qu'à la perdre.

D'un autre côté, quand les citoyens sont tous à peu
près égaux, il leur devient difficile de défendre leur indépendance contre les agressions du pouvoir. Aucun d'entre
eux n'étant alors assez fort pour lutter seul avec avantage,
il n'y a que la combinaison des forces de tous qui puisse
garantir la liberté. Or, une pareille combinaison ne se
rencontre pas toujours.

Les peuples peuvent donc tirer deux grandes conséquences politiques du même état social : ces conséquences
diffèrent prodigieusement entre elles, mais elles sortent
toutes deux du même fait.

Soumis les premiers à cette redoutable alternative que
je viens de décrire, les Anglo-Américains ont été assez
heureux pour échapper au pouvoir absolu. Les circonstances, l'origine, les lumières, et surtout les mœurs, leur
ont permis de fonder et de maintenir la souveraineté du
peuple.

CHAPITRE IV

Du principe de la souveraineté du peuple en Amérique

Il domine toute la société américaine. — Application que les Américains faisaient déjà de ce principe avant leur révolution. — Développement que lui a donné cette révolution. — Abaissement graduel et irrésistible du cens.

Lorsqu'on veut parler des lois politiques des Etats-Unis, c'est toujours par le dogme de la souveraineté du peuple qu'il faut commencer.

Le principe de la souveraineté du peuple, qui se trouve toujours plus ou moins au fond de presque toutes les institutions humaines, y demeure d'ordinaire comme enseveli. On lui obéit sans le reconnaître, ou si parfois il arrive de le produire un moment au grand jour, on se hâte bientôt de le replonger dans les ténèbres du sanctuaire.

La volonté nationale est un des mots dont les intrigants de tous les temps et les despotes de tous les âges ont le plus largement abusé. Les uns en ont vu l'expression dans les suffrages achetés de quelques agents du pouvoir ; d'autres dans les votes d'une minorité intéressée ou craintive ; il y en a même qui l'ont découverte toute formulée dans le silence des peuples, et qui ont pensé que du *fait* de l'obéissance naissait pour eux le *droit* du commandement.

En Amérique, le principe de la souveraineté du peuple n'est point caché ou stérile comme chez certaines nations ; il est reconnu par les mœurs, proclamé par les lois ; il s'étend avec liberté et atteint sans obstacles ses dernières conséquences.

S'il est un seul pays au monde où l'on puisse espérer apprécier à sa juste valeur le dogme de la souveraineté du peuple, l'étudier dans son application aux affaires de la société et juger ses avantages et ses dangers, ce pays-là est assurément l'Amérique.

J'ai dit précédemment que, dès l'origine, le principe de la souveraineté du peuple avait été le principe générateur de la plupart des colonies anglaises d'Amérique.

Il s'en fallut de beaucoup cependant qu'il dominât alors le gouvernement de la société comme il le fait de nos jours.

Deux obstacles, l'un extérieur, l'autre intérieur, retardaient sa marche envahissante.

Il ne pouvait se faire jour ostensiblement au sein des lois, puisque des colonies étaient encore contraintes d'obéir à la métropole; il était donc réduit à se cacher dans les assemblées provinciales et surtout dans la commune. Là il s'étendait en secret.

La société américaine d'alors n'était point encore préparée à l'adopter dans toutes ses conséquences. Les lumières dans la Nouvelle-Angleterre, les richesses au sud de l'Hudson, exercèrent longtemps, comme je l'ai fait voir dans le chapitre qui précède, une sorte d'influence aristocratique qui tendait à resserrer en peu de mains l'exercice des pouvoirs sociaux. Il s'en fallait encore beaucoup que tous les fonctionnaires publics fussent électifs et tous les citoyens électeurs. Le droit électoral était partout renfermé dans de certaines limites, et subordonné à l'existence d'un cens. Ce cens était très faible au Nord, plus considérable au Sud.

La révolution d'Amérique éclata. Le dogme de la souveraineté du peuple sortit de la commune et s'empara du gouvernement; toutes les classes se compromirent pour sa cause; on combattit et on triompha en son nom; il devint la loi des lois.

Un changement presque aussi rapide s'effectua dans l'intérieur de la société. La loi des successions acheva de briser les influences locales.

Au moment où cet effet des lois et de la révolution commença à se révéler à tous les yeux la victoire avait déjà irrévocablement prononcé en faveur de la démocratie. Le pouvoir était, par le fait, entre ses mains. Il n'était même plus permis de lutter contre elle. Les hautes classes se soumirent donc sans murmure et sans combat à un mal désormais inévitable. Il leur arriva ce qui arrive d'ordinaire aux puissances qui tombent : l'égoïsme individuel s'empara de leurs membres; comme on ne pouvait plus arracher la force des mains du peuple, et qu'on ne détestait point assez la multitude pour prendre plaisir à la braver, on ne songea plus qu'à gagner sa bienveillance à tout prix. Les lois les plus démocratiques furent donc votées à l'envi par les hommes dont elles froissaient le plus les intérêts. De cette manière, les hautes classes n'excitèrent point contre elles les passions populaires; mais elles hâtèrent elles-mêmes le triomphe de l'ordre nouveau. Ainsi, chose singulière! on vit l'élan démocratique d'autant plus irrésistible dans les Etats où l'aristocratie avait le plus de racines.

L'Etat du Maryland, qui avait été fondé par de grands seigneurs, proclama le premier le vote universel [1] et introduisit dans l'ensemble de son gouvernement les formes les plus démocratiques.

Lorsqu'un peuple commence à toucher au cens électoral, on peut prévoir qu'il arrivera, dans un délai plus ou moins long, à le faire disparaître complètement. C'est là l'une des règles les plus invariables qui régissent les sociétés. A mesure qu'on recule la limite des droits électoraux, on sent le besoin de la reculer davantage; car, après chaque concession nouvelle, les forces de la démocratie augmentent et ses exigences croissent avec son nouveau pouvoir. L'ambition de ceux qu'on laisse au-dessous du cens s'irrite en proportion du grand nombre de ceux qui se trouvent au-dessus. L'exception devient enfin la règle; les concessions se succèdent sans relâche, et l'on ne s'arrête plus que quand on est arrivé au suffrage universel.

De nos jours le principe de la souveraineté du peuple a pris aux Etats-Unis tous les développements pratiques que l'imagination puisse concevoir. Il s'est dégagé de toutes les fictions dont on a pris soin de l'environner ailleurs; on le voit se revêtir successivement de toutes les formes, suivant la nécessité des cas. Tantôt le peuple en corps fait les lois comme à Athènes; tantôt des députés, que le vote universel a créés, le représentent et agissent en son nom sous sa surveillance presque immédiate.

Il y a des pays où un pouvoir, en quelque sorte extérieur au corps social, agit sur lui et le force de marcher dans une certaine voie.

Il y en a d'autres où la force est divisée, étant tout à la fois placée dans la société et hors d'elle. Rien de

1. Amendements faits à la Constitution du Maryland en 1801 et 1809.

semblable ne se voit aux Etats-Unis; la société y agit
par elle-même et sur elle-même. Il n'existe de puissance
que dans son sein; on ne rencontre même presque personne qui ose concevoir et surtout exprimer l'idée d'en
chercher ailleurs. Le peuple participe à la composition
des lois par le choix des législateurs, à leur application
par l'élection des agents du pouvoir exécutif; on peut
dire qu'il gouverne lui-même, tant la part laissée à l'administration est faible et restreinte, tant celle-ci se ressent
de son origine populaire et obéit à la puissance dont elle
émane. Le peuple règne sur le monde politique américain comme Dieu sur l'univers. Il est la cause et la fin
de toutes choses; tout en sort et tout s'y absorbe *H*.

CHAPITRE V

NÉCESSITÉ D'ÉTUDIER CE QUI SE PASSE
DANS LES ÉTATS PARTICULIERS
AVANT DE PARLER DU GOUVERNEMENT DE L'UNION

On se propose d'examiner, dans le chapitre suivant, quelle est, en Amérique, la forme du gouvernement fondé sur le principe de la souveraineté du peuple; quels sont ses moyens d'action, ses embarras, ses avantages et ses dangers.

Une première difficulté se présente : les Etats-Unis ont une constitution complexe; on y remarque deux sociétés distinctes engagées, et, si je puis m'expliquer ainsi, emboîtées l'une dans l'autre; on y voit deux gouvernements complètement séparés et presque indépendants : l'un, habituel et indéfini, qui répond aux besoins journaliers de la société, l'autre, exceptionnel et circonscrit, qui ne s'applique qu'à certains intérêts généraux. Ce sont, en un mot, vingt-quatre petites nations souveraines, dont l'ensemble forme le grand corps de l'Union.

Examiner l'Union avant d'étudier l'Etat, c'est s'engager dans une route semée d'obstacles. La forme du gouvernement fédéral aux Etats-Unis a paru la dernière; elle n'a été qu'une modification de la république, un résumé des principes politiques répandus dans la société entière avant elle, et y subsistant indépendamment d'elle. Le gouvernement fédéral, d'ailleurs, comme je viens de le dire, n'est qu'une exception; le gouvernement des Etats est la règle commune. L'écrivain qui voudrait faire connaître l'ensemble d'un pareil tableau avant d'en avoir montré les détails tomberait nécessairement dans des obscurités ou des redites.

Les grands principes politiques qui régissent aujourd'hui la société américaine ont pris naissance et se sont développés dans l'*Etat;* on ne saurait en douter. C'est donc l'Etat qu'il faut connaître pour avoir la clef de tout le reste.

Les Etats qui composent de nos jours l'Union américaine présentent tous, quant à l'aspect extérieur des institutions, le même spectacle. La vie politique ou administrative s'y trouve concentrée dans trois foyers d'action, qu'on pourrait comparer aux divers centres nerveux qui font mouvoir le corps humain.

Au premier degré se trouve la *commune*, plus haut le *comté*, enfin l'*Etat*.

Du système communal en Amérique

Pourquoi l'auteur commence l'examen des institutions politiques par la commune. — La commune se retrouve chez tous les peuples. — Difficulté d'établir et de conserver la liberté communale. — Son importance. — Pourquoi l'auteur a choisi l'organisation communale de la Nouvelle-Angleterre pour objet principal de son examen.

Ce n'est pas par hasard que j'examine d'abord la commune.

La commune est la seule association qui soit si bien dans la nature, que partout où il y a des hommes réunis, il se forme de soi-même une commune.

La société communale existe donc chez tous les peuples, quels que soient leurs usages et leurs lois; c'est l'homme qui fait les royaumes et crée les républiques; la commune paraît sortir directement des mains de Dieu. Mais si la commune existe depuis qu'il y a des hommes, la liberté communale est chose rare et fragile. Un peuple peut toujours établir de grandes assemblées politiques; parce qu'il se trouve habituellement dans son sein un certain nombre d'hommes chez lesquels les lumières remplacent jusqu'à un certain point l'usage des affaires. La commune est composée d'éléments grossiers qui se refusent souvent à l'action du législateur. La difficulté de fonder l'indépendance des communes, au lieu de diminuer à mesure que les nations s'éclairent, augmente avec leurs lumières. Une société très civilisée ne tolère qu'avec peine les essais de la liberté communale; elle se révolte à la vue de ses nombreux écarts, et désespère du succès avant d'avoir atteint le résultat final de l'expérience.

Parmi toutes les libertés, celle des communes, qui s'établit si difficilement, est aussi la plus exposée aux invasions du pouvoir. Livrées à elles-mêmes, les institutions communales ne sauraient guère lutter contre un gouvernement entreprenant et fort; pour se défendre avec succès, il faut qu'elles aient pris tous leurs développements et qu'elles se soient mêlées aux idées et aux habitudes nationales. Ainsi, tant que la liberté communale n'est pas entrée dans les mœurs, il est facile de la détruire, et elle ne peut entrer dans les mœurs qu'après avoir longtemps subsisté dans les lois.

La liberté communale échappe donc, pour ainsi dire, à l'effort de l'homme. Aussi arrive-t-il rarement qu'elle soit créée; elle naît en quelque sorte d'elle-même. Elle se développe presque en secret au sein d'une société demi-barbare. C'est l'action continue des lois et des mœurs, les circonstances et surtout le temps qui parviennent à la consolider. De toutes les nations du continent de l'Europe, on peut dire qu'il n'y en a pas une seule qui la connaisse.

C'est pourtant dans la commune que réside la force des peuples libres. Les institutions communales sont à la liberté ce que les écoles primaires sont à la science; elles la mettent à la portée du peuple; elles lui en font goûter l'usage paisible et l'habituent à s'en servir. Sans institutions communales une nation peut se donner un gouvernement libre, mais elle n'a pas l'esprit de la liberté. Des passions passagères, des intérêts d'un moment, le hasard des circonstances, peuvent lui donner les formes extérieures de l'indépendance; mais le despotisme refoulé dans l'intérieur du corps social reparaît tôt ou tard à la surface.

Pour faire bien comprendre au lecteur les principes généraux sur lesquels repose l'organisation politique de la commune et du comté aux Etats-Unis, j'ai cru qu'il était utile de prendre pour modèle un Etat en particulier; d'examiner avec détail ce qui s'y passe, et de jeter ensuite un regard rapide sur le reste du pays.

J'ai choisi l'un des Etats de la Nouvelle-Angleterre.

La commune et le comté ne sont pas organisés de la même manière dans toutes les parties de l'Union; il est facile de reconnaître, cependant, que dans toute l'Union les mêmes principes, à peu près, ont présidé à la formation de l'un et de l'autre.

Or, il m'a paru que ces principes avaient reçu dans la Nouvelle-Angleterre des développements plus considérables et atteint des conséquences plus éloignées que partout ailleurs. Ils s'y montrent donc pour ainsi dire plus en relief et se livrent ainsi plus aisément à l'observation de l'étranger.

Les institutions communales de la Nouvelle-Angleterre forment un ensemble complet et régulier; elles sont anciennes; elles sont fortes par les lois, plus fortes encore par les mœurs; elles exercent une influence prodigieuse sur la société entière.

A tous ces titres elles méritent d'attirer nos regards.

CIRCONSCRIPTION DE LA COMMUNE

La commune de la Nouvelle-Angleterre *(Township)* tient le milieu entre le canton et la commune de France. On y compte en général de deux à trois mille habitants [1]; elle n'est donc point assez étendue pour que tous ses habitants n'aient pas à peu près les mêmes intérêts, et, d'un autre côté, elle est assez peuplée pour qu'on soit toujours sûr de trouver dans son sein les éléments d'une bonne administration.

POUVOIRS COMMUNAUX
DANS LA NOUVELLE-ANGLETERRE

Le peuple, origine de tous les pouvoirs dans la commune comme ailleurs. — Il y traite les principales affaires par lui-même. — Point de conseil municipal. — La plus grande partie de l'autorité communale concentrée dans la main des select-men. *— Comment les select-men agissent. — Assemblée générale des habitants de la commune* (Town-Meeting). *— Énumération de tous les fonctionnaires communaux. — Fonctions obligatoires et rétribuées.*

Dans la commune comme partout ailleurs, le peuple est la source des pouvoirs sociaux, mais nulle part il n'exerce sa puissance plus immédiatement. Le peuple, en Amérique, est un maître auquel il a fallu complaire jusqu'aux dernières limites du possible.

---

1. Le nombre des communes, dans l'État de Massachusetts, était, en 1830, de 305; le nombre des habitants de 610 014; ce qui donne à peu près un terme moyen de 2 000 habitants par commune.

Dans la Nouvelle-Angleterre, la majorité agit par représentants lorsqu'il faut traiter les affaires générales de l'Etat. Il était nécessaire qu'il en fût ainsi; mais dans la commune où l'action législative et gouvernementale est plus rapprochée des gouvernés, la loi de la représentation n'est point admise. Il n'y a point de conseil municipal; le corps des électeurs, après avoir nommé ses magistrats, les dirige lui-même dans tout ce qui n'est pas l'exécution pure et simple des lois de l'Etat [2].

Cet ordre de choses est si contraire à nos idées, et tellement opposé à nos habitudes, qu'il est nécessaire de fournir ici quelques exemples pour qu'il soit possible de bien le comprendre.

Les fonctions publiques sont extrêmement nombreuses et fort divisées dans la commune, comme nous le verrons plus bas; cependant la plus grande partie des pouvoirs administratifs est concentrée dans les mains d'un petit nombre d'individus élus chaque année et qu'on nomme les select-men [3].

Les lois générales de l'Etat ont imposé aux select-men un certain nombre d'obligations. Ils n'ont pas besoin de l'autorisation de leurs administrés pour les remplir, et ils ne peuvent s'y soustraire sans engager leur responsabilité personnelle. La loi de l'Etat les charge, par exemple, de former, dans leur commune, les listes électorales; s'ils omettent de le faire, ils se rendent coupables d'un délit. Mais, dans toutes les choses qui sont abandonnées à la direction du pouvoir communal, les select-men sont les exécuteurs des volontés populaires comme parmi nous le maire est l'exécuteur des délibérations du conseil municipal. Le plus souvent ils agissent sous leur

2. Les mêmes règles ne sont pas applicables aux grandes communes. Celles-ci ont en général un maire et un corps municipal divisé en deux branches; mais c'est là une exception qui a besoin d'être autorisée par une loi. Voyez la loi du 22 février 1822, régulatrice des pouvoirs de la ville de Boston. *Laws of Massachusetts*, vol. II, p. 588. Ceci s'applique aux grandes villes. Il arrive fréquemment aussi que les petites villes sont soumises à une administration particulière. On comptait en 1832 104 communes administrées de cette manière dans l'Etat de New York. (*William's Register.*)

3. On en élit trois dans les plus petites communes, neuf dans les plus grandes. Voyez *The Town Officer*, p. 186. Voyez aussi les principales lois du Massachusetts relatives aux select-men :

Loi du 20 février 1786, vol. I, p. 219; — du 24 février 1796, vol. I, p. 488; — 7 mars 1801, vol. II, p. 45; — 16 juin 1795, vol. I, p. 475; — 12 mars 1808, vol. II, p. 186; — 28 février 1787, vol. I, p. 302; — 22 juin 1797, vol. I, p. 539.

responsabilité privée et ne font que suivre, dans la pratique, la conséquence des principes que la majorité a précédemment posés. Mais veulent-ils introduire un changement quelconque dans l'ordre établi : désirent-ils se livrer à une entreprise nouvelle, il leur faut remonter à la source de leur pouvoir. Je suppose qu'il s'agisse d'établir une école; les select-men convoquent à certain jour, dans un lieu indiqué d'avance, la totalité des électeurs; là, ils exposent le besoin qui se fait sentir; ils font connaître les moyens d'y satisfaire, l'argent qu'il faut dépenser, le lieu qu'il convient de choisir. L'assemblée, consultée sur tous ces points, adopte le principe, fixe le lieu, vote l'impôt, et remet l'exécution de ses volontés dans les mains des select-men.

Les select-men ont seuls le droit de convoquer la réunion communale *(town-meeting)*, mais on peut les provoquer à le faire. Si dix propriétaires conçoivent un projet nouveau et veulent le soumettre à l'assentiment de la commune, ils réclament une convocation générale des habitants; les select-men sont obligés d'y souscrire, et ne conservent que le droit de présider l'assemblée [4].

Ces mœurs politiques, ces usages sociaux sont sans doute bien loin de nous. Je n'ai pas en ce moment la volonté de les juger ni de faire connaître les causes cachées qui les produisent et les vivifient; je me borne à les exposer.

Les select-men sont élus tous les ans au mois d'avril ou de mai. L'assemblée communale choisit en même temps une foule d'autres magistrats municipaux [5], préposés à certains détails administratifs importants. Les uns, sous le nom d'assesseurs, doivent établir l'impôt; les autres, sous celui de collecteurs, doivent le lever. Un officier, appelé *constable*, est chargé de faire la police, de veiller sur les lieux publics, et de tenir la main à l'exécution matérielle des lois. Un autre, nommé le greffier de la commune, enregistre toutes les délibérations; il tient note des actes de l'état civil. Un caissier garde les fonds communaux. Ajoutez à ces fonctionnaires un surveillant des pauvres, dont le devoir, fort difficile à remplir, est de faire exécuter la législation relative aux indigents; des commissaires des écoles, qui dirigent l'instruction publique; des inspecteurs des routes, qui se

4. Voyez *Laws of Massachusetts*, vol. I, p. 150; loi du 25 mars 1786.
5. *Ibid.*

chargent de tous les détails de la grande et petite voirie, et vous aurez la liste des principaux agents de l'administration communale. Mais la division des fonctions ne s'arrête point là : on trouve encore, parmi les officiers municipaux [6], des commissaires de paroisses, qui doivent régler les dépenses du culte; des inspecteurs de plusieurs genres, chargés, les uns de diriger les efforts des citoyens en cas d'incendie; les autres, de veiller aux récoltes; ceux-ci, de lever provisoirement les difficultés qui peuvent naître relativement aux clôtures; ceux-là, de surveiller le mesurage du bois, ou d'inspecter les poids et mesures.

On compte en tout dix-neuf fonctions principales dans la commune. Chaque habitant est contraint, sous peine d'amende, d'accepter ces différentes fonctions; mais aussi la plupart d'entre elles sont rétribuées, afin que les citoyens pauvres puissent y consacrer leur temps sans en souffrir de préjudice. Du reste, le système américain n'est point de donner un traitement fixe aux fonctionnaires. En général, chaque acte de leur ministère a un prix, et ils ne sont rémunérés qu'en proportion de ce qu'ils ont fait.

DE L'EXISTENCE COMMUNALE

Chacun est le meilleur juge de ce qui ne regarde que lui seul. — Corollaire du principe de la souveraineté du peuple. — Application que font les communes américaines de ces doctrines. — La commune de la Nouvelle-Angleterre, souveraine pour tout ce qui ne se rapporte qu'à elle, sujette dans tout le reste. — Obligation de la commune envers l'État. — En France, le gouvernement prête ses agents à la commune. — En Amérique, la commune prête les siens au gouvernement.

J'ai dit précédemment que le principe de la souveraineté du peuple plane sur tout le système politique des Anglo-Américains. Chaque page de ce livre fera connaître quelques applications nouvelles de cette doctrine.

6. Tous ces magistrats existent réellement dans la pratique.
Pour connaître les détails des fonctions de tous ces magistrats communaux, voyez le livre intitulé *Town Officer*, par Isaac Goodwin Worcester, 1827; et la collection des lois générales du Massachusetts en 3 vol., Boston, 1823.

Chez les nations où règne le dogme de la souveraineté du peuple, chaque individu forme une portion égale du souverain, et participe également au gouvernement de l'Etat.

Chaque individu est donc censé aussi éclairé, aussi vertueux, aussi fort qu'aucun autre de ses semblables.

Pourquoi obéit-il donc à la société, et quelles sont les limites naturelles de cette obéissance ?

Il obéit à la société, non point parce qu'il est inférieur à ceux qui la dirigent, ou moins capable qu'un autre homme de se gouverner lui-même; il obéit à la société, parce que l'union avec ses semblables lui paraît utile et qu'il sait que cette union ne peut exister sans un pouvoir régulateur.

Dans tout ce qui concerne les devoirs des citoyens entre eux, il est donc devenu sujet. Dans tout ce qui ne regarde que lui-même, il est resté maître : il est libre et ne doit compte de ses actions qu'à Dieu. De là cette maxime, que l'individu est le meilleur comme le seul juge de son intérêt particulier et que la société n'a le droit de diriger ses actions que quand elle se sent lésée par son fait, ou lorsqu'elle a besoin de réclamer son concours.

Cette doctrine est universellement admise aux Etats-Unis. J'examinerai autre part quelle influence générale elle exerce jusque sur les actions ordinaires de la vie; mais je parle en ce moment des communes.

La commune, prise en masse et par rapport au gouvernement central, n'est qu'un individu comme un autre, auquel s'applique la théorie que je viens d'indiquer.

La liberté communale découle donc, aux Etats-Unis, du dogme même de la souveraineté du peuple; toutes les républiques américaines ont plus ou moins reconnu cette indépendance; mais chez les peuples de la Nouvelle-Angleterre, les circonstances en ont particulièrement favorisé le développement.

Dans cette partie de l'Union, la vie politique a pris naissance au sein même des communes; on pourrait presque dire qu'à son origine chacune d'elles était une nation indépendante. Lorsque ensuite les rois d'Angleterre réclamèrent leur part de la souveraineté, ils se bornèrent à prendre la puissance centrale. Ils laissèrent la commune dans l'état où ils la trouvèrent; maintenant les communes de la Nouvelle-Angleterre sont sujettes; mais dans le principe elles ne l'étaient point ou l'étaient à peine. Elles n'ont donc pas reçu leurs pouvoirs; ce sont elles au contraire qui semblent s'être dessaisies, en faveur de l'Etat, d'une portion de leur indépendance; distinction importante, et qui doit rester présente à l'esprit du lecteur.

Les communes ne sont en général soumises à l'Etat que quand il s'agit d'un intérêt que j'appellerai *social*, c'est-à-dire qu'elles partagent avec d'autres.

Pour tout ce qui n'a rapport qu'à elles seules, les communes sont restées des corps indépendants; et parmi les habitants de la Nouvelle-Angleterre, il ne s'en rencontre aucun, je pense, qui reconnaisse au gouvernement de l'Etat le droit d'intervenir dans la direction des intérêts purement communaux.

On voit donc les communes de la Nouvelle-Angleterre vendre et acheter, attaquer et se défendre devant les tribunaux, charger leur budget ou le dégrever, sans qu'aucune autorité administrative quelconque songe à s'y opposer [7].

Quant aux devoirs sociaux, elles sont tenues d'y satisfaire. Ainsi, l'Etat a-t-il besoin d'argent, la commune n'est pas libre de lui accorder ou de lui refuser son concours [8]. L'Etat veut-il ouvrir une route, la commune n'est pas maîtresse de lui fermer son territoire. Fait-il un règlement de police, la commune doit l'exécuter. Veut-il organiser l'instruction sur un plan uniforme dans toute l'étendue du pays, la commune est tenue de créer les écoles voulues par la loi [9]. Nous verrons, lorsque nous parlerons de l'administration aux Etats-Unis, comment et par qui les communes, dans tous ces différents cas, sont contraintes à l'obéissance. Je ne veux ici qu'établir l'existence de l'obligation. Cette obligation est étroite, mais le gouvernement de l'Etat, en l'imposant, ne fait que décréter un principe; pour son exécution, la commune rentre en général dans tous ses droits d'individualité. Ainsi, la taxe est, il est vrai, votée par la législature, mais c'est la commune qui la répartit et la perçoit; l'existence d'une école est imposée, mais c'est la commune qui la bâtit, la paie et la dirige.

En France, le percepteur de l'Etat lève les taxes com-

---

7. Voyez *Laws of Massachusetts*, loi du 23 mars 1786, vol. I, p. 250.
8. *Ibid.*, loi du 20 février 1786, vol. I, p. 217.
9. Voyez même collection, loi du 25 juin 1789, et 8 mars 1827, vol. I, p. 367, et vol. III, p. 179.

munales; en Amérique, le percepteur de la commune
lève la taxe de l'Etat.

Ainsi, parmi nous, le gouvernement central prête ses
agents à la commune; en Amérique, la commune prête
ses fonctionnaires au gouvernement. Cela seul fait comprendre à quel degré les deux sociétés diffèrent.

DE L'ESPRIT COMMUNAL
DANS LA NOUVELLE-ANGLETERRE

*Pourquoi la commune de la Nouvelle-Angleterre attire
les affections de ceux qui l'habitent. — Difficulté qu'on
rencontre en Europe à créer l'esprit communal. — Droits
et devoirs communaux concourant en Amérique à former
cet esprit. — La patrie a plus de physionomie aux Etats-
Unis qu'ailleurs. — En quoi l'esprit communal se manifeste dans la Nouvelle-Angleterre. — Quels heureux
effets il y produit.*

En Amérique, non seulement il existe des institutions
communales, mais encore un esprit communal qui les
soutient et les vivifie.

La commune de la Nouvelle-Angleterre réunit deux
avantages qui, partout où ils se trouvent, excitent vivement l'intérêt des hommes; savoir : l'indépendance et la
puissance. Elle agit, il est vrai, dans un cercle dont elle
ne peut sortir, mais ses mouvements y sont libres. Cette
indépendance seule lui donnerait déjà une importance
réelle, quand sa population et son étendue ne la lui
assureraient pas.

Il faut bien se persuader que les affections des hommes
ne se portent en général que là où il y a de la force. On ne
voit pas l'amour de la patrie régner longtemps dans un
pays conquis. L'habitant de la Nouvelle-Angleterre
s'attache à sa commune, non pas tant parce qu'il y est né
que parce qu'il y voit dans cette commune une corporation
libre et forte dont il fait partie, et qui mérite la peine
qu'on cherche à la diriger.

Il arrive souvent, en Europe, que les gouvernants eux-
mêmes regrettent l'absence de l'esprit communal; car
tout le monde convient que l'esprit communal est un
grand élément d'ordre et de tranquillité publique; mais
ils ne savent comment le produire. En rendant la com-

mune forte et indépendante, ils craignent de partager la puissance sociale et d'exposer l'Etat à l'anarchie. Or, ôtez la force et l'indépendance de la commune, vous n'y trouverez jamais que des administrés et point de citoyens.

Remarquez d'ailleurs un fait important : la commune de la Nouvelle-Angleterre est ainsi constituée qu'elle peut servir de foyer à de vives affections, et en même temps il ne se trouve rien à côté d'elle qui attire fortement les passions ambitieuses du cœur humain.

Les fonctionnaires du comté ne sont point élus et leur autorité est restreinte. L'Etat lui-même n'a qu'une importance secondaire; son existence est obscure et tranquille. Il y a peu d'hommes qui, pour obtenir le droit de l'administrer, consentent à s'éloigner du centre de leurs intérêts et à troubler leur existence.

Le gouvernement fédéral confère de la puissance et de la gloire à ceux qui le dirigent; mais les hommes auxquels il est donné d'influer sur ses destinées sont en très petit nombre. La présidence est une haute magistrature à laquelle on ne parvient guère que dans un âge avancé; et quand on arrive aux autres fonctions fédérales d'un ordre élevé, c'est en quelque sorte par hasard, et après qu'on s'est déjà rendu célèbre en suivant une autre carrière. L'ambition ne peut pas les prendre pour le but permanent de ses efforts. C'est dans la commune, au centre des relations ordinaires de la vie, que viennent se concentrer le désir de l'estime, le besoin d'intérêts réels, le goût du pouvoir et du bruit; ces passions, qui troublent si souvent la société, changent de caractère lorsqu'elles peuvent s'exercer ainsi près du foyer domestique et en quelque sorte au sein de la famille.

Voyez avec quel art, dans la commune américaine, on a eu soin, si je puis m'exprimer ainsi, d'*éparpiller* la puissance, afin d'intéresser plus de monde à la chose publique. Indépendamment des électeurs appelés de temps en temps à faire des actes de gouvernement, que de fonctions diverses, que de magistrats différents, qui tous, dans le cercle de leurs attributions, représentent la corporation puissante au nom de laquelle ils agissent! Combien d'hommes exploitent ainsi à leur profit la puissance communale et s'y intéressent pour eux-mêmes!

Le système américain, en même temps qu'il partage le pouvoir municipal entre un grand nombre de citoyens, ne craint pas non plus de multiplier les devoirs communaux. Aux Etats-Unis on pense avec raison que l'amour de la patrie est une espèce de culte auquel les hommes s'attachent par les pratiques.

De cette manière, la vie communale se fait en quelque sorte sentir à chaque instant; elle se manifeste chaque jour par l'accomplissement d'un devoir ou par l'exercice d'un droit. Cette existence politique imprime à la société un mouvement continuel, mais en même temps paisible, qui l'agite sans la troubler.

Les Américains s'attachent à la cité par une raison analogue à celle qui fait aimer leur pays aux habitants des montagnes. Chez eux la patrie a des traits marqués et caractéristiques; elle a plus de physionomie qu'ailleurs.

Les communes de la Nouvelle-Angleterre ont en général une existence heureuse. Leur gouvernement est de leur goût aussi bien que de leur choix. Au sein de la paix profonde et de la prospérité matérielle qui règnent en Amérique, les orages de la vie municipale sont peu nombreux. La direction des intérêts communaux est aisée. De plus, il y a longtemps que l'éducation politique du peuple est faite, ou plutôt il est arrivé tout instruit sur le sol qu'il occupe. Dans la Nouvelle-Angleterre, la division des rangs n'existe pas même en souvenir; il n'y a donc point de portion de la commune qui soit tentée d'opprimer l'autre, et les injustices, qui ne frappent que des individus isolés, se perdent dans le contentement général. Le gouvernement présentât-il des défauts, et certes il est facile d'en signaler, ils ne frappent point les regards, parce que le gouvernement émane réellement des gouvernés, et qu'il lui suffit de marcher tant bien que mal, pour qu'une sorte d'orgueil paternel le protège. Ils n'ont rien d'ailleurs à quoi le comparer. L'Angleterre a jadis régné sur l'ensemble des colonies, mais le peuple a toujours dirigé les affaires communales. La souveraineté du peuple dans la commune est donc non seulement un état ancien, mais un état primitif.

L'habitant de la Nouvelle-Angleterre s'attache à sa commune, parce qu'elle est forte et indépendante; il s'y intéresse, parce qu'il concourt à la diriger; il l'aime, parce qu'il n'a pas à s'y plaindre de son sort; il place en elle son ambition et son avenir; il se mêle à chacun des incidents de la vie communale : dans cette sphère restreinte qui est à sa portée, il s'essaie à gouverner la société; il s'habitue aux formes sans lesquelles la liberté ne procède que par révolutions, se pénètre de leur esprit, prend goût à l'ordre, comprend l'harmonie des pouvoirs, et rassemble enfin des idées claires et pratiques sur la nature de ses devoirs ainsi que sur l'étendue de ses droits.

Du comté dans la Nouvelle-Angleterre

Le comté de la Nouvelle-Angleterre, analogue à l'arrondissement de France. — Créé dans un intérêt purement administratif. — N'a point de représentation. — Est administré par des fonctionnaires non électifs.

Le comté américain a beaucoup d'analogie avec l'arrondissement de France. On lui a tracé, comme à ce dernier, une circonscription arbitraire; il forme un corps dont les différentes parties n'ont point entre elles de liens nécessaires et auquel ne se rattachent ni affection ni souvenir, ni communauté d'existence. Il n'est créé que dans un intérêt purement administratif.

La commune avait une étendue trop restreinte pour qu'on pût y renfermer l'administration de la justice. Le comté forme donc le premier centre judiciaire. Chaque comté a une cour de justice [10], un shérif pour exécuter les arrêts des tribunaux, une prison qui doit contenir les criminels.

Il y a des besoins qui sont ressentis d'une manière à peu près égale par toutes les communes du comté; il était naturel qu'une autorité centrale fût chargée d'y pourvoir. Au Massachusetts, cette autorité réside dans les mains d'un certain nombre de magistrats, que désigne le gouverneur de l'Etat, de l'avis [11] de son conseil [12].

Les administrateurs du comté n'ont qu'un pouvoir borné et exceptionnel qui ne s'applique qu'à un très petit nombre de cas prévus à l'avance. L'Etat et la commune suffisent à la marche ordinaire des choses. Ces administrateurs ne font que préparer le budget du comté, la législature le vote [13]. Il n'y a point d'assemblée qui représente directement ou indirectement le comté.

---

10. Voyez la loi du 14 février 1821, *Laws of Massachusetts*, vol. I, p. 551.
11. Voyez la loi du 20 février 1819, *Laws of Massachusetts*, vol. II, p. 494.
12. Le conseil du gouverneur est un corps électif.
13. Voyez la loi du 2 novembre 1791, *Laws of Massachusetts*, vol. I, p. 61.

Le comté n'a donc point, à vrai dire, d'existence politique.

On remarque, dans la plupart des constitutions américaines, une double tendance qui porte les législateurs à diviser le pouvoir exécutif et à concentrer la puissance législative. La commune de la Nouvelle-Angleterre a, par elle-même, un principe d'existence dont on ne la dépouille point; mais il faudrait créer fictivement cette vie dans le comté, et l'utilité n'en a point été sentie : toutes les communes réunies n'ont qu'une seule représentation, l'Etat, centre de tous les pouvoirs nationaux; hors de l'action communale et nationale, on peut dire qu'il n'y a que des forces individuelles.

DE L'ADMINISTRATION
DANS LA NOUVELLE-ANGLETERRE

En Amérique, on n'aperçoit point l'administration. —
Pourquoi. — Les Européens croient fonder la liberté en
ôtant au pouvoir social quelques-uns de ses droits; les
Américains, en divisant son exercice. — Presque toute
l'administration proprement dite renfermée dans la com-
mune, et divisée entre les fonctionnaires communaux. —
On n'aperçoit la trace d'une hiérarchie administrative
ni dans la commune ni au-dessus d'elle. — Pourquoi il
en est ainsi. — Comment il arrive cependant que l'Etat
est administré d'une manière uniforme. — Qui est chargé
de faire obéir à la loi les administrations de la commune
et du comté. — De l'introduction du pouvoir judiciaire
dans l'administration. — Conséquence du principe de
l'élection étendue à tous les fonctionnaires. — Du juge de
paix dans la Nouvelle-Angleterre. — Par qui nommé. —
Administre le comté. — Assure l'administration des
communes. — Cour des sessions. — Manière dont elle agit.
— Qui la saisit. — Le droit d'inspection et de plainte,
éparpillé comme toutes les fonctions administratives. —
Dénonciateurs encouragés par le partage des amendes.

Ce qui frappe le plus l'Européen qui parcourt les Etats-Unis, c'est l'absence de ce qu'on appelle chez nous le gouvernement ou l'administration. En Amérique, on voit des lois écrites; on en aperçoit l'exécution journalière; tout se meut autour de vous, et on ne découvre nulle part le moteur. La main qui dirige la machine sociale échappe à chaque instant.

Cependant, de même que tous les peuples sont obligés, pour exprimer leurs pensées, d'avoir recours à certaines formes grammaticales constitutives des langues humaines, de même toutes les sociétés, pour subsister, sont contraintes de se soumettre à une certaine somme d'autorité sans laquelle elles tombent en anarchie. Cette autorité peut être distribuée de différentes manières; mais il faut toujours qu'elle se retrouve quelque part.

Il y a deux moyens de diminuer la force de l'autorité chez une nation.

Le premier est d'affaiblir le pouvoir dans son principe même, en ôtant à la société le droit ou la faculté de se défendre en certains cas : affaiblir l'autorité de cette manière, c'est en général ce qu'on appelle en Europe fonder la liberté.

Il est un second moyen de diminuer l'action de l'autorité : celui-ci ne consiste pas à dépouiller la société de quelques-uns de ses droits, ou paralyser ses efforts, mais à diviser l'usage de ses forces entre plusieurs mains; à multiplier les fonctionnaires en attribuant à chacun d'eux tout le pouvoir dont il a besoin pour faire ce qu'on le destine à exécuter. Il se rencontre des peuples que cette division des pouvoirs sociaux peut encore mener à l'anarchie; par elle-même, cependant, elle n'est point anarchique. En partageant ainsi l'autorité, on rend, il est vrai, son action moins irrésistible et moins dangereuse, mais on ne la détruit point.

La révolution aux Etats-Unis a été produite par un goût mûr et réfléchi pour la liberté, et non par un instinct vague et indéfini d'indépendance. Elle ne s'est point appuyée sur des passions de désordre; mais, au contraire, elle a marché avec l'amour de l'ordre et de la légalité.

Aux Etats-Unis donc on n'a point prétendu que l'homme, dans un pays libre, eût le droit de tout faire; on lui a au contraire imposé des obligations sociales plus variées qu'ailleurs; on n'a point eu l'idée d'attaquer le pouvoir de la société dans son principe et de lui contester ses droits, on s'est borné à le diviser dans son exercice. On a voulu arriver de cette manière à ce que l'autorité fût grande et le fonctionnaire petit, afin que la société continuât à être bien réglée et restât libre.

Il n'est pas au monde de pays où la loi parle un langage aussi absolu qu'en Amérique, et il n'en existe pas non plus où le droit de l'appliquer soit divisé entre tant de mains.

Le pouvoir administratif aux Etats-Unis n'offre dans sa constitution rien de central ni de hiérarchique; c'est ce qui fait qu'on ne l'aperçoit point. Le pouvoir existe, mais on ne sait où trouver son représentant.

Nous avons vu plus haut que les communes de la Nouvelle-Angleterre n'étaient point en tutelle. Elles prennent donc soin elles-mêmes de leurs intérêts particuliers.

Ce sont aussi les magistrats municipaux que, le plus souvent, on charge de tenir la main à l'exécution des lois générales de l'Etat, ou de les exécuter eux-mêmes [14].

Indépendamment des lois générales, l'Etat fait quelquefois des règlements généraux de police; mais ordinairement ce sont les communes et les officiers communaux qui, conjointement avec les juges de paix et suivant les besoins des localités, règlent les détails de l'existence sociale et promulguent les prescriptions relatives à la santé publique, au bon ordre et à la moralité des citoyens [15].

Ce sont enfin les magistrats municipaux qui, d'eux-mêmes, et sans avoir besoin de recevoir une impulsion étrangère, pourvoient à ces besoins imprévus que ressentent souvent les sociétés [16].

Il résulte de ce que nous venons de dire qu'au Massachusetts le pouvoir administratif est presque entièrement renfermé dans la commune [17]; mais il s'y trouve divisé entre beaucoup de mains.

---

14. Voyez le *Town Officer*, particulièrement aux mots *Select-men, Assessors, Collectors, Schools, Surveyors of highways*... Exemple entre mille : l'Etat défend de voyager sans motif le dimanche. Ce sont les *tythingmen*, officiers communaux, qui sont spécialement chargés de tenir la main à l'exécution de la loi.
Voyez la loi du 8 mars 1792, *Laws of Massachusetts*, vol. I, p. 410.
Les select-men dressent les listes électorales pour l'élection du gouverneur et transmettent le résultat du scrutin au secrétaire de la république. Loi du 24 février 1796, *id.*, vol. I, p. 488.
15. Exemple : les select-men autorisent la construction des égouts, désignent les lieux dont on peut faire des abattoirs, et où l'on peut établir certain genre de commerce dont le voisinage est nuisible. Voyez la loi du 7 juin 1785, vol. I, p. 193.
16. Exemple : les select-men veillent à la santé publique en cas de maladies contagieuses, et prennent les mesures nécessaires conjointement avec les juges de paix. Loi du 22 juin 1797, vol. I, p. 539.
17. Je dis *presque*, car il y a plusieurs incidents de la vie communale qui sont réglés, soit par les juges de paix dans leur capacité individuelle, soit par les juges de paix réunis en corps au chef-lieu du comté. Exemple : ce sont les juges de paix qui accordent les licences. Voyez la loi du 28 février 1787, vol. I, p. 297.

Dans la commune de France, il n'y a, à vrai dire, qu'un seul fonctionnaire administratif, le maire.

Nous avons vu qu'on en comptait au moins dix-neuf dans la commune de la Nouvelle-Angleterre.

Ces dix-neuf fonctionnaires ne dépendent pas en général les uns des autres. La loi a tracé avec soin autour de chacun de ces magistrats un cercle d'action. Dans ce cercle, ils sont tout-puissants pour remplir les devoirs de leur place et ne relèvent d'aucune autorité communale.

Si l'on porte ses regards au-dessus de la commune, on aperçoit à peine la trace d'une hiérarchie administrative. Il arrive quelquefois que les fonctionnaires du comté réforment la décision prise par les communes ou par les magistrats communaux [18], mais en général on peut dire que les administrateurs du comté n'ont pas le droit de diriger la conduite des administrateurs de la commune [19]. Ils ne les commandent que dans les choses qui ont rapport au comté.

Les magistrats de la commune et ceux du comté sont tenus, dans un très petit nombre de cas prévus à l'avance, de communiquer le résultat de leurs opérations aux officiers du gouvernement central [20]. Mais le gouvernement central n'est pas représenté par un homme chargé de faire des règlements généraux de police ou des ordonnances pour l'exécution des lois; de communiquer habituellement avec les administrateurs du comté de la commune; d'inspecter leur conduite, de diriger leurs actes et de punir leurs fautes.

Il n'existe donc nulle part de centre auquel les rayons du pouvoir administratif viennent aboutir.

Comment donc parvient-on à conduire la société sur

---

18. Exemple : on n'accorde de licence qu'à ceux qui présentent un certificat de bonne conduite donné par les select-men. Si les select-men refusent de donner ce certificat, la personne peut se plaindre aux juges de paix réunis en cour de session, et ces derniers peuvent accorder la licence. Voyez la loi du 12 mars 1808, vol. II, p. 186. Les communes ont le droit de faire des règlements *(by-laws)* et d'obliger à l'observation de ces règlements par des amendes dont le taux est fixé; mais ces règlements ont besoin d'être approuvés par la cour des sessions. Voyez la loi du 23 mars 1786, vol. I, p. 254.

19. Au Massachusetts, les administrateurs du comté sont souvent appelés à apprécier les actes des administrateurs de la commune; mais on verra plus loin qu'ils se livrent à cet examen comme pouvoir judiciaire, et non comme autorité administrative.

20. Exemple : les comités communaux des écoles sont tenus annuellement de faire un rapport de l'état de l'école au secrétaire de la république. Voyez la loi du 10 mars 1827, vol. III, p. 183.

un plan à peu près uniforme ? Comment peut-on faire obéir les comtés et leurs administrateurs, les communes et leurs fonctionnaires ?

Dans les Etats de la Nouvelle-Angleterre, le pouvoir législatif s'étend à plus d'objets que parmi nous. Le législateur pénètre, en quelque sorte, au sein même de l'administration; la loi descend à de minutieux détails; elle prescrit en même temps les principes et le moyen de les appliquer; elle renferme ainsi les corps secondaires et leurs administrateurs dans une multitude d'obligations étroites et rigoureusement définies.

Il résulte de là que, si tous les corps secondaires et tous les fonctionnaires se conforment à la loi, la société procède d'une manière uniforme dans toutes ses parties; mais reste toujours à savoir comment on peut forcer les corps secondaires et leurs fonctionnaires à se conformer à la loi.

On peut dire, d'une manière générale, que la société ne trouve à sa disposition que deux moyens pour obliger les fonctionnaires à obéir aux lois :

Elle peut confier à l'un d'eux le pouvoir discrétionnaire de diriger tous les autres et de les destituer en cas de désobéissance.

Ou bien elle peut charger les tribunaux d'infliger des peines judiciaires aux contrevenants.

On n'est pas toujours libre de prendre l'un ou l'autre de ces moyens.

Le droit de diriger le fonctionnaire suppose le droit de le destituer, s'il ne suit pas les ordres qu'on lui transmet, ou de l'élever en grade s'il remplit avec zèle tous ses devoirs. Or, on ne saurait ni destituer ni élever en grade un magistrat élu. Il est de la nature des fonctions électives d'être irrévocables jusqu'à la fin du mandat. En réalité, le magistrat élu n'a rien à attendre ni à craindre que des électeurs, lorsque toutes les fonctions publiques sont le produit de l'élection. Il ne saurait donc exister une véritable hiérarchie entre les fonctionnaires, puisqu'on ne peut réunir dans le même homme le droit d'ordonner et le droit de réprimer efficacement la désobéissance, et qu'on ne saurait joindre au pouvoir de commander celui de récompenser et de punir.

Les peuples qui introduisent l'élection dans les rouages secondaires de leur gouvernement sont donc forcément amenés à faire un grand usage des peines judiciaires comme moyen d'administration.

C'est ce qui ne se découvre pas au premier coup d'œil. Les gouvernants regardent comme une première concession de rendre les fonctions électives, et comme une seconde concession de soumettre le magistrat élu aux arrêts des juges. Ils redoutent également ces deux innovations; et comme ils sont plus sollicités de faire la première que la seconde, ils accordent l'élection au fonctionnaire et le laissent indépendant du juge. Cependant, l'une de ces deux mesures est le seul contrepoids qu'on puisse donner à l'autre. Qu'on y prenne bien garde, un pouvoir électif qui n'est pas soumis à un pouvoir judiciaire échappe tôt ou tard à tout contrôle, ou est détruit. Entre le pouvoir central et les corps administratifs élus, il n'y a que les tribunaux qui puissent servir d'intermédiaire. Eux seuls peuvent forcer le fonctionnaire élu à l'obéissance sans violer le droit de l'électeur.

L'extension du pouvoir judiciaire dans le monde politique doit donc être corrélative à l'extension du pouvoir électif. Si ces deux choses ne vont point ensemble, l'État finit par tomber en anarchie ou en servitude.

On a remarqué de tout temps que les habitudes judiciaires préparaient assez mal les hommes à l'exercice du pouvoir administratif.

Les Américains ont pris à leurs pères, les Anglais, l'idée d'une institution qui n'a aucune analogie avec ce que nous connaissons sur le continent de l'Europe, c'est celle des juges de paix.

Le juge de paix tient le milieu entre l'homme du monde et le magistrat, l'administrateur et le juge. Le juge de paix est un citoyen éclairé, mais qui n'est pas nécessairement versé dans la connaissance des lois. Aussi ne le charge-t-on que de faire la police de la société; chose qui demande plus de bon sens et de droiture que de science. Le juge de paix apporte dans l'administration, lorsqu'il y prend part, un certain goût des formes et de la publicité qui en fait un instrument fort gênant pour le despotisme; mais il ne s'y montre pas l'esclave de ces superstitions légales qui rendent les magistrats peu capables de gouverner.

Les Américains se sont approprié l'institution des juges de paix, tout en lui ôtant le caractère aristocratique qui la distinguait dans la mère patrie.

Le gouverneur du Massachusetts [21] nomme, dans tous

___

21. Nous verrons plus loin ce que c'est que le gouverneur; je dois

les comtés, un certain nombre de juges de paix, dont les fonctions doivent durer sept ans [22].

De plus, parmi ces juges de paix, il en désigne trois qui forment dans chaque comté ce qu'on appelle la *cour des sessions*.

Les juges de paix prennent part individuellement à l'administration publique. Tantôt ils sont chargés, concurremment avec les fonctionnaires élus, de certains actes administratifs [23]; tantôt ils forment un tribunal devant lequel les magistrats accusent sommairement le citoyen qui refuse d'obéir, ou le citoyen dénonce les délits des magistrats. Mais c'est dans la cour des sessions que les juges de paix exercent les plus importantes de leurs fonctions administratives.

La cour des sessions se réunit deux fois par an au chef-lieu du comté. C'est elle qui, dans le Massachusetts, est chargée de maintenir le plus grand nombre [24] des fonctionnaires publics dans l'obéissance [25].

Il faut bien faire attention qu'au Massachusetts la cour des sessions est tout à la fois un corps administratif proprement dit et un tribunal politique.

Nous avons dit que le comté [26] n'avait qu'une exis-

dire dès à présent que le gouverneur représente le pouvoir exécutif de tout l'Etat.

22. Voyez Constitution du Massachusetts, chap. II, section I, paragraphe 9; chap. III, paragraphe 3.

23. Exemple entre beaucoup d'autres : un étranger arrive dans une commune, venant d'un pays que ravage une maladie contagieuse. Il tombe malade. Deux juges de paix peuvent donner, avec l'avis des select-men, au shérif du comté l'ordre de le transporter ailleurs et de veiller sur lui. Loi du 22 juin 1797, vol. I, p. 540.

En général, les juges de paix interviennent dans tous les actes importants de la vie administrative et leur donnent un caractère semi-judiciaire.

24. Je dis *le plus grand nombre*, parce qu'en effet certains délits administratifs sont déférés aux tribunaux ordinaires. Exemple : lorsqu'une commune refuse de faire les fonds nécessaires pour ses écoles, ou de nommer le comité des écoles, elle est condamnée à une amende très considérable. C'est la cour appelée *supreme judicial court*, ou la cour de *common pleas*, qui prononce cette amende. Voyez la loi du 10 mars 1827, vol. III, p. 190. *Id.* Lorsqu'une commune omet de faire provision de munitions de guerre. Loi du 21 février 1822, vol. II, p. 570.

25. Les juges de paix prennent part, dans leur capacité individuelle, au gouvernement des communes et des comtés. Les actes les plus importants de la vie communale ne se font en général qu'avec le concours de l'un d'eux.

26. Les objets qui ont rapport au comté, et dont la cour des sessions s'occupe, peuvent se réduire à ceux-ci :

1o L'érection des prisons et des cours de justice; 2o le projet du tence administrative. C'est la cour des sessions qui dirige par elle-même le petit nombre d'intérêts qui se rapportent en même temps à plusieurs communes ou à toutes les communes du comté à la fois, et dont, par conséquent, on ne peut charger aucune d'elles en particulier.

Quand il s'agit du comté, les devoirs de la cour des sessions sont donc purement administratifs, et si elle introduit souvent dans sa manière de procéder les formes judiciaires, ce n'est qu'un moyen de s'éclairer [27], et qu'une garantie qu'elle donne aux administrés. Mais lorsqu'il faut assurer l'administration des communes, elle agit presque toujours comme corps judiciaire, et dans quelques cas rares seulement, comme corps administratif.

La première difficulté qui se présente est de faire obéir la commune elle-même, pouvoir presque indépendant, aux lois générales de l'Etat.

Nous avons vu que les communes doivent nommer chaque année un certain nombre de magistrats qui, sous le nom d'assesseurs, répartissent l'impôt. Une commune tente d'échapper à l'obligation de payer l'impôt en ne nommant pas les assesseurs. La cour des sessions la condamne à une forte amende [28]. L'amende est levée par corps sur tous les habitants. Le shérif du comté, officier de justice, fait exécuter l'arrêt. C'est ainsi qu'aux Etats-Unis le pouvoir semble jaloux de se dérober avec soin aux regards. Le commandement administratif s'y voile presque toujours sous le mandat judiciaire; il n'en est que plus puissant, ayant alors pour lui cette force presque irrésistible que les hommes accordent à la forme légale.

Cette marche est facile à suivre, et se comprend sans peine. Ce qu'on exige de la commune est, en général, net et défini; il consiste dans un fait simple et non complexe, en un principe, et non une application de détail [29].

budget du comté (c'est la législature de l'Etat qui le vote); 3° la répartition de ces taxes ainsi votées; 4° la distribution de certaines patentes; 5° l'établissement et la réparation des routes du comté.
27. C'est ainsi que, quand il s'agit d'une route, la cour des sessions tranche presque toutes les difficultés d'exécution à l'aide du jury.
28. Voyez la loi du 20 février 1786, vol. I, p. 217.
29. Il y a une manière indirecte de faire obéir la commune. Les communes sont obligées par la loi à tenir leurs routes en bon état. Négligent-elles de voter les fonds qu'exige cet entretien, le magistrat communal chargé des routes est alors autorisé à lever d'office l'argent nécessaire. Comme il est lui-même responsable vis-à-vis des particu-

Mais la difficulté commence lorsqu'il s'agit de faire obéir, non plus la commune, mais les fonctionnaires communaux.

Toutes les actions répréhensibles que peut commettre un fonctionnaire public rentrent en définitive dans l'une de ces catégories :

Il peut faire, sans ardeur et sans zèle, ce que lui commande la loi.

Il peut ne pas faire ce que lui commande la loi.

Enfin, il peut faire ce que lui défend la loi.

Un tribunal ne saurait atteindre la conduite d'un fonctionnaire que dans les deux derniers cas. Il faut un fait positif et appréciable pour servir de base à l'action judiciaire.

Ainsi, les select-men omettent de remplir les formalités voulues par la loi en cas d'élection communale ; ils peuvent être condamnés à l'amende [30].

Mais lorsque le fonctionnaire public remplit sans intelligence son devoir ; lorsqu'il obéit sans ardeur et sans zèle aux prescriptions de la loi, il se trouve entièrement hors des atteintes d'un corps judiciaire.

La cour des sessions, lors même qu'elle est revêtue de ses attributions administratives, est impuissante pour le forcer dans ce cas à remplir ses obligations tout entières. Il n'y a que la crainte de la révocation qui puisse prévenir ces quasi-délits, et la cour des sessions n'a point en elle l'origine des pouvoirs communaux ; elle ne peut révoquer des fonctionnaires qu'elle ne nomme point.

Pour s'assurer d'ailleurs qu'il y a négligence et défaut de zèle, il faudrait exercer sur le fonctionnaire inférieur une surveillance continuelle. Or, la cour des sessions ne siège que deux fois par an ; elle n'inspecte point, elle juge les faits répréhensibles qu'on lui dénonce.

Le pouvoir arbitraire de destituer les fonctionnaires publics peut seul garantir, de leur part, cette sorte d'obéissance éclairée et active que la répression judiciaire ne peut leur imposer.

En France, nous cherchons cette dernière garantie dans la *hiérarchie administrative ;* en Amérique, on la cherche dans l'*élection.*

liers du mauvais état des chemins, et qu'il peut être actionné par eux devant la cour des sessions, on est assuré qu'il usera contre la commune du droit extraordinaire que lui donne la loi. Ainsi, en menaçant le fonctionnaire, la cour des sessions force la commune à l'obéissance. Voyez la loi du 5 mars 1787, vol. I, p. 305.

30. Loi du Massachusetts, vol. II, p. 45.

Ainsi, pour résumer en quelques mots ce que je viens d'exposer :

Le fonctionnaire public de la Nouvelle-Angleterre commet-il un *crime* dans l'exercice de ses fonctions, les tribunaux ordinaires sont *toujours* appelés à en faire justice.

Commet-il une *faute administrative*, un tribunal purement administratif est chargé de le punir, et quand la chose est grave ou pressante, le juge fait ce que le fonctionnaire aurait dû faire [31].

Enfin, le même fonctionnaire se rend-il coupable de l'un de ces délits insaisissables que la justice humaine ne peut ni définir, ni apprécier, il comparaît annuellement devant un tribunal sans appel, qui peut le réduire tout à coup à l'impuissance; son pouvoir lui échappe avec son mandat.

Ce système renferme assurément en lui-même de grands avantages, mais il rencontre dans son exécution une difficulté pratique qu'il est nécessaire de signaler.

J'ai déjà fait remarquer que le tribunal administratif, qu'on nomme la cour des sessions, n'avait pas le droit d'inspecter les magistrats communaux; elle ne peut, suivant un terme de droit, agir que lorsqu'elle est *saisie*. Or c'est là le point délicat du système.

Les Américains de la Nouvelle-Angleterre n'ont point institué de ministère public près la cour des sessions [32], et l'on doit concevoir qu'il leur était difficile d'en établir un. S'ils s'étaient bornés à placer au chef-lieu de chaque comté un magistrat accusateur, et qu'ils ne lui eussent point donné d'agents dans les communes, pourquoi ce magistrat aurait-il été plus instruit de ce qui se passait dans le comté que les membres de la cour des sessions eux-mêmes ? Si on lui avait donné des agents dans chaque commune, on centralisait dans ses mains le plus redoutable des pouvoirs, celui d'administrer judiciairement. Les lois d'ailleurs sont filles des habitudes, et rien de semblable n'existait dans la législation anglaise.

Les Américains ont donc divisé le droit d'inspection

---

31. Exemple : si une commune s'obstine à ne pas nommer d'assesseurs, la cour des sessions les nomme, et les magistrats ainsi choisis sont revêtus des mêmes pouvoirs que les magistrats élus. Voyez la loi précitée du 20 février 1787.

32. Je dis *près la cour des sessions*. Il y a un magistrat qui remplit près des tribunaux ordinaires quelques-unes des fonctions du ministère public.

et de plainte comme toutes les autres fonctions administratives.

Les membres du grand jury doivent, aux termes de la loi, avertir le tribunal, près duquel ils agissent, des délits de tout genre qui peuvent se commettre dans leur comté [33]. Il y a certains grands délits administratifs que le ministère public ordinaire doit poursuivre d'office [34]; le plus souvent, l'obligation de faire punir les délinquants est imposée à l'officier fiscal, chargé d'encaisser le produit de l'amende; ainsi le trésorier de la commune est chargé de poursuivre la plupart des délits administratifs qui sont commis sous ses yeux.

Mais c'est surtout à l'intérêt particulier que la législation américaine en appelle [35]; c'est là le grand principe qu'on retrouve sans cesse quand on étudie les lois des États-Unis.

Les législateurs américains ne montrent que peu de confiance dans l'honnêteté humaine; mais ils supposent toujours l'homme intelligent. Ils se reposent donc le plus souvent sur l'intérêt personnel pour l'exécution des lois.

Lorsqu'un individu est positivement et actuellement lésé par un délit administratif, l'on comprend, en effet, que l'intérêt personnel garantisse la plainte.

Mais il est facile de prévoir que s'il s'agit d'une prescription légale, qui, tout en étant utile à la société, n'est point d'une utilité actuellement sentie par un individu, chacun hésitera à se porter accusateur. De cette manière, et par une sorte d'accord tacite, les lois pourraient bien tomber en désuétude.

Dans cette extrémité où leur système les jette, les Américains sont obligés d'intéresser les dénonciateurs en les appelant dans certains cas au partage des amendes [36].

33. Les grands jurés sont obligés, par exemple, d'avertir les cours du mauvais état des routes. Loi du Massachusetts, vol. I, p. 308.
34. Si, par exemple, le trésorier du comté ne fournit point ses comptes. Loi du Massachusetts, vol. I, p. 406.
35. Exemple entre mille : un particulier endommage sa voiture ou se blesse sur une route mal entretenue; il a le droit de demander des dommages-intérêts devant la cour des sessions, à la commune ou au comté chargé de la route. Loi du Massachusetts, vol. I, p. 309.
36. En cas d'invasion ou d'insurrection, lorsque les officiers communaux négligent de fournir à la milice les objets et munitions nécessaires, la commune peut être condamnée à une amende de 200 à 500 dollars (1 000 à 2 700 francs).
On conçoit très bien que, dans un cas pareil, il peut arriver que

Moyen dangereux qui assure l'exécution des lois en dégradant les mœurs.

Au-dessus des magistrats du comté, il n'y a plus, à vrai dire, de pouvoir administratif, mais seulement un pouvoir gouvernemental.

IDÉES GÉNÉRALES SUR L'ADMINISTRATION
AUX ÉTATS-UNIS

En quoi les Etats de l'Union diffèrent entre eux, par le système d'administration. — Vie communale moins active et moins complète à mesure qu'on descend vers le midi. — Le pouvoir du magistrat devient alors plus grand, celui de l'électeur plus petit. — L'administration passe de la commune au comté. — Etat de New York, d'Ohio, de Pennsylvanie. — Principes administratifs applicables à toute l'Union. — Election des fonctionnaires publics ou inamovibilité de leurs fonctions. — Absence de hiérarchie. — Introduction des moyens judiciaires dans l'administration.

J'ai annoncé précédemment qu'après avoir examiné en détail la constitution de la commune et du comté dans la Nouvelle-Angleterre, je jetterais un coup d'œil général sur le reste de l'Union.

Il y a des communes et une vie communale dans chaque Etat; mais dans aucun des Etats confédérés on ne rencontre une commune identiquement semblable à celle de la Nouvelle-Angleterre.

A mesure qu'on descend vers le midi, on s'aperçoit que la vie communale devient moins active; la commune a moins de magistrats, de droits et de devoirs; la popu-

personne n'ait l'intérêt ni le désir de prendre le rôle d'accusateur. Aussi la loi ajoute-t-elle : « Tous les citoyens auront droit de poursuivre la punition de semblables délits, et la moitié de l'amende appartiendra au poursuivant. » Voyez la loi du 6 mars 1810, vol. II, p. 236.

On retrouve très fréquemment la même disposition reproduite dans les lois du Massachusetts.

Quelquefois ce n'est pas le particulier que la loi excite de cette manière à poursuivre les fonctionnaires publics; c'est le fonctionnaire qu'elle encourage ainsi à faire punir la désobéissance des particuliers. Exemple : un habitant refuse de faire la part de travail qui lui a été assignée sur une grande route. Le surveillant des routes doit le poursuivre; et s'il le fait condamner, la moitié de l'amende lui revient. Voyez les lois précitées, vol. I, p. 308.

lation n'y exerce pas une influence si directe sur les affaires; les assemblées communales sont moins fréquentes et s'étendent à moins d'objets. Le pouvoir du magistrat élu est donc comparativement plus grand et celui de l'électeur plus petit, l'esprit communal y est moins éveillé et moins puissant [37].

On commence à apercevoir ces différences dans l'Etat de New York; elles sont déjà très sensibles dans la Pennsylvanie; mais elles deviennent moins frappantes lorsqu'on s'avance vers le Nord-Ouest. La plupart des émigrants qui vont fonder les Etats du Nord-Ouest sortent de la Nouvelle-Angleterre, et ils transportent les habitudes administratives de la mère patrie dans leur patrie adoptive. La commune de l'Ohio a beaucoup d'analogie avec la commune du Massachusetts.

Nous avons vu qu'au Massachusetts le principe de l'administration publique se trouve dans la commune. La commune est le foyer dans lequel viennent se réunir les intérêts et les affections des hommes. Mais il cesse d'en être ainsi à mesure que l'on descend vers des Etats où les lumières ne sont pas si universellement répandues, et où, par conséquent, la commune offre moins de garanties de sagesse et moins d'éléments d'administration. A mesure donc que l'on s'éloigne de la Nouvelle-Angleterre, la vie communale passe en quelque sorte au comté. Le comté devient le grand centre administratif et forme le pouvoir intermédiaire entre le gouvernement et les simples citoyens.

J'ai dit qu'au Massachusetts les affaires du comté sont dirigées par la cour des sessions. La cour des sessions se compose d'un certain nombre de magistrats nommés par le gouverneur et son conseil. Le comté n'a point de représentation, et son budget est voté par la législature nationale.

---

37. Voyez, pour le détail, *The Revised Statutes* de l'Etat de New York, à la partie I, chap. XI, intitulé : *Of the powers, duties and privileges of towns*. Des droits, des obligations et des privilèges des communes, vol. I, p. 336-364.

Voyez dans le recueil intitulé : *Digest of the laws of Pennsylvania*, les mots *Assessors, Collectors, Constables, Overseers of the poor, Supervisor of highways*. Et dans le recueil intitulé : *Acts of a general nature of the State of Ohio*, la loi du 25 février 1834, relative aux communes, p. 412. Et ensuite les dispositions particulières relatives aux divers officiers communaux, tels que : *Township's Clerks, Trustees, Overseers of the poor, Fence-Viewers, Appraisers of property, Township's Treasurer, Constables, Supervisors of highways*.

Dans le grand Etat de New York, au contraire, dans l'Etat de l'Ohio et dans la Pennsylvanie, les habitants de chaque comté élisent un certain nombre de députés; la réunion de ces députés forme une assemblée représentative du comté [38].

L'assemblée du comté possède, dans de certaines limites, le droit d'imposer les habitants; elle constitue, sous ce rapport, une véritable législature; c'est elle en même temps qui administre le comté, dirige en plusieurs cas l'administration des communes et resserre leurs pouvoirs dans des limites beaucoup plus étroites qu'au Massachusetts.

Ce sont là les principales différences que présente la constitution de la commune et du comté dans les divers Etats confédérés. Si je voulais descendre jusqu'aux détails des moyens d'exécution, j'aurais beaucoup d'autres dissemblances à signaler encore. Mais mon but n'est pas de faire un cours de droit administratif américain.

J'en ai dit assez, je pense, pour faire comprendre sur quels principes généraux repose l'administration aux Etats-Unis. Ces principes sont diversement appliqués; ils fournissent des conséquences plus ou moins nombreuses suivant les lieux; mais au fond ils sont partout les mêmes. Les lois varient; leur physionomie change; un même esprit les anime.

La commune et le comté ne sont pas constitués partout de la même manière; mais on peut dire que l'organisation de la commune et du comté, aux Etats-Unis, repose partout sur cette même idée : que chacun est le meilleur juge de ce qui n'a rapport qu'à lui-même, et le plus en état de pourvoir à ses besoins particuliers. La commune et le comté sont donc chargés de veiller à leurs intérêts spéciaux. L'Etat gouverne et n'administre pas. On rencontre des exceptions à ce principe, mais non un principe contraire.

La première conséquence de cette doctrine a été de faire choisir, par les habitants eux-mêmes, tous les admi-

38. Voyez *Revised Statutes of the State of New York*, partie I, chap. XI, vol. I, p. 340. *Id.*, chap. XII; *id.*, p. 366. *Id.*, *Acts of the State of Ohio*. Loi du 25 février 1824, relative aux *county commissioners*, p. 263.
Voyez *Digest of the laws of Pennsylvania*, aux mots *County-Rates, and Levies*, p. 170.
Dans l'Etat de New York, chaque commune élit un député, et ce même député participe en même temps à l'administration du comté et à celle de la commune.

nistrateurs de la commune et du comté, ou du moins de choisir ces magistrats exclusivement parmi eux.

Les administrateurs étant partout élus, ou du moins irrévocables, il en est résulté que nulle part on n'a pu introduire les règles de la hiérarchie. Il y a donc eu presque autant de fonctionnaires indépendants que de fonctions. Le pouvoir administratif s'est trouvé disséminé en une multitude de mains.

La hiérarchie administrative n'existant nulle part, les administrateurs étant élus et irrévocables jusqu'à la fin du mandat, il s'en est suivi l'obligation d'introduire plus ou moins les tribunaux dans l'administration. De là le système des amendes, au moyen desquelles les corps secondaires et leurs représentants sont contraints d'obéir aux lois. On retrouve ce système d'un bout à l'autre de l'Union.

Du reste, le pouvoir de réprimer les délits administratifs, ou de faire au besoin des actes d'administration, n'a point été accordé dans tous les Etats aux mêmes juges.

Les Anglo-Américains ont puisé à une source commune l'institution des juges de paix ; on la retrouve dans tous les Etats. Mais ils n'en ont pas toujours tiré le même parti.

Partout les juges de paix concourent à l'administration des communes et des comtés [39], soit en administrant eux-mêmes, soit en réprimant certains délits administratifs ; mais, dans la plupart des Etats, les plus graves de ces délits sont soumis aux tribunaux ordinaires.

Ainsi donc, élection des fonctionnaires administratifs, ou inamovibilité de leurs fonctions, absence de hiérarchie administrative, introduction des moyens judiciaires dans le gouvernement secondaire de la société, tels sont les caractères principaux auxquels on reconnaît l'administration américaine, depuis le Maine jusqu'aux Florides.

Il y a quelques Etats dans lesquels on commence à apercevoir les traces d'une centralisation administrative. L'Etat de New York est le plus avancé dans cette voie.

Dans l'Etat de New York, les fonctionnaires du gouvernement central exercent, en certains cas, une sorte de

---

39. Il y a même des Etats du Sud où les magistrats des *county-courts* sont chargés de tout le détail de l'administration. Voyez *The Statutes of the State of Tennessee*, aux art. *Judiciary, Taxes...*

surveillance et de contrôle sur la conduite des corps secondaires [40]. Ils forment, en certains autres, une espèce de tribunal d'appel pour la décision des affaires [41]. Dans l'Etat de New York, les peines judiciaires sont moins employées qu'ailleurs comme moyen administratif. Le droit de poursuivre les délits administratifs y est aussi placé en moins de mains [42].

La même tendance se fait légèrement remarquer dans quelques autres Etats [43]. Mais, en général, on peut dire

40. Exemple : la direction de l'instruction publique est centralisée dans les mains du gouvernement. La législature nomme les membres de l'université, appelés régents ; le gouverneur et le lieutenant-gouverneur de l'Etat en font nécessairement partie. (*Revised Statutes*, vol. I, p. 456). Les régents de l'université visitent tous les ans les collèges et les académies, et font un rapport annuel à la législature ; leur surveillance n'est point illusoire, par les raisons particulières que voici : les collèges, afin de devenir des corps constitués (corporations) qui puissent acheter, vendre et posséder, ont besoin d'une charte ; or cette charte n'est accordée par la législature que de l'avis des régents. Chaque année l'Etat distribue aux collèges et académies les intérêts d'un fonds spécial créé pour l'encouragement des études. Ce sont les régents qui sont les distributeurs de cet argent. Voyez chap. xv, Instruction publique, *Revised Statutes*, vol. I, p. 455.

Chaque année, les commissaires des écoles publiques sont tenus d'envoyer un rapport de la situation au surintendant de la république. *Id.*, p. 488.

Un rapport semblable doit lui être fait annuellement sur le nombre et l'état des pauvres. *Id.*, p. 631.

41. Lorsque quelqu'un se croit lésé par certains actes émanés des commissaires des écoles (ce sont des fonctionnaires communaux), il peut en appeler au surintendant des écoles primaires, dont la décision est finale. *Revised Statutes*, vol. I, p. 487.

On trouve de loin en loin, dans les lois de l'Etat de New York, des dispositions analogues à celles que je viens de citer comme exemples. Mais en général ces tentatives de centralisation sont faibles et peu productives. En donnant aux grands fonctionnaires de l'Etat le droit de surveiller et de diriger les agents inférieurs, on ne leur donne point le droit de les récompenser ou de les punir. Le même homme n'est presque jamais chargé de donner l'ordre et de réprimer la désobéissance ; il a donc le droit de commander, mais non la faculté de se faire obéir.

En 1830, le surintendant des écoles, dans son rapport annuel à la législature, se plaignait de ce que plusieurs commissaires des écoles ne lui avaient pas transmis, malgré ses avis, les comptes qu'ils lui devaient. « Si cette omission se renouvelle, ajoutait-il, je serai réduit à les poursuivre, aux termes de la loi, devant les tribunaux compétents. »

42. Exemple : l'officier du ministère dans chaque comté *(district-attorney)* est chargé de poursuivre le recouvrement de toutes les amendes s'élevant au-dessus de 50 dollars, à moins que le droit n'ait été donné expressément par la loi à un autre magistrat. *Revised Statutes*, part. I, chap. x, vol. I, p. 383.

43. Il y a plusieurs traces de centralisation administrative au Massachusetts. Exemple : les comités des écoles communales sont chargés de

que le caractère saillant de l'administration publique aux Etats-Unis est d'être prodigieusement décentralisée.

DE L'ÉTAT

J'ai parlé des communes et de l'administration; il me reste à parler de l'Etat et du gouvernement.

Ici, je puis me hâter, sans craindre de n'être pas compris; ce que j'ai à dire se trouve tout tracé dans des constitutions écrites que chacun peut aisément se procurer [44]. Ces constitutions reposent elles-mêmes sur une théorie simple et rationnelle.

La plupart des formes qu'elles indiquent ont été adoptées par tous les peuples constitutionnels; elles nous sont ainsi devenues familières.

Je n'ai donc à faire ici qu'un court exposé. Plus tard je tâcherai de juger ce que je vais décrire.

POUVOIR LÉGISLATIF DE L'ÉTAT

Division du corps législatif en deux chambres. — Sénat. — Chambre des représentants. — Différentes attributions de ces deux corps.

Le pouvoir législatif de l'Etat est confié à deux assemblées; la première porte en général le nom de sénat.

Le sénat est habituellement un corps législatif; mais quelquefois il devient un corps administratif et judiciaire.

Il prend part à l'administration de plusieurs manières suivant les différentes constitutions [45]; mais c'est en concourant au choix des fonctionnaires qu'il pénètre ordinairement dans la sphère du pouvoir exécutif.

Il participe au pouvoir judiciaire, en prononçant sur certains délits politiques, et aussi quelquefois en statuant sur certaines causes civiles [46].

faire chaque année un rapport au secrétaire d'Etat. *Laws of Massachusetts*, vol. I, p. 367.

44. Voyez le texte de la constitution de New York.

45. Dans le Massachusetts, le sénat n'est revêtu d'aucune fonction administrative.

46. Comme dans l'Etat de New York.

Ses membres sont toujours peu nombreux.

L'autre branche de la législature, qu'on appelle d'ordinaire la chambre des représentants, ne participe en rien au pouvoir administratif, et ne prend part au pouvoir judiciaire qu'en accusant les fonctionnaires publics devant le sénat.

Les membres des deux chambres sont soumis presque partout aux mêmes conditions d'éligibilité. Les uns et les autres sont élus de la même manière et par les mêmes citoyens.

La seule différence qui existe entre eux provient de ce que le mandat des sénateurs est en général plus long que celui des représentants. Les seconds restent rarement en fonction plus d'une année ; les premiers siègent ordinairement deux ou trois ans.

En accordant aux sénateurs le privilège d'être nommés pour plusieurs années, et en les renouvelant par série, la loi a pris soin de maintenir au sein des législateurs un noyau d'hommes déjà habitués aux affaires, et qui pussent exercer une influence utile sur les nouveaux venus.

Par la division du corps législatif en deux branches, les Américains n'ont donc pas voulu créer une assemblée héréditaire et une autre élective, ils n'ont pas prétendu faire de l'une un corps aristocratique, et de l'autre un représentant de la démocratie ; leur but n'a point été non plus de donner dans la première un appui au pouvoir, en laissant à la seconde les intérêts et les passions du peuple.

Diviser la force législative, ralentir ainsi le mouvement des assemblées politiques, et créer un tribunal d'appel pour la révision des lois, tels sont les seuls avantages qui résultent de la constitution actuelle de deux chambres aux Etats-Unis.

Le temps et l'expérience ont fait connaître aux Américains que, réduite à ces avantages, la division des pouvoirs législatifs est encore une nécessité de premier ordre. Seule, parmi toutes les républiques unies, la Pennsylvanie avait d'abord essayé d'établir une assemblée unique. Franklin lui-même, entraîné par les conséquences logiques du dogme de la souveraineté du peuple, avait concouru à cette mesure. On fut bientôt obligé de changer la loi et de constituer les deux chambres. Le principe de la division du pouvoir législatif reçut ainsi sa dernière consécration ; on peut donc désormais consi-

dérer comme une vérité démontrée la nécessité de partager l'action législative entre plusieurs corps. Cette
théorie, à peu près ignorée des républiques antiques,
introduite dans le monde presque au hasard, ainsi que la
plupart des grandes vérités, méconnue de plusieurs
peuples modernes, est enfin passée comme un axiome
dans la science politique de nos jours.

Du pouvoir exécutif de l'état

*Ce qu'est le gouverneur dans un État américain. — Quelle
position il occupe vis-à-vis de la législature. — Quels sont
ses droits et ses devoirs. — Sa dépendance du peuple.*

Le pouvoir exécutif de l'Etat a pour représentant le
gouverneur.

Ce n'est pas au hasard que j'ai pris ce mot de représentant. Le gouverneur de l'Etat représente, en effet,
le pouvoir exécutif; mais il n'exerce que quelques-uns
de ses droits.

Le magistrat suprême, qu'on nomme le gouverneur,
est placé à côté de la législature comme un modérateur
et un conseil. Il est armé d'un veto suspensif qui lui
permet d'en arrêter ou du moins d'en ralentir à son gré
les mouvements. Il expose au corps législatif les besoins
du pays et lui fait connaître les moyens qu'il juge utile
d'employer afin d'y pourvoir; il est l'exécuteur naturel
de ses volontés pour toutes les entreprises qui intéressent
la nation entière [47]. En l'absence de la législature, il doit
prendre toutes les mesures propres à garantir l'Etat des
chocs violents et des dangers imprévus.

Le gouverneur réunit dans ses mains toute la puissance
militaire de l'Etat. Il est le commandant des milices et le
chef de la force armée.

Lorsque la puissance d'opinion, que les hommes sont
convenus d'accorder à la loi, se trouve méconnue, le
gouverneur s'avance à la tête de la force matérielle de
l'Etat; il brise la résistance, et rétablit l'ordre accoutumé.

---

47. Dans la pratique, ce n'est pas toujours le gouverneur qui exécute les entreprises que la législature a conçues; il arrive souvent que
cette dernière, en même temps qu'elle vote un principe, nomme des
agents spéciaux pour en surveiller l'exécution.

Du reste, le gouverneur n'entre point dans l'administration des communes et des comtés, ou du moins il n'y prend part que très indirectement par la nomination des juges de paix qu'il ne peut ensuite révoquer [48].

Le gouverneur est un magistrat électif. On a même soin, en général, de ne l'élire que pour un ou deux ans; de telle sorte qu'il reste toujours dans une étroite dépendance de la majorité qui l'a créé.

DES EFFETS POLITIQUES
DE LA DÉCENTRALISATION ADMINISTRATIVE
AUX ÉTATS-UNIS

Distinction à établir entre la centralisation gouvernementale et la centralisation administrative. — Aux Etats-Unis, pas de centralisation administrative, mais très grande centralisation gouvernementale. — Quelques effets fâcheux qui résultent aux Etats-Unis de l'extrême décentralisation administrative. — Avantages administratifs de cet ordre de choses. — La force qui administre la société, moins réglée, moins éclairée, moins savante, bien plus grande qu'en Europe. — Avantages politiques du même ordre de choses. — Aux Etats-Unis, la patrie se fait sentir partout. — Appui que les gouvernés prêtent au gouvernement. — Les institutions provinciales plus nécessaires à mesure que l'état social devient plus démocratique. — Pourquoi.

La centralisation est un mot que l'on répète sans cesse de nos jours, et dont personne, en général, ne cherche à préciser le sens.

Il existe cependant deux espèces de centralisation très distinctes, et qu'il importe de bien connaître.

Certains intérêts sont communs à toutes les parties de la nation, tels que la formation des lois générales et les rapports du peuple avec les étrangers.

D'autres intérêts sont spéciaux à certaines parties de la nation, tels, par exemple, que les entreprises communales.

Concentrer dans un même lieu ou dans une même

---

48. Dans plusieurs Etats, les juges de paix ne sont pas nommés par le gouverneur.

main le pouvoir de diriger les premiers, c'est fonder ce que j'appellerai la centralisation gouvernementale.

Concentrer de la même manière le pouvoir de diriger les seconds, c'est fonder ce que je nommerai la centralisation administrative.

Il est des points sur lesquels ces deux espèces de centralisation viennent à se confondre. Mais en prenant, dans leur ensemble, les objets qui tombent plus particulièrement dans le domaine de chacune d'elles, on parvient aisément à les distinguer.

On comprend que la centralisation gouvernementale acquiert une force immense quand elle se joint à la centralisation administrative. De cette manière elle habitue les hommes à faire abstraction complète et continuelle de leur volonté; à obéir, non pas une fois et sur un point, mais en tout et tous les jours. Non seulement alors elle les dompte par la force, mais encore elle les prend par leurs habitudes; elle les isole et les saisit ensuite un à un dans la masse commune.

Ces deux espèces de centralisation se prêtent un mutuel secours, s'attirent l'une l'autre; mais je ne saurais croire qu'elles soient inséparables.

Sous Louis XIV, la France a vu la plus grande centralisation gouvernementale qu'on pût concevoir, puisque le même homme faisait les lois générales et avait le pouvoir de les interpréter, représentait la France à l'extérieur et agissait en son nom. L'État, c'est moi, disait-il; et il avait raison.

Cependant, sous Louis XIV, il y avait beaucoup moins de centralisation administrative que de nos jours.

De notre temps, nous voyons une puissance, l'Angleterre, chez laquelle la centralisation gouvernementale est portée à un très haut degré : l'Etat semble s'y mouvoir comme un seul homme; il soulève à sa volonté des masses immenses, réunit et porte partout où il le veut tout l'effort de sa puissance.

L'Angleterre, qui a fait de si grandes choses depuis cinquante ans, n'a pas de centralisation administrative.

Pour ma part, je ne saurais concevoir qu'une nation puisse vivre ni surtout prospérer sans une forte centralisation gouvernementale.

Mais je pense que la centralisation administrative n'est propre qu'à énerver les peuples qui s'y soumettent, parce qu'elle tend sans cesse à diminuer parmi eux l'esprit de cité. La centralisation administrative parvient,

il est vrai, à réunir à une époque donnée, et dans un
certain lieu, toutes les forces disponibles de la nation,
mais elle nuit à la reproduction des forces. Elle la fait
triompher le jour du combat et diminue à la longue sa
puissance. Elle peut donc concourir admirablement à la
grandeur passagère d'un homme, non point à la prospérité
durable d'un peuple.

Qu'on y prenne bien garde, quand on dit qu'un Etat
ne peut agir parce qu'il n'a pas de centralisation, on parle
presque toujours, sans le savoir, de la centralisation gouvernementale. L'empire d'Allemagne, répète-t-on, n'a
jamais pu tirer de ses forces tout le parti possible. D'accord. Mais pourquoi ? parce que la force nationale n'y a
jamais été centralisée; parce que l'Etat n'a jamais pu
faire obéir à ses lois générales; parce que les parties séparées de ce grand corps ont toujours eu le droit ou la possibilité de refuser leur concours aux dépositaires de
l'autorité commune, dans les choses mêmes qui intéressaient tous les citoyens; en d'autres termes, parce qu'il
n'y avait pas de centralisation gouvernementale. La
même remarque est applicable au Moyen Age : ce qui a
produit toutes les misères de la société féodale, c'est que
le pouvoir, non seulement d'administrer, mais de gouverner, était partagé entre mille mains et fractionné de
mille manières; l'absence de toute centralisation gouvernementale empêchait alors les nations de l'Europe de
marcher avec énergie vers aucun but.

Nous avons vu qu'aux Etats-Unis il n'existait point de
centralisation administrative. On y trouve à peine la
trace d'une hiérarchie. La décentralisation y a été portée
à un degré qu'aucune nation européenne ne saurait
souffrir, je pense, sans un profond malaise, et qui produit
même des effets fâcheux en Amérique. Mais, aux Etats-
Unis, la centralisation gouvernementale existe au plus
haut point. Il serait facile de prouver que la puissance
nationale y est plus concentrée qu'elle ne l'a été dans
aucune des anciennes monarchies de l'Europe. Non seulement il n'y a dans chaque Etat qu'un seul corps qui fasse
les lois; non seulement il n'y existe qu'une seule puissance qui puisse créer la vie politique autour d'elle;
mais, en général, on a évité d'y réunir de nombreuses
assemblées de districts ou de comtés, de peur que ces
assemblées ne fussent tentées de sortir de leurs attributions administratives et d'entraver la marche du gouvernement. En Amérique la législature de chaque Etat

n'a devant elle aucun pouvoir capable de lui résister. Rien ne saurait l'arrêter dans sa voie, ni privilèges, ni immunité locale, ni influence personnelle, pas même l'autorité de la raison, car elle représente la majorité qui se prétend l'unique organe de la raison. Elle n'a donc d'autres limites, dans son action, que sa propre volonté. A côté d'elle, et sous sa main, se trouve placé le représentant du pouvoir exécutif, qui, à l'aide de la force matérielle, doit contraindre les mécontents à l'obéissance.

La faiblesse ne se rencontre que dans certains détails de l'action gouvernementale.

Les républiques américaines n'ont pas de force armée permanente pour comprimer les minorités, mais les minorités n'y ont jamais été réduites, jusqu'à présent, à faire la guerre, et la nécessité d'une armée n'a pas encore été sentie. L'Etat se sert, le plus souvent, des fonctionnaires de la commune ou du comté pour agir sur les citoyens. Ainsi, par exemple, dans la Nouvelle-Angleterre, c'est l'assesseur de la commune qui répartit la taxe; le percepteur de la commune la lève; le caissier de la commune en fait parvenir le produit au trésor public, et les réclamations qui s'élèvent sont soumises aux tribunaux ordinaires. Une semblable manière de percevoir l'impôt est lente, embarrassée; elle entraverait à chaque moment la marche d'un gouvernement qui aurait de grands besoins pécuniaires. En général, on doit désirer que, pour tout ce qui est essentiel à sa vie, le gouvernement ait des fonctionnaires à lui, choisis par lui, révocables par lui, et des formes rapides de procéder; mais il sera toujours facile à la puissance centrale, organisée comme elle l'est en Amérique, d'introduire, suivant les besoins, des moyens d'action plus énergiques et plus efficaces.

Ce n'est donc pas, comme on le répète souvent, parce qu'il n'y a point de centralisation aux Etats-Unis, que les républiques du nouveau monde périront; bien loin de n'être pas assez centralisés, on peut affirmer que les gouvernements américains le sont trop; je le prouverai plus tard. Les assemblées législatives engloutissent chaque jour quelques débris des pouvoirs gouvernementaux; elles tendent à les réunir tous en elles-mêmes, ainsi que l'avait fait la Convention. Le pouvoir social, ainsi centralisé, change sans cesse de main, parce qu'il est subordonné à la puissance populaire. Souvent il lui arrive de manquer de sagesse et de prévoyance, parce qu'il peut tout. Là se trouve pour lui le danger. C'est donc à cause de sa force même, et non par suite de sa faiblesse, qu'il est menacé de périr un jour.

La décentralisation administrative produit en Amérique plusieurs effets divers.

Nous avons vu que les Américains avaient presque entièrement isolé l'administration du gouvernement; en cela ils me semblent avoir outrepassé les limites de la saine raison; car l'ordre, même dans les choses secondaires, est encore un intérêt national [49].

L'État n'ayant point de fonctionnaires administratifs à lui, placés à poste fixe sur les différents points du territoire, et auxquels il puisse imprimer une impulsion commune, il en résulte qu'il tente rarement d'établir des règles générales de police. Or, le besoin de ces règles se fait vivement sentir. L'Européen en remarque souvent l'absence. Cette apparence de désordre qui règne à la surface, lui persuade, au premier abord, qu'il y a anarchie complète dans la société; ce n'est qu'en examinant le fond des choses qu'il se détrompe.

Certaines entreprises intéressent l'État entier et ne peuvent cependant s'exécuter, parce qu'il n'y a point d'administration nationale qui les dirige. Abandonnées aux soins des communes et des comtés, livrées à des agents élus et temporaires, elles n'amènent aucun résultat, ou ne produisent rien de durable.

Les partisans de la centralisation en Europe soutiennent que le pouvoir gouvernemental administre mieux les localités qu'elles ne pourraient s'administrer elles-mêmes : cela peut être vrai, quand le pouvoir central est éclairé et les localités sans lumières, quand il est actif et qu'elles sont inertes, quand il a l'habitude d'agir et elles l'habitude d'obéir. On comprend même que plus la centralisation augmente, plus cette double tendance s'accroît, et plus la capacité d'une part et l'incapacité de l'autre deviennent saillantes.

49. L'autorité qui représente l'État, lors même qu'elle n'administre pas elle-même, ne doit pas, je pense, se dessaisir du droit d'inspecter l'administration locale. Je suppose, par exemple, qu'un agent du gouvernement, placé à poste fixe dans chaque comté, pût déférer au pouvoir judiciaire les délits qui se commettent dans les communes et dans le comté; l'ordre n'en serait-il pas plus uniformément suivi sans que l'indépendance des localités fût compromise ? Or, rien de semblable n'existe en Amérique. Au-dessus des cours des comtés, il n'y a rien; et ces cours ne sont, en quelque sorte, saisies que par hasard de la connaissance des délits administratifs qu'elles doivent réprimer.

Mais je nie qu'il en soit ainsi quand le peuple est éclairé, éveillé sur ces intérêts, et habitué à y songer comme il le fait en Amérique.

Je suis persuadé, au contraire, que dans ce cas la force collective des citoyens sera toujours plus puissante pour produire le bien-être social que l'autorité du gouvernement.

J'avoue qu'il est difficile d'indiquer d'une manière certaine le moyen de réveiller un peuple qui sommeille, pour lui donner des passions et des lumières qu'il n'a pas ; persuader aux hommes qu'ils doivent s'occuper de leurs affaires, est, je ne l'ignore pas, une entreprise ardue. Il serait souvent moins malaisé de les intéresser aux détails de l'étiquette d'une cour qu'à la réparation de leur maison commune.

Mais je pense aussi que lorsque l'administration centrale prétend remplacer complètement le concours libre des premiers intéressés, elle se trompe ou veut vous tromper.

Un pouvoir central, quelque éclairé, quelque savant qu'on l'imagine, ne peut embrasser à lui seul tous les détails de la vie d'un grand peuple. Il ne le peut, parce qu'un pareil travail excède les forces humaines. Lorsqu'il veut, par ses seuls soins, créer et faire fonctionner tant de ressorts divers, il se contente d'un résultat fort incomplet, ou s'épuise en inutiles efforts.

La centralisation parvient aisément, il est vrai, à soumettre les actions extérieures de l'homme à une certaine uniformité qu'on finit par aimer pour elle-même, indépendamment des choses auxquelles elle s'applique ; comme ces dévots qui adorent la statue oubliant la divinité qu'elle représente. La centralisation réussit sans peine à imprimer une allure régulière aux affaires courantes ; à régenter savamment les détails de la police sociale ; à réprimer les légers désordres et les petits délits ; à maintenir la société dans un *statu quo* qui n'est proprement ni une décadence ni un progrès ; à entretenir dans le corps social une sorte de somnolence administrative que les administrateurs ont coutume d'appeler le bon ordre et la tranquillité publique [50]. Elle excelle, en un

---

50. La Chine me paraît offrir le plus parfait emblème de l'espèce de bien-être social que peut fournir une administration très centralisée aux peuples qui s'y soumettent. Les voyageurs nous disent que les Chinois ont de la tranquillité sans bonheur, de l'industrie sans progrès, de la stabilité sans force, et de l'ordre matériel sans moralité publique. Chez eux, la société marche toujours assez bien, jamais très bien.

mot, à empêcher, non à faire. Lorsqu'il s'agit de remuer profondément la société, ou de lui imprimer une marche rapide, sa force l'abandonne. Pour peu que ses mesures aient besoin du concours des individus, on est tout surpris alors de la faiblesse de cette immense machine; elle se trouve tout à coup réduite à l'impuissance.

Il arrive quelquefois alors que la centralisation essaye, en désespoir de cause, d'appeler les citoyens à son aide; mais elle leur dit : Vous agirez comme je voudrai, autant que je voudrai, et précisément dans le sens que je voudrai. Vous vous chargerez de ces détails sans aspirer à diriger l'ensemble; vous travaillerez dans les ténèbres, et vous jugerez plus tard mon œuvre par ses résultats. Ce n'est point à de pareilles conditions qu'on obtient le concours de la volonté humaine. Il lui faut de la liberté dans ses allures, de la responsabilité dans ses actes. L'homme est ainsi fait qu'il préfère rester immobile que marcher sans indépendance vers un but qu'il ignore.

Je ne nierai pas qu'aux Etats-Unis on regrette souvent de ne point trouver ces règles uniformes qui semblent sans cesse veiller sur chacun de nous.

On y rencontre de temps en temps de grands exemples d'insouciance et d'incurie sociale. De loin en loin apparaissent des taches grossières qui semblent en désaccord complet avec la civilisation environnante.

Des entreprises utiles qui demandent un soin continuel et une exactitude rigoureuse pour réussir finissent souvent par être abandonnées; car, en Amérique comme ailleurs, le peuple procède par efforts momentanés et impulsions soudaines.

L'Européen, accoutumé à trouver sans cesse sous sa main un fonctionnaire qui se mêle à peu près de tout, se fait difficilement à ces différents rouages de l'administration communale. En général, on peut dire que les petits détails de la police sociale qui rendent la vie douce et commode sont négligés en Amérique; mais les garanties essentielles à l'homme en société y existent autant que partout ailleurs. Chez les Américains, la force qui administre l'Etat est bien moins réglée, moins éclairée, moins savante, mais cent fois plus grande qu'en Europe. Il n'y a pas de pays au monde où les hommes fassent, en défi-

---

J'imagine que quand la Chine sera ouverte aux Européens, ceux-ci y trouveront le plus beau modèle de centralisation administrative qui existe dans l'univers.

nitive, autant d'efforts pour créer le bien-être social. Je ne connais point de peuple qui soit parvenu à établir des écoles aussi nombreuses et aussi efficaces; des temples plus en rapport avec les besoins religieux des habitants; des routes communales mieux entretenues. Il ne faut donc pas chercher aux Etats-Unis l'uniformité et la permanence des vues, le soin minutieux des détails, la perfection des procédés administratifs [51]; ce qu'on y trouve, c'est l'image de la force, un peu sauvage il est vrai, mais pleine de puissance; de la vie, accompagnée d'accidents, mais aussi de mouvements et d'efforts.

J'admettrai, du reste, si l'on veut, que les villages et les comtés des Etats-Unis seraient plus utilement administrés par une autorité centrale placée loin d'eux, et qui leur resterait étrangère, que par des fonctionnaires pris dans leur sein. Je reconnaîtrai, si on l'exige, qu'il régnerait plus de sécurité en Amérique, qu'on y ferait un emploi plus sage et plus judicieux des ressources sociales, si l'administration de tout le pays était concentrée dans une seule main. Les avantages *politiques* que les Américains retirent du système de la décentralisation me le feraient encore préférer au système contraire.

Que m'importe, après tout, qu'il y ait une autorité toujours sur pied, qui veille à ce que mes plaisirs soient

---

51. Un écrivain de talent qui, dans une comparaison entre les finances des Etats-Unis et celles de la France, a prouvé que l'esprit ne pouvait pas toujours suppléer à la connaissance des faits, reproche avec raison aux Américains l'espèce de confusion qui règne dans leurs budgets communaux, et, après avoir donné le modèle d'un budget départemental de France, il ajoute : « Grâce à la centralisation, création admirable d'un grand homme, les budgets municipaux, d'un bout du royaume à l'autre, ceux des grandes villes comme ceux des plus humbles communes, ne présentent pas moins d'ordre et de méthode. » Voilà, certes, un résultat que j'admire; mais je vois la plupart de ces communes françaises, dont la comptabilité est si parfaite, plongées dans une profonde ignorance de leurs vrais intérêts et livrées à une apathie si invincible, que la société semble plutôt y végéter qu'y vivre; d'un autre côté, j'aperçois dans ces mêmes communes américaines, dont les budgets ne sont pas dressés sur des plans méthodiques, ni surtout uniformes, une population éclairée, active, entreprenante; j'y contemple la société toujours en travail. Ce spectacle m'étonne; car à mes yeux le but principal d'un bon gouvernement est de produire le bien-être des peuples et non d'établir un certain ordre au sein de leur misère. Je me demande donc s'il ne serait pas possible d'attribuer à la même cause la prospérité de la commune américaine et le désordre apparent de ses finances, la détresse de la commune de France et le perfectionnement de son budget. En tout cas, je me défie d'un bien que je trouve mêlé à tant de maux, et je me console aisément d'un mal qui est compensé par tant de bien.

tranquilles, qui vole au-devant de mes pas pour détourner tous les dangers, sans que j'aie même le besoin d'y songer; si cette autorité, en même temps qu'elle ôte ainsi les moindres épines sur mon passage, est maîtresse absolue de ma liberté et de ma vie; si elle monopolise le mouvement et l'existence à tel point qu'il faille que tout languisse autour d'elle quand elle languit, que tout dorme quand elle dort, que tout périsse si elle meurt?

Il y a telles nations de l'Europe où l'habitant se considère comme une espèce de colon indifférent à la destinée du lieu qu'il habite. Les plus grands changements surviennent dans son pays sans son concours; il ne sait même pas précisément ce qui s'est passé; il s'en doute; il a entendu raconter l'événement par hasard. Bien plus, la fortune de son village, la police de sa rue, le sort de son église et de son presbytère ne le touchent point; il pense que toutes ces choses ne le regardent en aucune façon, et qu'elles appartiennent à un étranger puissant qu'on appelle le gouvernement. Pour lui, il jouit de ces biens comme un usufruitier, sans esprit de propriété et sans idées d'amélioration quelconque. Ce désintéressement de soi-même va si loin que si sa propre sûreté ou celle de ses enfants est enfin compromise, au lieu de s'occuper d'éloigner le danger, il croise les bras pour attendre que la nation tout entière vienne à son aide. Cet homme, du reste, bien qu'il ait fait un sacrifice si complet de son libre arbitre, n'aime pas plus qu'un autre l'obéissance. Il se soumet, il est vrai, au bon plaisir d'un commis; mais il se plaît à braver la loi comme un ennemi vaincu, dès que la force se retire. Aussi le voit-on sans cesse osciller entre la servitude et la licence.

Quand les nations sont arrivées à ce point, il faut qu'elles modifient leurs lois et leurs mœurs, ou qu'elles périssent, car la source des vertus publiques y est comme tarie : on y trouve encore des sujets, mais on n'y voit plus de citoyens.

Je dis que de pareilles nations sont préparées pour la conquête. Si elles ne disparaissent pas de la scène du monde, c'est qu'elles sont environnées de nations semblables ou inférieures à elles; c'est qu'il reste encore dans leur sein une sorte d'instinct indéfinissable de la patrie, je ne sais quel orgueil irréfléchi du nom qu'elle porte, quel vague souvenir de leur gloire passée, qui, sans se rattacher précisément à rien, suffit pour leur imprimer au besoin une impulsion conservatrice.

On aurait tort de se rassurer en songeant que certains peuples ont fait de prodigieux efforts pour défendre une patrie dans laquelle ils vivaient pour ainsi dire en étrangers. Qu'on y prenne bien garde, et on verra que la religion était presque toujours alors leur principal mobile.

La durée, la gloire, ou la prospérité de la nation étaient devenues pour eux des dogmes sacrés, et en défendant leur patrie, ils défendaient aussi cette cité sainte dans laquelle ils étaient tous citoyens.

Les populations turques n'ont jamais pris aucune part à la direction des affaires de la société; elles ont cependant accompli d'immenses entreprises, tant qu'elles ont vu le triomphe de la religion de Mahomet dans les conquêtes des sultans. Aujourd'hui la religion s'en va; le despotisme seul leur reste : elles tombent.

Montesquieu, en donnant au despotisme une force qui lui fût propre, lui a fait, je pense, un honneur qu'il ne méritait pas. Le despotisme, à lui tout seul, ne peut rien maintenir de durable. Quand on y regarde de près, on aperçoit que ce qui a fait longtemps prospérer les gouvernements absolus, c'est la religion et non la crainte.

On ne rencontrera jamais, quoi qu'on fasse, de véritable puissance parmi les hommes, que dans le concours libre des volontés. Or, il n'y a au monde que le patriotisme, ou la religion, qui puisse faire marcher pendant longtemps vers un même but l'universalité des citoyens.

Il ne dépend pas des lois de ranimer les croyances qui s'éteignent : mais il dépend des lois d'intéresser les hommes aux destinées de leur pays. Il dépend des lois de réveiller et de diriger cet instinct vague de la patrie qui n'abandonne jamais le cœur de l'homme, et, en le liant aux pensées, aux passions, aux habitudes de chaque jour, d'en faire un sentiment réfléchi et durable. Et qu'on ne dise point qu'il est trop tard pour le tenter; les nations ne vieillissent point de la même manière que les hommes. Chaque génération qui naît dans leur sein est comme un peuple nouveau qui vient s'offrir à la main du législateur.

Ce que j'admire le plus en Amérique, ce ne sont pas les effets *administratifs* de la décentralisation, ce sont ses effets *politiques*. Aux Etats-Unis, la patrie se fait sentir partout. Elle est un objet de sollicitude depuis le village jusqu'à l'Union entière. L'habitant s'attache à chacun des intérêts de son pays comme aux siens mêmes. Il se glorifie de la gloire de la nation; dans les succès qu'elle obtient, il croit reconnaître son propre ouvrage, et il s'en élève; il se réjouit de la prospérité générale dont il profite. Il a pour sa patrie un sentiment analogue à celui qu'on éprouve pour sa famille, et c'est encore par une sorte d'égoïsme qu'il s'intéresse à l'Etat.

Souvent l'Européen ne voit dans le fonctionnaire public que la force; l'Américain y voit le droit. On peut donc dire qu'en Amérique l'homme n'obéit jamais à l'homme, mais à la justice ou à la loi.

Aussi a-t-il conçu de lui-même une opinion souvent exagérée, mais presque toujours salutaire. Il se confie sans crainte à ses propres forces, qui lui paraissent suffire à tout. Un particulier conçoit la pensée d'une entreprise quelconque; cette entreprise eût-elle un rapport direct avec le bien-être de la société, il ne lui vient pas l'idée de s'adresser à l'autorité publique pour obtenir son concours. Il fait connaître son plan, s'offre à l'exécuter, appelle les forces individuelles au secours de la sienne, et lutte corps à corps contre tous les obstacles. Souvent, sans doute, il réussit moins bien que si l'Etat était à sa place; mais à la longue le résultat général de toutes les entreprises individuelles dépasse de beaucoup ce que pourrait faire le gouvernement.

Comme l'autorité administrative est placée à côté des administrés, et les représente en quelque sorte eux-mêmes, elle n'excite ni jalousie ni haine. Comme ses moyens d'action sont bornés, chacun sent qu'il ne peut s'en reposer uniquement sur elle.

Lors donc que la puissance administrative intervient dans le cercle de ses attributions, elle ne se trouve point abandonnée à elle-même comme en Europe. On ne croit pas que les devoirs des particuliers aient cessé, parce que le représentant du public vient à agir. Chacun, au contraire, le guide, l'appuie et le soutient.

L'action des forces individuelles se joignant à l'action des forces sociales, on en arrive souvent à faire ce que l'administration la plus concentrée et la plus énergique serait hors d'état d'exécuter *I*.

Je pourrais citer beaucoup de faits à l'appui de ce que j'avance; mais j'aime mieux n'en prendre qu'un seul, et choisir celui que je connais le mieux.

En Amérique, les moyens qui sont mis à la disposition de l'autorité pour découvrir les crimes et poursuivre les criminels sont en petit nombre.

La police administrative n'existe pas; les passeports sont inconnus. La police judiciaire, aux Etats-Unis, ne saurait se comparer à la nôtre; les agents du ministère public sont peu nombreux, ils n'ont pas toujours l'initiative des poursuites; l'instruction est rapide et orale. Je doute cependant que, dans aucun pays, le crime échappe aussi rarement à la peine.

La raison en est que tout le monde se croit intéressé à fournir les preuves du délit et à saisir le délinquant.

J'ai vu, pendant mon séjour aux Etats-Unis, les habitants d'un comté où un grand crime avait été commis, former spontanément des comités, dans le but de poursuivre le coupable et de le livrer aux tribunaux.

En Europe, le criminel est un infortuné qui combat pour dérober sa tête aux agents du pouvoir; la population assiste en quelque sorte à la lutte. En Amérique, c'est un ennemi du genre humain, et il a contre lui l'humanité tout entière.

Je crois les institutions provinciales utiles à tous les peuples; mais aucun ne me semble avoir un besoin plus réel de ces institutions que celui dont l'état social est démocratique.

Dans une aristocratie, on est toujours sûr de maintenir un certain ordre au sein de la liberté.

Les gouvernants ayant beaucoup à perdre, l'ordre est d'un grand intérêt pour eux.

On peut dire également que dans une aristocratie le peuple est à l'abri des excès du despotisme, parce qu'il se trouve toujours des forces organisées prêtes à résister au despote.

Une démocratie sans institutions provinciales ne possède aucune garantie contre de pareils maux.

Comment faire supporter la liberté dans les grandes choses à une multitude qui n'a pas appris à s'en servir dans les petites ?

Comment résister à la tyrannie dans un pays où chaque individu est faible, et où les individus ne sont unis par aucun intérêt commun ?

Ceux qui craignent la licence, et ceux qui redoutent le pouvoir absolu, doivent donc également désirer le développement graduel des libertés provinciales.

Je suis convaincu, du reste, qu'il n'y a pas de nations plus exposées à tomber sous le joug de la centralisation administrative que celles dont l'état social est démocratique.

Plusieurs causes concourent à ce résultat, mais entre autres celles-ci :

La tendance permanente de ces nations est de concentrer toute la puissance gouvernementale dans les mains du seul pouvoir qui représente directement le peuple, parce que, au-delà du peuple, on n'aperçoit plus que des individus égaux confondus dans une masse commune.

Or, quand un même pouvoir est déjà revêtu de tous les attributs du gouvernement, il lui est fort difficile de ne pas chercher à pénétrer dans les détails de l'administration, et il ne manque guère de trouver à la longue l'occasion de le faire. Nous en avons été témoins parmi nous.

Il y a eu, dans la révolution française, deux mouvements en sens contraire qu'il ne faut pas confondre : l'un favorable à la liberté, l'autre favorable au despotisme.

Dans l'ancienne monarchie, le roi faisait seul la loi. Au-dessous du pouvoir souverain se trouvaient placés quelques restes, à moitié détruits, d'institutions provinciales. Ces institutions provinciales étaient incohérentes, mal ordonnées, souvent absurdes. Dans les mains de l'aristocratie, elles avaient été quelquefois des instruments d'oppression.

La révolution s'est prononcée en même temps contre la royauté et contre les institutions provinciales. Elle a confondu dans une même haine tout ce qui l'avait précédée, le pouvoir absolu et ce qui pouvait tempérer ses rigueurs ; elle a été tout à la fois républicaine et centralisante.

Ce double caractère de la révolution française est un fait dont les amis du pouvoir absolu se sont emparés avec grand soin. Lorsque vous les voyez défendre la centralisation administrative, vous croyez qu'ils travaillent en faveur du despotisme ? Nullement, ils défendent une des grandes conquêtes de la Révolution K. De cette manière, on peut rester populaire et ennemi des droits du peuple ; serviteur caché de la tyrannie et amant avoué de la liberté.

J'ai visité les deux nations qui ont développé au plus haut degré le système des libertés provinciales et j'ai écouté la voix des partis qui divisent ces nations.

En Amérique, j'ai trouvé des hommes qui aspiraient en secret à détruire les institutions démocratiques de leur pays. En Angleterre, j'en ai trouvé d'autres qui attaquaient hautement l'aristocratie ; je n'en ai pas rencontré un seul qui ne regardât la liberté provinciale comme un grand bien.

J'ai vu, dans ces deux pays, imputer les maux de l'Etat à une infinité de causes diverses, mais jamais à la liberté communale.

J'ai entendu les citoyens attribuer la grandeur ou la prospérité de leur patrie à une multitude de raisons; mais je les ai entendus tous mettre en première ligne et classer à la tête de tous les autres avantages la liberté provinciale.

Croirai-je que des hommes naturellement si divisés, qu'ils ne s'entendent ni sur les doctrines religieuses ni sur les théories politiques, tombent d'accord sur un seul fait, celui dont ils peuvent le mieux juger, puisqu'il se passe chaque jour sous leurs yeux, et que ce fait soit erroné ?

Il n'y a que les peuples qui n'ont que peu ou point d'institutions provinciales qui nient leur utilité; c'est-à-dire que ceux-là seuls qui ne connaissent point la chose en médisent.

CHAPITRE VI

Du pouvoir judiciaire aux États-Unis et de son action sur la société politique

Les Anglo-Américains ont conservé au pouvoir judiciaire tous les caractères qui le distinguent chez les autres peuples. — Cependant ils en ont fait un grand pouvoir politique. — Comment. — En quoi le système judiciaire des Anglo-Américains diffère de tous les autres. — Pourquoi les juges américains ont le droit de déclarer les lois inconstitutionnelles. — Comment les juges américains usent de ce droit. — Précautions prises par le législateur pour empêcher l'abus de ce droit.

J'ai cru devoir consacrer un chapitre à part au pouvoir judiciaire. Son importance politique est si grande qu'il m'a paru que ce serait la diminuer aux yeux des lecteurs que d'en parler en passant.

Il y a eu des confédérations ailleurs qu'en Amérique; on a vu des républiques autre part que sur les rivages du nouveau monde; le système représentatif est adopté dans plusieurs États de l'Europe; mais je ne pense pas que, jusqu'à présent, aucune nation du monde ait constitué le pouvoir judiciaire de la même manière que les Américains.

Ce qu'un étranger comprend avec le plus de peine, aux États-Unis, c'est l'organisation judiciaire. Il n'y a pour ainsi dire pas d'événement politique dans lequel il n'entende invoquer l'autorité du juge; et il en conclut naturellement qu'aux États-Unis le juge est une des premières puissances politiques. Lorsqu'il vient ensuite à examiner la constitution des tribunaux, il ne leur découvre, au premier abord, que des attributions et des habitudes judiciaires. A ses yeux, le magistrat ne semble jamais s'introduire dans les affaires publiques que par hasard; mais ce même hasard revient tous les jours.

Lorsque le parlement de Paris faisait des remontrances

et refusait d'enregistrer un édit; lorsqu'il faisait citer lui-même à sa barre un fonctionnaire prévaricateur, on apercevait à découvert l'action politique du pouvoir judiciaire. Mais rien de pareil ne se voit aux Etats-Unis.

Les Américains ont conservé au pouvoir judiciaire tous les caractères auxquels on a coutume de le reconnaître. Ils l'ont exactement renfermé dans le cercle où il a l'habitude de se mouvoir.

Le premier caractère de la puissance judiciaire, chez tous les peuples, est de servir d'arbitre. Pour qu'il y ait lieu à action de la part des tribunaux, il faut qu'il y ait contestation. Pour qu'il y ait juge, il faut qu'il y ait procès. Tant qu'une loi ne donne pas lieu à une contestation, le pouvoir judiciaire n'a donc point occasion de s'en occuper. Il existe, mais il ne la voit pas. Lorsqu'un juge, à propos d'un procès, attaque une loi relative à ce procès, il étend le cercle de ses attributions, mais il n'en sort pas, puisqu'il lui a fallu, en quelque sorte, juger la loi pour arriver à juger le procès. Lorsqu'il prononce sur une loi, sans partir d'un procès, il sort complètement de sa sphère, et il pénètre dans celle du pouvoir législatif.

Le deuxième caractère de la puissance judiciaire est de prononcer sur des cas particuliers et non sur des principes généraux. Qu'un juge, en tranchant une question particulière, détruise un principe général, par la certitude où l'on est que, chacune des conséquences de ce même principe étant frappée de la même manière, le principe devient stérile, il reste dans le cercle naturel de son action; mais que le juge attaque directement le principe général, et le détruise sans avoir en vue un cas particulier, il sort du cercle où tous les peuples se sont accordés à l'enfermer : il devient quelque chose de plus important, de plus utile peut-être qu'un magistrat, mais il cesse de représenter le pouvoir judiciaire.

Le troisième caractère de la puissance judiciaire est de ne pouvoir agir que quand on l'appelle, ou, suivant l'expression légale, quand elle est saisie. Ce caractère ne se rencontre point aussi généralement que les deux autres. Je crois cependant que, malgré les exceptions, on peut le considérer comme essentiel. De sa nature, le pouvoir judiciaire est sans action; il faut le mettre en mouvement pour qu'il se remue. On lui dénonce un crime, et il punit le coupable; on l'appelle à redresser une injustice, et il la redresse; on lui soumet un acte, et il l'interprète; mais il ne va pas de lui-même poursuivre les criminels, rechercher l'injustice et examiner les faits. Le pouvoir judiciaire ferait en quelque sorte violence à cette nature passive, s'il prenait de lui-même l'initiative et s'établissait en censeur des lois.

Les Américains ont conservé au pouvoir judiciaire ces trois caractères distinctifs. Le juge américain ne peut prononcer que lorsqu'il y a litige. Il ne s'occupe jamais que d'un cas particulier; et, pour agir, il doit toujours attendre qu'on l'ait saisi.

Le juge américain ressemble donc parfaitement aux magistrats des autres nations. Cependant il est revêtu d'un immense pouvoir politique.

D'où vient cela ? Il se meut dans le même cercle et se sert des mêmes moyens que les autres juges; pourquoi possède-t-il une puissance que ces derniers n'ont pas ?

La cause en est dans ce seul fait : les Américains ont reconnu aux juges le droit de fonder leurs arrêts sur la *constitution* plutôt que sur les *lois*. En d'autres termes, ils leur ont permis de ne point appliquer les lois qui leur paraîtraient inconstitutionnelles.

Je sais qu'un droit semblable a été quelquefois réclamé par les tribunaux d'autres pays; mais il ne leur a jamais été concédé. En Amérique, il est reconnu par tous les pouvoirs; on ne rencontre ni un parti, ni même un homme qui le conteste.

L'explication de ceci doit se trouver dans le principe même des constitutions américaines.

En France, la constitution est une œuvre immuable ou censée telle. Aucun pouvoir ne saurait y rien changer : telle est la théorie reçue *L*.

En Angleterre, on reconnaît au parlement le droit de modifier la constitution. En Angleterre, la constitution peut donc changer sans cesse, ou plutôt elle n'existe point. Le parlement, en même temps qu'il est corps législatif, est corps constituant *M*.

En Amérique, les théories politiques sont plus simples et plus rationnelles.

Une constitution américaine n'est point censée immuable comme en France; elle ne saurait être modifiée par les pouvoirs ordinaires de la société, comme en Angleterre. Elle forme une œuvre à part, qui, représentant la volonté de tout le peuple, oblige les législateurs comme les simples citoyens, mais qui peut être changée par la volonté du peuple, suivant des formes qu'on a établies, et dans des cas qu'on a prévus.

En Amérique, la constitution peut donc varier; mais, tant qu'elle existe, elle est l'origine de tous les pouvoirs. La force prédominante est en elle seule.

Il est facile de voir en quoi ces différences doivent influer sur la position et sur les droits du corps judiciaire dans les trois pays que j'ai cités.

Si, en France, les tribunaux pouvaient désobéir aux lois, sur le fondement qu'ils les trouvent inconstitutionnelles, le pouvoir constituant serait réellement dans leurs mains, puisque seuls ils auraient le droit d'interpréter une constitution dont nul ne pourrait changer les termes. Ils se mettraient donc à la place de la nation et domineraient la société, autant du moins que la faiblesse inhérente au pouvoir judiciaire leur permettrait de le faire.

Je sais qu'en refusant aux juges le droit de déclarer les lois inconstitutionnelles, nous donnons indirectement au corps législatif le pouvoir de changer la constitution, puisqu'il ne rencontre plus de barrière légale qui l'arrête. Mais il vaut mieux encore accorder le pouvoir de changer la constitution du peuple à des hommes qui représentent imparfaitement les volontés du peuple, qu'à d'autres qui ne représentent qu'eux-mêmes.

Il serait bien plus déraisonnable encore de donner aux juges anglais le droit de résister aux volontés du corps législatif, puisque le parlement, qui fait la loi, fait également la constitution, et que, par conséquent, on ne peut, en aucun cas, appeler une loi inconstitutionnelle quand elle émane des trois pouvoirs.

Aucun de ces deux raisonnements n'est applicable à l'Amérique.

Aux Etats-Unis, la constitution domine les législateurs comme les simples citoyens. Elle est donc la première des lois, et ne saurait être modifiée par une loi. Il est donc juste que les tribunaux obéissent à la constitution, préférablement à toutes les lois. Ceci tient à l'essence même du pouvoir judiciaire : choisir entre les dispositions légales celles qui l'enchaînent le plus étroitement est, en quelque sorte, le droit naturel du magistrat.

En France, la constitution est également la première des lois, et les juges ont un droit égal à la prendre pour base de leurs arrêts; mais, en exerçant ce droit, ils ne pourraient manquer d'empiéter sur un autre plus sacré encore que le leur : celui de la société au nom de laquelle ils agissent. Ici la raison ordinaire doit céder devant la raison d'Etat.

En Amérique, où la nation peut toujours, en changeant sa constitution, réduire les magistrats à l'obéissance, un semblable danger n'est pas à craindre. Sur ce point, la politique et la logique sont donc d'accord, et le peuple ainsi que le juge y conservent également leurs privilèges.

Lorsqu'on invoque, devant les tribunaux des Etats-Unis, une loi que le juge estime contraire à la constitution, il peut donc refuser de l'appliquer. Ce pouvoir est le seul qui soit particulier au magistrat américain, mais une grande influence politique en découle.

Il est, en effet, bien peu de lois qui soient de nature à échapper pendant longtemps à l'analyse judiciaire, car il en est bien peu qui ne blessent un intérêt individuel, et que des plaideurs ne puissent ou ne doivent invoquer devant les tribunaux.

Or, du jour où le juge refuse d'appliquer une loi dans un procès, elle perd à l'instant une partie de sa force morale. Ceux qu'elle a lésés sont alors avertis qu'il existe un moyen de se soustraire à l'obligation de lui obéir : les procès se multiplient, et elle tombe dans l'impuissance. Il arrive alors l'une de ces deux choses : le peuple change sa constitution ou la législature rapporte sa loi.

Les Américains ont donc confié à leurs tribunaux un immense pouvoir politique; mais en les obligeant à n'attaquer les lois que par des moyens judiciaires, ils ont beaucoup diminué les dangers de ce pouvoir.

Si le juge avait pu attaquer les lois d'une façon théorique et générale; s'il avait pu prendre l'initiative et censurer le législateur, il fût entré avec éclat sur la scène politique; devenu le champion ou l'adversaire d'un parti, il eût appelé toutes les passions qui divisent le pays à prendre part à la lutte. Mais quand le juge attaque une loi dans un débat obscur et sur une application particulière, il dérobe en partie l'importance de l'attaque aux regards du public. Son arrêt n'a pour but que de frapper un intérêt individuel; la loi ne se trouve blessée que par hasard.

D'ailleurs, la loi ainsi censurée n'est pas détruite : sa force morale est diminuée, mais son effet matériel n'est point suspendu. Ce n'est que peu à peu, et sous les coups répétés de la jurisprudence, qu'enfin elle succombe.

De plus, on comprend sans peine qu'en chargeant l'intérêt particulier de provoquer la censure des lois, en liant intimement le procès fait à la loi au procès fait à un homme, on s'assure que la législation ne sera pas légèrement attaquée. Dans ce système, elle n'est plus exposée aux agressions journalières des partis. En signalant les fautes du législateur, on obéit à un besoin réel : on part d'un fait positif et appréciable, puisqu'il doit servir de base à un procès.

Je ne sais si cette manière d'agir des tribunaux américains, en même temps qu'elle est la plus favorable à l'ordre public, n'est pas aussi la plus favorable à la liberté.

Si le juge ne pouvait attaquer les législateurs que de front, il y a des temps où il craindrait de le faire ; il en est d'autres où l'esprit de parti le pousserait chaque jour à l'oser. Ainsi il arriverait que les lois seraient attaquées quand le pouvoir dont elles émanent serait faible, et qu'on s'y soumettrait sans murmurer quand il serait fort ; c'est-à-dire que souvent on attaquerait les lois lorsqu'il serait le plus utile de les respecter, et qu'on les respecterait quand il deviendrait facile d'opprimer en leur nom.

Mais le juge américain est amené malgré lui sur le terrain de la politique. Il ne juge la loi que parce qu'il a à juger un procès, et il ne peut s'empêcher de juger le procès. La question politique qu'il doit résoudre se rattache à l'intérêt des plaideurs, et il ne saurait refuser de la trancher sans faire un déni de justice. C'est en remplissant les devoirs étroits imposés à la profession du magistrat qu'il fait l'acte du citoyen. Il est vrai que, de cette manière, la censure judiciaire, exercée par les tribunaux sur la législation, ne peut s'étendre sans distinction à toutes les lois, car il en est qui ne peuvent jamais donner lieu à cette sorte de contestation nettement formulée qu'on nomme un procès. Et lorsqu'une pareille contestation est possible, on peut encore concevoir qu'il ne se rencontre personne qui veuille en saisir les tribunaux.

Les Américains ont souvent senti cet inconvénient, mais ils ont laissé le remède incomplet, de peur de lui donner, dans tous les cas, une efficacité dangereuse.

Resserré dans ses limites, le pouvoir accordé aux tribunaux américains de prononcer sur l'inconstitutionnalité des lois forme encore une des plus puissantes barrières qu'on ait jamais élevées contre la tyrannie des assemblées politiques.

AUTRES POUVOIRS ACCORDÉS AUX JUGES AMÉRICAINS

Aux Etats-Unis, tous les citoyens ont le droit d'accuser les fonctionnaires publics devant les tribunaux ordinaires. — Comment ils usent de ce droit. — Art. 75 de la constitution française de l'an VIII. — Les Américains et les Anglais ne peuvent comprendre le sens de cet article.

Je ne sais si j'ai besoin de dire que chez un peuple libre, comme les Américains, tous les citoyens ont le droit d'accuser les fonctionnaires publics devant les juges ordinaires, et que tous les juges ont le droit de condamner les fonctionnaires publics, tant la chose est naturelle.

Ce n'est pas accorder un privilège particulier aux tribunaux que de leur permettre de punir les agents du pouvoir exécutif, quand ils violent la loi. C'est leur enlever un droit naturel que de le leur défendre.

Il ne m'a pas paru qu'aux Etats-Unis, en rendant tous les fonctionnaires responsables des tribunaux, on eût affaibli les ressorts du gouvernement.

Il m'a semblé, au contraire, que les Américains, en agissant ainsi, avaient augmenté le respect qu'on doit aux gouvernants, ceux-ci prenant beaucoup plus de soin d'échapper à la critique.

Je n'ai point observé non plus qu'aux Etats-Unis on intentât beaucoup de procès politiques, et je me l'explique sans peine. Un procès est toujours, quelle que soit sa nature, une entreprise difficile et coûteuse. Il est aisé d'accuser un homme public dans les journaux, mais ce n'est pas sans de graves motifs qu'on se décide à le citer devant la justice. Pour poursuivre juridiquement un fonctionnaire, il faut donc avoir un juste motif de plainte; et les fonctionnaires ne fournissent guère un semblable motif quand ils craignent d'être poursuivis.

Ceci ne tient pas à la forme républicaine qu'ont adoptée les Américains, car la même expérience peut se faire tous les jours en Angleterre.

Ces deux peuples n'ont pas cru avoir assuré leur indépendance, en permettant la mise en jugement des principaux agents du pouvoir. Ils ont pensé que c'était bien plutôt par de petits procès, mis chaque jour à la portée des moindres citoyens, qu'on parvenait à garantir la liberté, que par de grandes procédures auxquelles on n'a jamais recours ou qu'on emploie trop tard.

Dans le Moyen Age, où il était très difficile d'atteindre les criminels, quand les juges en saisissaient quelques-uns, il leur arrivait souvent d'infliger à ces malheureux d'affreux supplices; ce qui ne diminuait pas le nombre des coupables. On a découvert depuis qu'en rendant la justice tout à la fois plus sûre et plus douce, on la rendait en même temps plus efficace.

Les Américains et les Anglais pensent qu'il faut traiter l'arbitraire et la tyrannie comme le vol : faciliter la poursuite et adoucir la peine.

En l'an VIII de la République française, il parut une constitution dont l'article 75 était ainsi conçu : « Les agents du gouvernement, autres que les ministres, ne peuvent être poursuivis, pour des faits relatifs à leurs fonctions, qu'en vertu d'une décision du Conseil d'Etat; en ce cas, la poursuite a lieu devant les tribunaux ordinaires. »

La constitution de l'an VIII passa, mais non cet article, qui resta après elle; et on l'oppose, chaque jour encore, aux justes réclamations des citoyens.

J'ai souvent essayé de faire comprendre le sens de cet art. 75 à des Américains ou à des Anglais, et il m'a toujours été très difficile d'y parvenir.

Ce qu'ils apercevaient d'abord, c'est que le Conseil d'Etat, en France, était un grand tribunal fixé au centre du royaume; il y avait une sorte de tyrannie à renvoyer préliminairement devant lui tous les plaignants.

Mais quand je cherchais à leur faire comprendre que le Conseil d'Etat n'était point un corps judiciaire, dans le sens ordinaire du mot, mais un corps administratif, dont les membres dépendaient du roi, de telle sorte que le roi, après avoir souverainement commandé à l'un de ses serviteurs, appelé préfet, de commettre une iniquité, pouvait commander souverainement à un autre de ses serviteurs, appelé conseiller d'Etat, d'empêcher qu'on ne fît punir le premier; quand je leur montrais le citoyen, lésé par l'ordre du prince, réduit à demander au prince lui-même l'autorisation d'obtenir justice, ils refusaient de croire à de semblables énormités et m'accusaient de mensonge et d'ignorance.

Il arrivait souvent, dans l'ancienne monarchie, que le parlement décrétait de prise de corps le fonctionnaire public qui se rendait coupable d'un délit. Quelquefois l'autorité royale, intervenant, faisait annuler la procédure. Le despotisme se montrait alors à découvert, et, en obéissant, on ne se soumettait qu'à la force.

Nous avons donc bien reculé du point où étaient arrivés nos pères; car nous laissons faire, sous couleur de justice, et consacrer au nom de la loi ce que la violence seule leur imposait.

CHAPITRE VII

Du jugement politique aux États-Unis

Ce que l'auteur entend par jugement politique. — Comment on comprend le jugement politique en France, en Angleterre, aux Etats-Unis. — En Amérique le juge politique ne s'occupe que des fonctionnaires publics. — Il prononce des destitutions plutôt que des peines. — Le jugement politique, moyen habituel du gouvernement. — Le jugement politique, tel qu'on l'entend aux Etats-Unis, est, malgré sa douceur, et peut-être à cause de sa douceur, une arme très puissante dans les mains de la majorité.

J'entends, par jugement politique, l'arrêt que prononce un corps politique momentanément revêtu du droit de juger.

Dans les gouvernements absolus, il est inutile de donner aux jugements des formes extraordinaires : le prince, au nom duquel on poursuit l'accusé, étant maître des tribunaux comme de tout le reste, n'a pas besoin de chercher de garantie ailleurs que dans l'idée qu'on a de sa puissance. La seule crainte qu'il puisse concevoir est qu'on ne garde même pas les apparences extérieures de la justice, et qu'on ne déshonore son autorité en voulant l'affermir.

Mais, dans la plupart des pays libres, où la majorité ne peut jamais agir sur les tribunaux, comme le ferait un prince absolu, il est quelquefois arrivé de placer momentanément la puissance judiciaire entre les mains des représentants mêmes de la société. On a mieux aimé y confondre ainsi momentanément les pouvoirs que d'y violer le principe nécessaire de l'unité du gouvernement. L'Angleterre, la France et les Etats-Unis ont introduit le jugement politique dans leurs lois : il est curieux d'examiner le parti que ces trois grands peuples en ont tiré.

En Angleterre et en France, la chambre des pairs forme la haute cour criminelle[1] de la nation. Elle ne juge pas tous les délits politiques, mais elle peut les juger tous.

A côté de la chambre des pairs se trouve un autre pouvoir politique, revêtu du droit d'accuser. La seule différence qui existe, sur ce point, entre les deux pays, est celle-ci : en Angleterre, les députés peuvent accuser qui bon leur plaît devant les pairs; tandis qu'en France ils ne peuvent poursuivre de cette manière que les ministres du roi.

Du reste, dans les deux pays, la chambre des pairs trouve à sa disposition toutes les lois pénales pour en frapper les délinquants.

Aux Etats-Unis, comme en Europe, l'une des deux branches de la législature est revêtue du droit d'accuser, et l'autre du droit de juger. Les représentants dénoncent le coupable, le sénat le punit.

Mais le sénat ne peut être *saisi* que par les *représentants*, et les représentants ne peuvent accuser devant lui que des *fonctionnaires publics*. Ainsi le sénat a une compétence plus restreinte que la cour des pairs de France, et les représentants ont un droit d'accusation plus étendu que nos députés.

Mais voici la plus grande différence qui existe entre l'Amérique et l'Europe : en Europe, les tribunaux politiques peuvent appliquer toutes les dispositions du code pénal; en Amérique, lorsqu'ils ont enlevé à un coupable le caractère public dont il était revêtu, et l'ont déclaré indigne d'occuper aucunes fonctions politiques à l'avenir, leur droit est épuisé, et la tâche des tribunaux ordinaires commence.

Je suppose que le président des Etats-Unis ait commis un crime de haute trahison.

La chambre des représentants l'accuse, les sénateurs prononcent sa déchéance. Il paraît ensuite devant un jury, qui seul peut lui enlever la liberté ou la vie.

Ceci achève de jeter une vive lumière sur le sujet qui nous occupe.

En introduisant le jugement politique dans leurs lois, les Européens ont voulu atteindre les grands criminels, quels que fussent leur naissance, leur rang ou leur pouvoir

[1]. La cour des pairs en Angleterre forme en outre le dernier degré de l'appel dans certaines affaires civiles. Voyez Blackstone, liv. III, chap. IV.

dans l'Etat. Pour y parvenir, ils ont réuni momentanément, dans le sein d'un grand corps politique, toutes les
prérogatives des tribunaux.

Le législateur s'est transformé alors en magistrat; il a
pu établir le crime, le classer et le punir. En lui donnant
les droits du juge, la loi lui en a imposé toutes les obligations, et l'a lié à l'observation de toutes les formes de la
justice.

Lorsqu'un tribunal politique, français ou anglais, a
pour justiciable un fonctionnaire public, et qu'il prononce
contre lui une condamnation, il lui enlève par le fait ses
fonctions et peut le déclarer indigne d'en occuper aucune
à l'avenir : mais ici la destitution et l'interdiction politique
sont une conséquence de l'arrêt et non l'arrêt lui-même.

En Europe, le jugement politique est donc plutôt un
acte judiciaire qu'une mesure administrative.

Le contraire se voit aux Etats-Unis, et il est facile de se
convaincre que le jugement politique y est bien plutôt
une mesure administrative qu'un acte judiciaire.

Il est vrai que l'arrêt du sénat est judiciaire par la
forme; pour le rendre, les sénateurs sont obligés de se
conformer à la solennité et aux usages de la procédure.
Il est encore judiciaire par les motifs sur lesquels il se
fonde; le sénat est en général obligé de prendre pour
base de sa décision un délit du droit commun. Mais
il est administratif par son objet.

Si le but principal du législateur américain eût été
réellement d'armer un corps politique d'un grand pouvoir
judiciaire, il n'aurait pas resserré son action dans le
cercle des fonctionnaires publics, car les plus dangereux
ennemis de l'Etat peuvent n'être revêtus d'aucune
fonction : ceci est vrai surtout dans les républiques, où
la faveur des partis est la première des puissances, et
où l'on est souvent d'autant plus fort qu'on n'exerce
légalement aucun pouvoir.

Si le législateur américain avait voulu donner à la
société elle-même le droit de prévenir les grands crimes
à la manière du juge, par la crainte du châtiment, il aurait
mis à la disposition des tribunaux politiques toutes les
ressources du code pénal; mais il ne leur a fourni qu'une
arme incomplète, et qui ne saurait atteindre les plus
dangereux d'entre les criminels. Car peu importe un
jugement d'interdiction politique à celui qui veut renverser les lois elles-mêmes.

Le but principal du jugement politique, aux Etats-

Unis, est donc de retirer le pouvoir à celui qui en fait un mauvais usage, et d'empêcher que ce même citoyen n'en soit revêtu à l'avenir. C'est, comme on le voit, un acte administratif auquel on a donné la solennité d'un arrêt.

En cette matière, les Américains ont donc créé quelque chose de mixte. Ils ont donné à la destitution administrative toutes les garanties du jugement politique, et ils ont ôté au jugement politique ses plus grandes rigueurs.

Ce point fixé, tout s'enchaîne ; on découvre alors pourquoi les constitutions américaines soumettent tous les fonctionnaires civils à la juridiction du sénat, et en exemptent les militaires, dont les crimes sont cependant plus à redouter. Dans l'ordre civil, les Américains n'ont pour ainsi dire pas de fonctionnaires révocables : les uns sont inamovibles, les autres tiennent leurs droits d'un mandat qu'on ne peut abroger. Pour leur ôter le pouvoir, il faut donc les juger tous. Mais les militaires dépendent du chef de l'Etat, qui lui-même est un fonctionnaire civil. En atteignant le chef de l'Etat, on les frappe tous du même coup [2].

Maintenant, si on en vient à comparer le système européen et le système américain, dans les effets que chacun produit ou peut produire, on découvre des différences non moins sensibles.

En France et en Angleterre, on considère le jugement politique comme une arme extraordinaire, dont la société ne doit se servir que pour se sauver dans les moments de grands périls.

On ne saurait nier que le jugement politique, tel qu'on l'entend en Europe, ne viole le principe conservateur de la division des pouvoirs, et qu'il ne menace sans cesse la liberté et la vie des hommes.

Le jugement politique, aux Etats-Unis, ne porte qu'une atteinte indirecte au principe de la division des pouvoirs ; il ne menace point l'existence des citoyens ; il ne plane pas, comme en Europe, sur toutes les têtes, puisqu'il ne frappe que ceux qui, en acceptant des fonctions publiques, se sont soumis d'avance à ses rigueurs.

Il est tout à la fois moins redoutable et moins efficace.

Aussi les législateurs des Etats-Unis ne l'ont-ils pas considéré comme un remède extrême aux grands maux

---

2. Ce n'est pas qu'on puisse ôter à un officier son grade, mais on peut lui enlever son commandement.

de la société, mais comme un moyen habituel de gouvernement.

Sous ce point de vue, il exerce peut-être plus d'influence réelle sur le corps social en Amérique qu'en Europe. Il ne faut pas, en effet, se laisser prendre à l'apparente douceur de la législation américaine, dans ce qui a rapport aux jugements politiques. On doit remarquer, en premier lieu, qu'aux Etats-Unis le tribunal qui prononce ces jugements est composé des mêmes éléments et soumis aux mêmes influences que le corps chargé d'accuser, ce qui donne une impulsion presque irrésistible aux passions vindicatives des partis. Si les juges politiques, aux Etats-Unis, ne peuvent prononcer des peines aussi sévères que les juges politiques d'Europe, il y a donc moins de chances d'être acquitté par eux. La condamnation est moins redoutable et plus certaine.

Les Européens, en établissant les tribunaux politiques, ont eu pour principal objet de *punir* les coupables; les Américains, de leur *enlever le pouvoir*. Le jugement politique, aux Etats-Unis, est en quelque façon une mesure préventive. On ne doit donc pas y enchaîner le juge dans des définitions criminelles bien exactes.

Rien de plus effrayant que le vague des lois américaines, quand elles définissent les crimes politiques proprement dits. « Les crimes qui motiveront la condamnation du président (dit la constitution des Etats-Unis, section IV, art. 1er) sont la haute trahison, la corruption, ou autres grands crimes et délits. » La plupart des constitutions d'Etats sont bien plus obscures encore.

« Les fonctionnaires publics, dit la constitution du Massachusetts, seront condamnés pour la conduite coupable qu'ils auront tenue et pour leur mauvaise administration [3]. Tous les fonctionnaires qui auront mis l'Etat en danger, par mauvaise administration, corruption, ou autres délits, dit la constitution de Virginie, pourront être accusés par la chambre des députés. » Il y a des constitutions qui ne spécifient aucun crime, afin de laisser peser sur les fonctionnaires publics une responsabilité illimitée [4].

Mais ce qui rend, en cette matière, les lois améri-

---

3. Chap. 1er, sect. II, § 8.
4. Voyez la constitution de l'Illinois, du Maine, du Connecticut et de la Géorgie.

caines si redoutables, naît, j'oserai le dire, de leur douceur même.

Nous avons vu qu'en Europe la destitution d'un fonctionnaire, et son interdiction politique, étaient une des conséquences de la peine, et qu'en Amérique c'était la peine même. Il en résulte ceci : en Europe, les tribunaux politiques sont revêtus de droits terribles dont quelquefois ils ne savent comment user ; et il leur arrive de ne pas punir, de peur de punir trop. Mais, en Amérique, on ne recule pas devant une peine qui ne fait pas gémir l'humanité : condamner un ennemi politique à mort, pour lui enlever le pouvoir, est aux yeux de tous un horrible assassinat ; déclarer son adversaire indigne de posséder ce même pouvoir, et le lui ôter, en lui laissant la liberté et la vie, peut paraître le résultat honnête de la lutte.

Or, ce jugement si facile à prononcer n'en est pas moins le comble du malheur pour le commun de ceux auxquels il s'applique. Les grands criminels braveront sans doute ses vaines rigueurs ; les hommes ordinaires verront en lui un arrêt qui détruit leur position, entache leur honneur, et qui les condamne à une honteuse oisiveté pire que la mort.

Le jugement politique, aux Etats-Unis, exerce donc sur la marche de la société une influence d'autant plus grande qu'elle semble moins redoutable. Il n'agit pas directement sur les gouvernés, mais il rend la majorité entièrement maîtresse de ceux qui gouvernent ; il ne donne point à la législature un immense pouvoir qu'elle ne pourrait exercer que dans un jour de crise ; il lui laisse prendre une puissance modérée et régulière, dont elle peut user tous les jours. Si la force est moins grande, d'un autre côté l'emploi en est plus commode et l'abus plus facile.

En empêchant les tribunaux politiques de prononcer des peines judiciaires, les Américains me semblent donc avoir prévenu les conséquences les plus terribles de la tyrannie législative, plutôt que la tyrannie elle-même. Et je ne sais si, à tout prendre, le jugement politique, tel qu'on l'entend aux Etats-Unis, n'est point l'arme la plus formidable qu'on ait jamais remise aux mains de la majorité.

Lorsque les républiques américaines commenceront à dégénérer, je crois qu'on pourra aisément le reconnaître : il suffira de voir si le nombre des jugements politiques augmente N.

CHAPITRE VIII

DE LA CONSTITUTION FÉDÉRALE

J'ai considéré jusqu'à présent chaque Etat comme formant un tout complet, et j'ai montré les différents ressorts que le peuple y fait mouvoir, ainsi que les moyens d'action dont il se sert. Mais tous ces Etats que j'ai envisagés comme indépendants sont pourtant forcés d'obéir, en certains cas, à une autorité supérieure, qui est celle de l'Union. Le temps est venu d'examiner la part de souveraineté qui a été concédée à l'Union, et de jeter un coup d'œil rapide sur la constitution fédérale [1].

HISTORIQUE DE LA CONSTITUTION FÉDÉRALE

Origine de la première Union. — Sa faiblesse. — Le congrès en appelle au pouvoir constituant. — Intervalle de deux années qui s'écoule entre ce moment et celui où la nouvelle constitution est promulguée.

Les treize colonies qui secouèrent simultanément le joug de l'Angleterre à la fin du siècle dernier avaient, comme je l'ai déjà dit, la même religion, la même langue, les mêmes mœurs, presque les mêmes lois; elles luttaient contre un ennemi commun; elles devaient donc avoir de fortes raisons pour s'unir intimement les unes aux autres, et s'absorber dans une seule et même nation.

Mais chacune d'elles, ayant toujours eu une existence à part et un gouvernement à sa portée, s'était créé des intérêts ainsi que des usages particuliers, et répugnait à une union solide et complète qui eût fait disparaître

1. Voyez le texte de la constitution fédérale.

son importance individuelle dans une importance commune. De là, deux tendances opposées : l'une qui portait les Anglo-Américains à s'unir, l'autre qui les portait à se diviser.

Tant que dura la guerre avec la mère patrie, la nécessité fit prévaloir le principe de l'union. Et quoique les lois qui constituaient cette union fussent défectueuses, le lien commun subsista en dépit d'elles [2].

Mais dès que la paix fut conclue, les vices de la législation se montrèrent à découvert : l'Etat parut se dissoudre tout à coup. Chaque colonie, devenue une république indépendante, s'empara de la souveraineté entière. Le gouvernement fédéral, que sa constitution même condamnait à la faiblesse, et que le sentiment du danger public ne soutenait plus, vit son pavillon abandonné aux outrages des grands peuples de l'Europe, tandis qu'il ne pouvait trouver assez de ressource pour tenir tête aux nations indiennes, et payer l'intérêt des dettes contractées pendant la guerre de l'Indépendance. Près de périr, il déclara lui-même officiellement son impuissance et en appela au pouvoir constituant [3].

Si jamais l'Amérique sut s'élever pour quelques instants à ce haut degré de gloire où l'imagination orgueilleuse de ses habitants voudrait sans cesse nous la montrer, ce fut dans ce moment suprême, où le pouvoir national venait en quelque sorte d'abdiquer l'empire.

Qu'un peuple lutte avec énergie pour conquérir son indépendance, c'est un spectacle que tous les siècles ont pu fournir. On a beaucoup exagéré, d'ailleurs, les efforts que firent les Américains pour se soustraire au joug des Anglais. Séparés par 1 300 lieues de mer de leurs ennemis, secourus par un puissant allié, les Etats-Unis durent la victoire à leur position bien plus encore qu'à la valeur de leurs armées ou au patriotisme de leurs citoyens. Qui oserait comparer la guerre d'Amérique aux guerres de la révolution française, et les efforts des Américains aux nôtres, alors que la France en butte aux attaques de l'Europe entière, sans argent, sans crédit, sans alliés,

2. Voyez les articles de la première confédération formée en 1778. Cette constitution fédérale ne fut adoptée par tous les Etats qu'en 1781.
Voyez également l'analyse que fait de cette constitution le *Fédéraliste*, depuis le n° 15 jusqu'au n° 22 inclusivement, et M. Story dans ses *Commentaires sur la constitution des Etats-Unis*, p. 85-115.
3. Ce fut le 21 février 1787 que le congrès fit cette déclaration.

jetait le vingtième de sa population au-devant de ses
ennemis, étouffant d'une main l'incendie qui dévorait ses
entrailles, et de l'autre promenant la torche autour d'elle ?
Mais ce qui est nouveau dans l'histoire des sociétés, c'est
de voir un grand peuple, averti par ses législateurs que
les rouages du gouvernement s'arrêtent, tourner sans
précipitation et sans crainte ses regards sur lui-même, sonder
la profondeur du mal, se contenir pendant deux
ans entiers, afin d'en découvrir à loisir le remède, et,
lorsque ce remède est indiqué, s'y soumettre volontairement
sans qu'il en coûte une larme ni une goutte de sang
à l'humanité.

Lorsque l'insuffisance de la première constitution
fédérale se fit sentir, l'effervescence des passions politiques
qu'avait fait naître la révolution était en partie
calmée, et tous les grands hommes qu'elle avait créés
existaient encore. Ce fut un double bonheur pour l'Amérique.
L'assemblée peu nombreuse [4], qui se chargea de
rédiger la seconde constitution, renfermait les plus beaux
esprits et les plus nobles caractères qui eussent jamais
paru dans le Nouveau Monde. George Washington la présidait.

Cette commission nationale, après de longues et mûres
délibérations, offrit enfin à l'adoption du peuple le corps
de lois organiques qui régit encore de nos jours l'Union.
Tous les États l'adoptèrent successivement [5]. Le nouveau
gouvernement fédéral entra en fonctions en 1789, après
deux ans d'interrègne. La révolution d'Amérique finit
donc précisément au moment où commençait la nôtre.

TABLEAU SOMMAIRE DE LA CONSTITUTION FÉDÉRALE

*Division des pouvoirs entre la souveraineté fédérale et
celle des États. — Le gouvernement des États reste le
droit commun; — le gouvernement fédéral, l'exception.*

Une première difficulté dut se présenter à l'esprit des
Américains. Il s'agissait de partager la souveraineté de

---

4. Elle n'était composée que de 55 membres. Washington, Madison,
Hamilton, les deux Morris en faisaient partie.
5. Ce ne furent point les législateurs qui l'adoptèrent. Le peuple
nomma pour ce seul objet des députés. La nouvelle constitution fut
dans chacune de ces assemblées l'objet de discussions approfondies.

telle sorte que les différents Etats qui formaient l'Union continuassent à se gouverner eux-mêmes dans tout ce qui ne regardait que leur prospérité intérieure, sans que la nation entière, représentée par l'Union, cessât de faire un corps et de pourvoir à tous ses besoins généraux. Question complexe et difficile à résoudre.

Il était impossible de fixer d'avance d'une manière exacte et complète la part de puissance qui devait revenir à chacun des deux gouvernements entre lesquels la souveraineté allait se partager.

Qui pourrait prévoir à l'avance tous les détails de la vie d'un peuple ?

Les devoirs et les droits du gouvernement fédéral étaient simples et assez faciles à définir, parce que l'Union avait été formée dans le but de répondre à quelques grands besoins généraux. Les devoirs et les droits du gouvernement des Etats étaient, au contraire, multiples et compliqués, parce que ce gouvernement pénétrait dans tous les détails de la vie sociale.

On définit donc avec soin les attributions du gouvernement fédéral, et l'on déclara que tout ce qui n'était pas compris dans la définition rentrait dans les attributions du gouvernement des Etats. Ainsi le gouvernement des Etats resta le droit commun; le gouvernement fédéral fut l'exception [6].

Mais comme on prévoyait que, dans la pratique, des questions pourraient s'élever relativement aux limites exactes de ce gouvernement exceptionnel, et qu'il eût été dangereux d'abandonner la solution de ces questions aux tribunaux ordinaires institués dans les différents Etats par ces Etats eux-mêmes, on créa une haute cour [7] fédérale, tribunal unique, dont l'une des attributions fut de maintenir entre les deux gouvernements rivaux la division des pouvoirs telle que la constitution l'avait établie [8].

---

6. Voyez amendements à la constitution fédérale. *Federalist*, n° 32. Story, p. 711. *Kent's Commentaries*, vol. I, p. 364.

Remarquez même que, toutes les fois que la constitution n'a pas réservé au congrès le droit *exclusif* de régler certaines matières, les Etats peuvent le faire, en attendant qu'il lui plaise de s'en occuper. Exemple : le congrès a le droit de faire une loi générale de banqueroute, il ne la fait pas : chaque Etat pourrait en faire une à sa manière. Au reste, ce point n'a été établi qu'après discussion devant les tribunaux. Il n'est que de jurisprudence.

7. L'action de cette cour est indirecte, comme nous le verrons plus bas.

8. C'est ainsi que le *Fédéraliste*, dans le n° 45, explique ce partage

ATTRIBUTIONS DU GOUVERNEMENT FÉDÉRAL

Pouvoir accordé au gouvernement fédéral de faire la paix, la guerre, d'établir des taxes générales. — Objet de politique intérieure dont il peut s'occuper. — Le gouvernement de l'Union, plus centralisé sur quelques points que ne l'était le gouvernement royal sous l'ancienne monarchie française.

Les peuples entre eux ne sont que des individus. C'est surtout pour paraître avec avantage vis-à-vis des étrangers qu'une nation a besoin d'un gouvernement unique.

A l'Union fut donc accordé le droit exclusif de faire la paix et la guerre; de conclure les traités de commerce; de lever des armées, d'équiper des flottes [9].

La nécessité d'un gouvernement national ne se fait pas aussi impérieusement sentir dans la direction des affaires intérieures de la société.

Toutefois, il est certains intérêts généraux auxquels une autorité générale peut seule utilement pourvoir.

A l'Union fut abandonné le droit de régler tout ce qui a rapport à la valeur de l'argent; on la chargea du service des postes; on lui donna le droit d'ouvrir les grandes

de la souveraineté entre l'Union et les Etats particuliers : « Les pouvoirs que la constitution délègue au gouvernement fédéral, dit-il, sont définis, et en petit nombre. Ceux qui restent à la disposition des Etats particuliers sont au contraire indéfinis, et en grand nombre. Les premiers s'exercent principalement dans les objets extérieurs, tels que la paix, la guerre, les négociations, le commerce. Les pouvoirs que les Etats particuliers se réservent s'étendent à tous les objets qui suivent le cours ordinaire des affaires, intéressent la vie, la liberté et la prospérité de l'Etat. »

J'aurai souvent occasion de citer le *Fédéraliste* dans cet ouvrage. Lorsque le projet de loi qui, depuis, est devenu la constitution des Etats-Unis était encore devant le peuple, et soumis à son adoption, trois hommes déjà célèbres, et qui le sont devenus encore plus depuis, John Jay, Hamilton et Madison, s'associèrent dans le but de faire ressortir aux yeux de la nation les avantages du projet qui lui était soumis. Dans ce dessein, ils publièrent sous la forme d'un journal une suite d'articles dont l'ensemble forme un traité complet. Ils avaient donné à leur journal le nom de *Federalist*, qui est resté à l'ouvrage.

Le *Fédéraliste* est un beau livre, qui, quoique spécial à l'Amérique, devrait être familier aux hommes d'Etat de tous les pays.

9. Voyez constitution, sect. VIII. *Federalist*, n°⁸ 41 et 42. *Kent's Commentaries*, vol. I, p. 207 et suiv. Story, p. 358-382; *id.*, p. 409-426.

communications qui devaient unir les diverses parties du territoire [10].

En général, le gouvernement des différents Etats fut considéré comme libre dans sa sphère; cependant il pouvait abuser de cette indépendance et compromettre, par d'imprudentes mesures, la sûreté de l'Union entière; pour ces cas rares et définis d'avance, on permit au gouvernement fédéral d'intervenir dans les affaires intérieures des Etats [11]. C'est ainsi que, tout en reconnaissant à chacune des républiques confédérées le pouvoir de modifier et de changer sa législation, on lui défendit cependant de faire des lois rétroactives et de créer dans son sein un corps de nobles [12].

Enfin, comme il fallait que le gouvernement fédéral pût remplir les obligations qui lui étaient imposées, on lui donna le droit illimité de lever des taxes [13].

Lorsqu'on fait attention au partage des pouvoirs tel que la constitution fédérale l'a établi; quand, d'une part, on examine la portion de souveraineté que se sont réservée les Etats particuliers, et de l'autre la part de puissance que l'Union a prise, on découvre aisément que les législateurs fédéraux s'étaient formé des idées très nettes et très justes de ce que j'ai nommé précédemment la centralisation gouvernementale.

Non seulement les Etats-Unis forment une république, mais encore une confédération. Cependant l'autorité nationale y est, à quelques égards, plus centralisée qu'elle ne l'était à la même époque dans plusieurs des monarchies absolues de l'Europe. Je n'en citerai que deux exemples.

La France comptait treize cours souveraines, qui, le plus souvent, avaient le droit d'interpréter la loi sans appel. Elle possédait, de plus, certaines provinces appelées pays d'Etats, qui, après que l'autorité souveraine, chargée de représenter la nation, avait ordonné la levée d'un impôt, pouvaient refuser leur concours.

---

10. Il y a encore plusieurs autres droits de cette espèce, tels que celui de faire une loi générale sur les banqueroutes, d'accorder des brevets d'invention... On sent assez ce qui rendait nécessaire l'intervention de l'Union entière dans ces matières.

11. Même dans ce cas, son intervention est indirecte. L'Union intervient par ses tribunaux, comme nous le verrons plus loin.

12. Constitution fédérale, sect. X, art. I.

13. Constitution, sect. VIII, IX et X. *Federalist*, n°s 30-36, inclusivement. *Id.*, 41, 42, 43, 44. *Kent's Commentaries*, vol. I, p. 207 et 381. Story, *id.*, p. 329, 514.

L'Union n'a qu'un seul tribunal pour interpréter la loi, comme une seule législature pour la faire; l'impôt voté par les représentants de la nation oblige tous les citoyens. L'Union est donc plus centralisée sur ces deux points essentiels que ne l'était la monarchie française; cependant l'Union n'est qu'un assemblage de républiques confédérées.

En Espagne, certaines provinces avaient le pouvoir d'établir un système de douanes qui leur fût propre, pouvoir qui tient, par son essence même, à la souveraineté nationale.

En Amérique, le congrès seul a droit de régler les rapports commerciaux des Etats entre eux. Le gouvernement de la confédération est donc plus centralisé sur ce point que celui du royaume d'Espagne.

Il est vrai qu'en France et en Espagne le pouvoir royal étant toujours en état d'exécuter, au besoin par la force, ce que la constitution du royaume lui refusait le droit de faire, on en arrivait, en définitive, au même point. Mais je parle ici de la théorie.

Pouvoirs fédéraux

Après avoir renfermé le gouvernement fédéral dans un cercle d'action nettement tracé, il s'agissait de savoir comment on l'y ferait mouvoir.

Pouvoirs législatifs

Division du corps législatif en deux branches. — Différences dans la manière de former les deux Chambres. — Le principe de l'indépendance des Etats triomphe dans la formation du sénat. — Le dogme de la souveraineté nationale dans la composition de la chambre des représentants. — Effets singuliers qui résultent de ceci, que les constitutions ne sont logiques que quand les peuples sont jeunes.

Dans l'organisation de pouvoirs de l'Union, on suivit en beaucoup de points le plan qui était tracé d'avance par la constitution particulière de chacun des Etats.

Le corps législatif fédéral de l'Union se composa d'un sénat et d'une chambre des représentants.

L'esprit de conciliation fit suivre, dans la formation de chacune de ces assemblées, des règles diverses.

J'ai fait sentir plus haut que, quand on avait voulu établir la constitution fédérale, deux intérêts opposés s'étaient trouvés en présence. Ces deux intérêts avaient donné naissance à deux opinions.

Les uns voulaient faire de l'Union une ligue d'Etats indépendants, une sorte de congrès, où les représentants de peuples distincts viendraient discuter certains points d'intérêt commun.

Les autres voulaient réunir tous les habitants des anciennes colonies dans un seul et même peuple, et leur donner un gouvernement qui, bien que sa sphère fût bornée, pût agir cependant dans cette sphère, comme le seul et unique représentant de la nation. Les conséquences pratiques de ces deux théories étaient fort diverses.

Ainsi, s'agissait-il d'organiser une ligue et non un gouvernement national, c'était à la majorité des Etats à faire la loi, et non point à la majorité des habitants de l'Union. Car chaque Etat, grand ou petit, conservait alors son caractère de puissance indépendante et entrait dans l'Union sur le pied d'une égalité parfaite.

Du moment, au contraire, où l'on considérait les habitants des Etats-Unis comme formant un seul et même peuple, il était naturel que la majorité seule des citoyens de l'Union fît la loi.

On comprend que les petits Etats ne pouvaient consentir à l'application de cette doctrine sans abdiquer complètement leur existence, dans ce qui regardait la souveraineté fédérale; car de puissance corégulatrice, ils devenaient fraction insignifiante d'un grand peuple. Le premier système leur eût accordé une puissance déraisonnable : le second les annulait.

Dans cet état de choses, il arriva ce qui arrive presque toujours, lorsque les intérêts sont en opposition avec les raisonnements : on fit plier les règles de la logique. Les législateurs adoptèrent un terme moyen qui conciliait de force deux systèmes théoriquement inconciliables.

Le principe de l'indépendance des Etats triompha dans la formation du sénat; le dogme de la souveraineté nationale, dans la composition de la chambre des représentants.

Chaque Etat dut envoyer deux sénateurs au congrès et

un certain nombre de représentants, en proportion de sa population [14].

Il résulte de cet arrangement que, de nos jours, l'Etat de New York a au congrès quarante représentants et seulement deux sénateurs; l'Etat de Delaware deux sénateurs et seulement un représentant. L'Etat de Delaware est donc, dans le sénat, l'égal de l'Etat de New York, tandis que celui-ci a, dans la chambre des représentants, quarante fois plus d'influence que le premier. Ainsi, il peut arriver que la minorité de la nation, dominant le sénat, paralyse entièrement les volontés de la majorité, représentée par l'autre chambre; ce qui est contraire à l'esprit des gouvernements constitutionnels.

Tout ceci montre bien à quel degré il est rare et difficile de lier entre elles d'une manière logique et rationnelle toutes les parties de la législation.

Le temps fait toujours naître à la longue, chez le même peuple, des intérêts différents, et consacre des droits divers. Lorsqu'il s'agit ensuite d'établir une constitution générale, chacun de ces intérêts et de ces droits forme comme autant d'obstacles naturels qui s'opposent à ce qu'aucun principe politique ne suive toutes ses conséquences. C'est donc seulement à la naissance des sociétés qu'on peut être complètement logique dans les lois. Lorsque vous voyez un peuple jouir de cet avantage, ne vous hâtez pas de conclure qu'il est sage; pensez plutôt qu'il est jeune.

A l'époque où la constitution fédérale a été formée, il n'existait encore parmi les Anglo-Américains que deux intérêts positivement opposés l'un à l'autre : l'intérêt d'individualité pour les Etats particuliers, l'intérêt d'union pour le peuple entier; et il a fallu en venir à un compromis.

14. Tous les dix ans, le congrès fixe de nouveau le nombre des députés que chaque Etat doit envoyer à la Chambre des représentants. Le nombre total était de 69 en 1789; il était en 1833 de 240. (*American Almanac*, 1834, p. 194.)

La constitution avait dit qu'il n'y aurait pas plus d'un représentant par 30 000 personnes; mais elle n'avait pas fixé de limite en moins. Le congrès n'a pas cru devoir accroître le nombre des représentants dans la proportion de l'accroissement de la population. Par la première loi qui intervint sur ce sujet, le 14 avril 1792 (voyez *Laws of the United States* par Story, vol. I, p. 235), il fut décidé qu'il y aurait un représentant par 33 000 habitants. La dernière loi, qui est intervenue en 1832, fixa le nombre à 1 représentant par 48 000 habitants. La population représentée se compose de tous les hommes libres et des trois cinquièmes du nombre des esclaves.

On doit reconnaître, toutefois, que cette partie de la constitution n'a point, jusqu'à présent, produit les maux qu'on pouvait craindre.

Tous les Etats sont jeunes; ils sont rapprochés les uns des autres; ils ont des mœurs, des idées et des besoins homogènes; la différence qui résulte de leur plus ou moins de grandeur, ne suffit pas pour leur donner des intérêts fort opposés. On n'a donc jamais vu les petits Etats se liguer, dans le sénat, contre les desseins des grands. D'ailleurs, il y a une force tellement irrésistible dans l'expression légale des volontés de tout un peuple, que, la majorité venant à s'exprimer par l'organe de la chambre des représentants, le sénat se trouve bien faible en sa présence.

De plus, il ne faut pas oublier qu'il ne dépendait pas des législateurs américains de faire une seule et même nation du peuple auquel ils voulaient donner des lois. Le but de la constitution fédérale n'était pas de détruire l'existence des Etats, mais seulement de la restreindre. Du moment donc où on laissait un pouvoir réel à ces corps secondaires (et on ne pouvait le leur ôter), on renonçait d'avance à employer habituellement la contrainte pour les plier aux volontés de la majorité. Ceci posé, l'introduction de leurs forces individuelles dans les rouages du gouvernement fédéral n'avait rien d'extraordinaire. Elle ne faisait que constater un fait existant, celui d'une puissance reconnue qu'il fallait ménager et non violenter.

AUTRE DIFFÉRENCE ENTRE LE SÉNAT ET LA CHAMBRE DES REPRÉSENTANTS

Le sénat nommé par les législateurs provinciaux. — Les représentants, par le peuple. — Deux degrés d'élection pour le premier. — Un seul pour le second. — Durée des différents mandats. — Attributions.

Le sénat ne diffère pas seulement de l'autre chambre par le principe même de la représentation, mais aussi par le mode de l'élection, par la durée du mandat et par la diversité des attributions.

La chambre des représentants est nommée par le peuple; le sénat, par les législateurs de chaque Etat.

L'une est le produit de l'élection directe, l'autre de l'élection à deux degrés.

Le mandat des représentants ne dure que deux ans; celui des sénateurs, six.

La chambre des représentants n'a que des fonctions législatives; elle ne participe au pouvoir judiciaire qu'en accusant les fonctionnaires publics; le sénat concourt à la formation des lois; il juge les délits politiques qui lui sont déférés par la chambre des représentants; il est, de plus, le grand conseil exécutif de la nation. Les traités conclus par le président doivent être validés par le sénat; ses choix, pour être définitifs, ont besoin de recevoir l'approbation du même corps [15].

Du pouvoir exécutif [16]

Dépendance du président. — Electif et responsable. — Libre dans sa sphère, le sénat le surveille et ne le dirige pas. — Le traitement du président fixé à son entrée en fonctions. — Veto suspensif.

Les législateurs américains avaient une tâche difficile à remplir : ils voulaient créer un pouvoir exécutif qui dépendît de la majorité, et qui pourtant fût assez fort par lui-même pour agir avec liberté dans sa sphère.

Le maintien de la forme républicaine exigeait que le représentant du pouvoir exécutif fût soumis à la volonté nationale.

Le président est un magistrat électif. Son honneur, ses biens, sa liberté, sa vie, répondent sans cesse au peuple du bon emploi qu'il fera de son pouvoir. En exerçant ce pouvoir, il n'est pas d'ailleurs complètement indépendant : le sénat le surveille dans ses rapports avec les puissances étrangères, ainsi que dans la distribution des emplois; de telle sorte qu'il ne peut ni être corrompu ni corrompre.

Les législateurs de l'Union reconnurent que le pouvoir exécutif ne pourrait remplir dignement et utilement sa

---

15. Voyez *Federalist*, nᵒˢ 52-66, inclusivement. Story, p. 199-314. Constitution, sect. II et III.

16. *Federalist*, nᵒˢ 67-77, inclusivement. Constitution, art. 2. Story, p. 315, p. 515-780. *Kent's Commentaries*, p. 255.

tâche, s'ils ne parvenaient à lui donner plus de stabilité et plus de force qu'on ne lui en avait accordé dans les Etats particuliers.

Le président fut nommé pour quatre ans, et put être réélu. Avec de l'avenir, il eut le courage de travailler au bien public, et les moyens de l'opérer.

On fit du président le seul et unique représentant de la puissance exécutive de l'Union. On se garda même de subordonner ses volontés à celles d'un conseil : moyen dangereux, qui, tout en affaiblissant l'action du gouvernement, diminue la responsabilité des gouvernants. Le sénat a le droit de frapper de stérilité quelques-uns des actes du président; mais il ne saurait le forcer à agir, ni partager avec lui la puissance exécutive.

L'action de la législature sur le pouvoir exécutif peut être directe; nous venons de voir que les Américains avaient pris soin qu'elle ne le fût pas. Elle peut aussi être indirecte.

Les Chambres, en privant le fonctionnaire public de son traitement, lui ôtent une partie de son indépendance; maîtresses de faire les lois, on doit craindre qu'elles ne lui enlèvent peu à peu la portion de pouvoir que la constitution avait voulu lui conserver.

Cette dépendance du pouvoir exécutif est un des vices inhérents aux constitutions républicaines. Les Américains n'ont pu détruire la pente qui entraîne les assemblées législatives à s'emparer du gouvernement, mais ils ont rendu cette pente moins irrésistible.

Le traitement du président est fixé, à son entrée en fonctions, pour tout le temps que doit durer sa magistrature. De plus, le président est armé d'un veto suspensif, qui lui permet d'arrêter à leur passage les lois qui pourraient détruire la portion d'indépendance que la constitution lui a laissée. Il ne saurait pourtant y avoir qu'une lutte inégale entre le président et la législature, puisque celle-ci, en persévérant dans ses desseins, est toujours maîtresse de vaincre la résistance qu'on lui oppose; mais le veto suspensif la force du moins à retourner sur ses pas; il l'oblige à considérer de nouveau la question, et, cette fois, elle ne peut plus la trancher qu'à la majorité des deux tiers des opinants. Le veto, d'ailleurs, est une sorte d'appel au peuple. Le pouvoir exécutif, qu'on eût pu, sans cette garantie, opprimer en secret, plaide alors sa cause, et fait entendre ses raisons. Mais si la législature persévère dans ses desseins, ne peut-elle pas toujours vaincre la résistance qu'on lui oppose ? A cela, je répondrai qu'il y a dans la constitution de tous les peuples, quelle que soit, du reste, sa nature, un point où le législateur est obligé de s'en rapporter au bon sens et à la vertu des citoyens. Ce point est plus rapproché et plus visible dans les républiques, plus éloigné et caché avec plus de soin dans les monarchies ; mais il se trouve toujours quelque part. Il n'y a pas de pays où la loi puisse tout prévoir, et où les institutions doivent tenir lieu de la raison et des mœurs.

EN QUOI LA POSITION DU PRÉSIDENT
AUX ÉTATS-UNIS
DIFFÈRE DE CELLE D'UN ROI CONSTITUTIONNEL
EN FRANCE

Le pouvoir exécutif, aux Etats-Unis, borné et exceptionnel comme la souveraineté au nom de laquelle il agit. — Le pouvoir exécutif en France s'étend à tout comme elle. — Le roi est un des auteurs de la loi. — Le président n'est que l'exécuteur de la loi. — Autres différences qui naissent de la durée de deux pouvoirs. — Le président gêné dans la sphère du pouvoir exécutif. — Le roi y est libre. — La France, malgré ces différences, ressemble plus à une république que l'Union à une monarchie. — Comparaison du nombre des fonctionnaires qui, dans les deux pays, dépendent du pouvoir exécutif.

Le pouvoir exécutif joue un si grand rôle dans la destinée des nations, que je veux m'arrêter un instant ici, pour mieux faire comprendre quelle place il occupe chez les Américains.

Afin de concevoir une idée claire et précise de la position du président des Etats-Unis, il est utile de la comparer à celle du roi, dans l'une des monarchies constitutionnelles d'Europe.

Dans cette comparaison, je m'attacherai peu aux signes extérieurs de la puissance ; ils trompent l'œil de l'observateur plus qu'ils ne le guident.

Lorsqu'une monarchie se transforme peu à peu en république, le pouvoir exécutif y conserve des titres, des honneurs, des respects, et même de l'argent, longtemps après qu'il y a perdu la réalité de la puissance. Les Anglais, après avoir tranché la tête à l'un de leurs rois et en avoir chassé un autre du trône, se mettaient encore à genoux pour parler aux successeurs de ces princes.

D'un autre côté, lorsque les républiques tombent sous le joug d'un seul, le pouvoir continue à s'y montrer simple, uni et modeste dans ses manières, comme s'il ne s'élevait point déjà au-dessus de tous. Quand les empereurs disposaient despotiquement de la fortune et de la vie de leurs concitoyens, on les appelait encore Césars en leur parlant, et ils allaient souper familièrement chez leurs amis.

Il faut donc abandonner la surface et pénétrer plus avant.

La souveraineté, aux Etats-Unis, est divisée entre l'Union et les Etats, tandis que, parmi nous, elle est une et compacte; de là naît la première et la plus grande différence que j'aperçoive entre le président des Etats-Unis et le roi en France.

Aux Etats-Unis, le pouvoir exécutif est borné et exceptionnel, comme la souveraineté même au nom de laquelle il agit; en France, il s'étend à tout comme elle.

Les Américains ont un gouvernement fédéral; nous avons un gouvernement national.

Voilà une première cause d'infériorité qui résulte de la nature même des choses; mais elle n'est pas seule. La seconde en importance est celle-ci : on peut, à proprement parler, définir la souveraineté, le droit de faire les lois.

Le roi, en France, constitue réellement une partie du souverain, puisque les lois n'existent point s'il refuse de les sanctionner; il est, de plus, l'exécuteur des lois.

Le président est également l'exécuteur de la loi, mais il ne concourt pas réellement à la faire, puisque, en refusant son assentiment, il ne peut l'empêcher d'exister. Il ne fait donc point partie du souverain; il n'en est que l'agent.

Non seulement le roi, en France, constitue une portion du souverain, mais encore il participe à la formation de la législature, qui en est l'autre portion. Il y participe en nommant les membres d'une chambre, et en faisant cesser à sa volonté la durée du mandat de l'autre. Le président des Etats-Unis ne concourt en rien à la composition du corps législatif, et ne saurait le dissoudre.

Le roi partage avec les Chambres le droit de proposer la loi.

Le président n'a point d'initiative semblable.

Le roi est représenté, au sein des Chambres, par un

certain nombre d'agents qui exposent ses vues, soutiennent ses opinions, et font prévaloir ses maximes de gouvernement.

Le président n'a point entrée au congrès; ses ministres en sont exclus comme lui-même, et ce n'est que par des voies indirectes qu'il fait pénétrer dans ce grand corps son influence et ses avis.

Le roi de France marche donc d'égal à égal avec la législature, qui ne peut agir sans lui, comme il ne saurait agir sans elle.

Le président est placé à côté de la législature, comme un pouvoir inférieur et dépendant.

Dans l'exercice du pouvoir exécutif proprement dit, point sur lequel sa position semble le plus se rapprocher de celle du roi en France, le président a encore plusieurs causes d'infériorité très grandes.

Le pouvoir du roi, en France, a d'abord, sur celui du président, l'avantage de la durée. Or, la durée est un des premiers éléments de la force. On n'aime et on ne craint que ce qui doit exister longtemps.

Le président des Etats-Unis est un magistrat élu pour quatre ans. Le roi, en France, est un chef héréditaire.

Dans l'exercice du pouvoir exécutif, le président des Etats-Unis est continuellement soumis à une surveillance jalouse. Il prépare les traités, mais il ne les fait pas; il désigne aux emplois, mais il n'y nomme point [17].

Le roi de France est maître absolu dans la sphère du pouvoir exécutif.

Le président des Etats-Unis est responsable de ses actes. La loi française dit que la personne du roi de France est inviolable.

Cependant, au-dessus de l'un comme au-dessus de l'autre se tient un pouvoir dirigeant, celui de l'opinion publique. Ce pouvoir est moins défini en France qu'aux Etats-Unis; moins reconnu, moins formulé dans les lois; mais de fait il y existe En Amérique, il procède par des élections et des arrêts; en France, par des révolutions. La France et les Etats-Unis ont ainsi, malgré la diversité

---

17. La constitution avait laissé douteux le point de savoir si le président était tenu à prendre l'avis du sénat, en cas de destitution, comme en cas de nomination d'un fonctionnaire fédéral. Le *Fédéraliste*, dans son n° 77, semblait établir l'affirmative; mais en 1789, le congrès décida avec toute raison que, puisque le président était responsable, on ne pouvait le forcer de se servir d'agents qui n'avaient pas sa confiance. Voyez *Kent's Commentaries*, vol. I, p. 289.

DE LA CONSTITUTION FÉDÉRALE

de leur constitution, ce point de commun, que l'opinion
publique y est, en résultat, le pouvoir dominant. Le principe générateur des lois est donc, à vrai dire, le même
chez les deux peuples, quoique ses développements y
soient plus ou moins libres, et que les conséquences qu'on
en tire soient souvent différentes. Ce principe, de sa
nature, est essentiellement républicain. Aussi pensé-je
que la France, avec son roi, ressemble plus à une république que l'Union, avec son président, à une monarchie.

Dans tout ce qui précède, j'ai pris soin de ne signaler
que les points capitaux de différence. Si j'eusse voulu
entrer dans les détails, le tableau eût été bien plus frappant encore. Mais j'ai trop à dire pour ne pas vouloir
être court.

J'ai remarqué que le pouvoir du président des Etats-
Unis ne s'exerce que dans la sphère d'une souveraineté
restreinte, tandis que celui du roi, en France, agit dans le
cercle d'une souveraineté complète.

J'aurais pu montrer le pouvoir gouvernemental du roi
en France dépassant même ses limites naturelles, quelque
étendues qu'elles soient, et pénétrant, de mille manières,
dans l'administration des intérêts individuels.

A cette cause d'influence, je pouvais joindre celle qui
résulte du grand nombre des fonctionnaires publics qui,
presque tous, doivent leur mandat à la puissance exécutive.
Ce nombre a dépassé chez nous toutes les bornes connues;
il s'élève à 138 000 [18]. Chacune de ces 138 000 nomina-
tions doit être considérée comme un élément de force. Le
président n'a pas le droit absolu de nommer aux emplois
publics, et ces emplois n'excèdent guère 12 000 [19].

18. Les sommes payées par l'Etat à ces divers fonctionnaires
montent chaque année à 200 000 000 de francs.
19. On publie chaque année aux Etats-Unis un almanach appelé
National Calendar; on y trouve le nom de tous les fonctionnaires fédéraux. C'est le *National Calendar* de 1833 qui m'a fourni le chiffre que
je donne ici.
Il résulterait de ce qui précède que le roi de France dispose de
onze fois plus de places que le président des Etats-Unis, quoique la
population de la France ne soit qu'une fois et demie plus considérable
que celle de l'Union.

Causes accidentelles
qui peuvent accroître l'influence
du pouvoir exécutif

Sécurité extérieure dont jouit l'Union. — Politique expectante. — Armée de 6 000 soldats. — Quelques vaisseaux seulement. — Le président possède de grandes prérogatives dont il n'a pas l'occasion de se servir. — Dans ce qu'il a occasion d'exécuter il est faible.

Si le pouvoir exécutif est moins fort en Amérique qu'en France, il faut en attribuer la cause aux circonstances plus encore peut-être qu'aux lois.

C'est principalement dans ses rapports avec les étrangers que le pouvoir exécutif d'une nation trouve l'occasion de déployer de l'habileté et de la force.

Si la vie de l'Union était sans cesse menacée, si ces grands intérêts se trouvaient tous les jours mêlés à ceux d'autres peuples puissants, on verrait le pouvoir exécutif grandir dans l'opinion par ce qu'on attendrait de lui, et par ce qu'il exécuterait.

Le président des Etats-Unis est, il est vrai, le chef de l'armée, mais cette armée se compose de 6 000 soldats; il commande la flotte, mais la flotte ne compte que quelques vaisseaux; il dirige les affaires de l'Union vis-à-vis des peuples étrangers, mais les Etats-Unis n'ont pas de voisins. Séparés du reste du monde par l'Océan, trop faibles encore pour vouloir dominer la mer, ils n'ont point d'ennemis, et leurs intérêts ne sont que rarement en contact avec ceux des autres nations du globe.

Ceci fait bien voir qu'il ne faut pas juger de la pratique du gouvernement par la théorie.

Le président des Etats-Unis possède des prérogatives presque royales, dont il n'a pas l'occasion de se servir, et les droits dont, jusqu'à présent, il peut user sont très circonscrits : les lois lui permettent d'être fort, les circonstances le maintiennent faible.

Ce sont, au contraire, les circonstances qui, plus encore que les lois, donnent à l'autorité royale de France sa plus grande force.

En France, le pouvoir exécutif lutte sans cesse contre d'immenses obstacles et dispose d'immenses ressources pour les vaincre. Il s'accroît de la grandeur des choses qu'il exécute et de l'importance des événements qu'il dirige, sans pour cela modifier sa constitution.

Les lois l'eussent-elles créé aussi faible et aussi circonscrit que celui de l'union, son influence deviendrait bientôt beaucoup plus grande.

POURQUOI LE PRÉSIDENT DES ÉTATS-UNIS N'A PAS BESOIN, POUR DIRIGER LES AFFAIRES, D'AVOIR LA MAJORITÉ DANS LES CHAMBRES

C'est un axiome établi en Europe, qu'un roi constitutionnel ne peut gouverner, quand l'opinion des chambres législatives ne s'accorde pas avec la sienne.

On a vu plusieurs présidents des Etats-Unis perdre l'appui de la majorité dans le corps législatif, sans être obligés d'abandonner le pouvoir, ni sans qu'il en résultât pour la société un grand mal.

J'ai entendu citer ce fait pour prouver l'indépendance et la force du pouvoir exécutif en Amérique. Il suffit de réfléchir quelques instants pour y voir, au contraire, la preuve de son impuissance.

Un roi d'Europe a besoin d'obtenir l'appui du corps législatif pour remplir la tâche que la constitution lui impose, parce que cette tâche est immense. Un roi constitutionnel d'Europe n'est pas seulement l'exécuteur de la loi : le soin de son exécution lui est si complètement dévolu qu'il pourrait, si elle lui était contraire, en paralyser les forces. Il a besoin des Chambres pour faire la loi, les Chambres ont besoin de lui pour l'exécuter : ce sont deux puissances qui ne peuvent vivre l'une sans l'autre; les rouages du gouvernement s'arrêtent au moment où il y a désaccord entre elles.

En Amérique, le président ne peut empêcher la formation des lois; il ne saurait se soustraire à l'obligation de les exécuter. Son concours zélé et sincère est sans doute utile, mais n'est point nécessaire à la marche du gouvernement. Dans tout ce qu'il fait d'essentiel, on le soumet directement ou indirectement à la législature; où il est entièrement indépendant d'elle, il ne peut presque rien. C'est donc sa faiblesse, et non sa force, qui lui permet de vivre en opposition avec le pouvoir législatif.

En Europe, il faut qu'il y ait accord entre le roi et les

Chambres, parce qu'il peut y avoir lutte sérieuse entre eux. En Amérique, l'accord n'est pas obligé, parce que la lutte est impossible.

DE L'ÉLECTION DU PRÉSIDENT

Le danger du système d'élection augmente en proportion de l'étendue des prérogatives du pouvoir exécutif. — Les Américains peuvent adopter ce système, parce qu'ils peuvent se passer d'un pouvoir exécutif fort. — Comment les circonstances favorisent l'établissement du système électif. — Pourquoi l'élection du président ne fait point varier les principes du gouvernement. — Influence que l'élection du président exerce sur le sort des fonctionnaires secondaires.

Le système de l'élection, appliqué au chef du pouvoir exécutif chez un grand peuple, présente des dangers que l'expérience et les historiens ont suffisamment signalés.

Aussi je ne veux en parler que par rapport à l'Amérique.

Les dangers qu'on redoute du système de l'élection sont plus ou moins grands, suivant la place que le pouvoir exécutif occupe, et son importance dans l'Etat, suivant le mode de l'élection et les circonstances dans lesquelles se trouve le peuple qui élit.

Ce qu'on reproche non sans raison au système électif, appliqué au chef de l'Etat, c'est d'offrir un appât si grand aux ambitions particulières, et de les enflammer si fort à la poursuite du pouvoir, que souvent, les moyens légaux ne leur suffisant plus, elles en appellent à la force quand le droit vient à leur manquer.

Il est clair que plus le pouvoir exécutif a de prérogatives, plus l'appât est grand ; plus l'ambition des prétendants est excitée, plus aussi elle trouve d'appui dans une foule d'ambitions secondaires qui espèrent se partager la puissance après que leur candidat aura triomphé.

Les dangers du système d'élection croissent donc en proportion directe de l'influence exercée par le pouvoir exécutif sur les affaires de l'Etat.

Les révolutions de Pologne ne doivent pas seulement être attribuées au système électif en général, mais à ce que le magistrat élu était le chef d'une grande monarchie.

Avant de discuter la bonté absolue du système électif, il y a donc toujours une question préjudicielle à décider, celle de savoir si la position géographique, les lois, les habitudes, les mœurs et les opinions du peuple chez lequel on veut l'introduire permettent d'y établir un pouvoir exécutif faible et dépendant ; car vouloir tout à la fois que le représentant de l'Etat reste armé d'une vaste puissance et soit élu, c'est exprimer, suivant moi, deux volontés contradictoires. Pour ma part, je ne connais qu'un seul moyen de faire passer la royauté héréditaire à l'état de pouvoir électif : il faut rétrécir d'avance sa sphère d'action, diminuer graduellement ses prérogatives, et habituer peu à peu le peuple à vivre sans son aide. Mais c'est ce dont les républicains d'Europe ne s'occupent guère. Comme beaucoup d'entre eux ne haïssent la tyrannie que parce qu'ils sont en butte à ses rigueurs, l'étendue du pouvoir exécutif ne les blesse point ; ils n'attaquent que son origine, sans apercevoir le lien étroit qui lie ces deux choses.

Il ne s'est encore rencontré personne qui se souciât d'exposer son honneur et sa vie pour devenir président des Etats-Unis, parce que le président n'a qu'un pouvoir temporaire, borné et dépendant. Il faut que la fortune mette un prix immense en jeu pour qu'il se présente des joueurs désespérés dans la lice. Nul candidat, jusqu'à présent, n'a pu soulever en sa faveur d'ardentes sympathies et de dangereuses passions populaires. La raison en est simple : parvenu à la tête du gouvernement, il ne peut distribuer à ses amis ni beaucoup de puissance, ni beaucoup de richesse, ni beaucoup de gloire, et son influence dans l'Etat est trop faible pour que les factions voient leur succès ou leur ruine dans son élévation au pouvoir.

Les monarchies héréditaires ont un grand avantage : l'intérêt particulier d'une famille y étant continuellement lié d'une manière étroite à l'intérêt de l'Etat, il ne se passe jamais un seul moment où celui-ci reste abandonné à lui-même. Je ne sais si dans ces monarchies les affaires sont mieux dirigées qu'ailleurs ; mais du moins il y a toujours quelqu'un qui, bien ou mal, suivant sa capacité, s'en occupe.

Dans les Etats électifs, au contraire, à l'approche de l'élection et longtemps avant qu'elle n'arrive, les rouages du gouvernement ne fonctionnent plus, en quelque sorte, que d'eux-mêmes. On peut sans doute combiner les lois de manière que l'élection s'opérant d'un seul coup et avec rapidité, le siège de la puissance exécutive ne reste pour ainsi dire jamais vacant ; mais, quoi qu'on fasse, le vide existe dans les esprits en dépit des efforts du législateur.

A l'approche de l'élection, le chef du pouvoir exécutif ne songe qu'à la lutte qui se prépare; il n'a plus d'avenir; il ne peut rien entreprendre, et ne poursuit qu'avec mollesse ce qu'un autre peut-être va achever. « Je suis si prêt du moment de ma retraite, écrivait le président Jefferson, le 21 janvier 1809 (six semaines avant l'élection), que je ne prends plus part aux affaires que par l'expression de mon opinion. Il me semble juste de laisser à mon successeur l'initiative des mesures dont il aura à suivre l'exécution et à supporter la responsabilité. »

De son côté, la nation n'a les yeux tournés que sur un seul point; elle n'est occupée qu'à surveiller le travail d'enfantement qui se prépare.

Plus la place qu'occupe le pouvoir exécutif dans la direction des affaires est vaste, plus son action habituelle est grande et nécessaire, et plus un pareil état de choses est dangereux. Chez un peuple qui a contracté l'habitude d'être gouverné par le pouvoir exécutif, et à plus forte raison d'être administré par lui, l'élection ne pourrait manquer de produire une perturbation profonde.

Aux Etats-Unis, l'action du pouvoir exécutif peut se ralentir impunément, parce que cette action est faible et circonscrite.

Lorsque le chef du gouvernement est élu, il en résulte presque toujours un défaut de stabilité dans la politique intérieure et extérieure de l'Etat. C'est là un des vices principaux de ce système.

Mais ce vice est plus ou moins sensible suivant la part de puissance accordée au magistrat élu. A Rome, les principes du gouvernement ne variaient point, quoique les consuls fussent changés tous les ans, parce que le sénat était le pouvoir dirigeant, et que le sénat était un corps héréditaire. Dans la plupart des monarchies de l'Europe, si on élisait le roi, le royaume changerait de face à chaque nouveau choix.

En Amérique, le président exerce une assez grande influence sur les affaires de l'Etat, mais il ne les conduit point; le pouvoir prépondérant réside dans la représentation nationale tout entière. C'est donc la masse du peuple qu'il faut changer, et non pas seulement le président, pour que les maximes de la politique varient. Aussi, en Amérique, le système de l'élection, appliqué au chef du pouvoir exécutif, ne nuit-il pas d'une manière très sensible à la fixité du gouvernement.

Du reste, le manque de fixité est un mal tellement inhérent au système électif, qu'il se fait encore vivement sentir dans la sphère d'action du président, quelque circonscrite qu'elle soit.

Les Américains ont pensé avec raison que le chef du pouvoir exécutif, pour remplir sa mission et porter le poids de la responsabilité tout entière, devait rester, autant que possible, libre de choisir lui-même ses agents et de les révoquer à volonté; le corps législatif surveille le président plutôt qu'il ne le dirige. Il suit de là qu'à chaque élection nouvelle, le sort de tous les employés fédéraux est comme en suspens.

On se plaint, dans les monarchies constitutionnelles d'Europe, de ce que la destinée des agents obscurs de l'administration dépend souvent du sort des ministres. C'est bien pis encore dans les Etats où le chef du gouvernement est élu. La raison en est simple : dans les monarchies constitutionnelles, les ministres se succèdent rapidement; mais le représentant principal du pouvoir exécutif ne change jamais, ce qui renferme l'esprit d'innovation entre certaines limites. Les systèmes administratifs y varient donc dans les détails plutôt que dans les principes; on ne saurait les substituer brusquement les uns aux autres sans causer une sorte de révolution. En Amérique, cette révolution se fait tous les quatre ans au nom de la loi.

Quant aux misères individuelles qui sont la suite naturelle d'une pareille législation, il faut avouer que le défaut de fixité dans le sort des fonctionnaires ne produit pas en Amérique les maux qu'on pourrait en attendre ailleurs. Aux États-Unis, il est si facile de se créer une existence indépendante, qu'ôter à un fonctionnaire la place qu'il occupe, c'est quelquefois lui enlever l'aisance de la vie, mais jamais les moyens de la soutenir.

J'ai dit au commencement de ce chapitre que les dangers du mode de l'élection appliqué au chef du pouvoir exécutif étaient plus ou moins grands, suivant les circonstances au milieu desquelles se trouve le peuple qui élit.

Vainement on s'efforce d'amoindrir le rôle du pouvoir exécutif, il est une chose sur laquelle ce pouvoir exerce une grande influence, quelle que soit la place que les lois lui aient faite, c'est la politique extérieure : une négociation ne peut guère être entamée et suivie avec fruit que par un seul homme.

Plus un peuple se trouve dans une position précaire et périlleuse, et plus le besoin de suite et de fixité se fait sentir dans la direction des affaires extérieures, plus aussi l'application du système de l'élection au chef de l'Etat devient dangereuse.

La politique des Américains vis-à-vis du monde entier est simple; on pourrait presque dire que personne n'a besoin d'eux, et qu'ils n'ont besoin de personne. Leur indépendance n'est jamais menacée.

Chez eux le rôle du pouvoir exécutif est donc aussi restreint par les circonstances que par les lois. Le président peut fréquemment changer de vues sans que l'Etat souffre ou périsse.

Quelles que soient les prérogatives dont le pouvoir exécutif est revêtu, on doit toujours considérer le temps qui précède immédiatement l'élection, et celui pendant lequel elle se fait, comme une époque de crise nationale.

Plus la situation intérieure d'un pays est embarrassée, et plus ses périls extérieurs sont grands, plus ce moment de crise est dangereux pour lui. Parmi les peuples de l'Europe, il en est bien peu qui n'eussent à craindre la conquête ou l'anarchie, toutes les fois qu'ils se donneraient un nouveau chef.

En Amérique, la société est ainsi constituée qu'elle peut se soutenir d'elle-même et sans aide; les dangers extérieurs n'y sont jamais pressants. L'élection du président est une cause d'agitation, non de ruine.

MODE DE L'ÉLECTION

Habileté dont les législateurs américains ont fait preuve dans le choix du mode d'élection. — Création d'un corps électoral spécial. — Vote séparé des électeurs spéciaux. — Dans quel cas la chambre des représentants est appelée à choisir le président. — Ce qui s'est passé aux douze élections qui ont eu lieu depuis que la constitution est en vigueur.

Indépendamment des dangers inhérents au principe, il en est beaucoup d'autres qui naissent des formes mêmes de l'élection et qui peuvent être évités par les soins du législateur.

Lorsqu'un peuple se réunit en armes sur la place

publique pour choisir son chef, il s'expose non seulement aux dangers que présente le système électif en lui-même, mais encore à tous ceux de la guerre civile qui naissent d'un semblable mode d'élection.

Quand les lois polonaises faisaient dépendre le choix du roi du *veto* d'un seul homme, elles invitaient au meurtre de cet homme, ou constituaient d'avance l'anarchie.

A mesure qu'on étudie les institutions des Etats-Unis et qu'on jette un regard plus attentif sur la situation politique et sociale de ce pays, on y remarque un merveilleux accord entre la fortune et les efforts de l'homme. L'Amérique était une contrée nouvelle; cependant le peuple qui l'habitait avait déjà fait ailleurs un long usage de la liberté : deux grandes causes d'ordre intérieur. De plus, l'Amérique ne redoutait point la conquête. Les législateurs américains, s'emparant de ces circonstances favorables, n'eurent point de peine à établir un pouvoir exécutif faible et dépendant; l'ayant créé tel, ils purent sans danger le rendre électif.

Il ne leur restait plus qu'à choisir, parmi les différents systèmes d'élection, le moins dangereux; les règles qu'ils tracèrent à cet égard complètent admirablement les garanties que la constitution physique et politique du pays fournissait déjà.

Le problème à résoudre était de trouver le mode d'élection qui, tout en exprimant les volontés réelles du peuple, excitât peu ses passions et le tînt le moins possible en suspens. On admit d'abord que la majorité *simple* ferait la loi. Mais c'était encore une chose fort difficile que d'obtenir cette majorité sans avoir à craindre des délais qu'avant tout on voulait éviter.

Il est rare, en effet, de voir un homme réunir du premier coup la majorité des suffrages chez un grand peuple. La difficulté s'accroît encore dans une république d'Etats confédérés, où les influences locales sont beaucoup plus développées et plus puissantes.

Pour obvier à ce second obstacle, il se présentait un moyen, c'était de déléguer les pouvoirs électoraux de la nation à un corps qui la représentât.

Ce mode d'élection rendait la majorité plus probable; car, moins les électeurs sont nombreux, plus il leur est facile de s'entendre. Il présentait aussi plus de garanties pour la bonté du choix.

Mais devait-on confier le droit d'élire au corps législatif lui-même, représentant habituel de la nation, ou fallait-il, au contraire, former un collège électoral dont l'unique objet fût de procéder à la nomination du président ?

Les Américains préférèrent ce dernier parti. Ils pensèrent que les hommes qu'on envoyait pour faire les lois ordinaires ne représenteraient qu'incomplètement les vœux du peuple relativement à l'élection de son premier magistrat. Etant d'ailleurs élus pour plus d'une année, ils auraient pu représenter une volonté déjà changée. Ils jugèrent que si l'on chargeait la législature d'élire le chef du pouvoir exécutif, ses membres deviendraient, longtemps avant l'élection, l'objet de manœuvres corruptrices et le jouet de l'intrigue ; tandis que, semblables aux jurés, les électeurs spéciaux resteraient inconnus dans la foule, jusqu'au jour où ils devraient agir, et n'apparaîtraient un instant que pour prononcer leur arrêt.

On établit donc que chaque Etat nommerait un certain nombre d'électeurs [20], lesquels éliraient à leur tour le président. Et comme on avait remarqué que les assemblées chargées de choisir les chefs du gouvernement dans les pays électifs devenaient inévitablement des foyers de passions et de brigue ; que quelquefois elles s'emparaient de pouvoirs qui ne leur appartenaient pas, et que souvent leurs opérations, et l'incertitude qui en était la suite, se prolongeaient assez longtemps pour mettre l'Etat en péril, on régla que les électeurs voteraient tous à un jour fixé, mais sans s'être réunis [21].

Le mode de l'élection à deux degrés rendait la majorité probable, mais ne l'assurait pas, car il se pouvait que les électeurs différassent entre eux comme leurs commettants l'auraient pu faire.

Ce cas venant à se présenter, on était nécessairement amené à prendre l'une de ces trois mesures : il fallait ou faire nommer de nouveaux électeurs, ou consulter de nouveau ceux déjà nommés, ou enfin déférer le choix à une autorité nouvelle.

Les deux premières méthodes, indépendamment de ce qu'elles étaient peu sûres, amenaient des lenteurs et perpétuaient une agitation toujours dangereuse.

20. Autant qu'il envoyait de membres au congrès. Le nombre des électeurs à l'élection de 1833 était de 288. (*The National Calendar.*)

21. Les électeurs du même Etat se réunissent ; mais ils transmettent au siège du gouvernement central la liste des votes individuels, et non le produit du vote de la majorité.

On s'arrêta donc à la troisième, et l'on convint que les votes des électeurs seraient transmis cachetés au président du sénat; qu'au jour fixé, et en présence des deux chambres, celui-ci en ferait le dépouillement. Si aucun des candidats n'avait réuni la majorité, la chambre des représentants procéderait immédiatement elle-même à l'élection; mais on eut soin de limiter son droit. Les représentants ne purent élire que l'un des trois candidats qui avaient obtenu le plus de suffrages [22].

Ce n'est, comme on le voit, que dans un cas rare et difficile à prévoir d'avance que l'élection est confiée aux représentants ordinaires de la nation, et encore ne peuvent-ils choisir qu'un citoyen déjà désigné par une forte minorité des électeurs spéciaux; combinaison heureuse, qui concilie le respect qu'on doit à la volonté du peuple avec la rapidité d'exécution et les garanties d'ordre qu'exige l'intérêt de l'Etat. Du reste, en faisant décider la question par la chambre des représentants, en cas de partage, on n'arrivait point encore à la solution complète de toutes les difficultés; car la majorité pouvait à son tour se trouver douteuse dans la chambre des représentants, et cette fois la constitution n'offrait point de remède. Mais en établissant des candidatures obligées, en restreignant leur nombre à trois, en s'en rapportant au choix de quelques hommes éclairés, elle avait aplani tous les obstacles [23] sur lesquels elle pouvait avoir quelque puissance; les autres étaient inhérents au système électif lui-même.

Depuis quarante-quatre ans que la constitution fédérale existe, les Etats-Unis ont déjà élu douze fois leur président.

Dix élections se sont faites en un instant, par le vote simultané des électeurs spéciaux placés sur les différents points du territoire.

La chambre des représentants n'a encore usé que deux

---

22. Dans cette circonstance, c'est la majorité des Etats, et non la majorité des membres, qui décide la question. De telle sorte que New York n'a plus d'influence sur la délibération que Rhode Island. Ainsi on consulte d'abord les citoyens de l'Union comme ne formant qu'un seul et même peuple; et quand ils ne peuvent pas s'accorder, on fait revivre la division par Etat, et l'on donne à chacun de ces derniers un vote séparé et indépendant.

C'est encore là une des bizarreries que présente la constitution fédérale, et que le choc d'intérêts contraires peut seul expliquer.

23. Jefferson, en 1801, ne fut cependant nommé qu'au trente-sixième tour de scrutin.

fois du droit exceptionnel dont elle est revêtue en cas de partage. La première, en 1801, lors de l'élection de M. Jefferson; et la seconde, en 1825, quand M. Quincy Adams a été nommé.

CRISE DE L'ÉLECTION

On peut considérer le moment de l'élection du président comme un moment de crise nationale. — Pourquoi. — Passions du peuple. — Préoccupation du président. — Calme qui succède à l'agitation de l'élection.

J'ai dit dans quelles circonstances favorables se trouvaient les Etats-Unis pour l'adoption du système électif, et j'ai fait connaître les précautions qu'avaient prise les législateurs, afin d'en diminuer les dangers. Les Américains sont habitués à procéder à toutes sortes d'élections. L'expérience leur a appris à quel degré d'agitation ils peuvent parvenir et doivent s'arrêter. La vaste étendue de leur territoire et la dissémination des habitants y rend une collision entre les différents partis moins probable et moins périlleuse que partout ailleurs. Les circonstances politiques au milieu desquelles la nation s'est trouvée lors des élections n'ont jusqu'ici présenté aucun danger réel.

Cependant on peut encore considérer le moment de l'élection du président des Etats-Unis comme une époque de crise nationale.

L'influence qu'exerce le président sur la marche des affaires est sans doute faible et indirecte, mais elle s'étend sur la nation entière; le choix du président n'importe que modérément à chaque citoyen, mais il importe à tous les citoyens. Or, un intérêt, quelque petit qu'il soit, prend un grand caractère d'importance, du moment qu'il devient un intérêt général.

Comparé à un roi d'Europe, le président a sans doute peu de moyens de se créer des partisans; toutefois, les places dont il dispose sont en assez grand nombre pour que plusieurs milliers d'électeurs soient directement ou indirectement intéressés à sa cause.

De plus, les partis, aux Etats-Unis comme ailleurs, sentent le besoin de se grouper autour d'un homme, afin d'arriver ainsi plus aisément jusqu'à l'intelligence de la foule. Ils se servent donc, en général, du nom du candidat à la présidence comme d'un symbole; ils personnifient en lui leurs théories. Ainsi, les partis ont un grand intérêt à déterminer l'élection en leur faveur, non pas tant pour faire triompher leurs doctrines à l'aide du président élu, que pour montrer, par son élection, que ces doctrines ont acquis la majorité.

Longtemps avant que le moment fixé n'arrive, l'élection devient la plus grande, et pour ainsi dire l'unique affaire qui préoccupe les esprits. Les factions redoublent alors d'ardeur; toutes les passions factices que l'imagination peut créer, dans un pays heureux et tranquille, s'agitent en ce moment au grand jour.

De son côté, le président est absorbé par le soin de se défendre. Il ne gouverne plus dans l'intérêt de l'Etat, mais dans celui de sa réélection; il se prosterne devant la majorité, et souvent, au lieu de résister à ses passions, comme son devoir l'y oblige, il court au-devant de ses caprices.

A mesure que l'élection approche, les intrigues deviennent plus actives, l'agitation plus vive et plus répandue. Les citoyens se divisent en plusieurs camps, dont chacun prend le nom de son candidat. La nation entière tombe dans un état fébrile, l'élection est alors le texte journalier des papiers publics, le sujet des conversations· particulières, le but de toutes les démarches, l'objet de toutes les pensées, le seul intérêt du présent.

Aussitôt, il est vrai, que la fortune a prononcé, cette ardeur se dissipe, tout se calme, et le fleuve un moment débordé, rentre paisiblement dans son lit. Mais ne doit-on pas s'étonner que l'orage ait pu naître ?

DE LA RÉÉLECTION DU PRÉSIDENT

Quand le chef du pouvoir exécutif est rééligible, c'est l'Etat lui-même qui intrigue et corrompt. — Désir d'être réélu qui domine toutes les pensées du président des Etats-Unis. — Inconvénient de la réélection, spécial à l'Amérique. — Le vice naturel des démocraties est l'asservissement graduel de tous les pouvoirs aux moindres désirs de la majorité. — La réélection du président favorise ce vice.

Les législateurs des Etats-Unis ont-ils eu tort ou raison de permettre la réélection du président ?

Empêcher que le chef du pouvoir exécutif ne puisse être réélu paraît, au premier abord, contraire à la raison. On sait quelle influence les talents ou le caractère d'un seul homme exercent sur la destinée de tout un peuple, surtout dans les circonstances difficiles et en temps de crise. Les lois qui défendraient aux citoyens de réélire leur premier magistrat leur ôteraient le meilleur moyen de faire prospérer l'Etat ou de le sauver. On arriverait d'ailleurs ainsi à ce résultat bizarre, qu'un homme serait exclu du gouvernement au moment même où il aurait achevé de prouver qu'il était capable de bien gouverner.

Ces raisons sont puissantes, sans doute; ne peut-on pas cependant leur en opposer de plus fortes encore?

L'intrigue et la corruption sont des vices naturels aux gouvernements électifs. Mais lorsque le chef de l'Etat peut être réélu, ces vices s'étendent indéfiniment et compromettent l'existence même du pays. Quand un simple candidat veut parvenir par l'intrigue, ses manœuvres ne sauraient s'exercer que sur un espace circonscrit. Lorsque, au contraire, le chef de l'Etat lui-même se met sur les rangs, il emprunte pour son propre usage la force du gouvernement.

Dans le premier cas, c'est un homme avec ses faibles moyens; dans le second, c'est l'Etat lui-même, avec ses immenses ressources, qui intrigue et qui corrompt.

Le simple citoyen qui emploie des manœuvres coupables pour parvenir au pouvoir, ne peut nuire que d'une manière indirecte à la prospérité publique; mais si le représentant de la puissance exécutive descend dans la lice, le soin du gouvernement devient pour lui l'intérêt secondaire; l'intérêt principal est son élection. Les négociations, comme les lois, ne sont plus pour lui que des combinaisons électorales; les places deviennent la récompense des services rendus, non à la nation, mais à son chef. Alors même que l'action du gouvernement ne serait pas toujours contraire à l'intérêt du pays, du moins elle ne lui sert plus. Cependant c'est pour son usage seul qu'elle est faite.

Il est impossible de considérer la marche ordinaire des affaires aux Etats-Unis, sans s'apercevoir que le désir d'être réélu domine les pensées du président; que toute la politique de son administration tend vers ce point; que ses moindres démarches sont subordonnées à cet objet; qu'à mesure surtout que le moment de la crise approche, l'intérêt individuel se substitue dans son esprit à l'intérêt général.

Le principe de la réélection rend donc l'influence corruptrice des gouvernements électifs plus étendue et plus dangereuse. Il tend à dégrader la morale politique du peuple et à remplacer par l'habileté le patriotisme.

En Amérique, il attaque de plus près encore les sources de l'existence nationale.

Chaque gouvernement porte en lui-même un vice naturel qui semble attaché au principe même de sa vie; le génie du législateur consiste à le bien discerner. Un État peut triompher de beaucoup de mauvaises lois, et l'on s'exagère souvent le mal qu'elles causent. Mais toute loi dont l'effet est de développer ce germe de mort ne saurait manquer, à la longue, de devenir fatale, bien que ses mauvais effets ne se fassent pas immédiatement apercevoir.

Le principe de ruine, dans les monarchies absolues, est l'extension illimitée et hors de raison du pouvoir royal. Une mesure qui enlèverait les contrepoids que la constitution avait laissés à ce pouvoir serait donc radicalement mauvaise, quand même ses effets paraîtraient longtemps insensibles.

De même, dans les pays où la démocratie gouverne, et où le peuple attire sans cesse tout à lui, les lois qui rendent son action de plus en plus prompte et irrésistible attaquent d'une manière directe l'existence du gouvernement.

Le plus grand mérite des législateurs américains est d'avoir aperçu clairement cette vérité, et d'avoir eu le courage de la mettre en pratique.

Ils conçurent qu'il fallait qu'en dehors du peuple il y eût un certain nombre de pouvoirs qui, sans être complètement indépendants de lui, jouissent pourtant, dans leur sphère, d'un assez grand degré de liberté; de telle sorte que, forcés d'obéir à la direction permanente de la majorité, ils pussent cependant lutter contre ses caprices et se refuser à ses exigences dangereuses.

A cet effet, ils concentrèrent tout le pouvoir exécutif de la nation dans une seule main; ils donnèrent au président des prérogatives étendues, et l'armèrent du veto, pour résister aux empiétements de la législature.

Mais en introduisant le principe de la réélection, ils ont détruit en partie leur ouvrage. Ils ont accordé au président un grand pouvoir, et lui ont ôté la volonté d'en faire usage.

Non rééligible, le président n'était point indépendant du peuple, car il ne cessait pas d'être responsable envers lui; mais la faveur du peuple ne lui était pas tellement nécessaire qu'il dût se plier en tout à ses volontés.

Rééligible (et ceci est vrai, surtout de nos jours, où la morale politique se relâche, et où les grands caractères disparaissent), le président des États-Unis n'est qu'un instrument docile dans les mains de la majorité. Il aime ce qu'elle aime, hait ce qu'elle hait; il vole au-devant de ses volontés, prévient ses plaintes, se plie à ses moindres désirs : les législateurs voulaient qu'il la guidât, et il la suit.

Ainsi, pour ne pas priver l'Etat des talents d'un homme, ils ont rendu ces talents presque inutiles; et, pour se ménager une ressource dans des circonstances extraordinaires, ils ont exposé le pays à des dangers de tous les jours.

DES TRIBUNAUX FÉDÉRAUX [24]

Importance politique du pouvoir judiciaire aux Etats-Unis. — Difficulté de traiter ce sujet. — Utilité de la justice dans les confédérations. — De quels tribunaux l'Union pouvait-elle se servir? — Nécessité d'établir des cours de justice fédérale. — Organisation de la justice fédérale. — La cour suprême. — En quoi elle diffère de toutes les cours de justice que nous connaissons.

J'ai examiné le pouvoir législatif et le pouvoir exécutif de l'Union. Il me reste encore à considérer la puissance judiciaire.

Ici je dois exposer mes craintes aux lecteurs.

Les institutions judiciaires exercent une grande influence sur la destinée des Anglo-Américains; elles tiennent une place très importante parmi les institutions

---

24. Voyez le chapitre VI, intitulé : *Du pouvoir judiciaire aux Etats-Unis.* Ce chapitre fait connaître les principes généraux des Américains en fait de justice. Voyez aussi la constitution fédérale, art. 3.

Voyez l'ouvrage ayant pour titre : *The Federalist,* n°⁸ 78-83 inclusivement, *Constitutional law, being a view of the practice and juridiction of the courts of the United States, by Thomas Sergeant.*

Voyez Story, p. 134-162, 489-511, 581, 668. Voyez la loi organique du 24 septembre 1789, dans le recueil intitulé : *Laws of the United States,* par Story, vol. I, p. 53.

politiques proprement dites. Sous ce point de vue, elles méritent particulièrement d'attirer nos regards.

Mais comment faire comprendre l'action politique des tribunaux américains, sans entrer dans quelques détails techniques sur leur constitution et sur leurs formes; et comment descendre dans les détails sans rebuter, par l'aridité naturelle d'un pareil sujet, la curiosité du lecteur ? Comment rester clair, sans cesser d'être court ?

Je ne me flatte point d'avoir échappé à ces différents périls. Les hommes du monde trouveront encore que je suis trop long; les légistes penseront que je suis trop bref. Mais c'est là un inconvénient attaché à mon sujet en général, et à la matière spéciale que je traite dans ce moment.

La plus grande difficulté n'était pas de savoir comment on constituerait le gouvernement fédéral, mais comment on ferait obéir à ses lois.

Les gouvernements, en général, n'ont que deux moyens de vaincre les résistances que leur opposent les gouvernés : la force matérielle qu'ils trouvent en eux-mêmes; la force morale que leur prêtent les arrêts des tribunaux.

Un gouvernement qui n'aurait que la guerre pour faire obéir à ses lois serait bien près de sa ruine. Il lui arriverait probablement l'une de ces deux choses : s'il était faible et modéré, il n'emploierait la force qu'à la dernière extrémité, et laisserait passer inaperçues une foule de désobéissances partielles; alors l'Etat tomberait peu à peu en anarchie.

S'il était audacieux et puissant, il recourrait chaque jour à l'usage de la violence, et bientôt on le verrait dégénérer en pur despotisme militaire. Son inaction et son activité seraient également funestes aux gouvernés.

Le grand objet de la justice est de substituer l'idée du droit à celle de la violence; de placer des intermédiaires entre le gouvernement et l'emploi de la force matérielle.

C'est une chose surprenante que la puissance d'opinion accordée en général, par les hommes, à l'intervention des tribunaux. Cette puissance est si grande qu'elle s'attache encore à la forme judiciaire quand la substance n'existe plus; elle donne un corps à l'ombre.

La force morale dont les tribunaux sont revêtus rend l'emploi de la force matérielle infiniment plus rare, en se substituant à elle dans la plupart des cas; et quand il faut enfin que cette dernière agisse, elle double son pouvoir en s'y joignant.

Un gouvernement fédéral doit désirer plus qu'un autre d'obtenir l'appui de la justice, parce que, de sa nature, il est plus faible, et qu'on peut plus aisément organiser contre lui des résistances [25]. S'il lui fallait arriver toujours et de prime abord à l'emploi de la force, il ne suffirait point à sa tâche.

Pour faire obéir les citoyens à ses lois, ou repousser les agressions dont elles seraient l'objet, l'Union avait donc un besoin particulier des tribunaux.

Mais de quels tribunaux devait-elle se servir ? Chaque Etat avait déjà un pouvoir judiciaire organisé dans son sein. Fallait-il recourir à ses tribunaux ? Fallait-il créer une justice fédérale ? Il est facile de prouver que l'Union ne pouvait adapter à son usage la puissance judiciaire établie dans les Etats.

Il importe sans doute à la sécurité de chacun et à la liberté de tous que la puissance judiciaire soit séparée de toutes les autres; mais il n'est pas moins nécessaire à l'existence nationale que les différents pouvoirs de l'Etat aient la même origine, suivent les mêmes principes, et agissent dans la même sphère, en un mot, qu'ils soient *corrélatifs* et *homogènes*. Personne, j'imagine, n'a jamais pensé à faire juger par des tribunaux étrangers les délits commis en France, afin d'être plus sûr de l'impartialité des magistrats.

Les Américains ne forment qu'un seul peuple, par rapport à leur gouvernement fédéral; mais, au milieu de ce peuple, on a laissé subsister des corps politiques dépendants du gouvernement national en quelques points, indépendants sur tous les autres; qui ont leur origine particulière, leurs doctrines propres et leurs moyens spéciaux d'agir. Confier l'exécution des lois de l'Union aux tribunaux institués par ces corps politiques, c'était livrer la nation à des juges étrangers.

Bien plus, chaque Etat n'est pas seulement un étranger par rapport à l'Union, c'est encore un adversaire de

---

25. Ce sont les lois fédérales qui ont le plus besoin de tribunaux, et ce sont elles pourtant qui les ont le moins admis. La cause en est que la plupart des confédérations ont été formées par des Etats indépendants, qui n'avaient pas l'intention réelle d'obéir au gouvernement central, et qui, tout en lui donnant le droit de commander, se réservaient soigneusement la faculté de lui désobéir.

tous les jours, puisque la souveraineté de l'Union ne saurait perdre qu'au profit de celle des Etats.

En faisant appliquer les lois de l'Union par les tribunaux des Etats particuliers, on livrait donc la nation, non seulement à des juges étrangers, mais encore à des juges partiaux.

D'ailleurs ce n'était pas leur caractère seul qui rendait les tribunaux des Etats incapables de servir dans un but national; c'était surtout leur nombre.

Au moment où la constitution fédérale a été formée, il se trouvait déjà aux Etats-Unis treize cours de justice jugeant sans appel. On en compte vingt-quatre aujourd'hui. Comment admettre qu'un Etat puisse subsister, lorsque ses lois fondamentales peuvent être interprétées et appliquées de vingt-quatre manières différentes à la fois! Un pareil système est aussi contraire à la raison qu'aux leçons de l'expérience.

Les législateurs de l'Amérique convinrent donc de créer un pouvoir judiciaire fédéral, pour appliquer les lois de l'Union et décider certaines questions d'intérêt général, qui furent définies d'avance avec soin.

Toute la puissance judiciaire de l'Union fut concentrée dans un seul tribunal, appelé la cour suprême des Etats-Unis. Mais pour faciliter l'expédition des affaires, on lui adjoignit des tribunaux inférieurs, chargés de juger souverainement les causes peu importantes, ou de statuer, en première instance, sur des contestations plus graves. Les membres de la cour suprême ne furent pas élus par le peuple ou la législature; le président des Etats-Unis dut les choisir après avoir pris l'avis du sénat.

Afin de les rendre indépendants des autres pouvoirs, on les rendit inamovibles, et l'on décida que leur traitement, une fois fixé, échapperait au contrôle de la législature [26].

---

26. On divisa l'Union en districts; dans chacun de ces districts on plaça à demeure un juge fédéral. La cour que présida ce juge se nomma la cour du district (*district-court*).

De plus, chacun des juges composant la cour suprême dut parcourir tous les ans une certaine portion du territoire de la république, afin de décider sur les lieux mêmes certains procès plus importants : la cour présidée par ce magistrat fut désignée sous le nom de cour du circuit (*circuit-court*).

Enfin, les affaires les plus graves durent parvenir, soit directement, soit par appel, devant la cour suprême, au siège de laquelle tous les juges de circuit se réunissent une fois par an, pour tenir une session solennelle.

Il était assez facile de proclamer en principe l'établissement d'une justice fédérale, mais les difficultés naissaient en foule dès qu'il s'agissait de fixer ses attributions.

MANIÈRE DE FIXER LA COMPÉTENCE
DES TRIBUNAUX FÉDÉRAUX

Difficulté de fixer la compétence des divers tribunaux dans les confédérations. — Les tribunaux de l'Union obtinrent le droit de fixer leur propre compétence. — Pourquoi cette règle attaque la portion de souveraineté que les Etats particuliers s'étaient réservée. — La souveraineté de ces Etats restreinte par les lois et par l'interprétation des lois. — Les Etats particuliers courent ainsi un danger plus apparent que réel.

Une première question se présentait : la constitution des Etats-Unis, mettant en regard deux souverainetés distinctes, représentées quant à la justice par deux ordres de tribunaux différents, quelque soin qu'on prît d'établir la juridiction de chacun de ces deux ordres de tribunaux, on ne pouvait empêcher qu'il n'y eût de fréquentes collisions entre eux. Or, dans ce cas, à qui devait appartenir le droit d'établir la compétence ?

Chez les peuples qui ne forment qu'une seule et même société politique, lorsqu'une question de compétence s'élève entre deux tribunaux, elle est portée, en général, devant un troisième qui sert d'arbitre.

Ceci se fait sans peine, parce que, chez ces peuples, les questions de compétence judiciaire n'ont aucun rapport avec les questions de souveraineté nationale.

Mais, au-dessus de la cour supérieure d'un Etat

Le système du jury fut introduit dans les cours fédérales, de la même manière que dans les cours d'Etat, et pour des cas semblables.

Il n'y a presque aucune analogie, comme on le voit, entre la cour suprême des Etats-Unis et notre cour de cassation. La cour suprême peut être saisie en première instance, et la cour de cassation ne peut l'être qu'en deuxième ou en troisième ordre. La cour suprême forme à la vérité, comme la cour de cassation, un tribunal unique chargé d'établir une jurisprudence uniforme ; mais la cour suprême juge le fait comme le droit, et prononce *elle-même*, sans renvoyer devant un autre tribunal ; deux choses que la cour de cassation ne saurait faire.

Voyez la loi organique du 24 septembre 1789, *Laws of the United States*, par Story, vol. I, p. 53.

particulier et de la cour supérieure des Etats-Unis, il était impossible d'établir un tribunal quelconque qui ne fût ni l'un ni l'autre.

Il fallait donc nécessairement donner à l'une des deux cours le droit de juger dans sa propre cause, et de prendre ou de retenir la connaissance de l'affaire qu'on lui contestait. On ne pouvait accorder ce privilège aux diverses cours des Etats; c'eût été détruire la souveraineté de l'Union en fait, après l'avoir établie en droit; car l'interprétation de la constitution eût bientôt rendu aux Etats particuliers la portion d'indépendance que les termes de la constitution leur ôtaient.

En créant un tribunal fédéral, on avait voulu enlever aux cours des Etats le droit de trancher, chacun à sa manière, des questions d'intérêt national, et parvenir ainsi à former un corps de jurisprudence uniforme pour l'interprétation des lois de l'Union. Le but n'aurait point été atteint si les cours des Etats particuliers, tout en s'abstenant de juger les procès comme fédéraux, avaient pu les juger en prétendant qu'ils n'étaient pas fédéraux.

La cour suprême des Etats-Unis fut donc revêtue du droit de décider de toutes les questions de compétence [27].

Ce fut là le coup le plus dangereux porté à la souveraineté des Etats. Elle se trouva ainsi restreinte, non seulement par les lois, mais encore par l'interprétation des lois; par une borne connue et par une autre qui ne l'était point; par une règle fixe et par une règle arbitraire. La constitution avait posé, il est vrai, des limites précises à la souveraineté fédérale; mais chaque fois que cette souveraineté est en concurrence avec celle des Etats, un tribunal fédéral doit prononcer.

Du reste, les dangers dont cette manière de procéder semblait menacer la souveraineté des Etats n'étaient pas aussi grands en réalité qu'ils paraissaient l'être.

---

27. Au reste, pour rendre ces procès de compétence moins fréquents, on décida que, dans un très grand nombre de procès fédéraux, les tribunaux des Etats particuliers auraient droit de prononcer concurremment avec les tribunaux de l'Union; mais alors la partie condamnée eut toujours la faculté de former appel devant la cour suprême des Etats-Unis. La cour suprême de la Virginie contesta à la cour suprême des Etats-Unis le droit de juger l'appel de ses sentences, mais inutilement. Voyez *Kent's Commentaries*, vol. I, p. 300, 370 et suivantes. Voyez *Story's Comm.*, p. 646, et la loi organique de 1789, *Laws of the United States*, vol. I, p. 53.

Nous verrons plus loin qu'en Amérique la force réelle réside dans les gouvernements provinciaux, plus que dans le gouvernement fédéral. Les juges fédéraux sentent la faiblesse relative du pouvoir au nom duquel ils agissent, et ils sont plus près d'abandonner un droit de juridiction dans des cas où la loi le leur donne, que portés à le réclamer illégalement.

DIFFÉRENTS CAS DE JURIDICTION

La matière et la personne, bases de la juridiction fédérale. — Procès faits à des ambassadeurs, — à l'Union, — à un Etat particulier. — Par qui jugés. — Procès qui naissent des lois de l'Union. — Pourquoi jugés par les tribunaux fédéraux. — Procès relatif à l'inexécution des contrats jugés par la justice fédérale. — Conséquence de ceci.

Après avoir reconnu le moyen de fixer la compétence fédérale, les législateurs de l'Union déterminèrent les cas de juridiction sur lesquels elle devait s'exercer.

On admit qu'il y avait certains plaideurs qui ne pouvaient être jugés que par les cours fédérales, quel que fût d'ailleurs l'objet du procès.

On établit ensuite qu'il y avait certains procès qui ne pouvaient être décidés que par ces mêmes cours, quelle que fût d'ailleurs la qualité des plaideurs.

La personne et la matière devinrent donc les deux bases de la compétence fédérale.

Les ambassadeurs représentent les nations amies de l'Union; tout ce qui intéresse les ambassadeurs intéresse en quelque sorte l'Union entière. Lorsqu'un ambassadeur est partie dans un procès, le procès devient une affaire qui touche au bien-être de la nation; il est naturel que ce soit un tribunal fédéral qui prononce.

L'Union elle-même peut avoir des procès : dans ce cas, il eût été contraire à la raison, ainsi qu'à l'usage des nations, d'en appeler au jugement des tribunaux représentant une autre souveraineté que la sienne. C'est aux cours fédérales seules à prononcer.

Lorsque deux individus, appartenant à deux Etats différents, ont un procès, on ne peut, sans inconvénient, les faire juger par les tribunaux de l'un des deux Etats.

Il est plus sûr de choisir un tribunal qui ne puisse exciter les soupçons d'aucune des parties, et le tribunal qui se présente tout naturellement, c'est celui de l'Union.

Lorsque les deux plaideurs sont, non plus des individus isolés, mais des Etats, à la même raison d'équité vient se joindre une raison politique du premier ordre. Ici la qualité des plaideurs donne une importance nationale à tous les procès; la moindre question litigieuse entre deux Etats intéresse la paix de l'Union tout entière [28].

Souvent la nature même des procès dut servir de règle à la compétence. C'est ainsi que toutes les questions qui se rattachent au commerce maritime durent être tranchées par les tribunaux fédéraux [29].

La raison est facile à indiquer : presque toutes ces questions rentrent dans l'appréciation du droit des gens. Sous ce rapport, elles intéressent essentiellement l'Union entière vis-à-vis des étrangers. D'ailleurs, la mer n'étant point renfermée dans une circonscription judiciaire plutôt que dans une autre, il n'y a que la justice nationale qui puisse avoir un titre à connaître des procès qui ont une origine maritime.

La constitution a renfermé dans une seule catégorie presque tous les procès qui, par leur nature, doivent ressortir des cours fédérales.

La règle qu'elle indique à cet égard est simple, mais elle comprend à elle seule un vaste système d'idées et une multitude de faits.

Les cours fédérales, dit-elle, devront juger tous les procès qui prendront *naissance dans les lois des Etats-Unis.*

Deux exemples feront parfaitement comprendre la pensée du législateur.

La constitution interdit aux Etats le droit de faire des

---

28. La constitution dit également que les procès qui pourront naître entre un Etat et les citoyens d'un autre Etat seront du ressort des cours fédérales. Bientôt s'éleva la question de savoir si la constitution avait voulu parler de tous les procès qui peuvent naître entre un Etat et les citoyens d'un autre Etat, soit que les uns ou les autres fussent *demandeurs.* La cour suprême se prononça pour l'affirmative; mais cette décision alarma les Etats particuliers, qui craignirent d'être traduits malgré eux, à tout propos, devant la justice fédérale. Un amendement fut donc introduit dans la constitution, en vertu duquel le pouvoir judiciaire de l'Union ne put s'étendre jusqu'à juger les procès qui auraient été *intentés* contre l'un des Etats-Unis par les citoyens d'un autre.

Voyez *Story's Commentaries*, p. 624.

29. Exemple : tous les faits de piraterie.

lois sur la circulation de l'argent; malgré cette prohibi-
tion, un Etat fait une loi semblable. Les parties intéressées
refusent d'y obéir, attendu qu'elle est contraire à la
constitution. C'est devant un tribunal fédéral qu'il faut
aller, parce que le moyen d'attaque est pris dans les
lois des Etats-Unis.

Le congrès établit un droit d'importation. Des difficultés s'élèvent sur la perception de ce droit. C'est
encore devant les tribunaux fédéraux qu'il faut se
présenter, parce que la cause du procès est dans l'interprétation d'une loi des Etats-Unis.

Cette règle est parfaitement d'accord avec les bases
adoptées pour la constitution fédérale.

L'Union, telle qu'on l'a constituée en 1789, n'a, il
est vrai, qu'une souveraineté restreinte, mais on a voulu
que dans ce cercle elle ne formât qu'un seul et même
peuple [30]. Dans ce cercle, elle est souveraine. Ce point
posé et admis, tout le reste devient facile; car si vous
reconnaissez que les Etats-Unis, dans les limites posées
par leur constitution, ne forment qu'un peuple, il faut
bien leur accorder les droits qui appartiennent à tous
les peuples.

Or, depuis l'origine des sociétés, on est d'accord sur
ce point : que chaque peuple a le droit de faire juger
par ses tribunaux toutes les questions qui se rapportent
à l'exécution de ses propres lois. Mais on répond :
L'Union est dans cette position singulière qu'elle ne
forme un peuple que relativement à certains objets;
pour tous les autres elle n'est rien. Qu'en résulte-t-il ?
C'est que, du moins pour toutes les lois qui se rapportent
à ces objets, elle a les droits qu'on accorderait à une
souveraineté complète. Le point réel de la difficulté
est de savoir quels sont ces objets. Ce point tranché
(et nous avons vu plus haut, en traitant de la compétence, comment il l'avait été), il n'y a plus, à vrai dire,
de question; car une fois qu'on a établi qu'un procès
était fédéral, c'est-à-dire rentrait dans la part de souveraineté réservée à l'Union par la constitution, il s'ensuivait naturellement qu'un tribunal fédéral devait seul
prononcer.

---

30. On a bien apporté quelques restrictions à ce principe en introduisant les Etats particuliers comme puissance indépendante dans le
sénat, et en les faisant voter séparément dans la chambre des représentants en cas d'élection du président; mais ce sont des exceptions. Le
principe contraire est dominateur.

Toutes les fois donc qu'on veut attaquer les lois des Etats-Unis, ou les invoquer pour se défendre, c'est aux tribunaux fédéraux qu'il faut s'adresser.

Ainsi, la juridiction des tribunaux de l'Union s'étend ou se resserre suivant que la souveraineté de l'Union se resserre ou s'étend elle-même.

Nous avons vu que le but principal des législateurs de 1789 avait été de diviser la souveraineté en deux parts distinctes. Dans l'une, ils placèrent la direction de tous les intérêts généraux de l'Union; dans l'autre, la direction de tous les intérêts spéciaux à quelques-unes de ses parties.

Leur principal soin fut d'armer le gouvernement fédéral d'assez de pouvoirs pour qu'il pût, dans sa sphère, se défendre contre les empiétements des Etats particuliers.

Quant à ceux-ci, on adopta comme principe général de les laisser libres dans la leur. Le gouvernement central ne peut ni les y diriger, ni même y inspecter leur conduite.

J'ai indiqué au chapitre de la division des pouvoirs que ce dernier principe n'avait pas toujours été respecté. Il y a certaines lois qu'un Etat particulier ne peut faire, quoiqu'elles n'intéressent en apparence que lui seul.

Lorsqu'un Etat de l'Union rend une loi de cette nature, les citoyens qui sont lésés par l'exécution de cette loi peuvent en appeler aux cours fédérales.

Ainsi, la juridiction des cours fédérales s'étend non seulement à tous les procès qui prennent leur source dans les lois de l'Union, mais encore à tous ceux qui naissent dans les lois que les Etats particuliers ont faites contrairement à la constitution.

On interdit aux Etats de promulguer des lois rétro-actives en matière criminelle; l'homme qui est condamné en vertu d'une loi de cette espèce peut en appeler à la justice fédérale.

La constitution a également interdit aux Etats de faire des lois qui puissent détruire ou altérer les droits acquis en vertu d'un contrat *(impairing the obligations of contracts)* [31].

---

31. Il est parfaitement clair, dit M. Story, p. 503, que toute loi qui étend, resserre ou change de quelque manière que ce soit l'intention des parties, telle qu'elle résulte des stipulations contenues dans un contrat, altère *(impairs)* ce contrat. Le même auteur définit avec soin au même endroit ce que la jurisprudence fédérale entend par un contrat. La définition est fort large. Une concession faite par l'Etat à un parti-

Du moment où un particulier croit voir qu'une loi de son état blesse un droit de cette espèce, il peut refuser d'obéir, et en appeler à la justice fédérale [32].

Cette disposition me paraît attaquer plus profondément que tout le reste la souveraineté des Etats.

Les droits accordés au gouvernement fédéral, dans des buts évidemment nationaux, sont définis et faciles à comprendre. Ceux que lui concède indirectement l'article que je viens de citer ne tombent pas facilement sous le sens, et leurs limites ne sont pas nettement tracées. Il y a, en effet, une multitude de lois politiques qui réagissent sur l'existence des contrats, et qui pourraient ainsi fournir matière à un empiétement du pouvoir central.

MANIÈRE DE PROCÉDER DES TRIBUNAUX FÉDÉRAUX

Faiblesse naturelle de la justice dans les confédérations.
— Efforts que doivent faire les législateurs pour ne placer, autant que possible, que des individus isolés, et non des Etats, en face des tribunaux fédéraux. — Comment les Américains y sont parvenus. — Action directe des tribunaux fédéraux sur les simples particuliers. — Attaque indirecte contre les Etats qui violent les lois de l'Union. — L'arrêt de la justice fédérale ne détruit pas la loi provinciale, il l'énerve.

culier et acceptée par lui est un contrat, et ne peut être enlevée par l'effet d'une nouvelle loi. Une charte accordée par l'Etat à une compagnie est un contrat, et fait la loi à l'Etat aussi bien qu'au concessionnaire. L'article de la constitution dont nous parlons assure donc l'existence d'une grande partie *des droits acquis*, mais non de tous. Je puis posséder très légitimement une propriété sans qu'elle soit passée dans mes mains par suite d'un contrat. Sa possession est pour moi un droit acquis, et ce droit n'est pas garanti par la constitution fédérale.

32. Voici un exemple remarquable cité par M. Story, p. 508. Le collège de Darmouth, dans le New Hampshire, avait été fondé en vertu d'une charte accordée à certains individus avant la révolution d'Amérique. Ses administrateurs formaient, en vertu de cette charte, un corps constitué, ou, suivant l'expression américaine, une *corporation*. La législature du New Hampshire crut devoir changer les termes de la charte originaire, et transporta à de nouveaux administrateurs tous les droits, privilèges et franchises qui résultaient de cette charte. Les anciens administrateurs résistèrent, et en appelèrent à la cour fédérale, qui leur donna gain de cause, attendu que la charte originaire étant un véritable contrat entre l'Etat et les concessionnaires, la loi nouvelle ne pouvait changer les dispositions de cette charte, sans violer les droits acquis en vertu d'un contrat, et en conséquence violer l'article 1er, section x, de la constitution des Etats-Unis.

J'ai fait connaître quels étaient les droits des cours fédérales; il n'importe pas moins de savoir comment elles les exercent.

La force irrésistible de la justice, dans les pays où la souveraineté n'est point partagée, vient de ce que les tribunaux, dans ces pays, représentent la nation tout entière en lutte avec le seul individu que l'arrêt a frappé. A l'idée du droit se joint l'idée de la force qui appuie le droit.

Mais, dans les pays où la souveraineté est divisée, il n'en est pas toujours ainsi. La justice y trouve le plus souvent en face d'elle, non un individu isolé, mais une fraction de la nation. Sa puissance morale et sa force matérielle en deviennent moins grandes.

Dans les Etats fédéraux, la justice est donc naturellement plus faible et le justiciable plus fort.

Le législateur, dans les confédérations, doit travailler sans cesse à donner aux tribunaux une place analogue à celle qu'ils occupent chez les peuples qui n'ont pas partagé la souveraineté; en d'autres termes, ses plus constants efforts doivent tendre à ce que la justice fédérale représente la nation, et le justiciable un intérêt particulier.

Un gouvernement, de quelque autre nature qu'il soit, a besoin d'agir sur les gouvernés, pour les forcer à lui rendre ce qui lui est dû; il a besoin d'agir contre eux pour se défendre de leurs attaques.

Quant à l'action directe du gouvernement sur les gouvernés, pour les forcer d'obéir aux lois, la constitution des Etats-Unis fit en sorte (et ce fut là son chef-d'œuvre) que les cours fédérales, agissant au nom de ces lois, n'eussent jamais affaire qu'à des individus. En effet, comme on avait déclaré que la confédération ne formait qu'un seul et même peuple dans le cercle tracé par la constitution, il en résultait que le gouvernement créé par cette constitution et agissant dans ses limites, était revêtu de tous les droits d'un gouvernement national, dont le principal est de faire parvenir ses injonctions sans intermédiaire jusqu'au simple citoyen. Lors donc que l'Union ordonna la levée d'un impôt, par exemple, ce ne fut point aux Etats qu'elle dut s'adresser pour le percevoir, mais à chaque citoyen américain, suivant sa cote. La justice fédérale, à son tour, chargée d'assurer l'exécution de cette loi de l'Union, eut à condamner, non l'Etat récalcitrant, mais le contribuable. Comme la justice des autres peuples, elle ne trouva vis-à-vis d'elle qu'un individu.

Remarquez qu'ici l'Union a choisi elle-même son adversaire. Elle l'a choisi faible; il est tout naturel qu'il succombe.

Mais quand l'Union, au lieu d'attaquer, en est réduite elle-même à se défendre, la difficulté augmente. La constitution reconnaît aux Etats le pouvoir de faire des lois. Ces lois peuvent violer les droits de l'Union. Ici, nécessairement, on se trouve en lutte avec la souveraineté de l'Etat qui a fait la loi. Il ne reste plus qu'à choisir, parmi les moyens d'action, le moins dangereux. Ce moyen était indiqué d'avance par les principes généraux que j'ai précédemment énoncés [33].

On conçoit que, dans le cas que je viens de supposer, l'Union aurait pu citer l'Etat devant un tribunal fédéral, qui eût déclaré la loi nulle; c'eût été suivre la marche la plus naturelle des idées. Mais, de cette manière, la justice fédérale se serait trouvée directement en face d'un Etat, ce qu'on voulait, autant que possible, éviter.

Les Américains ont pensé qu'il était presque impossible qu'une loi nouvelle ne lésât pas dans son exécution quelque intérêt particulier.

C'est sur cet intérêt particulier que les auteurs de la constitution fédérale se reposent pour attaquer la mesure législative dont l'Union peut avoir à se plaindre. C'est à lui qu'ils offrent un abri.

Un Etat vend des terres à une compagnie; un an après, une nouvelle loi dispose autrement des mêmes terres, et viole ainsi cette partie de la constitution qui défend de changer les droits acquis par un contrat. Lorsque celui qui a acheté en vertu de la nouvelle loi se présente pour entrer en possession, le possesseur, qui tient ses droits de l'ancienne, l'actionne devant les tribunaux de l'Union et fait déclarer son titre nul [34]. Ainsi, en réalité, la justice fédérale se trouve aux prises avec la souveraineté de l'Etat; mais elle ne l'attaque qu'indirectement et sur une application de détail. Elle frappe ainsi la loi dans ses conséquences, non dans son principe; elle ne la détruit pas, elle l'énerve.

Restait enfin une dernière hypothèse.

Chaque Etat formait une corporation qui avait une

33. Voyez le chapitre intitulé : *Du pouvoir judiciaire en Amérique*.
34. Voyez *Kent's Commentaries*, vol. I, p. 387.

existence et des droits civils à part; conséquemment, il pouvait actionner ou être actionné devant les tribunaux. Un Etat pouvait, par exemple, poursuivre en justice un autre Etat.

Dans ce cas, il ne s'agissait plus pour l'Union d'attaquer une loi provinciale, mais de juger un procès dans lequel un Etat était partie. C'était un procès comme un autre; la qualité seule des plaideurs était différente. Ici le danger signalé au commencement de ce chapitre existe encore; mais cette fois on ne saurait l'éviter; il est inhérent à l'essence même des constitutions fédérales, dont le résultat sera toujours de créer au sein de la nation des particuliers assez puissants pour que la justice s'exerce contre eux avec peine.

Rang élevé qu'occupe la cour suprême parmi les grands pouvoirs de l'état

Aucun peuple n'a constitué un aussi grand pouvoir judiciaire que les Américains. — Etendue de ses attributions. — Son influence politique. — La paix et l'existence même de l'Union dépendent de la sagesse des sept juges fédéraux.

Quand, après avoir examiné en détail l'organisation de la cour suprême, on arrive à considérer dans leur ensemble les attributions qui lui ont été données, on découvre sans peine que jamais un plus immense pouvoir judiciaire n'a été constitué chez aucun peuple.

La cour suprême est placée plus haut qu'aucun tribunal connu, et par la *nature* de ses droits et par l'*espèce* de ses justiciables.

Chez toutes les nations policées de l'Europe, le gouvernement a toujours montré une grande répugnance à laisser la justice ordinaire trancher des questions qui l'intéressaient lui-même. Cette répugnance est naturellement plus grande lorsque le gouvernement est plus absolu. A mesure, au contraire, que la liberté augmente, le cercle des attributions des tribunaux va toujours en s'élargissant; mais aucune des nations européennes n'a encore pensé que toute question judiciaire, quelle qu'en fût l'origine, pût être abandonnée aux juges du droit commun.

En Amérique, on a mis cette théorie en pratique. La cour suprême des Etats-Unis est le seul et unique tribunal de la nation.

Elle est chargée de l'interprétation des lois et de celle des traités; les questions relatives au commerce maritime, et toutes celles en général qui se rattachent au droit des gens, sont de sa compétence exclusive. On peut même dire que ses attributions sont presque entièrement politiques, quoique sa constitution soit entièrement judiciaire. Son unique but est de faire exécuter les lois de l'Union, et l'Union ne règle que les rapports du gouvernement avec les gouvernés, et de la nation avec les étrangers; les rapports des citoyens entre eux sont presque tous régis par la souveraineté des Etats.

A cette première cause d'importance il faut en ajouter une autre plus grande encore. Chez les nations de l'Europe, les tribunaux n'ont que des particuliers pour justiciables; mais on peut dire que la cour suprême des Etats-Unis fait comparaître des souverains à sa barre. Lorsque l'huissier, s'avançant sur les degrés du tribunal, vient à prononcer ce peu de mots : « L'Etat de New York contre celui de l'Ohio », on sent qu'on n'est point là dans l'enceinte d'une cour de justice ordinaire. Et quand on songe que l'un de ces plaideurs représente un million d'hommes, et l'autre deux millions, on s'étonne de la responsabilité qui pèse sur les sept juges dont l'arrêt va réjouir ou attrister un si grand nombre de leurs concitoyens.

Dans les mains des sept juges fédéraux reposent incessamment la paix, la prospérité, l'existence même de l'Union. Sans eux, la constitution est une œuvre morte; c'est à eux qu'en appelle le pouvoir exécutif pour résister aux empiétements du corps législatif; la législature, pour se défendre des entreprises du pouvoir exécutif; l'Union, pour se faire obéir des Etats; les Etats, pour repousser les prétentions exagérées de l'Union; l'intérêt public contre l'intérêt privé; l'esprit de conservation contre l'instabilité démocratique. Leur pouvoir est immense; mais c'est un pouvoir d'opinion. Ils sont tout-puissants tant que le peuple consent à obéir à la loi; ils ne peuvent rien dès qu'il la méprise. Or, la puissance d'opinion est celle dont il est le plus difficile de faire usage, parce qu'il est impossible de dire exactement où sont ses limites. Il est souvent aussi dangereux de rester en deçà que de les dépasser.

Les juges fédéraux ne doivent donc pas seulement être de bons citoyens, des hommes instruits et probes, qualités nécessaires à tous magistrats, il faut encore trouver en eux des hommes d'Etat; il faut qu'ils sachent discerner l'esprit de leur temps, affronter les obstacles qu'on peut vaincre, et se détourner du courant lorsque le flot menace d'emporter avec eux-mêmes la souveraineté de l'Union et l'obéissance due à ses lois.

Le président peut faillir sans que l'Etat souffre, parce que le président n'a qu'un devoir borné. Le congrès peut errer sans que l'Union périsse, parce qu'au-dessus du congrès réside le corps électoral qui peut en changer l'esprit en changeant ses membres.

Mais si la cour suprême venait jamais à être composée d'hommes imprudents ou corrompus, la confédération aurait à craindre l'anarchie ou la guerre civile.

Du reste, qu'on ne s'y trompe point, la cause originaire du danger n'est point dans la constitution du tribunal, mais dans la nature même des gouvernements fédéraux. Nous avons vu que nulle part il n'est plus nécessaire de constituer fortement le pouvoir judiciaire que chez les peuples confédérés, parce que nulle part les existences individuelles, qui peuvent lutter contre le corps social, ne sont plus grandes et mieux en état de résister à l'emploi de la force matérielle du gouvernement.

Or, plus il est nécessaire qu'un pouvoir soit fort, plus il faut lui donner d'étendue et d'indépendance. Plus un pouvoir est étendu et indépendant, et plus l'abus qu'on en peut faire est dangereux. L'origine du mal n'est donc point dans la constitution de ce pouvoir, mais dans la constitution même de l'Etat qui nécessite l'existence d'un pareil pouvoir.

En quoi la constitution fédérale est supérieure a la constitution des états

Comment on peut comparer la constitution de l'Union à celle des Etats particuliers. — On doit particulièrement attribuer à la sagesse des législateurs fédéraux la supériorité de la constitution de l'Union. — La législature de l'Union moins dépendante du peuple que celle des Etats. — Le pouvoir exécutif plus libre dans sa sphère. — Le pouvoir judiciaire moins assujetti aux volontés

*de la majorité. — Conséquences pratiques de ceci. —
Les législateurs fédéraux ont atténué les dangers inhérents
au gouvernement de la démocratie; les législateurs des
Etats ont accru ces dangers.*

La constitution fédérale diffère essentiellement de la
constitution des Etats par le but qu'elle se propose, mais
elle s'en rapproche beaucoup quant aux moyens d'atteindre ce but. L'objet du gouvernement est différent,
mais les formes du gouvernement sont les mêmes. Sous
ce point de vue spécial, on peut utilement les comparer.
Je pense que la constitution fédérale est supérieure à
toutes les constitutions d'Etat. Cette supériorité tient à
plusieurs causes.
La constitution actuelle de l'Union n'a été formée que
postérieurement à celles de la plupart des Etats; on a
donc pu profiter de l'expérience acquise.
On se convaincra toutefois que cette cause n'est que
secondaire, si l'on songe que, depuis l'établissement de la
constitution fédérale, la confédération américaine s'est
accrue de onze nouveaux Etats, et que ceux-ci ont presque
toujours exagéré plutôt qu'atténué les défauts existant
dans les constitutions de leurs devanciers.
La grande cause de la supériorité de la constitution
fédérale est dans le caractère même des législateurs.
A l'époque où elle fut formée, la ruine de la confédération paraissait imminente; elle était pour ainsi dire
présente à tous les yeux. Dans cette extrémité le peuple
choisit, non pas peut-être les hommes qu'il aimait le
mieux, mais ceux qu'il estimait le plus.
J'ai déjà fait observer plus haut que les législateurs de
l'Union avaient presque tous été remarquables par leurs
lumières, plus remarquables encore par leur patriotisme.
Ils s'étaient tous élevés au milieu d'une crise sociale,
pendant laquelle l'esprit de liberté avait eu continuellement à lutter contre une autorité forte et dominatrice.
La lutte terminée, et tandis que, suivant l'usage, les
passions excitées de la foule s'attachaient encore à
combattre des dangers qui depuis longtemps n'existaient plus, eux s'étaient arrêtés; ils avaient jeté un
regard plus tranquille et plus pénétrant sur leur patrie;
ils avaient vu qu'une révolution définitive était accom-
plie, et que désormais les périls qui menaçaient le peuple
ne pouvaient naître que des abus de la liberté. Ce qu'ils
pensaient, ils eurent le courage de le dire, parce qu'ils

sentaient au fond de leur cœur un amour sincère et ardent pour cette même liberté; ils osèrent parler de la restreindre, parce qu'ils étaient sûrs de ne pas vouloir la détruire [35].

La plupart des constitutions d'Etats ne donnent au mandat de la chambre des représentants qu'un an de durée, et deux à celui du sénat. De telle sorte que les membres du corps législatif sont liés sans cesse, et de la manière la plus étroite, aux moindres désirs de leurs constituants.

Les législateurs de l'Union pensèrent que cette extrême dépendance de la législature dénaturait les principaux effets du système représentatif, en plaçant dans le peuple lui-même non seulement l'origine des pouvoirs, mais encore le gouvernement.

Ils accrurent la durée du mandat électoral pour laisser

---

35. A cette époque, le célèbre Alexandre Hamilton, l'un des rédacteurs les plus influents de la constitution, ne craignait pas de publier ce qui suit dans le *Fédéraliste*, n° 71 :

« Je sais, disait-il, qu'il y a des gens près desquels le pouvoir exécutif ne saurait mieux se recommander qu'en se pliant avec servilité aux désirs du peuple ou de la législature; mais ceux-là me paraissent posséder des notions bien grossières sur l'objet de tout gouvernement, ainsi que sur les vrais moyens de produire la prospérité publique.

« Que les opinions du peuple, quand elles sont raisonnées et mûries, dirigent la conduite de ceux auxquels il confie ses affaires, c'est ce qui résulte de l'établissement d'une condition républicaine : mais les principes républicains n'exigent point qu'on se laisse emporter au moindre vent des passions populaires, ni qu'on se hâte d'obéir à toutes les impulsions momentanées que la multitude peut recevoir par la main artificieuse des hommes qui flattent ses préjugés pour trahir ses intérêts.

« Le peuple ne veut, le plus ordinairement, qu'arriver au bien public, ceci est vrai; mais il se trompe souvent en le cherchant. Si on venait lui dire qu'il juge toujours sainement les moyens à employer pour produire la prospérité nationale, son bon sens lui ferait mépriser de pareilles flatteries; car il a appris par expérience qu'il lui est arrivé quelquefois de se tromper; et ce dont on doit s'étonner, c'est qu'il ne se trompe pas de plus souvent, poursuivi comme il l'est toujours par les ruses des parasites et des sycophantes; environné par les pièges que lui tendent sans cesse tant d'hommes avides et sans ressources, déçu chaque jour par les artifices de ceux qui possèdent sa confiance sans la mériter, ou qui cherchent plutôt à la posséder qu'à s'en rendre dignes.

« Lorsque les vrais intérêts du peuple sont contraires à ses désirs, le devoir de tous ceux qu'il a préposés à la garde de ces intérêts est de combattre l'erreur dont il est momentanément la victime, afin de lui donner le temps de se reconnaître et d'envisager les choses de sang-froid. Et il est arrivé plus d'une fois qu'un peuple, sauvé ainsi des fatales conséquences de ses propres erreurs, s'est plu à élever des monuments de sa reconnaissance aux hommes qui avaient eu le magnanime courage de s'exposer à lui déplaire pour le servir. »

au député un plus grand emploi de son libre arbitre.

La constitution fédérale, comme les différentes constitutions d'Etats, divisa le corps législatif en deux branches.

Mais, dans les Etats, on composa ces deux parties de la législature des mêmes éléments et suivant le même mode d'élection. Il en résulta que les passions et les volontés de la majorité se firent jour avec la même facilité et trouvèrent aussi rapidement un organe et un instrument dans l'une que dans l'autre chambre. Ce qui donna un caractère violent et précipité à la formation des lois.

La constitution fédérale fit aussi sortir les deux Chambres des votes du peuple; mais elle varia les conditions d'éligibilité et le mode de l'élection; afin que si, comme chez certaines nations, l'une des deux branches de la législature ne représentait pas des intérêts différents de l'autre, elle représentât au moins une sagesse supérieure.

Il fallut avoir atteint un âge mûr pour être sénateur, et ce fut une assemblée déjà choisie elle-même et peu nombreuse qui fut chargée d'élire.

Les démocraties sont naturellement portées à concentrer toute la force sociale dans les mains du corps législatif. Celui-ci étant le pouvoir qui émane le plus directement du peuple, est aussi celui qui participe le plus de sa toute-puissance.

On remarque donc en lui une tendance habituelle qui le porte à réunir toute espèce d'autorité dans son sein.

Cette concentration des pouvoirs, en même temps qu'elle nuit singulièrement à la bonne conduite des affaires, fonde le despotisme de la majorité.

Les législateurs des Etats se sont fréquement abandonnés à ces instincts de la démocratie; ceux de l'Union ont toujours courageusement lutté contre eux.

Dans les Etats, le pouvoir exécutif est remis aux mains d'un magistrat placé en apparence à côté de la législature, mais qui, en réalité, n'est qu'un agent aveugle et un instrument passif de ses volontés. Où puiserait-il sa force? Dans la durée des fonctions? Il n'est, en général, nommé que pour une année. Dans ses prérogatives? Il n'en a point pour ainsi dire. La législature peut le réduire à l'impuissance, en chargeant de l'exécution de ses lois des commissions spéciales prises dans son sein. Si elle le voulait, elle pourrait en quelque sorte l'annuler en lui retranchant son traitement.

La constitution fédérale a concentré tous les droits du

pouvoir exécutif, comme toute sa responsabilité, sur un seul homme. Elle a donné au président quatre ans d'existence; elle lui a assuré, pendant toute la durée de sa magistrature, la jouissance de son traitement; elle lui a composé une clientèle et l'a armé d'un veto suspensif. En un mot, après avoir soigneusement tracé la sphère du pouvoir exécutif, elle a cherché à lui donner autant que possible, dans cette sphère, une position forte et libre.

Le pouvoir judiciaire est, de tous les pouvoirs, celui qui, dans les constitutions d'Etat, est resté le moins dépendant de la puissance législative.

Toutefois, dans tous les Etats, la législature est demeurée maîtresse de fixer les émoluments des juges, ce qui soumet nécessairement ces derniers à son influence immédiate.

Dans certains Etats, les juges ne sont nommés que pour un temps, ce qui leur ôte encore une grande partie de leur force et de leur liberté.

Dans d'autres, on voit les pouvoirs législatifs et judiciaires entièrement confondus. Le sénat de New York, par exemple, forme pour certains procès le tribunal supérieur de l'Etat.

La constitution fédérale a pris soin, au contraire, de séparer le pouvoir judiciaire de tous les autres. Elle a, de plus, rendu les juges indépendants, en déclarant leur traitement fixe et leurs fonctions irrévocables.

Les conséquences pratiques de ces différences sont faciles à apercevoir. Il est évident, pour tout observateur attentif, que les affaires de l'Union sont infiniment mieux conduites que les affaires particulières d'aucun Etat.

Le gouvernement fédéral est plus juste et plus modéré dans sa marche que celui des Etats. Il y a plus de sagesse dans ses vues, plus de durée et de combinaison savante dans ses projets, plus d'habileté, de suite et de fermeté dans l'exécution de ses mesures.

Peu de mots suffisent pour résumer ce chapitre.

Deux dangers principaux menacent l'existence des démocraties :

L'asservissement complet du pouvoir législatif aux volontés du corps électoral.

La concentration, dans le pouvoir législatif, de tous les autres pouvoirs du gouvernement.

Les législateurs des Etats ont favorisé le développement de ces dangers. Les législateurs de l'Union ont fait ce qu'ils ont pu pour les rendre moins redoutables.

CE QUI DISTINGUE LA CONSTITUTION FÉDÉRALE
DES ÉTATS-UNIS D'AMÉRIQUE
DE TOUTES LES AUTRES CONSTITUTIONS FÉDÉRALES

La confédération américaine ressemble en apparence à toutes les confédérations. — Cependant ses effets sont différents. — D'où vient cela? — En quoi cette confédération s'éloigne de toutes les autres. — Le gouvernement américain n'est point un gouvernement fédéral, mais un gouvernement national incomplet.

Les Etats-Unis d'Amérique n'ont pas donné le premier et unique exemple d'une confédération. Sans parler de l'Antiquité, l'Europe moderne en a fourni plusieurs. La Suisse, l'Empire germanique, la République des Pays-Bas, ont été ou sont encore des confédérations.

Quand on étudie les constitutions de ces différents pays, on remarque avec surprise que les pouvoirs conférés par elles au gouvernement fédéral sont à peu près les mêmes que ceux accordés par la constitution américaine au gouvernement des Etats-Unis. Comme cette dernière, elles donnent à la puissance centrale le droit de faire la paix et la guerre, le droit de lever les hommes et l'argent, de pourvoir aux besoins généraux et de régler les intérêts communs de la nation.

Cependant le gouvernement fédéral, chez ces différents peuples, est presque toujours resté débile et impuissant, tandis que celui de l'Union conduit les affaires avec vigueur et facilité.

Il y a plus, la première Union américaine n'a pas pu subsister, à cause de l'excessive faiblesse de son gouvernement, et pourtant ce gouvernement si faible avait reçu des droits aussi étendus que le gouvernement fédéral de nos jours. On peut même dire qu'à certains égards ses privilèges étaient plus grands.

Il se trouve donc dans la constitution actuelle des Etats-Unis quelques principes nouveaux qui ne frappent point d'abord, mais dont l'influence se fait profondément sentir.

Cette constitution, qu'à la première vue on est tenté de confondre avec les constitutions fédérales qui l'ont précédée, repose, en effet, sur une théorie entièrement nouvelle, et qui doit marquer comme une grande découverte dans la science politique de nos jours.

Dans toutes les confédérations qui ont précédé la confédération américaine de 1789, les peuples, qui s'alliaient dans un but commun, consentaient à obéir aux injonctions d'un gouvernement fédéral; mais ils gardaient le droit d'ordonner et de surveiller chez eux l'exécution des lois de l'Union.

Les Etats américains qui s'unirent en 1789 ont non seulement consenti à ce que le gouvernement fédéral leur dictât des lois, mais encore à ce qu'il fît exécuter lui-même ses lois.

Dans les deux cas le droit est le même, l'exercice seul du droit est différent. Mais cette seule différence produit d'immenses résultats.

Dans toutes les confédérations qui ont précédé l'Union américaine de nos jours, le gouvernement fédéral, afin de pourvoir à ses besoins, s'adressait aux gouvernements particuliers. Dans le cas où la mesure prescrite déplaisait à l'un d'eux, ce dernier pouvait toujours se soustraire à la nécessité d'obéir. S'il était fort, il en appelait aux armes; s'il était faible, il tolérait la résistance aux lois de l'Union devenues les siennes, prétextait l'impuissance et recourait à la force d'inertie.

Aussi a-t-on constamment vu arriver l'une de ces deux choses : le plus puissant des peuples unis, prenant en main les droits de l'autorité fédérale, a dominé tous les autres en son nom [36]; ou le gouvernement fédéral est resté abandonné à ses propres forces, et alors l'anarchie s'est établie parmi les confédérés, et l'Union est tombée dans l'impuissance d'agir [37].

En Amérique, l'Union a pour gouvernés, non des Etats, mais de simples citoyens. Quand elle veut lever une taxe, elle ne s'adresse pas au gouvernement du Massachusetts, mais à chaque habitant du Massachusetts. Les anciens gouvernements fédéraux avaient en face d'eux des peuples, celui de l'Union a des individus. Il

36. C'est ce qu'on a vu chez les Grecs, sous Philippe, lorsque ce prince se chargea d'exécuter le décret des amphictyons. C'est ce qui est arrivé à la république des Pays-Bas, où la province de Hollande a toujours fait la loi. La même chose se passe encore de nos jours dans le corps germanique. L'Autriche et la Prusse se font les agents de la diète, et dominent toute la confédération en son nom.

37. Il en a toujours été ainsi pour la confédération suisse. — Il y a des siècles que la Suisse n'existerait plus sans les jalousies de ses voisins.

n'emprunte point sa force, mais il la puise en lui-même. Il a ses administrateurs à lui, ses tribunaux, ses officiers de justice et son armée.

Sans doute l'esprit national, les passions collectives, les préjugés provinciaux de chaque État, tendent encore singulièrement à diminuer l'étendue du pouvoir fédéral ainsi constitué, et à créer des centres de résistance à ses volontés; restreint dans sa souveraineté, il ne saurait être aussi fort que celui qui la possède tout entière; mais c'est là un mal inhérent au système fédératif.

En Amérique, chaque Etat a beaucoup moins d'occasions et de tentations de résister; et si la pensée lui en vient, il ne peut la mettre à exécution qu'en violant ouvertement les lois de l'Union, en interrompant le cours ordinaire de la justice, en levant l'étendard de la révolte; il lui faut, en un mot, prendre tout d'un coup un parti extrême, ce que les hommes hésitent longtemps à faire.

Dans les anciennes confédérations, les droits accordés à l'Union étaient pour elle des causes de guerres et non de puissance, puisque ces droits multipliaient ses exigences, sans augmenter ses moyens de se faire obéir. Aussi a-t-on presque toujours vu la faiblesse réelle des gouvernements fédéraux croître en raison directe de leur pouvoir nominal.

Il n'en est pas ainsi dans l'Union américaine; comme la plupart des gouvernements ordinaires, le gouvernement fédéral peut faire tout ce qu'on lui donne le droit d'exécuter.

L'esprit humain invente plus facilement les choses que les mots : de là vient l'usage de tant de termes impropres et d'expressions incomplètes.

Plusieurs nations forment une ligue permanente et établissent une autorité suprême, qui, sans avoir action sur les simples citoyens, comme pourrait le faire un gouvernement national, a cependant action sur chacun des peuples confédérés, pris en corps.

Ce gouvernement, si différent de tous les autres, reçoit le nom de fédéral.

On découvre ensuite une forme de société dans laquelle plusieurs peuples se fondent réellement en un seul quant à certains intérêts communs, et restent séparés et seulement confédérés pour tous les autres.

Ici le pouvoir central agit sans intermédiaire sur les gouvernés, les administre et les juge lui-même, comme le font les gouvernements nationaux, mais il n'agit ainsi que dans un cercle restreint. Evidemment ce n'est plus là un gouvernement fédéral, c'est un gouvernement national incomplet. Ainsi on a trouvé une forme de gouvernement qui n'était précisément ni nationale ni fédérale; mais on s'est arrêté là, et le mot nouveau qui doit exprimer la chose nouvelle n'existe point encore.

C'est pour n'avoir pas connu cette nouvelle espèce de confédération, que toutes les Unions sont arrivées à la guerre civile, à l'asservissement, ou à l'inertie. Les peuples qui les composaient ont tous manqué de lumières pour voir le remède à leurs maux, ou de courage pour l'appliquer.

La première Union américaine était aussi tombée dans les mêmes défauts.

Mais en Amérique, les Etats confédérés, avant d'arriver à l'indépendance, avaient longtemps fait partie du même empire; ils n'avaient donc point encore contracté l'habitude de se gouverner complètement eux-mêmes, et les préjugés nationaux n'avaient pu jeter de profondes racines; plus éclairés que le reste du monde, ils étaient entre eux égaux en lumières, ils ne sentaient que faiblement les passions qui, d'ordinaire, s'opposent chez les peuples à l'extension du pouvoir fédéral, et ces passions étaient combattues par les plus grands citoyens. Les Américains, en même temps qu'ils sentirent le mal, envisagèrent avec fermeté le remède. Ils corrigèrent leurs lois et sauvèrent le pays.

DES AVANTAGES DU SYSTÈME FÉDÉRATIF, EN GÉNÉRAL, ET DE SON UTILITÉ SPÉCIALE POUR L'AMÉRIQUE

Bonheur et liberté dont jouissent les petites nations. — Puissance des grandes nations. — Les grands empires favorisent les développements de la civilisation. — Que la force est souvent pour les nations le premier élément de prospérité. — Le système fédéral a pour but d'unir les avantages que les peuples tirent de la grandeur et de la petitesse de leur territoire. — Avantages que les Etats-Unis retirent de ce système. — La loi se plie aux besoins des populations, et les populations ne se plient pas aux nécessités de la loi. — Activité, progrès, goût et usage de la liberté parmi les peuples américains. — L'esprit public de l'Union n'est que le résumé du patriotisme provincial.

— Les choses et les idées circulent librement sur le terri-
toire des Etats-Unis. — L'Union est libre et heureuse
comme une petite nation, respectée comme une grande.

Chez les petites nations, l'œil de la société pénètre
partout; l'esprit d'amélioration descend jusque dans les
moindres détails : l'ambition du peuple étant fort tempérée par sa faiblesse, ses efforts et ses ressources se tournent
presque entièrement vers son bien-être intérieur, et ne
sont point sujets à se dissiper en vaine fumée de gloire.
De plus, les facultés de chacun y étant généralement bor-
nées, les désirs le sont également. La médiocrité des
fortunes y rend les conditions à peu près égales; les
mœurs y ont une allure simple et paisible. Ainsi, à tout
prendre et en faisant état des divers degrés de moralité
et de lumière, on rencontre ordinairement, chez les
petites nations, plus d'aisance, de population et de tranquillité que chez les grandes.

Lorsque la tyrannie vient à s'établir dans le sein d'une
petite nation, elle y est plus incommode que partout
ailleurs, parce qu'agissant dans un cercle plus restreint,
elle s'étend à tout dans ce cercle. Ne pouvant se prendre
à quelque grand objet, elle s'occupe d'une multitude de
petits; elle se montre à la fois violente et tracassière. Du
monde politique, qui est, à proprement parler, son
domaine, elle pénètre dans la vie privée. Après les actions,
elle aspire à régenter les goûts; après l'Etat, elle veut gouverner les familles. Mais cela arrive rarement; la liberté
forme, à vrai dire, la condition naturelle des petites
sociétés. Le gouvernement y offre trop peu d'appât à
l'ambition, les ressources des particuliers y sont trop bor-
nées, pour que le souverain pouvoir s'y concentre, aisément dans les mains d'un seul. Le cas arrivant, il n'est pas
difficile aux gouvernés de s'unir, et, par un effort commun,
de renverser en même temps le tyran et la tyrannie.

Les petites nations ont donc été de tout temps le berceau de la liberté politique. Il est arrivé que la plupart
d'entre elles ont perdu cette liberté en grandissant; ce
qui fait bien voir qu'elle tenait à la petitesse du peuple et
non au peuple lui-même.

L'histoire du monde ne fournit pas d'exemple d'une
grande nation qui soit restée longtemps en république [38],

---

38. Je ne parle point ici d'une confédération de petites républiques,
mais d'une grande république consolidée.

ce qui a fait dire que la chose était impraticable. Pour moi, je pense qu'il est bien imprudent à l'homme de vouloir borner le possible et juger l'avenir, lui auquel le réel et le présent échappent tous les jours, et qui se trouve sans cesse surpris à l'improviste dans les choses qu'il connaît le mieux. Ce qu'on peut dire avec certitude, c'est que l'existence d'une grande république sera toujours infiniment plus exposée que celle d'une petite.

Toutes les passions fatales aux républiques grandissent avec l'étendue du territoire, tandis que les vertus qui leur servent d'appui ne s'accroissent point suivant la même mesure.

L'ambition des particuliers augmente avec la puissance de l'Etat; la force des partis, avec l'importance du but qu'ils se proposent; mais l'amour de la patrie, qui doit lutter contre ces passions destructives, n'est pas plus fort dans une vaste république que dans une petite. Il serait même facile de prouver qu'il y est moins développé et moins puissant. Les grandes richesses et les profondes misères, les métropoles, la dépravation des mœurs, l'égoïsme individuel, la complication des intérêts, sont autant de périls qui naissent presque toujours de la grandeur de l'Etat. Plusieurs de ces choses ne nuisent point à l'existence d'une monarchie, quelques-unes même peuvent concourir à sa durée. D'ailleurs, dans les monarchies, le gouvernement a une force qui lui est propre; il se sert du peuple et ne dépend pas de lui; plus le peuple est grand, plus le prince est fort; mais le gouvernement républicain ne peut opposer à ces dangers que l'appui de la majorité. Or, cet élément de force n'est pas plus puissant, proportion gardée, dans une vaste république que dans une petite. Ainsi, tandis que les moyens d'attaque augmentent sans cesse de nombre et de pouvoir, la force de résistance reste la même. On peut même dire qu'elle diminue, car plus le peuple est nombreux et plus la nature des esprits et des intérêts se diversifie, plus par conséquent il est difficile de former une majorité compacte.

On a pu remarquer d'ailleurs que les passions humaines acquéraient de l'intensité, non seulement par la grandeur du but qu'elles veulent atteindre, mais aussi par la multitude d'individus qui les ressentent en même temps. Il n'est personne qui ne se soit trouvé plus ému au milieu d'une foule agitée qui partageait son émotion, que s'il eût été seul à l'éprouver. Dans une grande république, les passions politiques deviennent irrésistibles, non seulement parce que l'objet qu'elles poursuivent est immense, mais encore parce que des millions d'hommes les ressentent de la même manière et dans le même moment.

Il est donc permis de dire d'une manière générale que rien n'est si contraire au bien-être et à la liberté des hommes que les grands empires.

Les grands Etats ont cependant des avantages qui leur sont particuliers et qu'il faut reconnaître.

De même que le désir du pouvoir y est plus ardent qu'ailleurs parmi les hommes vulgaires, l'amour de la gloire y est aussi plus développé chez certaines âmes qui trouvent dans les applaudissements d'un grand peuple un objet digne de leurs efforts et propre à les élever en quelque sorte au-dessus d'elles-mêmes. La pensée y reçoit en toute chose une impulsion plus rapide et plus puissante, les idées y circulent plus librement, les métropoles y sont comme de vastes centres intellectuels où viennent resplendir et se combiner tous les rayons de l'esprit humain : ce fait nous explique pourquoi les grandes nations font faire aux lumières et à la cause générale de la civilisation des progrès plus rapides que les petites. Il faut ajouter que les découvertes importantes exigent souvent un développement de force nationale dont le gouvernement d'un petit peuple est incapable; chez les grandes nations, le gouvernement a plus d'idées générales, il se dégage plus complètement de la routine des antécédents et de l'égoïsme des localités. Il y a plus de génie dans ses conceptions, plus de hardiesse dans ses allures.

Le bien-être intérieur est plus complet et plus répandu chez les petites nations, tant qu'elles se maintiennent en paix; mais l'état de guerre leur est plus nuisible qu'aux grandes. Chez celles-ci l'éloignement des frontières permet quelquefois à la masse du peuple de rester pendant des siècles éloignée du danger. Pour elle, la guerre est plutôt une cause de malaise que de ruine.

Il se présente d'ailleurs, en cette matière comme en beaucoup d'autres, une considération qui domine tout le reste : c'est celle de la nécessité.

S'il n'y avait que de petites nations et point de grandes, l'humanité serait à coup sûr plus libre et plus heureuse; mais on ne peut faire qu'il n'y ait pas de grandes nations.

Ceci introduit dans le monde un nouvel élément de prospérité nationale, qui est la force. Qu'importe qu'un peuple présente l'image de l'aisance et de la liberté, s'il se voit exposé chaque jour à être ravagé ou conquis ? Qu'importe qu'il soit manufacturier et commerçant, si un autre domine les mers et fait la loi sur tous les marchés ? Les petites nations sont souvent misérables, non point parce qu'elles sont petites, mais parce qu'elles sont faibles ; les grandes prospèrent, non point parce qu'elles sont grandes, mais parce qu'elles sont fortes. La force est donc souvent pour les nations une des premières conditions du bonheur et même de l'existence. De là vient qu'à moins de circonstances particulières, les petits peuples finissent toujours par être réunis violemment aux grands ou par s'y réunir d'eux-mêmes. Je ne sache pas de condition plus déplorable que celle d'un peuple qui ne peut se défendre ni se suffire.

C'est pour unir les avantages divers qui résultent de la grandeur et de la petitesse des nations que le système fédératif a été créé.

Il suffit de jeter un regard sur les Etats-Unis d'Amérique pour apercevoir tous les biens qui découlent pour eux de l'adoption de ce système.

Chez les grandes nations centralisées, le législateur est obligé de donner aux lois un caractère uniforme que ne comporte pas la diversité des lieux et des mœurs ; n'étant jamais instruit des cas particuliers, il ne peut procéder que par des règles générales ; les hommes sont alors obligés de se plier aux nécessités de la législation, car la législation ne sait point s'accommoder aux besoins et aux mœurs des hommes ; ce qui est une grande cause de troubles et de misères.

Cet inconvénient n'existe pas dans les confédérations : le congrès règle les principaux actes de l'existence sociale ; tout le détail en est abandonné aux législations provinciales.

On ne saurait se figurer à quel point cette division de la souveraineté sert au bien-être de chacun des Etats dont l'Union se compose. Dans ces petites sociétés que ne préoccupe point le soin de se défendre ou de s'agrandir, toute la puissance publique et toute l'énergie individuelle sont tournées du côté des améliorations intérieures. Le gouvernement central de chaque Etat étant placé tout à côté des gouvernés est journellement averti des besoins qui se font sentir : aussi voit-on présenter chaque année de nouveaux plans qui, discutés dans les assemblées communales ou devant la législature de l'Etat, et

reproduits ensuite par la presse, excitent l'intérêt universel et le zèle des citoyens. Ce besoin d'améliorer agite sans
cesse les républiques américaines et ne les trouble pas;
l'ambition du pouvoir y laisse la place à l'amour du bien-
être, passion plus vulgaire, mais moins dangereuse.
C'est une opinion généralement répandue en Amérique,
que l'existence et la durée des formes républicaines
dans le nouveau monde dépendent de l'existence et de
la durée du système fédératif. On attribue une grande
partie des misères dans lesquelles sont plongés les nouveaux États de l'Amérique du Sud à ce qu'on a voulu
y établir de grandes républiques, au lieu d'y fractionner
la souveraineté.

Il est incontestable, en effet, qu'aux États-Unis le
goût et l'usage du gouvernement républicain sont nés
dans les communes et au sein des assemblées provinciales.
Chez une petite nation, comme le Connecticut, par
exemple, où la grande affaire politique est l'ouverture
d'un canal et le tracé d'un chemin, où l'État n'a point
d'armée à payer ni de guerre à soutenir, et ne saurait
donner à ceux qui le dirigent ni beaucoup de richesses,
ni beaucoup de gloire, on ne peut rien imaginer de plus
naturel et de mieux approprié à la nature des choses
que la république. Or, c'est ce même esprit républicain,
ce sont ces mœurs et ces habitudes d'un peuple libre qui,
après avoir pris naissance et s'être développées dans les
divers États, s'appliquent ensuite sans peine à l'ensemble
du pays. L'esprit public de l'Union n'est en quelque
sorte lui-même qu'un résumé du patriotisme provincial.
Chaque citoyen des États-Unis transporte pour ainsi
dire l'intérêt que lui inspire sa petite république dans
l'amour de la patrie commune. En défendant l'Union,
il défend la prospérité croissante de son canton, le droit
d'en diriger les affaires, et l'espérance d'y faire prévaloir
des plans d'amélioration qui doivent l'enrichir lui-même :
toutes choses qui, pour l'ordinaire, touchent plus les
hommes que les intérêts généraux du pays et la gloire
de la nation.

D'un autre côté, si l'esprit et les mœurs des habitants
les rendent plus propres que d'autres à faire prospérer
une grande république, le système fédératif a rendu la
tâche bien moins difficile. La confédération de tous les
États américains ne présente pas les inconvénients
ordinaires des nombreuses agglomérations d'hommes.
L'Union est une grande république quant à l'étendue;

mais on pourrait en quelque sorte l'assimiler à une petite république, à cause du peu d'objets dont s'occupe son gouvernement. Ses actes sont importants, mais ils sont rares. Comme la souveraineté de l'Union est gênée et incomplète, l'usage de cette souveraineté n'est point dangereux pour la liberté. Il n'excite pas non plus ces désirs immodérés de pouvoir et de bruit qui sont si funestes aux grandes républiques. Comme tout n'y vient point aboutir nécessairement à un centre commun, on n'y voit ni vastes métropoles, ni richesses immenses, ni grandes misères, ni subites révolutions. Les passions politiques, au lieu de s'étendre en un instant, comme une nappe de feu, sur toute la surface du pays, vont se briser contre les intérêts et les passions individuelles de chaque Etat.

Dans l'Union cependant, comme chez un seul et même peuple, circulent librement les choses et les idées. Rien n'y arrête l'essor de l'esprit d'entreprise. Son gouvernement appelle à lui les talents et les lumières. En dedans des frontières de l'Union règne une paix profonde, comme dans l'intérieur d'un pays soumis au même empire; en dehors, elle prend rang parmi les plus puissantes nations de la terre; elle offre au commerce étranger plus de huit cents lieues de rivage; et tenant dans ses mains les clefs de tout un monde, elle fait respecter son pavillon jusqu'aux extrémités des mers.

L'Union est libre et heureuse comme une petite nation, glorieuse et forte comme une grande.

CE QUI FAIT QUE LE SYSTÈME FÉDÉRAL N'EST PAS A LA PORTÉE DE TOUS LES PEUPLES, ET CE QUI A PERMIS AUX ANGLO-AMÉRICAINS DE L'ADOPTER

Il y a dans tout système fédéral des vices inhérents que le législateur ne peut combattre. — Complication de tout système fédéral. — Il exige des gouvernés un usage journalier de leur intelligence. — Science pratique des Américains en matière de gouvernement. — Faiblesse relative du gouvernement de l'Union, autre vice inhérent au système fédéral. — Les Américains l'ont rendu moins grave, mais n'ont pu le détruire. — La souveraineté des Etats particuliers plus faible en apparence, plus forte en réalité que celle de l'Union. — Pourquoi. — Il faut donc qu'il existe, indépendamment des lois, des causes

naturelles d'union chez les peuples confédérés. — Quelles
sont ces causes parmi les Anglo-Américains. — Le Maine
et la Géorgie, éloignés l'un de l'autre de 400 lieues, plus
naturellement unis que la Normandie et la Bretagne. —
Que la guerre est le principal écueil des confédérations.
— Ceci prouvé par l'exemple même des Etats-Unis. —
L'Union n'a pas de grandes guerres à craindre. — Pour-
quoi. — Dangers que courraient les peuples de l'Europe
en adoptant le système fédéral des Américains.

Le législateur parvient quelquefois, après mille efforts,
à exercer une influence indirecte sur la destinée des
nations, et alors on célèbre son génie, tandis que souvent
la position géographique du pays, sur laquelle il ne peut
rien, un état social qui s'est créé sans son concours,
des mœurs et des idées dont il ignore l'origine, un point
de départ qu'il ne connaît pas, impriment à la société
des mouvements irrésistibles contre lesquels il lutte
en vain, et qui l'entraînent à son tour.

Le législateur ressemble à l'homme qui trace sa route
au milieu des mers. Il peut aussi diriger le vaisseau qui
le porte, mais il ne saurait en changer la structure, créer
les vents, ni empêcher l'Océan de se soulever sous ses
pieds.

J'ai montré quels avantages les Américains retirent
du système fédéral. Il me reste à faire comprendre ce
qui leur a permis d'adopter ce système; car il n'est pas
donné à tous les peuples de jouir de ses bienfaits.

On trouve dans le système fédéral des vices accidentels
naissant des lois; ceux-là peuvent être corrigés par les
législateurs. On en rencontre d'autres qui, étant inhérents au système, ne sauraient être détruits par les peuples
qui l'adoptent. Il faut donc que ces peuples trouvent
en eux-mêmes la force nécessaire pour supporter les
imperfections naturelles de leur gouvernement.

Parmi les vices inhérents à tout système fédéral, le
plus visible de tous est la complication des moyens qu'il
emploie. Ce système met nécessairement en présence
deux souverainetés. Le législateur parvient à rendre les
mouvements de ces deux souverainetés aussi simples
et aussi égaux que possible, et peut les renfermer toutes
les deux dans des sphères d'action nettement tracées;
mais il ne saurait faire qu'il n'y en ait qu'une, ni empêcher qu'elles ne se touchent en quelque endroit.

Le système fédératif repose donc, quoi qu'on fasse,
sur une théorie compliquée, dont l'application exige,

dans les gouvernés, un usage journalier des lumières de leur raison.

Il n'y a, en général, que les conceptions simples qui s'emparent de l'esprit du peuple. Une idée fausse, mais claire et précise, aura toujours plus de puissance dans le monde qu'une idée vraie, mais complexe. De là vient que les partis, qui sont comme de petites nations dans une grande, se hâtent toujours d'adopter pour symbole un nom ou un principe qui, souvent, ne représente que très incomplètement le but qu'ils se proposent et les moyens qu'ils emploient, mais sans lequel ils ne pourraient subsister ni se mouvoir. Les gouvernements qui ne reposent que sur une seule idée ou sur un seul sentiment facile à définir ne sont peut-être pas les meilleurs, mais ils sont à coup sûr les plus forts et les plus durables.

Lorsqu'on examine la constitution des Etats-Unis, la plus parfaite de toutes les constitutions fédérales connues, on est effrayé, au contraire, de la multitude de connaissances diverses et du discernement qu'elle suppose chez ceux qu'elle doit régir. Le gouvernement de l'Union repose presque tout entier sur des fictions légales. L'Union est une nation idéale qui n'existe pour ainsi dire que dans les esprits, et dont l'intelligence seule découvre l'étendue et les bornes.

La théorie générale étant bien comprise, restent les difficultés d'application; elles sont sans nombre, car la souveraineté de l'Union est tellement engagée dans celle des Etats, qu'il est impossible, au premier coup d'œil, d'apercevoir leurs limites. Tout est conventionnel et artificiel dans un pareil gouvernement, et il ne saurait convenir qu'à un peuple habitué depuis longtemps à diriger lui-même ses affaires, et chez lequel la science politique est descendue jusque dans les derniers rangs de la société. Je n'ai jamais plus admiré le bon sens et l'intelligence pratique des Américains que dans la manière dont ils échappent aux difficultés sans nombre qui naissent de leur constitution fédérale. Je n'ai presque jamais rencontré d'homme du peuple, en Amérique, qui ne discernât avec une surprenante facilité les obligations nées des lois du Congrès et celles dont l'origine est dans les lois de son Etat, et qui, après avoir distingué les objets placés dans les attributions générales de l'Union de ceux que la législature locale doit régler, ne pût indiquer le point où commence la compétence

des cours fédérales et la limite où s'arrête celle des
tribunaux de l'Etat.

La constitution des Etats-Unis ressemble à ces belles
créations de l'industrie humaine qui comblent de gloire
et de biens ceux qui les inventent, mais qui restent stériles
en d'autres mains.

C'est ce que le Mexique a fait voir de nos jours.

Les habitants du Mexique, voulant établir le système
fédératif, prirent pour modèle et copièrent presque
entièrement la constitution fédérale des Anglo-Américains leurs voisins [39]. Mais en transportant chez eux la
lettre de la loi, ils ne purent transporter en même temps
l'esprit qui la vivifie. On les vit donc s'embarrasser
sans cesse parmi les rouages de leur double gouvernement.
La souveraineté des Etats et celle de l'Union, sortant du
cercle que la constitution avait tracé, pénétrèrent chaque
jour l'une dans l'autre. Actuellement encore, le Mexique
est sans cesse entraîné de l'anarchie au despotisme militaire, et du despotisme militaire à l'anarchie.

Le second et le plus funeste de tous les vices, que je
regarde comme inhérent au système fédéral lui-même,
c'est la faiblesse relative du gouvernement de l'Union.

Le principe sur lequel reposent toutes les confédérations est le fractionnement de la souveraineté. Les
législateurs rendent ce fractionnement peu sensible; ils
le dérobent même pour un temps aux regards, mais
ils ne sauraient faire qu'il n'existe pas. Or, une souveraineté fractionnée sera toujours plus faible qu'une
souveraineté complète.

On a vu, dans l'exposé de la constitution des Etats-
Unis, avec quel art les Américains, tout en renfermant
le pouvoir de l'Union dans le cercle restreint des gouvernements fédéraux, sont cependant parvenus à lui
donner l'apparence et, jusqu'à un certain point, la
force d'un gouvernement national.

En agissant ainsi, les législateurs de l'Union ont diminué le danger naturel des confédérations; mais ils n'ont
pu le faire disparaître entièrement.

Le gouvernement américain, dit-on, ne s'adresse point
aux Etats : il fait parvenir immédiatement ses injonctions jusqu'aux citoyens, et les plie isolément sous
l'effort de la volonté commune.

Mais si la loi fédérale heurtait violemment les intérêts

39. Voyez la constitution mexicaine de 1824.

et les préjugés d'un Etat, ne doit-on pas craindre que chacun des citoyens de cet Etat ne se crût intéressé dans la cause de l'homme qui refuse d'obéir ? Tous les citoyens de l'Etat, se trouvant ainsi lésés en même temps et de la même manière, par l'autorité de l'Union, en vain le gouvernement fédéral chercherait-il à les isoler pour les combattre : ils sentiraient instinctivement qu'ils doivent s'unir pour se défendre, et ils trouveraient une organisation toute préparée dans la portion de souveraineté dont on a laissé jouir leur Etat. La fiction disparaîtrait alors pour faire place à la réalité, et l'on pourrait voir la puissance organisée d'une partie du territoire en lutte avec l'autorité centrale.

J'en dirai autant de la justice fédérale. Si, dans un procès particulier, les tribunaux de l'Union violaient une loi importante d'un Etat, la lutte, sinon apparente, au moins réelle, serait entre l'Etat lésé représenté par un citoyen, et l'Union représentée par ses tribunaux [40].

Il faut avoir bien peu d'expérience des choses de ce monde pour s'imaginer qu'après avoir laissé aux passions des hommes un moyen de se satisfaire, on les empêchera toujours, à l'aide de fictions légales, de l'apercevoir et de s'en servir.

Les législateurs américains, en rendant moins probable la lutte entre les deux souverainetés, n'en ont donc pas détruit les causes.

On peut même aller plus loin, et dire qu'ils n'ont pu, en cas de lutte, assurer au pouvoir fédéral la prépondérance.

Ils donnèrent à l'Union de l'argent et des soldats, mais les Etats gardèrent l'amour et les préjugés des peuples.

La souveraineté de l'Union est un être abstrait qui ne se rattache qu'à un petit nombre d'objets extérieurs. La souveraineté des Etats tombe sous tous les sens; on la comprend sans peine; on la voit agir à chaque instant.

---

40. Exemple : la constitution a donné à l'Union le droit de faire vendre pour son compte les terres inoccupées. Je suppose que l'Ohio revendique ce même droit pour celles qui sont renfermées dans ses limites, sous le prétexte que la constitution n'a voulu parler que du territoire qui n'est encore soumis à aucune juridiction d'Etat, et qu'en conséquence il veuille lui-même les vendre. La question judiciaire se poserait, il est vrai, entre les acquéreurs qui tiennent leur titre de l'Union et les acquéreurs qui tiennent leur titre de l'Etat, et non pas entre l'Union et l'Ohio. Mais si la cour des Etats-Unis ordonnait que l'acquéreur fédéral fût mis en possession, et que les tribunaux de l'Ohio maintinssent dans ses biens son compétiteur, alors que deviendrait la fiction légale ?

L'une est nouvelle, l'autre est née avec le peuple lui-même.

La souveraineté de l'Union est l'œuvre de l'art. La souveraineté des Etats est naturelle; elle existe par elle-même, sans efforts, comme l'autorité du père de famille.

La souveraineté de l'Union ne touche les hommes que par quelques grands intérêts; elle représente une patrie immense, éloignée, un sentiment vague et indéfini. La souveraineté des Etats enveloppe chaque citoyen, en quelque sorte, et le prend chaque jour en détail. C'est elle qui se charge de garantir sa propriété, sa liberté, sa vie; elle influe à tout moment sur son bien-être ou sa misère. La souveraineté des Etats s'appuie sur les souvenirs, sur les habitudes, sur les préjugés locaux, sur l'égoïsme de province et de famille; en un mot, sur toutes les choses qui rendent l'instinct de la patrie si puissant dans le cœur de l'homme. Comment douter de ses avantages ?

Puisque les législateurs ne peuvent empêcher qu'il ne survienne, entre les deux souverainetés que le système fédéral met en présence, des collisions dangereuses il faut donc qu'à leurs efforts pour détourner les peuples confédérés de la guerre, il se joigne des dispositions particulières qui portent ceux-ci à la paix.

Il résulte de là que le pacte fédéral ne saurait avoir une longue existence, s'il ne rencontre, dans les peuples auxquels il s'applique, un certain nombre de conditions d'union qui leur rendent aisée cette vie commune et facilitent la tâche du gouvernement.

Ainsi, le système fédéral, pour réussir, n'a pas seulement besoin de bonnes lois, il faut encore que les circonstances le favorisent.

Tous les peuples qu'on a vus se confédérer avaient un certain nombre d'intérêts communs, qui formaient comme les liens intellectuels de l'association.

Mais outre les intérêts matériels, l'homme a encore des idées et des sentiments. Pour qu'une confédération subsiste longtemps, il n'est pas moins nécessaire qu'il y ait homogénéité dans la civilisation que dans les besoins des divers peuples qui la composent. Entre la civilisation du canton de Vaud et celle du canton d'Uri il y a comme du XIXᵉ siècle au XVᵉ : aussi la Suisse n'a-t-elle jamais eu, à vrai dire, de gouvernement fédéral. L'Union entre ses différents cantons n'existe que sur la carte; et l'on s'en apercevrait bien, si une autorité centrale voulait appliquer les mêmes lois à tout le territoire.

Il y a un fait qui facilite admirablement, aux Etats-Unis, l'existence du gouvernement fédéral. Les différents Etats ont non seulement les mêmes intérêts à peu près, la même origine et la même langue, mais encore le même degré de civilisation; ce qui rend presque toujours l'accord entre eux chose facile. Je ne sais s'il y a si petite nation européenne qui ne présente un aspect moins homogène dans ses différentes parties que le peuple américain, dont le territoire est aussi grand que la moitié de l'Europe.

De l'Etat du Maine à l'Etat de Géorgie, on compte environ quatre cents lieues. Il existe cependant moins de différence entre la civilisation du Maine et celle de la Géorgie qu'entre la civilisation de la Normandie et celle de la Bretagne. Le Maine et la Géorgie, placés aux deux extrémités d'un vaste empire, trouvent donc naturellement plus de facilités réelles à former une confédération que la Normandie et la Bretagne, qui ne sont séparées que par un ruisseau.

A ces facilités, que les mœurs et les habitudes du peuple offraient aux législateurs américains, s'en joignaient d'autres qui naissaient de la position géographique du pays. Il faut principalement attribuer à ces dernières l'adoption et le maintien du système fédéral.

Le plus important de tous les actes qui peuvent signaler la vie d'un peuple, c'est la guerre. Dans la guerre, un peuple agit comme un seul individu vis-à-vis des peuples étrangers : il lutte pour son existence même.

Tant qu'il n'est question que de maintenir la paix dans l'intérieur d'un pays et de favoriser sa prospérité, l'habileté dans le gouvernement, la raison dans les gouvernés, et un certain attachement naturel que les hommes ont presque toujours pour leur patrie, peuvent aisément suffire; mais pour qu'une nation se trouve en état de faire une grande guerre, les citoyens doivent s'imposer des sacrifices nombreux et pénibles. Croire qu'un grand nombre d'hommes seront capables de se soumettre d'eux-mêmes à de pareilles exigences sociales, c'est bien mal connaître l'humanité.

De là vient que tous les peuples qui ont eu à faire de grandes guerres ont été amenés, presque malgré eux, à accroître les forces du gouvernement. Ceux qui n'ont pas pu y réussir ont été conquis. Une longue guerre place presque toujours les nations dans cette triste alternative, que leur défaite les livre à la destruction, et leur triomphe au despotisme.

C'est donc, en général, dans la guerre que se révèle, d'une manière plus visible et plus dangereuse, la faiblesse d'un gouvernement; et j'ai montré que le vice inhérent des gouvernements fédéraux était d'être très faibles.

Dans le système fédératif, non seulement il n'y a point de centralisation administrative ni rien qui en approche, mais la centralisation gouvernementale elle-même n'existe qu'incomplètement, ce qui est toujours une grande cause de faiblesse, lorsqu'il faut se défendre contre des peuples chez lesquels elle est complète.

Dans la constitution fédérale des Etats-Unis, celle de toutes où le gouvernement central est revêtu de plus de forces réelles, ce mal se fait encore vivement sentir.

Un seul exemple permettra au lecteur d'en juger.

La constitution donne au congrès le droit d'appeler la milice des différents Etats au service actif, lorsqu'il s'agit d'étouffer une insurrection ou de repousser une invasion; un autre article dit que dans ce cas le président des Etats-Unis est le commandant en chef de la milice.

Lors de la guerre de 1812, le président donna l'ordre aux milices du Nord de se porter vers les frontières; le Connecticut et le Massachusetts, dont la guerre lésait les intérêts, refusèrent d'envoyer leur contingent.

La constitution, dirent-ils, autorise le gouvernement fédéral à se servir des milices en cas d'*insurrection* et d'*invasion;* or il n'y a, quant à présent, ni insurrection ni invasion. Ils ajoutèrent que la même constitution qui donnait à l'Union le droit d'appeler les milices en service actif laissait aux Etats le droit de nommer les officiers; il s'ensuivait, selon eux, que, même à la guerre, aucun officier de l'Union n'avait le droit de commander les milices, excepté le président en personne. Or, il s'agissait de servir dans une armée commandée par un autre que lui.

Ces absurdes et destructives doctrines reçurent non seulement la sanction des gouverneurs et de la législature, mais encore celle des cours de justice de ces deux Etats; et le gouvernement fédéral fut contraint de chercher ailleurs les troupes dont il manquait [41].

---

41. *Kent's Commentaries*, vol. I, p. 244. Remarquez que j'ai choisi l'exemple cité plus haut dans des temps postérieurs à l'établissement de la constitution actuelle. Si j'avais voulu remonter à l'époque de la

D'où vient donc que l'Union américaine, toute protégée qu'elle est par la perfection relative de ses lois, ne se dissout pas au milieu d'une grande guerre? C'est qu'elle n'a point de grandes guerres à craindre.

Placée au centre d'un continent immense, où l'industrie humaine peut s'étendre sans bornes, l'Union est presque aussi isolée du monde que si elle se trouvait resserrée de tous côtés par l'Océan.

Le Canada ne compte qu'un million d'habitants; sa population est divisée en deux nations ennemies. Les rigueurs du climat limitent l'étendue de son territoire et ferment pendant six mois ses ports.

Du Canada au golfe du Mexique, on rencontre encore quelques tribus sauvages à moitié détruites, que six mille soldats poussent devant eux.

Au sud, l'Union touche par un point à l'empire du Mexique; c'est de là probablement que viendront un jour les grandes guerres. Mais, pendant longtemps encore, l'état peu avancé de la civilisation, la corruption des mœurs et la misère, empêcheront le Mexique de prendre un rang élevé parmi les nations. Quant aux puissances de l'Europe, leur éloignement les rend peu redoutables O.

Le grand bonheur des Etats-Unis n'est donc pas d'avoir trouvé une constitution fédérale qui leur permette de soutenir de grandes guerres, mais d'être tellement situés qu'il n'y en a pas pour eux à craindre.

Nul ne saurait apprécier plus que moi les avantages du système fédératif. J'y vois l'une des plus puissantes combinaisons en faveur de la prospérité et de la liberté humaines. J'envie le sort des nations auxquelles il a été permis de l'adopter. Mais je me refuse pourtant à croire que des peuples confédérés puissent lutter longtemps, à égalité de force, contre une nation où la puissance gouvernementale serait centralisée.

Le peuple qui, en présence des grandes monarchies militaires de l'Europe, viendrait à fractionner sa sou-

---

première confédération, j'aurais signalé des faits bien plus concluants encore. Alors il régnait un véritable enthousiasme dans la nation; la révolution était représentée par un homme éminemment populaire, et pourtant, à cette époque, le congrès ne disposait, à proprement parler, de rien. Les hommes et l'argent lui manquaient à tous moments; les plans les mieux combinés par lui échouaient dans l'exécution, et l'Union, toujours sur le point de périr, fut sauvée bien plus par la faiblesse de ses ennemis que par sa propre force.

veraineté, me semblerait abdiquer, par ce seul fait, son pouvoir, et peut-être son existence et son nom.

Admirable position du nouveau monde, qui fait que l'homme n'y a encore d'ennemis que lui-même! Pour être heureux et libre, il lui suffit de le vouloir.

DEUXIÈME PARTIE

Jusqu'à présent j'ai examiné les institutions, j'ai parcouru les lois écrites, j'ai peint les formes actuelles de la société politique aux Etats-Unis.

Mais au-dessus de toutes les institutions et en dehors de toutes les formes réside un pouvoir souverain, celui du peuple, qui les détruit ou les modifie à son gré.

Il me reste à faire connaître par quelles voies procède ce pouvoir, dominateur des lois; quels sont ses instincts, ses passions; quels ressorts secrets le poussent, le retardent, ou le dirigent dans sa marche irrésistible; quels effets produit sa toute-puissance, et quel avenir lui est réservé.

CHAPITRE PREMIER

COMMENT ON PEUT DIRE RIGOUREUSEMENT QU'AUX ÉTATS-UNIS C'EST LE PEUPLE QUI GOUVERNE

En Amérique, le peuple nomme celui qui fait la loi et celui qui l'exécute; lui-même forme le jury qui punit les infractions à la loi. Non seulement les institutions sont démocratiques dans leur principe, mais encore dans tous leurs développements; ainsi le peuple nomme *directement* ses représentants et les choisit en général *tous les ans*, afin de les tenir plus complètement dans sa dépendance. C'est donc réellement le peuple qui dirige, et, quoique la forme du gouvernement soit représentative, il est évident que les opinions, les préjugés, les intérêts, et même les passions du peuple ne peuvent trouver d'obstacles durables qui les empêchent de se produire dans la direction journalière de la société.

Aux Etats-Unis, comme dans tous les pays où le peuple règne, c'est la majorité qui gouverne au nom du peuple.

Cette majorité se compose principalement des citoyens paisibles qui, soit par goût, soit par intérêt, désirent sincèrement le bien du pays. Autour d'eux s'agitent sans cesse les partis, qui cherchent à les attirer dans leur sein et à s'en faire un appui.

CHAPITRE II

DES PARTIS AUX ÉTATS-UNIS

Il faut faire une grande division entre les partis. — Partis qui sont entre eux comme des nations rivales. — Partis proprement dits. — Différence entre les grands et les petits partis. — Dans quels temps ils naissent. — Leurs divers caractères. — L'Amérique a eu de grands partis. — Elle n'en a plus. — Fédéralistes. — Républicains. — Défaite des fédéralistes. — Difficulté de créer aux Etats-Unis des partis. — Ce qu'on fait pour y parvenir. — Caractère aristocratique ou démocratique qui se retrouve dans tous les partis. — Lutte du général Jackson contre la banque.

Je dois établir d'abord une grande division entre les partis.

Il est des pays si vastes que les différentes populations qui les habitent, quoique réunies sous la même souveraineté, ont des intérêts contradictoires, d'où naît entre elles une opposition permanente. Les diverses fractions d'un même peuple ne forment point alors, à proprement parler, des partis, mais des nations distinctes; et si la guerre civile vient à naître, il y a conflit entre des peuples rivaux plutôt que lutte entre des factions.

Mais quand les citoyens diffèrent entre eux sur des points qui intéressent également toutes les portions du pays, tels, par exemple, que les principes généraux du gouvernement, alors on voit naître ce que j'appellerai véritablement des partis.

Les partis sont un mal inhérent aux gouvernements libres; mais ils n'ont pas dans tous les temps le même caractère et les mêmes instincts.

Il arrive des époques où les nations se sentent tourmentées de maux si grands, que l'idée d'un changement total dans leur constitution politique se présente à leur pensée.

Il y en a d'autres où le malaise est plus profond encore, et où l'état social lui-même est compromis. C'est le temps des grandes révolutions et des grands partis.

Entre ces siècles de désordres et de misères, il s'en rencontre d'autres où les sociétés se reposent et où la race humaine semble reprendre haleine. Ce n'est encore là, à vrai dire, qu'une apparence ; le temps ne suspend pas plus sa marche pour les peuples que pour les hommes ; les uns et les autres s'avancent chaque jour vers un avenir qu'ils ignorent ; et lorsque nous les croyons stationnaires, c'est que leurs mouvements nous échappent. Ce sont des gens qui marchent ; ils paraissent immobiles à ceux qui courent.

Quoi qu'il en soit, il arrive des époques où les changements qui s'opèrent dans la constitution politique et l'état social des peuples sont si lents et si insensibles, que les hommes pensent être arrivés à un état final ; l'esprit humain se croit alors fermement assis sur certaines bases et ne porte ses regards au-delà d'un certain horizon. C'est le temps des intrigues et des petits partis.

Ce que j'appelle les grands partis politiques sont ceux qui s'attachent aux principes plus qu'à leurs conséquences ; aux généralités et non aux cas particuliers ; aux idées et non aux hommes. Ces partis ont, en général, des traits plus nobles, des passions plus généreuses, des convictions plus réelles, une allure plus franche et plus hardie que les autres. L'intérêt particulier, qui joue toujours le plus grand rôle dans les passions politiques, se cache ici plus habilement sous le voile de l'intérêt public ; il parvient même quelquefois à se dérober aux regards de ceux qu'il anime et fait agir.

Les petits partis, au contraire, sont en général sans foi politique. Comme ils ne se sentent pas élevés et soutenus par de grands objets, leur caractère est empreint d'un égoïsme qui se produit ostensiblement à chacun de leurs actes. Ils s'échauffent toujours à froid ; leur langage est violent, mais leur marche est timide et incertaine. Les moyens qu'ils emploient sont misérables comme le but même qu'ils se proposent. De là vient que quand un temps de calme succède à une révolution violente, les grands hommes semblent disparaître tout à coup et les âmes se renfermer en elles-mêmes.

Les grands partis bouleversent la société, les petits l'agitent ; les uns la déchirent et les autres la dépravent ; les premiers la sauvent quelquefois en l'ébranlant, les seconds la troublent toujours sans profit.

L'Amérique a eu de grands partis; aujourd'hui ils n'existent plus : elle y a beaucoup gagné en bonheur, mais non en moralité.

Lorsque la guerre de l'Indépendance eut pris fin et qu'il s'agit d'établir les bases du nouveau gouvernement, la nation se trouva divisée entre deux opinions. Ces opinions étaient aussi anciennes que le monde, et on les retrouve sous différentes formes et revêtues de noms divers dans toutes les sociétés libres. L'une voulait restreindre le pouvoir populaire, l'autre l'étendre indéfiniment.

La lutte entre ces deux opinions ne prit jamais chez les Américains le caractère de violence qui l'a souvent signalée ailleurs. En Amérique, les deux partis étaient d'accord sur les points les plus essentiels. Aucun des deux, pour vaincre, n'avait à détruire un ordre ancien, ni à bouleverser tout un état social. Aucun des deux, par conséquent, ne rattachait un grand nombre d'existences individuelles au triomphe de ses principes. Mais ils touchaient à des intérêts immatériels du premier ordre, tels que l'amour de l'égalité et de l'indépendance. C'en était assez pour soulever de violentes passions.

Le parti qui voulait restreindre le pouvoir populaire chercha surtout à faire l'application de ses doctrines à la Constitution de l'Union, ce qui lui valut le nom de *fédéral*.

L'autre, qui se prétendait l'amant exclusif de la liberté, prit le titre de *républicain*.

L'Amérique est la terre de la démocratie. Les fédéralistes furent donc toujours en minorité; mais ils comptaient dans leurs rangs presque tous les grands hommes que la guerre de l'Indépendance avait fait naître, et leur puissance morale était très étendue. Les circonstances leur furent d'ailleurs favorables. La ruine de la première confédération fit craindre au peuple de tomber dans l'anarchie, et les fédéralistes profitèrent de cette disposition passagère Pendant dix ou douze ans, ils dirigèrent les affaires et purent appliquer, non tous leurs principes mais quelques-uns d'entre eux; car le courant opposé devenait de jour en jour trop violent pour qu'on osât lutter contre lui.

En 1801, les républicains s'emparèrent enfin du gouvernement. Thomas Jefferson fut nommé président; il leur apporta l'appui d'un nom célèbre, d'un grand talent et d'une immense popularité.

Les fédéralistes ne s'étaient jamais maintenus que par

des moyens artificiels et à l'aide de ressources momentanées ; c'étaient la vertu ou les talents de leurs chefs, ainsi que le bonheur des circonstances, qui les avaient poussés au pouvoir. Quand les républicains y arrivèrent à leur tour, le parti contraire fut comme enveloppé au milieu d'une inondation subite. Une immense majorité se déclara contre lui, et il se vit sur-le-champ en si petite minorité, qu'aussitôt il désespéra de lui-même. Depuis ce moment, le parti républicain ou démocratique a marché de conquêtes en conquêtes, et s'est emparé de la société tout entière.

Les fédéralistes se sentant vaincus, sans ressources et se voyant isolés au milieu de la nation, se divisèrent ; les uns se joignirent aux vainqueurs ; les autres déposèrent leur bannière et changèrent de nom. Il y a déjà un assez grand nombre d'années qu'ils ont entièrement cessé d'exister comme parti.

Le passage des fédéralistes au pouvoir est, à mon avis, l'un des événements les plus heureux qui aient accompagné la naissance de la grande union américaine. Les fédéralistes luttaient contre la pente irrésistible de leur siècle et de leur pays. Quelle que fût la bonté ou le vice de leurs théories, elles avaient le tort d'être inapplicables dans leur entier à la société qu'ils voulaient régir ; ce qui est arrivé sous Jefferson serait donc arrivé tôt ou tard. Mais leur gouvernement laissa du moins à la nouvelle république le temps de s'asseoir, et lui permit ensuite de supporter sans inconvénient le développement rapide des doctrines qu'ils avaient combattues. Un grand nombre de leurs principes finit d'ailleurs par s'introduire dans le symbole de leurs adversaires ; et la constitution fédérale, qui subsiste encore de notre temps, est un monument durable de leur patriotisme et de leur sagesse.

Ainsi donc, de nos jours, on n'aperçoit point aux Etats-Unis de grands partis politiques. On y rencontre bien des partis qui menacent l'avenir de l'Union ; mais il n'en existe pas qui paraissent s'attaquer à la forme actuelle du gouvernement et à la marche générale de la société. Les partis qui menacent l'Union reposent, non sur des principes, mais sur des intérêts matériels. Ces intérêts constituent dans les différentes provinces d'un si vaste empire des nations rivales plutôt que des partis. C'est ainsi qu'on a vu dernièrement le Nord soutenir le système des prohibitions commerciales, et le Sud prendre les armes en faveur de la liberté du commerce, par la seule

raison que le Nord est manufacturier et le Sud cultivateur, et que le système restrictif agit au profit de l'un et
au détriment de l'autre.

A défaut des grands partis, les Etats-Unis fourmillent
de petits, et l'opinion publique se fractionne à l'infini
sur des questions de détails. On ne saurait imaginer la
peine qu'on s'y donne pour créer des partis ; ce n'est pas
chose aisée de notre temps. Aux Etats-Unis, point de
haine religieuse, parce que la religion est universellement
respectée et qu'aucune secte n'est dominante ; point de
haine de classes, parce que le peuple est tout, et que
nul n'ose encore lutter avec lui ; enfin point de misères
publiques à exploiter, parce que l'état matériel du pays
offre une si immense carrière à l'industrie, qu'il suffit
de laisser l'homme à lui-même pour qu'il fasse des prodiges. Il faut bien pourtant que l'ambition parvienne à
créer des partis, car il est difficile de renverser celui qui
tient le pouvoir, par la seule raison qu'on veut prendre
sa place. Toute l'habileté des hommes politiques consiste
donc à composer des partis : un homme politique, aux
Etats-Unis, cherche d'abord à discerner son intérêt et à
voir quels sont les intérêts analogues qui pourraient se
grouper autour du sien ; il s'occupe ensuite à découvrir
s'il n'existerait pas par hasard, dans le monde, une doctrine ou un principe qu'on pût placer convenablement
à la tête de la nouvelle association, pour lui donner le droit
de se produire et de circuler librement. C'est comme qui
dirait le privilège du roi que nos pères imprimaient jadis
sur la première feuille de leurs ouvrages, et qu'ils incor-
poraient au livre, bien qu'il n'en fît point partie.

Ceci fait, on introduit la nouvelle puissance dans le
monde politique.

Pour un étranger, presque toutes les querelles domestiques des Américains paraissent, au premier abord,
incompréhensibles ou puériles, et l'on ne sait si l'on doit
prendre en pitié un peuple qui s'occupe sérieusement
de semblables misères, ou lui envier le bonheur de pouvoir s'en occuper.

Mais lorsqu'on vient à étudier avec soin les instincts
secrets qui, en Amérique, gouvernent les factions, on
découvre aisément que la plupart d'entre elles se rattachent plus ou moins à l'un ou à l'autre des deux grands
partis qui divisent les hommes, depuis qu'il y a des
sociétés libres. A mesure qu'on pénètre plus profondément dans la pensée intime de ces partis, on s'aperçoit

que les uns travaillent à resserrer l'usage de la puissance publique, les autres à l'étendre.

Je ne dis point que les partis américains aient toujours pour but ostensible ni même pour but caché de faire prévaloir l'aristocratie ou la démocratie dans le pays ; je dis que les passions aristocratiques ou démocratiques se retrouvent aisément au fond de tous les partis ; et que, bien qu'elles s'y dérobent aux regards, elles en forment comme le point sensible et l'âme.

Je citerai un exemple récent : le président attaque la banque des États-Unis ; le pays s'émeut et se divise ; les classes éclairées se rangent en général du côté de la banque, le peuple en faveur du président. Pensez-vous que le peuple a su discerner les raisons de son opinion au milieu des détours d'une question si difficile, et où les hommes expérimentés hésitent ? Nullement. Mais la banque est un grand établissement qui a une existence indépendante ; le peuple, qui détruit ou élève toutes les puissances, ne peut rien sur elle, cela l'étonne. Au milieu du mouvement universel de la société, ce point immobile choque ses regards, et il veut voir s'il ne parviendra pas à le mettre en branle comme le reste.

DES RESTES DU PARTI ARISTOCRATIQUE
AUX ÉTATS-UNIS

Opposition secrète des riches à la démocratie. — Ils se retirent dans la vie privée. — Goût qu'ils montrent dans l'intérieur de leur demeure pour les plaisirs exclusifs et le luxe. — Leur simplicité au-dehors. — Leur condescendance affectée pour le peuple.

Il arrive quelquefois, chez un peuple divisé d'opinions, que l'équilibre entre les partis venant à se rompre, l'un d'eux acquiert une prépondérance irrésistible. Il brise tous les obstacles, accable son adversaire et exploite la société entière à son profit. Les vaincus, désespérant alors du succès, se cachent ou se taisent. Il se fait une immobilité et un silence universels. La nation semble réunie dans une même pensée. Le parti vainqueur se lève et dit : « J'ai rendu la paix au pays, on me doit des actions de grâces. »

Mais sous cette unanimité apparente se cachent encore des divisions profondes et une opposition réelle.

C'est ce qui arriva en Amérique : quand le parti démocratique eut obtenu la prépondérance, on le vit s'emparer de la direction exclusive des affaires. Depuis, il n'a cessé de modeler les mœurs et les lois sur ses désirs.

De nos jours, on peut dire qu'aux Etats-Unis les classes riches de la société sont presque entièrement hors des affaires politiques, et que la richesse, loin d'y être un droit, y est une cause réelle de défaveur et un obstacle pour parvenir au pouvoir.

Les riches aiment donc mieux abandonner la lice que d'y soutenir une lutte souvent inégale contre les plus pauvres de leurs concitoyens. Ne pouvant pas prendre dans la vie publique un rang analogue à celui qu'ils occupent dans la vie privée, ils abandonnent la première pour se concentrer dans la seconde. Ils forment au milieu de l'Etat comme une société particulière qui a ses goûts et ses jouissances à part.

Le riche se soumet à cet état de choses comme à un mal irrémédiable; il évite même avec grand soin de montrer qu'il le blesse; on l'entend donc vanter en public les douceurs du gouvernement républicain et les avantages des formes démocratiques. Car, après le fait de haïr leurs ennemis, qu'y a-t-il de plus naturel aux hommes que de les flatter ?

Voyez-vous cet opulent citoyen ? ne dirait-on pas un Juif du Moyen Age qui craint de laisser soupçonner ses richesses ? Sa mise est simple, sa démarche est modeste; entre les quatre murailles de sa demeure on adore le luxe; il ne laisse pénétrer dans ce sanctuaire que quelques hôtes choisis qu'il appelle insolemment ses égaux. On ne rencontre point de noble en Europe qui se montre plus exclusif que lui dans ses plaisirs, plus envieux des moindres avantages qu'une position privilégiée assure. Mais le voici qui sort de chez lui pour aller travailler dans un réduit poudreux qu'il occupe au centre de la ville et des affaires, et où chacun est libre de venir l'aborder. Au milieu du chemin, son cordonnier vient à passer, et ils s'arrêtent : tous deux se mettent alors à discourir. Que peuvent-ils dire ? Ces deux citoyens s'occupent des affaires de l'Etat, et ils ne se quitteront pas sans s'être serré la main.

Au fond de cet enthousiasme de convention et au milieu de ces formes obséquieuses envers le pouvoir dominant, il est facile d'apercevoir dans les riches un grand dégoût pour les institutions démocratiques de leur pays.

Le peuple est un pouvoir qu'ils craignent et qu'ils méprisent. Si le mauvais gouvernement de la démocratie amenait un jour une crise politique; si la monarchie se présentait jamais aux Etats-Unis comme une chose praticable, on découvrirait bientôt la vérité de ce que j'avance.

Les deux grandes armes qu'emploient les partis pour réussir sont les journaux et les associations.

CHAPITRE III

DE LA LIBERTÉ DE LA PRESSE AUX ÉTATS-UNIS

Difficulté de restreindre la liberté de la presse. — Raisons particulières qu'ont certains peuples de tenir à cette liberté. — La liberté de la presse est une conséquence nécessaire de la souveraineté du peuple comme on l'entend en Amérique. — Violence du langage de la presse périodique aux Etats-Unis. — La presse périodique a des instincts qui lui sont propres; l'exemple des Etats-Unis le prouve. — Opinion des Américains sur la répression judiciaire des délits de la presse. — Pourquoi la presse est moins puissante aux Etats-Unis qu'en France.

La liberté de la presse ne fait pas seulement sentir son pouvoir sur les opinions politiques, mais encore sur toutes les opinions des hommes. Elle ne modifie pas seulement les lois, mais les mœurs. Dans une autre partie de cet ouvrage, je chercherai à déterminer le degré d'influence qu'a exercée la liberté de la presse sur la société civile aux Etats-Unis; je tâcherai de discerner la direction qu'elle a donnée aux idées, les habitudes qu'elle a fait prendre à l'esprit et aux sentiments des Américains. En ce moment, je ne veux examiner que les effets produits par la liberté de la presse dans le monde politique.

J'avoue que je ne porte point à la liberté de la presse cet amour complet et instantané qu'on accorde aux choses souverainement bonnes de leur nature. Je l'aime par la considération des maux qu'elle empêche bien plus que pour les biens qu'elle fait.

Si quelqu'un me montrait, entre l'indépendance complète et l'asservissement entier de la pensée, une position intermédiaire où je pusse espérer me tenir, je m'y établirais peut-être; mais qui découvrira cette position intermédiaire? Vous partez de la licence de la presse, et vous marchez dans l'ordre : que faites-vous ? vous soumettez d'abord les écrivains aux jurés; mais les jurés acquittent, et ce qui n'était que l'opinion d'un homme isolé devient l'opinion du pays. Vous avez donc fait trop et trop peu; il faut encore marcher. Vous livrez les auteurs à des magistrats permanents; mais les juges sont obligés d'entendre avant que de condamner; ce qu'on eût craint d'avouer dans le livre, on le proclame impunément dans le plaidoyer; ce qu'on eût dit obscurément dans un récit se trouve ainsi répété dans mille autres. L'expression est la forme extérieure, et, si je puis m'exprimer ainsi, le corps de la pensée, mais elle n'est pas la pensée elle-même. Vos tribunaux arrêtent le corps, mais l'âme leur échappe et glisse subtilement entre leurs mains. Vous avez donc fait trop et trop peu; il faut continuer à marcher. Vous abandonnez enfin les écrivains à des censeurs; fort bien! nous approchons. Mais la tribune politique n'est-elle pas libre? Vous n'avez donc encore rien fait; je me trompe, vous avez accru le mal. Prendriez-vous, par hasard, la pensée pour une de ces puissances matérielles qui s'accroissent par le nombre de leurs agents? Compterez-vous les écrivains comme les soldats d'une armée? Au rebours de toutes les puissances matérielles, le pouvoir de la pensée s'augmente souvent par le petit nombre même de ceux qui l'expriment. La parole d'un homme puissant, qui pénètre seule au milieu des passions d'une assemblée muette, a plus de pouvoir que les cris confus de mille orateurs; et pour peu qu'on puisse parler librement dans un seul lieu public, c'est comme si on parlait publiquement dans chaque village. Il vous faut donc détruire la liberté de parler comme celle d'écrire; cette fois, vous voici dans le port: chacun se tait. Mais où êtes-vous arrivé? Vous étiez parti des abus de la liberté, et je vous retrouve sous les pieds d'un despote.

Vous avez été de l'extrême indépendance à l'extrême servitude, sans rencontrer, sur un si long espace, un seul lieu où vous puissiez vous poser.

Il y a des peuples qui, indépendamment des raisons générales que je viens d'énoncer, en ont de particulières qui doivent les attacher à la liberté de la presse.

Chez certaines nations qui se prétendent libres, chacun des agents du pouvoir peut impunément violer la loi sans que la constitution du pays donne aux opprimés le droit de se plaindre devant la justice. Chez ces peuples il ne faut plus considérer l'indépendance de la presse comme l'une des garanties, mais comme la seule garantie qui reste de la liberté et de la sécurité des citoyens.

Si donc les hommes qui gouvernent ces nations parlaient d'enlever son indépendance à la presse, le peuple entier pourrait leur répondre : Laissez-nous poursuivre vos crimes devant les juges ordinaires, et peut-être que nous consentirons alors à ne point en appeler au tribunal de l'opinion.

Dans un pays où règne ostensiblement le dogme de la souveraineté du peuple, la censure n'est pas seulement un danger, mais encore une grande absurdité.

Lorsqu'on accorde à chacun un droit à gouverner la société, il faut bien lui reconnaître la capacité de choisir entre les différentes opinions qui agitent ses contemporains, et d'apprécier les différents faits dont la connaissance peut le guider.

La souveraineté du peuple et la liberté de la presse sont donc deux choses entièrement corrélatives : la censure et le vote universel sont au contraire deux choses qui se contredisent et ne peuvent se rencontrer longtemps dans les institutions politiques d'un même peuple. Parmi les douze millions d'hommes qui vivent sur le territoire des Etats-Unis, il n'en est pas *un seul* qui ait encore osé proposer de restreindre la liberté de la presse.

Le premier journal qui tomba sous mes yeux, en arrivant en Amérique, contenait l'article suivant, que je traduis fidèlement :

« Dans toute cette affaire, le langage tenu par Jackson (le président) a été celui d'un despote sans cœur, occupé uniquement à conserver son pouvoir. L'ambition est son crime, et il y trouvera sa peine. Il a pour vocation l'intrigue, et l'intrigue confondra ses desseins et lui arrachera sa puissance. Il gouverne par la corruption, et ses manœuvres coupables tourneront à sa confusion et à sa honte. Il s'est montré dans l'arène politique comme un joueur sans pudeur et sans frein. Il a réussi ; mais l'heure de la justice approche ; bientôt il lui faudra rendre ce qu'il a gagné, jeter loin de lui son dé trompeur, et finir dans quelque retraite où il puisse blasphémer en liberté contre sa folie ; car le repentir n'est point une vertu qu'il ait été donné à son cœur de jamais connaître. »

(Vincenne's Gazette.)

Bien des gens en France s'imaginent que la violence de la presse tient parmi nous à l'instabilité de l'état social, à nos passions politiques et au malaise général qui en est la suite. Ils attendent donc sans cesse une époque où la société reprenant une assiette tranquille, la presse à son tour deviendra calme. Pour moi, j'attribuerais volontiers aux causes indiquées plus haut l'extrême ascendant qu'elle a sur nous; mais je ne pense point que ces causes influent beaucoup sur son langage. La presse périodique me paraît avoir des instincts et des passions à elle, indépendamment des circonstances au milieu desquelles elle agit. Ce qui se passe en Amérique achève de me le prouver.

L'Amérique est peut-être en ce moment le pays du monde qui renferme dans son sein le moins de germes de révolution. En Amérique, cependant, la presse a les mêmes goûts destructeurs qu'en France, et la même violence sans les mêmes causes de colère. En Amérique, comme en France elle est cette puissance extraordinaire, si étrangement mélangée de biens et de maux, que sans elle la liberté ne saurait vivre, et qu'avec elle l'ordre peut à peine se maintenir.

Ce qu'il faut dire, c'est que la presse a beaucoup moins de pouvoir aux Etats-Unis que parmi nous. Rien pourtant n'est plus rare dans ce pays que de voir une poursuite judiciaire dirigée contre elle. La raison en est simple : les Américains, en admettant parmi eux le dogme de la souveraineté du peuple, en ont fait l'application sincère. Ils n'ont point eu l'idée de fonder, avec des éléments qui changent tous les jours, des constitutions dont la durée fût éternelle. Attaquer les lois existantes n'est donc pas criminel, pourvu qu'on ne veuille point s'y soustraire par la violence.

Ils croient d'ailleurs que les tribunaux sont impuissants pour modérer la presse, et que la souplesse des langages humains échappant sans cesse à l'analyse judiciaire, les délits de cette nature se dérobent en quelque sorte devant la main qui s'étend pour les saisir. Ils pensent qu'afin de pouvoir agir efficacement sur la presse, il faudrait trouver un tribunal qui, non seulement fût dévoué à l'ordre existant, mais encore pût se placer au-dessus de l'opinion publique qui s'agite autour de lui; un tribunal qui jugeât sans admettre la publicité, prononçât sans motiver ses arrêts, et punît l'intention plus encore que les paroles. Quiconque aurait le pouvoir de créer et de maintenir un semblable tribunal, perdrait son temps à poursuivre la liberté de la presse; car alors il serait maître absolu de la société elle-même, et pourrait se débarrasser des écrivains en même temps que de leurs écrits. En matière de presse, il n'y a donc réellement pas de milieu entre la servitude et la licence. Pour recueillir les biens inestimables qu'assure la liberté de la presse, il faut savoir se soumettre aux maux inévitables qu'elle fait naître. Vouloir obtenir les uns en échappant aux autres, c'est se livrer à l'une de ces illusions dont se bercent d'ordinaire les nations malades, alors que, fatiguées de luttes et épuisées d'efforts, elles cherchent les moyens de faire coexister à la fois, sur le même sol, des opinions ennemies et des principes contraires.

Le peu de puissance des journaux en Amérique tient à plusieurs causes, dont voici les principales :

La liberté d'écrire, comme toutes les autres, est d'autant plus redoutable qu'elle est plus nouvelle; un peuple qui n'a jamais entendu traiter devant lui les affaires de l'Etat croit le premier tribun qui se présente. Parmi les Anglo-Américains, cette liberté est aussi ancienne que la fondation des colonies; la presse d'ailleurs, qui sait si bien enflammer les passions humaines, ne peut cependant les créer à elle toute seule. Or, en Amérique, la vie politique est active, variée, agitée même, mais elle est rarement troublée par des passions profondes; il est rare que celles-ci se soulèvent quand les intérêts matériels ne sont pas compromis, et aux Etats-Unis ces intérêts prospèrent. Pour juger de la différence qui existe sur ce point entre les Anglo-Américains et nous, je n'ai qu'à jeter les yeux sur les journaux des deux peuples. En France, les annonces commerciales ne tiennent qu'un espace fort restreint, les nouvelles mêmes sont peu nombreuses; la partie vitale d'un journal, c'est celle où se trouvent les discussions politiques. En Amérique, les trois quarts de l'immense journal qui est placé sous vos yeux sont remplis par des annonces, le reste est occupé le plus souvent par des nouvelles politiques ou de simples anecdotes; de loin en loin seulement, on aperçoit dans un coin ignoré l'une de ces discussions brûlantes qui sont parmi nous la pâture journalière des lecteurs.

Toute puissance augmente l'action de ses forces à mesure qu'elle en centralise la direction; c'est là une loi générale de la nature que l'examen démontre à l'observateur, et qu'un instinct plus sûr encore a toujours fait connaître aux moindres despotes.

En France, la presse réunit deux espèces de centralisations distinctes.

Presque tout son pouvoir est concentré dans un même lieu, et pour ainsi dire dans les mêmes mains, car ses organes sont en très petit nombre.

Ainsi constitué au milieu d'une nation sceptique, le pouvoir de la presse doit être presque sans bornes. C'est un ennemi avec qui un gouvernement peut faire des trêves plus ou moins longues, mais en face duquel il lui est difficile de vivre longtemps.

Ni l'une ni l'autre des deux espèces de centralisations dont je viens de parler n'existent en Amérique.

Les Etats-Unis n'ont point de capitale : les lumières comme la puissance sont disséminées dans toutes les parties de cette vaste contrée; les rayons de l'intelligence humaine, au lieu de partir d'un centre commun, s'y croisent donc en tous sens; les Américains n'ont placé nulle part la direction générale de la pensée, non plus que celle des affaires.

Ceci tient à des circonstances locales qui ne dépendent point des hommes; mais voici qui vient des lois :

Aux Etats-Unis, il n'y a pas de patentes pour les imprimeurs, de timbre ni d'enregistrement pour les journaux; enfin la règle des cautionnements est inconnue.

Il résulte de là que la création d'un journal est une entreprise simple et facile; peu d'abonnés suffisent pour que le journaliste puisse couvrir ses frais : aussi le nombre des écrits périodiques ou semi-périodiques, aux Etats-Unis, dépasse-t-il toute croyance. Les Américains les plus éclairés attribuent à cette incroyable dissémination des forces de la presse son peu de puissance : c'est un axiome de la science politique aux Etats-Unis, que le seul moyen de neutraliser les effets des journaux est d'en multiplier le nombre. Je ne saurais me figurer qu'une vérité aussi évidente ne soit pas encore devenue chez nous plus vulgaire. Que ceux qui veulent faire des révolutions à l'aide de la presse cherchent à ne lui donner que quelques puissants organes, je le comprends sans peine; mais que les partisans officiels de l'ordre établi et les soutiens naturels des lois existantes croient atténuer l'action de la presse en la concentrant, voilà ce que je ne saurais absolument concevoir. Les gouvernements d'Europe me semblent agir vis-à-vis de la presse de la même façon qu'agissaient jadis les chevaliers envers leurs adversaires : ils ont remarqué par leur propre

usage que la centralisation était une arme puissante,
et ils veulent en pourvoir leur ennemi, afin sans doute
d'avoir plus de gloire à lui résister.

Aux Etats-Unis, il n'y a presque pas de bourgade qui
n'ait son journal. On conçoit sans peine que, parmi tant
de combattants, on ne peut établir ni discipline, ni
unité d'action : aussi voit-on chacun lever sa bannière.
Ce n'est pas que tous les journaux politiques de l'Union
se soient rangés pour ou contre l'administration; mais
ils l'attaquent et la défendent par cent moyens divers.
Les journaux ne peuvent donc pas établir aux Etats-Unis
de ces grands courants d'opinions qui soulèvent ou
débordent les plus puissantes digues. Cette division des
forces de la presse produit encore d'autres effets non
moins remarquables : la création d'un journal étant
chose facile, tout le monde peut s'en occuper; d'un autre
côté, la concurrence fait qu'un journal ne peut espérer
de très grands profits; ce qui empêche les hautes capacités industrielles de se mêler de ces sortes d'entreprises.
Les journaux fussent-ils d'ailleurs la source des richesses,
comme ils sont excessivement nombreux, les écrivains
de talent ne pourraient suffire à les diriger. Les journalistes, aux Etats-Unis, ont donc en général une position
peu élevée, leur éducation n'est qu'ébauchée, et la tournure de leurs idées est souvent vulgaire. Or, en toutes
choses la majorité fait loi; elle établit de certaines allures
auxquelles chacun ensuite se conforme; l'ensemble de
ces habitudes communes s'appelle un esprit : il y a
l'esprit du barreau, l'esprit de cour. L'esprit du journaliste, en France, est de discuter d'une manière violente, mais élevée, et souvent éloquente, les grands
intérêts de l'Etat; s'il n'en est pas toujours ainsi, c'est que
toute règle a ses exceptions. L'esprit du journaliste,
en Amérique, est de s'attaquer grossièrement, sans
apprêt et sans art, aux passions de ceux auxquels il
s'adresse, de laisser là les principes pour saisir les
hommes; de suivre ceux-ci dans leur vie privée, et de
mettre à nu leurs faiblesses et leurs vices.

Il faut déplorer un pareil abus de la pensée; plus tard,
j'aurai occasion de rechercher quelle influence exercent
les journaux sur le goût et la moralité du peuple américain; mais, je le répète, je ne m'occupe en ce moment
que du monde politique. On ne peut se dissimuler que
les effets politiques de cette licence de la presse ne contribuent indirectement au maintien de la tranquillité

publique. Il en résulte que les hommes qui ont déjà une position élevée dans l'opinion de leurs concitoyens n'osent point écrire dans les journaux et perdent ainsi l'arme la plus redoutable dont ils puissent se servir pour remuer à leur profit les passions populaires[1]. Il en résulte surtout que les vues personnelles exprimées par les journalistes ne sont pour ainsi dire d'aucun poids aux yeux des lecteurs. Ce qu'ils cherchent dans un journal, c'est la connaissance des faits; ce n'est qu'en altérant ou en dénaturant ces faits que le journaliste peut acquérir à son opinion quelque influence.

Réduite à ces seules ressources, la presse exerce encore un immense pouvoir en Amérique. Elle fait circuler la vie politique dans toutes les portions de ce vaste territoire. C'est elle dont l'œil toujours ouvert met sans cesse à nu les secrets ressorts de la politique, et force les hommes publics à venir tour à tour comparaître devant le tribunal de l'opinion. C'est elle qui rallie les intérêts autour de certaines doctrines et formule le symbole des partis; c'est par elle que ceux-ci se parlent sans se voir, s'entendent sans être mis en contact. Lorsqu'un grand nombre des organes de la presse parvient à marcher dans la même voie, leur influence à la longue devient presque irrésistible, et l'opinion publique, frappée toujours du même côté, finit par céder sous leurs coups.

Aux Etats-Unis, chaque journal a individuellement peu de pouvoir; mais la presse périodique est encore, après le peuple, la première des puissances *A*.

Que les opinions qui s'établissent sous l'empire de la liberté de la presse aux Etats-Unis sont souvent plus tenaces que celles qui se forment ailleurs sous l'empire de la censure.

Aux Etats-Unis, la démocratie amène sans cesse des hommes nouveaux à la direction des affaires; le gouvernement met donc peu de suite et d'ordre dans ses mesures. Mais les principes généraux du gouvernement y sont plus stables que dans beaucoup d'autres pays,

---

1. Ils n'écrivent dans les journaux que dans les cas rares où ils veulent s'adresser au peuple et parler en leur propre nom : lorsque, par exemple, on a répandu sur leur compte des imputationss calomnieuses et qu'ils désirent rétablir la vérité des faits.

et les opinions principales qui règlent la société s'y montrent plus durables. Quand une idée a pris possession de l'esprit du peuple américain, qu'elle soit juste ou déraisonnable, rien n'est plus difficile que de l'en extirper.

Le même fait a été observé en Angleterre, le pays de l'Europe où l'on a vu pendant un siècle la liberté la plus grande de penser et les préjugés les plus invincibles.

J'attribue cet effet à la cause même qui, au premier abord, semblerait devoir l'empêcher de se produire, à la liberté de la presse. Les peuples chez lesquels existe cette liberté s'attachent à leurs opinions par orgueil autant que par conviction. Il les aiment, parce qu'elles leur semblent justes, et aussi parce qu'elles sont de leur choix, et ils y tiennent, non seulement comme à une chose vraie, mais encore comme à une chose qui leur est propre.

Il y a plusieurs autres raisons encore.

Un grand homme a dit que l'*ignorance était aux deux bouts de la science*. Peut-être eût-il été plus vrai de dire que les convictions profondes ne se trouvent qu'aux deux bouts, et qu'au milieu est le doute. On peut considérer, en effet, l'intelligence humaine dans trois états distincts et souvent successifs.

L'homme croit fermement, parce qu'il adopte sans approfondir. Il doute quand les objections se présentent. Souvent il parvient à résoudre tous ses doutes, et alors il recommence à croire. Cette fois, il ne saisit plus la vérité au hasard et dans les ténèbres; mais il la voit face à face et marche directement à sa lumière [2].

Lorsque la liberté de la presse trouve les hommes dans la premier état, elle leur laisse pendant longtemps encore cette habitude de croire fermement sans réfléchir; seulement elle change chaque jour l'objet de leurs croyances irréfléchies. Sur tout l'horizon intellectuel, l'esprit de l'homme continue donc à ne voir qu'un point à la fois; mais ce point varie sans cesse. C'est le temps des révolutions subites. Malheur aux générations qui, les premières, admettent tout à coup la liberté de la presse!

---

2. Encore je ne sais si cette conviction réfléchie et maîtresse d'elle élève jamais l'homme au degré d'ardeur et de dévouement qu'inspirent les croyances dogmatiques.

Bientôt cependant le cercle des idées nouvelles est à peu près parcouru. L'expérience arrive, et l'homme se plonge dans un doute et dans une méfiance universelle.

On peut compter que la majorité des hommes s'arrêtera toujours dans l'un de ces deux états : elle croira sans savoir pourquoi, ou ne saura pas précisément ce qu'il faut croire.

Quant à cette autre espèce de conviction réfléchie et maîtresse d'elle-même qui naît de la science et s'élève du milieu même des agitations du doute, il ne sera jamais donné qu'aux efforts d'un très petit nombre d'hommes de l'atteindre.

Or, on a remarqué que, dans les siècles de ferveur religieuse, les hommes changeaient quelquefois de croyance; tandis que dans les siècles de doute, chacun gardait obstinément la sienne. Il en arrive ainsi dans la politique, sous le règne de la liberté de la presse. Toutes les théories sociales ayant été contestées et combattues tour à tour, ceux qui se sont fixés à l'une d'elles la gardent, non pas tant parce qu'ils sont sûrs qu'elle est bonne, que parce qu'ils ne sont pas sûrs qu'il y en ait une meilleure.

Dans ces siècles, on ne se fait pas tuer si aisément pour ses opinions; mais on ne les change point, et il s'y rencontre, tout à la fois, moins de martyrs et d'apostats.

Ajoutez à cette raison cette autre plus puissante encore : dans le doute des opinions, les hommes finissent par s'attacher uniquement aux instincts et aux intérêts matériels, qui sont bien plus visibles, plus saisissables et plus permanents de leur nature que les opinions.

C'est une question très difficile à décider que celle de savoir qui gouverne le mieux, de la démocratie, ou de l'aristocratie. Mais il est clair que la démocratie gêne l'un, et que l'aristocratie opprime l'autre.

C'est là une vérité qui s'établit d'elle-même et qu'on n'a pas besoin de discuter : vous êtes riche et je suis pauvre.

CHAPITRE IV

DE L'ASSOCIATION POLITIQUE AUX ÉTATS-UNIS

Usage journalier que les Anglo-Américains font du droit d'association. — Trois genres d'associations politiques. — Comment les Américains appliquent le système représentatif aux associations. — Dangers qui en résultent pour l'État. — Grande convention de 1831 relative au tarif. — Caractère législatif de cette convention. — Pourquoi l'exercice illimité du droit d'association n'est pas aussi dangereux aux Etats-Unis qu'ailleurs. — Pourquoi on peut l'y considérer comme nécessaire. — Utilité des associations chez les peuples démocratiques.

L'Amérique est le pays du monde où l'on a tiré le plus de parti de l'association, et où l'on a appliqué ce puissant moyen d'action à une plus grande diversité d'objets.

Indépendamment des associations permanentes créées par la loi sous le nom de communes, de villes et de comtés, il y en a une multitude d'autres qui ne doivent leur naissance et leur développement qu'à des volontés individuelles.

L'habitant des Etats-Unis apprend dès sa naissance qu'il faut s'appuyer sur soi-même pour lutter contre les maux et les embarras de la vie; il ne jette sur l'autorité sociale qu'un regard défiant et inquiet, et n'en appelle à son pouvoir que quand il ne peut s'en passer. Ceci commence à s'apercevoir dès l'école, où les enfants se soumettent, jusque dans leurs jeux, à des règles qu'ils ont établies, et punissent entre eux des délits par eux-mêmes définis. Le même esprit se retrouve dans tous les actes de la vie sociale. Un embarras survient sur la voie publique, le passage est interrompu, la circulation arrêtée; les voisins s'établissent aussitôt en corps délibérant; de cette assemblée improvisée sortira un pouvoir exécutif qui remédiera au mal, avant que l'idée d'une autorité préexistante à celle des intéressés se soit présentée à l'imagination de personne. S'agit-il de plaisir, on s'associera pour donner plus de splendeur et de régularité à la fête. On s'unit enfin pour résister à des ennemis tout intellectuels : on combat en commun l'intempérance. Aux Etats-Unis, on s'associe dans des buts de sécurité publique, de commerce et d'industrie, de morale et de religion. Il n'y a rien que la volonté humaine désespère d'atteindre par l'action libre de la puissance collective des individus.

J'aurai occasion, plus tard, de parler des effets que produit l'association dans la vie civile. Je dois me renfermer en ce moment dans le monde politique.

Le droit d'association étant reconnu, les citoyens peuvent en user de différentes manières.

Une association consiste seulement dans l'adhésion publique que donnent un certain nombre d'individus à telles ou telles doctrines, et dans l'engagement qu'ils contractent de concourir d'une certaine façon à les faire prévaloir. Le droit de s'associer ainsi se confond presque avec la liberté d'écrire; déjà cependant l'association possède plus de puissance que la presse. Quand une opinion est représentée par une association, elle est obligée de prendre une forme plus nette et plus précise. Elle compte ses partisans et les compromet dans sa cause. Ceux-ci apprennent eux-mêmes à se connaître les uns les autres, et leur ardeur s'accroît de leur nombre. L'association réunit en faisceau les efforts des esprits divergents, et les pousse avec vigueur vers un seul but clairement indiqué par elle.

Le second degré dans l'exercice du droit d'association est de pouvoir s'assembler. Quand on laisse une association politique placer sur certains points importants du pays des foyers d'action, son activité en devient plus grande et son influence plus étendue. Là, les hommes se voient; les moyens d'exécution se combinent, les opinions se déploient avec cette force et cette chaleur que ne peut jamais atteindre la pensée écrite.

Il est enfin dans l'exercice du droit d'association, en matière politique, un dernier degré : les partisans d'une même opinion peuvent se réunir en collèges électoraux, et nommer des mandataires pour les aller représenter dans une assemblée centrale. C'est à proprement parler le système représentatif appliqué à un parti.

Ainsi, dans le premier cas, les hommes qui professent une même opinion établissent entre eux un lien purement intellectuel; dans le second, ils se réunissent en petites assemblées qui ne représentent qu'une fraction du parti; dans le troisième enfin, ils forment comme une nation à part dans la nation, un gouvernement dans le gouvernement. Leurs mandataires, semblables aux mandataires de la majorité, représentent à eux seuls toute la force collective de leurs partisans; ainsi que ces derniers, ils arrivent avec une apparence de nationalité et toute la puissance morale qui en résulte. Il est vrai qu'ils n'ont pas comme eux le droit de faire la loi; mais ils ont le pouvoir d'attaquer celle qui existe et de formuler d'avance celle qui doit exister.

Je suppose un peuple qui ne soit pas parfaitement habitué à l'usage de la liberté, ou chez lequel fermentent des passions politiques profondes. A côté de la majorité qui fait les lois, je place une minorité qui se charge seulement des *considérants* et s'arrête au *dispositif;* et je ne puis m'empêcher de croire que l'ordre public est exposé à de grands hasards.

Entre prouver qu'une loi est meilleure en soi qu'une autre, et prouver qu'on doit la substituer à cette autre, il y a loin sans doute. Mais où l'esprit des hommes éclairés voit encore une grande distance, l'imagination de la foule n'en aperçoit déjà plus. Il arrive d'ailleurs des temps où la nation se partage presque également entre deux partis, dont chacun prétend représenter la majorité. Près du pouvoir qui dirige, s'il vient à s'établir un pouvoir dont l'autorité morale soit presque aussi grande, peut-on croire qu'il se borne longtemps à parler sans agir ?

S'arrêtera-t-il toujours devant cette considération métaphysique, que le but des associations est de diriger les opinions et non de les contraindre, de conseiller la loi, non de la faire ?

Plus j'envisage l'indépendance de la presse dans ses principaux effets, plus je viens à me convaincre que chez les modernes l'indépendance de la presse est l'élément capital, et pour ainsi dire constitutif de la liberté. Un peuple qui veut rester libre a donc le droit d'exiger qu'à tout prix on la respecte. Mais la liberté *illimitée* d'association en matière politique ne saurait être entièrement confondue avec la liberté d'écrire. L'une est tout à la fois moins nécessaire et plus dangereuse que l'autre.

Une nation peut y mettre des bornes sans cesser d'être maîtresse d'elle-même; elle doit quelquefois le faire pour continuer à l'être.

En Amérique, la liberté de s'associer dans des buts politiques est illimitée.

Un exemple fera mieux connaître que tout ce que je pourrais ajouter jusqu'à quel degré on la tolère.

On se rappelle combien la question du tarif ou de la liberté du commerce a agité les esprits en Amérique. Le tarif favorisait ou attaquait non seulement des opinions, mais des intérêts matériels très puissants. Le Nord lui attribuait une partie de sa prospérité, le Sud presque toutes ses misères. On peut dire que pendant longtemps le tarif a fait naître les seules passions politiques qui aient agité l'Union.

En 1831, lorsque la querelle était le plus envenimée, un citoyen obscur du Massachusetts imagina de proposer, par la voie des journaux, à tous les ennemis du tarif d'envoyer des députés à Philadelphie, afin d'aviser ensemble aux moyens de faire rendre au commerce sa liberté. Cette proposition circula en peu de jours par la naissance de l'imprimerie, depuis le Maine jusqu'à la Nouvelle-Orléans. Les ennemis du tarif l'adoptèrent avec ardeur. Ils se réunirent de toutes parts et nommèrent des députés. Le plus grand nombre de ceux-ci étaient des hommes connus, et quelques-uns d'entre eux s'étaient rendus célèbres. La Caroline du Sud, qu'on a vue depuis prendre les armes dans la même cause, envoya pour sa part soixante-trois délégués. Le 1er octobre 1831, l'assemblée, qui, suivant l'habitude américaine, avait pris le nom de convention, se constitua à Philadelphie; elle comptait plus de deux cents membres. Les discussions étaient publiques et prirent, dès le premier jour, un caractère tout législatif; on discuta l'étendue des pouvoirs du congrès, les théories de la liberté du commerce, et enfin les diverses dispositions du tarif. Au bout de dix jours, l'assemblée se sépara après avoir rédigé une adresse au peuple américain. Dans cette adresse on exposait : 1° que le congrès n'avait pas le droit de faire un tarif, et que le tarif existant était inconstitutionnel; 2° qu'il n'était dans l'intérêt d'aucun peuple, et en particulier du peuple américain, que le commerce ne fût pas libre.

Il faut reconnaître que la liberté illimitée de s'associer en matière politique n'a pas produit jusqu'à présent, aux Etats-Unis, les résultats funestes qu'on pourrait peut-être en attendre ailleurs. Le droit d'association y est une importation anglaise, et il a existé de tout temps en Amérique. L'usage de ce droit est aujourd'hui passé dans les habitudes et dans les mœurs.

De notre temps, la liberté d'association est devenue une garantie nécessaire contre la tyrannie de la majorité. Aux Etats-Unis, quand une fois un parti est devenu dominant, toute la puissance publique passe dans ses mains; ses amis particuliers occupent tous les emplois et disposent de toutes les forces organisées. Les hommes les plus distingués du parti contraire ne pouvant franchir la barrière qui les sépare du pouvoir, il faut bien qu'ils puissent s'établir en dehors; il faut que la minorité oppose sa force morale tout entière à la puissance matérielle qui l'opprime. C'est donc un danger qu'on oppose à un danger plus à craindre.

L'omnipotence de la majorité me paraît un si grand péril pour les républiques américaines, que le moyen dangereux dont on se sert pour la borner me semble encore un bien.

Ici j'exprimerai une pensée qui rappellera ce que j'ai dit autre part à l'occasion des libertés communales : il n'y a pas de pays où les associations soient plus nécessaires, pour empêcher le despotisme des partis ou l'arbitraire du prince, que ceux où l'état social est démocratique. Chez les nations aristocratiques, les corps secondaires forment des associations naturelles qui arrêtent les abus de pouvoir. Dans les pays où de pareilles associations n'existent point, si les particuliers ne peuvent créer artificiellement et momentanément quelque chose qui leur ressemble, je n'aperçois plus de digue à aucune sorte de tyrannie, et un grand peuple peut être opprimé impunément par une poignée de factieux ou par un homme.

La réunion d'une grande convention politique (car il y en a de tous genres), qui peut souvent devenir une mesure nécessaire, est toujours, même en Amérique, un événement grave et que les amis de leur pays n'envisagent qu'avec crainte.

Ceci se vit bien clairement dans la convention de 1831, où tous les efforts des hommes distingués qui faisaient partie de l'assemblée tendirent à en modérer le langage et à en restreindre l'objet. Il est probable que la convention de 1831 exerça en effet une grande influence sur l'esprit des mécontents et les prépara à la révolte ouverte qui eut lieu en 1832 contre les lois commerciales de l'Union.

On ne peut se dissimuler que la liberté illimitée d'association, en matière politique, ne soit, de toutes les libertés, la dernière qu'un peuple puisse supporter. Si elle ne le fait pas tomber dans l'anarchie, elle la lui fait pour ainsi dire toucher à chaque instant. Cette liberté, si dangereuse, offre cependant sur un point des garanties; dans les pays où les associations sont libres, les sociétés secrètes sont inconnues. En Amérique, il y a des factieux, mais point de conspirateurs.

Des différentes manières dont on entend le droit d'association en Europe et aux Etats-Unis, et de l'usage différent qu'on en fait.

Après la liberté d'agir seul, la plus naturelle à l'homme est celle de combiner ses efforts avec les efforts de ses semblables et d'agir en commun. Le droit d'association me paraît donc presque aussi inaliénable de sa nature que la liberté individuelle. Le législateur ne saurait vouloir le détruire sans attaquer la société elle-même. Cependant s'il est des peuples chez lesquels la liberté de s'unir n'est que bienfaisante et féconde en prospérité, il en est d'autres aussi qui, par leurs excès, la dénaturent, et d'un élément de vie font une cause de destruction. Il m'a semblé que la comparaison des voies diverses que suivent les associations, dans les pays où la liberté est comprise, et dans ceux où cette liberté se change en licence, serait tout à la fois utile aux gouvernements et aux partis.

La plupart des Européens voient encore dans l'association une arme de guerre qu'on forme à la hâte pour aller l'essayer aussitôt sur un champ de bataille.

On s'associe bien dans le but de parler, mais la pensée prochaine d'agir préoccupe tous les esprits. Une association, c'est une armée; on y parle pour se compter et s'animer, et puis on marche à l'ennemi. Aux yeux de ceux qui la composent, les ressources légales peuvent paraître des moyens, mais elles ne sont jamais l'unique moyen de réussir.

Telle n'est point la manière dont on entend le droit d'association aux Etats-Unis. En Amérique, les citoyens qui forment la minorité s'associent, d'abord pour constater leur nombre et affaiblir ainsi l'empire moral de la majorité; le second objet des associés est de mettre au concours et de découvrir de cette manière les arguments les plus propres à faire impression sur la majorité; car ils ont toujours l'espérance d'attirer à eux cette dernière et de disposer ensuite, en son nom, du pouvoir.

Les associations politiques aux Etats-Unis sont donc paisibles dans leur objet et légales dans leurs moyens; et lorsqu'elles prétendent ne vouloir triompher que par les lois, elles disent en général la vérité.

La différence qui se remarque sur ce point entre les Américains et nous tient à plusieurs causes.

Il existe en Europe des partis qui diffèrent tellement de la majorité, qu'ils ne peuvent espérer de s'en faire jamais un appui, et ces mêmes partis se croient assez forts par eux-mêmes pour lutter contre elle. Quand un parti de cette espèce forme une association, il ne veut point convaincre, mais combattre. En Amérique, les hommes qui sont placés très loin de la majorité par leur opinion ne peuvent rien contre son pouvoir : tous les autres espèrent la gagner.

L'exercice du droit d'association devient donc dangereux en proportion de l'impossibilité où sont les grands partis de devenir la majorité. Dans un pays comme les Etats-Unis, où les opinions ne diffèrent que par des nuances, le droit d'association peut rester pour ainsi dire sans limites.

Ce qui nous porte encore à ne voir dans la liberté d'association que le droit de faire la guerre aux gouvernants, c'est notre inexpérience en fait de liberté. La première idée qui se présente à l'esprit d'un parti comme à celui d'un homme, quand les forces lui viennent, c'est l'idée de la violence : l'idée de la persuasion n'arrive que plus tard; elle naît de l'expérience.

Les Anglais, qui sont divisés entre eux d'une manière si profonde, font rarement abus du droit d'association, parce qu'ils en ont un plus long usage.

On a de plus, parmi nous, un goût tellement passionné pour la guerre, qu'il n'est pas d'entreprise si insensée, dût-elle bouleverser l'Etat, dans laquelle on ne s'estimât glorieux de mourir les armes à la main.

Mais de toutes les causes qui concourent aux Etats-Unis à modérer les violences de l'association politique, la plus puissante peut-être est le vote universel. Dans les pays où le vote universel est admis, la majorité n'est jamais douteuse, parce que nul parti ne saurait raisonnablement s'établir comme le représentant de ceux qui n'ont point voté. Les associations savent donc, et tout le monde sait qu'elles ne représentent point la majorité. Ceci résulte du fait même de leur existence; car, si elles la représentaient, elles changeraient elles-mêmes la loi au lieu d'en demander la réforme.

La force morale du gouvernement qu'elles attaquent s'en trouve très augmentée; la leur, fort affaiblie.

En Europe, il n'y a presque point d'associations qui ne prétendent ou ne croient représenter les volontés de la majorité. Cette prétention ou cette croyance augmente prodigieusement leur force, et sert merveilleusement à légitimer leurs actes. Car quoi de plus excusable que la violence pour faire triompher la cause opprimée du droit ?

C'est ainsi que dans l'immense complication des lois humaines il arrive quelquefois que l'extrême liberté corrige les abus de la liberté, et que l'extrême démocratie prévient les dangers de la démocratie.

En Europe, les associations se considèrent en quelque sorte comme le conseil législatif et exécutif de la nation, qui elle-même ne peut élever la voix; partant de cette idée, elles agissent et commandent. En Amérique, où elles ne représentent aux yeux de tous qu'une minorité dans la nation, elles parlent et pétitionnent.

Les moyens dont se servent les associations en Europe sont d'accord avec le but qu'elles se proposent.

Le but principal de ces associations étant d'agir et non de parler, de combattre et non de convaincre, elles sont naturellement amenées à se donner une organisation qui n'a rien de civil et à introduire dans leur sein les habitudes et les maximes militaires : aussi les voit-on centraliser, autant qu'elles le peuvent, la direction de leurs forces, et remettre le pouvoir de tous dans les mains d'un très petit nombre.

Les membres de ces associations répondent à un mot d'ordre comme des soldats en campagne; ils professent le dogme de l'obéissance passive, ou plutôt, en s'unissant, ils ont fait d'un seul coup le sacrifice entier de leur jugement et de leur libre arbitre : aussi règne-t-il souvent dans le sein de ces associations une tyrannie plus insupportable que celle qui s'exerce dans la société au nom du gouvernement qu'on attaque.

Cela diminue beaucoup leur force morale. Elles

perdent ainsi le caractère sacré qui s'attache à la lutte
des opprimés contre les oppresseurs. Car celui qui
consent à obéir servilement en certains cas à quelques-
uns de ses semblables, qui leur livre sa volonté et leur
soumet jusqu'à sa pensée, comment celui-là peut-il
prétendre qu'il veut être libre ?

Les Américains ont aussi établi un gouvernement au
sein des associations; mais c'est, si je puis m'exprimer
ainsi, un gouvernement civil. L'indépendance individuelle
y trouve sa part : comme dans la société, tous les hommes y
marchent en même temps vers le même but; mais chacun n'est pas tenu d'y marcher exactement par les mêmes
voies. On n'y fait point le sacrifice de sa volonté et de sa
raison; mais on applique sa volonté et sa raison à faire
réussir une entreprise commune.

CHAPITRE V

DU GOUVERNEMENT DE LA DÉMOCRATIE
EN AMÉRIQUE

Je sais que je marche ici sur un terrain brûlant. Chacun des mots de ce chapitre doit froisser en quelques points les différents partis qui divisent mon pays. Je n'en dirai pas moins toute ma pensée.

En Europe, nous avons peine à juger le véritable caractère et les instincts permanents de la démocratie, parce qu'en Europe il y a lutte entre deux principes contraires et qu'on ne sait pas précisément quelle part il faut attribuer aux principes eux-mêmes, ou aux passions que le combat a fait naître.

Il n'en est pas de même en Amérique. Là, le peuple domine sans obstacles; il n'a pas de périls à craindre ni d'injures à venger.

En Amérique, la démocratie est donc livrée à ses propres pentes. Ses allures sont naturelles et tous ses mouvements sont libres. C'est là qu'il faut la juger. Et pour qui cette étude serait-elle intéressante et profitable, si ce n'était pour nous, qu'un mouvement irrésistible entraîne chaque jour, et qui marchons en aveugles, peut-être vers le despotisme, peut-être vers la république, mais à coup sûr vers un état social démocratique?

DU VOTE UNIVERSEL

J'ai dit précédemment que tous les Etats de l'Union avaient admis le vote universel. On le retrouve chez des populations placées à différents degrés de l'échelle sociale. J'ai eu occasion de voir ses effets dans des lieux divers et parmi des races d'hommes que leur langue, leur religion ou leurs mœurs rendent presque étrangères les unes aux autres; à la Louisiane comme dans la Nouvelle-

Angleterre, à la Géorgie comme au Canada. J'ai remarqué que le vote universel était loin de produire, en Amérique, tous les biens et tous les maux qu'on en attend en Europe, et que ses effets étaient en général autres qu'on ne les suppose.

Des choix du peuple
et des instincts de la démocratie américaine dans ses choix

Aux Etats-Unis les hommes les plus remarquables sont rarement appelés à la direction des affaires publiques. — Causes de ce phénomène. — L'envie qui anime les classes inférieures de France contre les supérieures n'est pas un sentiment français, mais démocratique. — Pourquoi, en Amérique, les hommes distingués s'écartent souvent d'eux-mêmes de la carrière politique.

Bien des gens, en Europe, croient sans le dire, ou disent sans le croire, qu'un des grands avantages du vote universel est d'appeler à la direction des affaires des hommes dignes de la confiance publique. Le peuple ne saurait gouverner lui-même, dit-on, mais il veut toujours sincèrement le bien de l'Etat, et son instinct ne manque guère de lui désigner ceux qu'un même désir anime et qui sont les plus capables de tenir en main le pouvoir.

Pour moi, je dois le dire, ce que j'ai vu en Amérique ne m'autorise point à penser qu'il en soit ainsi. A mon arrivée aux Etats-Unis, je fus frappé de surprise en découvrant à quel point le mérite était commun parmi les gouvernés, et combien il l'était peu chez les gouvernants. C'est un fait constant que, de nos jours, aux Etats-Unis, les hommes les plus remarquables sont rarement appelés aux fonctions publiques, et l'on est obligé de reconnaître qu'il en a été ainsi à mesure que la démocratie a dépassé toutes ses anciennes limites. Il est évident que la race des hommes d'Etat américains s'est singulièrement rapetissée depuis un demi-siècle.

On peut indiquer plusieurs causes de ce phénomène.

Il est impossible, quoi qu'on fasse, d'élever les lumières du peuple au-dessus d'un certain niveau. On aura beau faciliter les abords des connaissances humaines, améliorer les méthodes d'enseignement et mettre la science à

bon marché, on ne fera jamais que les hommes s'instruisent et développent leur intelligence sans y consacrer
du temps.

Le plus ou moins de facilité que rencontre le peuple à
vivre sans travailler forme donc la limite nécessaire de ses
progrès intellectuels. Cette limite est placée plus loin
dans certains pays, moins loin dans certains autres; mais
pour qu'elle n'existât point, il faudrait que le peuple
n'eût point à s'occuper des soins matériels de la vie,
c'est-à-dire qu'il ne fût plus le peuple. Il est donc aussi
difficile de concevoir une société où tous les hommes
soient très éclairés, qu'un Etat où tous les citoyens soient
riches; ce sont là deux difficultés corrélatives. J'admettrai sans peine que la masse des citoyens veut très sincèrement le bien du pays; je vais même plus loin, et je dis
que les classes inférieures de la société me semblent
mêler, en général, à ce désir moins de combinaisons
d'intérêt personnel que les classes élevées; mais ce qui
leur manque toujours, plus ou moins, c'est l'art de juger
des moyens tout en voulant sincèrement la fin. Quelle
longue étude, que de notions diverses sont nécessaires
pour se faire une idée exacte du caractère d'un seul
homme! Les plus grands génies s'y égarent, et la multitude y réussirait! Le peuple ne trouve jamais le temps et
les moyens de se livrer à ce travail. Il lui faut toujours
juger à la hâte et s'attacher au plus saillant des objets.
De là vient que les charlatans de tous genres savent si
bien le secret de lui plaire, tandis que, le plus souvent, ses
véritables amis y échouent.

Du reste, ce n'est pas toujours la capacité qui manque
à la démocratie pour choisir les hommes de mérite, mais
le désir et le goût.

Il ne faut pas se dissimuler que les institutions démocratiques développent à un très haut degré le sentiment
de l'envie dans le cœur humain. Ce n'est point tant parce
qu'elles offrent à chacun des moyens de s'égaler aux
autres, mais parce que ces moyens défaillent sans cesse à
ceux qui les emploient. Les institutions démocratiques
réveillent et flattent la passion de l'égalité sans pouvoir
jamais la satisfaire entièrement. Cette égalité complète
s'échappe tous les jours des mains du peuple au moment
où il croit la saisir, et fuit, comme dit Pascal, d'une fuite
éternelle; le peuple s'échauffe à la recherche de ce bien
d'autant plus précieux qu'il est assez près pour être
connu, assez loin pour n'être point goûté. La chance de

réussir l'émeut, l'incertitude du succès l'irrite; il s'agite, il se lasse, il s'aigrit. Tout ce qui le dépasse par quelque endroit lui paraît alors un obstacle à ses désirs, et il n'y a pas de supériorité si légitime dont la vue ne fatigue ses yeux.

Beaucoup de gens s'imaginent que cet instinct secret qui porte chez nous les classes inférieures à écarter autant qu'elles le peuvent les supérieures de la direction des affaires ne se découvre qu'en France; c'est une erreur : l'instinct dont je parle n'est point français, il est démocratique; les circonstances politiques ont pu lui donner un caractère particulier d'amertume, mais elles ne l'ont pas fait naître.

Aux Etats-Unis, le peuple n'a point de haine pour les classes élevées de la société; mais il se sent peu de bienveillance pour elles et les tient avec soin en dehors du pouvoir; il ne craint pas les grands talents, mais il les goûte peu. En général, on remarque que tout ce qui s'élève sans son appui obtient difficilement sa faveur.

Tandis que les instincts naturels de la démocratie portent le peuple à écarter les hommes distingués du pouvoir, un instinct non moins fort porte ceux-ci à s'éloigner de la carrière politique, où il leur est si difficile de rester complètement eux-mêmes et de marcher sans s'avilir. C'est cette pensée qui est fort naïvement exprimée par le chancelier Kent. L'auteur célèbre dont je parle, après avoir donné de grands éloges à cette portion de la constitution qui accorde au pouvoir exécutif la nomination des juges, ajoute : « Il est probable, en effet, que les hommes les plus propres à remplir ces places auraient trop de réserve dans les manières, et trop de sévérité dans les principes, pour pouvoir jamais réunir la majorité des suffrages à une élection qui reposerait sur le vote universel. » (*Kent's Commentaries*, v. I, p. 272.) Voilà ce qu'on imprimait sans contradiction en Amérique dans l'année 1830.

Il m'est démontré que ceux qui regardent le vote universel comme une garantie de la bonté des choix se font une illusion complète. Le vote universel a d'autres avantages, mais non celui-là.

DES CAUSES QUI PEUVENT CORRIGER EN PARTIE CES INSTINCTS DE LA DÉMOCRATIE

Effets contraires produits sur les peuples comme sur les hommes par les grands périls. — Pourquoi l'Amérique a vu tant d'hommes remarquables à la tête de ses affaires il y a cinquante ans. — Influence qu'exercent les lumières et les mœurs sur les choix du peuple. — Exemple de la Nouvelle-Angleterre. — Etats du Sud-Ouest. — Comment certaines lois influent sur les choix du peuple. — Election à deux degrés. — Ses effets dans la composition du sénat.

Lorsque de grands périls menacent l'Etat, on voit souvent le peuple choisir avec bonheur les citoyens les plus propres à le sauver.

On a remarqué que l'homme dans un danger pressant restait rarement à son niveau habituel; il s'élève bien au-dessus, ou tombe au-dessous. Ainsi arrive-t-il aux peuples eux-mêmes. Les périls extrêmes, au lieu d'élever une nation, achèvent quelquefois de l'abattre; ils soulèvent ses passions sans les conduire et troublent son intelligence, loin de l'éclairer. Les Juifs s'égorgeaient encore au milieu des débris fumants du Temple. Mais il est plus commun de voir, chez les nations comme chez les hommes, les vertus extraordinaires naître de l'imminence même des dangers. Les grands caractères paraissent alors en relief comme ces monuments que cachait l'obscurité de la nuit, et qu'on voit se dessiner tout à coup à la lueur d'un incendie. Le génie ne dédaigne plus de se reproduire de lui-même, et le peuple, frappé de ses propres périls, oublie pour un temps ses passions envieuses. Il n'est pas rare de voir alors sortir de l'urne électorale des noms célèbres. J'ai dit plus haut qu'en Amérique les hommes d'Etat de nos jours semblent fort inférieurs à ceux qui parurent, il y a cinquante ans, à la tête des affaires. Ceci ne tient pas seulement aux lois, mais aux circonstances. Quand l'Amérique luttait pour la plus juste des causes, celle d'un peuple échappant au joug d'un autre peuple; lorsqu'il s'agissait de faire entrer une nation nouvelle dans le monde, toutes les âmes s'élevaient pour atteindre à la hauteur du but de leurs efforts. Dans cette excitation générale, les hommes supérieurs couraient au-devant du peuple, et le peuple, les prenant dans ses bras, les plaçait à sa tête. Mais de pareils événements sont rares; c'est sur l'allure ordinaire des choses qu'il faut juger.

Si des événements passagers parviennent quelquefois à combattre les passions de la démocratie, les lumières, et surtout les mœurs, exercent sur ses penchants une influence non moins puissante, mais plus durable. On s'en aperçoit bien aux États-Unis.

Dans la Nouvelle-Angleterre, où l'éducation et la liberté sont filles de la morale et de la religion; où la société, déjà ancienne et depuis longtemps assise, a pu se former des maximes et des habitudes, le peuple, en même temps qu'il échappe à toutes les supériorités que la richesse et la naissance ont jamais créées parmi les hommes, s'est habitué à respecter les supériorités intellectuelles et morales, et à s'y soumettre sans déplaisir : aussi voit-on que la démocratie dans la Nouvelle-Angleterre fait de meilleurs choix que partout ailleurs.

A mesure, au contraire, qu'on descend vers le midi, dans les Etats où le lien social est moins ancien et moins fort, où l'instruction s'est moins répandue, et où les principes de la morale, de la religion et de la liberté se sont combinés d'une manière moins heureuse, on aperçoit que les talents et les vertus deviennent de plus en plus rares parmi les gouvernants.

Lorsqu'on pénètre enfin dans les nouveaux Etats du Sud-Ouest, où le corps social, formé d'hier, ne présente encore qu'une agglomération d'aventuriers ou de spéculateurs, on est confondu de voir en quelles mains la puissance publique est remise, et l'on se demande par quelle force indépendante de la législation et des hommes, l'Etat peut y croître et la société y prospérer.

Il y a certaines lois dont la nature est démocratique et qui réussissent cependant à corriger en partie ces instincts dangereux de la démocratie.

Lorsque vous entrez dans la salle des représentants à Washington, vous vous sentez frappé de l'aspect vulgaire de cette grande assemblée. L'œil cherche souvent en vain dans son sein un homme célèbre. Presque tous ses membres sont des personnages obscurs, dont le nom ne fournit aucune image à la pensée. Ce sont, pour la plupart, des avocats de village, des commerçants, ou même des hommes appartenant aux dernières classes. Dans un pays où l'instruction est presque universellement répandue, on dit que les représentants du peuple ne savent pas toujours correctement écrire.

A deux pas de là s'ouvre la salle du sénat, dont l'étroite enceinte renferme une grande partie des célébrités de l'Amérique. A peine y aperçoit-on un seul homme qui ne rappelle l'idée d'une illustration récente. Ce sont d'éloquents avocats, des généraux distingués, d'habiles magistrats, ou des hommes d'Etat connus. Toutes les paroles qui s'échappent de cette assemblée feraient honneur aux plus grands débats parlementaires d'Europe.

D'où vient ce bizarre contraste ? Pourquoi l'élite de la nation se trouve-t-elle dans cette salle plutôt que dans cette autre ? Pourquoi la première assemblée réunit-elle tant d'éléments vulgaires, lorsque la seconde semble avoir le monopole des talents et des lumières ? L'une et l'autre cependant émanent du peuple, l'une et l'autre sont le produit du suffrage universel, et nulle voix, jusqu'à présent, ne s'est élevée en Amérique pour soutenir que le sénat fût ennemi des intérêts populaires. D'où vient donc une si énorme différence ? Je ne vois qu'un seul fait qui l'explique : l'élection qui produit la chambre des représentants est directe; celle dont le sénat émane est soumise à deux degrés. L'universalité des citoyens nomme la législature de chaque Etat, et la constitution fédérale, transformant à leur tour chacune de ces législatures en corps électoraux, y puise les membres du sénat. Les sénateurs expriment donc, quoique indirectement, le résultat du vote universel; car la législature, qui nomme les sénateurs, n'est point un corps aristocratique ou privilégié qui tire son droit électoral de lui-même; elle dépend essentiellement de l'universalité des citoyens; elle est, en général, élue par eux tous les ans, et ils peuvent toujours diriger ses choix en la composant de membres nouveaux. Mais il suffit que la volonté populaire passe à travers cette assemblée choisie pour s'y élaborer en quelque sorte, et en sortir revêtue de formes plus nobles et plus belles. Les hommes ainsi élus représentent donc toujours exactement la majorité de la nation qui gouverne; mais ils ne représentent que les pensées élevées qui ont cours au milieu d'elle, les instincts généreux qui l'animent, et non les petites passions qui souvent l'agitent et les vices qui la déshonorent.

Il est facile d'apercevoir dans l'avenir un moment où les républiques américaines seront forcées de multiplier les deux degrés dans leur système électoral, sous peine de se perdre misérablement parmi les écueils de la démocratie.

Je ne ferai pas difficulté de l'avouer; je vois dans le double degré électoral le seul moyen de mettre l'usage de la liberté politique à la portée de toutes les classes du peuple. Ceux qui espèrent faire de ce moyen l'arme exclusive d'un parti, et ceux qui le craignent, me paraissent tomber dans une égale erreur.

INFLUENCE
QU'A EXERCÉE LA DÉMOCRATIE AMÉRICAINE
SUR LES LOIS ÉLECTORALES

La rareté des élections expose l'Etat à de grandes crises. — Leur fréquence l'entretient dans une agitation fébrile. — Les Américains ont choisi le second de ces deux maux. — Versatilité de la loi. — Opinion de Hamilton, de Madison et de Jefferson sur ce sujet.

Quand l'élection ne revient qu'à de longs intervalles, à chaque élection l'Etat court risque d'un bouleversement

Les partis font alors de prodigieux efforts pour se saisir d'une fortune qui passe si rarement à leur portée; et le mal étant presque sans remède pour les candidats qui échouent, il faut tout craindre de leur ambition poussée au désespoir. Si, au contraire, la lutte égale doit bientôt se renouveler, les vaincus patientent.

Lorsque les élections se succèdent rapidement, leur fréquence entretient dans la société un mouvement fébrile et maintient les affaires publiques dans un état de versatilité continuelle.

Ainsi, d'un côté, il y a pour l'Etat chance de malaise; de l'autre, chance de révolution; le premier système nuit à la bonté du gouvernement, le second menace son existence.

Les Américains ont mieux aimé s'exposer au premier mal qu'au second. En cela, ils se sont dirigés par instinct bien plus que par raisonnement, la démocratie poussant le goût de la variété jusqu'à la passion. Il en résulte une mutabilité singulière dans la législation.

Beaucoup d'Américains considèrent l'instabilité de leurs lois comme la conséquence nécessaire d'un système dont les effets généraux sont utiles. Mais il n'est personne, je crois, aux Etats-Unis, qui prétende nier que cette instabilité existe ou qui ne la regarde pas comme un grand mal.

Hamilton, après avoir démontré l'utilité d'un pouvoir qui pût empêcher ou du moins retarder la promulgation des mauvaises lois, ajoute : « On me répondra peut-être que le pouvoir de prévenir de mauvaises lois implique le pouvoir de prévenir les bonnes. Cette objection ne saurait satisfaire ceux qui ont été à même d'examiner tous les maux qui découlent pour nous de l'inconstance et de la mutabilité de la loi. L'instabilité législative est la plus grande tache qu'on puisse signaler dans nos institutions. » *Form the greatest blemish in the character and genius of our government. (Federalist, n. 73.)*

« La facilité qu'on trouve à changer les lois, dit Madison, et l'excès qu'on peut faire du pouvoir législatif, me paraissent les maladies les plus dangereuses auxquelles notre gouvernement soit exposé. » (*Federalist*, n. 62.)

Jefferson lui-même, le plus grand démocrate qui soit encore sorti du sein de la démocratie américaine, a signalé les mêmes périls.

« L'instabilité de nos lois est réellement un inconvénient très grave, dit-il. Je pense que nous aurions dû y pourvoir en décidant qu'il y aurait toujours un intervalle d'une année entre la présentation d'une loi et le vote définitif. Elle serait ensuite discutée et votée, sans qu'on pût y changer un mot et si les circonstances semblaient exiger une plus prompte résolution, la proposition ne pourrait être adoptée à la simple majorité, mais à la majorité des deux tiers de l'une et de l'autre Chambre [1]. »

DES FONCTIONNAIRES PUBLICS SOUS L'EMPIRE DE LA DÉMOCRATIE AMÉRICAINE

Simplicité des fonctionnaires américains. — Absence de costume. — Tous les fonctionnaires sont payés. — Conséquences politiques de ce fait. — En Amérique il n'y a pas de carrière publique. — Ce qui en résulte.

Les fonctionnaires publics, aux Etats-Unis, restent confondus au milieu de la foule des citoyens; ils n'ont

---

1. Lettre à Madison, du 20 décembre 1787, traduction de M. Conseil.

ni palais, ni gardes, ni costumes d'apparat. Cette simplicité des gouvernants ne tient pas seulement à un tour
particulier de l'esprit américain, mais aux principes fon-
damentaux de la société.

Aux yeux de la démocratie, le gouvernement n'est pas
un bien, c'est un mal nécessaire. Il faut accorder aux
fonctionnaires un certain pouvoir; car, sans ce pouvoir,
à quoi serviraient-ils ? Mais les apparences extérieures
du pouvoir ne sont point indispensables à la marche des
affaires; elles blessent inutilement la vue du public.

Les fonctionnaires eux-mêmes sentent parfaitement
qu'ils n'ont obtenu le droit de se placer au-dessus des
autres par leur puissance, que sous la condition de descendre au niveau de tous par leurs manières.

Je ne saurais rien imaginer de plus uni dans ses façons
d'agir, de plus accessible à tous, de plus attentif aux
demandes, et de plus civil dans ses réponses, qu'un
homme public aux Etats-Unis.

J'aime cette allure naturelle du gouvernement de la
démocratie; dans cette force intérieure qui s'attache à
la fonction plus qu'au fonctionnaire, à l'homme plus
qu'aux signes extérieurs de la puissance, j'aperçois
quelque chose de viril que j'admire.

Quant à l'influence que peuvent exercer les costumes,
je crois qu'on s'exagère beaucoup l'importance qu'ils
doivent avoir dans un siècle comme le nôtre. Je n'ai point
remarqué qu'en Amérique le fonctionnaire, dans l'exercice de son pouvoir, fût accueilli avec moins d'égards et
de respects, pour être réduit à son seul mérite.

D'une autre part, je doute fort qu'un vêtement particulier porte les hommes publics à se respecter eux-mêmes,
quand ils ne sont pas naturellement disposés à le faire;
car je ne saurais croire qu'ils aient plus d'égards pour
leur habit que pour leur personne.

Quand je vois, parmi nous, certains magistrats brus-
quer les parties ou leur adresser des bons mots, lever les
épaules aux moyens de la défense et sourire avec complai-
sance à l'énumération des charges, je voudrais qu'on
essayât de leur ôter leur robe, afin de découvrir si, se
trouvant vêtus comme les simples citoyens, cela ne les
rappellerait pas à la dignité naturelle de l'espèce humaine.

Aucun des fonctionnaires publics des Etats-Unis n'a
de costume, mais tous reçoivent un salaire.

Ceci découle, plus naturellement encore que ce qui
précède, des principes démocratiques. Une démocratie

peut environner de pompe ses magistrats et les couvrir de soie et d'or sans attaquer directement le principe de son existence. De pareils privilèges sont passagers; ils tiennent à la place, et non à l'homme. Mais établir des fonctions gratuites, c'est créer une classe de fonctionnaires riches et indépendants, c'est former le noyau d'une aristocratie. Si le peuple conserve encore le droit du choix, l'exercice de ce droit a donc des bornes nécessaires.

Quand on voit une république démocratique rendre gratuites les fonctions rétribuées, je crois qu'on peut en conclure qu'elle marche vers la monarchie. Et quand une monarchie commence à rétribuer les fonctions gratuites, c'est la marque assurée qu'on s'avance vers un état despotique ou vers un état républicain.

La substitution des fonctions salariées aux fonctions gratuites me semble donc à elle toute seule constituer une véritable révolution.

Je regarde comme un des signes les plus visibles de l'empire absolu qu'exerce la démocratie en Amérique l'absence complète des fonctions gratuites. Les services rendus au public, quels qu'ils soient, s'y payent : aussi chacun a-t-il, non pas seulement le droit, mais la possibilité de les rendre.

Si, dans les Etats démocratiques, tous les citoyens peuvent obtenir les emplois, tous ne sont pas tentés de les briguer. Ce ne sont pas les conditions de la candidature, mais le nombre et la capacité des candidats, qui souvent y limitent le choix des électeurs.

Chez les peuples où le principe de l'élection s'étend à tout, il n'y a pas, à proprement parler, de carrière publique. Les hommes n'arrivent en quelque sorte aux fonctions que par hasard, et ils n'ont aucune assurance de s'y maintenir. Cela est vrai surtout lorsque les élections sont annuelles. Il en résulte que dans les temps de calme, les fonctions publiques offrent peu d'appât à l'ambition. Aux Etats-Unis, ce sont les gens modérés dans leurs désirs qui s'engagent au milieu des détours de la politique. Les grands talents et les grandes passions s'écartent en général du pouvoir, afin de poursuivre la richesse; et il arrive souvent qu'on ne se charge de diriger la fortune de l'Etat que quand on se sent peu capable de conduire ses propres affaires.

C'est à ces causes autant qu'aux mauvais choix de la démocratie qu'il faut attribuer le grand nombre d'hommes vulgaires qui occupent les fonctions publiques. Aux Etats-Unis, je ne sais si le peuple choisirait les hommes supérieurs qui brigueraient ses suffrages, mais il est certain que ceux-ci ne les briguent pas.

DE L'ARBITRAIRE DES MAGISTRATS [2]
SOUS L'EMPIRE DE LA DÉMOCRATIE AMÉRICAINE

Pourquoi l'arbitraire des magistrats est plus grand sous les monarchies absolues et dans les républiques démocratiques que dans les monarchies tempérées. — Arbitraire des magistrats dans la Nouvelle-Angleterre.

Il y a deux espèces de gouvernements sous lesquels il se mêle beaucoup d'arbitraire à l'action des magistrats; il en est ainsi sous le gouvernement absolu d'un seul et sous le gouvernement de la démocratie.

Ce même effet provient de causes presque analogues.

Dans les Etats despotiques, le sort de personne n'est assuré, pas plus celui des fonctionnaires publics que celui des simples particuliers. Le souverain, tenant toujours dans sa main la vie, la fortune, et quelquefois l'honneur des hommes qu'il emploie, pense n'avoir rien à craindre d'eux, et il leur laisse une grande liberté d'action, parce qu'il se croit assuré qu'ils n'en abuseront jamais contre lui.

Dans les Etats despotiques, le souverain est si amoureux de son pouvoir, qu'il craint la gêne de ses propres règles; et il aime à voir ses agents aller à peu près au hasard, afin d'être sûr de ne jamais rencontrer en eux une tendance contraire à ses désirs.

Dans les démocraties, la majorité pouvant chaque année enlever le pouvoir des mains auxquelles elle l'a confié, ne craint point non plus qu'on en abuse contre elle. Maîtresse de faire connaître à chaque instant ses volontés aux gouvernants, elle aime mieux les abandonner à leurs propres efforts que de les enchaîner à une règle invariable qui, en les bornant, la bornerait en quelque sorte elle-même.

---

2. J'entends ici le mot *magistrat* dans son acception la plus étendue : je l'applique à tous ceux qui sont chargés de faire exécuter les lois.

On découvre même, en y regardant de près, que sous l'empire de la démocratie, l'arbitraire du magistrat doit être plus grand encore que dans les Etats despotiques.

Dans ces Etats, le souverain peut punir en un moment toutes les fautes qu'il aperçoit ; mais il ne saurait se flatter d'apercevoir toutes les fautes qu'il devrait punir. Dans les démocraties, au contraire, le souverain, en même temps qu'il est tout-puissant, est partout à la fois : aussi voit-on que les fonctionnaires américains sont bien plus libres dans le cercle d'action que la loi leur trace qu'aucun fonctionnaire d'Europe. Souvent on se borne à leur montrer le but vers lequel ils doivent tendre, les laissant maîtres de choisir les moyens.

Dans la Nouvelle-Angleterre, par exemple, on s'en rapporte aux *select-men* de chaque commune du soin de former la liste du jury ; la seule règle qu'on leur trace est celle-ci : ils doivent choisir les jurés parmi les citoyens qui jouissent des droits électoraux et qui ont une bonne réputation [3].

En France, nous croirions la vie et la liberté des hommes en péril si nous confiions à un fonctionnaire, quel qu'il fût, l'exercice d'un droit aussi redoutable.

Dans la Nouvelle-Angleterre, ces mêmes magistrats peuvent faire afficher dans les cabarets le nom des ivrognes et empêcher sous peine d'amende les habitants de leur fournir du vin [4].

Un pareil pouvoir censorial révolterait le peuple dans la monarchie la plus absolue ; ici, pourtant, on s'y soumet sans peine.

Nulle part la loi n'a laissé une plus grande part à l'arbitraire que dans les républiques démocratiques, parce que l'arbitraire n'y paraît point à craindre. On peut même dire que le magistrat y devient plus libre, à mesure que

3. Voyez la loi du 27 février 1813. Collection générale des lois du Massachusetts, vol. II, p. 331. On doit dire qu'ensuite les jurés sont tirés au sort sur les listes.

4. Loi du 28 février 1787. Voyez Collection générale des lois du Massachusetts, vol. I, p. 302

Voici le texte :

« Les *select-men* de chaque commune feront afficher dans les boutiques des cabaretiers, aubergistes et détaillants, une liste des personnes réputées ivrognes, joueurs, et qui ont l'habitude de perdre leur temps et leur fortune dans ces maisons ; et le maître desdites maisons qui, après cet avertissement, aura souffert que lesdites personnes boivent et jouent dans sa demeure, ou leur aura vendu des liqueurs spiritueuses, sera condamné à l'amende. »

le droit électoral descend plus bas et que le temps de la magistrature est plus limité.

De là vient qu'il est si difficile de faire passer une république démocratique à l'état de monarchie. Le magistrat, en cessant d'être électif, y garde d'ordinaire les droits et y conserve les usages du magistrat élu. On arrive alors au despotisme.

Ce n'est que dans les monarchies tempérées que la loi, en même temps qu'elle trace un cercle d'action autour des fonctionnaires publics, prend encore le soin de les y guider à chaque pas. La cause de ce fait est facile à dire.

Dans les monarchies tempérées, le pouvoir se trouve divisé entre le peuple et le prince. L'un et l'autre ont intérêt à ce que la position du magistrat soit stable.

Le prince ne veut pas remettre le sort des fonctionnaires dans les mains du peuple, de peur que ceux-ci ne trahissent son autorité; de son côté, le peuple craint que les magistrats, placés dans la dépendance absolue du prince, ne servent à opprimer la liberté; on ne les fait donc dépendre en quelque sorte de personne.

La même cause qui porte le prince et le peuple à rendre le fonctionnaire indépendant, les porte à chercher des garanties contre les abus de son indépendance, afin qu'il ne la tourne pas contre l'autorité de l'un ou la liberté de l'autre. Tous deux s'accordent donc sur la nécessité de tracer d'avance au fonctionnaire public une ligne de conduite, et trouvent leur intérêt à lui imposer des règles dont il lui soit impossible de s'écarter.

INSTABILITÉ ADMINISTRATIVE AUX ÉTATS-UNIS

En Amérique, les actes de la société laissent souvent moins de traces que les actions d'une famille. — Journaux, seuls monuments historiques. — Comment l'extrême instabilité administrative nuit à l'art de gouverner.

Les hommes ne faisant que passer un instant au pouvoir, pour aller ensuite se perdre dans une foule qui, elle-même, change chaque jour de face, il en résulte que les actes de la société, en Amérique, laissent souvent moins de trace que les actions d'une simple famille. L'administration publique y est en quelque sorte orale et traditionnelle. On n'y écrit point, ou ce qui est écrit s'envole au moindre vent, comme les feuilles de la Sybille et disparaît sans retour.

Les seuls monuments historiques des Etats-Unis sont les journaux. Si un numéro vient à manquer, la chaîne des temps est comme brisée : le présent et le passé ne se rejoignent plus. Je ne doute point que dans cinquante ans il ne soit plus difficile de réunir les documents authentiques sur les détails de l'existence sociale des Américains de nos jours, que sur l'administration des Français au Moyen Age ; et si une invasion de Barbares venait à surprendre les Etats-Unis, il faudrait, pour savoir quelque chose du peuple qui les habite, recourir à l'histoire des autres nations.

L'instabilité administrative a commencé par pénétrer dans les habitudes ; je pourrais presque dire qu'aujourd'hui chacun a fini par en contracter le goût. Nul ne s'inquiète de ce qu'on a fait avant lui. On n'adopte point de méthode ; on ne compose point de collection ; on ne réunit pas de documents, lors même qu'il serait aisé de le faire. Quand par hasard on les possède, on n'y tient guère. J'ai dans mes papiers des pièces originales qui m'ont été données dans des administrations publiques pour répondre à quelques-unes de mes questions. En Amérique, la société semble vivre au jour le jour, comme une armée en campagne. Cependant, l'art d'administrer est à coup sûr une science ; et toutes les sciences, pour faire des progrès, ont besoin de lier ensemble les découvertes des différentes générations, à mesure qu'elles se succèdent. Un homme, dans le court espace de la vie, remarque un fait, un autre conçoit une idée ; celui-ci invente un moyen, celui-là trouve une formule ; l'humanité recueille en passant ces fruits divers de l'expérience individuelle, et forme les sciences. Il est très difficile que les administrateurs américains apprennent rien les uns des autres. Ainsi ils apportent à la conduite de la société les lumières qu'ils trouvent répandues dans son sein, et non des connaissances qui leur soient propres. La démocratie, poussée dans ses dernières limites, nuit donc au progrès de l'art de gouverner. Sous ce rapport, elle convient mieux à un peuple dont l'éducation administrative est déjà faite, qu'à un peuple novice dans l'expérience des affaires.

Ceci, du reste, ne se rapporte point uniquement à la science administrative. Le gouvernement démocratique, qui se fonde sur une idée si simple et si naturelle, suppose toujours, cependant, l'existence d'une société très civilisée et très savante [5]. D'abord on le croirait contemporain des premiers âges du monde; en y regardant de près, on découvre aisément qu'il n'a dû venir que le dernier.

DES CHARGES PUBLIQUES SOUS L'EMPIRE DE LA DÉMOCRATIE AMÉRICAINE

Dans toutes les sociétés, les citoyens se divisent en un certain nombre de classes. — Instinct qu'apporte chacune de ces classes dans la direction des finances de l'Etat. — Pourquoi les dépenses publiques doivent tendre à croître quand le peuple gouverne. — Ce qui rend les profusions de la démocratie moins à craindre en Amérique. — Emploi des deniers publics sous la démocratie.

Le gouvernement de la démocratie est-il économique ? Il faut d'abord savoir à quoi nous entendons le comparer.

La question serait facile à résoudre si l'on voulait établir un parallèle entre une république démocratique et une monarchie absolue. On trouverait que les dépenses publiques dans la première sont plus considérables que dans la seconde. Mais il en est ainsi pour tous les Etats libres, comparés à ceux qui ne le sont pas. Il est certain que le despotisme ruine les hommes en les empêchant de produire, plus qu'en leur enlevant les fruits de la production; il tarit la source des richesses et respecte souvent la richesse acquise. La liberté, au contraire, enfante mille fois plus de biens qu'elle n'en détruit, et, chez les nations qui la connaissent, les ressources du peuple croissent toujours plus vite que les impôts.

Ce qui m'importe en ce moment, est de comparer entre eux les peuples libres, et parmi ces derniers de constater quelle influence exerce la démocratie sur les finances de l'Etat.

Les sociétés, ainsi que les corps organisés, suivent dans leur formation certaines règles fixes dont elles ne sauraient s'écarter. Elles sont composées de certains éléments qu'on retrouve partout et dans tous les temps.

---

5. Il est inutile de dire que je parle ici du gouvernement démocratique appliqué à un peuple et non à une petite tribu.

Il sera toujours facile de diviser idéalement chaque peuple en trois classes.

La première classe se composera des riches. La seconde comprendra ceux qui, sans être riches, vivent au milieu de l'aisance de toutes choses. Dans la troisième seront renfermés ceux qui n'ont que peu ou point de propriétés et qui vivent particulièrement du travail que leur fournissent les deux premières.

Les individus renfermés dans ces différentes catégories peuvent être plus ou moins nombreux, suivant l'état social; mais vous ne sauriez faire que ces catégories n'existent pas.

Il est évident que chacune de ces classes apportera dans le maniement des finances de l'État certains instincts qui lui seront propres.

Supposez que la première seule fasse les lois : il est probable qu'elle se préoccupera assez peu d'économiser les deniers publics, parce qu'un impôt qui vient à frapper une fortune considérable n'enlève que du superflu et produit un effet peu sensible.

Admettez au contraire que ce soient les classes moyennes qui seules fassent la loi. On peut compter qu'elles ne prodigueront pas les impôts, parce qu'il n'y a rien de si désastreux qu'une grosse taxe venant à frapper une petite fortune.

Le gouvernement des classes moyennes me semble devoir être, parmi les gouvernements libres, je ne dirai pas le plus éclairé, ni surtout le plus généreux, mais le plus économique.

Je suppose maintenant que la dernière classe soit exclusivement chargée de faire la loi; je vois bien des chances pour que les charges publiques augmentent au lieu de décroître, et ceci pour deux raisons :

La plus grande partie de ceux qui votent alors la loi n'ayant aucune propriété imposable, tout l'argent qu'on dépense dans l'intérêt de la société semble ne pouvoir que leur profiter sans jamais leur nuire; et ceux qui ont quelque peu de propriété trouvent aisément les moyens d'asseoir l'impôt de manière qu'il ne frappe que sur les riches et ne profite qu'aux pauvres, chose que les riches ne sauraient faire de leur côté lorsqu'ils sont maîtres du gouvernement.

Les pays où les pauvres [6] seraient exclusivement char-

6. On comprend bien que le mot *pauvre* a ici, comme dans le reste

gés de faire la loi ne pourraient donc espérer une grande
économie dans les dépenses publiques : ces dépenses
seront toujours considérables, soit parce que les impôts
ne peuvent atteindre ceux qui les votent, soit parce qu'ils
sont assis de manière à ne pas les atteindre. En d'autres
termes, le gouvernement de la démocratie est le seul où
celui qui vote l'impôt puisse échapper à l'obligation de le
payer.

En vain objectera-t-on que l'intérêt bien entendu du
peuple est de ménager la fortune des riches, parce qu'il
ne tarderait pas à se ressentir de la gêne qu'il ferait
naître. Mais l'intérêt des rois n'est-il pas aussi de rendre
leurs sujets heureux, et celui des nobles de savoir ouvrir
à propos leurs rangs ? Si l'intérêt éloigné pouvait prévaloir sur les passions et les besoins du moment, il n'y
aurait jamais eu de souverains tyranniques ni d'aristocratie exclusive.

L'on m'arrête encore en disant : Qui a jamais imaginé
de charger les pauvres de faire seuls la loi ? Qui ? Ceux
qui ont établi le vote universel. Est-ce la majorité ou la
minorité qui fait la loi ? La majorité sans doute; et si je
prouve que les pauvres composent toujours la majorité,
n'aurai-je pas raison d'ajouter que dans les pays où ils
sont appelés à voter, les pauvres font seuls la loi ?

Or, il est certain que jusqu'ici, chez toutes les nations
du monde, le plus grand nombre a toujours été composé
de ceux qui n'avaient pas de propriété, ou de ceux dont
la propriété était trop restreinte pour qu'ils pussent
vivre dans l'aisance sans travailler. Le vote universel
donne donc réellement le gouvernement de la société
aux pauvres.

L'influence fâcheuse que peut quelquefois exercer le
pouvoir populaire sur les finances de l'Etat se fit bien
voir dans certaines républiques démocratiques de l'Antiquité, où le trésor public s'épuisait à secourir les citoyens
indigents, ou à donner des jeux et des spectacles au
peuple.

Il est vrai de dire que le système représentatif était
à peu près inconnu à l'Antiquité. De nos jours, les passions
populaires se produisent plus difficilement dans les

---

du chapitre, un sens relatif et non une signification absolue. Les pauvres
d'Amérique, comparés à ceux d'Europe, pourraient souvent paraître
des riches : on a pourtant raison de les nommer des pauvres, quand on
les oppose à ceux de leurs concitoyens qui sont plus riches qu'eux.

affaires publiques; on peut compter cependant qu'à la longue, le mandataire finira toujours par se conformer à l'esprit de ses commettants et par faire prévaloir leurs penchants aussi bien que leurs intérêts.

Les profusions de la démocratie sont, du reste, moins à craindre à proportion que le peuple devient propriétaire, parce qu'alors, d'une part, le peuple a moins besoin de l'argent des riches, et que, de l'autre, il rencontre plus de difficultés à ne pas se frapper lui-même en établissant l'impôt. Sous ce rapport, le vote universel serait moins dangereux en France qu'en Angleterre, où presque toute la propriété imposable est réunie en quelques mains. L'Amérique, où la grande majorité des citoyens possède, se trouve dans une situation plus favorable que la France.

Il est d'autres causes encore qui peuvent élever la somme des dépenses publiques dans les démocraties.

Lorsque l'aristocratie gouverne, les hommes qui conduisent les affaires de l'État échappent par leur position même à tous les besoins; contents de leur sort, ils demandent surtout à la société de la puissance et de la gloire; et, placés au-dessus de la foule obscure des citoyens, ils n'aperçoivent pas toujours clairement comment le bien-être général doit concourir à leur propre grandeur. Ce n'est pas qu'ils voient sans pitié les souffrances du pauvre; mais ils ne sauraient ressentir ses misères comme s'ils les partageaient eux-mêmes; pourvu que le peuple semble s'accommoder de sa fortune, ils se tiennent donc pour satisfaits et n'attendent rien de plus du gouvernement. L'aristocratie songe à maintenir plus qu'à perfectionner.

Quand, au contraire, la puissance publique est entre les mains du peuple, le souverain cherche partout le mieux parce qu'il se sent mal.

L'esprit d'amélioration s'étend alors à mille objets divers; il descend à des détails infinis, et surtout il s'applique à des espèces d'améliorations qu'on ne saurait obtenir qu'en payant; car il s'agit de rendre meilleure la condition du pauvre qui ne peut s'aider lui-même.

Il existe de plus dans les sociétés démocratiques une agitation sans but précis; il y règne une sorte de fièvre permanente qui se tourne en innovation de tout genre, et les innovations sont presque toujours coûteuses.

Dans les monarchies et dans les aristocraties, les ambitieux flattent le goût naturel qui porte le souverain vers la renommée et vers le pouvoir, et le poussent souvent ainsi à de grandes dépenses.

Dans les démocraties, où le souverain est nécessiteux, on ne peut guère acquérir sa bienveillance qu'en accroissant son bien-être; ce qui ne peut presque jamais se faire qu'avec de l'argent.

De plus, quand le peuple commence lui-même à réfléchir sur sa position, il lui naît une foule de besoins qu'il n'avait pas ressentis d'abord, et qu'on ne peut satisfaire qu'en recourant aux ressources de l'Etat. De là vient qu'en général les charges publiques semblent s'accroître avec la civilisation, et qu'on voit les impôts s'élever à mesure que les lumières s'étendent.

Il est enfin une dernière cause qui rend souvent le gouvernement démocratique plus cher qu'un autre. Quelquefois la démocratie veut mettre de l'économie dans ses dépenses, mais elle ne peut y parvenir, parce qu'elle n'a pas l'art d'être économe.

Comme elle change fréquemment de vues et plus fréquemment encore d'agents, il arrive que ses entreprises sont mal conduites, ou restent inachevées : dans le premier cas, l'Etat fait des dépenses disproportionnées à la grandeur du but qu'il veut atteindre; dans le second, il fait des dépenses improductives.

DES INSTINCTS DE LA DÉMOCRATIE AMÉRICAINE DANS LA FIXATION DU TRAITEMENT DES FONCTIONNAIRES

Dans les démocraties, ceux qui instituent les grands traitements n'ont pas de chance d'en profiter. — Tendance de la démocratie américaine à élever le traitement des fonctionnaires secondaires et à baisser celui des principaux. — Pourquoi il en est ainsi. — Tableau comparatif du traitement des fonctionnaires publics aux Etats-Unis et en France.

Il y a une grande raison qui porte, en général, les démocraties à économiser sur les traitements des fonctionnaires publics.

Dans les démocraties, ceux qui instituent les traitements étant en très grand nombre ont très peu de chance d'arriver jamais à les toucher.

Dans les aristocraties, au contraire, ceux qui instituent

les grands traitements ont presque toujours le vague espoir d'en profiter. Ce sont des capitaux qu'ils se créent pour eux-mêmes, ou tout au moins des ressources qu'ils préparent à leurs enfants.

Il faut avouer pourtant que la démocratie ne se montre très parcimonieuse qu'envers ses principaux agents.

En Amérique, les fonctionnaires d'un ordre secondaire sont plus payés qu'ailleurs, mais les hauts fonctionnaires le sont beaucoup moins.

Ces effets contraires sont produits par la même cause; le peuple, dans les deux cas, fixe le salaire des fonctionnaires publics; il pense à ses propres besoins, et cette comparaison l'éclaire. Comme il vit lui-même dans une grande aisance, il lui semble naturel que ceux dont il se sert la partagent [7]. Mais quand il en arrive à fixer le sort des grands officiers de l'Etat, sa règle lui échappe, et il ne procède plus qu'au hasard.

Le pauvre ne se fait pas une idée distincte des besoins que peuvent ressentir les classes supérieures de la société. Ce qui paraîtrait une somme modique à un riche, lui paraît une somme prodigieuse, à lui qui se contente du nécessaire; et il estime que le gouverneur de l'Etat, pourvu de ses deux mille écus, doit encore se trouver heureux et exciter l'envie [8].

Que si vous entreprenez de lui faire entendre que le représentant d'une grande nation doit paraître avec une certaine splendeur aux yeux des étrangers, il vous comprendra tout d'abord; mais, lorsque, venant à penser à sa simple demeure et aux modestes fruits de son pénible labeur, il songera à tout ce qu'il pourrait exécuter lui-même avec ce même salaire que vous jugez insuffisant, il se trouvera surpris et comme effrayé à la vue de tant de richesses.

Ajoutez à cela que le fonctionnaire secondaire est presque au niveau du peuple, tandis que l'autre le domine. Le premier peut donc encore exciter son intérêt, mais l'autre commence à faire naître son envie.

7. L'aisance dans laquelle vivent les fonctionnaires secondaires aux Etats-Unis tient encore à une autre cause; celle-ci est étrangère aux instincts généraux de la démocratie : toute espèce de carrière privée est fort productive; l'Etat ne trouverait pas de fonctionnaires secondaires s'il ne consentait à les bien payer. Il est donc dans la position d'une entreprise commerciale, obligée, quels que soient ses goûts économiques, de soutenir une concurrence onéreuse.

8. L'Etat de l'Ohio, qui compte un million d'habitants, ne donne au gouverneur que 1 200 dollars de salaire ou 6 504 francs.

Ceci se voit bien clairement aux Etats-Unis, où les salaires semblent en quelque sorte décroître à mesure que le pouvoir des fonctionnaires est plus grand [9].

Sous l'empire de l'aristocratie, il arrive au contraire que les hauts fonctionnaires reçoivent de très grands émoluments, tandis que les petits ont souvent à peine de quoi vivre. Il est facile de trouver la raison de ce fait dans des causes analogues à celles que nous avons indiquées plus haut.

Si la démocratie ne conçoit pas les plaisirs du riche ou les envie, de son côté l'aristocratie ne comprend point les misères du pauvre, ou plutôt elle les ignore. Le pauvre n'est point, à proprement parler, le semblable du riche; c'est un être d'une autre espèce. L'aristocratie s'inquiète donc assez peu du sort de ses agents inférieurs. Elle ne hausse leurs salaires que quand ils refusent de la servir à trop bas prix.

C'est la tendance parcimonieuse de la démocratie

---

9. Pour rendre cette vérité sensible aux yeux, il suffit d'examiner les traitements de quelques-uns des agents du gouvernement fédéral. J'ai cru devoir placer en regard le salaire attaché, en France, aux fonctions analogues, afin que la comparaison achève d'éclairer le lecteur.

ÉTATS-UNIS

MINISTÈRE DES FINANCES (treasury department).

L'huissier (messager)	3 734 F
Le commis le moins payé	5 420
Le commis le plus payé	8 672
Le secrétaire général (chief clerk).	10 840
Le ministre (secretary of state)	32 520
Le chef du gouvernement (le président)	135 000

FRANCE

MINISTÈRE DES FINANCES

Huissier du ministre		1 500 F
Le commis le moins payé	1 000 à	1 800
Le commis le plus payé	3 200 à	3 600
Le secrétaire général		20 000
Le ministre		80 000
Le chef du gouvernement (le roi)		12 000 000

J'ai peut-être eu tort de prendre la France pour point de comparaison. En France, où les instincts démocratiques pénètrent tous les jours davantage dans le gouvernement, on aperçoit déjà une forte tendance qui porte les Chambres à élever les petits traitements et surtout à abaisser les grands. Ainsi le ministre des Finances qui, en 1834, reçoit 80 000 F, en recevait 160 000 sous l'Empire; les directeurs généraux des finances, qui en reçoivent 20 000, en recevaient alors 50 000.

envers les principaux fonctionnaires qui lui a fait attribuer de grands penchants économiques qu'elle n'a pas.

Il est vrai que la démocratie donne à peine de quoi vivre honnêtement à ceux qui la gouvernent, mais elle dépense des sommes énormes pour secourir les besoins ou faciliter les jouissances du peuple [10]. Voilà un emploi meilleur du produit de l'impôt, non une économie.

En général, la démocratie donne peu aux gouvernants et beaucoup aux gouvernés. Le contraire se voit dans les aristocraties où l'argent de l'Etat profite surtout à la classe qui mène les affaires.

DIFFICULTÉ DE DISCERNER LES CAUSES QUI PORTENT LE GOUVERNEMENT AMÉRICAIN A L'ÉCONOMIE

Celui qui recherche dans les faits l'influence réelle qu'exercent les lois sur le sort de l'humanité, est exposé à de grandes méprises, car il n'y a rien de si difficile à apprécier qu'un fait.

Un peuple est naturellement léger et enthousiaste; un autre réfléchi et calculateur. Ceci tient à sa constitution physique elle-même ou à des causes éloignées que j'ignore.

On voit des peuples qui aiment la représentation, le bruit et la joie, et qui ne regrettent pas un million dépensé en fumée. On en voit d'autres qui ne prisent que les plaisirs solitaires et qui semblent honteux de paraître contents.

Dans certains pays, on attache un grand prix à la beauté des édifices. Dans certains autres, on ne met aucune valeur aux objets d'art, et l'on méprise ce qui ne rapporte rien. Il en est enfin où l'on aime la renommée, et d'autres où l'on place avant tout l'argent.

Indépendamment des lois, toutes ces causes influent

---

10. Voyez entre autres, dans les budgets américains, ce qu'il en coûte pour l'entretien des indigents et pour l'instruction gratuite.

En 1831, on a dépensé dans l'Etat de New York, pour le soutien des indigents, la somme de 1 200 000 francs. Et la somme consacrée à l'instruction publique est estimée s'élever à 5 420 000 francs au moins. (*William's New York annual register*, 1832, p. 205 et 243.)

L'Etat de New York n'avait en 1830 que 1 900 000 habitants, ce qui ne forme pas le double de la population du département du Nord.

d'une manière très puissante sur la conduite des finances de l'Etat.

S'il n'est jamais arrivé aux Américains de dépenser l'argent du peuple en fêtes publiques, ce n'est point seulement parce que, chez eux, le peuple vote l'impôt, c'est parce que le peuple n'aime pas à se réjouir.

S'ils repoussent les ornements de leur architecture et ne prisent que les avantages matériels et positifs, ce n'est pas seulement parce qu'ils forment une nation démocratique, c'est aussi parce qu'ils sont un peuple commerçant.

Les habitudes de la vie privée se sont continuées dans la vie publique; et il faut bien distinguer chez eux les économies qui dépendent des institutions, de celles qui découlent des habitudes et des mœurs.

Peut-on comparer les dépenses publiques des Etats-Unis a celles de France

Deux points à établir pour apprécier l'étendue des charges publiques : la richesse nationale et l'impôt. — On ne connaît pas exactement la fortune et les charges de la France. — Pourquoi on ne peut espérer de connaître la fortune et les charges de l'Union. — Recherches de l'auteur pour apprendre le montant des impôts dans la Pennsylvanie. — Signes généraux auxquels on peut reconnaître l'étendue des charges d'un peuple. — Résultat de cet examen pour l'Union.

On s'est beaucoup occupé dans ces derniers temps à comparer les dépenses publiques des Etats-Unis aux nôtres. Tous ces travaux ont été sans résultats, et peu de mots suffiront, je crois, pour prouver qu'ils devaient l'être.

Afin de pouvoir apprécier l'étendue des charges publiques chez un peuple, deux opérations sont nécessaires : il faut d'abord apprendre quelle est la richesse de ce peuple, et ensuite quelle portion de cette richesse il consacre aux dépenses de l'Etat. Celui qui rechercherait le montant des taxes sans montrer l'étendue des ressources qui doivent y pourvoir, se livrerait à un travail improductif; car ce n'est pas la dépense, mais le rapport de la dépense au revenu qu'il est intéressant de connaître.

Le même impôt que supporte aisément un contribuable riche achèvera de réduire un pauvre à la misère.

La richesse des peuples se compose de plusieurs éléments : les fonds immobiliers forment le premier, les
biens mobiliers constituent le second.

Il est difficile de connaître l'étendue des terres culti-
vables que possède une nation et leur valeur naturelle
ou acquise. Il est plus difficile encore d'estimer tous
les biens mobiliers dont un peuple dispose. Ceux-là
échappent, par leur diversité et par leur nombre, à
presque tous les efforts de l'analyse.

Aussi voyons-nous que les nations les plus anciennement civilisées de l'Europe, celles mêmes chez lesquelles
l'administration est centralisée, n'ont point établi jusqu'à
présent d'une manière précise l'état de leur fortune.

En Amérique, on n'a pas même conçu l'idée de le
tenter. Et comment pourrait-on se flatter d'y réussir
dans ce pays nouveau où la société n'a pas encore pris
une assiette tranquille et définitive, où le gouvernement
national ne trouve pas à sa disposition, comme le nôtre,
une multitude d'agents dont il puisse commander et
diriger simultanément les efforts; où la statistique enfin
n'est point cultivée, parce qu'il ne s'y rencontre personne
qui ait la faculté de réunir des documents ou le temps
de les parcourir ?

Ainsi donc les éléments constitutifs de nos calculs
ne sauraient être obtenus. Nous ignorons la fortune
comparative de la France et de l'Union. La richesse de
l'une n'est pas encore connue, et les moyens d'établir
celle de l'autre n'existent point.

Mais je veux bien consentir, pour un moment, à
écarter ce terme nécessaire de la comparaison; je renonce
à savoir quel est le rapport de l'impôt au revenu, et je
me borne à vouloir établir quel est l'impôt.

Le lecteur va reconnaître qu'en rétrécissant le cercle
de mes recherches je n'ai pas rendu ma tâche plus aisée.

Je ne doute point que l'administration centrale de
France, aidée de tous les fonctionnaires dont elle dispose, ne parvînt à découvrir exactement le montant des
taxes directes ou indirectes qui pèsent sur les citoyens.
Mais ces travaux, qu'un particulier ne peut entreprendre, le gouvernement français lui-même ne les a
point encore achevés, ou du moins il n'a pas fait connaître
leurs résultats. Nous savons quelles sont les charges
de l'Etat; le total des dépenses départementales nous

est connu; nous ignorons ce qui se passe dans les communes : nul ne saurait donc dire, quant à présent, à quelle somme s'élèvent les dépenses publiques en France.

Si je retourne maintenant à l'Amérique, j'aperçois les difficultés qui deviennent plus nombreuses et plus insurmontables. L'Union me fait connaître avec exactitude quel est le montant de ses charges; je puis me procurer les budgets particuliers des vingt-quatre Etats dont elle se compose; mais qui m'apprendra ce que dépensent les citoyens pour l'administration du comté et de la commune [11] ?

L'autorité fédérale ne peut s'étendre jusqu'à obliger les gouvernements provinciaux à nous éclairer sur ce point; et ces gouvernements voulussent-ils eux-mêmes nous prêter simultanément leur concours, je doute qu'ils fussent en état de nous satisfaire. Indépendamment de la difficulté naturelle de l'entreprise, l'organisation politique du pays s'opposerait encore au succès de leurs efforts. Les magistrats de la commune et du comté ne sont point nommés par les administrateurs de l'Etat,

---

11. Les Américains, comme on le voit, ont quatre espèces de budgets : l'Union a le sien; les Etats, les comtés et les communes ont également le leur. Pendant mon séjour en Amérique, j'ai fait de grandes recherches pour connaître le montant des dépenses publiques dans les communes et dans les comtés des principaux Etats de l'Union. J'ai pu facilement obtenir le budget des plus grandes communes, mais il m'a été impossible de me procurer celui des petites. Je ne puis donc me former aucune idée exacte des dépenses communales. Pour ce qui concerne les dépenses des comtés, je possède quelques documents qui, bien qu'incomplets, sont peut-être de nature à mériter la curiosité du lecteur. Je dois à l'obligeance de M. Richard, ancien maire de Philadelphie, les budgets de treize comtés de la Pennsylvanie pour l'année de 1830, ce sont ceux de Libanon, Centre, Franklin, La Fayette, Montgommery, La Luzerne, Dauphin, Buttler, Alleghany, Columbia, Northumberland, Northampton, Philadelphie. Il s'y trouvait, en 1830, 495 207 habitants. Si l'on jette les yeux sur une carte de la Pennsylvanie, on verra que ces treize comtés sont dispersés dans toutes les directions et soumis à toutes les causes générales qui peuvent influer sur l'état du pays; de telle sorte qu'il serait impossible de dire pourquoi ils ne fourniraient pas une idée exacte de l'état financier des comtés de la Pennsylvanie. Or, ces mêmes comtés ont dépensé, pendant l'année 1830, 1 800 221 francs, ce qui donne 3,64 F par habitant. J'ai calculé que chacun de ces mêmes habitants, durant l'année 1830, avait consacré aux besoins de l'union fédérale 12,70 F, et 3,80 F à ceux de la Pennsylvanie; d'où il résulte que dans l'année 1830 ces mêmes citoyens ont donné à la société, pour subvenir à toutes les dépenses publiques (excepté les dépenses communales), la somme de 20,14 F. Ce résultat est doublement incomplet, comme on le voit, puisqu'il ne s'applique qu'à une seule année et à une partie des charges publiques, mais il a le mérite d'être certain.

et ne dépendent point de ceux-ci. Il est donc permis de croire que si l'Etat voulait obtenir les renseignements qui nous sont nécessaires, il rencontrerait de grands obstacles dans la négligence des fonctionnaires inférieurs dont il serait obligé de se servir [12].

Inutile d'ailleurs de rechercher ce que les Américains pourraient faire en pareille matière, puisqu'il est certain que, jusqu'à présent, ils n'ont rien fait.

Il n'existe donc pas aujourd'hui en Amérique ou en Europe un seul homme qui puisse nous apprendre ce que paie annuellement chaque citoyen de l'Union pour subvenir aux charges de la société [13].

12. Ceux qui ont voulu établir un parallèle entre les dépenses des Américains et les nôtres ont bien senti qu'il était impossible de comparer le total des dépenses publiques de la France au total des dépenses publiques de l'Union ; mais ils ont cherché à comparer entre elles des portions détachées de ces dépenses. Il est facile de prouver que cette seconde manière d'opérer n'est pas moins défectueuse que la première.

A quoi comparerai-je, par exemple, notre budget national ? Au budget de l'Union ? Mais l'Union s'occupe de beaucoup moins d'objets que notre gouvernement central, et ses charges doivent naturellement être beaucoup moindres. Opposerai-je nos budgets départementaux aux budgets des Etats particuliers dont l'Union se compose ? Mais en général les Etats particuliers veillent à des intérêts plus importants et plus nombreux que l'administration de nos départements ; leurs dépenses sont donc naturellement plus considérables. Quant aux budgets des comtés, on ne rencontre rien dans notre système de finances qui leur ressemble. Ferons-nous rentrer les dépenses qui y sont portées dans le budget de l'Etat ou dans celui des communes ? Les dépenses communales existent dans les deux pays, mais elles ne sont pas toujours analogues. En Amérique, la commune se charge de plusieurs soins qu'en France elle abandonne au département ou à l'Etat. Que faut-il entendre d'ailleurs par dépenses communales en Amérique ? L'organisation de la commune diffère suivant les Etats. Prendrons-nous pour règle ce qui se passe dans la Nouvelle-Angleterre ou en Géorgie, dans la Pennsylvanie ou dans l'Etat des Illinois ?

Il est facile d'apercevoir, entre certains budgets de deux pays, une sorte d'analogie ; mais les éléments qui les composent différant toujours plus ou moins, l'on ne saurait établir entre eux de comparaison sérieuse.

13. On parviendrait à connaître la somme précise que chaque citoyen français ou américain verse dans le trésor public, qu'on n'aurait encore qu'une partie de la vérité.

Les gouvernements ne demandent pas seulement aux contribuables de l'argent, mais encore des efforts personnels qui sont appréciables en argent. L'Etat lève une armée ; indépendamment de la solde que la nation entière se charge de fournir, il faut encore que le soldat donne son temps, qui a une valeur plus ou moins grande suivant l'emploi qu'il en pourrait faire s'il restait libre. J'en dirai autant du service de la milice. L'homme qui fait partie de la milice consacre momentanément un temps précieux à la sûreté publique, et donne réellement à l'Etat ce que lui-même manque d'acquérir. J'ai cité ces exemples ; j'aurais pu en citer beaucoup d'autres. Le gouvernement

Concluons qu'il est aussi difficile de comparer avec fruit les dépenses sociales des Américains aux nôtres, que la richesse de l'Union à celle de la France. J'ajoute qu'il serait même dangereux de le tenter. Quand la statistique n'est pas fondée sur des calculs rigoureusement vrais, elle égare au lieu de diriger. L'esprit se laisse prendre aisément aux faux airs d'exactitude qu'elle conserve jusque dans ses écarts, et il se repose sans trouble sur des erreurs qu'on revêt à ses yeux des formes mathématiques de la vérité.

Abandonnons donc les chiffres, et tâchons de trouver nos preuves ailleurs.

Un pays présente-t-il l'aspect de la prospérité matérielle; après avoir payé l'Etat, le pauvre y conserve-t-il des ressources et le riche du superflu; l'un et l'autre y paraissent-ils satisfaits de leur sort, et cherchent-ils chaque jour à l'améliorer encore, de telle sorte que les capitaux ne manquant jamais à l'industrie, l'industrie à son tour ne manque point aux capitaux : tels sont les signes auxquels, faute de documents positifs, il est possible de recourir pour connaître si les charges publiques qui pèsent sur un peuple sont proportionnées à sa richesse.

L'observateur qui s'en tiendrait à ces témoignages jugerait sans doute que l'Américain des Etats-Unis donne à l'Etat une moins forte part de son revenu que le Français.

Mais comment pourrait-on concevoir qu'il en fût autrement ?

de France et celui d'Amérique perçoivent des impôts de cette nature : ces impôts pèsent sur les citoyens : mais qui peut en apprécier avec exactitude le montant dans les deux pays ?

Ce n'est pas la dernière difficulté qui vous arrête lorsque vous voulez comparer les dépenses publiques de l'Union aux nôtres. L'Etat se fait en France certaines obligations qu'il ne s'impose pas en Amérique, et réciproquement. Le gouvernement français paye le clergé ; le gouvernement américain abandonne ce soin aux fidèles. En Amérique, l'Etat se charge des pauvres ; en France, il les livre à la charité du public. Nous faisons à tous nos fonctionnaires un traitement fixe, les Américains leur permettent de percevoir certains droits. En France, les prestations en nature n'ont lieu que sur un petit nombre de routes ; aux Etats-Unis, sur presque tous les chemins. Nos voies sont ouvertes aux voyageurs, qui peuvent les parcourir sans rien payer ; on rencontre aux Etats-Unis beaucoup de routes à barrières. Toutes ces différences dans la manière dont le contribuable arrive à acquitter les charges de la société rendent la comparaison entre ces deux pays très difficile ; car il y a certaines dépenses que les citoyens ne feraient point ou qui seraient moindres, si l'Etat ne se chargeait d'agir en leur nom.

Une partie de la dette française est le résultat de deux invasions ; l'Union n'a point à en craindre. Notre position nous oblige à tenir habituellement une nombreuse armée sous les armes ; l'isolement de l'Union lui permet de n'avoir que 6 000 soldats. Nous entretenons près de 300 vaisseaux ; les Américains n'en ont que 52 [14]. Comment l'habitant de l'Union pourrait-il payer à l'Etat autant que l'habitant de la France ?

Il n'y a donc point de parallèle à établir entre les finances de pays si diversement placés.

C'est en examinant ce qui se passe dans l'Union, et non en comparant l'Union à la France, que nous pouvons juger si la démocratie américaine est véritablement économe.

Je jette les yeux sur chacune des diverses républiques dont se forme la confédération, et je découvre que leur gouvernement manque souvent de persévérance dans ses desseins, et qu'il n'exerce point une surveillance continue sur les hommes qu'il emploie. J'en tire naturellement cette conséquence qu'il doit souvent dépenser inutilement l'argent des contribuables, ou en consacrer plus qu'il n'est nécessaire à ses entreprises.

Je vois que, fidèle à son origine populaire, il fait de prodigieux efforts pour satisfaire les besoins des classes inférieures de la société, leur ouvrir les chemins du pouvoir, et répandre dans leur sein le bien-être et les lumières. Il entretient les pauvres, distribue chaque année des millions aux écoles, paye tous les services et rétribue avec générosité ses moindres agents. Si une pareille manière de gouverner me semble utile et raisonnable, je suis obligé de reconnaître qu'elle est dispendieuse.

Je vois le pauvre qui dirige les affaires publiques et dispose des ressources nationales ; et je ne saurais croire que, profitant des dépenses de l'Etat, il n'entraîne pas souvent l'Etat dans de nouvelles dépenses.

Je conclus donc, sans avoir recours à des chiffres incomplets, et sans vouloir établir des comparaisons hasardées, que le gouvernement démocratique des Américains n'est pas, comme on le prétend quelquefois, un gouvernement à bon marché ; et je ne crains pas de prédire que, si de grands embarras venaient un jour assaillir les peuples des Etats-Unis, on verrait chez eux

---

14. Voyez les budgets détaillés du ministère de la Marine en France, et, pour l'Amérique, le *National Calendar* de 1833, p. 228.

les impôts s'élever aussi haut que dans la plupart des aristocraties ou des monarchies de l'Europe.

De la corruption et des vices des gouvernants dans la démocratie ; des effets qui en résultent sur la moralité publique

Dans les aristocraties, les gouvernants cherchent quelque-fois à corrompre. — Souvent, dans les démocraties, ils se montrent eux-mêmes corrompus. — Dans les premières, les vices attaquent directement la moralité du peuple. — Ils exercent sur lui, dans les secondes, une influence indirecte qui est plus redoutable encore.

L'aristocratie et la démocratie se renvoient mutuelle-ment le reproche de faciliter la corruption; il faut distinguer :

Dans les gouvernements aristocratiques, les hommes qui arrivent aux affaires sont des gens riches qui ne désirent que du pouvoir. Dans les démocraties, les hommes d'Etat sont pauvres et ont leur fortune à faire.

Il s'ensuit que, dans les Etats aristocratiques, les gouvernants sont peu accessibles à la corruption et n'ont qu'un goût très modéré pour l'argent, tandis que le contraire arrive chez les peuples démocratiques.

Mais, dans les aristocraties, ceux qui veulent arriver à la tête des affaires disposant de grandes richesses, et le nombre de ceux qui peuvent les y faire parvenir étant sou-vent circonscrit entre certaines limites, le gouvernement se trouve en quelque sorte à l'enchère. Dans les démocra-ties, au contraire, ceux qui briguent le pouvoir ne sont presque jamais riches, et le nombre de ceux qui concourent à le donner est très grand. Peut-être dans les démocraties n'y a-t-il pas moins d'hommes à vendre, mais on n'y trouve presque point d'acheteurs; et, d'ailleurs, il faudrait acheter trop de monde à la fois pour atteindre le but.

Parmi les hommes qui ont occupé le pouvoir en France depuis quarante ans, plusieurs ont été accusés d'avoir fait fortune aux dépens de l'Etat et de ses alliés; reproche qui a été rarement adressé aux hommes publics de l'ancienne monarchie. Mais, en France, il est presque sans exemple qu'on achète le vote d'un électeur à prix d'argent, tandis que la chose se fait notoirement et publiquement en Angleterre.

Je n'ai jamais ouï dire qu'aux Etats-Unis on employât ses richesses à gagner les gouvernés; mais souvent j'ai vu mettre en doute la probité des fonctionnaires publics. Plus souvent encore j'ai entendu attribuer leurs succès à de basses intrigues où à des manœuvres coupables.

Si donc les hommes qui dirigent les aristocraties cherchent quelquefois à corrompre, les chefs des démocraties se montrent eux-mêmes corrompus. Dans les unes on attaque directement la moralité du peuple; on exerce dans les autres, sur la conscience publique, une action indirecte qu'il faut plus redouter encore.

Chez les peuples démocratiques, ceux qui sont à la tête de l'Etat, étant presque toujours en butte à des soupçons fâcheux, donnent en quelque sorte l'appui du gouvernement aux crimes dont on les accuse. Ils présentent ainsi de dangereux exemples à la vertu qui lutte encore, et fournissent des comparaisons glorieuses au vice qui se cache.

En vain dirait-on que les passions déshonnêtes se rencontrent dans tous les rangs; qu'elles montent souvent sur le trône par droit de naissance; qu'ainsi on peut rencontrer des hommes fort méprisables à la tête des nations aristocratiques comme au sein des démocraties.

Cette réponse ne me satisfait point : il se découvre, dans la corruption de ceux qui arrivent par hasard au pouvoir, quelque chose de grossier et de vulgaire qui la rend contagieuse pour la foule; il règne, au contraire, jusque dans la dépravation des grands seigneurs, un certain raffinement aristocratique, un air de grandeur qui souvent empêche qu'elle ne se communique.

Le peuple ne pénétrera jamais dans le labyrinthe obscur de l'esprit de cour; il découvrira toujours avec peine la bassesse qui se cache sous l'élégance des manières, la recherche des goûts et les grâces du langage. Mais voler le trésor public, ou vendre à prix d'argent les faveurs de l'Etat, le premier misérable comprend cela et peut se flatter d'en faire autant à son tour.

Ce qu'il faut craindre d'ailleurs, ce n'est pas tant la vue de l'immoralité des grands que celle de l'immoralité menant à la grandeur. Dans la démocratie, les simples citoyens voient un homme qui sort de leurs rangs et qui parvient en peu d'années à la richesse et à la puissance; ce spectacle excite leur surprise et leur envie; ils recherchent comment celui qui était hier leur égal est aujourd'hui revêtu du droit de les diriger. Attribuer son élévation à ses talents ou à ses vertus est incommode, car c'est avouer qu'eux-mêmes sont moins vertueux et moins habiles que lui. Ils en placent donc la principale cause dans quelques-uns de ses vices, et souvent ils ont raison de le faire. Il s'opère ainsi je ne sais quel odieux mélange entre les idées de bassesse et de pouvoir, d'indignité et de succès, d'utilité et de déshonneur.

De quels efforts la démocratie est capable

L'Union n'a lutté qu'une seule fois pour son existence. — Enthousiasme au commencement de la guerre. — Refroidissement à la fin. — Difficulté d'établir en Amérique la conscription ou l'inscription maritime. — Pourquoi un peuple démocratique est moins capable qu'un autre de grands efforts continus.

Je préviens le lecteur que je parle ici d'un gouvernement qui suit les volontés réelles du peuple, et non d'un gouvernement qui se borne seulement à commander au nom du peuple.

Il n'y a rien de si irrésistible qu'un pouvoir tyrannique qui commande au nom du peuple, parce qu'étant revêtu de la puissance morale qui appartient aux volontés du plus grand nombre, il agit en même temps avec la décision, la promptitude et la ténacité qu'aurait un seul homme.

Il est assez difficile de dire de quel degré d'effort est capable un gouvernement démocratique en temps de crise nationale.

On n'a jamais vu jusqu'à présent de grande république démocratique. Ce serait faire injure aux républiques que d'appeler de ce nom l'oligarchie qui régnait sur la France en 1793. Les Etats-Unis seuls présentent ce spectacle nouveau.

Or, depuis un demi-siècle que l'Union est formée, son existence n'a été mise en question qu'une seule fois, lors de la guerre de l'Indépendance. Au commencement de cette longue guerre, il y eut des traits extraordinaires d'enthousiasme pour le service de la patrie [15]. Mais à

15. L'un des plus singuliers, à mon avis, fut la résolution par laquelle

mesure que la lutte se prolongeait, on voyait reparaître l'égoïsme habituel : l'argent n'arrivait plus au trésor public; les hommes ne se présentaient plus à l'armée; le peuple voulait encore l'indépendance, mais il reculait devant les moyens de l'obtenir. « En vain nous avons multiplié les taxes et essayé de nouvelles méthodes de les lever, dit Hamilton dans le *Fédéraliste* (nº 12); l'attente publique a toujours été déçue, et le trésor des Etats est resté vide. Les formes démocratiques de l'administration, qui sont inhérentes à la nature démocratique de notre gouvernement, venant à se combiner avec la rareté du numéraire que produisait l'état languissant de notre commerce, ont jusqu'à présent rendu inutiles tous les efforts qu'on a pu tenter pour lever des sommes considérables. Les différentes législatures ont enfin compris la folie de semblables essais. »

Depuis cette époque, les Etats-Unis n'ont pas eu une seule guerre sérieuse à soutenir.

Pour juger quels sacrifices savent s'imposer les démocraties, il faut donc attendre le temps où la nation américaine sera obligée de mettre dans les mains de son gouvernement la moitié du revenu des biens, comme l'Angleterre, ou devra jeter à la fois le vingtième de sa population sur les champs de bataille, ainsi que l'a fait la France.

En Amérique, la conscription est inconnue; on y enrôle les hommes à prix d'argent. Le recrutement forcé est tellement contraire aux idées, et si étranger aux habitudes du peuple des Etats-Unis, que je doute qu'on osât jamais l'introduire dans les lois. Ce qu'on appelle en France la conscription forme assurément le plus lourd de nos impôts; mais, sans la conscription, comment pourrions-nous soutenir une grande guerre continentale ?

Les Américains n'ont point adopté chez eux la presse des Anglais. Ils n'ont rien qui ressemble à notre inscription maritime. La marine de l'Etat, comme la marine marchande, se recrute à l'aide d'engagements volontaires.

Or, il n'est pas facile de concevoir qu'un peuple puisse soutenir une grande guerre maritime sans recourir à l'un des deux moyens indiqués plus haut : aussi l'Union,

---

les Américains renoncèrent momentanément à l'usage du thé. Ceux qui savent que les hommes tiennent plus en général à leurs habitudes qu'à leur vie s'étonneront sans doute de ce grand et obscur sacrifice obtenu de tout un peuple.

qui a déjà combattu sur mer avec gloire, n'at-elle jamais eu cependant des flottes nombreuses, et l'armement du petit nombre de ses vaisseaux lui a-t-il toujours coûté très cher.

J'ai entendu des hommes d'Etat américains avouer que l'Union aura peine à maintenir son rang sur les mers, si elle ne recourt pas à la presse ou à l'inscription maritime; mais la difficulté est d'obliger le peuple, qui gouverne, à souffrir la presse ou l'inscription maritime.

Il est incontestable que les peuples libres déploient en général, dans les dangers, une énergie infiniment plus grande que ceux qui ne le sont pas, mais je suis porté à croire que ceci est surtout vrai des peuples libres chez lesquels domine l'élément aristocratique. La démocratie me paraît bien plus propre à diriger une société paisible, ou à faire au besoin un subit et vigoureux effort, qu'à braver pendant longtemps les grands orages de la vie politique des peuples. La raison en est simple : les hommes s'exposent aux dangers et aux privations par enthousiasme, mais ils n'y restent longtemps exposés que par réflexion. Il y a dans ce qu'on appelle le courage instinctif lui-même, plus de calcul qu'on ne pense; et quoique les passions seules fassent faire, en général, les premiers efforts, c'est en vue du résultat qu'on les continue. On risque une partie de ce qui est cher pour sauver le reste.

Or, c'est cette perception claire de l'avenir, fondée sur les lumières et l'expérience, qui doit souvent manquer à la démocratie. Le peuple sent bien plus qu'il ne raisonne; et si les maux actuels sont grands, il est à craindre qu'il oublie les maux plus grands qui l'attendent peut-être en cas de défaite.

Il y a encore une autre cause qui doit rendre les efforts d'un gouvernement démocratique moins durables que les efforts d'une aristocratie.

Le peuple, non seulement voit moins clairement que les hautes classes ce qu'il peut espérer ou craindre de l'avenir, mais encore il souffre bien autrement qu'elles des maux du présent. Le noble, en exposant sa personne, court autant de chances de gloire que de périls. En livrant à l'Etat la plus grande partie de son revenu, il se prive momentanément de quelques-uns des plaisirs de la richesse; mais, pour le pauvre, la mort est sans prestige, et l'impôt qui gêne le riche attaque souvent chez lui les sources de la vie.

Cette faiblesse relative des républiques démocratiques, en temps de crise, est peut-être le plus grand obstacle qui s'oppose à ce qu'une pareille république se fonde en Europe. Pour que la république démocratique subsistât sans peine chez un peuple européen, il faudrait qu'elle s'établît en même temps chez tous les autres.

Je crois que le gouvernement de la démocratie doit, à la longue, augmenter les forces réelles de la société; mais il ne saurait réunir à la fois, sur un point et dans un temps donné, autant de forces qu'un gouvernement aristocratique ou qu'une monarchie absolue. Si un pays démocratique restait soumis pendant un siècle au gouvernement républicain, on peut croire qu'au bout du siècle il serait plus riche, plus peuplé et plus prospère que les Etats despotiques qui l'avoisinent; mais pendant ce siècle, il aurait plusieurs fois couru le risque d'être conquis par eux.

Du pouvoir qu'exerce en général la démocratie américaine sur elle-même

Que le peuple américain ne se prête qu'à la longue, et quelquefois se refuse à faire ce qui est utile à son bien-être. — Faculté qu'ont les Américains de faire des fautes réparables.

Cette difficulté que trouve la démocratie à vaincre les passions et à faire taire les besoins du moment en vue de l'avenir se remarque aux Etats-Unis dans les moindres choses.

Le peuple, entouré de flatteurs, parvient difficilement à triompher de lui-même. Chaque fois qu'on veut obtenir de lui qu'il s'impose une privation ou une gêne, même dans un but que sa raison approuve, il commence presque toujours par s'y refuser. On vante avec raison l'obéissance que les Américains accordent aux lois. Il faut ajouter qu'en Amérique la législation est faite par le peuple et pour le peuple. Aux Etats-Unis, la loi se montre donc favorable à ceux qui, partout ailleurs, ont le plus d'intérêt à la violer. Ainsi il est permis de croire qu'une loi gênante, dont la majorité ne sentirait pas l'utilité actuelle, ne serait pas portée ou ne serait pas obéie.

Aux Etats-Unis, il n'existe pas de législation relative

aux banqueroutes frauduleuses. Serait-ce qu'il n'y a
pas de banqueroutes ? Non, c'est au contraire parce
qu'il y en a beaucoup. La crainte d'être poursuivi comme
banqueroutier surpasse, dans l'esprit de la majorité, la
crainte d'être ruiné par les banqueroutes ; et il se fait
dans la conscience publique une sorte de tolérance
coupable pour le délit que chacun individuellement
condamne.

Dans les nouveaux Etats du Sud-Ouest, les citoyens
se font presque toujours justice à eux-mêmes, et les
meurtres s'y renouvellent sans cesse. Cela vient de ce
que les habitudes du peuple sont trop rudes, et les
lumières trop peu répandues dans ces déserts, pour
qu'on sente l'utilité d'y donner force à la loi : on y
préfère encore les duels aux procès.

Quelqu'un me disait un jour, à Philadelphie, que
presque tous les crimes, en Amérique, étaient causés
par l'abus des liqueurs fortes, dont le bas peuple pouvait user à volonté, parce qu'on les lui vendait à vil prix.
« D'où vient, demandai-je, que vous ne mettez pas un
droit sur l'eau-de-vie ? — Nos législateurs y ont bien
souvent pensé, répliqua-t-il, mais l'entreprise est difficile.
On craint une révolte ; et d'ailleurs, les membres qui
voteraient une pareille loi seraient bien sûrs de n'être
pas réélus. — Ainsi donc, repris-je, chez vous les buveurs
sont en majorité, et la tempérance est impopulaire. »

Quand on fait remarquer ces choses aux hommes
d'Etat, ils se bornent à vous répondre : Laissez faire le
temps ; le sentiment du mal éclairera le peuple et lui
montrera ses besoins. Cela est souvent vrai : si la démocratie a plus de chances de se tromper qu'un roi ou un
corps de nobles, elle a aussi plus de chances de revenir
à la vérité, une fois que la lumière lui arrive, parce qu'il
n'y a pas, en général, dans son sein, d'intérêts contraires
à celui du plus grand nombre, et qui luttent contre la
raison. Mais la démocratie ne peut obtenir la vérité que
de l'expérience, et beaucoup de peuples ne sauraient
attendre, sans périr, les résultats de leurs erreurs.

Le grand privilège des Américains n'est donc pas
seulement d'être plus éclairés que d'autres, mais d'avoir
la faculté de faire des fautes réparables.

Ajoutez que, pour mettre facilement à profit l'expérience du passé, il faut que la démocratie soit déjà
parvenue à un certain degré de civilisation et de lumières.

On voit des peuples dont l'éducation première a été

si vicieuse, et dont le caractère présente un si étrange mélange de passions, d'ignorance et de notions erronées de toutes choses, qu'ils ne sauraient d'eux-mêmes discerner la cause de leurs misères; ils succombent sous des maux qu'ils ignorent.

J'ai parcouru de vastes contrées habitées jadis par de puissantes nations indiennes qui aujourd'hui n'existent plus; j'ai habité chez des tribus déjà mutilées qui chaque jour voient décroître leur nombre et disparaître l'éclat de leur gloire sauvage; j'ai entendu ces Indiens eux-mêmes prévoir le destin final réservé à leur race. Il n'y a pas d'Européen, cependant, qui n'aperçoive ce qu'il faudrait faire pour préserver ces peuples infortunés d'une destruction inévitable. Mais eux ne le voient point; ils sentent les maux qui, chaque année, s'accumulent sur leurs têtes, et ils périront jusqu'au dernier en rejetant le remède. Il faudrait employer la force pour les contraindre à vivre.

On s'étonne en apercevant les nouvelles nations de l'Amérique du Sud s'agiter, depuis un quart de siècle, au milieu de révolutions sans cesse renaissantes, et chaque jour on s'attend à les voir rentrer dans ce qu'on appelle leur *état naturel*. Mais qui peut affirmer que les révolutions ne soient pas, de notre temps, l'état le plus naturel des Espagnols de l'Amérique du Sud? Dans ce pays, la société se débat au fond d'un abîme dont ses propres efforts ne peuvent la faire sortir.

Le peuple qui habite cette belle moitié d'un hémisphère semble obstinément attaché à se déchirer les entrailles; rien ne saurait l'en détourner. L'épuisement le fait un instant tomber dans le repos, et le repos le rend bientôt à de nouvelles fureurs. Quand je viens à le considérer dans cet état alternatif de misères et de crimes, je suis tenté de croire que pour lui le despotisme serait un bienfait.

Mais ces deux mots ne pourront jamais se trouver unis dans ma pensée.

DE LA MANIÈRE DONT LA DÉMOCRATIE AMÉRICAINE CONDUIT LES AFFAIRES EXTÉRIEURES DE L'ÉTAT

Direction donnée à la politique extérieure des Etats-Unis par Washington et Jefferson. — Presque tous les défauts

*naturels de la démocratie se font sentir dans la direction
des affaires extérieures, et ses qualités y sont peu
sensibles.*

Nous avons vu que la constitution fédérale mettait
la direction permanente des intérêts extérieurs de la
nation dans les mains du président et du sénat [16], ce qui
place jusqu'à un certain point la politique générale de
l'Union hors de l'influence directe et journalière du
peuple. On ne peut donc pas dire d'une manière absolue
que ce soit la démocratie qui, en Amérique, conduise
les affaires extérieures de l'Etat.

Il y a deux hommes qui ont imprimé à la politique
des Américains une direction qu'on suit encore de nos
jours; le premier est Washington, et Jefferson est le
second.

Washington disait, dans cette admirable lettre adressée
à ses concitoyens, et qui forme comme le testament
politique de ce grand homme :

« Etendre nos relations commerciales avec les peuples
étrangers, et établir aussi peu de liens politiques que
possible entre eux et nous, telle doit être la règle de
notre politique. Nous devons remplir avec fidélité les
engagements déjà contractés, mais il faut nous garder
d'en former d'autres.

« L'Europe a un certain nombre d'intérêts qui lui
sont propres et qui n'ont pas de rapport, ou qui n'ont
qu'un rapport très indirect avec les nôtres; elle doit
donc se trouver fréquemment engagée dans des querelles
qui nous sont naturellement étrangères; nous attacher
par des liens artificiels aux vicissitudes de sa politique,
entrer dans les différentes combinaisons de ses amitiés
et de ses haines, et prendre part aux luttes qui en résultent,
serait agir imprudemment.

« Notre isolement et notre éloignement d'elle nous
invitent à adopter une marche contraire et nous permettent de la suivre. Si nous continuons à former une
seule nation, régie par un gouvernement fort, le temps
n'est pas loin où nous n'aurons rien à craindre de personne. Alors nous pourrons prendre une attitude qui

---

16. « Le président, dit la constitution, art. 2, sect. II, § 2, fera les
traités de l'avis et avec le consentement du sénat. » Le lecteur ne doit
pas perdre de vue que le mandat des sénateurs dure six ans, et qu'étant
choisis par les législateurs de chaque Etat, ils sont le produit d'une
élection à deux degrés.

fasse respecter notre neutralité; les nations belligérantes, sentant l'impossibilité de rien acquérir sur nous, craindront de nous provoquer sans motifs; et nous serons en position de choisir la paix ou la guerre, sans prendre d'autres guides de nos actions que notre intérêt et la justice.

« Pourquoi abandonnerions-nous les avantages que nous pouvons tirer d'une situation si favorable ? Pourquoi quitterions-nous un terrain qui nous est propre, pour aller nous établir sur un terrain qui nous est étranger ? Pourquoi, enfin, liant notre destinée à celle d'une portion quelconque de l'Europe, exposerions-nous notre paix et notre prospérité à l'ambition, aux rivalités, aux intérêts ou aux caprices des peuples qui l'habitent ?

« Notre vraie politique est de ne contracter d'alliance permanente avec aucune nation étrangère; autant du moins que nous sommes encore libres de ne pas le faire, car je suis bien loin de vouloir qu'on manque aux engagements existants. L'honnêteté est toujours la meilleure politique; c'est une maxime que je tiens pour également applicable aux affaires des nations et à celles des individus. Je pense donc qu'il faut exécuter dans toute leur étendue les engagements que nous avons déjà contractés; mais je crois inutile et imprudent d'en contracter d'autres. Plaçons-nous toujours de manière à faire respecter notre position, et des alliances temporaires suffiront pour nous permettre de faire face à tous les dangers. »

Précédemment Washington avait énoncé cette belle et juste idée : « La nation qui se livre à des sentiments habituels d'amour ou de haine envers une autre devient en quelque sorte esclave. Elle est esclave de sa haine ou de son amour. »

La conduite politique de Washington fut toujours dirigée d'après ses maximes. Il parvint à maintenir son pays en paix, lorsque tout le reste de l'univers était en guerre, et il établit comme point de doctrine que l'intérêt bien entendu des Américains était de ne jamais prendre parti dans les querelles intérieures de l'Europe.

Jefferson alla plus loin encore, et il introduisit dans la politique de l'Union cette autre maxime : « Que les Américains ne devaient jamais demander de privilèges aux nations étrangères, afin de n'être pas obligés eux-mêmes d'en accorder. »

Ces deux principes, que leur évidente justesse mit

facilement à la portée de la foule, ont extrêmement sim-
plifié la politique extérieure des Etats-Unis.

L'Union ne se mêlant pas des affaires de l'Europe
n'a pour ainsi dire point d'intérêts extérieurs à débattre,
car elle n'a pas encore de voisins puissants en Amérique.
Placée par sa situation autant que par sa volonté en
dehors des passions de l'ancien monde, elle n'a pas plus
à s'en garantir qu'à les épouser. Quant à celles du nouveau monde, l'avenir les cache encore.

L'Union est libre d'engagements antérieurs ; elle profite donc de l'expérience des vieux peuples de l'Europe,
sans être obligée, comme eux, de tirer parti du passé et
de l'accommoder au présent ; ainsi qu'eux, elle n'est pas
forcée d'accepter un immense héritage que lui ont légué
ses pères ; mélange de gloire et de misère, d'amitiés et
de haines nationales. La politique extérieure des Etats-
Unis est éminemment expectante ; elle consiste bien plus
à s'abstenir qu'à faire.

Il est donc bien difficile de savoir, quant à présent,
quelle habileté développera la démocratie américaine
dans la conduite des affaires extérieures de l'Etat. Sur
ce point, ses adversaires comme ses amis doivent suspendre leur jugement.

Quant à moi, je ne ferai pas difficulté de le dire : c'est
dans la direction des intérêts extérieurs de la société
que les gouvernements démocratiques me paraissent
décidément inférieurs aux autres. L'expérience, les
mœurs et l'instruction finissent presque toujours par
créer chez la démocratie cette sorte de sagesse pratique
de tous les jours et cette science des petits événements
de la vie qu'on nomme le bon sens. Le bon sens suffit
au train ordinaire de la société ; et chez un peuple dont
l'éducation est faite, la liberté démocratique appliquée
aux affaires intérieures de l'Etat produit plus de biens
que les erreurs du gouvernement de la démocratie ne
sauraient amener de maux. Mais il n'en est pas toujours
ainsi dans les rapports de peuple à peuple.

La politique extérieure n'exige l'usage de presque
aucune des qualités qui sont propres à la démocratie,
et commande au contraire le développement de presque
toutes celles qui lui manquent. La démocratie favorise
l'accroissement des ressources intérieures de l'Etat ; elle
répand l'aisance, développe l'esprit public ; fortifie le
respect à la loi dans les différentes classes de la société ;
toutes choses qui n'ont qu'une influence indirecte sur

la position d'un peuple vis-à-vis d'un autre. Mais la démocratie ne saurait que difficilement coordonner les détails d'une grande entreprise, s'arrêter à un dessein et le suivre ensuite obstinément à travers les obstacles. Elle est peu capable de combiner des mesures en secret et d'attendre patiemment leur résultat. Ce sont là des qualités qui appartiennent plus particulièrement à un homme ou à une aristocratie. Or, ce sont précisément ces qualités qui font qu'à la longue un peuple, comme individu, finit par dominer.

Si, au contraire, vous faites attention aux défauts naturels de l'aristocratie, vous trouverez que l'effet qu'ils peuvent produire n'est presque point sensible dans la direction des affaires extérieures de l'Etat. Le vice capital qu'on reproche à l'aristocratie, c'est de ne travailler que pour elle seule, et non pour la masse. Dans la politique extérieure, il est très rare que l'aristocratie ait un intérêt distinct de celui du peuple.

La pente qui entraîne la démocratie à obéir, en politique, à des sentiments plutôt qu'à des raisonnements, et à abandonner un dessein longtemps mûri pour la satisfaction d'une passion momentanée, se fit bien voir en Amérique lorsque la révolution française éclata. Les plus simples lumières de la raison suffisaient alors, comme aujourd'hui, pour faire concevoir aux Américains que leur intérêt n'était point de s'engager dans la lutte qui allait ensanglanter l'Europe, et dont les Etats-Unis ne pouvaient souffrir aucun dommage.

Les sympathies du peuple en faveur de la France se déclarèrent cependant avec tant de violence qu'il ne fallut rien moins que le caractère inflexible de Washington et l'immense popularité dont il jouissait pour empêcher qu'on ne déclarât la guerre à l'Angleterre. Et, encore, les efforts que fit l'austère raison de ce grand homme pour lutter contre les passions généreuses, mais irréfléchies, de ses concitoyens, faillirent-ils lui enlever la seule récompense qu'il se fût jamais réservée, l'amour de son pays. La majorité se prononça contre sa politique ; maintenant le peuple entier l'approuve[17].

---

17. Voyez le cinquième volume de la *Vie de Washington*, par Marshall. « Dans un gouvernement constitué comme l'est celui des Etats-Unis, dit-il, page 314, le premier magistrat ne peut, quelle que soit sa fermeté, opposer longtemps une digue au torrent de l'opinion populaire ; et celle qui prévalait alors semblait mener à la guerre. En effet, dans la session du congrès tenu à cette époque, on s'aperçut

Si la constitution et la faveur publique n'eussent pas donné à Washington la direction des affaires extérieures de l'Etat, il est certain que la nation aurait précisément fait alors ce qu'elle condamne aujourd'hui.

Presque tous les peuples qui ont agi fortement sur le monde, ceux qui ont conçu, suivi et exécuté de grands desseins, depuis les Romains jusqu'aux Anglais, étaient dirigés par une aristocratie, et comment s'en étonner?

Ce qu'il y a de plus fixe au monde dans ses vues, c'est une aristocratie. La masse du peuple peut être séduite par son ignorance ou ses passions; on peut surprendre l'esprit d'un roi et le faire vaciller dans ses projets; et d'ailleurs un roi n'est point immortel. Mais un corps aristocratique est trop nombreux pour être capté, trop peu nombreux pour céder aisément à l'enivrement de passions irréfléchies. Un corps aristocratique est un homme ferme et éclairé qui ne meurt point.

très fréquemment que Washington avait perdu la majorité dans la chambre des représentants. » En dehors, la violence du langage dont on se servait contre lui était extrême : dans une réunion politique, on ne craignit pas de le comparer indirectement au traître Arnold (p. 265). « Ceux qui tenaient au parti de l'opposition, dit encore Marshall (p. 355), prétendirent que les partisans de l'administration composaient une faction aristocratique qui était soumise à l'Angleterre, et qui, voulant établir la monarchie, était, par conséquent, ennemie de la France ; une faction dont les membres constituaient une sorte de noblesse, qui avait pour titres les actions de la Banque, et qui craignait tellement toute mesure qui pouvait influer sur les fonds, qu'elle était insensible aux affronts que l'honneur et l'intérêt de la nation commandaient également de repousser. »

CHAPITRE VI

QUELS SONT LES AVANTAGES RÉELS QUE LA SOCIÉTÉ AMÉRICAINE RETIRE DU GOUVERNEMENT DE LA DÉMOCRATIE

Avant de commencer le présent chapitre, je sens le besoin de rappeler au lecteur ce que j'ai déjà indiqué plusieurs fois dans le cours de ce livre.

La constitution politique des Etats-Unis me paraît l'une des formes que la démocratie peut donner à son gouvernement; mais je ne considère pas les institutions américaines comme les seules ni comme les meilleures qu'un peuple démocratique doive adopter.

En faisant connaître quels biens les Américains retirent du gouvernement de la démocratie, je suis donc loin de prétendre ni de penser que de pareils avantages ne puissent être obtenus qu'à l'aide des mêmes lois.

DE LA TENDANCE GÉNÉRALE DES LOIS SOUS L'EMPIRE DE LA DÉMOCRATIE AMÉRICAINE, ET DE L'INSTINCT DE CEUX QUI LES APPLIQUENT

Les vices de la démocratie se voient tout d'un coup. — Ses avantages ne s'aperçoivent qu'à la longue. — La démocratie américaine est souvent inhabile, mais la tendance générale de ses lois est profitable. — Les fonctionnaires publics, sous la démocratie américaine, n'ont point d'intérêts permanents qui diffèrent de ceux du plus grand nombre. — Ce qui en résulte.

Les vices et les faiblesses du gouvernement de la démocratie se voient sans peine; on les démontre par des faits patents, tandis que son influence salutaire s'exerce d'une manière insensible, et pour ainsi dire occulte. Ses défauts frappent du premier abord, mais ses qualités ne se découvrent qu'à la longue.

Les lois de la démocratie américaine sont souvent défectueuses ou incomplètes ; il leur arrive de violer des droits acquis, ou d'en sanctionner de dangereux : fussent-elles bonnes, leur fréquence serait encore un grand mal. Tout ceci s'aperçoit au premier coup d'œil.

D'où vient donc que les républiques américaines se maintiennent et prospèrent ?

On doit distinguer soigneusement, dans les lois, le but qu'elles poursuivent, de la manière dont elles marchent vers ce but ; leur bonté absolue, de celle qui n'est que relative.

Je suppose que l'objet du législateur soit de favoriser les intérêts du petit nombre aux dépens de ceux du grand ; ses dispositions sont combinées de façon à obtenir le résultat qu'il se propose dans le moins de temps et avec le moins d'efforts possibles. La loi sera bien faite, son but mauvais ; elle sera dangereuse en proportion de son efficacité même.

Les lois de la démocratie tendent, en général, au bien du plus grand nombre, car elles émanent de la majorité de tous les citoyens, laquelle peut se tromper, mais ne saurait avoir un intérêt contraire à elle-même.

Celles de l'aristocratie tendent, au contraire, à monopoliser dans les mains du petit nombre la richesse et le pouvoir, parce que l'aristocratie forme toujours de sa nature une minorité.

On peut donc dire, d'une manière générale, que l'objet de la démocratie, dans sa législation, est plus utile à l'humanité que l'objet de l'aristocratie dans la sienne.

Mais là finissent ses avantages.

L'aristocratie est infiniment plus habile dans la science du législateur que ne saurait l'être la démocratie. Maîtresse d'elle-même, elle n'est point sujette à des entraînements passagers ; elle a de longs desseins qu'elle sait mûrir jusqu'à ce que l'occasion favorable se présente. L'aristocratie procède savamment ; elle connaît l'art de faire converger en même temps, vers un même point, la force collective de toutes ses lois.

Il n'en est pas ainsi de la démocratie : ses lois sont presque toujours défectueuses ou intempestives.

Les moyens de la démocratie sont donc plus imparfaits que ceux de l'aristocratie : souvent elle travaille, sans le vouloir, contre elle-même ; mais son but est plus utile.

Imaginez une société que la nature, ou sa constitution, ait organisée de manière à supporter l'action passagère de mauvaises lois, et qui puisse attendre sans périr le résultat de la *tendance générale* des lois, et vous concevrez que le gouvernement de la démocratie, malgré ses défauts, soit encore de tous le plus propre à faire prospérer cette société.

C'est précisément là ce qui arrive aux Etats-Unis; je répète ici ce que j'ai déjà exprimé ailleurs : le grand privilège des Américains est de pouvoir faire des fautes réparables.

Je dirai quelque chose d'analogue sur les fonctionnaires publics.

Il est facile de voir que la démocratie américaine se trompe souvent dans le choix des hommes auxquels elle confie le pouvoir; mais il n'est pas aussi aisé de dire pourquoi l'Etat prospère en leurs mains.

Remarquez d'abord que si, dans un Etat démocratique, les gouvernants sont moins honnêtes ou moins capables, les gouvernés sont plus éclairés et plus attentifs.

Le peuple, dans les démocraties, occupé comme il l'est sans cesse de ses affaires, et jaloux de ses droits, empêche ses représentants de s'écarter d'une certaine ligne générale que son intérêt lui trace.

Remarquez encore que si le magistrat démocratique use plus mal qu'un autre du pouvoir, il le possède, en général, moins longtemps.

Mais il y a une raison plus générale que celle-là, et plus satisfaisante.

Il importe sans doute au bien des nations que les gouvernants aient des vertus ou des talents; mais ce qui, peut-être, leur importe encore davantage, c'est que les gouvernants n'aient pas d'intérêts contraires à la masse des gouvernés; car, dans ce cas, les vertus pourraient devenir presque inutiles, et les talents funestes.

J'ai dit qu'il importait que les gouvernants n'aient point d'intérêts contraires ou différents de la masse des gouvernés; je n'ai point dit qu'il importait qu'ils eussent des intérêts semblables à ceux de *tous* les gouvernés, car je ne sache point que la chose se soit encore rencontrée.

On n'a point découvert jusqu'ici de forme politique qui favorisât également le développement et la prospérité de toutes les classes dont la société se compose. Ces classes ont continué à former comme autant de nations distinctes dans la même nation, et l'expérience a prouvé qu'il était presque aussi dangereux de s'en remettre complètement à aucune d'elles du sort des autres, que de faire d'un peuple l'arbitre des destinées d'un autre peuple. Lorsque les riches seuls gouvernent, l'intérêt des pauvres est toujours en péril; et lorsque les pauvres font la loi, celui des riches court de grands hasards. Quel est donc l'avantage de la démocratie ? L'avantage réel de la démocratie n'est pas, comme on l'a dit, de favoriser la prospérité de tous, mais seulement de servir au bien-être du plus grand nombre.

Ceux qu'on charge, aux Etats-Unis, de diriger les affaires du public, sont souvent inférieurs en capacité et en moralité aux hommes que l'aristocratie porterait au pouvoir; mais leur intérêt se confond et s'identifie avec celui de la majorité de leurs concitoyens. Ils peuvent donc commettre de fréquentes infidélités et de graves erreurs, mais ils ne suivront jamais systématiquement une tendance hostile à cette majorité; et il ne saurait leur arriver d'imprimer au gouvernement une allure exclusive et dangereuse.

La mauvaise administration d'un magistrat, sous la démocratie, est d'ailleurs un fait isolé qui n'a d'influence que pendant la courte durée de cette administration. La corruption et l'incapacité ne sont pas des intérêts communs qui puissent lier entre eux les hommes d'une manière permanente.

Un magistrat corrompu, ou incapable, ne combinera pas ses efforts avec un autre magistrat, par la seule raison que ce dernier est incapable et corrompu comme lui, et ces deux hommes ne travailleront jamais de concert à faire fleurir la corruption et l'incapacité chez leurs arrière-neveux. L'ambition et les manœuvres de l'un serviront, au contraire, à démasquer l'autre. Les vices du magistrat, dans les démocraties, lui sont, en général, tout personnels.

Mais les hommes publics, sous le gouvernement de l'aristocratie, ont un intérêt de classe qui, s'il se confond quelquefois avec celui de la majorité, en reste souvent distinct. Cet intérêt forme entre eux un lien commun et durable; il les invite à unir et à combiner leurs efforts vers un but qui n'est pas toujours le bonheur du plus grand nombre : il ne lie pas seulement les gouvernants les uns aux autres; il les unit encore à une portion considérable de gouvernés; car beaucoup de citoyens, sans être revêtus d'aucun emploi, font partie de l'aristocratie.

Le magistrat aristocratique rencontre donc un appui constant dans la société, en même temps qu'il en trouve un dans le gouvernement.

Cet objet commun, qui, dans les aristocraties, unit les magistrats à l'intérêt d'une partie de leurs contemporains, les identifie encore et les soumet pour ainsi dire à celui des races futures. Ils travaillent pour l'avenir aussi bien que pour le présent. Le magistrat aristocratique est donc poussé tout à la fois vers un même point, par les passions des gouvernés, par les siennes propres, et je pourrais presque dire par les passions de sa postérité.

Comment s'étonner s'il ne résiste point ? Aussi voit-on souvent, dans les aristocraties, l'esprit de classe entraîner ceux mêmes qu'il ne corrompt pas, et faire qu'à leur insu ils accommodent peu à peu la société à leur usage, et la préparent pour leurs descendants.

Je ne sais s'il a jamais existé une aristocratie aussi libérale que celle d'Angleterre, et qui ait, sans interruption, fourni au gouvernement du pays des hommes aussi dignes et aussi éclairés.

Il est cependant facile de reconnaître que dans la législation anglaise le bien du pauvre a fini par être souvent sacrifié à celui du riche, et les droits du plus grand nombre aux privilèges de quelques-uns : aussi l'Angleterre, de nos jours, réunit-elle dans son sein tout ce que la fortune a de plus extrême, et l'on y rencontre des misères qui égalent presque sa puissance et sa gloire.

Aux Etats-Unis, où les fonctionnaires publics n'ont point d'intérêt de classe à faire prévaloir, la marche générale et continue du gouvernement est bienfaisante, quoique les gouvernants soient souvent inhabiles, et quelquefois méprisables.

Il y a donc, au fond des institutions démocratiques, une tendance cachée qui fait souvent concourir les hommes à la prospérité générale, malgré leurs vices ou leurs erreurs, tandis que dans les institutions aristocratiques il se découvre quelquefois une pente secrète qui, en dépit des talents et des vertus, les entraîne à contribuer aux misères de leurs semblables. C'est ainsi qu'il peut arriver que, dans les gouvernements aristocratiques, les hommes publics fassent le mal sans le vouloir, et que dans les démocraties ils produisent le bien sans en avoir la pensée.

De l'esprit public aux États-Unis

Amour instinctif de la patrie. — Patriotisme réfléchi. — Leurs différents caractères. — Que les peuples doivent tendre de toutes leurs forces vers le second quand le premier disparaît. — Efforts qu'ont faits les Américains pour y parvenir. — L'intérêt de l'individu intimement lié à celui du pays.

Il existe un amour de la patrie qui a principalement sa source dans ce sentiment irréfléchi, désintéressé et indéfinissable, qui lie le cœur de l'homme aux lieux où l'homme a pris naissance. Cet amour instinctif se confond avec le goût des coutumes anciennes, avec le respect des aïeux et la mémoire du passé; ceux qui l'éprouvent chérissent leur pays comme on aime la maison paternelle. Ils aiment la tranquillité dont ils y jouissent; ils tiennent aux paisibles habitudes qu'il y ont contractées; ils s'attachent aux souvenirs qu'elle leur présente, et trouvent même quelque douceur à y vivre dans l'obéissance. Souvent cet amour de la patrie est encore exalté par le zèle religieux, et alors on lui voit faire des prodiges. Lui-même est une sorte de religion; il ne raisonne point, il croit, il sent, il agit. Des peuples se sont rencontrés qui ont, en quelque façon, personnifié la patrie, et qui l'ont entrevue dans le prince. Ils ont donc transporté en lui une partie des sentiments dont le patriotisme se compose; ils se sont enorgueillis de ses triomphes, et ont été fiers de sa puissance. Il fut un temps, sous l'ancienne monarchie, où les Français éprouvaient une sorte de joie en se sentant livrés sans recours à l'arbitraire du monarque, et disaient avec orgueil : « Nous vivons sous le plus puissant roi du monde. »

Comme toutes les passions irréfléchies, cet amour du pays pousse à de grands efforts passagers plutôt qu'à la continuité des efforts. Après avoir sauvé l'État en temps de crise, il le laisse souvent dépérir au sein de la paix.

Lorsque les peuples sont encore simples dans leurs mœurs et fermes dans leur croyance; quand la société repose doucement sur un ordre de choses ancien, dont la légitimité n'est point contestée, on voit régner cet amour instinctif de la patrie.

Il en est un autre plus rationnel que celui-là; moins

généreux, moins ardent peut-être, mais plus fécond et plus durable; celui-ci naît des lumières; il se développe à l'aide des lois, il croît avec l'exercice des droits et il finit, en quelque sorte par se confondre avec l'intérêt, personnel. Un homme comprend l'influence qu'a le bien-être du pays sur le sien propre; il sait que la loi lui permet de contribuer à produire ce bien-être, et il s'intéresse à la prospérité de son pays, d'abord comme à une chose qui lui est utile, et ensuite comme à son ouvrage.

Mais il arrive quelquefois, dans la vie des peuples, un moment où les coutumes anciennes sont changées, les mœurs détruites, les croyances ébranlées, le prestige des souvenirs évanoui, et où, cependant, les lumières sont restées incomplètes et les droits politiques mal assurés ou restreints. Les hommes alors n'aperçoivent plus la patrie que sous un jour faible et douteux; ils ne la placent plus ni dans le sol, qui est devenu à leurs yeux une terre inanimée, ni dans les usages de leurs aïeux, qu'on leur a appris à regarder comme un joug; ni dans la religion, dont ils doutent; ni dans les lois qu'ils ne font pas, ni dans le législateur qu'ils craignent et méprisent. Ils ne la voient donc nulle part, pas plus sous ses propres traits que sous aucun autre, et ils se retirent dans un égoïsme étroit et sans lumière. Ces hommes échappent aux préjugés sans reconnaître l'empire de la raison; ils n'ont ni le patriotisme instinctif de la monarchie, ni le patriotisme réfléchi de la république; mais ils se sont arrêtés entre les deux, au milieu de la confusion et des misères.

Que faire en un pareil état ? Reculer. Mais les peuples ne reviennent pas plus aux sentiments de leur jeunesse, que les hommes aux goûts innocents de leur premier âge; ils peuvent les regretter, mais non les faire renaître. Il faut donc marcher en avant et se hâter d'unir aux yeux du peuple l'intérêt individuel à l'intérêt du pays, car l'amour désintéressé de la patrie fuit sans retour.

Je suis assurément loin de prétendre que pour arriver à ce résultat on doive accorder tout à coup l'exercice des droits politiques à tous les hommes; mais je dis que le plus puissant moyen, et peut-être le seul qui nous reste, d'intéresser les hommes au sort de leur patrie, c'est de les faire participer à son gouvernement. De nos jours, l'esprit de cité me semble inséparable de l'exercice des droits politiques; et je pense que désormais on verra augmenter ou diminuer en Europe le nombre des citoyens en proportion de l'extension de ces droits.

D'où vient qu'aux Etats-Unis, où les habitants sont arrivés d'hier sur le sol qu'ils occupent, où ils n'y ont apporté ni usages, ni souvenirs; où ils s'y rencontrent pour la première fois sans se connaître; où, pour le dire en un mot, l'instinct de la patrie peut à peine exister; d'où vient que chacun s'intéresse aux affaires de sa commune, de son canton et de l'Etat tout entier comme aux siennes mêmes ? C'est que chacun, dans sa sphère, prend une part active au gouvernement de la société.

L'homme du peuple, aux Etats-Unis, a compris l'influence qu'exerce la prospérité générale sur son bonheur, idée si simple et cependant si peu connue du peuple. De plus, il s'est accoutumé à regarder cette prospérité comme son ouvrage. Il voit donc dans la fortune publique la sienne propre, et il travaille au bien de l'Etat, non seulement par devoir ou par orgueil, mais j'oserais presque dire par cupidité.

On n'a pas besoin d'étudier les institutions et l'histoire des Américains pour connaître la vérité de ce qui précède, les mœurs vous en avertissent assez. L'Américain prenant part à tout ce qui se fait dans ce pays se croit intéressé à défendre tout ce qu'on y critique; car ce n'est pas seulement son pays qu'on attaque alors, c'est lui-même : aussi voit-on son orgueil national recourir à tous les artifices et descendre à toutes les puérilités de la vanité individuelle.

Il n'y a rien de plus gênant dans l'habitude de la vie que ce patriotisme irritable des Américains. L'étranger consentirait bien à louer beaucoup dans leur pays; mais il voudrait qu'on lui permît de blâmer quelque chose, et c'est ce qu'on lui refuse absolument.

L'Amérique est donc un pays de liberté, où, pour ne blesser personne, l'étranger ne doit parler librement ni des particuliers, ni de l'Etat, ni des gouvernés, ni des gouvernants, ni des entreprises publiques, ni des entreprises privées; de rien enfin de ce qu'on y rencontre, sinon peut-être du climat et du sol; encore trouve-t-on des Américains prêts à défendre l'un et l'autre, comme s'ils avaient concouru à les former.

De nos jours, il faut savoir prendre son parti et oser choisir entre le patriotisme de tous et le gouvernement du petit nombre, car on ne peut réunir à la fois la force et l'activité sociales que donne le premier, avec les garanties de tranquillité que fournit quelquefois le second.

De l'idée des droits aux États-Unis

Il n'y a pas de grands peuples sans idée des droits. —
Quel est le moyen de donner au peuple l'idée des droits. —
Respect des droits aux Etats-Unis. — D'où il naît.

Après l'idée générale de la vertu, je n'en sais pas de
plus belle que celle des droits, ou plutôt ces deux idées
se confondent. L'idée des droits n'est autre chose que
l'idée de la vertu introduite dans le monde politique.

C'est avec l'idée des droits que les hommes ont défini
ce qu'étaient la licence et la tyrannie. Eclairé par elle,
chacun a pu se montrer indépendant sans arrogance et
soumis sans bassesse. L'homme qui obéit à la violence se
plie et s'abaisse; mais quand il se soumet au droit de
commander qu'il reconnaît à son semblable, il s'élève
en quelque sorte au-dessus de celui même qui lui commande. Il n'est pas de grands hommes sans vertu; sans
respect des droits il n'y a pas de grand peuple : on peut
presque dire qu'il n'y a pas de société; car qu'est-ce
qu'une réunion d'êtres rationnels et intelligents dont la
force est le seul lien ?

Je me demande quel est, de nos jours, le moyen d'in-
culquer aux hommes l'idée des droits, et de le faire pour
ainsi dire tomber sous leur sens; et je n'en vois qu'un seul,
c'est de leur donner à tous le paisible exercice de certains droits : on voit bien cela chez les enfants, qui sont
des hommes, à la force et à l'expérience près. Lorsque
l'enfant commence à se mouvoir au milieu des objets
extérieurs, l'instinct le porte à mettre à son usage tout ce
qui se rencontre sous ses mains; il n'a pas l'idée de la
propriété des autres, pas même de celle de l'existence;
mais à mesure qu'il est averti du prix des choses, et
qu'il découvre qu'on peut à son tour l'en dépouiller, il
devient plus circonspect et finit par respecter dans ses
semblables ce qu'il veut qu'on respecte en lui.

Ce qui arrive à l'enfant pour ses jouets, arrive plus
tard à l'homme pour tous les objets qui lui appartiennent.
Pourquoi en Amérique, pays de démocratie par excellence, personne ne fait-il entendre contre la propriété
en général ces plaintes qui souvent retentissent en

Europe ? Est-il besoin de le dire ? c'est qu'en Amérique il n'y a point de prolétaires. Chacun ayant un bien particulier à défendre, reconnaît en principe le droit de propriété.

Dans le monde politique il en est de même. En Amérique, l'homme du peuple a conçu une haute idée des droits politiques, parce qu'il a des droits politiques; il n'attaque pas ceux d'autrui pour qu'on ne viole pas les siens. Et tandis qu'en Europe ce même homme méconnaît jusqu'à l'autorité souveraine, l'Américain se soumet sans murmurer au pouvoir du moindre de ses magistrats.

Cette vérité paraît jusque dans les plus petits détails de l'existence des peuples. En France, il y a peu de plaisirs exclusivement réservés aux classes supérieures de la société; le pauvre est admis presque partout où le riche peut entrer : aussi le voit-on se conduire avec décence et respecter tout ce qui sert à des jouissances qu'il partage. En Angleterre, où la richesse a le privilège de la joie comme le monopole du pouvoir, on se plaint que quand le pauvre parvient à s'introduire furtivement dans le lieu destiné aux plaisirs du riche, il aime à y causer des dégâts inutiles : comment s'en étonner ? on a pris soin qu'il n'ait rien à perdre.

Le gouvernement de la démocratie fait descendre l'idée des droits politiques jusqu'au moindre des citoyens, comme la division des biens met l'idée du droit de propriété en général à la portée de tous les hommes. C'est là un de ses plus grands mérites à mes yeux.

Je ne dis point que ce soit chose aisée que d'apprendre à tous les hommes à se servir des droits politiques; je dis seulement que, quand cela peut être, les effets qui en résultent sont grands.

Et j'ajoute que s'il est un siècle où une pareille entreprise doive être tentée, ce siècle est le nôtre.

Ne voyez-vous pas que les religions s'affaiblissent et que la notion divine des droits disparaît ? Ne découvrez-vous point que les mœurs s'altèrent, et qu'avec elles s'efface la notion morale des droits ?

N'apercevez-vous pas de toutes parts les croyances qui font place aux raisonnements, et les sentiments aux calculs ? Si, au milieu de cet ébranlement universel, vous ne parvenez à lier l'idée des droits à l'intérêt personnel qui s'offre comme le seul point immobile dans le cœur humain, que vous restera-t-il donc pour gouverner le monde, sinon la peur ?

Lors donc qu'on me dit que les lois sont faibles, et les gouvernés turbulents; que les passions sont vives, et la vertu sans pouvoir, et que dans cette situation il ne faut point songer à augmenter les droits de la démocratie, je réponds que c'est à cause de ces choses mêmes que je crois qu'il faut y songer; et, en vérité, je pense que les gouvernements y sont plus intéressés encore que la société, car les gouvernements périssent, et la société ne saurait mourir. Du reste, je ne veux point abuser de l'exemple de l'Amérique.

En Amérique, le peuple a été revêtu de droits politiques à une époque où il lui était difficile d'en faire un mauvais usage, parce que les citoyens étaient en petit nombre et simples de mœurs. En grandissant, les Américains n'ont point accru pour ainsi dire les pouvoirs de la démocratie; ils ont plutôt étendu ses domaines.

On ne peut douter que le moment où l'on accorde des droits politiques à un peuple qui en a été privé jusqu'alors ne soit un moment de crise, crise souvent nécessaire, mais toujours dangereuse.

L'enfant donne la mort quand il ignore le prix de la vie; il enlève la propriété d'autrui avant de connaître qu'on peut lui ravir la sienne. L'homme du peuple, à l'instant où on lui accorde des droits politiques, se trouve, par rapport à ses droits, dans la même position que l'enfant vis-à-vis de toute la nature, et c'est le cas de lui appliquer ce mot célèbre : *Homo puer robustus*.

Cette vérité se découvre en Amérique même. Les Etats où les citoyens jouissent le plus anciennement de leurs droits sont ceux où ils savent encore le mieux s'en servir.

On ne saurait trop le dire : il n'est rien de plus fécond en merveilles que l'art d'être libre; mais il n'y a rien de plus dur que l'apprentissage de la liberté. Il n'en est pas de même du despotisme. Le despotisme se présente souvent comme le réparateur de tous les maux soufferts; il est l'appui du bon droit, le soutien des opprimés et le fondateur de l'ordre. Les peuples s'endorment au sein de la prospérité momentanée qu'il fait naître; et lorsqu'ils se réveillent, ils sont misérables. La liberté, au contraire, naît d'ordinaire au milieu des orages, elle s'établit péniblement parmi les discordes civiles et ce n'est que quand elle est déjà vieille qu'on peut connaître ses bienfaits.

Du respect pour la loi aux États-Unis

Respect des Américains pour la loi. — Amour paternel qu'ils ressentent pour elle. — Intérêt personnel que chacun trouve à augmenter la puissance de la loi.

Il n'est pas toujours loisible d'appeler le peuple entier, soit directement, soit indirectement, à la confection de la loi; mais on ne saurait nier que, quand cela est praticable, la loi n'en acquière une grande autorité. Cette origine populaire, qui nuit souvent à la bonté et à la sagesse de la législation, contribue singulièrement à sa puissance.

Il y a dans l'expression des volontés de tout un peuple une force prodigieuse. Quand elle se découvre au grand jour, l'imagination même de ceux qui voudraient lutter contre elle en est comme accablée.

La vérité de ceci est bien connue des partis.

Aussi les voit-on contester la majorité partout où ils le peuvent. Quand elle leur manque parmi ceux qui ont voté, ils la placent parmi ceux qui se sont abstenus de voter, et lorsque là encore elle vient à leur échapper, ils la retrouvent au sein de ceux qui n'avaient pas le droit de voter.

Aux États-Unis, excepté les esclaves, les domestiques et les indigents nourris par les communes, il n'est personne qui ne soit électeur, et qui à ce titre ne concoure indirectement à la loi. Ceux qui veulent attaquer les lois sont donc réduits à faire ostensiblement l'une de ces deux choses : ils doivent ou changer l'opinion de la nation, ou fouler aux pieds ses volontés.

Ajoutez à cette première raison cette autre plus directe et plus puissante, qu'aux États-Unis chacun trouve une sorte d'intérêt personnel à ce que tous obéissent aux lois; car celui qui aujourd'hui ne fait pas partie de la majorité sera peut-être demain dans ses rangs; et ce respect qu'il professe maintenant pour les volontés du législateur, il aura bientôt occasion de l'exiger pour les siennes. Quelque fâcheuse que soit la loi, l'habitant des États-Unis s'y soumet donc sans peine, non seulement comme à l'ouvrage du plus grand nombre, mais encore comme au sien propre; il la considère sous le point de vue d'un contrat dans lequel il aurait été partie.

On ne voit donc pas, aux Etats-Unis, une foule nombreuse et toujours turbulente, qui, regardant la loi comme un ennemi naturel, ne jette sur elle que des regards de crainte et de soupçons. Il est impossible, au contraire, de ne point apercevoir que toutes les classes montrent une grande confiance dans la législation qui régit le pays, et ressentent pour elle une sorte d'amour paternel.

Je me trompe en disant toutes les classes. En Amérique, l'échelle européenne des pouvoirs étant renversée, les riches se trouvent dans une position analogue à celle des pauvres en Europe; ce sont eux qui souvent se défient de la loi. Je l'ai dit ailleurs : l'avantage réel du gouvernement démocratique n'est pas de garantir les intérêts de tous, ainsi qu'on l'a prétendu quelquefois, mais seulement de protéger ceux du plus grand nombre. Aux Etats-Unis, où le pauvre gouverne, les riches ont toujours à craindre qu'il n'abuse contre eux de son pouvoir.

Cette disposition de l'esprit des riches peut produire un mécontentement sourd; mais la société n'en est pas violemment troublée; car la même raison qui empêche le riche d'accorder sa confiance au législateur l'empêche de braver ses commandements. Il ne fait pas la loi parce qu'il est riche, et il n'ose la violer à cause de sa richesse. Chez les nations civilisées, il n'y a, en général, que ceux qui n'ont rien à perdre qui se révoltent. Ainsi donc, si les lois de la démocratie ne sont pas toujours respectables, elles sont presque toujours respectées; car ceux qui, en général, violent les lois, ne peuvent manquer d'obéir à celles qu'ils ont faites et dont ils profitent, et les citoyens qui pourraient avoir intérêt à les enfreindre sont portés par caractère et par position à se soumettre aux volontés quelconques du législateur. Au reste, le peuple, en Amérique, n'obéit pas seulement à la loi parce qu'elle est son ouvrage, mais encore parce qu'il peut la changer, quand par hasard elle le blesse; il s'y soumet d'abord comme à un mal qu'il s'est imposé à lui-même, et ensuite comme à un mal passager.

Activité qui règne dans toutes les parties du corps politique aux États-Unis; influence qu'elle exerce sur la société

Il est plus difficile de concevoir l'activité politique qui règne aux Etats-Unis que la liberté ou l'égalité qu'on y rencontre. — Le grand mouvement qui agite sans cesse les législatures n'est qu'un épisode, un prolongement de ce mouvement universel. — Difficulté que trouve l'Américain à ne s'occuper que de ses propres affaires. — L'agitation politique se propage dans la société civile. — Activité industrielle des Américains venant en partie de cette cause. — Avantages indirects que retire la société du gouvernement de la démocratie.

Quand on passe d'un pays libre dans un autre qui ne l'est pas, on est frappé d'un spectacle fort extraordinaire : là, tout est activité et mouvement; ici, tout semble calme et immobile. Dans l'un, il n'est question que d'amélioration et de progrès; on dirait que la société, dans l'autre, après avoir acquis tous les biens, n'aspire qu'à se reposer pour en jouir. Cependant, le pays qui se donne tant d'agitation pour être heureux est en général plus riche et plus prospère que celui qui paraît si satisfait de son sort. Et en les considérant l'un et l'autre, on a peine à concevoir comment tant de besoins nouveaux se font sentir chaque jour dans le premier, tandis qu'on semble en éprouver si peu dans le second.

Si cette remarque est applicable aux pays libres qui ont conservé la forme monarchique et à ceux où l'aristocratie domine, elle l'est bien plus encore aux républiques démocratiques. Là, ce n'est plus une portion du peuple qui entreprend d'améliorer l'état de la société; le peuple entier se charge de ce soin. Il ne s'agit pas seulement de pourvoir aux besoins et aux commodités d'une classe, mais de toutes les classes en même temps.

Il n'est pas impossible de concevoir l'immense liberté dont jouissent les Américains; on peut aussi se faire une idée de leur extrême égalité; mais ce qu'on ne saurait comprendre sans en avoir déjà été le témoin, c'est l'activité politique qui règne aux Etats-Unis

A peine êtes-vous descendu sur le sol de l'Amérique que vous vous trouvez au milieu d'une sorte de tumulte;

une clameur confuse s'élève de toutes parts; mille voix parviennent en même temps à votre oreille; chacune d'elles exprime quelques besoins sociaux. Autour de vous, tout se remue : ici, le peuple d'un quartier est réuni pour savoir si l'on doit bâtir une église; là, on travaille au choix d'un représentant; plus loin, les députés d'un canton se rendent en toute hâte à la ville, afin d'aviser à certaines améliorations locales; dans un autre endroit, ce sont les cultivateurs d'un village qui abandonnent leurs sillons pour aller discuter le plan d'une route ou d'une école. Des citoyens s'assemblent, dans le seul but de déclarer qu'ils désapprouvent la marche du gouvernement, tandis que d'autres se réunissent afin de proclamer que les hommes en place sont les pères de la patrie. En voici d'autres encore qui, regardant l'ivrognerie comme la source principale des maux de l'Etat, viennent s'engager solennellement à donner l'exemple de la tempérance [1].

Le grand mouvement politique qui agite sans cesse les législatures américaines, le seul dont on s'aperçoive au-dehors, n'est qu'un épisode et une sorte de prolongement de ce mouvement universel qui commence dans les derniers rangs du peuple et gagne ensuite de proche en proche toutes les classes des citoyens. On ne saurait travailler plus laborieusement à être heureux.

Il est difficile de dire quelle place occupent les soins de la politique dans la vie d'un homme aux Etats-Unis. Se mêler du gouvernement de la société et en parler, c'est la plus grande affaire et pour ainsi dire le seul plaisir qu'un Américain connaisse. Ceci s'aperçoit jusque dans les moindres habitudes de sa vie : les femmes elles-mêmes se rendent souvent aux assemblées publiques et se délassent, en écoutant des discours politiques, des ennuis du ménage. Pour elles, les clubs remplacent jusqu'à un certain point les spectacles. Un Américain ne sait pas converser, mais il discute; il ne discourt pas, mais il disserte. Il vous parle toujours comme à une assemblée; et s'il lui arrive par hasard de s'échauffer, il dira : Messieurs, en s'adressant à son interlocuteur.

---

1. Les sociétés de tempérance sont des associations dont les membres s'engagent à s'abstenir de liqueurs fortes. A mon passage aux Etats-Unis, les sociétés de tempérance comptaient déjà plus de 270 000 membres, et leur effet avait été de diminuer, dans le seul Etat de Pennsylvanie, la consommation des liqueurs fortes de 500 000 gallons par année.

Dans certains pays, l'habitant n'accepte qu'avec une sorte de répugnance les droits politiques que la loi lui accorde; il semble que ce soit lui dérober son temps que de l'occuper des intérêts communs, et il aime à se renfermer dans un égoïsme étroit dont quatre fossés surmontés d'une haie forment l'exacte limite.

Du moment, au contraire, où l'Américain serait réduit à ne s'occuper que de ses propres affaires, la moitié de son existence lui serait ravie; il sentirait comme un vide immense dans ses jours, et il deviendrait incroyablement malheureux [2].

Je suis persuadé que si le despotisme parvient jamais à s'établir en Amérique, il trouvera plus de difficultés encore à vaincre les habitudes que la liberté a fait naître qu'à surmonter l'amour même de la liberté.

Cette agitation sans cesse renaissante, que le gouvernement de la démocratie a introduite dans le monde politique, passe ensuite dans la société civile. Je ne sais si, à tout prendre, ce n'est pas là le plus grand avantage du gouvernement démocratique, et je le loue bien plus à cause de ce qu'il fait faire que de ce qu'il fait.

Il est incontestable que le peuple dirige souvent fort mal les affaires publiques; mais le peuple ne saurait se mêler des affaires publiques sans que le cercle de ses idées ne vienne à s'étendre, et sans qu'on ne voie son esprit sortir de sa routine ordinaire. L'homme du peuple qui est appelé au gouvernement de la société conçoit une certaine estime de lui-même. Comme il est alors une puissance, des intelligences très éclairées se mettent au service de la sienne. On s'adresse sans cesse à lui pour s'en faire un appui, et en cherchant à le tromper de mille manières différentes, on l'éclaire. En politique, il prend part à des entreprises qu'il n'a pas conçues, mais qui lui donnent le goût général des entreprises. On lui indique tous les jours de nouvelles améliorations à faire à la propriété commune; et il sent naître le désir d'améliorer celle qui lui est personnelle. Il n'est ni plus vertueux ni plus heureux peut-être, mais plus éclairé et plus actif que ses devanciers. Je ne doute pas que les institutions démocratiques, jointes à la nature physique du pays,

---

2. Le même fait fut déjà observé à Rome sous les premiers Césars. Montesquieu remarque quelque part que rien n'égala le désespoir de certains citoyens romains qui, après les agitations d'une existence politique, rentrèrent tout à coup dans le calme de la vie privée.

ne soient la cause, non pas directe, comme tant de gens le disent, mais la cause indirecte du prodigieux mouvement d'industrie qu'on remarque aux Etats-Unis. Ce ne sont pas les lois qui le font naître, mais le peuple apprend à le produire en faisant la loi.

Lorsque les ennemis de la démocratie prétendent qu'un seul fait mieux ce dont il se charge que le gouvernement de tous, il me semble qu'ils ont raison. Le gouvernement d'un seul, en supposant de part et d'autre égalité de lumières, met plus de suite dans ses entreprises que la multitude; il montre plus de persévérance, plus d'idée d'ensemble, plus de perfection de détail, un discernement plus juste dans le choix des hommes. Ceux qui nient ces choses n'ont jamais vu de république démocratique, ou n'ont jugé que sur un petit nombre d'exemples. La démocratie, lors même que les circonstances locales et les dispositions du peuple lui permettent de se maintenir, ne présente pas le coup d'œil de la régularité administrative et de l'ordre méthodique dans le gouvernement; cela est vrai. La liberté démocratique n'exécute pas chacune de ses entreprises avec la même perfection que le despotisme intelligent; souvent elle les abandonne avant d'en avoir retiré le fruit, ou en hasarde de dangereuses : mais à la longue elle produit plus que lui; elle fait moins bien chaque chose, mais elle fait plus de choses. Sous son empire, ce n'est pas surtout ce qu'exécute l'administration publique qui est grand, c'est que qu'on exécute sans elle et en dehors d'elle. La démocratie ne donne pas au peuple le gouvernement le plus habile, mais elle fait ce que le gouvernement le plus habile est souvent impuissant à créer; elle répand dans tout le corps social une inquiète activité, une force surabondante, une énergie qui n'existent jamais sans elle, et qui, pour peu que les circonstances soient favorables, peuvent enfanter des merveilles. Là sont ses vrais avantages.

Dans ce siècle, où les destinées du monde chrétien paraissent en suspens, les uns se hâtent d'attaquer la démocratie comme une puissance ennemie, tandis qu'elle grandit encore; les autres adorent déjà en elle un dieu nouveau qui sort du néant; mais les uns et les autres ne connaissent qu'imparfaitement l'objet de leur haine ou de leur désir; ils se combattent dans les ténèbres et ne frappent qu'au hasard.

Que demandez-vous de la société et de son gouvernement ? Il faut s'entendre.

Voulez-vous donner à l'esprit humain une certaine hauteur, une façon généreuse d'envisager les choses de ce monde ? Voulez-vous inspirer aux hommes une sorte de mépris des biens matériels ? Désirez-vous faire naître ou entretenir des convictions profondes et préparer de grands dévouements ?

S'agit-il pour vous de polir les mœurs, d'élever les manières, de faire briller les arts ? Voulez-vous de la poésie, du bruit, de la gloire ?

Prétendez-vous organiser un peuple de manière à agir fortement sur tous les autres ? Le destinez-vous à tenter les grandes entreprises, et, quel que soit le résultat de ses efforts, à laisser une trace immense dans l'histoire ?

Si tel est, suivant vous, l'objet principal que doivent se proposer les hommes en société, ne prenez pas le gouvernement de la démocratie; il ne vous conduirait pas sûrement au but.

Mais s'il vous semble utile de détourner l'activité intellectuelle et morale de l'homme sur les nécessités de la vie matérielle, et de l'employer à produire le bien-être; si la raison vous paraît plus profitable aux hommes que le génie; si votre objet n'est point de créer des vertus héroïques, mais des habitudes paisibles; si vous aimez mieux voir des vices que des crimes, et préférez trouver moins de grandes actions, à la condition de rencontrer moins de forfaits; si, au lieu d'agir dans le sein d'une société brillante, il vous suffit de vivre au milieu d'une société prospère; si, enfin, l'objet principal d'un gouvernement n'est point, suivant vous, de donner au corps entier de la nation le plus de force ou le plus de gloire possible, mais de procurer à chacun des individus qui le composent le plus de bien-être et de lui éviter le plus de misère; alors égalisez les conditions et constituez le gouvernement de la démocratie.

Que s'il n'est plus temps de faire un choix, et qu'une force supérieure à l'homme vous entraîne déjà, sans consulter vos désirs, vers l'un des deux gouvernements, cherchez du moins à en tirer tout le bien qu'il peut faire; et connaissant ses bons instincts, ainsi que ses mauvais penchants, efforcez-vous de restreindre l'effet des seconds et de développer les premiers.

CHAPITRE VII

DE L'OMNIPOTENCE DE LA MAJORITÉ
AUX ÉTATS-UNIS ET DE SES EFFETS

*Force naturelle de la majorité dans les démocraties —
La plupart des constitutions américaines ont accru artificiellement cette force naturelle. — Comment. — Mandats
impératifs. — Empire moral de la majorité. — Opinion
de son infaillibilité. — Respect pour ses droits. — Ce qui
l'augmente aux États-Unis.*

Il est de l'essence même des gouvernements démocratiques que l'empire de la majorité y soit absolu; car en
dehors de la majorité, dans les démocraties, il n'y a rien
qui résiste.

La plupart des constitutions américaines ont encore
cherché à augmenter artificiellement cette force naturelle
de la majorité [1].

La législature est, de tous les pouvoirs politiques, celui
qui obéit le plus volontiers à la majorité. Les Américains
ont voulu que les membres de la législature fussent nommés *directement* par le peuple, et pour un terme *très
court,* afin de les obliger à se soumettre non seulement
aux vues générales, mais encore aux passions journalières
de leurs constituants.

Ils ont pris dans les mêmes classes et nommé de la
même manière les membres des deux Chambres; de telle
sorte que les mouvements du corps législatif sont presque

---

1. Nous avons vu, lors de l'examen de la constitution fédérale, que
les législateurs de l'Union avaient fait des efforts contraires. Le
résultat de ces efforts a été de rendre le gouvernement fédéral plus
indépendant dans sa sphère que celui des États. Mais le gouvernement fédéral ne s'occupe guère que des affaires extérieures ; ce sont
les gouvernements d'État qui dirigent réellement la société américaine.

aussi rapides et non moins irrésistibles que ceux d'une seule assemblée.

La législature ainsi constituée, ils ont réuni dans son sein presque tout le gouvernement.

En même temps que la loi accroissait la force des pouvoirs qui étaient naturellement forts, elle énervait de plus en plus ceux qui étaient naturellement faibles. Elle n'accordait aux représentants de la puissance exécutive, ni stabilité ni indépendance ; et, en les soumettant complètement aux caprices de la législature, elle leur enlevait le peu d'influence que la nature du gouvernement démocratique leur aurait permis d'exercer.

Dans plusieurs Etats, elle livrait le pouvoir judiciaire à l'élection de la majorité, et dans tous elle faisait, en quelque sorte, dépendre son existence de la puissance législative, en laissant aux représentants le droit de fixer chaque année le salaire des juges.

Les usages ont été plus loin encore que les lois.

Il se répand de plus en plus, aux Etats-Unis, une coutume qui finira par rendre vaines les garanties du gouvernement représentatif : il arrive très fréquemment que les électeurs, en nommant un député, lui tracent un plan de conduite et lui imposent un certain nombre d'obligations positives dont il ne saurait nullement s'écarter. Au tumulte près, c'est comme si la majorité elle-même délibérait sur la place publique.

Plusieurs circonstances particulières tendent encore à rendre, en Amérique, le pouvoir de la majorité non seulement prédominant, mais irrésistible.

L'empire moral de la majorité se fonde en partie sur cette idée, qu'il y a plus de lumières et de sagesse dans beaucoup d'hommes réunis que dans un seul, dans le nombre des législateurs que dans le choix. C'est la théorie de l'égalité appliquée aux intelligences. Cette doctrine attaque l'orgueil de l'homme dans son dernier asile : aussi la minorité l'admet-elle avec peine ; elle ne s'y habitue qu'à la longue. Comme tous les pouvoirs, et plus peut-être qu'aucun d'entre eux, le pouvoir de la majorité a donc besoin de durer pour paraître légitime. Quand il commence à s'établir, il se fait obéir par la contrainte ; ce n'est qu'après avoir longtemps vécu sous ses lois qu'on commence à le respecter.

L'idée du droit que possède la majorité, par ses lumières, de gouverner la société, a été apportée sur le sol des Etats-Unis par leurs premiers habitants. Cette idée, qui seule suffirait pour créer un peuple libre, est aujourd'hui passée dans les mœurs, et on la retrouve jusque dans les moindres habitudes de la vie.

Les Français, sous l'ancienne monarchie, tenaient pour constant que le roi ne pouvait jamais faillir; et quand il lui arrivait de faire mal, ils pensaient que la faute en était à ses conseillers. Ceci facilitait merveilleusement l'obéissance. On pouvait murmurer contre la loi, sans cesser d'aimer et de respecter le législateur. Les Américains ont la même opinion de la majorité.

L'empire moral de la majorité se fonde encore sur ce principe, que les intérêts du plus grand nombre doivent être préférés à ceux du petit. Or, on comprend sans peine que le respect qu'on professe pour ce droit du plus grand nombre augmente naturellement ou diminue suivant l'état des partis. Quand une nation est partagée entre plusieurs grands intérêts inconciliables, le privilège de la majorité est souvent méconnu, parce qu'il devient trop pénible de s'y soumettre.

S'il existait en Amérique une classe de citoyens que le législateur travaillât à dépouiller de certains avantages exclusifs, possédés pendant des siècles, et voulût faire descendre d'une situation élevée pour les ramener dans les rangs de la multitude, il est probable que la minorité ne se soumettrait pas facilement à ses lois.

Mais les Etats-Unis ayant été peuplés par des hommes égaux entre eux, il ne se trouve pas encore de dissidence naturelle et permanente entre les intérêts de leurs divers habitants.

Il y a tel état social où les membres de la minorité ne peuvent espérer d'attirer à eux la majorité, parce qu'il faudrait pour cela abandonner l'objet même de la lutte qu'ils soutiennent contre elle. Une aristocratie, par exemple, ne saurait devenir majorité en conservant ses privilèges exclusifs, et elle ne saurait laisser échapper ses privilèges sans cesser d'être une aristocratie.

Aux Etats-Unis, les questions politiques ne peuvent se poser d'une manière aussi générale et aussi absolue, et tous les partis sont prêts à reconnaître les droits de la majorité, parce que tous ils espèrent pouvoir un jour les exercer à leur profit.

La majorité a donc aux Etats-Unis une immense puissance de fait et une puissance d'opinion presque aussi grande; et lorsqu'elle est une fois formée sur une question, il n'y a pour ainsi dire point d'obstacles qui puissent, je ne dirai pas arrêter, mais même retarder sa marche, et lui laisser le temps d'écouter les plaintes de ceux qu'elle écrase en passant.

Les conséquences de cet état de choses sont funestes et dangereuses pour l'avenir.

COMMENT L'OMNIPOTENCE
DE LA MAJORITÉ AUGMENTE EN AMÉRIQUE
L'INSTABILITÉ LÉGISLATIVE ET ADMINISTRATIVE
QUI EST NATURELLE AUX DÉMOCRATIES

Comment les Américains augmentent l'instabilité législative, qui est naturelle à la démocratie, en changeant chaque année le législateur et en l'armant d'un pouvoir presque sans bornes. — Le même effet produit sur l'administration. — En Amérique on apporte aux améliorations sociales une force infiniment plus grande, mais moins continue qu'en Europe.

J'ai parlé précédemment des vices qui sont naturels au gouvernement de la démocratie; il n'en est pas un qui ne croisse en même temps que le pouvoir de la majorité.

Et, pour commencer par le plus apparent de tous :

L'instabilité législative est un mal inhérent au gouvernement démocratique, parce qu'il est de la nature des démocraties d'amener des hommes nouveaux au pouvoir. Mais ce mal est plus ou moins grand suivant la puissance et les moyens d'action qu'on accorde au législateur.

En Amérique, on remet à l'autorité qui fait les lois un souverain pouvoir. Elle peut se livrer rapidement et irrésistiblement à chacun de ses désirs, et tous les ans on lui donne d'autres représentants. C'est-à-dire qu'on a adopté précisément la combinaison qui favorise le plus l'instabilité démocratique et qui permet à la démocratie d'appliquer ses volontés changeantes aux objets les plus importants.

Aussi l'Amérique est-elle de nos jours le pays du monde où les lois ont le moins de durée. Presque toutes les constitutions américaines ont été amendées depuis trente ans. Il n'y a donc pas d'Etat américain qui n'ait, pendant cette période, modifié le principe de ses lois.

Quant aux lois elles-mêmes, il suffit de jeter un coup d'œil sur les archives des différents Etats de l'Union pour se convaincre qu'en Amérique l'action du législateur ne se ralentit jamais. Ce n'est pas que la démocratie américaine soit de sa nature plus instable qu'une autre, mais on lui a donné le moyen de suivre, dans la formation des lois, l'instabilité naturelle de ses penchants [2].

L'omnipotence de la majorité et la manière rapide et absolue dont ses volontés s'exécutent aux Etats-Unis ne rend pas seulement la loi instable, elle exerce encore la même influence sur l'exécution de la loi et sur l'action de l'administration publique.

La majorité étant la seule puissance à laquelle il soit important de plaire, on concourt avec ardeur aux œuvres qu'elle entreprend; mais du moment où son attention se porte ailleurs, tous les efforts cessent; tandis que dans les Etats libres de l'Europe, où le pouvoir administratif a une existence indépendante et une position assurée, les volontés du législateur continuent à s'exécuter, alors même qu'il s'occupe d'autres objets.

En Amérique, on apporte à certaines améliorations beaucoup plus de zèle et d'activité qu'on ne le fait ailleurs.

En Europe, on emploie à ces mêmes choses une force sociale infiniment moins grande, mais plus continue.

Quelques hommes religieux entreprirent, il y a plusieurs années, d'améliorer l'état des prisons. Le public s'émut à leur voix, et la régénération des criminels devint une œuvre populaire.

De nouvelles prisons s'élevèrent alors. Pour la première fois, l'idée de la réforme du coupable pénétra dans un cachot en même temps que l'idée du châtiment. Mais l'heureuse révolution à laquelle le public s'était associé avec tant d'ardeur, et que les efforts simultanés des citoyens rendaient irrésistible, ne pouvait s'opérer en un moment.

A côté des nouveaux pénitenciers, dont le vœu de la majorité hâtait le développement, les anciennes prisons subsistaient encore et continuaient à renfermer un grand

2. Les actes législatifs promulgués dans le seul Etat de Massachusetts, à partir de 1780 jusqu'à nos jours, remplissent déjà trois gros volumes. Encore faut-il remarquer que le recueil dont je parle a été révisé en 1823, et qu'on en a écarté beaucoup de lois anciennes ou devenues sans objet. Or l'Etat de Massachusetts, qui n'est pas plus peuplé qu'un de nos départements, peut passer pour le plus stable de toute l'Union, et celui qui met le plus de suite et de sagesse dans ses entreprises.

nombre de coupables. Celles-ci semblaient devenir plus insalubres et plus corruptrices à mesure que les nouvelles devenaient plus réformatrices et plus saines. Ce double effet se comprend aisément : la majorité, préoccupée par l'idée de fonder le nouvel établissement, avait oublié celui qui existait déjà. Chacun alors détournant les yeux de l'objet qui n'attirait plus les regards du maître, la surveillance avait cessé. On avait d'abord vu se détendre, puis, bientôt après, se briser les liens salutaires de la discipline. Et à côté de la prison, monument durable de la douceur et des lumières de notre temps, se rencontrait un cachot qui rappelait la barbarie du Moyen Age.

TYRANNIE DE LA MAJORITÉ

Comment il faut entendre le principe de la souveraineté du peuple. — Impossibilité de concevoir un gouvernement mixte. — Il faut que le souverain pouvoir soit quelque part. — Précautions qu'on doit prendre pour modérer son action. — Ces précautions n'ont pas été prises aux Etats-Unis. — Ce qui en résulte.

Je regarde comme impie et détestable cette maxime, qu'en matière de gouvernement la majorité d'un peuple a le droit de tout faire, et pourtant je place dans les volontés de la majorité l'origine de tous les pouvoirs. Suis-je en contradiction avec moi-même ?

Il existe une loi générale qui a été faite ou du moins adoptée, non pas seulement par la majorité de tel ou tel peuple, mais par la majorité de tous les hommes. Cette loi, c'est la justice.

La justice forme donc la borne du droit de chaque peuple.

Une nation est comme un jury chargé de représenter la société universelle et d'appliquer la justice qui est sa loi. Le jury, qui représente la société, doit-il avoir plus de puissance que la société elle-même dont il applique les lois ?

Quand donc je refuse d'obéir à une loi injuste, je ne dénie point à la majorité le droit de commander; j'en appelle seulement de la souveraineté du peuple à la souveraineté du genre humain.

Il y a des gens qui n'ont pas craint de dire qu'un

peuple, dans les objets qui n'intéressaient que lui-même, ne pouvait sortir entièrement des limites de la justice et de la raison, et qu'ainsi on ne devait pas craindre de donner tout pouvoir à la majorité qui le représente. Mais c'est là un langage d'esclave.

Qu'est-ce donc qu'une majorité prise collectivement, sinon un individu qui a des opinions et le plus souvent des intérêts contraires à un autre individu qu'on nomme la minorité ? Or, si vous admettez qu'un homme revêtu de la toute-puissance peut en abuser contre ses adversaires, pourquoi n'admettez-vous pas la même chose pour une majorité ? Les hommes, en se réunissant, ont-ils changé de caractère ? Sont-ils devenus plus patients dans les obstacles en devenant plus forts [3] ? Pour moi, je ne saurais le croire; et le pouvoir de tout faire, que je refuse à un seul de mes semblables, je ne l'accorderai jamais à plusieurs.

Ce n'est pas que, pour conserver la liberté, je croie qu'on puisse mélanger plusieurs principes dans un même gouvernement, de manière à les opposer réellement l'un à l'autre.

Le gouvernement qu'on appelle mixte m'a toujours semblé une chimère. Il n'y a pas, à vrai dire, de gouvernement mixte (dans le sens qu'on donne à ce mot), parce que, dans chaque société, on finit par découvrir un principe d'action qui domine tous les autres.

L'Angleterre du dernier siècle, qu'on a particulièrement citée comme exemple de ces sortes de gouvernements, était un Etat essentiellement aristocratique, bien qu'il se trouvât dans son sein de grands éléments de démocratie; car les lois et les mœurs y étaient ainsi établies que l'aristocratie devait toujours, à la longue, y prédominer et diriger à sa volonté les affaires publiques.

L'erreur est venue de ce que, voyant sans cesse les intérêts des grands aux prises avec ceux du peuple, on n'a songé qu'à la lutte, au lieu de faire attention au résultat de cette lutte, qui était le point important. Quand une société en vient à avoir réellement un gouvernement mixte, c'est-à-dire également partagé entre des principes

3. Personne ne voudrait soutenir qu'un peuple ne peut abuser de la force vis-à-vis d'un autre peuple. Or, les partis forment comme autant de petites nations dans une grande ; ils sont entre eux dans des rapports d'étrangers.
Si on convient qu'une nation peut être tyrannique envers une autre nation, comment nier qu'un parti puisse l'être envers un autre parti ?

contraires, elle entre en révolution ou elle se dissout.

Je pense donc qu'il faut toujours placer quelque part un pouvoir social supérieur à tous les autres, mais je crois la liberté en péril lorsque ce pouvoir ne trouve devant lui aucun obstacle qui puisse retenir sa marche et lui donner le temps de se modérer lui-même.

La toute-puissance me semble en soi une chose mauvaise et dangereuse. Son exercice me paraît au-dessus des forces de l'homme, quel qu'il soit, et je ne vois que Dieu qui puisse sans danger être tout-puissant, parce que sa sagesse et sa justice sont toujours égales à son pouvoir. Il n'y a donc pas sur la terre d'autorité si respectable en elle-même, ou revêtue d'un droit si sacré, que je voulusse laisser agir sans contrôle et dominer sans obstacles. Lors donc que je vois accorder le droit et la faculté de tout faire à une puissance quelconque, qu'on appelle peuple ou roi, démocratie ou aristocratie, qu'on l'exerce dans une monarchie ou dans une république, je dis : là est le germe de la tyrannie, et je cherche à aller vivre sous d'autres lois.

Ce que je reproche le plus au gouvernement démocratique, tel qu'on l'a organisé aux États-Unis, ce n'est pas, comme beaucoup de gens le prétendent en Europe, sa faiblesse, mais au contraire sa force irrésistible. Et ce qui me répugne le plus en Amérique, ce n'est pas l'extrême liberté qui y règne, c'est le peu de garantie qu'on y trouve contre la tyrannie.

Lorsqu'un homme ou un parti souffre d'une injustice aux États-Unis, à qui voulez-vous qu'il s'adresse ? A l'opinion publique ? c'est elle qui forme la majorité; au corps législatif ? il représente la majorité et lui obéit aveuglément; au pouvoir exécutif ? il est nommé par la majorité et lui sert d'instrument passif; à la force publique ? la force publique n'est autre chose que la majorité sous les armes; au jury ? le jury, c'est la majorité revêtue du droit de prononcer des arrêts : les juges eux-mêmes, dans certains États, sont élus par la majorité. Quelque inique ou déraisonnable que soit la mesure qui vous frappe, il faut donc vous y soumettre[4].

4. On vit à Baltimore, lors de la guerre de 1812, un exemple frappant des excès que peut amener le despotisme de la majorité. A cette époque la guerre était très populaire à Baltimore. Un journal qui s'y montrait fort opposé excita par cette conduite l'indignation des habitants. Le peuple s'assembla, brisa les presses, et attaqua la maison des journalistes. On voulut réunir la milice, mais elle ne répondit point à

Supposez, au contraire, un corps législatif composé de telle manière qu'il représente la majorité, sans être nécessairement l'esclave de ses passions; un pouvoir exécutif qui ait une force qui lui soit propre, et une puissance judiciaire indépendante des deux autres pouvoirs; vous aurez encore un gouvernement démocratique, mais il n'y aura presque plus de chances pour la tyrannie.

Je ne dis pas que dans le temps actuel on fasse en Amérique un fréquent usage de la tyrannie, je dis qu'on n'y découvre point de garantie contre elle, et qu'il faut y chercher les causes de la douceur du gouvernement dans les circonstances et dans les mœurs, plutôt que dans les lois.

EFFETS DE L'OMNIPOTENCE DE LA MAJORITÉ
SUR L'ARBITRAIRE
DES FONCTIONNAIRES PUBLICS AMÉRICAINS

Liberté que laisse la loi américaine aux fonctionnaires dans le cercle qu'elle a tracé. — Leur puissance.

Il faut bien distinguer l'arbitraire de la tyrannie. La tyrannie peut s'exercer au moyen de la loi même, et

l'appel. Afin de sauver les malheureux que menaçait la fureur publique, on prit le parti de les conduire en prison, comme des criminels. Cette précaution fut inutile : pendant la nuit, le peuple s'assembla de nouveau ; les magistrats ayant échoué pour réunir la milice, la prison fut forcée, un des journalistes fut tué sur la place, les autres restèrent pour morts : les coupables déférés au jury furent acquittés.

Je disais un jour à un habitant de la Pennsylvanie : « Expliquez-moi, je vous prie, comment, dans un Etat fondé par des quakers, et renommé pour sa tolérance, les nègres affranchis ne sont pas admis à exercer les droits de citoyens. Ils payent l'impôt, n'est-il pas juste qu'ils votent ? — Ne nous faites pas cette injure, me répondit-il, de croire que nos législateurs aient commis un acte aussi grossier d'injustice et d'intolérance. — Ainsi, chez vous, les noirs ont le droit de voter ? — Sans aucun doute. — Alors, d'où vient qu'au collège électoral ce matin je n'en ai pas aperçu un seul dans l'assemblée ? — Ceci n'est pas la faute de la loi, me dit l'Américain ; les nègres ont, il est vrai, le droit de se présenter aux élections, mais ils s'abstiennent volontairement d'y paraître. — Voilà bien de la modestie de leur part. — Oh ! ce n'est pas qu'ils refusent d'y aller, mais ils craignent qu'on ne les y maltraite. Chez nous, il arrive quelquefois que la loi manque de force, quand la majorité ne l'appuie point. Or, la majorité est imbue des plus grands préjugés contre les nègres, et les magistrats ne se sentent pas la force de garantir à ceux-ci les droits que le législateur leur a conférés. — Eh quoi ! la majorité, qui a le privilège de faire la loi, veut encore avoir celui de désobéir à la loi ? »

alors elle n'est point arbitraire; l'arbitraire peut s'exercer dans l'intérêt des gouvernés, et alors il n'est pas tyrannique.

La tyrannie se sert ordinairement de l'arbitraire, mais au besoin elle sait s'en passer.

Aux Etats-Unis, l'omnipotence de la majorité, en même temps qu'elle favorise le despotisme légal du législateur, favorise aussi l'arbitraire du magistrat. La majorité étant maîtresse absolue de faire la loi et d'en surveiller l'exécution, ayant un égal contrôle sur les gouvernants et sur les gouvernés, regarde les fonctionnaires publics comme ses agents passifs, et se repose volontiers sur eux du soin de servir ses desseins. Elle n'entre donc point d'avance dans le détail de leurs devoirs et ne prend guère la peine de définir leurs droits. Elle les traite comme pourrait faire un maître ses serviteurs, si, les voyant toujours agir sous ses yeux, il pouvait diriger ou corriger leur conduite à chaque instant.

En général, la loi laisse les fonctionnaires américains bien plus libres que les nôtres dans le cercle qu'elle trace autour d'eux. Quelquefois même il arrive que la majorité leur permet d'en sortir. Garantis par l'opinion du plus grand nombre et forts de son concours, ils osent alors des choses dont un Européen, habitué au spectacle de l'arbitraire, s'étonne encore. Il se forme ainsi au sein de la liberté des habitudes qui un jour pourront lui devenir funestes.

DU POUVOIR QU'EXERCE LA MAJORITÉ EN AMÉRIQUE SUR LA PENSÉE

Aux Etats-Unis, quand la majorité s'est irrévocablement fixée sur une question, on ne discute plus. — Pourquoi. — Puissance morale que la majorité exerce sur la pensée. — Les républiques démocratiques immatérialisent le despotisme.

Lorsqu'on vient à examiner quel est aux Etats-Unis l'exercice de la pensée, c'est alors qu'on aperçoit bien clairement à quel point la puissance de la majorité surpasse toutes les puissances que nous connaissons en Europe.

La pensée est un pouvoir invisible et presque insaisissable qui se joue de toutes les tyrannies. De nos jours, les souverains les plus absolus de l'Europe ne sauraient empêcher certaines pensées hostiles à leur autorité de circuler sourdement dans leurs Etats et jusqu'au sein de leurs cours. Il n'en est pas de même en Amérique : tant que la majorité est douteuse, on parle; mais dès qu'elle s'est irrévocablement prononcée, chacun se tait, et amis comme ennemis semblent alors s'attacher de concert à son char. La raison en est simple : il n'y a pas de monarque si absolu qui puisse réunir dans sa main toutes les forces de la société et vaincre les résistances, comme peut le faire une majorité revêtue du droit de faire les lois et de les exécuter.

Un roi d'ailleurs n'a qu'une puissance matérielle qui agit sur les actions et ne saurait atteindre les volontés; mais la majorité est revêtue d'une force tout à la fois matérielle et morale, qui agit sur la volonté autant que sur les actions, et qui empêche en même temps le fait et le désir de faire.

Je ne connais pas de pays où il règne, en général, moins d'indépendance d'esprit et de véritable liberté de discussion qu'en Amérique.

Il n'y a pas de théorie religieuse ou politique qu'on ne puisse prêcher librement dans les Etats constitutionnels de l'Europe et qui ne pénètre dans les autres; car il n'est pas de pays en Europe tellement soumis à un seul pouvoir, que celui qui veut y dire la vérité n'y trouve un appui capable de le rassurer contre les résultats de son indépendance. S'il a le malheur de vivre sous un gouvernement absolu, il a souvent pour lui le peuple; s'il habite un pays libre, il peut au besoin s'abriter derrière l'autorité royale. La fraction aristocratique de la société le soutient dans les contrées démocratiques, et la démocratie dans les autres. Mais au sein d'une démocratie organisée ainsi que celle des Etats-Unis, on ne rencontre qu'un seul pouvoir, un seul élément de force et de succès, et rien en dehors de lui.

En Amérique, la majorité trace un cercle formidable autour de la pensée. Au-dedans de ces limites, l'écrivain est libre; mais malheur à lui s'il ose en sortir. Ce n'est pas qu'il ait à craindre un autodafé, mais il est en butte à des dégoûts de tous genres et à des persécutions de tous les jours. La carrière politique lui est fermée : il a offensé la seule puissance qui ait la faculté de l'ouvrir. On lui refuse tout, jusqu'à la gloire. Avant de publier ses opinions, il croyait avoir des partisans; il lui semble qu'il n'en a plus, maintenant qu'il s'est découvert à tous; car ceux qui le blâment s'expriment hautement, et ceux qui pensent comme lui, sans avoir son courage, se taisent et s'éloignent. Il cède, il plie enfin sous l'effort de chaque jour, et rentre dans le silence, comme s'il éprouvait des remords d'avoir dit vrai.

Des chaînes et des bourreaux, ce sont là les instruments grossiers qu'employait jadis la tyrannie; mais de nos jours la civilisation a perfectionné jusqu'au despotisme lui-même, qui semblait pourtant n'avoir plus rien à apprendre.

Les princes avaient pour ainsi dire matérialisé la violence; les républiques démocratiques de nos jours l'ont rendue tout aussi intellectuelle que la volonté humaine qu'elle veut contraindre. Sous le gouvernement absolu d'un seul, le despotisme, pour arriver à l'âme, frappait grossièrement le corps; et l'âme, échappant à ces coups, s'élevait glorieuse au-dessus de lui; mais dans les républiques démocratiques, ce n'est point ainsi que procède la tyrannie; elle laisse le corps et va droit à l'âme. Le maître n'y dit plus : Vous penserez comme moi, ou vous mourrez; il dit : Vous êtes libres de ne point penser ainsi que moi; votre vie, vos biens, tout vous reste; mais de ce jour vous êtes un étranger parmi nous. Vous garderez vos privilèges à la cité, mais ils vous deviendront inutiles; car si vous briguez le choix de vos concitoyens, ils ne vous l'accorderont point, et si vous ne demandez que leur estime, ils feindront encore de vous la refuser. Vous resterez parmi les hommes, mais vous perdrez vos droits à l'humanité. Quand vous vous approcherez de vos semblables, ils vous fuiront comme un être impur; et ceux qui croient à votre innocence, ceux-là mêmes vous abandonneront, car on les fuirait à leur tour. Allez en paix, je vous laisse la vie, mais je vous la laisse pire que la mort.

Les monarchies absolues avaient déshonoré le despotisme; prenons garde que les républiques démocratiques ne le réhabilitent, et qu'en le rendant plus lourd pour quelques-uns, elles ne lui ôtent, aux yeux du plus grand nombre, son aspect odieux et son caractère avilissant.

Chez les nations les plus fières de l'ancien monde, on a publié des ouvrages destinés à peindre fidèlement les vices et les ridicules des contemporains; La Bruyère habitait le palais de Louis XIV quand il composa son chapitre sur les grands, et Molière critiquait la cour dans des pièces qu'il faisait représenter devant les courtisans. Mais la puissance qui domine aux Etats-Unis n'entend point ainsi qu'on la joue. Le plus léger reproche la blesse, la moindre vérité piquante l'effarouche; et il faut qu'on loue depuis les formes de son langage jusqu'à ses plus solides vertus. Aucun écrivain, quelle que soit sa renommée, ne peut échapper à cette obligation d'encenser ses concitoyens. La majorité vit donc dans une perpétuelle adoration d'elle-même; il n'y a que les étrangers ou l'expérience qui puissent faire arriver certaines vérités jusqu'aux oreilles des Américains.

Si l'Amérique n'a pas encore eu de grands écrivains, nous ne devons pas en chercher ailleurs les raisons : il n'existe pas de génie littéraire sans liberté d'esprit, et il n'y a pas de liberté d'esprit en Amérique.

L'inquisition n'a jamais pu empêcher qu'il ne circulât en Espagne des livres contraires à la religion du plus grand nombre. L'empire de la majorité fait mieux aux Etats-Unis : elle a ôté jusqu'à la pensée d'en publier. On rencontre des incrédules en Amérique, mais l'incrédulité n'y trouve pour ainsi dire pas d'organe.

On voit des gouvernements qui s'efforcent de protéger les mœurs en condamnant les auteurs de livres licencieux. Aux Etats-Unis, on ne condamne personne pour ces sortes d'ouvrages; mais personne n'est tenté de les écrire. Ce n'est pas cependant que tous les citoyens aient des mœurs pures, mais la majorité est régulière dans les siennes.

Ici, l'usage du pouvoir est bon sans doute : aussi ne parlé-je que du pouvoir en lui-même. Ce pouvoir irrésistible est un fait continu, et son bon emploi n'est qu'un accident.

EFFETS DE LA TYRANNIE DE LA MAJORITÉ SUR LE CARACTÈRE NATIONAL DES AMÉRICAINS; DE L'ESPRIT DE COUR AUX ÉTATS-UNIS

Les effets de la tyrannie de la majorité se font jusqu'à présent plus sentir sur les mœurs que sur la conduite de la société. — Ils arrêtent le développement des grands caractères. — Les républiques démocratiques organisées comme celles des Etats-Unis mettent l'esprit de cour à la portée du grand nombre. — Preuves de cet esprit aux Etats-Unis. — Pourquoi il y a plus de patriotisme dans le peuple que dans ceux qui gouvernent en son nom.

L'influence de ce qui précède ne se fait encore sentir que faiblement dans la société politique; mais on en remarque déjà de fâcheux effets sur le caractère national des Américains. Je pense que c'est à l'action toujours croissante du despotisme de la majorité, aux Etats-Unis, qu'il faut surtout attribuer le petit nombre d'hommes remarquables qui s'y montrent aujourd'hui sur la scène politique.

Lorsque la révolution d'Amérique éclata, ils parurent en foule; l'opinion publique dirigeait alors les volontés et ne les tyrannisait pas. Les hommes célèbres de cette époque, s'associant librement au mouvement des esprits, eurent une grandeur qui leur fut propre : ils répandirent leur éclat sur la nation et ne l'empruntèrent pas d'elle.

Dans les gouvernements absolus, les grands qui avoisinent le trône flattent les passions du maître et se plient volontairement à ses caprices. Mais la masse de la nation ne se prête pas à la servitude; elle s'y soumet souvent par faiblesse, par habitude ou par ignorance; quelquefois par amour de la royauté ou du roi. On a vu des peuples mettre une espèce de plaisir et d'orgueil à sacrifier leur volonté à celle du prince et placer ainsi une sorte d'indépendance d'âme jusqu'au milieu même de l'obéissance. Chez ces peuples, on rencontre bien moins de dégradation que de misères. Il y a d'ailleurs une grande différence entre faire ce qu'on n'approuve pas, ou feindre d'approuver ce qu'on fait : l'un est d'un homme faible, mais l'autre n'appartient qu'aux habitudes d'un valet.

Dans les pays libres, où chacun est plus ou moins appelé à donner son opinion sur les affaires de l'Etat; dans les républiques démocratiques, où la vie publique est incessamment mêlée à la vie privée, où le souverain est abordable de toutes parts, et où il ne s'agit que d'élever la voix pour arriver jusqu'à son oreille, on rencontre beaucoup plus de gens qui cherchent à spéculer sur ses faiblesses et à vivre aux dépens de ses passions, que dans les monarchies absolues. Ce n'est pas que les hommes y soient naturellement pires qu'ailleurs, mais la tentation y est plus forte et s'offre à plus de monde en même temps. Il en résulte un abaissement bien plus général dans les âmes.

Les républiques démocratiques mettent l'esprit de cour à la portée du grand nombre et le font pénétrer dans toutes les classes à la fois. C'est un des principaux reproches qu'on peut leur faire.

Cela est surtout vrai dans les Etats démocratiques, organisés comme les républiques américaines, où la majorité possède un empire si absolu et si irrésistible, qu'il faut en quelque sorte renoncer à ses droits de citoyen, et pour ainsi dire à sa qualité d'homme, quand on veut s'écarter du chemin qu'elle a tracé.

Parmi la foule immense qui, aux Etats-Unis, se presse dans la carrière politique, j'ai vu bien peu d'hommes qui montrassent cette virile candeur, cette mâle indépendance de la pensée, qui a souvent distingué les Américains dans les temps antérieurs, et qui, partout où on la trouve, forme comme le trait saillant des grands caractères. On dirait, au premier abord, qu'en Amérique les esprits ont tous été formés sur le même modèle, tant ils suivent exactement les mêmes voies. L'étranger rencontre, il est vrai, quelquefois des Américains qui s'écartent de la rigueur des formules; il arrive à ceux-là de déplorer le vice des lois, la versatilité de la démocratie, et son manque de lumières; ils vont même souvent jusqu'à remarquer les défauts qui altèrent le caractère national, et ils indiquent les moyens qu'on pourrait prendre pour les corriger; mais nul, excepté vous, ne les écoute; et vous, à qui ils confient ces pensées secrètes, vous n'êtes qu'un étranger, et vous passez. Ils vous livrent volontiers des vérités qui vous sont inutiles, et, descendus sur la place publique, ils tiennent un autre langage.

Si ces lignes parviennent jamais en Amérique, je suis assuré de deux choses : la première, que les lecteurs élèveront tous la voix pour me condamner; la seconde, que beaucoup d'entre eux m'absoudront au fond de leur conscience.

J'ai entendu parler de la patrie aux Etats-Unis. J'ai rencontré du patriotisme véritable dans le peuple; j'en ai souvent cherché en vain dans ceux qui le dirigent. Ceci se comprend facilement par analogie : le despotisme déprave bien plus celui qui s'y soumet que celui qui l'impose. Dans les monarchies absolues, le roi a souvent de grandes vertus; mais les courtisans sont toujours vils.

Il est vrai que les courtisans, en Amérique, ne disent point : Sire et Votre Majesté, grande et capitale différence; mais ils parlent sans cesse des lumières naturelles de leur maître; ils ne mettent point au concours la question de savoir quelle est celle des vertus du prince qui mérite le plus qu'on l'admire; car ils assurent qu'il possède toutes les vertus, sans les avoir acquises, et pour ainsi dire sans le vouloir; ils ne lui donnent pas leurs femmes et leurs filles pour qu'il daigne les élever au rang de ses maîtresses; mais, en lui sacrifiant leurs opinions, ils se prostituent eux-mêmes.

Les moralistes et les philosophes, en Amérique, ne sont pas obligés d'envelopper leurs opinions dans les voiles de l'allégorie; mais, avant de hasarder une vérité fâcheuse, ils disent : Nous savons que nous parlons à un peuple trop au-dessus des faiblesses humaines pour ne pas toujours rester maître de lui-même. Nous ne tiendrions pas un semblable langage, si nous ne nous adressions à des hommes que leurs vertus et leurs lumières rendent seuls, parmi tous les autres, dignes de rester libres.

Comment les flatteurs de Louis XIV pouvaient-ils mieux faire ?

Pour moi, je crois que dans tous les gouvernements, quels qu'ils soient, la bassesse s'attachera à la force, et la flatterie au pouvoir. Et je ne connais qu'un moyen d'empêcher que les hommes ne se dégradent : c'est de n'accorder à personne, avec la toute-puissance, le souverain pouvoir de les avilir.

QUE LE PLUS GRAND DANGER DES RÉPUBLIQUES AMÉRICAINES VIENT DE L'OMNIPOTENCE DE LA MAJORITÉ

C'est par le mauvais emploi de leur puissance, et non par impuissance, que les républiques démocratiques sont exposées à périr. — Le gouvernement des républiques américaines plus centralisé et plus énergique que celui des monarchies de l'Europe. — Danger qui en résulte. — Opinion de Madison et de Jefferson à ce sujet.

Les gouvernements périssent ordinairement par impuissance ou par tyrannie. Dans le premier cas, le pouvoir leur échappe; on le leur arrache dans l'autre.

Bien des gens, en voyant tomber des Etats démocratiques en anarchie, ont pensé que le gouvernement, dans ces Etats, était naturellement faible et impuissant. La vérité est que, quand une fois la guerre y est allumée entre les partis, le gouvernement perd son action sur la société. Mais je ne pense pas que la nature d'un pouvoir démocratique soit de manquer de force et de ressources; je crois, au contraire, que c'est presque toujours l'abus de ses forces et le mauvais emploi de ses ressources qui le font périr. L'anarchie naît presque toujours de sa tyrannie ou de son inhabileté, mais non pas de son impuissance,

Il ne faut pas confondre la stabilité avec la force, la grandeur de la chose et sa durée. Dans les républiques démocratiques, le pouvoir qui dirige [5] la société n'est pas stable, car il change souvent de main et d'objet. Mais, partout où il se porte, sa force est presque irrésistible.

Le gouvernement des républiques américaines me paraît aussi centralisé et plus énergique que celui des monarchies absolues de l'Europe. Je ne pense donc point qu'il périsse par faiblesse [6].

Si jamais la liberté se perd en Amérique, il faudra s'en prendre à l'omnipotence de la majorité qui aura porté les minorités au désespoir et les aura forcées de faire un appel à la force matérielle. On verra alors l'anarchie, mais elle arrivera comme conséquence du despotisme.

Le président James Madison a exprimé les mêmes pensées. (Voyez le *Fédéraliste*, n° 51.)

« Il est d'une grande importance dans les républiques, dit-il, non seulement de défendre la société contre l'oppression de ceux qui la gouvernent, mais encore de garantir une partie de la société contre l'injustice de l'autre. La justice est le but où doit tendre tout gouvernement; c'est le but que se proposent les hommes en se réunissant. Les peuples ont fait et feront toujours des efforts vers ce but, jusqu'à ce qu'ils aient réussi à l'atteindre, ou qu'ils aient perdu leur liberté.

« S'il existait une société dans laquelle le parti le

---

5. Le pouvoir peut être centralisé dans une assemblée; alors il est fort, mais non stable; il peut être centralisé dans un homme : alors il est moins fort, mais il est plus stable.

6. Il est inutile, je pense, d'avertir le lecteur qu'ici, comme dans tout le reste du chapitre, je parle, non du gouvernement fédéral, mais des gouvernements particuliers de chaque Etat que la majorité dirige despotiquement.

plus puissant fût en état de réunir facilement ses forces et d'opprimer le plus faible, on pourrait considérer que l'anarchie règne dans une pareille société aussi bien que dans l'état de nature, où l'individu le plus faible n'a aucune garantie contre la violence du plus fort; et de même que dans l'état de nature, les inconvénients d'un sort incertain et précaire décident les plus forts à se soumettre à un gouvernement qui protège les faibles ainsi qu'eux-mêmes; dans un gouvernement anarchique, les mêmes motifs conduiront peu à peu les partis les plus puissants à désirer un gouvernement qui puisse protéger également tous les partis, le fort et le faible. Si l'État de Rhode-Island était séparé de la Confédération et livré à un gouvernement populaire, exercé souverainement dans d'étroites limites, on ne saurait douter que la tyrannie des majorités n'y rendît l'exercice des droits tellement incertain, qu'on n'en vînt à réclamer un pouvoir entièrement indépendant du peuple. Les factions elles-mêmes, qui l'auraient rendu nécessaire, se hâteraient d'en appeler à lui. »

Jefferson disait aussi : « Le pouvoir exécutif, dans notre gouvernement, n'est pas le seul, il n'est peut-être pas le principal objet de ma sollicitude. La tyrannie des législateurs est actuellement, et sera pendant bien des années encore, le danger le plus redoutable. Celle du pouvoir exécutif viendra à son tour, mais dans une période plus reculée [7]. »

J'aime, en cette matière, à citer Jefferson de préférence à tout autre, parce que je le considère comme le plus puissant apôtre qu'ait jamais eu la démocratie.

7. Lettre de Jefferson à Madison, 15 mars 1789.

CHAPITRE VIII

DE CE QUI TEMPÈRE AUX ÉTATS-UNIS LA TYRANNIE DE LA MAJORITÉ

ABSENCE DE CENTRALISATION ADMINISTRATIVE

La majorité nationale n'a pas l'idée de tout faire. —
Elle est obligée de se servir des magistrats de la com-
mune et des comtés pour exécuter ses volontés souveraines.

J'ai distingué précédemment deux espèces de centralisations; j'ai appelé l'une gouvernementale, et l'autre
administrative.

La première seule existe en Amérique; la seconde y
est à peu près inconnue.

Si le pouvoir qui dirige les sociétés américaines trouvait à sa disposition ces deux moyens de gouvernement,
et joignait au droit de tout commander la faculté et
l'habitude de tout exécuter par lui-même; si, après
avoir établi les principes généraux du gouvernement,
il pénétrait dans les détails de l'application, et qu'après
avoir réglé les grands intérêts du pays il pût descendre
jusqu'à la limite des intérêts individuels, la liberté serait
bientôt bannie du nouveau monde.

Mais, aux Etats-Unis, la majorité, qui a souvent les
goûts et les instincts d'un despote, manque encore des
instruments les plus perfectionnés de la tyrannie.

Dans aucune des républiques américaines, le gouvernement central ne s'est jamais occupé que d'un petit
nombre d'objets, dont l'importance attirait ses regards.
Il n'a point entrepris de régler les choses secondaires
de la société. Rien n'indique qu'il en ait même conçu
le désir. La majorité, en devenant de plus en plus absolue,
n'a point accru les attributions du pouvoir central; elle
n'a fait que le rendre tout-puissant dans sa sphère.

Ainsi le despotisme peut être très lourd sur un point, mais il ne saurait s'étendre à tous.

Quelque entraînée, d'ailleurs, que puisse être par ses passions la majorité nationale; quelque ardente qu'elle soit dans ses projets, elle ne saurait faire qu'en tous lieux, de la même manière, et au même moment, tous les citoyens se plient à ses désirs. Quand le gouvernement central qui la représente a ordonné souverainement, il doit s'en rapporter, pour l'exécution de son commandement, à des agents qui souvent ne dépendent point de lui, et qu'il ne peut diriger à chaque instant. Les corps municipaux et les administrations des comtés forment donc comme autant d'écueils cachés qui retardent ou divisent le flot de la volonté populaire. La loi fût-elle oppressive, la liberté trouverait encore un abri dans la manière dont on exécuterait la loi; et la majorité ne saurait descendre dans les détails, et, si j'ose le dire, dans les puérilités de la tyrannie administrative. Elle n'imagine même pas qu'elle puisse le faire, car elle n'a point l'entière conscience de son pouvoir. Elle ne connaît encore que ses forces naturelles, et elle ignore jusqu'où l'art pourrait en étendre les bornes.

Ceci mérite qu'on y songe. S'il venait jamais à se fonder une république démocratique comme celle des Etats-Unis dans un pays où le pouvoir d'un seul aurait déjà établi et fait passer dans les habitudes, comme dans les lois, la centralisation administrative, je ne crains pas de le dire, dans une semblable république, le despotisme deviendrait plus intoléralbe que dans aucune des monarchies absolues de l'Europe. Il faudrait passer en Asie pour trouver quelque chose à lui comparer.

De l'esprit légiste aux États-Unis,
et comment il sert de contrepoids a la démocratie

Utilité de rechercher quels sont les instincts naturels de l'esprit légiste. — Les légistes appelés à jouer un grand rôle dans la société qui cherche à naître. — Comment le genre de travaux auxquels se livrent les légistes donne une tournure aristocratique à leurs idées. — Causes accidentelles qui peuvent s'opposer au développement de ces idées. — Facilité que trouve l'aristocratie à s'unir aux légistes. — Parti qu'un despote pourrait tirer des légistes. — Comment les légistes forment le seul élément

*aristocratique qui soit de nature à se combiner avec les
éléments naturels de la démocratie. — Causes particulières
qui tendent à donner un tour aristocratique à l'esprit du
légiste anglais et américain. — L'aristocratie américaine
est au banc des avocats et sur le siège des juges. —
Influence exercé par les légistes sur la société américaine.
— Comment leur esprit pénètre au sein des législatures,
dans l'administration, et finit par donner au peuple
lui-même quelque chose des instincts des magistrats.*

Lorsqu'on visite les Américains et qu'on étudie leurs
lois, on voit que l'autorité qu'ils ont donnée aux légistes,
et l'influence qu'ils leur ont laissé prendre dans le gouvernement, forment aujourd'hui la plus puissante barrière contre les écarts de la démocratie. Cet effet me
semble tenir à une cause générale qu'il est utile de rechercher, car elle peut se reproduire ailleurs.

Les légistes ont été mêlés à tous les mouvements de
la société politique, en Europe, depuis cinq cents ans.
Tantôt ils ont servi d'instruments aux puissances politiques, tantôt ils ont pris les puissances politiques pour
instruments. Au Moyen Age, les légistes ont merveilleusement coopéré à étendre la domination des rois;
depuis ce temps, ils ont puissamment travaillé à restreindre ce même pouvoir. En Angleterre, on les a vus
s'unir intimement à l'aristocratie; en France, ils se sont
montrés ses ennemis les plus dangereux. Les légistes
ne cèdent-ils donc qu'à des impulsions soudaines et
momentanées, ou obéissent-ils plus ou moins, suivant
les circonstances, à des instincts qui leur soient naturels,
et qui se reproduisent toujours ? Je voudrais éclaircir
ce point; car peut-être les légistes sont-ils appelés à
jouer le premier rôle dans la société politique qui cherche
à naître.

Les hommes qui ont fait leur étude spéciale des lois
ont puisé dans ces travaux des habitudes d'ordre, un
certain goût des formes, une sorte d'amour instinctif
pour l'enchaînement régulier des idées, qui les rendent
naturellement fort opposés à l'esprit révolutionnaire et
aux passions irréfléchies de la démocratie.

Les connaissances spéciales que les légistes acquièrent
en étudiant la loi leur assurent un rang à part dans la
société; ils forment une sorte de classe privilégiée parmi
les intelligences. Ils retrouvent chaque jour l'idée de
cette supériorité dans l'exercice de leur profession; ils
sont les maîtres d'une science nécessaire, dont la connais-

sance n'est point répandue; ils servent d'arbitres entre les citoyens, et l'habitude de diriger vers le but les passions aveugles des plaideurs leur donne un certain mépris pour le jugement de la foule. Ajoutez à cela qu'ils forment naturellement *un corps*. Ce n'est pas qu'ils s'entendent entre eux et se dirigent de concert vers un même point; mais la communauté des études et l'unité des méthodes lient leurs esprits les uns aux autres, comme l'intérêt pourrait unir leurs volontés.

On retrouve donc cachée au fond de l'âme des légistes une partie des goûts et des habitudes de l'aristocratie. Ils ont comme elle un penchant instinctif pour l'ordre, un amour naturel des formes; ainsi qu'elle, ils conçoivent un grand dégoût pour les actions de la multitude et méprisent secrètement le gouvernement du peuple.

Je ne veux point dire que ces penchants naturels des légistes soient assez forts pour les enchaîner d'une façon irrésistible. Ce qui domine chez les légistes, comme chez tous les hommes, c'est l'intérêt particulier, et surtout l'intérêt du moment.

Il y a telle société où les hommes de loi ne peuvent prendre dans le monde politique un rang analogue à celui qu'ils occupent dans la vie privée; on peut être assuré que, dans une société organisée de cette manière, les légistes seront des agents très actifs de révolution. Mais il faut rechercher si la cause qui les porte alors à détruire ou à changer naît, chez eux, d'une disposition permanente ou d'un accident. Il est vrai que les légistes ont singulièrement contribué à renverser la monarchie française en 1789. Reste à savoir s'ils ont agi ainsi parce qu'ils avaient étudié les lois, ou parce qu'ils ne pouvaient concourir à les faire.

Il y a cinq cents ans, l'aristocratie anglaise se mettait à la tête du peuple et parlait en son nom; aujourd'hui elle soutient le trône et se fait le champion de l'autorité royale. L'aristocratie a pourtant des instincts et des penchants qui lui sont propres.

Il faut bien se garder aussi de prendre des membres isolés du corps pour le corps lui-même.

Dans tous les gouvernements libres, quelle qu'en soit la forme, on trouvera des légistes aux premiers rangs de tous les partis. Cette même remarque est encore applicable à l'aristocratie. Presque tous les mouvements démocratiques qui ont agité le monde ont été dirigés par des nobles.

Un corps d'élite ne peut jamais suffire à toutes les ambitions qu'il renferme; il s'y trouve toujours plus de talents et de passions que d'emplois, et on ne manque point d'y rencontrer un grand nombre d'hommes qui, ne pouvant grandir assez vite en se servant des privilèges du corps, cherchent à le faire en attaquant ces privilèges.

Je ne prétends donc point qu'il arrive une époque où *tous* les légistes, ni que dans *tous* les temps, la plupart d'entre eux doivent se montrer amis de l'ordre et ennemis des changements.

Je dis que dans une société où les légistes occuperont sans contestation la position élevée qui leur appartient naturellement, leur esprit sera éminemment conservateur et se montrera antidémocratique.

Lorsque l'aristocratie ferme ses rangs aux légistes, elle trouve en eux des ennemis d'autant plus dangereux qu'au-dessous d'elle par leur richesse et leur pouvoir, ils sont indépendants d'elle par leurs travaux et se sentent à son niveau par leurs lumières.

Mais toutes les fois que les nobles ont voulu faire partager aux légistes quelques-uns de leurs privilèges, ces deux classes ont rencontré pour s'unir de grandes facilités et se sont pour ainsi dire trouvées de la même famille.

Je suis également porté à croire qu'il sera toujours aisé à un roi de faire des légistes les plus utiles instruments de sa puissance.

Il y a infiniment plus d'affinité naturelle entre les hommes de loi et le pouvoir exécutif, qu'entre eux et le peuple, quoique les légistes aient souvent à renverser le premier; de même qu'il y a plus d'affinité naturelle entre les nobles et le roi qu'entre les nobles et le peuple, bien que souvent on ait vu les classes supérieures de la société s'unir aux autres pour lutter contre le pouvoir royal.

Ce que les légistes aiment par-dessus toutes choses, c'est la vie de l'ordre, et la plus grande garantie de l'ordre est l'autorité. Il ne faut pas d'ailleurs oublier que, s'ils prisent la liberté, ils placent en général la légalité bien au-dessus d'elle; ils craignent moins la tyrannie que l'arbitraire, et, pourvu que le législateur se charge lui-même d'enlever aux hommes leur indépendance, ils sont à peu près contents.

Je pense donc que le prince qui, en présence d'une démocratie envahissante, chercherait à abattre le pouvoir judiciaire dans ses Etats et à y diminuer l'influence politique des légistes, commettrait une grande erreur. Il lâcherait la substance de l'autorité pour en saisir l'ombre.

Je ne doute point qu'il ne lui fût plus profitable d'introduire les légistes dans le gouvernement. Après leur avoir confié le despotisme sous la forme de la violence, peut-être le retrouverait-il en leurs mains sous les traits de la justice et de la loi.

Le gouvernement de la démocratie est favorable à la puissance politique des légistes. Lorsque le riche, le noble et le prince sont exclus du gouvernement, les légistes y arrivent pour ainsi dire de plein droit; car ils forment alors les seuls hommes éclairés et habiles que le peuple puisse choisir hors de lui.

Si les légistes sont naturellement portés par leurs goûts vers l'aristocratie et le prince, ils le sont donc naturellement vers le peuple par leur intérêt.

Ainsi, les légistes aiment le gouvernement de la démocratie, sans partager ses penchants, et sans imiter ses faiblesses, double cause pour être puissant par elle et sur elle.

Le peuple, dans la démocratie, ne se défie point des légistes, parce qu'il sait que leur intérêt est de servir sa cause; il les écoute sans colère, parce qu'il ne leur suppose pas d'arrière-pensées. En effet, les légistes ne veulent point renverser le gouvernement que s'est donné la démocratie, mais ils s'efforcent sans cesse de le diriger suivant une tendance qui n'est pas la sienne, et par des moyens qui lui sont étrangers. Le légiste appartient au peuple par son intérêt et par sa naissance, et à l'aristocratie par ses habitudes et par ses goûts; il est comme la liaison naturelle entre ces deux choses, comme l'anneau qui les unit.

Le corps des légistes forme le seul élément aristocratique qui puisse se mêler sans efforts aux éléments naturels de la démocratie, et se combiner d'une manière heureuse et durable avec eux. Je n'ignore pas quels sont les défauts inhérents à l'esprit légiste; sans ce mélange de l'esprit légiste avec l'esprit démocratique, je doute cependant que la démocratie pût gouverner longtemps la société, et je ne saurais croire que de nos jours une république pût espérer de conserver son existence, si l'influence des légistes dans les affaires n'y croissait pas en proportion du pouvoir du peuple.

Ce caractère aristocratique que j'aperçois dans l'esprit légiste est bien plus prononcé encore aux Etats-Unis et en Angleterre que dans aucun autre pays. Cela ne tient pas seulement à l'étude que les légistes anglais et américains font des lois, mais à la nature même de la législation et à la position que ces interprètes occupent chez ces deux peuples.

Les Anglais et les Américains ont conservé la législation des précédents, c'est-à-dire qu'ils continuent à puiser, dans les opinions et les décisions légales de leurs pères, les opinions qu'ils doivent avoir en matière de loi, et les décisions qu'ils doivent prendre.

Chez un légiste anglais ou américain, le goût et le respect de ce qui est ancien se joint donc presque toujours à l'amour de ce qui est régulier et légal.

Ceci a encore une autre influence sur le tour d'esprit des légistes, et par suite sur la marche de la société.

Le légiste anglais ou américain recherche ce qui a été fait, le légiste français ce qu'on a dû vouloir faire; l'un veut des arrêts, l'autre des raisons.

Lorsque vous écoutez un légiste anglais ou américain, vous êtes surpris de lui voir citer si souvent l'opinion des autres, et de l'entendre si peu parler de la sienne propre, tandis que le contraire arrive parmi nous.

Il n'est pas de si petite affaire que l'avocat français consente à traiter, sans y introduire un système d'idées qui lui appartienne, et il discutera jusqu'aux principes constitutifs des lois, à cette fin qu'il plaise au tribunal reculer d'une toise la borne de l'héritage contesté.

Cette sorte d'abnégation que fait le légiste anglais et américain de son propre sens, pour s'en rapporter au sens de ses pères; cette espèce de servitude, dans laquelle il est obligé de maintenir sa pensée, doit donner à l'esprit légiste des habitudes plus timides et lui faire contracter des penchants plus stationnaires en Angleterre et en Amérique qu'en France.

Nos lois écrites sont souvent difficiles à comprendre, mais chacun peut y lire; il n'y a rien, au contraire, de plus obscur pour le vulgaire, et de moins à sa portée qu'une législation fondée sur des précédents. Ce besoin qu'on a du légiste en Angleterre et aux Etats-Unis, cette haute idée qu'on se forme de ses lumières, le séparent de plus en plus du peuple, et achèvent de le mettre dans une classe à part. Le légiste français n'est qu'un savant; mais l'homme de loi anglais ou américain ressemble en quelque sorte aux prêtres de l'Egypte; comme eux, il est l'unique interprète d'une science occulte.

La position que les hommes de loi occupent en Angleterre et en Amérique, exerce une influence non moins grande sur leurs habitudes et leurs opinions. L'aristocratie d'Angleterre, qui a eu le soin d'attirer dans son sein tout ce qui avait quelque analogie naturelle avec elle, a fait aux légistes une très grande part de considération et de pouvoir. Dans la société anglaise, les légistes ne sont pas au premier rang, mais ils se tiennent pour contents du rang qu'ils occupent. Ils forment comme la branche cadette de l'aristocratie anglaise et ils aiment et respectent leurs aînés, sans partager tous leurs privilèges. Les légistes anglais mêlent donc aux intérêts aristocratiques de leur profession les idées et les goûts aristocratiques de la société au milieu de laquelle ils vivent.

Aussi est-ce surtout en Angleterre qu'on peut voir en relief ce type légiste que je cherche à peindre : le légiste anglais estime les lois, non pas tant parce qu'elles sont bonnes que parce qu'elles sont vieilles; et, s'il se voit réduit à les modifier en quelque point, pour les adapter aux changements que le temps fait subir aux sociétés, il recourt aux plus incroyables subtilités, afin de se persuader qu'en ajoutant quelque chose à l'œuvre de ses pères, il ne fait que développer leur pensée et compléter leurs travaux. N'espérez pas lui faire reconnaître qu'il est novateur; il consentira à aller jusqu'à l'absurde avant que de s'avouer coupable d'un si grand crime. C'est en Angleterre qu'est né cet esprit légal, qui semble indifférent au fond des choses, pour ne faire attention qu'à la lettre, et qui sortirait plutôt de la raison et de l'humanité que la loi.

La législation anglaise est comme un arbre antique, sur lequel les légistes ont greffé sans cesse les rejetons les plus étrangers, dans l'espérance que, tout en donnant des fruits différents, ils confondront du moins leur feuillage avec la tige vénérable qui les supporte.

En Amérique, il n'y a point de nobles ni de littérateurs, et le peuple se défie des riches. Les légistes forment donc la classe politique supérieure et la portion la plus intellectuelle de la société. Ainsi, ils ne pourraient que perdre à innover : ceci ajoute un intérêt conservateur au goût naturel qu'ils ont pour l'ordre.

Si l'on me demandait où je place l'aristocratie américaine, je répondrais sans hésiter que ce n'est point parmi les riches, qui n'ont aucun lien commun qui les rassemble. L'aristocratie américaine est au banc des avocats et sur le siège des juges.

Plus on réfléchit à ce qui se passe aux Etats-Unis, plus l'on se sent convaincu que le corps des légistes forme dans ce pays le plus puissant, et, pour ainsi dire, l'unique contrepoids de la démocratie.

C'est aux Etats-Unis qu'on découvre sans peine combien l'esprit légiste, par ses qualités, et je dirai même par ses défauts, est propre à neutraliser les vices inhérents au gouvernement populaire.

Lorsque le peuple américain se laisse enivrer par ses passions, ou se livre à l'entraînement de ses idées, les légistes lui font sentir un frein presque invisible qui le modère et l'arrête. A ses instincts démocratiques, ils opposent secrètement leurs penchants aristocratiques ; à son amour de la nouveauté, leur respect superstitieux de ce qui est ancien ; à l'immensité de ses desseins, leurs vues étroites ; à son mépris des règles, leur goût des formes ; et à sa fougue, leur habitude de procéder avec lenteur.

Les tribunaux sont les organes les plus visibles dont se sert le corps des légistes pour agir sur la démocratie.

Le juge est un légiste qui, indépendamment du goût de l'ordre et des règles qu'il a contracté dans l'étude des lois, puise encore l'amour de la stabilité dans l'inamovibilité de ses fonctions. Ses connaissances légales lui avaient déjà assuré une position élevée parmi ses semblables ; son pouvoir politique achève de le placer dans un rang à part, et de lui donner les instincts des classes privilégiées.

Armé du droit de déclarer les lois inconstitutionnelles, le magistrat américain pénètre sans cesse dans les affaires politiques [1]. Il ne peut pas forcer le peuple à faire des lois, mais du moins il le contraint à ne point être infidèle à ses propres lois et à rester d'accord avec lui-même.

Je n'ignore pas qu'il existe aux Etats-Unis une secrète tendance qui porte le peuple à réduire la puissance judiciaire ; dans la plupart des constitutions particulières d'Etat, le gouvernement, sur la demande de deux Chambres, peut enlever aux juges leur siège. Certaines constitutions font *élire* les membres des tribunaux et les soumettent à de fréquentes réélections. J'ose prédire que

---

1. Voyez au premier volume ce que je dis du pouvoir judiciaire.

ces innovations auront tôt ou tard des résultats funestes et qu'on s'apercevra un jour qu'en diminuant ainsi l'indépendance des magistrats, on n'a pas seulement attaqué le pouvoir judiciaire, mais la république démocratique elle-même.

Il ne faut pas croire, du reste, qu'aux Etats-Unis l'esprit légiste soit uniquement renfermé dans l'enceinte des tribunaux; il s'étend bien au-delà.

Les légistes, formant la seule classe éclairée dont le peuple ne se défie point, sont naturellement appelés à occuper la plupart des fonctions publiques. Ils remplissent les législatures, et sont à la tête des administrations; ils exercent donc une grande influence sur la formation de la loi et sur son exécution. Les légistes sont pourtant obligés de céder au courant d'opinion publique qui les entraîne; mais il est facile de trouver des indices de ce qu'ils feraient s'ils étaient libres. Les Américains, qui ont tant innové dans leurs lois politiques, n'ont introduit que de légers changements, et à grand-peine, dans leurs lois civiles, quoique plusieurs de ces lois répugnent fortement à leur état social. Cela vient de ce qu'en matière de droit civil la majorité est toujours obligée de s'en rapporter aux légistes; et les légistes américains, livrés à leur propre arbitre, n'innovent point.

C'est une chose fort singulière pour un Français que d'entendre les plaintes qui s'élèvent, aux Etats-Unis, contre l'esprit stationnaire et les préjugés des légistes en faveur de ce qui est établi.

L'influence de l'esprit légiste s'étend plus loin encore que les limites précises que je viens de tracer.

Il n'est presque pas de question politique, aux Etats-Unis, qui ne se résolve tôt ou tard en question judiciaire. De là, l'obligation où se trouvent les partis, dans leur polémique journalière, d'emprunter à la justice ses idées et son langage. La plupart des hommes publics étant, ou ayant d'ailleurs été des légistes, font passer dans le maniement des affaires les usages et le tour d'idées qui leur sont propres. Le jury achève d'y familiariser toutes les classes. La langue judiciaire devient ainsi, en quelque sorte, la langue vulgaire; l'esprit légiste, né dans l'intérieur des écoles et des tribunaux, se répand donc peu à peu au-delà de leur enceinte; il s'infiltre pour ainsi dire dans toute la société, il descend dans les derniers rangs, et le peuple tout entier finit par contracter une partie des habitudes et des goûts du magistrat.

Les légistes forment, aux Etats-Unis, une puissance qu'on redoute peu, qu'on aperçoit à peine, qui n'a point de bannière à elle, qui se plie avec flexibilité aux exigences du temps et se laisse aller sans résistance à tous les mouvements du corps social; mais elle enveloppe la société tout entière, pénètre dans chacune des classes qui la composent, la travaille en secret, agit sans cesse sur elle à son insu et finit par la modeler suivant ses désirs.

DU JURY AUX ÉTATS-UNIS CONSIDÉRÉ COMME INSTITUTION POLITIQUE

Le jury, qui est un des modes de la souveraineté du peuple, doit être mis en rapport avec les autres lois qui établissent cette souveraineté. — Composition du jury aux Etats-Unis. — Effets produits par le jury sur le caractère national. — Education qu'il donne au peuple. — Comment il tend à établir l'influence des magistrats et à répandre l'esprit légiste.

Puisque mon sujet m'a naturellement amené à parler de la justice aux Etats-Unis, je n'abandonnerai pas cette matière sans m'occuper du jury.

Il faut distinguer deux choses dans le jury : une institution judiciaire et une institution politique.

S'il s'agissait de savoir jusqu'à quel point le jury, et surtout le jury en matière civile, sert à la bonne administration de la justice, j'avouerais que son utilité pourrait être contestée.

L'institution du jury a pris naissance dans une société peu avancée, où l'on ne soumettait guère aux tribunaux que de simples questions de fait; et ce n'est pas une tâche facile que de l'adapter aux besoins d'un peuple très civilisé, quand les rapports des hommes entre eux se sont singulièrement multipliés et ont pris un caractère savant et intellectuel [2].

2. Ce serait déjà une chose utile et curieuse que de considérer le jury comme institution judiciaire, d'apprécier les effets qu'il produit aux Etats-Unis, et de rechercher de quelle manière les Américains en ont tiré parti. On pourrait trouver dans l'examen de cette seule question le sujet d'un livre entier, et d'un livre intéressant pour la France. On y rechercherait, par exemple, quelle portion des institutions

Mon but principal, en ce moment, est d'envisager le côté politique du jury : une autre voie m'écarterait de mon sujet. Quant au jury considéré comme moyen judiciaire, je n'en dirai que deux mots. Lorsque les Anglais ont adopté l'institution du jury, ils formaient un peuple à demi barbare ; ils sont devenus, depuis, l'une des nations les plus éclairées du globe, et leur attachement pour le jury a paru croître avec leurs lumières. Ils sont sortis de leur territoire, et on les a vus se répandre dans tout l'univers : les uns ont formé des colonies ; les autres des Etats indépendants ; le corps de la nation a gardé un roi ; plusieurs des émigrants ont fondé de puissantes républiques ; mais partout les Anglais ont également préconisé l'institution du jury [3]. Ils l'ont établie partout, ou se sont hâtés de la rétablir. Une institution judiciaire qui obtient ainsi les suffrages d'un grand peuple durant une longue suite de siècles, qu'on reproduit avec zèle à toutes les époques de la civilisation, dans tous les climats et sous toutes les formes de gouvernement, ne saurait être contraire à l'esprit de la justice [4].

américaines relatives au jury pourrait être introduite parmi nous et à l'aide de quelle gradation. L'Etat américain qui fournirait le plus de lumières sur ce sujet serait l'Etat de la Louisiane. La Louisiane renferme une population mêlée de Français et d'Anglais. Les deux législations s'y trouvent en présence comme les deux peuples et s'amalgament peu à peu l'une avec l'autre. Les livres les plus utiles à consulter seraient le recueil des lois de la Louisiane en deux volumes, intitulé : *Digeste des lois de la Louisiane;* et plus encore peut-être un cours de procédure civile écrit dans les deux langues, et intitulé : *Traité sur les règles des actions civiles,* imprimé en 1830 à La Nouvelle-Orléans, chez Buisson. Cet ouvrage présente un avantage spécial ; il fournit aux Français une explication certaine et authentique des termes légaux anglais. La langue des lois forme comme une langue à part chez tous les peuples, et chez les Anglais plus que chez aucun autre.

3. Tous les légistes anglais et américains sont unanimes sur ce point. M. Story, juge à la cour suprême des Etats-Unis, dans son *Traité de la constitution fédérale,* revient encore sur l'excellence de l'institution du jury en matière civile. « *The inestimable privilege of a trial by Jury in civil cases,* dit-il, *a privilege scarcely inferior to that in criminal cases, which is counted by all persons to be essential to political and civil liberty.* » (Story, liv. III, chap. XXXVIII.)

4. Si l'on voulait établir quelle est l'utilité du jury comme institution judiciaire, on aurait beaucoup d'autres arguments à donner, et entre autres ceux-ci :

A mesure que vous introduisez les jurés dans les affaires, vous pouvez sans inconvénient diminuer le nombre des juges ; ce qui est un grand avantage. Lorsque les juges sont très nombreux, chaque jour la mort fait un vide dans la hiérarchie judiciaire, et y ouvre de nouvelles places pour ceux qui survivent. L'ambition des magistrats

Mais quittons ce sujet. Ce serait singulièrement rétrécir sa pensée que de se borner à envisager le jury comme une institution judiciaire; car, s'il exerce une grande influence sur le sort des procès, il en exerce une bien plus grande encore sur les destinées mêmes de la société. Le jury est donc avant tout une institution politique. C'est à ce point de vue qu'il faut toujours se placer pour le juger.

J'entends par jury un certain nombre de citoyens pris au hasard et revêtus momentanément du droit de juger.

Appliquer le jury à la répression des crimes me paraît introduire dans le gouvernement une institution éminemment républicaine. Je m'explique :

L'institution du jury peut être aristocratique ou démocratique, suivant la classe dans laquelle on prend les jurés; mais elle conserve toujours un caractère républicain, en ce qu'elle place la direction réelle de la société dans les mains des gouvernés ou d'une portion d'entre eux, et non dans celle des gouvernants.

La force n'est jamais qu'un élément passager de succès : après elle vient aussitôt l'idée du droit. Un gouvernement réduit à ne pouvoir atteindre ses ennemis que sur le champ de bataille serait bientôt détruit. La véritable sanction des lois politiques se trouve donc dans les lois pénales, et si la sanction manque, la loi perd tôt ou tard sa force. L'homme qui juge au *criminel* est donc réellement le maître de la société. Or, l'institution du jury place le peuple lui-même, ou du moins une classe de citoyens, sur le siège du juge. L'institution du jury met

est donc continuellement en haleine et elle les fait naturellement dépendre de la majorité ou de l'homme qui nomme aux emplois vacants : on avance alors dans les tribunaux comme on gagne des grades dans une armée. Cet état de choses est entièrement contraire à la bonne administration de la justice et aux intentions du législateur. On veut que les juges soient inamovibles pour qu'ils restent libres; mais qu'importe que nul ne puisse leur ravir leur indépendance, si eux-mêmes en font volontairement le sacrifice.

Lorsque les juges sont très nombreux, il est impossible qu'il ne s'en rencontre pas parmi eux beaucoup d'incapables : car un grand magistrat n'est point un homme ordinaire. Or, je ne sais si un tribunal à demi éclairé n'est pas la pire de toutes les combinaisons pour arriver aux fins qu'on se propose en établissant des cours de justice.

Quant à moi, j'aimerais mieux abandonner la décision d'un procès à des jurés ignorants dirigés par un magistrat habile, que de la livrer à des juges dont la majorité n'aurait qu'une connaissance incomplète de la jurisprudence et des lois.

donc réellement la direction de la société dans les mains du peuple ou de cette classe [5].

En Angleterre, le jury se recrute dans la portion aristocratique de la nation. L'aristocratie fait les lois, applique les lois et juge les infractions aux lois [B]. Tout est d'accord : aussi l'Angleterre forme-t-elle à vrai dire une république aristocratique. Aux Etats-Unis, le même système est appliqué au peuple entier. Chaque citoyen américain est électeur, éligible et juré [C]. Le système du jury, tel qu'on l'entend en Amérique, me paraît une conséquence aussi directe et aussi extrême du dogme de la souveraineté du peuple que le vote universel. Ce sont deux moyens également puissants de faire régner la majorité.

Tous les souverains qui ont voulu puiser en eux-mêmes les sources de leur puissance, et diriger la société au lieu de se laisser diriger par elle, ont détruit l'institution du jury ou l'ont énervée. Les Tudors envoyaient en prison les jurés qui ne voulaient pas condamner, et Napoléon les faisait choisir par ses agents.

Quelque évidentes que soient la plupart des vérités qui précèdent, elles ne frappent point tous les esprits, et souvent, parmi nous, on ne semble encore se faire qu'une idée confuse de l'institution du jury. Veut-on savoir de quels éléments doit se composer la liste des jurés, on se borne à discuter quelles sont les lumières et la capacité de ceux qu'on appelle à en faire partie, comme s'il ne s'agissait que d'une institution judiciaire. En vérité, il me semble que c'est là se préoccuper de la moindre portion du sujet; le jury est avant tout une institution politique; on doit le considérer comme un mode de la souveraineté du peuple; il faut le rejeter entièrement quand on repousse la souveraineté du peuple, ou le mettre en rapport avec les autres lois qui établissent cette souveraineté. Le jury forme la partie de la nation chargée d'assurer l'exécution des lois, comme les Chambres sont la partie de la nation chargée de faire les

---

5. Il faut cependant faire une remarque importante :

L'institution du jury donne, il est vrai, au peuple un droit général de contrôle sur les actions des citoyens, mais elle ne lui fournit pas les moyens d'exercer ce contrôle dans tous les cas, ni d'une manière toujours tyrannique.

Lorsqu'un prince absolu a la faculté de faire juger les crimes par ses délégués, le sort de l'accusé est pour ainsi dire fixé d'avance. Mais le peuple fût-il résolu à condamner, la composition du jury et son irresponsabilité offriraient encore des chances favorables à l'innocence.

lois; et pour que la société soit gouvernée d'une manière fixe et uniforme, il est nécessaire que la liste des jurés s'étende ou se resserre avec celle des électeurs. C'est ce point de vue qui, suivant moi, doit toujours attirer l'attention principale du législateur. Le reste est pour ainsi dire accessoire.

Je suis si convaincu que le jury est avant tout une institution politique, que je le considère encore de cette manière lorsqu'on l'applique en matière civile.

Les lois sont toujours chancelantes, tant qu'elles ne s'appuient pas sur les mœurs; les mœurs forment la seule puissance résistante et durable chez un peuple.

Quand le jury est réservé pour les affaires criminelles, le peuple ne le voit agir que de loin en loin et dans les cas particuliers; il s'habitue à s'en passer dans le cours ordinaire de la vie, et il le considère comme un moyen et non comme le seul moyen d'obtenir justice [6].

Lorsque, au contraire, le jury est étendu aux affaires civiles, son application tombe à chaque instant sous les yeux; il touche alors à tous les intérêts; chacun vient concourir à son action; il pénètre ainsi jusque dans les usages de la vie; il plie l'esprit humain à ses formes et se confond pour ainsi dire avec l'idée même de la justice.

L'institution du jury, bornée aux affaires criminelles, est donc toujours en péril; une fois introduite dans les matières civiles, elle brave le temps et les efforts des hommes. Si on eût pu enlever le jury des mœurs des Anglais aussi facilement que de leurs lois, il eût entièrement succombé sous les Tudors. C'est donc le jury civil qui a réellement sauvé les libertés de l'Angleterre.

De quelque manière qu'on applique le jury, il ne peut manquer d'exercer une grande influence sur le caractère national; mais cette influence s'accroît infiniment à mesure qu'on l'introduit plus avant dans les matières civiles.

Le jury, et surtout le jury civil, sert à donner à l'esprit de tous les citoyens une partie des habitudes de l'esprit du juge; et ces habitudes sont précisément celles qui préparent le mieux le peuple à être libre.

Il répand dans toutes les classes le respect pour la chose jugée et l'idée du droit. Otez ces deux choses, et l'amour de l'indépendance ne sera plus qu'une passion destructive.

---

6. Ceci est à plus forte raison vrai lorsque le jury n'est appliqué qu'à certaines affaires criminelles.

Il enseigne aux hommes la pratique de l'équité. Chacun, en jugeant son voisin, pense qu'il pourra être jugé à son tour. Cela est vrai surtout du jury en matière civile : il n'est presque personne qui craigne d'être un jour l'objet d'une poursuite criminelle; mais tout le monde peut avoir un procès.

Le jury apprend à chaque homme à ne pas reculer devant la responsabilité de ses propres actes; disposition virile, sans laquelle il n'y a pas de vertu politique.

Il revêt chaque citoyen d'une sorte de magistrature; il fait sentir à tous qu'ils ont des devoirs à remplir envers la société, et qu'ils entrent dans son gouvernement. En forçant les hommes à s'occuper d'autre chose que de leurs propres affaires, il combat l'égoïsme individuel, qui est comme la rouille des sociétés.

Le jury sert incroyablement à former le jugement et à augmenter les lumières naturelles du peuple. C'est là, à mon avis, son plus grand avantage. On doit le considérer comme une école gratuite et toujours ouverte, où chaque juré vient s'instruire de ses droits, où il entre en communication journalière avec les membres les plus instruits et les plus éclairés des classes élevées, où les lois lui sont enseignées d'une manière pratique, et sont mises à la portée de son intelligence par les efforts des avocats, les avis du juge et les passions mêmes des parties. Je pense qu'il faut principalement attribuer l'intelligence pratique et le bon sens politique des Américains au long usage qu'ils ont fait du jury en matière civile.

Je ne sais si le jury est utile à ceux qui ont des procès, mais je suis sûr qu'il est très utile à ceux qui les jugent. Je le regarde comme l'un des moyens les plus efficaces dont puisse se servir la société pour l'éducation du peuple.

Ce qui précède s'applique à toutes les nations; mais voici ce qui est spécial aux Américains, et en général aux peuples démocratiques.

J'ai dit plus haut que dans les démocraties les légistes, et parmi eux les magistrats, forment le seul corps aristocratique qui puisse modérer les mouvements du peuple. Cette aristocratie n'est revêtue d'aucune puissance matérielle, elle n'exerce son influence conservatrice que sur les esprits. Or, c'est dans l'institution du jury civil qu'elle trouve les principales sources de son pouvoir.

Dans les procès criminels, où la société lutte contre un

homme, le jury est porté à voir dans le juge l'instrument passif du pouvoir social, et il se défie de ses avis. De plus, les procès criminels reposent entièrement sur des faits simples que le bon sens parvient aisément à apprécier. Sur ce terrain, le juge et le juré sont égaux.

Il n'en est pas de même dans les procès civils; le juge apparaît alors comme un arbitre désintéressé entre les passions des parties. Les jurés le voient avec confiance, et ils l'écoutent avec respect; car ici son intelligence domine entièrement la leur. C'est lui qui déroule devant eux les divers arguments dont on a fatigué leur mémoire, et qui les prend par la main pour les diriger à travers les détours de la procédure; c'est lui qui les circonscrit dans le point de fait et leur enseigne la réponse qu'ils doivent faire à la question de droit. Son influence sur eux est presque sans bornes.

Faut-il dire enfin pourquoi je me sens peu ému des arguments tirés de l'incapacité des jurés en matière civile ?

Dans les procès civils, toutes les fois du moins qu'il ne s'agit pas de questions de fait, le jury n'a que l'apparence d'un corps judiciaire.

Les jurés prononcent l'arrêt que le juge a rendu. Ils prêtent à cet arrêt l'autorité de la société qu'ils représentent, et lui, celle de la raison et de la loi *D*.

En Angleterre et en Amérique, les juges exercent sur le sort des procès criminels une influence que le juge français n'a jamais connue. Il est facile de comprendre la raison de cette différence : le magistrat anglais ou américain a établi son pouvoir en matière civile, il ne fait que l'exercer ensuite sur un autre théâtre; il ne l'y acquiert point.

Il y a des cas, et ce sont souvent les plus importants, où le juge américain a le droit de prononcer seul[7]. Il se trouve alors, par occasion, dans la position où se trouve habituellement le juge français; mais son pouvoir moral est bien plus grand : les souvenirs du jury le suivent encore, et sa voix a presque autant de puissance que celle de la société dont les jurés étaient l'organe.

Son influence s'étend même bien au-delà de l'enceinte des tribunaux : dans les délassements de la vie privée comme dans les travaux de la vie politique, sur la place

---

7. Les juges fédéraux tranchent presque toujours seuls les questions qui touchent de plus près au gouvernement du pays.

publique comme dans le sein des législatures, le juge américain retrouve sans cesse autour de lui des hommes qui se sont habitués à voir dans son intelligence quelque chose de supérieur à la leur; et, après s'être exercé sur les procès, son pouvoir se fait sentir sur toutes les habitudes de l'esprit et jusque sur l'âme même de ceux qui ont concouru avec lui à les juger.

Le jury, qui semble diminuer les droits de la magistrature, fonde donc réellement son empire, et il n'y a pas de pays où les juges soient aussi puissants que ceux où le peuple entre en partage de leurs privilèges.

C'est surtout à l'aide du jury en matière civile que la magistrature américaine fait pénétrer ce que j'ai appelé l'esprit légiste jusque dans les derniers rangs de la société.

Ainsi le jury, qui est le moyen le plus énergique de faire régner le peuple, est aussi le moyen le plus efficace de lui apprendre à régner.

CHAPITRE IX

La république démocratique subsiste aux Etats-Unis. Le but principal de ce livre a été de faire comprendre les causes de ce phénomène.

Parmi ces causes, il en est plusieurs à côté desquelles le courant de mon sujet m'a entraîné malgré moi, et que je n'ai fait qu'indiquer de loin en passant. Il en est d'autres dont je n'ai pu m'occuper; et celles sur lesquelles il m'a été permis de m'étendre sont restées derrière moi comme ensevelies sous les détails.

J'ai donc pensé qu'avant d'aller plus loin et de parler de l'avenir, je devais réunir dans un cadre étroit toutes les raisons qui expliquent le présent.

Dans cette espèce de résumé je serai court, car j'aurai soin de ne faire que rappeler très sommairement au lecteur ce qu'il connaît déjà, et parmi les faits que je n'ai pas encore eu l'occasion d'exposer, je ne choisirai que les principaux.

J'ai pensé que toutes les causes qui tendent au maintien de la république démocratique aux Etats-Unis pouvaient se réduire à trois :

La situation particulière et accidentelle dans laquelle la Providence a placé les Américains forme la première;

La deuxième provient des lois;

La troisième découle des habitudes et des mœurs.

Des causes accidentelles ou providentielles
qui contribuent au maintien
de la république démocratique aux États-Unis

*L'Union n'a pas de voisins. — Point de grande capitale.
— Les Américains ont eu pour eux le hasard de la naissance. — L'Amérique est un pays vide. — Comment cette circonstance sert puissamment au maintien de la république démocratique. — Manière dont se peuplent les déserts de l'Amérique. — Avidité des Anglo-Américains pour s'emparer des solitudes du nouveau monde. — Influence du bien-être matériel sur les opinions politiques des Américains.*

Il y a mille circonstances indépendantes de la volonté des hommes qui, aux Etats-Unis, rendent la république démocratique aisée. Les unes sont connues, les autres sont faciles à faire connaître : je me bornerai à exposer les principales.

Les Américains n'ont pas de voisins, par conséquent point de grandes guerres, de crise financière, de ravages, ni de conquête à craindre; ils n'ont besoin ni de gros impôts, ni d'armée nombreuse, ni de grands généraux; ils n'ont presque rien à redouter d'un fléau plus terrible pour les républiques que tous ceux-là ensemble, la gloire militaire.

Comment nier l'incroyable influence qu'exerce la gloire militaire sur l'esprit du peuple ? Le général Jackson, que les Américains ont choisi deux fois pour le placer à leur tête, est un homme d'un caractère violent et d'une capacité moyenne; rien dans tout le cours de sa carrière n'avait jamais prouvé qu'il eût des qualités requises pour gouverner un peuple libre : aussi la majorité des classes éclairées de l'Union lui a toujours été contraire. Qui donc l'a placé sur le siège du président et l'y maintient encore ? Le souvenir d'une victoire remportée par lui, il y a vingt ans, sous les murs de la Nouvelle-Orléans; or, cette victoire de la Nouvelle-Orléans est un fait d'armes fort ordinaire dont on ne saurait s'occuper longtemps que dans un pays où l'on ne donne point de batailles; et le peuple qui se laisse ainsi entraîner par le prestige de la gloire est, à coup sûr, le plus froid, le plus calculateur, le moins militaire, et, si je puis m'exprimer ainsi, le plus prosaïque de tous les peuples du monde.

L'Amérique n'a point de grande capitale [1] dont l'influence directe ou indirecte se fasse sentir sur toute l'étendue du territoire, ce que je considère comme une des premières causes du maintien des institutions républicaines aux Etats-Unis. Dans les villes, on ne peut guère empêcher les hommes de se concerter, de s'échauffer en commun, de prendre des résolutions subites et passionnées. Les villes forment comme de grandes assemblées dont tous les habitants sont membres. Le peuple y exerce une influence prodigieuse sur ses magistrats, et souvent il y exécute sans intermédiaire ses volontés.

Soumettre les provinces à la capitale, c'est donc remettre la destinée de tout l'empire, non seulement dans les mains d'une portion du peuple, ce qui est injuste, mais encore dans les mains du peuple agissant par lui-même, ce qui est fort dangereux. La prépondérance des capitales porte donc une grave atteinte au système représentatif. Elle fait tomber les républiques modernes dans le défaut des républiques de l'antiquité, qui ont toutes péri pour n'avoir pas connu ce système.

Il me serait facile d'énumérer ici un grand nombre d'autres causes secondaires qui ont favorisé l'établissement et assuré le maintien de la république démocratique aux Etats-Unis. Mais au milieu de cette foule de

1. L'Amérique n'a point encore de grande capitale, mais elle a déjà de très grandes villes. Philadelphie comptait, en 1830, 161 000 habitants, et New York 202 000. Le bas peuple qui habite ces vastes cités forme une populace plus dangereuse que celle même d'Europe. Elle se compose d'abord de nègres affranchis, que la loi et l'opinion condamnent à un état de dégradation et de misère héréditaires. On rencontre aussi dans son sein une multitude d'Européens que le malheur et l'inconduite poussent chaque jour sur les rivages du nouveau monde; ces hommes apportent aux Etats-Unis nos plus grands vices, et ils n'ont aucun des intérêts qui pourraient en combattre l'influence. Habitant le pays sans en être citoyens, ils sont prêts à tirer parti de toutes les passions qui l'agitent; aussi avons-nous vu depuis quelque temps des émeutes sérieuses éclater à Philadelphie et à New York. De pareils désordres sont inconnus dans le reste du pays, qui ne s'en inquiète point, parce que la population des villes n'a exercé jusqu'à présent aucun pouvoir ni aucune influence sur celle des campagnes.

Je regarde cependant la grandeur de certaines cités américaines, et surtout la nature de leurs habitants, comme un danger véritable qui menace l'avenir des républiques démocratiques du nouveau monde, et je ne crains pas de prédire que c'est par là qu'elles périront, à moins que leur gouvernement ne parvienne à créer une force armée qui, tout en restant soumise aux volontés de la majorité nationale, soit pourtant indépendante du peuple des villes et puisse comprimer ses excès.

circonstances heureuses, j'en aperçois deux principales, et je me hâte de les indiquer.

J'ai déjà dit précédemment que je voyais dans l'origine des Américains, dans ce que j'ai appelé leur point de départ, la première et la plus efficace de toutes les causes auxquelles on puisse attribuer la prospérité actuelle des Etats-Unis. Les Américains ont eu pour eux le hasard de la naissance : leurs pères ont jadis importé sur le sol qu'ils habitent l'égalité des conditions et celle des intelligences, d'où la république démocratique devait sortir un jour comme de sa source naturelle. Ce n'est pas tout encore ; avec un état social républicain, ils ont légué à leurs descendants les habitudes, les idées et les mœurs les plus propres à faire fleurir la république. Quand je pense à ce qu'a produit ce fait originel, il me semble voir toute la destinée de l'Amérique renfermée dans le premier puritain qui aborda sur ses rivages, comme toute la race humaine dans le premier homme.

Parmi les circonstances heureuses qui ont encore favorisé l'établissement et assurent le maintien de la république démocratique aux Etats-Unis, la première en importance est le choix du pays lui-même que les Américains habitent. Leurs pères leur ont donné l'amour de l'égalité et de la liberté, mais c'est Dieu même qui, en leur livrant un continent sans bornes, leur a accordé les moyens de rester longtemps égaux et libres.

Le bien-être général favorise la stabilité de tous les gouvernements, mais particulièrement du gouvernement démocratique, qui repose sur les dispositions du plus grand nombre, et principalement sur les dispositions de ceux qui sont le plus exposés aux besoins. Lorsque le peuple gouverne, il est nécessaire qu'il soit heureux, pour qu'il ne bouleverse pas l'Etat. La misère produit chez lui ce que l'ambition fait chez les rois. Or, les causes matérielles et indépendantes des lois qui peuvent amener le bien-être sont plus nombreuses en Amérique qu'elles ne l'ont été dans aucun pays du monde, à aucune époque de l'histoire.

Aux Etats-Unis, ce n'est pas seulement la législation qui est démocratique, la nature elle-même travaille pour le peuple.

Où trouver, parmi les souvenirs de l'homme, rien de semblable à ce qui se passe sous nos yeux dans l'Amérique du Nord ?

Les sociétés célèbres de l'Antiquité se sont toutes

fondées au milieu de peuples ennemis qu'il a fallu vaincre
pour s'établir à leur place. Les modernes eux-mêmes
ont trouvé dans quelques parties de l'Amérique du
Sud de vastes contrées habitées par des peuples moins
éclairés qu'eux, mais qui s'étaient déjà approprié le sol
en le cultivant. Pour fonder leurs nouveaux Etats, il leur
a fallu détruire ou asservir des populations nombreuses,
et ils ont fait rougir la civilisation de ses triomphes.

Mais l'Amérique du Nord n'était habitée que par
des tribus errantes qui ne pensaient point à utiliser les
richesses naturelles du sol. L'Amérique du Nord était
encore, à proprement parler, un continent vide, une
terre déserte, qui attendait des habitants.

Tout est extraordinaire chez les Américains, leur état
social comme leurs lois; mais ce qui est plus extraordinaire encore, c'est le sol qui les porte.

Quand la terre fut livrée aux hommes par le Créateur,
elle était jeune et inépuisable, mais ils étaient faibles et
ignorants; et lorsqu'ils eurent appris à tirer parti des
trésors qu'elle renfermait dans son sein, ils en couvraient
déjà la face, et bientôt il leur fallut combattre pour
acquérir le droit d'y posséder un asile et de s'y reposer
en liberté.

C'est alors que l'Amérique du Nord se découvre,
comme si Dieu l'eût tenue en réserve et qu'elle ne fît
que sortir de dessous les eaux du déluge.

Elle présente, ainsi qu'aux premiers jours de la création, des fleuves dont la source ne tarit point, de vertes
et humides solitudes, des champs sans bornes que n'a
point encore retournés le soc du laboureur. En cet état,
elle ne s'offre plus à l'homme isolé, ignorant et barbare
des premiers âges, mais à l'homme déjà maître des
secrets les plus importants de la nature, uni à ses semblables, et instruit par une expérience de cinquante
siècles.

Au moment où je parle, treize millions d'Européens
civilisés s'étendent tranquillement dans des déserts fertiles dont eux-mêmes ne connaissent pas encore exactement les ressources ni l'étendue. Trois ou quatre mille
soldats poussent devant eux la race errante des indigènes;
derrière les hommes armés s'avancent des bûcherons qui
percent les forêts, écartent les bêtes farouches, explorent
le cours des fleuves et préparent la marche triomphante
de la civilisation à travers le désert.

Souvent, dans le cours de cet ouvrage, j'ai fait allusion

au bien-être matériel dont jouissent les Américains; je l'ai indiqué comme une des grandes causes du succès de leurs lois. Cette raison avait déjà été donnée par mille autres avant moi : c'est la seule qui, tombant en quelque sorte sous le sens des Européens, soit devenue populaire parmi nous. Je ne m'étendrai donc pas sur un sujet si souvent traité et si bien compris; je ne ferai qu'ajouter quelques nouveaux faits.

On se figure généralement que les déserts de l'Amérique se peuplent à l'aide des émigrants européens qui descendent chaque année sur les rivages du nouveau monde, tandis que la population américaine croît et se multiplie sur le sol qu'ont occupé ses pères : c'est là une grande erreur. L'Européen qui aborde aux Etats-Unis y arrive sans amis et souvent sans ressources; il est obligé, pour vivre, de louer ses services, et il est rare de lui voir dépasser la grande zone industrielle qui s'étend le long de l'Océan. On ne saurait défricher le désert sans un capital ou du crédit; avant de se risquer au milieu des forêts, il faut que le corps se soit habitué aux rigueurs d'un climat nouveau. Ce sont donc des Américains qui, abandonnant chaque jour le lieu de leur naissance, vont se créer au loin de vastes domaines. Ainsi l'Européen quitte sa chaumière pour aller habiter les rivages transatlantiques, et l'Américain qui est né sur ces mêmes bords s'enfonce à son tour dans les solitudes de l'Amérique Centrale. Ce double mouvement d'émigration ne s'arrête jamais : il commence au fond de l'Europe, il se continue sur le grand Océan, il se suit à travers les solitudes du nouveau monde. Des millions d'hommes marchent à la fois vers le même point de l'horizon : leur langue, leur religion, leurs mœurs diffèrent, leur but est commun. On leur a dit que la fortune se trouvait quelque part vers l'Ouest, et ils se rendent en hâte au-devant d'elle.

Rien ne saurait se comparer à ce déplacement continuel de l'espèce humaine, sinon peut-être ce qui arriva à la chute de l'empire romain. On vit alors comme aujourd'hui les hommes accourir tous en foule vers le même point et se rencontrer tumultueusement dans les mêmes lieux; mais les desseins de la Providence étaient différents. Chaque nouveau venu traînait à sa suite la destruction et la mort; aujourd'hui chacun d'eux apporte avec soi un germe de prospérité et de vie.

Les conséquences éloignées de cette migration des

Américains vers l'occident nous sont encore cachées par l'avenir, mais les résultats immédiats sont faciles à reconnaître : une partie des anciens habitants s'éloignant chaque année des Etats où ils ont reçu la naissance, il arrive que ces Etats ne se peuplent que très lentement, quoiqu'ils vieillissent; c'est ainsi que dans le Connecticut, qui ne compte encore que cinquante-neuf habitants par mille carré, la population n'a crû que d'un quart depuis quarante ans, tandis qu'en Angleterre elle s'est augmentée d'un tiers durant la même période. L'émigrant d'Europe aborde donc toujours dans un pays à moitié plein, où les bras manquent à l'industrie; il devient un ouvrier aisé; son fils va chercher fortune dans un pays vide, et il devient un propriétaire riche. Le premier amasse le capital que le second fait valoir, et il n'y a de misère ni chez l'étranger ni chez le natif.

La législation, aux Etats-Unis, favorise autant que possible la division de la propriété; mais une cause plus puissante que la législation empêche que la propriété ne s'y divise outre mesure[2]. On s'en aperçoit bien dans les Etats qui commencent enfin à se remplir. Le Massachusetts est le pays le plus peuplé de l'Union; on y compte quatre-vingts habitants par mille carré, ce qui est infiniment moins qu'en France, où il s'en trouve cent soixante-deux réunis dans le même espace.

Au Massachusetts cependant il est déjà rare qu'on divise les petits domaines : l'aîné prend en général la terre; les cadets vont chercher fortune au désert.

La loi a aboli le droit d'aînesse; mais on peut dire que la Providence l'a rétabli sans que personne ait à se plaindre, et cette fois du moins il ne blesse pas la justice.

On jugera par un seul fait du nombre prodigieux d'individus qui quittent ainsi la Nouvelle-Angleterre pour aller transporter leurs foyers au désert. On nous a assuré qu'en 1830, parmi les membres du congrès, il s'en trouvait trente-six qui étaient nés dans le petit Etat du Connecticut. La population du Connecticut, qui ne forme que la quarante-troisième partie de celle des Etats-Unis, fournissait donc le huitième de leurs représentants.

L'Etat de Connecticut n'envoie cependant lui-même que cinq députés au congrès : les trente et un autres y

2. Dans la Nouvelle-Angleterre, le sol est partagé en très petits domaines, mais il ne se divise plus.

paraissent comme les représentants des nouveaux Etats de l'Ouest. Si ces trente et un individus étaient demeurés dans le Connecticut, il est probable qu'au lieu d'être de riches propriétaires, ils seraient restés de petits laboureurs, qu'ils auraient vécu dans l'obscurité sans pouvoir s'ouvrir la carrière politique, et que, loin de devenir des législateurs utiles, ils auraient été de dangereux citoyens.

Ces considérations n'échappent pas plus à l'esprit des Américains qu'au nôtre.

« On ne saurait douter, dit le chancelier Kent dans son *Traité sur le droit américain* (vol. IV, p. 380). que la division des domaines ne doive produire de grands maux quand elle est portée à l'extrême; de telle sorte que chaque portion de terre ne puisse plus pourvoir à l'entretien d'une famille; mais ces inconvénients n'ont jamais été ressentis aux Etats-Unis, et bien des générations s'écouleront avant qu'on les ressente. L'étendue de notre territoire inhabité, l'abondance des terres qui nous touchent et le courant continuel d'émigrations qui, partant des bords de l'Atlantique, se dirige sans cesse vers l'intérieur du pays, suffisent et suffiront longtemps encore pour empêcher le morcellement des héritages. »

Il serait difficile de peindre l'avidité avec laquelle l'Américain se jette sur cette proie immense que lui offre la fortune. Pour la poursuivre, il brave sans crainte la flèche de l'Indien et les maladies du désert; le silence des bois n'a rien qui l'étonne, l'approche des bêtes farouches ne l'émeut point : une passion plus forte que l'amour de la vie l'aiguillonne sans cesse. Devant lui s'étend un continent presque sans bornes, et on dirait que, craignant déjà d'y manquer de place, il se hâte de peur d'arriver trop tard. J'ai parlé de l'émigration des anciens Etats; mais que dirai-je de celle des nouveaux ? Il n'y a pas cinquante ans que l'Ohio est fondé; le plus grand nombre de ses habitants n'y a pas vu le jour; sa capitale ne compte pas trente années d'existence, et une immense étendue de champs déserts couvre encore son territoire; déjà cependant la population de l'Ohio s'est remise en marche vers l'Ouest : la plupart de ceux qui descendent dans les fertiles prairies de l'Illinois sont des habitants de l'Ohio. Ces hommes ont quitté leur première patrie pour être bien; ils quittent la seconde pour être mieux encore : presque partout, ils rencontrent la fortune, mais non pas le bonheur. Chez eux, le désir du bien-être est devenu une passion inquiète et ardente qui s'accroît en se satisfaisant. Ils ont jadis brisé les liens qui les attachaient au sol natal; depuis ils n'en ont point formé d'autres. Pour eux l'émigration a commencé par être un besoin; aujourd'hui, elle est devenue à leurs yeux une sorte de jeu de hasard, dont ils aiment les émotions autant que le gain.

Quelquefois l'homme marche si vite que le désert reparaît derrière lui. La forêt n'a fait que ployer sous ses pieds; dès qu'il est passé, elle se relève. Il n'est pas rare, en parcourant les nouveaux Etats de l'Ouest, de rencontrer des demeures abandonnées au milieu des bois; souvent on découvre les débris d'une cabane au plus profond de la solitude, et l'on s'étonne en traversant des défrichements ébauchés, qui attestent tout à la fois la puissance et l'inconstance humaines. Parmi ces champs délaissés, sur ces ruines d'un jour, l'antique forêt ne tarde point à pousser des rejetons nouveaux; les animaux reprennent possession de leur empire : la nature vient en riant couvrir de rameaux verts et de fleurs les vestiges de l'homme, et se hâte de faire disparaître sa trace éphémère.

Je me souviens qu'en traversant l'un des cantons déserts qui couvrent encore l'Etat de New York, je parvins sur les bords d'un lac tout environné de forêts comme au commencement du monde. Une petite île s'élevait au milieu des eaux. Le bois qui la couvrait, étendant autour d'elle son feuillage, en cachait entièrement les bords. Sur les rives du lac, rien n'annonçait la présence de l'homme; seulement on apercevait à l'horizon une colonne de fumée qui, allant perpendiculairement de la cime des arbres jusqu'aux nuages, semblait pendre du haut du ciel plutôt qu'y monter.

Une pirogue indienne était tirée sur le sable; j'en profitai pour aller visiter l'île qui avait d'abord attiré mes regards, et bientôt après j'étais parvenu sur son rivage. L'île entière formait une de ces délicieuses solitudes du nouveau monde qui font presque regretter à l'homme civilisé la vie sauvage. Une végétation vigoureuse annonçait par ses merveilles les richesses incomparables du sol. Il y régnait, comme dans tous les déserts de l'Amérique du Nord, un silence profond qui n'était interrompu que par le roucoulement monotone des ramiers ou par les coups que frappait le pic-vert sur l'écorce des arbres. J'étais bien loin de croire que ce lieu eût été habité jadis, tant la nature y semblait encore abandonnée à elle-même;

mais, parvenu au centre de l'île, je crus tout à coup rencontrer les vestiges de l'homme. J'examinai alors avec soin tous les objets d'alentour, et bientôt je ne doutai plus qu'un Européen ne fût venu chercher un refuge en cet endroit. Mais combien son œuvre avait changé de face! Le bois que jadis il avait coupé à la hâte pour s'en faire un abri avait depuis poussé des rejetons; ses clôtures étaient devenues des haies vives, et sa cabane était transformée en un bosquet. Au milieu de ces arbustes, on apercevait encore quelques pierres noircies par le feu, répandues autour d'un petit tas de cendres; c'était sans doute dans ce lieu qu'était le foyer : la cheminée, en s'écroulant, l'avait couvert de ses débris. Quelque temps j'admirai en silence les ressources de la nature et la faiblesse de l'homme; et lorsque enfin il fallut m'éloigner de ces lieux enchantés, je répétai encore avec tristesse : Quoi! déjà des ruines!

En Europe, nous sommes habitués à regarder comme un grand danger social l'inquiétude de l'esprit, le désir immodéré des richesses, l'amour extrême de l'indépendance. Ce sont précisément toutes ces choses qui garantissent aux républiques américaines un long et paisible avenir. Sans ces passions inquiètes, la population se concentrerait autour de certains lieux et éprouverait bientôt, comme parmi nous, des besoins difficiles à satisfaire. Heureux pays que le nouveau monde, où les vices de l'homme sont presque aussi utiles à la société que ses vertus!

Ceci exerce une grande influence sur la manière dont on juge les actions humaines dans les deux hémisphères. Souvent les Américains appellent une louable industrie ce que nous nommons l'amour du gain, et ils voient une certaine lâcheté de cœur dans ce que nous considérons comme la modération des désirs.

En France, on regarde la simplicité des goûts, la tranquillité des mœurs, l'esprit de famille et l'amour du lieu de la naissance comme de grandes garanties de tranquillité et de bonheur pour l'Etat; mais en Amérique, rien ne paraît plus préjudiciable à la société que de semblables vertus. Les Français du Canada, qui ont fidèlement conservé les traditions des anciennes mœurs, trouvent déjà de la difficulté à vivre sur leur territoire, et ce petit peuple qui vient de naître sera bientôt en proie aux misères des vieilles nations. Au Canada, les hommes qui ont le plus de lumières, de patriotisme et d'humanité, font des efforts extraordinaires pour dégoûter le peuple du simple bonheur qui lui suffit encore. Ils célèbrent les avantages de la richesse, de même que parmi nous ils vanteraient peut-être les charmes d'une honnête médiocrité, et ils mettent plus de soin à aiguillonner les passions humaines qu'ailleurs on n'emploie d'efforts pour les calmer. Echanger les plaisirs purs et tranquilles que la patrie présente au pauvre lui-même contre les stériles jouissances que donne le bien-être sous un ciel étranger; fuir le foyer paternel et les champs où reposent ses aïeux; abandonner les vivants et les morts pour courir après la fortune, il n'y a rien qui à leurs yeux mérite plus de louanges.

De notre temps, l'Amérique livre aux hommes un fonds toujours plus vaste que ne saurait l'être l'industrie qui le fait valoir.

En Amérique, on ne saurait donc donner assez de lumières; car toutes les lumières, en même temps qu'elles peuvent être utiles à celui qui les possède, tournent encore au profit de ceux qui ne les ont point. Les besoins nouveaux n'y sont pas à craindre, puisque tous les besoins s'y satisfont sans peine : il ne faut pas redouter d'y faire naître trop de passions, puisque toutes les passions trouvent un aliment facile et salutaire; on ne peut y rendre les hommes trop libres, parce qu'ils ne sont presque jamais tentés d'y faire un mauvais usage de la liberté.

Les républiques américaines de nos jours sont comme des compagnies de négociants formées pour exploiter en commun les terres désertes du nouveau monde, et occupées d'un commerce qui prospère.

Les passions qui agitent le plus profondément les Américains sont des passions commerciales et non des passions politiques, ou plutôt ils transportent dans la politique des habitudes du négoce. Ils aiment l'ordre, sans lequel les affaires ne sauraient prospérer, et ils prisent particulièrement la régularité des mœurs, qui fonde les bonnes maisons; ils préfèrent le bon sens qui crée les grandes fortunes au génie qui souvent les dissipe; les idées générales effraient leurs esprits accoutumés aux calculs positifs, et parmi eux, la pratique est plus en honneur que la théorie.

C'est en Amérique qu'il faut aller pour comprendre quelle puissance exerce le bien-être matériel sur les actions politiques et jusque sur les opinions elles-mêmes, qui devraient n'être soumises qu'à la raison. C'est parmi les étrangers qu'on découvre principalement la vérité de ceci. La plupart des émigrants d'Europe apportent dans le nouveau monde cet amour sauvage de l'indépendance et du changement qui naît si souvent au milieu de nos misères. Je rencontrais quelquefois aux Etats-Unis de ces Européens qui jadis avaient été obligés de fuir leur pays pour cause d'opinions politiques. Tous m'étonnaient par leurs discours; mais l'un d'eux me frappa plus qu'aucun autre. Comme je traversais l'un des districts les plus reculés de la Pennsylvanie, la nuit me surprit, et j'allai demander asile à la porte d'un riche planteur : c'était un Français. Il me fit asseoir auprès de son foyer, et nous nous mîmes à discourir librement, comme il convient à des gens qui se retrouvent au fond d'un bois à deux mille lieues du pays qui les a vus naître. Je n'ignorais pas que mon hôte avait été un grand niveleur il y a quarante ans et un ardent démagogue. Son nom était resté dans l'histoire.

Je fus donc étrangement surpris de l'entendre discuter le droit de propriété comme aurait pu le faire un économiste, j'allais presque dire un propriétaire; il parla de la hiérarchie nécessaire que la fortune établit parmi les hommes, de l'obéissance à la loi établie, de l'influence des bonnes mœurs dans les républiques, et du secours que les idées religieuses prêtent à l'ordre et à la liberté : il lui arriva même de citer comme par mégarde, à l'appui d'une de ses opinions politiques, l'autorité de Jésus-Christ.

J'admirais en l'écoutant l'imbécillité de la raison humaine. Cela est vrai ou faux : comment le découvrir au milieu des incertitudes de la science et des leçons diverses de l'expérience ? Survient un fait nouveau qui lève tous mes doutes. J'étais pauvre, me voici riche : du moins si le bien-être, en agissant sur ma conduite, laissait mon jugement en liberté! Mais non, mes opinions sont en effet changées avec ma fortune, et dans l'événement heureux dont je profite, j'ai réellement découvert la raison déterminante qui jusque-là m'avait manqué.

L'influence du bien-être s'exerce plus librement encore sur les Américains que sur les étrangers. L'Américain a toujours vu sous ses yeux l'ordre et la prospérité publique s'enchaîner l'un à l'autre et marcher du même pas; il n'imagine point qu'ils puissent vivre séparément :

il n'a donc rien à oublier, et ne doit point perdre, comme tant d'Européens, ce qu'il tient de son éducation première.

DE L'INFLUENCE DES LOIS SUR LE MAINTIEN DE LA RÉPUBLIQUE DÉMOCRATIQUE AUX ÉTATS-UNIS

Trois causes principales du maintien de la république démocratique. — Forme fédérale. — Institutions communales. — Pouvoir judiciaire.

Le but principal de ce livre était de faire connaître les lois des Etats-Unis; si ce but a été atteint, le lecteur a déjà pu juger lui-même quelles sont, parmi ces lois, celles qui tendent réellement à maintenir la république démocratique et celles qui la mettent en danger. Si je n'ai pas réussi dans tout le cours du livre, j'y réussirais encore moins dans un chapitre.

Je ne veux donc pas entrer dans la carrière que j'ai déjà parcourue, et quelques lignes doivent suffire pour me résumer.

Trois choses semblent concourir plus que toutes les autres au maintien de la république démocratique dans le nouveau monde :

La première est la forme fédérale que les Américains ont adoptée, et qui permet à l'Union de jouir de la puissance d'une grande république et de la sécurité d'une petite.

Je trouve la deuxième dans les institutions communales qui modérant le despotisme de la majorité, donnent en même temps au peuple le goût de la liberté et l'art d'être libre.

La troisième se rencontre dans la constitution du pouvoir judiciaire. J'ai montré combien les tribunaux servent à corriger les écarts de la démocratie, et, comment, sans jamais pouvoir arrêter les mouvements de la majorité, ils parviennent à les ralentir et à les diriger.

DE L'INFLUENCE DES MŒURS SUR LE MAINTIEN
DE LA RÉPUBLIQUE DÉMOCRATIQUE AUX ÉTATS-UNIS

J'ai dit plus haut que je considérais les mœurs comme l'une des grandes causes générales auxquelles on peut attribuer le maintien de la république démocratique aux Etats-Unis.

J'entends ici l'expression de *mœurs* dans le sens qu'attachaient les anciens au mot *mores;* non seulement je l'applique aux mœurs proprement dites, qu'on pourrait appeler les habitudes du cœur, mais aux différentes notions que possèdent les hommes, aux diverses opinions qui ont cours au milieu d'eux, et à l'ensemble des idées dont se forment les habitudes de l'esprit.

Je comprends donc sous ce mot tout l'état moral et intellectuel d'un peuple. Mon but n'est pas de faire un tableau des mœurs américaines; je me borne en ce moment à rechercher parmi elles ce qui est favorable au maintien des institutions politiques.

DE LA RELIGION CONSIDÉRÉE COMME INSTITUTION
POLITIQUE, COMMENT ELLE SERT PUISSAMMENT
AU MAINTIEN DE LA RÉPUBLIQUE DÉMOCRATIQUE
CHEZ LES AMÉRICAINS

L'Amérique du Nord peuplée par des hommes qui professaient un christianisme démocratique et républicain. — Arrivée des catholiques. — Pourquoi de nos jours les catholiques forment la classe la plus démocratique et la plus républicaine.

A côté de chaque religion se trouve une opinion politique qui, par affinité, lui est jointe.

Laissez l'esprit humain suivre sa tendance, et il réglera d'une manière uniforme la société politique et la cité divine; il cherchera, si j'ose le dire, à *harmoniser* la terre avec le ciel.

La plus grande partie de l'Amérique anglaise a été peuplée par des hommes qui, après s'être soustraits à l'autorité du pape, ne s'étaient soumis à aucune suprématie religieuse; ils apportaient donc dans le nouveau monde un christianisme que je ne saurais mieux peindre qu'en l'appelant démocratique et républicain : ceci favorisera singulièrement l'établissement de la république et de la démocratie dans les affaires. Dès le principe, la politique et la religion se trouvèrent d'accord, et depuis elles n'ont point cessé de l'être.

Il y a environ cinquante ans que l'Irlande commença à verser au sein des Etats-Unis une population catholique. De son côté, le catholicisme américain fit des prosélytes : l'on rencontre aujourd'hui dans l'Union plus d'un million de chrétiens qui professent les vérités de l'Eglise romaine.

Ces catholiques montrent une grande fidélité dans les pratiques de leur culte, et sont pleins d'ardeur et de zèle pour leurs croyances; cependant ils forment la classe la plus républicaine et la plus démocratique qui soit aux Etats-Unis. Ce fait surprend au premier abord, mais la réflexion en découvre aisément les causes cachées.

Je pense qu'on a tort de regarder la religion catholique comme un ennemi naturel de la démocratie. Parmi les différentes doctrines chrétiennes, le catholicisme me paraît au contraire l'une des plus favorables à l'égalité des conditions. Chez les catholiques, la société religieuse ne se compose que de deux éléments : le prêtre et le peuple. Le prêtre s'élève seul au-dessus des fidèles : tout est égal au-dessous de lui.

En matière de dogmes, le catholicisme place le même niveau sur toutes les intelligences; il astreint aux détails des mêmes croyances le savant ainsi que l'ignorant, l'homme de génie aussi bien que le vulgaire; il impose les mêmes pratiques au riche comme au pauvre, inflige les mêmes austérités au puissant comme au faible; il ne compose avec aucun mortel, et appliquant à chacun des humains la même mesure, il aime à confondre toutes les classes de la société au pied du même autel, comme elles sont confondues aux yeux de Dieu.

Si le catholicisme dispose les fidèles à l'obéissance, il ne les prépare donc pas à l'inégalité. Je dirai le contraire du protestantisme qui, en général, porte les hommes bien moins vers l'égalité que vers l'indépendance.

Le catholicisme est comme une monarchie absolue. Otez le prince, et les conditions y sont plus égales que dans les républiques.

Souvent il est arrivé que le prêtre catholique est sorti du sanctuaire pour pénétrer comme une puissance dans la société, et qu'il est venu s'y asseoir au milieu de la hiérarchie sociale ; quelquefois alors il a usé de son influence religieuse pour assurer la durée d'un ordre politique dont il faisait partie : alors aussi on a pu voir des catholiques partisans de l'aristocratie par esprit de religion.

Mais une fois que les prêtres sont écartés ou s'écartent du gouvernement, comme ils le font aux Etats-Unis, il n'y a pas d'hommes qui, par leurs croyances, soient plus disposés que les catholiques à transporter dans le monde politique l'idée de l'égalité des conditions.

Si donc les catholiques des Etats-Unis ne sont pas entraînés violemment par la nature de leurs croyances vers les opinions démocratiques et républicaines, du moins n'y sont-ils pas naturellement contraires, et leur position sociale, ainsi que leur petit nombre, leur fait une loi de les embrasser.

La plupart des catholiques sont pauvres, et ils ont besoin que tous les citoyens gouvernent pour arriver eux-mêmes au gouvernement. Les catholiques sont en minorité, et ils ont besoin qu'on respecte tous les droits pour être assurés du libre exercice des leurs. Ces deux causes les poussent, à leur insu même, vers des doctrines politiques qu'ils adopteraient peut-être avec moins d'ardeur s'ils étaient riches et prédominants.

Le clergé catholique des Etats-Unis n'a point essayé de lutter contre cette tendance politique ; il cherche plutôt à la justifier. Les prêtres catholiques d'Amérique ont divisé le monde intellectuel en deux parts : dans l'une, ils ont laissé les dogmes révélés, et ils s'y soumettent sans les discuter ; dans l'autre, ils ont placé la vérité politique, et ils pensent que Dieu l'y a abandonnée aux libres recherches des hommes. Ainsi, les catholiques des Etats-Unis sont tout à la fois les fidèles les plus soumis et les citoyens les plus indépendants.

On peut donc dire qu'aux Etats-Unis il n'y a pas une seule doctrine religieuse qui se montre hostile aux institutions démocratiques et républicaines. Tous les clergés y tiennent le même langage ; les opinions y sont d'accord avec les lois, et il n'y règne pour ainsi dire qu'un seul courant dans l'esprit humain.

J'habitais momentanément l'une des plus grandes villes de l'Union, lorsqu'on m'invita à assister à une réunion politique dont le but était de venir au secours des Polonais, et de leur faire parvenir des armes et de l'argent.

Je trouvai donc deux à trois mille personnes réunies dans une vaste salle qui avait été préparée pour les recevoir. Bientôt après, un prêtre, revêtu de ses habits ecclésiastiques, s'avança sur le bord de l'estrade destinée aux orateurs. Les assistants, après s'être découverts, se tinrent debout en silence, et il parla en ces termes :

« Dieu tout-puissant! Dieu des armées! toi qui as maintenu le cœur et conduit le bras de nos pères, lorsqu'ils soutenaient les droits sacrés de leur indépendance nationale; toi qui les as fait triompher d'une odieuse oppression, et as accordé à notre peuple les bienfaits de la paix et de la liberté, ô Seigneur! tourne un œil favorable vers l'autre hémisphère; regarde en pitié un peuple héroïque qui lutte aujourd'hui comme nous l'avons fait jadis et pour la défense des mêmes droits! Seigneur, qui as créé tous les hommes sur le même modèle, ne permets point que le despotisme vienne déformer ton ouvrage et maintenir l'inégalité sur la terre. Dieu tout-puissant! veille sur les destinées des Polonais, rends-les dignes d'être libres; que ta sagesse règne dans leurs conseils, que ta force soit dans leurs bras; répands la terreur sur leurs ennemis, divise les puissances qui trament leur ruine, et ne permets pas que l'injustice dont le monde a été le témoin il y a cinquante ans se consomme aujourd'hui. Seigneur, qui tiens dans ta main puissante le cœur des peuples comme celui des hommes, suscite des alliés à la cause sacrée du bon droit; fais que la nation française se lève enfin, et, sortant du repos dans lequel ses chefs la retiennent, vienne combattre encore une fois pour la liberté du monde.

« O Seigneur! ne détourne jamais de nous ta face; permets que nous soyons toujours le peuple le plus religieux comme le plus libre.

« Dieu tout-puissant, exauce aujourd'hui notre prière; sauve les Polonais. Nous te le demandons au nom de ton fils bien-aimé, Notre-Seigneur Jésus-Christ, qui est mort sur la croix pour le salut de tous les hommes. *Amen.* »

Toute l'assemblée répéta *Amen* avec recueillement.

INFLUENCE INDIRECTE QU'EXERCENT
LES CROYANCES RELIGIEUSES SUR LA SOCIÉTÉ POLITIQUE
AUX ÉTATS-UNIS

Morale du christianisme qui se retrouve dans toutes les sectes. — Influence de la religion sur les mœurs des Américains. — Respect du lien du mariage. — Comment la religion renferme l'imagination des Américains entre certaines limites et modère chez eux la passion d'innover. — Opinion des Américains sur l'utilité politique de la religion. — Leurs efforts pour étendre et assurer son empire.

Je viens de montrer quelle était, aux Etats-Unis, l'action directe de la religion sur la politique. Son action indirecte me semble bien plus puissante encore et c'est quand elle ne parle point de la liberté, qu'elle enseigne le mieux aux Américains l'art d'être libres.

Il y a une multitude innombrable de sectes aux Etats-Unis. Toutes diffèrent dans le culte qu'il faut rendre au Créateur, mais toutes s'entendent sur les devoirs des hommes les uns envers les autres. Chaque secte adore donc Dieu à sa manière, mais toutes les sectes prêchent la même morale au nom de Dieu. S'il sert beaucoup à l'homme comme individu que sa religion soit vraie, il n'en est point ainsi pour la société. La société n'a rien à craindre ni à espérer de l'autre vie; et ce qui lui importe le plus, ce n'est pas tant que tous les citoyens professent la vraie religion, mais qu'ils professent une religion. D'ailleurs toutes les sectes aux Etats-Unis se retrouvent dans la grande unité chrétienne, et la morale du christianisme est partout la même.

Il est permis de penser qu'un certain nombre d'Américains suivent, dans le culte qu'ils rendent à Dieu, leurs habitudes plus que leurs convictions. Aux Etats-Unis d'ailleurs le souverain est religieux, et par conséquent l'hypocrisie doit être commune; mais l'Amérique est pourtant encore le lieu du monde où la religion chrétienne a conservé le plus de véritables pouvoirs sur les âmes; et rien ne montre mieux combien elle est utile et naturelle à l'homme, puisque le pays où elle exerce de nos jours le plus d'empire est en même temps le plus éclairé et le plus libre.

J'ai dit que les prêtres américains se prononcent d'une manière générale en faveur de la liberté civile, sans en excepter ceux mêmes qui n'admettent point la liberté religieuse; cependant on ne les voit prêter leur appui à aucun système politique en particulier. Ils ont soin de se tenir en dehors des affaires, et ne se mêlent pas aux combinaisons des partis. On ne peut donc pas dire qu'aux Etats-Unis la religion exerce une influence sur les lois ni sur le détail des opinions politiques, mais elle dirige les mœurs, et c'est en réglant la famille qu'elle travaille à régler l'Etat.

Je ne doute pas un instant que la grande sévérité de mœurs qu'on remarque aux Etats-Unis n'ait sa source première dans les croyances. La religion y est souvent impuissante à retenir l'homme au milieu des tentations sans nombre que la fortune lui présente. Elle ne saurait modérer en lui l'ardeur de s'enrichir que tout vient aiguillonner, mais elle règne souverainement sur l'âme de la femme, et c'est la femme qui fait les mœurs. L'Amérique est assurément le pays du monde où le lien du mariage est le plus respecté, et où l'on a conçu l'idée la plus haute et la plus juste du bonheur conjugal.

En Europe, presque tous les désordres de la société prennent naissance autour du foyer domestique et non loin de la couche nuptiale. C'est là que les hommes conçoivent le mépris des liens naturels et des plaisirs permis, le goût du désordre, l'inquiétude du cœur, l'instabilité des désirs. Agité par les passions tumultueuses qui ont souvent troublé sa propre demeure, l'Européen ne se soumet qu'avec peine aux pouvoirs législateurs de l'Etat. Lorsque, au sortir des agitations du monde politique, l'Américain rentre au sein de sa famille, il y rencontre aussitôt l'image de l'ordre et de la paix. Là, tous ses plaisirs sont simples et naturels, ses joies innocentes et tranquilles; et comme il arrive au bonheur par la régularité de la vie, il s'habitue sans peine à régler ses opinions aussi bien que ses goûts.

Tandis que l'Européen cherche à échapper à ses chagrins domestiques en troublant la société, l'Américain puise dans sa demeure l'amour de l'ordre, qu'il porte ensuite dans les affaires de l'Etat.

Aux Etats-Unis, la religion ne règle pas seulement les mœurs, elle étend son empire jusque sur l'intelligence.

Parmi les Anglo-Américains, les uns professent les dogmes chrétiens parce qu'ils y croient, les autres parce qu'ils redoutent de n'avoir pas l'air d'y croire. Le christianisme règne donc sans obstacles, de l'aveu de tous; il en résulte, ainsi que je l'ai déjà dit ailleurs, que tout est certain et arrêté dans le monde moral, quoique le monde politique semble abandonné à la discussion et aux essais des hommes. Ainsi l'esprit humain n'aperçoit jamais devant lui un champ sans limite : quelle que soit son audace, il sent de temps en temps qu'il doit s'arrêter devant des barrières insurmontables. Avant d'innover, il est forcé d'accepter certaines données premières, et de soumettre ses conceptions les plus hardies à certaines formes qui le retardent et qui l'arrêtent.

L'imagination des Américains, dans ses plus grands écarts, n'a donc qu'une marche circonspecte et incertaine; ses allures sont gênées et ses œuvres incomplètes. Ces habitudes de retenue se retrouvent dans la société politique et favorisent singulièrement la tranquillité du peuple, ainsi que la durée des institutions qu'il s'est données. La nature et les circonstances avaient fait de l'habitant des Etats-Unis un homme audacieux; il est facile d'en juger, lorsqu'on voit de quelle manière il poursuit la fortune. Si l'esprit des Américains était libre de toute entrave, on ne tarderait pas à rencontrer parmi eux les plus hardis novateurs et les plus implacables logiciens du monde. Mais les révolutionnaires d'Amérique sont obligés de professer ostensiblement un certain respect pour la morale et l'équité chrétiennes, qui ne leur permet pas d'en violer aisément les lois lorsqu'elles s'opposent à l'exécution de leurs desseins; et s'ils pouvaient s'élever eux-mêmes au-dessus de leurs scrupules, ils se sentiraient encore arrêtés par ceux de leurs partisans. Jusqu'à présent il ne s'est rencontré personne, aux Etats-Unis, qui ait osé avancer cette maxime : que tout est permis dans l'intérêt de la société. Maxime impie, qui semble avoir été inventée dans un siècle de liberté pour légitimer tous les tyrans à venir.

Ainsi donc, en même temps que la loi permet au peuple américain de tout faire, la religion l'empêche de tout concevoir et lui défend de tout oser.

La religion, qui, chez les Américains, ne se mêle jamais directement au gouvernement de la société, doit donc être considérée comme la première de leurs institutions politiques; car si elle ne leur donne pas le goût de la liberté, elle leur en facilite singulièrement l'usage.

C'est aussi sous ce point de vue que les habitants des

Etats-Unis eux-mêmes considèrent les croyances religieuses. Je ne sais si tous les Américains ont foi dans leur religion, car qui peut lire au fond des cœurs ? mais je suis sûr qu'ils la croient nécessaire au maintien des institutions républicaines. Cette opinion n'appartient pas à une classe de citoyens ou à un parti, mais à la nation entière ; on la retrouve dans tous les rangs.

Aux Etats-Unis, lorsqu'un homme politique attaque une secte, ce n'est pas une raison pour que les partisans mêmes de cette secte ne le soutiennent pas ; mais s'il attaque toutes les sectes ensemble, chacun le fuit, et il reste seul.

Pendant que j'étais en Amérique, un témoin se présenta aux assises du comté de Chester (Etat de New York) et déclara qu'il ne croyait pas à l'existence de Dieu et à l'immortalité de l'âme. Le président refusa de recevoir son serment, attendu, dit-il, que le témoin avait détruit d'avance toute la foi qu'on pouvait ajouter à ses paroles [3]. Les journaux rapportèrent le fait sans commentaire.

Les Américains confondent si complètement dans leur esprit le christianisme et la liberté, qu'il est presque impossible de leur faire concevoir l'un sans l'autre ; et ce n'est point chez eux une de ces croyances stériles que le passé lègue au présent, et qui semble moins vivre que végéter au fond de l'âme.

J'ai vu des Américains s'associer pour envoyer des prêtres dans les nouveaux Etats de l'Ouest, et pour y fonder des écoles et des églises ; ils craignent que la religion ne vienne à se perdre au milieu des bois, et que le peuple qui s'élève ne puisse être aussi libre que celui dont il est sorti. J'ai rencontré des habitants riches de la Nouvelle-Angleterre qui abandonnaient le pays de leur naissance dans le but d'aller jeter, sur les bords du Missouri ou dans les prairies des Illinois, les fondements du christianisme et de la liberté. C'est ainsi qu'aux Etats-Unis le zèle religieux s'échauffe sans cesse au foyer du

---

3. Voici en quels termes le *New York Spectator* du 23 août 1831 rapporte le fait : « The court of common pleas of Chester county (New York) a few days since rejected a witness who declared his disbelief in the existence of God. The presiding judge remarked that he had not before been aware that there was a man living who did not believe in the existence of God ; that this belief constituted the sanction of all testimony in a court of justice and that he knew of no cause in a christian country where a witness had been permitted to testify without such a belief. »

patriotisme. Vous pensez que ces hommes agissent uniquement dans la considération de l'autre vie, mais vous vous trompez : l'éternité n'est qu'un de leurs soins. Si vous interrogez ces missionnaires de la civilisation chrétienne, vous serez tout surpris de les entendre parler si souvent des biens de ce monde, et de trouver des politiques où vous croyez ne voir que des religieux. « Toutes les républiques américaines sont solidaires les unes des autres, vous diront-ils; si les républiques de l'Ouest tombaient dans l'anarchie ou subissaient le joug du despotisme, les institutions républicaines qui fleurissent sur les bords de l'océan Atlantique seraient en grand péril; nous avons donc intérêt à ce que les nouveaux Etats soient religieux, afin qu'ils nous permettent de rester libres. »

Telles sont les opinions des Américains; mais leur erreur est manifeste : car chaque jour on me prouve fort doctement que tout est bien en Amérique, excepté précisément cet esprit religieux que j'admire; et j'apprends qu'il ne manque à la liberté et au bonheur de l'espèce humaine, de l'autre côté de l'Océan, que de croire avec Spinoza à l'éternité du monde, et de soutenir avec Cabanis que le cerveau sécrète la pensée. A cela je n'ai rien à répondre, en vérité, sinon que ceux qui tiennent ce langage n'ont pas été en Amérique, et n'ont pas plus vu de peuples religieux que de peuples libres. Je les attends donc au retour.

Il y a des gens en France qui considèrent les institutions républicaines comme l'instrument passager de leur grandeur. Ils mesurent des yeux l'espace immense qui sépare leurs vices et leurs misères de la puissance et des richesses, et ils voudraient entasser des ruines dans cet abîme pour essayer de le combler. Ceux-là sont à la liberté ce que les compagnies franches du Moyen Age étaient aux rois; ils font la guerre pour leur propre compte, alors même qu'ils portent ses couleurs : la république vivra toujours assez longtemps pour les tirer de leur bassesse présente. Ce n'est pas à eux que je parle; mais il en est d'autres qui voient dans la république un état permanent et tranquille, un but nécessaire vers lequel les idées et les mœurs entraînent chaque jour les sociétés modernes, et qui voudraient sincèrement préparer les hommes à être libres. Quand ceux-là attaquent les croyances religieuses, ils suivent leurs passions et non leurs intérêts. C'est le despotisme qui peut se passer de la foi, mais non la liberté. La religion est beaucoup plus nécessaire dans la république qu'ils préconisent, que dans la monarchie qu'ils attaquent, et dans les républiques démocratiques que dans toutes les autres. Comment la société pourrait-elle manquer de périr si, tandis que le lien politique se relâche, le lien moral ne se resserrait pas ? et que faire d'un peuple maître de lui-même, s'il n'est pas soumis à Dieu ?

DES PRINCIPALES CAUSES QUI RENDENT LA RELIGION PUISSANTE EN AMÉRIQUE

Soins qu'ont pris les Américains de séparer l'Eglise de l'Etat. — Les lois, l'opinion publique, les efforts des prêtres eux-mêmes, concourent à ce résultat. — C'est à cette cause qu'il faut attribuer la puissance que la religion exerce sur les âmes aux Etats-Unis. — Pourquoi. — Quel est de nos jours l'état naturel des hommes en matière de religion. — Quelle cause particulière et accidentelle s'oppose, dans certains pays, à ce que les hommes se conforment à cet état.

Les philosophes du XVIIIe siècle expliquaient d'une façon toute simple l'affaiblissement graduel des croyances. Le zèle religieux, disaient-ils, doit s'éteindre à mesure que la liberté et les lumières augmentent. Il est fâcheux que les faits ne s'accordent point avec cette théorie.

Il y a telle population européenne dont l'incrédulité n'est égalée que par l'abrutissement et l'ignorance, tandis qu'en Amérique on voit l'un des peuples les plus libres et les plus éclairés du monde remplir avec ardeur tous les devoirs extérieurs de la religion.

A mon arrivée aux Etats-Unis, ce fut l'aspect religieux du pays qui frappa d'abord mes regards. A mesure que je prolongeais mon séjour, j'apercevais les grandes conséquences politiques qui découlaient de ces faits nouveaux.

J'avais vu parmi nous l'esprit de religion et l'esprit de liberté marcher presque toujours en sens contraire. Ici, je les retrouvais intimement unis l'un à l'autre : ils régnaient ensemble sur le même sol.

Chaque jour je sentais croître mon désir de connaître la cause de ce phénomène.

Pour l'apprendre, j'interrogeai les fidèles de toutes les

communions; je recherchai surtout la société des prêtres, qui conservent le dépôt des différentes croyances et qui ont un intérêt personnel à leur durée. La religion que je professe me rapprochait particulièrement du clergé catholique, et je ne tardai point à lier une sorte d'intimité avec plusieurs de ses membres. A chacun d'eux j'exprimai mon étonnement et j'exposai mes doutes : je trouvai que tous ces hommes ne différaient entre eux que sur des détails; mais tous attribuaient principalement à la complète séparation de l'Eglise et de l'Etat l'empire paisible que la religion exerce en leur pays. Je ne crains pas d'affirmer que, pendant mon séjour en Amérique, je n'ai pas rencontré un seul homme, prêtre ou laïque, qui ne soit tombé d'accord sur ce point.

Ceci me conduisit à examiner plus attentivement que je ne l'avais fait jusqu'alors la position que les prêtres américains occupent dans la société politique. Je reconnus avec surprise qu'ils ne remplissent aucun emploi public [4]. Je n'en vis pas un seul dans l'administration, et je découvris qu'ils n'étaient pas même représentés au sein des assemblées.

La loi, dans plusieurs Etats, leur avait fermé la carrière politique [5]; l'opinion dans tous les autres.

Lorsque enfin je vins à rechercher quel était l'esprit du clergé lui-même, j'aperçus que la plupart de ses membres semblaient s'éloigner volontairement du pouvoir, et mettre une sorte d'orgueil de profession à y rester étrangers.

Je les entendis frapper d'anathème l'ambition et la mauvaise foi, quelles que fussent les opinions politiques

---

4. A moins que l'on donne ce nom aux fonctions que beaucoup d'entre eux occupent dans les écoles. La plus grande partie de l'éducation est confiée au clergé.

5. Voyez la constitution de New York, art. 7, § 4.
Id. de la Caroline du Nord, art. 31.
Id. de la Virginie.
Id. de la Caroline du Sud, art. 1, § 23.
Id. du Kentucky, art. 2, § 26.
Id. du Tennessee, art. 8, § 1.
Id. de la Lousiane, art. 2, § 22.
L'article de la constitution de New York est ainsi conçu :
« Les ministres de l'Evangile étant par leur profession consacrés au service de Dieu, et livrés au soin de diriger les âmes, ne doivent point être troublés dans l'exercice de ces importants devoirs; en conséquence, aucun ministre de l'Evangile ou prêtre, à quelque secte qu'il appartienne, ne pourra être revêtu d'aucunes fonctions publiques, civiles ou militaires. »

dont elles prennent soin de se couvrir. Mais j'appris, en les écoutant, que les hommes ne peuvent être condamnables aux yeux de Dieu à cause de ces mêmes opinions, lorsqu'elles sont sincères, et qu'il n'y a pas plus de péché à errer en matière de gouvernement, qu'à se tromper sur la manière dont il faut bâtir sa demeure ou tracer son sillon.

Je les vis se séparer avec soin de tous les partis, et en fuir le contact avec toute l'ardeur de l'intérêt personnel.

Ces faits achevèrent de me prouver qu'on m'avait dit vrai. Alors je voulus remonter des fait aux causes : je me demandai comment il pouvait arriver qu'en diminuant la force apparente d'une religion, on vint à augmenter sa puissance réelle, et je crus qu'il n'était pas impossible de le découvrir.

Jamais le court espace de soixante années ne renfermera toute l'imagination de l'homme; les joies incomplètes de ce monde ne suffiront jamais à son cœur. Seul entre tous les êtres, l'homme montre un dégoût naturel pour l'existence et un désir immense d'exister : il méprise la vie et craint le néant. Ces différents instincts poussent sans cesse son âme vers la contemplation d'un autre monde, et c'est la religion qui l'y conduit. La religion n'est donc qu'une forme particulière de l'espérance, et elle est aussi naturelle au cœur humain que l'espérance elle-même. C'est par une espèce d'aberration de l'intelligence, et à l'aide d'une sorte de violence morale exercée sur leur propre nature, que les hommes s'éloignent des croyances religieuses; une pente invincible les y ramène. L'incrédulité est un accident; la foi seule est l'état permanent de l'humanité.

En ne considérant les religions que sous un point de vue purement humain, on peut donc dire que toutes les religions puisent dans l'homme lui-même un élément de force qui ne saurait jamais leur manquer, parce qu'il tient à l'un des principes constitutifs de la nature humaine.

Je sais qu'il y a des temps où la religion peut ajouter à cette influence qui lui est propre la puissance artificielle des lois et l'appui des pouvoirs matériels qui dirigent la société. On a vu des religions intimement unies aux gouvernements de la terre, dominer en même temps les âmes par la terreur et par la foi; mais lorsqu'une religion contracte une semblable alliance, je ne crains pas de le dire, elle agit comme pourrait le faire un homme : elle sacrifie l'avenir en vue du présent, et en obtenant une puissance qui ne lui est point due, elle expose son légitime pouvoir.

Lorsqu'une religion ne cherche à fonder son empire que sur le désir d'immortalité qui tourmente également le cœur de tous les hommes, elle peut viser à l'universalité; mais quand elle vient à s'unir à un gouvernement, il lui faut adopter des maximes qui ne sont applicables qu'à certains peuples. Ainsi donc, en s'alliant à un pouvoir politique, la religion augmente sa puissance sur quelques-uns, et perd l'espérance de régner sur tous.

Tant qu'une religion ne s'appuie que sur des sentiments qui sont la consolation de toutes les misères, elle peut attirer à elle le cœur du genre humain. Mêlée aux passions amères de ce monde, on la contraint quelquefois à défendre des alliés que lui a donnés l'intérêt plutôt que l'amour; et il lui faut repousser comme adversaires des hommes qui souvent l'aiment encore, tout en combattant ceux auxquels elle s'est unie. La religion ne saurait donc partager la force matérielle des gouvernants, sans se charger d'une partie des haines qu'ils font naître.

Les puissances politiques qui paraissent le mieux établies n'ont pour garantie de leur durée que les opinions d'une génération, les intérêts d'un siècle, souvent la vie d'un homme. Une loi peut modifier l'état social qui semble le plus définitif et le mieux affermi, et avec lui tout change.

Les pouvoirs de la société sont tous plus ou moins fugitifs, ainsi que nos années sur la terre; ils se succèdent avec rapidité comme les divers soins de la vie; et l'on n'a jamais vu de gouvernement qui se soit appuyé sur une disposition invariable du cœur humain, ni qui ait pu se fonder sur un intérêt immortel.

Aussi longtemps qu'une religion trouve sa force dans des sentiments, des instincts, des passions qu'on voit se reproduire de la même manière à toutes les époques de l'histoire, elle brave l'effort du temps, ou du moins elle ne saurait être détruite que par une autre religion. Mais quand la religion veut s'appuyer sur les intérêts de ce monde, elle devient presque aussi fragile que toutes les puissances de la terre. Seule, elle peut espérer l'immortalité; liée à des pouvoirs éphémères, elle suit leur fortune, et tombe souvent avec les passions d'un jour qui les soutiennent.

En s'unissant aux différentes puissances politiques, la religion ne saurait donc contracter qu'une alliance onéreuse. Elle n'a pas besoin de leur secours pour vivre, et en les servant elle peut mourir.

Le danger que je viens de signaler existe dans tous les temps, mais il n'est pas toujours aussi visible.

Il est des siècles où les gouvernements paraissent immortels, et d'autres où l'on dirait que l'existence de la société est plus fragile que celle d'un homme.

Certaines constitutions maintiennent les citoyens dans une sorte de sommeil léthargique, et d'autres les livrent à une agitation fébrile.

Quand les gouvernements semblent si forts et les lois si stables, les hommes n'aperçoivent point le danger que peut courir la religion en s'unissant au pouvoir.

Quand les gouvernements se montrent si faibles et les lois si changeantes, le péril frappe tous les regards, mais souvent alors il n'est plus temps de s'y soustraire. Il faut donc apprendre à l'apercevoir de loin.

A mesure qu'une nation prend un état social démocratique, et qu'on voit les sociétés pencher vers la république, il devient de plus en plus dangereux d'unir la religion à l'autorité; car les temps approchent où la puissance va passer de main en main, où les théories politiques se succéderont, où les hommes, les lois, les constitutions elles-mêmes disparaîtront ou se modifieront chaque jour, et cela non durant un temps, mais sans cesse. L'agitation et l'instabilité tiennent à la nature des républiques démocratiques, comme l'immobilité et le sommeil forment la loi des monarchies absolues.

Si les Américains, qui changent le chef de l'Etat tous les quatre ans, qui tous les deux ans font choix de nouveaux législateurs, et remplacent les administrateurs provinciaux chaque année; si les Américains, qui ont livré le monde politique aux essais des novateurs, n'avaient point placé leur religion quelque part en dehors de lui, à quoi pourrait-elle se tenir dans le flux et reflux des opinions humaines ? Au milieu de la lutte des partis, où serait le respect qui lui est dû ? Que deviendrait son immortalité quand tout périrait autour d'elle ?

Les prêtres américains ont aperçu cette vérité avant tous les autres, et ils y conforment leur conduite. Ils ont vu qu'il fallait renoncer à l'influence religieuse, s'ils voulaient acquérir une puissance politique, et ils ont préféré perdre l'appui du pouvoir que partager ses vicissitudes.

En Amérique, la religion est peut-être moins puissante

qu'elle ne l'a été dans certains temps et chez certains peuples, mais son influence est plus durable. Elle s'est réduite à ses propres forces, que nul ne saurait lui enlever; elle n'agit que dans un cercle unique, mais elle le parcourt tout entier et y domine sans efforts.

J'entends en Europe des voix qui s'élèvent de toutes parts; on déplore l'absence des croyances, et l'on se demande quel est le moyen de rendre à la religion quelque reste de son ancien pouvoir.

Il me semble qu'il faut d'abord rechercher attentivement quel devrait être, de nos jours, l'*état naturel* des hommes en matière de religion. Connaissant alors ce que nous pouvons espérer et avons à craindre, nous apercevrions clairement le but vers lequel doivent tendre nos efforts.

Deux grands dangers menacent l'existence des religions : les schismes et l'indifférence.

Dans les siècles de ferveur, il arrive quelquefois aux hommes d'abandonner leur religion, mais ils n'échappent à son joug que pour se soumettre à celui d'une autre. La foi change d'objet, elle ne meurt point. L'ancienne religion excite alors dans tous les cœurs d'ardents amours ou d'implacables haines; les uns la quittent avec colère, les autres s'y attachent avec une nouvelle ardeur : les croyances diffèrent, l'irréligion est inconnue.

Mais il n'en est point de même lorsqu'une croyance religieuse est sourdement minée par des doctrines que j'appellerai négatives, puisqu'en affirmant la fausseté d'une religion elles n'établissent la vérité d'aucune autre.

Alors il s'opère de prodigieuses révolutions dans l'esprit humain, sans que l'homme ait l'air d'y aider par ses passions, et pour ainsi dire sans qu'il s'en doute. On voit des hommes qui laissent échapper, comme par oubli, l'objet de leurs plus chères espérances. Entraînés par un courant insensible contre lequel ils n'ont pas le courage de lutter, et auquel pourtant ils cèdent à regret, ils abandonnent la foi qu'ils aiment pour suivre le doute qui les conduit au désespoir.

Dans les siècles que nous venons de décrire, on délaisse ses croyances par froideur plutôt que par haine; on ne les rejette point, elles vous quittent. En cessant de croire la religion vraie, l'incrédule continue à la juger utile. Considérant les croyances religieuses sous un aspect humain, il reconnaît leur empire sur les mœurs, leur influence sur les lois. Il comprend comment elles peuvent faire vivre les hommes en paix et les préparer doucement à la mort. Il regrette donc la foi après l'avoir perdue, et privé d'un bien dont il sait tout le prix, il craint de l'enlever à ceux qui le possèdent encore.

De son côté, celui qui continue à croire ne craint point d'exposer sa foi à tous les regards. Dans ceux qui ne partagent point ses espérances, il voit des malheureux plutôt que des adversaires; il sait qu'il peut conquérir leur estime sans suivre leur exemple; il n'est donc en guerre avec personne; et ne considérant point la société dans laquelle il vit comme une arène où la religion doit lutter sans cesse contre mille ennemis acharnés, il aime ses contemporains en même temps qu'il condamne leurs faiblesses et s'afflige de leurs erreurs.

Ceux qui ne croient pas, cachant leur incrédulité, et ceux qui croient, montrant leur foi, il se fait une opinion publique en faveur de la religion; on l'aime, on la soutient, on l'honore, et il faut pénétrer jusqu'au fond des âmes pour découvrir les blessures qu'elle a reçues.

La masse des hommes, que le sentiment religieux n'abandonne jamais, ne voit rien alors qui l'écarte des croyances établies. L'instinct d'une autre vie la conduit sans peine au pied des autels et livre son cœur aux préceptes et aux consolations de la foi.

Pourquoi ce tableau ne nous est-il pas applicable?

J'aperçois parmi nous des hommes qui ont cessé de croire au christianisme sans s'attacher à aucune religion.

J'en vois d'autres qui sont arrêtés dans le doute, et feignent déjà de ne plus croire.

Plus loin, je rencontre des chrétiens qui croient encore et n'osent le dire.

Au milieu de ces tièdes amis et de ces ardents adversaires, je découvre enfin un petit nombre de fidèles prêts à braver tous les obstacles et à mépriser tous les dangers pour leurs croyances. Ceux-là ont fait violence à la faiblesse humaine pour s'élever au-dessus de la commune opinion. Entraînés par cet effort même, ils ne savent plus précisément où ils doivent s'arrêter. Comme ils ont vu que, dans leur patrie, le premier usage que l'homme a fait de l'indépendance a été d'attaquer la religion, ils redoutent leurs contemporains et s'écartent avec terreur de la liberté que ceux-ci poursuivent. L'incrédulité leur paraissant une chose nouvelle, ils enveloppent dans une même haine tout ce qui est nouveau. Ils sont donc en guerre avec leur siècle et leur pays, et dans chacune des opinions qu'on y professe ils voient une ennemie nécessaire de la foi.

Tel ne devrait pas être de nos jours l'état naturel des hommes en matière de religion.

Il se rencontre donc parmi nous une cause accidentelle et particulière qui empêche l'esprit humain de suivre sa pente, et le pousse au-delà des limites dans lesquelles il doit naturellement s'arrêter.

Je suis profondément convaincu que cette pause particulière et accidentelle est l'union intime de la politique et de la religion.

Les incrédules d'Europe poursuivent les chrétiens comme des ennemis politiques, plutôt que comme des adversaires religieux : ils haïssent la foi comme l'opinion d'un parti, bien plus que comme une croyance erronée; et c'est moins le représentant de Dieu qu'ils repoussent dans le prêtre, que l'ami du pouvoir.

En Europe, le christianisme a permis qu'on l'unît intimement aux puissances de la terre. Aujourd'hui ces puissances tombent, et il est comme enseveli sous leurs débris. C'est un vivant qu'on a voulu attacher à des morts : coupez les liens qui le retiennent, et il se relève.

J'ignore ce qu'il faudrait faire pour rendre au christianisme d'Europe l'énergie de la jeunesse. Dieu seul le pourrait; mais du moins il dépend des hommes de laisser à la foi l'usage de toutes les forces qu'elle conserve encore.

COMMENT LES LUMIÈRES, LES HABITUDES ET L'EXPÉRIENCE PRATIQUE DES AMÉRICAINS CONTRIBUENT AU SUCCÈS DES INSTITUTIONS DÉMOCRATIQUES

Ce qu'on doit entendre par les lumières du peuple américain. — L'esprit humain a reçu aux Etats-Unis une culture moins profonde qu'en Europe. — Mais personne n'est resté dans l'ignorance. — Pourquoi. — Rapidité avec laquelle la pensée circule dans les Etats à moitié déserts de l'Ouest. — Comment l'expérience pratique sert plus encore aux Américains que les connaissances littéraires.

Dans mille endroits de cet ouvrage, j'ai fait remarquer aux lecteurs quelle était l'influence exercée par les lumières et les habitudes des Américains sur le maintien de leurs institutions politiques. Il me reste donc maintenant peu de choses nouvelles à dire.

L'Amérique n'a eu jusqu'à présent qu'un très petit nombre d'écrivains remarquables; elle n'a pas de grands historiens et ne compte pas un poète. Ses habitants voient la littérature proprement dite avec une sorte de défaveur; et il y a telle ville du troisième ordre en Europe qui publie chaque année plus d'œuvres littéraires que les vingt-quatre Etats de l'Union pris ensemble.

L'esprit américain s'écarte des idées générales; il ne se dirige point vers les découvertes théoriques. La politique elle-même et l'industrie ne sauraient l'y porter. Aux Etats-Unis, on fait sans cesse des lois nouvelles; mais il ne s'est point encore trouvé de grands écrivains pour y rechercher les principes généraux des lois.

Les Américains ont des jurisconsultes et des commentateurs, les publicistes leur manquent; et en politique ils donnent au monde des exemples plutôt que des leçons.

Il en est de même pour les arts mécaniques.

En Amérique, on applique avec sagacité les inventions de l'Europe, et après les avoir perfectionnées, on les adapte merveilleusement aux besoins du pays. Les hommes y sont industrieux, mais ils n'y cultivent pas la science de l'industrie. On y trouve de bons ouvriers et peu d'inventeurs. Fulton colporta longtemps son génie chez les peuples étrangers avant de pouvoir le consacrer à son pays.

Celui qui veut juger quel est l'état des lumières parmi les Anglo-Américains est donc exposé à voir le même objet sous deux différents aspects. S'il ne fait attention qu'aux savants, il s'étonnera de leur petit nombre; et s'il compte les ignorants, le peuple américain lui semblera le plus éclairé de la terre.

La population tout entière se trouve placée entre ces deux extrêmes; je l'ai déjà dit ailleurs.

Dans la Nouvelle-Angleterre, chaque citoyen reçoit les notions élémentaires des connaissances humaines; il apprend en outre quelles sont les doctrines et les preuves de sa religion : on lui fait connaître l'histoire de sa patrie et les traits principaux de la constitution qui la régit. Dans le Connecticut et le Massachusetts, il est fort rare de trouver un homme qui ne sache qu'imparfaitement toutes ces choses, et celui qui les ignore absolument est en quelque sorte un phénomène.

Quand je compare les républiques grecques et romaines

à ces républiques d'Amérique, les bibliothèques manus-
crites des premières et leur populace grossière, aux mille
journaux qui sillonnent les secondes et au peuple éclairé
qui les habite; lorsque ensuite je songe à tous les efforts
qu'on fait encore pour juger de l'un à l'aide des autres et
prévoir, par ce qui est arrivé il y a deux mille ans, ce qui
arrivera de nos jours, je suis tenté de brûler mes livres,
afin de n'appliquer que des idées nouvelles à un état
social si nouveau.

Il ne faut pas, du reste, étendre indistinctement à
toute l'Union ce que je dis de la Nouvelle-Angleterre.
Plus on s'avance à l'ouest ou vers le midi, plus l'instruction du peuple diminue. Dans les Etats qui avoisinent le
golfe du Mexique, il se trouve, ainsi que parmi nous, un
certain nombre d'individus qui sont étrangers aux éléments des connaissances humaines; mais on chercherait
vainement, aux Etats-Unis, un seul canton qui fût plongé
dans l'ignorance. La raison en est simple : les peuples de
l'Europe sont partis des ténèbres et de la barbarie pour
s'avancer vers la civilisation et vers les lumières. Leurs
progrès ont été inégaux : les uns ont couru dans cette
carrière, les autres n'ont fait en quelque sorte qu'y marcher; plusieurs se sont arrêtés, et ils dorment encore sur
le chemin.

Il n'en a point été de même aux Etats-Unis.

Les Anglo-Américains sont arrivés tout civilisés sur le
sol que leur postérité occupe; ils n'ont point eu à
apprendre, il leur a suffi de ne pas oublier. Or, ce sont les
fils de ces mêmes Américains qui, chaque année, transportent dans le désert, avec leur demeure, les connaissances déjà acquises et l'estime du savoir. L'éducation
leur a fait sentir l'utilité des lumières, et les a mis en
état de transmettre ces mêmes lumières à leurs descendants. Aux Etats-Unis, la société n'a donc point d'enfance; elle naît à l'âge viril.

Les Américains ne font aucun usage du mot de pay-
san; ils n'emploient pas le mot, parce qu'ils n'ont pas
l'idée; l'ignorance des premiers âges, la simplicité des
champs, la rusticité du village, ne se sont point conservées
parmi eux, et ils ne conçoivent ni les vertus, ni les vices,
ni les habitudes grossières, ni les grâces naïves d'une
civilisation naissante.

Aux extrêmes limites des Etats confédérés, sur les
confins de la société et du désert, se tient une population
de hardis aventuriers qui, pour fuir la pauvreté prête à

les atteindre sous le toit paternel, n'ont pas craint de s'enfoncer dans les solitudes de l'Amérique et d'y chercher une nouvelle patrie. A peine arrivé sur le lieu qui doit lui servir d'asile, le pionnier abat quelques arbres à la hâte et élève une cabane sous la feuillée. Il n'y a rien qui offre un aspect plus misérable que ces demeures isolées. Le voyageur qui s'en approche vers le soir aperçoit de loin reluire, à travers les murs, la flamme du foyer; et la nuit, si le vent vient à s'élever, il entend le toit de feuillage s'agiter avec bruit au milieu des arbres de la forêt. Qui ne croirait que cette pauvre chaumière sert d'asile à la grossièreté et à l'ignorance? Il ne faut pourtant établir aucuns rapports entre le pionnier et le lieu qui lui sert d'asile. Tout est primitif et sauvage autour de lui, mais lui est pour ainsi dire le résultat de dix-huit siècles de travaux et d'expérience. Il porte le vêtement des villes, en parle la langue; sait le passé, est curieux de l'avenir, argumente sur le présent; c'est un homme très civilisé, qui, pour un temps, se soumet à vivre au milieu des bois, et qui s'enfonce dans les déserts du nouveau monde avec la Bible, une hache et des journaux.

Il est difficile de se figurer avec quelle incroyable rapidité la pensée circule dans le sein de ces déserts [6].

Je ne crois point qu'il se fasse un aussi grand mouvement intellectuel dans les cantons de France les plus éclairés et les plus peuplés [7].

On ne saurait douter qu'aux Etats-Unis l'instruction

6. J'ai parcouru une partie des frontières des Etats-Unis sur une espèce de charrette découverte qu'on appelait la malle. Nous marchions grand train nuit et jour par des chemins à peine frayés au milieu d'immenses forêts d'arbres verts; lorsque l'obscurité devenait impénétrable, mon conducteur allumait des branches de mélèze, et nous continuions notre route à leur clarté. De loin en loin on rencontrait une chaumière au milieu des bois : c'était l'hôtel de la poste. Le courrier jetait à la porte de cette demeure isolée un énorme paquet de lettres, et nous reprenions notre course au galop, laissant à chaque habitant du voisinage le soin de venir chercher sa part du trésor.

7. En 1832, chaque habitant du Michigan a fourni 1,22 F à la taxe des lettres, et chaque habitant des Florides 1,5 F (Voyez *National Calendar*, 1833, p. 244.) Dans la même année, chaque habitant du département du Nord a payé à l'Etat, pour le même objet, 1,4 F (Voyez *Compte général de l'administration des finances*, 1833, p. 623.) Or, le Michigan ne comptait encore à cette époque que sept habitants par lieue carrée, et la Floride, cinq : l'instruction était moins répandue et l'activité moins grande dans ces deux districts que dans la plupart des Etats de l'Union, tandis que le département du Nord, qui renferme 3 400 individus par lieue carrée, forme une des portions les plus éclairées et les plus industrielles de la France.

du peuple ne serve puissamment au maintien de la république démocratique. Il en sera ainsi, je pense, partout où l'on ne séparera point l'instruction qui éclaire l'esprit, de l'éducation qui règle les mœurs.

Toutefois, je ne m'exagère point cet avantage, et je suis plus loin encore de croire, ainsi qu'un grand nombre de gens en Europe, qu'il suffise d'apprendre aux hommes à lire et à écrire pour en faire aussitôt des citoyens.

Les véritables lumières naissent principalement de l'expérience, et si l'on n'avait pas habitué peu à peu les Américains à se gouverner eux-mêmes, les connaissances littéraires qu'ils possèdent ne leur seraient point aujourd'hui d'un grand secours pour y réussir.

J'ai beaucoup vécu avec le peuple aux Etats-Unis, et je ne saurais dire combien j'ai admiré son expérience et son bon sens.

N'amenez pas l'Américain à parler de l'Europe; il montrera d'ordinaire une grande présomption et un assez sot orgueil. Il se contentera de ces idées générales et indéfinies qui, dans tous les pays, sont d'un si grand secours aux ignorants. Mais interrogez-le sur son pays, et vous verrez se dissiper tout à coup le nuage qui enveloppait son intelligence : son langage deviendra clair, net et précis, comme sa pensée. Il vous apprendra quels sont ses droits et de quels moyens il doit se servir pour les exercer; il saura suivant quels usages se mène le monde politique. Vous apercevrez que les règles de l'administration lui sont connues et qu'il s'est rendu familier le mécanisme des lois. L'habitant des Etats-Unis n'a pas puisé dans les livres ces connaissances pratiques et ces notions positives : son éducation littéraire a pu le préparer à les recevoir, mais ne les lui a point fournies.

C'est en participant à la législation que l'Américain apprend à connaître les lois; c'est en gouvernant qu'il s'instruit des formes du gouvernement. Le grand œuvre de la société s'accomplit chaque jour sous ses yeux, et pour ainsi dire dans ses mains.

Aux Etats-Unis, l'ensemble de l'éducation des hommes est dirigé vers la politique; en Europe, son but principal est de préparer à la vie privée. L'action des citoyens dans les affaires est un fait trop rare pour être prévu d'avance.

Dès qu'on jette les regards sur les deux sociétés, ces différences se révèlent jusque dans leur aspect extérieur.

En Europe, nous faisons souvent entrer les idées et les habitudes de l'existence privée dans la vie publique, et

comme il nous arrive de passer tout à coup de l'intérieur
de la famille au gouvernement de l'Etat, on nous voit
souvent discuter les grands intérêts de la société de la
même manière que nous conversons avec nos amis.

Ce sont, au contraire, les habitudes de la vie publique
que les Américains transportent presque toujours dans la
vie privée. Chez eux, l'idée du jury se découvre parmi les
jeux de l'école, et l'on retrouve les formes parlementaires
jusque dans l'ordre d'un banquet.

QUE LES LOIS SERVENT PLUS
AU MAINTIEN DE LA RÉPUBLIQUE DÉMOCRATIQUE
AUX ÉTATS-UNIS QUE LES CAUSES
PHYSIQUES, ET LES MŒURS PLUS QUE LES LOIS

*Tous les peuples de l'Amérique ont un état social démocra-
tique. — Cependant les institutions démocratiques ne se
soutiennent que chez les Anglo-Américains. — Les Espagnols de l'Amérique du Sud, aussi favorisés par la nature
physique que les Anglo-Américains, ne peuvent supporter
la république démocratique. — Le Mexique, qui a adopté
la constitution des Etats-Unis, ne le peut. — Les Anglo-
Américains de l'Ouest la supportent avec plus de peine
que ceux de l'Est. — Raisons de ces différences.*

J'ai dit qu'il fallait attribuer le maintien des institutions démocratiques des Etats-Unis aux circonstances,
aux lois et aux mœurs [8].

La plupart des Européens ne connaissent que la première de ces trois causes, et ils lui donnent une importance prépondérante qu'elle n'a pas.

Il est vrai que les Anglo-Américains ont apporté dans
le nouveau monde l'égalité des conditions. Jamais on ne
rencontra parmi eux ni roturiers ni nobles; les préjugés
de naissance y ont toujours été aussi inconnus que les
préjugés de profession. L'état social se trouvant ainsi
démocratique, la démocratie n'eut pas de peine à établir
son empire.

Mais ce fait n'est point particulier aux Etats-Unis;
presque toutes les colonies d'Amérique ont été fondées

---

8. Je rappelle ici au lecteur le sens général dans lequel je prends le
mot *mœurs;* j'entends par ce mot l'ensemble des dispositions intellectuelles et morales que les hommes apportent dans l'état de société.

par des hommes égaux entre eux ou qui le sont devenus en les habitant. Il n'y a pas une seule partie du nouveau monde où les Européens aient pu créer une aristocratie.

Cependant les institutions démocratiques ne prospèrent qu'aux Etats-Unis.

L'Union américaine n'a point d'ennemis à combattre. Elle est seule au milieu des déserts comme une île au sein de l'Océan.

Mais la nature avait isolé de la même manière les Espagnols de l'Amérique du Sud, et cet isolement ne les a pas empêchés d'entretenir des armées. Ils se sont fait la guerre entre eux quand les étrangers leur ont manqué. Il n'y a que la démocratie anglo-américaine qui, jusqu'à présent, ait pu se maintenir en paix.

Le territoire de l'Union présente un champ sans bornes à l'activité humaine ; il offre un aliment inépuisable à l'industrie et au travail. L'amour des richesses y prend donc la place de l'ambition, et le bien-être y éteint l'ardeur des partis.

Mais dans quelle portion du monde rencontre-t-on des déserts plus fertiles, de plus grands fleuves, des richesses plus intactes et plus inépuisables que dans l'Amérique du Sud ? Cependant l'Amérique du Sud ne peut supporter la démocratie. S'il suffisait aux peuples pour être heureux d'avoir été placés dans un coin de l'univers et de pouvoir s'étendre à volonté sur des terres inhabitées, les Espagnols de l'Amérique méridionale n'auraient pas à se plaindre de leur sort. Et quand ils ne jouiraient point du même bonheur que les habitants des Etats-Unis, ils devraient du moins se faire envier des peuples de l'Europe. Il n'y a cependant pas sur la terre de nations plus misérables que celles de l'Amérique du Sud.

Ainsi, non seulement les causes physiques ne peuvent amener des résultats analogues chez les Américains du Sud et ceux du Nord, mais elles ne sauraient même produire chez les premiers quelque chose qui ne fût pas inférieur à ce qu'on voit en Europe, où elles agissent en sens contraire.

Les causes physiques n'influent donc pas autant qu'on le suppose sur la destinée des nations.

J'ai rencontré des hommes de la Nouvelle-Angleterre prêts à abandonner une patrie où ils auraient pu trouver l'aisance, pour aller chercher fortune au désert. Près de là, j'ai vu la population française du Canada se presser dans un espace trop étroit pour elle, lorsque le même désert était proche; et tandis que l'émigrant des Etats-Unis acquérait avec le prix de quelques journées de travail un grand domaine, le Canadien payait la terre aussi cher que s'il eût encore habité la France.

Ainsi la nature, en livrant aux Européens les solitudes du nouveau monde, leur offre des biens dont ils ne savent pas toujours se servir.

J'aperçois chez d'autres peuples de l'Amérique les mêmes conditions de prospérité que chez les Anglo-Américains, moins leurs lois et leurs mœurs; et ces peuples sont misérables. Les lois et les mœurs des Anglo-Américains forment donc la raison spéciale de leur grandeur et la cause prédominante que je cherche.

Je suis loin de prétendre qu'il y ait une bonté absolue dans les lois américaines : je ne crois point qu'elles soient applicables à tous les peuples démocratiques; et, parmi elles, il en est plusieurs qui, aux Etats-Unis mêmes, me semblent dangereuses.

Cependant, on ne saurait nier que la législation des Américains, prise dans son ensemble, ne soit bien adaptée au génie du peuple qu'elle doit régir et à la nature du pays.

Les lois américaines sont donc bonnes, et il faut leur attribuer une grande part dans le succès qu'obtient en Amérique le gouvernement de la démocratie; mais je ne pense pas qu'elles en soient la cause principale. Et si elles me paraissent avoir plus d'influence sur le bonheur social des Américains que la nature même du pays, d'un autre côté j'aperçois des raisons de croire qu'elles en exercent moins que les mœurs.

Les lois fédérales forment assurément la portion la plus importante de la législation des Etats-Unis.

Le Mexique, qui est aussi heureusement situé que l'Union anglo-américaine, s'est approprié ces mêmes lois, et il ne peut s'habituer au gouvernement de la démocratie.

Il y a donc une raison indépendante des causes physiques et des lois, qui fait que la démocratie peut gouverner les Etats-Unis.

Mais voici qui prouve plus encore. Presque tous les hommes qui habitent le territoire de l'Union sont issus du même sang. Ils parlent la même langue, prient Dieu de la même manière, sont soumis aux mêmes causes matérielles, obéissent aux mêmes lois.

D'où naissent donc les différences qu'il faut observer entre eux ?

Pourquoi, à l'est de l'Union, le gouvernement républicain se montre-t-il fort et régulier, et procède-t-il
avec maturité et lenteur ? Quelle cause imprime à tous
ses actes un caractère de sagesse et de durée ?

D'où vient, au contraire, qu'à l'ouest les pouvoirs de la
société semblent marcher au hasard ?

Pourquoi y règne-t-il dans le mouvement des affaires
quelque chose de désordonné, de passionné, on pourrait
presque dire de fébrile, qui n'annonce point un long
avenir ?

Je ne compare plus les Anglo-Américains à des peuples
étrangers ; j'oppose maintenant les Anglo-Américains le
uns uns aux autres, et je cherche pourquoi ils ne se
ressemblent pas. Ici, tous les arguments tirés de la
nature du pays et de la différence des lois me manquent
en même temps. Il faut recourir à quelque autre cause ;
et cette cause, où la découvrirai-je, sinon dans les mœurs ?

C'est à l'est que les Anglo-Américains ont contracté
le plus long usage du gouvernement de la démocratie,
et qu'ils ont formé les habitudes et conçu les idées les plus
favorables à son maintien. La démocratie y a peu à peu
pénétré dans les usages, dans les opinions, dans les
formes ; on la retrouve dans tout le détail de la vie sociale
comme dans les lois. C'est à l'est que l'instruction littéraire et l'éducation pratique du peuple ont été le plus
perfectionnées et que la religion s'est le mieux entremêlée
à la liberté. Qu'est-ce que toutes ces habitudes, ces opinions, ces usages, ces croyances, sinon ce que j'ai appelé
des mœurs ?

A l'ouest, au contraire, une partie des mêmes avantages manque encore. Beaucoup d'Américains des Etats
de l'Ouest sont nés dans les bois, et ils mêlent à la civilisation de leurs pères les idées et les coutumes de la vie
sauvage. Parmi eux, les passions sont plus violentes, la
morale religieuse moins puissante, les idées moins arrêtées. Les hommes n'y exercent aucun contrôle les uns
sur les autres, car ils se connaissent à peine. Les nations
de l'Ouest montrent donc, jusqu'à un certain point,
l'inexpérience et les habitudes déréglées des peuples
naissants. Cependant les sociétés, dans l'Ouest, sont
formées d'éléments anciens ; mais l'assemblage est nouveau.

Ce sont donc particulièrement les mœurs qui rendent
les Américains des Etats-Unis, seuls entre tous les Américains, capables de supporter l'empire de la démocratie ;

et ce sont elles encore qui font que les diverses démocraties anglo-américaines sont plus ou moins réglées et prospères.

Ainsi, l'on s'exagère en Europe l'influence qu'exerce la position géographique du pays sur la durée des institutions démocratiques. On attribue trop d'importance aux lois, trop peu aux mœurs. Ces trois grandes causes servent sans doute à régler et à diriger la démocratie américaine ; mais s'il fallait les classer, je dirais que les causes physiques y contribuent moins que les lois, et les lois moins que les mœurs.

Je suis convaincu que la situation la plus heureuse et les meilleures lois ne peuvent maintenir une constitution en dépit des mœurs, tandis que celles-ci tirent encore parti des positions les plus défavorables et des plus mauvaises lois. L'importance des mœurs est une vérité commune à laquelle l'étude et l'expérience ramènent sans cesse. Il me semble que je la trouve placée dans mon esprit comme un point central ; je l'aperçois au bout de toutes mes idées.

Je n'ai plus qu'un mot à dire sur ce sujet.

Si je ne suis point parvenu à faire sentir au lecteur dans le cours de cet ouvrage l'importance que j'attribuais à l'expérience pratique des Américains, à leurs habitudes, à leurs opinions, en un mot à leurs mœurs, dans le maintien de leurs lois, j'ai manqué le but principal que je me proposais en l'écrivant.

LES LOIS ET LES MŒURS SUFFIRAIENT-ELLES POUR MAINTENIR LES INSTITUTIONS DÉMOCRATIQUES AUTRE PART QU'EN AMÉRIQUE ?

Les Anglo-Américains, transportés en Europe, seraient obligés d'y modifier leurs lois. — Il faut distinguer entre les institutions démocratiques et les institutions américaines. — On peut concevoir des lois démocratiques meilleures ou du moins différentes de celles que s'est données la démocratie américaine. — L'exemple de l'Amérique prouve seulement qu'il ne faut pas désespérer, à l'aide des lois et des mœurs, de régler la démocratie.

J'ai dit que le succès des institutions démocratiques aux Etats-Unis tenait aux lois elles-mêmes et aux mœurs plus qu'à la nature du pays.

Mais s'ensuit-il que ces mêmes causes transportées ailleurs eussent seules la même puissance, et si le pays ne peut pas tenir lieu des lois et des mœurs, les lois et les mœurs, à leur tour, peuvent-elles tenir lieu du pays ?

Ici l'on concevra sans peine que les éléments de preuves nous manquent : on rencontre dans le nouveau monde d'autres peuples que les Anglo-Américains, et ces peuples étant soumis aux mêmes causes matérielles que ceux-ci, j'ai pu les comparer entre eux.

Mais hors de l'Amérique il n'y a point de nations qui, privées des mêmes avantages physiques que les Anglo-Américains, aient cependant adopté leurs lois et leurs mœurs.

Ainsi nous n'avons point d'objet de comparaison en cette matière; on ne peut que hasarder des opinions.

Il me semble d'abord qu'il faut distinguer soigneusement les institutions des Etats-Unis d'avec les institutions démocratiques en général.

Quand je songe à l'état de l'Europe, à ses grands peuples, à ses populeuses cités, à ses formidables armées, aux complications de sa politique, je ne saurais croire que les Anglo-Américains eux-mêmes, transportés avec leurs idées, leur religion, leurs mœurs, sur notre sol, pussent y vivre sans modifier considérablement leurs lois.

Mais on peut supposer un peuple démocratique organisé d'une autre manière que le peuple américain.

Est-il donc impossible de concevoir un gouvernement fondé sur les volontés réelles de la majorité, mais où la majorité, faisant violence aux instincts d'égalité qui lui sont naturels, en faveur de l'ordre et de la stabilité de l'Etat, consentirait à revêtir de toutes les attributions du pouvoir exécutif une famille ou un homme ? Ne saurait-on imaginer une société démocratique où les forces nationales seraient plus centralisées qu'aux Etats-Unis, où le peuple exercerait un empire moins direct et moins irrésistible sur les affaires générales, et où cependant chaque citoyen, revêtu de certains droits, prendrait part, dans sa sphère, à la marche du gouvernement ?

Ce que j'ai vu chez les Anglo-Américains me porte à croire que les institutions démocratiques de cette nature, introduites prudemment dans la société, qui s'y mêleraient peu à peu aux habitudes, et s'y fondraient graduellement avec les opinions mêmes du peuple, pourraient subsister ailleurs qu'en Amérique.

Si les lois des Etats-Unis étaient les seules lois démocratiques qu'on doive imaginer, ou les plus parfaites qu'il soit possible de rencontrer, je conçois qu'on pût en conclure que le succès des lois des Etats-Unis ne prouve rien pour le succès des lois démocratiques en général, dans un pays moins favorisé de la nature.

Mais si les lois des Américains me paraissent défectueuses en beaucoup de points, et qu'il me soit aisé de les concevoir autres, la nature spéciale du pays ne me prouve point que les institutions démocratiques ne puissent réussir chez un peuple où, les circonstances physiques se trouvant moins favorables, les lois seraient meilleures.

Si les hommes se montraient différents en Amérique de ce qu'ils sont ailleurs; si leur état social faisait naître chez eux des habitudes et des opinions contraires à celles qui naissent en Europe de ce même état social, ce qui se passe dans les démocraties américaines n'apprendrait rien sur ce qui doit se passer dans les autres démocraties.

Si les Américains montraient les mêmes penchants que tous les autres peuples démocratiques, et que leurs législateurs s'en fussent rapportés à la nature du pays et à la faveur des circonstances pour contenir ces penchants dans de justes limites, la prospérité des Etats-Unis devant être attribuée à des causes purement physiques, ne prouverait rien en faveur des peuples qui voudraient suivre leurs exemples sans avoir leurs avantages naturels.

Mais ni l'une ni l'autre de ces suppositions ne se trouvent vérifiées par les faits.

J'ai rencontré en Amérique des passions analogues à celles que nous voyons en Europe : les unes tenaient à la nature même du cœur humain; les autres, à l'état démocratique de la société.

C'est ainsi que j'ai retrouvé aux Etats-Unis l'inquiétude du cœur, qui est naturelle aux hommes quand, toutes les conditions étant à peu près égales, chacun voit les mêmes chances de s'élever. J'y ai rencontré le sentiment démocratique de l'envie exprimé de mille manières différentes. J'ai remarqué que le peuple y montrait souvent, dans la conduite des affaires, un grand mélange de présomption et d'ignorance, et j'en ai conclu qu'en Amérique comme parmi nous, les hommes étaient sujets aux mêmes imperfections et exposés aux mêmes misères.

Mais quand je vins à examiner attentivement l'état de la société, je découvris sans peine que les Américains avaient fait de grands et heureux efforts pour combattre ces faiblesses du cœur humain et corriger ces défauts naturels de la démocratie.

Leurs diverses lois municipales me parurent comme autant de barrières qui retenaient dans une sphère étroite l'ambition inquiète des citoyens, et tournaient au profit de la commune les mêmes passions démocratiques qui eussent pu renverser l'Etat. Il me sembla que les législateurs américains étaient parvenus à opposer, non sans succès, l'idée des droits aux sentiments de l'envie; aux mouvements continuels du monde politique, l'immobilité de la morale religieuse; l'expérience du peuple, à son ignorance théorique, et son habitude des affaires, à la fougue de ses désirs.

Les Américains ne s'en sont donc pas rapportés à la nature du pays pour combattre les dangers qui naissent de leur constitution et de leurs lois politiques. A des maux qu'ils partagent avec tous les peuples démocratiques, ils ont appliqué des remèdes dont eux seuls, jusqu'à présent, se sont avisés; et quoiqu'ils fussent les premiers à en faire l'essai, ils ont réussi.

Les mœurs et les lois des Américains ne sont pas les seules qui puissent convenir aux peuples démocratiques; mais les Américains ont montré qu'il ne faut pas désespérer de régler la démocratie à l'aide des lois et des mœurs.

Si d'autres peuples, empruntant à l'Amérique cette idée générale et féconde, sans vouloir du reste imiter ses habitants dans l'application particulière qu'ils en ont faite, tentaient de se rendre propres à l'état social que la Providence impose aux hommes de nos jours, et cherchaient ainsi à échapper au despotisme ou à l'anarchie qui les menacent, quelles raisons avons-nous de croire qu'ils dussent échouer dans leurs efforts ?

L'organisation et l'établissement de la démocratie parmi les chrétiens est le grand problème politique de notre temps. Les Américains ne résolvent point sans doute ce problème, mais ils fournissent d'utiles enseignements à ceux qui veulent le résoudre.

IMPORTANCE DE CE QUI PRÉCÈDE PAR RAPPORT A L'EUROPE

On découvre aisément pourquoi je me suis livré aux recherches qui précèdent. La question que j'ai soulevée n'intéresse pas seulement les Etats-Unis, mais le monde entier; non pas une nation, mais tous les hommes.

Si les peuples dont l'état social est démocratique ne pouvaient rester libres que lorsqu'ils habitent des déserts, il faudrait désespérer du sort futur de l'espèce humaine; car les hommes marchent rapidement vers la démocratie, et les déserts se remplissent.

S'il était vrai que les lois et les mœurs fussent insuffisantes au maintien des institutions démocratiques, quel autre refuge resterait-il aux nations, sinon le despotisme d'un seul ?

Je sais que de nos jours il y a bien des gens honnêtes que cet avenir n'effraye guère, et qui, fatigués de la liberté, aimeraient à se reposer enfin loin de ses orages.

Mais ceux-là connaissent bien mal le port vers lequel ils se dirigent. Préoccupés de leurs souvenirs, ils jugent le pouvoir absolu par ce qu'il a été jadis, et non par ce qu'il pourrait être de nos jours.

Si le pouvoir absolu venait à s'établir de nouveau chez les peuples démocratiques de l'Europe, je ne doute pas qu'il n'y prît une forme nouvelle et qu'il ne s'y montrât sous des traits inconnus à nos pères.

Il fut un temps en Europe où la loi, ainsi que le consentement du peuple, avaient revêtu les rois d'un pouvoir presque sans bornes. Mais il ne leur arrivait presque jamais de s'en servir.

Je ne parlerai point des prérogatives de la noblesse, de l'autorité des cours souveraines, du droit des corporations, des privilèges de province, qui, tout en amortissant les coups de l'autorité, maintenaient dans la nation un esprit de résistance.

Indépendamment de ces institutions politiques, qui, souvent contraires à la liberté des particuliers, servaient cependant à entretenir l'amour de la liberté dans les âmes, et dont, sous ce rapport, l'utilité se conçoit sans peine, les opinions et les mœurs élevaient autour du pouvoir royal des barrières moins connues, mais non moins puissantes.

La religion, l'amour des sujets, la bonté du prince, l'honneur, l'esprit de famille, les préjugés de province, la coutume et l'opinion publique, bornaient le pouvoir des rois, et enfermaient dans un cercle invisible leur autorité.

Alors la constitution des peuples était despotique, et leurs mœurs libres. Les princes avaient le droit mais non la faculté ni le désir de tout faire.

Des barrières qui arrêtaient jadis la tyrannie, que nous reste-t-il aujourd'hui ?

La religion ayant perdu son empire sur les âmes, la borne la plus visible qui divisait le bien et le mal se trouve renversée; tout semble douteux et incertain dans le monde moral; les rois et les peuples y marchent au hasard, et nul ne saurait dire où sont les limites naturelles du despotisme et les bornes de la licence.

De longues révolutions ont pour jamais détruit le respect qui environnait les chefs de l'Etat. Déchargés du poids de l'estime publique, les princes peuvent désormais se livrer sans crainte à l'enivrement du pouvoir.

Quand les rois voient le cœur des peuples qui vient au-devant d'eux, ils sont cléments, parce qu'ils se sentent forts; et ils ménagent l'amour de leurs sujets, parce que l'amour des sujets est l'appui du trône. Il s'établit alors entre le prince et le peuple un échange de sentiments dont la douceur rappelle au sein de la société l'intérieur de la famille. Les sujets, tout en murmurant contre le souverain, s'affligent encore de lui déplaire, et le souverain frappe ses sujets d'une main légère, ainsi qu'un père châtie ses enfants.

Mais quand une fois le prestige de la royauté s'est évanoui au milieu du tumulte de révolutions; lorsque les rois, se succédant sur le trône, y ont tour à tour exposé au regard des peuples la faiblesse du *droit* et la dureté du *fait*, personne ne voit plus dans le souverain le père de l'Etat, et chacun y aperçoit un maître. S'il est faible, on le méprise; on le hait s'il est fort. Lui-même est plein de colère et de crainte; il se voit ainsi qu'un étranger dans son pays, et il traite ses sujets en vaincus.

Quand les provinces et les villes formaient autant de nations différentes au milieu de la patrie commune, chacune d'elles avait un esprit particulier qui s'opposait à l'esprit général de la servitude; mais aujourd'hui que toutes les parties du même empire, après avoir perdu leurs franchises, leurs usages, leurs préjugés et jusqu'à leurs souvenirs et leurs noms, se sont habituées à obéir aux mêmes lois, il n'est pas plus difficile de les opprimer toutes ensemble que d'opprimer séparément l'une d'elles.

Pendant que la noblesse jouissait de son pouvoir, et longtemps encore après qu'elle l'eut perdu, l'honneur aristocratique donnait une force extraordinaire aux résistances individuelles.

On voyait alors des hommes qui, malgré leur impuissance, entretenaient encore une haute idée de leur valeur individuelle, et osaient résister isolément à l'effort de la puissance publique.

Mais de nos jours, où toutes les classes achèvent de se confondre, où l'individu disparaît de plus en plus dans la foule et se perd aisément au milieu de l'obscurité commune; aujourd'hui que l'honneur monarchique ayant presque perdu son empire sans être remplacé par la vertu, rien ne soutient plus l'homme au-dessus de lui-même, qui peut dire où s'arrêteraient les exigences du pouvoir et les complaisances de la faiblesse?

Tant qu'a duré l'esprit de famille, l'homme qui luttait contre la tyrannie n'était jamais seul, il trouvait autour de lui des clients, des amis héréditaires, des proches. Et cet appui lui eût-il manqué, il se sentait encore soutenu par ses aïeux et animé par ses descendants. Mais quand les patrimoines se divisent, et quand en peu d'années les races se confondent, où placer l'esprit de famille?

Quelle force reste-t-il aux coutumes chez un peuple qui a entièrement changé de face et qui en change sans cesse, où tous les actes de tyrannie ont déjà un précédent, où tous les crimes peuvent s'appuyer sur un exemple, où l'on ne saurait rien rencontrer d'assez ancien pour qu'on redoute de le détruire, ni rien concevoir de si nouveau qu'on ne puisse l'oser?

Quelle résistance offrent des mœurs qui se sont déjà pliées tant de fois?

Que peut l'opinion publique elle-même, lorsqu'il n'existe pas *vingt* personnes qu'un lien commun rassemble; quand il ne se rencontre ni un homme, ni une famille, ni un corps, ni une classe, ni une association libre qui puisse représenter et faire agir cette opinion?

Quand chaque citoyen étant également impuissant, également pauvre, également isolé, ne peut opposer que sa faiblesse individuelle à la force organisée du gouvernement?

Pour concevoir quelque chose d'analogue à ce qui se passerait alors parmi nous, ce n'est point à nos annales qu'on devrait recourir. Il faudrait peut-être interroger les monuments de l'antiquité et se reporter à ces siècles affreux de la tyrannie romaine, où les mœurs étant corrompues, les souvenirs effacés, les habitudes détruites, les opinions chancelantes, la liberté chassée des lois ne sut plus où se réfugier pour trouver un asile; où rien ne garantissant plus les citoyens, et les citoyens ne se garan-

tissant plus eux-mêmes, on vit des hommes se jouer de
la nature humaine, et des princes lasser la clémence du
ciel plutôt que la patience de leurs sujets.

Ceux-là me semblent bien aveugles qui pensent
retrouver la monarchie de Henri IV ou de Louis XIV.
Quant à moi, lorsque je considère l'état où sont déjà
arrivées plusieurs nations européennes et celui où toutes
les autres tendent, je me sens porté à croire que bientôt
parmi elles il ne se trouvera plus de place que pour la
liberté démocratique ou pour la tyrannie des Césars.

Ceci ne mérite pas qu'on y songe ? Si les hommes
devaient arriver, en effet, à ce point qu'il fallût les rendre
tous libres ou tous esclaves, tous égaux en droits ou tous
privés de droits; si ceux qui gouvernent les sociétés en
étaient réduits à cette alternative d'élever graduellement
la foule jusqu'à eux, ou de laisser tomber tous les citoyens
au-dessous du niveau de l'humanité n'en serait-ce pas
assez pour vaincre bien des doutes, rassurer bien des
consciences, et préparer chacun à faire aisément de
grands sacrifices ?

Ne faudrait-il pas alors considérer le développement
graduel des institutions et des mœurs démocratiques,
non comme le meilleur, mais comme le seul moyen qui
nous reste d'être libres; et sans aimer le gouvernement de
la démocratie, ne serait-on pas disposé à l'adopter comme
le remède le mieux applicable et le plus honnête qu'on
puisse opposer aux maux présents de la société ?

Il est difficile de faire participer le peuple au gouvernement; il est plus difficile encore de lui fournir l'expérience
et de lui donner les sentiments qui lui manquent pour
bien gouverner.

Les volontés de la démocratie sont changeantes; ses
agents, grossiers; ses lois, imparfaites; je l'accorde. Mais
s'il était vrai que bientôt il ne dût exister aucun intermédiaire entre l'empire de la démocratie et le joug d'un
seul, ne devrions-nous pas plutôt tendre vers l'un que
nous soumettre volontairement à l'autre ? et s'il fallait
enfin en arriver à une complète égalité, ne vaudrait-il
pas mieux se laisser niveler par la liberté que par un
despote ?

Ceux qui, après avoir lu ce livre, jugeraient qu'en
l'écrivant j'ai voulu proposer les lois et les mœurs anglo-
américaines à l'imitation de tous les peuples qui ont un
état social démocratique, ceux-là auraient commis une
grande erreur; ils se seraient attachés à la forme, aban-

donnant la substance même de ma pensée. Mon but a été de montrer, par l'exemple de l'Amérique, que les lois et surtout les mœurs pouvaient permettre à un peuple démocratique de rester libre. Je suis, du reste, très loin de croire que nous devions suivre l'exemple que la démocratie américaine a donné, et imiter les moyens dont elle s'est servie pour atteindre ce but de ses efforts; car je n'ignore point quelle est l'influence exercée par la nature du pays et les faits antécédents sur les constitutions politiques, et je regarderais comme un grand malheur pour le genre humain que la liberté dût en tous lieux se produire sous les mêmes traits.

Mais je pense que si l'on ne parvient à introduire peu à peu et à fonder enfin parmi nous des institutions démocratiques, et que si l'on renonce à donner à tous les citoyens des idées et des sentiments qui d'abord les préparent à la liberté, et ensuite leur en permettent l'usage, il n'y aura d'indépendance pour personne, ni pour le bourgeois, ni pour le noble, ni pour le pauvre, ni pour le riche, mais une égale tyrannie pour tous; et je prévois que si l'on ne réussit point avec le temps à fonder parmi nous l'empire paisible du plus grand nombre, nous arriverons tôt ou tard au pouvoir *illimité* d'un seul.

CHAPITRE X

QUELQUES CONSIDÉRATIONS SUR L'ÉTAT ACTUEL
ET L'AVENIR PROBABLE DES TROIS RACES
QUI HABITENT LE TERRITOIRE DES ÉTATS-UNIS

La tâche principale que je m'étais imposée est maintenant remplie; j'ai montré, autant du moins que je pouvais y réussir, quelles étaient les lois de la démocratie
américaine; j'ai fait connaître quelles étaient ses mœurs.
Je pourrais m'arrêter ici, mais le lecteur trouverait peut-
être que je n'ai point satisfait son attente.

On rencontre en Amérique autre chose encore qu'une
immense et complète démocratie; on peut envisager
sous plus d'un point de vue les peuples qui habitent le
nouveau monde.

Dans le cours de cet ouvrage, mon sujet m'a souvent
amené à parler des Indiens et des nègres, mais je n'ai
jamais eu le temps de m'arrêter pour montrer quelle position occupent ces deux races au milieu du peuple démocratique que j'étais occupé à peindre; j'ai dit suivant
quel esprit, à l'aide de quelles lois la confédération anglo-
américaine avait été formée; je n'ai pu indiquer qu'en
passant, et d'une manière fort incomplète, les dangers qui
menacent cette confédération, et il m'a été impossible
d'exposer en détail quelles étaient, indépendamment
des lois et des mœurs, ses chances de durée. En parlant
des républiques unies, je n'ai hasardé aucune conjecture
sur la permanence des formes républicaines dans le
nouveau monde, et faisant souvent allusion à l'activité
commerciale qui règne dans l'Union, je n'ai pu cependant
m'occuper de l'avenir des Américains comme peuple
commerçant.

Ces objets, qui touchent à mon sujet, n'y entrent
pas; ils sont américains sans être démocratiques, et c'est
surtout la démocratie dont j'ai voulu faire le portrait.
J'ai donc dû les écarter d'abord; mais je dois y revenir en
terminant.

Le territoire occupé de nos jours, ou réclamé par l'Union américaine, s'étend depuis l'océan Atlantique jusqu'aux rivages de la mer du Sud. A l'est ou à l'ouest, ses limites sont donc celles mêmes du continent; il s'avance au midi sur le bord des Tropiques, et remonte ensuite au milieu des glaces du Nord.

Les hommes répandus dans cet espace ne forment point, comme en Europe, autant de rejetons d'une même famille. On découvre en eux, dès le premier abord, trois races naturellement distinctes, et je pourrais presque dire ennemies. L'éducation, la loi, l'origine, et jusqu'à la forme extérieure des traits, avaient élevé entre elles une barrière presque insurmontable; la fortune les a rassemblées sur le même sol, mais elle les a mêlées sans pouvoir les confondre, et chacune poursuit à part sa destinée.

Parmi ces hommes si divers, le premier qui attire les regards, le premier en lumière, en puissance, en bonheur, c'est l'homme blanc, l'Européen, l'homme par excellence; au-dessous de lui paraissent le nègre et l'Indien.

Ces deux races infortunées n'ont de commun ni la naissance, ni la figure, ni le langage, ni les mœurs; leurs malheurs seuls se ressemblent. Toutes deux occupent une position également inférieure dans le pays qu'elles habitent; toutes deux éprouvent les effets de la tyrannie; et si leurs misères sont différentes, elles peuvent en accuser les mêmes auteurs.

Ne dirait-on pas, à voir ce qui se passe dans le monde, que l'Européen est aux hommes des autres race ce que l'homme lui-même est aux animaux ? Il les fait servir à son usage, et quand il ne peut les plier, il les détruit.

L'oppression a enlevé du même coup, aux descendants des Africains, presque tous les privilèges de l'humanité! Le nègre des Etats-Unis a perdu jusqu'au souvenir de son pays; il n'entend plus la langue qu'ont parlée ses pères; il a abjuré leur religion et oublié leurs mœurs. En cessant ainsi d'appartenir à l'Afrique, il n'a pourtant acquis aucun droit aux biens de l'Europe; mais il s'est arrêté entre les deux sociétés; il est resté isolé entre les deux peuples; vendu par l'un et répudié par l'autre; ne trouvant dans l'univers entier que le foyer de son maître pour lui offrir l'image incomplète de la patrie.

Le nègre n'a point de famille; il ne saurait voir dans la femme autre chose que la compagne passagère de ses plaisirs, et, en naissant, ses fils sont ses égaux.

Appellerai-je un bienfait de Dieu ou une dernière malédiction de sa colère, cette disposition de l'âme qui rend l'homme insensible aux misères extrêmes, et souvent même lui donne une sorte de goût dépravé pour la cause de ses malheurs ?

Plongé dans cet abîme de maux, le nègre sent à peine son infortune; la violence l'avait placé dans l'esclavage, l'usage de la servitude lui a donné des pensées et une ambition d'esclave; il admire ses tyrans plus encore qu'il ne les hait, et trouve sa joie et son orgueil dans la servile imitation de ceux qui l'oppriment.

Son intelligence s'est abaissée au niveau de son âme.

Le nègre entre en même temps dans la servitude et dans la vie. Que dis-je ? souvent on l'achète dès le ventre de sa mère, et il commence pour ainsi dire à être esclave avant que de naître.

Sans besoin comme sans plaisir, inutile à lui-même, il comprend, par les premières notions qu'il reçoit de l'existence, qu'il est la propriété d'un autre, dont l'intérêt est de veiller sur ses jours; il aperçoit que le soin de son propre sort ne lui est pas dévolu; l'usage même de la pensée lui semble un don inutile de la Providence, et il jouit paisiblement de tous les privilèges de sa bassesse.

S'il devient libre, l'indépendance lui paraît souvent alors une chaîne plus pesante que l'esclavage même; car dans le cours de son existence, il a appris à se soumettre à tout, excepté à la raison; et quand la raison devient son seul guide, il ne saurait reconnaître sa voix. Mille besoins nouveaux l'assiègent, et il manque des connaissances et de l'énergie nécessaires pour leur résister. Les besoins sont des maîtres qu'il faut combattre, et lui n'a appris qu'à se soumettre et à obéir. Il en est donc arrivé à ce comble de misère, que la servitude l'abrutit et que la liberté le fait périr.

L'oppression n'a pas exercé moins d'influence sur les races indiennes, mais ces effets sont différents.

Avant l'arrivée des blancs dans le nouveau monde, les hommes qui habitaient l'Amérique du Nord vivaient tranquilles dans les bois. Livrés aux vicissitudes ordinaires de la vie sauvage, ils montraient les vices et les vertus des peuples incivilisés. Les Européens, après avoir dispersé au loin les tribus indiennes dans les déserts, les ont condamnées à une vie errante et vagabonde, pleine d'inexprimables misères.

Les nations sauvages ne sont gouvernées que par les opinions et les mœurs.

En affaiblissant parmi les Indiens de l'Amérique du Nord le sentiment de la patrie, en dispersant leurs familles, en obscurcissant leurs traditions, en interrompant la chaîne des souvenirs, en changeant toutes leurs habitudes, et en accroissant outre mesure leurs besoins, la tyrannie européenne les a rendus plus désordonnés et moins civilisés qu'ils n'étaient déjà. La condition morale et l'état physique de ces peuples n'ont cessé d'empirer en même temps, et ils sont devenus plus barbares à mesure qu'ils étaient plus malheureux. Toutefois, les Européens n'ont pu modifier entièrement le caractère des Indiens, et avec le pouvoir de les détruire, ils n'ont jamais eu celui de les policer et de les soumettre.

Le nègre est placé aux dernières bornes de la servitude; l'Indien, aux limites extrêmes de la liberté. L'esclavage ne produit guère chez le premier des effets plus funestes que l'indépendance chez le second.

Le nègre a perdu jusqu'à la propriété de sa personne, et il ne saurait disposer de sa propre existence sans commettre une sorte de larcin.

Le sauvage est livré à lui-même dès qu'il peut agir. A peine s'il a connu l'autorité de la famille; il n'a jamais plié sa volonté devant celle de ses semblables; nul ne lui a appris à discerner une obéissance volontaire d'une honteuse sujétion, et il ignore jusqu'au nom de la loi. Pour lui, être libre, c'est échapper à presque tous les liens des sociétés. Il se complaît dans cette indépendance barbare, et il aimerait mieux périr que d'en sacrifier la moindre partie. La civilisation a peu de prise sur un pareil homme.

Le nègre fait mille efforts inutiles pour s'introduire dans une société qui le repousse; il se plie aux goûts de ses oppresseurs, adopte leurs opinions, et aspire, en les imitant, à se confondre avec eux. On lui a dit dès sa naissance que sa race est naturellement inférieure à celle des blancs, et il n'est pas éloigné de le croire, il a donc honte de lui-même. Dans chacun de ses traits il découvre une trace d'esclavage, et, s'il le pouvait, il consentirait avec joie à se répudier tout entier.

L'Indien, au contraire, a l'imagination toute remplie de la prétendue noblesse de son origine. Il vit et meurt au milieu de ces rêves de son orgueil. Loin de vouloir plier ses mœurs aux nôtres, il s'attache à la barbarie comme à un signe distinctif de sa race, et il repousse la civilisation moins encore peut-être en haine d'elle que dans la crainte de ressembler aux Européens [1].

A la perfection de nos arts, il ne veut opposer que les ressources du désert; à notre tactique, que son courage indiscipliné; à la profondeur de nos desseins, que les instincts spontanés de sa nature sauvage. Il succombe dans cette lutte inégale.

Le nègre voudrait se confondre avec l'Européen, et il ne le peut. L'Indien pourrait jusqu'à un certain point y réussir, mais il dédaigne de le tenter. La servilité de l'un le livre à l'esclavage, et l'orgueil de l'autre à la mort.

Je me souviens que, parcourant les forêts qui couvrent encore l'Etat d'Alabama, je parvins un jour auprès de la cabane d'un pionnier. Je ne voulus point pénétrer dans la demeure de l'Américain, mais j'allai me reposer quelques instants sur le bord d'une fontaine qui se trouvait non loin de là dans le bois. Tandis que j'étais en cet endroit, il y vint une Indienne (nous nous trouvions alors près du territoire occupé par la nation des Creeks); elle tenait par la main une petite fille de cinq à six ans, appartenant à la race blanche, et que je supposai être la fille du pionnier. Une négresse les suivait. Il régnait dans le costume de l'Indienne une sorte de luxe barbare :

---

1. L'indigène de l'Amérique du Nord conserve ses opinions et jusqu'au moindre détail de ses habitudes avec une inflexibilité qui n'a point d'exemple dans l'histoire. Depuis plus de deux cents ans que les tribus errantes de l'Amérique du Nord ont des rapports journaliers avec la race blanche, ils ne lui ont emprunté pour ainsi dire ni une idée ni un usage. Les hommes d'Europe ont cependant exercé une très grande influence sur les sauvages. Ils ont rendu le caractère indien plus désordonné, mais ils ne l'ont pas rendu plus européen.

Me trouvant dans l'été de 1831 derrière le lac Michigan, dans un lieu nommé Green-Bay, qui sert d'extrême frontière aux Etats-Unis du côté des Indiens du Nord-Ouest, je fis connaissance avec un officier américain, le major H., qui, un jour, après m'avoir beaucoup parlé de l'inflexibilité du caractère indien, me raconta le fait suivant : « J'ai connu autrefois, me dit-il, un jeune Indien qui avait été élevé dans un collège de la Nouvelle-Angleterre. Il y avait obtenu de grands succès, et y avait pris tout l'aspect extérieur d'un homme civilisé. Lorsque la guerre éclata entre nous et les Anglais en 1810, je revis ce jeune homme ; il servait alors dans notre armée, à la tête des guerriers de sa tribu. Les Américains n'avaient admis les Indiens dans leurs rangs qu'à la condition qu'ils s'abstiendraient de l'horrible usage de scalper les vaincus. Le soir de la bataille de ★★★, C... vint s'asseoir auprès du feu de notre bivouac ; je lui demandai ce qui lui était arrivé dans la journée ; il me le raconta, et s'animant par degrés aux souvenirs de ses exploits, il finit par entrouvrir son habit en me disant : — Ne me trahissez pas, mais voyez! Je vis en effet, ajouta le major H., entre son corps et sa chemise, la chevelure d'un Anglais encore toute dégouttante de sang. »

des anneaux de métal étaient suspendus à ses narines et à ses oreilles; ses cheveux, mêlés de grains de verre, tombaient librement sur ses épaules, et je vis qu'elle n'était point épouse, car elle portait encore le collier de coquillages que les vierges ont coutume de déposer sur la couche nuptiale; la négresse était revêtue d'habillements européens presque en lambeaux.

Elles vinrent s'asseoir toutes trois sur les bords de la fontaine, et la jeune sauvage, prenant l'enfant dans ses bras, lui prodiguait des caresses qu'on aurait pu croire dictées par le cœur d'une mère; de son côté, la négresse cherchait par mille innocents artifices à attirer l'attention de la petite créole. Celle-ci montrait dans ses moindres mouvements un sentiment de supériorité qui contrastait étrangement avec sa faiblesse et son âge; on eût dit qu'elle usait d'une sorte de condescendance en recevant les soins de ses compagnes.

Accroupie devant sa maîtresse, épiant chacun de ses désirs, la négresse semblait également partagée entre un attachement presque maternel et une crainte servile; tandis qu'on voyait régner jusque dans l'effusion de tendresse de la femme sauvage un air libre, fier et presque farouche.

Je m'étais approché et je contemplais en silence ce spectacle; ma curiosité déplut sans doute à l'Indienne, car elle se leva brusquement, poussa l'enfant loin d'elle avec une sorte de rudesse, et, après m'avoir lancé un regard irrité, s'enfonça dans le bois.

Il m'était souvent arrivé de voir réunis dans les mêmes lieux des individus appartenant aux trois races humaines qui peuplent l'Amérique du Nord; j'avais déjà reconnu dans mille effets divers la prépondérance exercée par les blancs; mais il se rencontrait, dans le tableau que je viens de décrire, quelque chose de particulièrement touchant : un lien d'affection réunissait ici les opprimés aux oppresseurs, et la nature, en s'efforçant de les rapprocher, rendait plus frappant encore l'espace immense qu'avaient mis entre eux les préjugés et les lois.

ETAT ACTUEL ET AVENIR PROBABLE
DES TRIBUS INDIENNES QUI HABITENT
LE TERRITOIRE POSSÉDÉ PAR L'UNION

*Disparition graduelle des races indigènes. — Comment
elle s'opère. — Misères qui accompagnent les migrations
forcées des Indiens. — Les sauvages de l'Amérique du
Nord n'avaient que deux moyens d'échapper à la destruction : la guerre ou la civilisation. — Ils ne peuvent plus
faire la guerre. — Pourquoi ils ne veulent pas se civiliser
lorsqu'ils pourraient le faire, et ne le peuvent plus quand
ils arrivent à le vouloir. — Exemple des Creeks et des
Cherokees. — Politique des Etats particuliers envers ces
Indiens. — Politique du gouvernement fédéral.*

Toutes les tribus indiennes qui habitaient autrefois
le territoire de la Nouvelle-Angleterre, les Narragansetts,
les Mohikans, les Pecots, ne vivent plus que dans le
souvenir des hommes; les Lénapes, qui reçurent Penn,
il y a cent cinquante ans, sur les rives de la Delaware,
sont aujourd'hui disparus. J'ai rencontré les derniers des
Iroquois : ils demandaient l'aumône. Toutes les nations
que je viens de nommer s'étendaient jadis jusque sur les
bords de la mer; maintenant il faut faire plus de cent
lieues dans l'intérieur du continent pour rencontrer un
Indien. Ces sauvages n'ont pas seulement reculé, ils
sont détruits [2]. A mesure que les indigènes s'éloignent
et meurent, à leur place vient et grandit sans cesse un
peuple immense. On n'avait jamais vu parmi les nations
un développement si prodigieux, ni une destruction si
rapide.

Quant à la manière dont cette destruction s'opère,
il est facile de l'indiquer.

Lorsque les Indiens habitaient seuls le désert dont on
les exile aujourd'hui, leurs besoins étaient en petit
nombre; ils fabriquaient eux-mêmes leurs armes, l'eau
des fleuves était leur seule boisson, et ils avaient pour
vêtement la dépouille des animaux dont la chair servait
à les nourrir.

Les Européens ont introduit parmi les indigènes de

---

2. Dans les treize Etats originaires, il ne reste plus que 6 373 Indiens.
(Voyez *Documents législatifs*, 20ᵉ congrès, nᵒ 117, p. 20.)

l'Amérique du Nord les armes à feu, le fer et l'eau-de-vie; ils leur ont appris à remplacer par nos tissus les vêtements barbares dont la simplicité indienne s'était jusque-là contentée. En contractant des goûts nouveaux, les Indiens n'ont pas appris l'art de les satisfaire, et il leur a fallu recourir à l'industrie des blancs. En retour de ces biens, que lui-même ne savait point créer, le sauvage ne pouvait rien offrir, sinon les riches fourrures que ses bois renfermaient encore. De ce moment, la chasse ne dut pas seulement pourvoir à ses besoins, mais encore aux passions frivoles de l'Europe. Il ne poursuivit plus les bêtes des forêts seulement pour se nourrir, mais afin de se procurer les seuls objets d'échange qu'il pût nous donner [3].

Pendant que les besoins des indigènes s'accroissaient ainsi, leurs ressources ne cessaient de décroître.

Du jour où un établissement européen se forme dans le voisinage du territoire occupé par les Indiens, le gibier prend l'alarme [4]. Des milliers de sauvages, errant dans les

---

3. MM. Clark et Cass, dans leur rapport au congrès, le 4 février 1829, p. 23, disaient :

« Le temps est déjà bien loin de nous où les Indiens pouvaient se procurer les objets nécessaires à leur nourriture et à leurs vêtements sans recourir à l'industrie des hommes civilisés. Au-delà du Mississippi, dans un pays où l'on rencontre encore d'immenses troupeaux de buffles, habitent des tribus indiennes qui suivent ces animaux sauvages dans leurs migrations ; les Indiens dont nous parlons trouvent encore le moyen de vivre en se conformant à tous les usages de leurs pères ; mais les buffles reculent sans cesse. On ne peut plus atteindre maintenant qu'avec des fusils ou des pièges *(traps)* les bêtes sauvages d'une plus petite espèce, telles que l'ours, le daim, le castor, le rat musqué, qui fournissent particulièrement aux Indiens ce qui est nécessaire au soutien de la vie.

« C'est principalement au nord-ouest que les Indiens sont obligés de se livrer à des travaux excessifs pour nourrir leur famille. Souvent le chasseur consacre plusieurs jours de suite à poursuivre le gibier sans succès ; pendant ce temps, il faut que sa famille se nourrisse d'écorces et de racines, ou qu'elle périsse : aussi il y en a beaucoup qui meurent de faim chaque hiver. »

Les Indiens ne veulent pas vivre comme les Européens : cependant ils ne peuvent se passer des Européens, ni vivre entièrement comme leurs pères. On en jugera par ce seul fait, dont je puise également la connaissance à une source officielle. Des hommes appartenant à une tribu indienne des bords du lac Supérieur avaient tué un Européen ; le gouvernement américain défendit de trafiquer avec la tribu dont les coupables faisaient partie, jusqu'à ce que ceux-ci lui eussent été livrés : ce qui eut lieu.

4. « Il y a cinq ans, dit Volney dans son *Tableau des Etats-Unis*, p. 370, en allant de Vincennes à Kaskaskias, territoire compris aujourd'hui dans l'Etat d'Illinois, alors entièrement sauvage (1797), l'on

forêts, sans demeures fixes, ne l'effrayaient point; mais
à l'instant où les bruits continus de l'industrie européenne se font entendre en quelque endroit, il commence
à fuir et à se retirer vers l'ouest, où son instinct lui
apprend qu'il rencontrera des déserts encore sans bornes.
« Les troupeaux de bisons se retirent sans cesse, disent
MM. Cass et Clark dans leur rapport au congrès,
4 février 1829; il y a quelques années, ils s'approchaient
encore du pied des Alléghanys; dans quelques années,
il sera peut-être difficile d'en voir sur les plaines immenses
qui s'étendent le long des montagnes Rocheuses. » On
m'a assuré que cet effet de l'approche des blancs se
faisait souvent sentir à deux cents lieues de leur frontière.
Leur influence s'exerce ainsi sur des tribus dont ils
savent à peine le nom, et qui souffrent les maux de
l'usurpation longtemps avant d'en connaître les auteurs [5].

Bientôt de hardis aventuriers pénètrent dans les
contrées indiennes; ils s'avancent à quinze ou vingt lieues
de l'extrême frontière des blancs, et vont bâtir la demeure
de l'homme civilisé au milieu même de la barbarie. Il
leur est facile de le faire : les bornes du territoire d'un
peuple chasseur sont mal fixées. Ce territoire d'ailleurs
appartient à la nation tout entière et n'est précisément la
propriété de personne; l'intérêt individuel n'en défend
donc aucune partie.

Quelques familles européennes, occupant des points
fort éloignés, achèvent alors de chasser sans retour les
animaux sauvages de tout l'espace intermédiaire qui
s'étend entre elles. Les Indiens, qui avaient vécu jusque-
là dans une sorte d'abondance, trouvent difficilement à
subsister, plus difficilement encore à se procurer les
objets d'échange dont ils ont besoin. En faisant fuir leur
gibier, c'est comme si on frappait de stérilité les champs
de nos cultivateurs. Bientôt les moyens d'existence leur
manquent presque entièrement. On rencontre alors ces
infortunés rôdant comme des loups affamés au milieu

ne traversait point de prairies sans voir des troupeaux de quatre à
cinq cents buffles : aujourd'hui il n'en reste plus ; ils ont passé le
Mississippi à la nage, importunés par les chasseurs, et surtout par les
sonnettes des vaches américaines. »

5. On peut se convaincre de la vérité de ce que j'avance ici en
consultant le tableau général des tribus indiennes contenues dans les
limites réclamées par les Etats-Unis. (*Documents législatifs*, 20e congrès,
n° 117, p. 90-105.) On verra que les tribus du centre de l'Amérique
décroissent rapidement, quoique les Européens soient encore très
éloignés d'elles.

de leurs bois déserts. L'amour instinctif de la patrie les attache au sol qui les a vus naître [6], et ils n'y trouvent plus que la misère et la mort. Ils se décident enfin; ils partent, et suivant de loin dans sa fuite l'élan, le buffle et le castor, ils laissent à ces animaux sauvages le soin de leur choisir une nouvelle patrie. Ce ne sont donc pas, à proprement parler, les Européens qui chassent les indigènes de l'Amérique, c'est la famine : heureuse distinction qui avait échappé aux anciens casuistes et que les docteurs modernes ont découverte.

On ne saurait se figurer les maux affreux qui accompagnent ces émigrations forcées. Au moment où les Indiens ont quitté leurs champs paternels, déjà ils étaient épuisés et réduits. La contrée où ils vont fixer leur séjour est occupée par des peuplades qui ne voient qu'avec jalousie les nouveaux arrivants. Derrière eux est la faim, devant eux la guerre, partout la misère. Afin d'échapper à tant d'ennemis ils se divisent. Chacun d'eux cherche à s'isoler pour trouver furtivement les moyens de soutenir son existence, et vit dans l'immensité des déserts comme le proscrit dans le sein des sociétés civilisées. Le lien social depuis longtemps affaibli se brise alors. Il n'y avait déjà plus pour eux de patrie, bientôt il n'y aura plus de peuple; à peine s'il restera des familles; le nom commun se perd, la langue s'oublie, les traces de l'origine disparaissent. La nation a cessé d'exister. Elle vit à peine dans le souvenir des antiquaires américains et n'est connue que de quelques érudits d'Europe.

Je ne voudrais pas que le lecteur pût croire que je charge ici mes tableaux. J'ai vu de mes propres yeux plusieurs des misères que je viens de décrire; j'ai contemplé des maux qu'il me serait impossible de retracer.

A la fin de l'année 1831, je me trouvais sur la rive gauche du Mississippi, à un lieu nommé par les Européens Memphis. Pendant que j'étais en cet endroit, il y vint une troupe nombreuse de Choctaws (les Français

6. Les Indiens, disent MM. Clark et Cass dans leur rapport au congrès, p. 15, tiennent à leur pays par le même sentiment d'affection qui nous lie au nôtre; et, de plus, ils attachent à l'idée d'aliéner les terres que le grand Esprit a données à leurs ancêtres certaines idées superstitieuses qui exercent une grande puissance sur les tribus qui n'ont encore rien cédé ou qui n'ont cédé qu'une petite portion de leur territoire aux Européens. « Nous ne vendons pas le lieu où reposent les cendres de nos pères », telle est la première réponse qu'ils font toujours à celui qui leur propose d'acheter leurs champs.

de la Louisiane les nomment Chactas); ces sauvages
quittaient leur pays et cherchaient à passer sur la rive
droite du Mississippi, où ils se flattaient de trouver un
asile que le gouvernement américain leur promettait. On
était alors au cœur de l'hiver, et le froid sévissait cette
année-là avec une violence inaccoutumée; la neige avait
durci sur la terre, et le fleuve charriait d'énormes glaçons.
Les Indiens menaient avec eux leurs familles; ils traî-
naient à leur suite des blessés, des malades, des enfants
qui venaient de naître, et des vieillards qui allaient mourir. Ils n'avaient ni tentes ni chariots, mais seulement
quelques provisions et des armes. Je les vis s'embarquer
pour traverser le grand fleuve, et ce spectacle solennel
ne sortira jamais de ma mémoire. On n'entendait parmi
cette foule assemblée ni sanglots ni plaintes; ils se taisaient.
Leurs malheurs étaient anciens et ils les sentaient irrémédiables. Les Indiens étaient déjà tous entrés dans le
vaisseau qui devait les porter; leurs chiens restaient
encore sur le rivage; lorsque ces animaux virent enfin
qu'on allait s'éloigner pour toujours, ils poussèrent
ensemble d'affreux hurlements, et s'élançant à la fois
dans les eaux glacées du Mississippi, ils suivirent leurs
maîtres à la nage.

La dépossession des Indiens s'opère souvent de nos
jours d'une manière regulière et pour ainsi dire toute
légale.

Lorsque la population européenne commence à s'approcher du désert occupé par une nation sauvage, le
gouvernement des Etats-Unis envoie communément à
cette dernière une ambassade solennelle; les blancs
assemblent les Indiens dans une grande plaine, et après
avoir mangé et bu avec eux, ils leur disent : « Que faites-
vous dans le pays de vos pères ? Bientôt il vous faudra
déterrer leurs os pour y vivre. En quoi la contrée que
vous habitez vaut-elle mieux qu'une autre ? N'y a-t-il
des bois, des marais et des prairies que là où vous êtes, et
ne sauriez-vous vivre que sous votre soleil ? Au-delà de
ces montagnes que vous voyez à l'horizon, par-delà ce
lac qui borde à l'ouest votre territoire, on rencontre de
vastes contrées où les bêtes sauvages se trouvent encore
en abondance; vendez-nous vos terres et allez vivre
heureux dans ces lieux-là. » Après avoir tenu ce discours,
on étale aux yeux des Indiens des armes à feu, des vêtements de laine, des barriques d'eau-de-vie, des colliers
de verre, des bracelets d'étain, des pendants d'oreilles et

des miroirs [7]. Si, à la vue de toutes ces richesses, ils hésitent encore, on leur insinue qu'ils ne sauraient refuser le consentement qu'on leur demande, et que bientôt le gouvernement lui-même sera impuissant pour leur garantir la jouissance de leurs droits. Que faire ? A demi convaincus, à moitié contraints, les Indiens s'éloignent ; ils vont habiter de nouveaux déserts où les blancs ne les laisseront pas dix ans en paix. C'est ainsi que les Américains acquièrent à vil prix des provinces entières, que les plus riches souverains de l'Europe ne sauraient payer [8].

7. Voyez dans les *Documents législatifs du congrès*, doc. 117, le récit de ce qui se passe dans ces circonstances. Ce morceau curieux se trouve dans le rapport déjà cité, fait par MM. Clark et Lewis Cass, au congrès, le 4 février 1829. M. Cass est aujourd'hui secrétaire d'Etat de la guerre.

« Quand les Indiens arrivent dans l'endroit où le traité doit avoir lieu, disent MM. Clark et Cass, ils sont pauvres et presque nus. Là, ils voient et examinent un très grand nombre d'objets précieux pour eux, que les marchands américains ont eu soin d'y apporter. Les femmes et les enfants qui désirent qu'on pourvoie à leurs besoins commencent alors à tourmenter les hommes de mille demandes importunes, et emploient toute leur influence sur ces derniers pour que la vente des terres ait lieu. L'imprévoyance des Indiens est habituelle et invincible. Pourvoir à ses besoins immédiats et gratifier ses désirs présents est la passion irrésistible du sauvage : l'attente d'avantages futurs n'agit que faiblement sur lui ; il oublie facilement le passé, et ne s'occupe point de l'avenir. On demanderait en vain aux Indiens la cession d'une partie de leur territoire, si l'on n'était en état de satisfaire sur-le-champ leurs besoins. Quand on considère avec impartialité la situation dans laquelle ces malheureux se trouvent, on ne s'étonne pas de l'ardeur qu'ils mettent à obtenir quelques soulagements à leurs maux. »

8. Le 19 mai 1830, M. Ed. Everett affirmait à la chambre des représentants que les Américains avaient déjà acquis par *traité*, à l'est et à l'ouest du Mississippi, 230 000 000 d'acres.

En 1808, les Osages cédèrent 48 000 000 d'acres pour une rente de 1 000 dollars.

En 1818, les Quapaws cédèrent 20 000 000 d'acres pour 4 000 dollars ; ils s'étaient réservé un territoire de 1 000 000 d'acres afin d'y chasser. Il avait été solennellement juré qu'on le respecterait ; mais il n'a pas tardé à être envahi comme le reste.

« Afin de nous approprier les terres désertes dont les Indiens réclament la propriété, disait M. Bell, rapporteur du comité des affaires indiennes au congrès, le 24 février 1830, nous avons adopté l'usage de payer aux tribus indiennes ce que vaut leur pays de chasse *(hunting-ground)* après que le gibier a fui ou a été détruit. Il est plus avantageux et certainement plus conforme aux règles de la justice et plus humain d'en agir ainsi, que de s'emparer à main armée du territoire des sauvages.

« L'usage d'acheter aux Indiens leur titre de propriété n'est donc autre chose qu'un nouveau mode d'acquisition que l'humanité et l'intérêt *(humanity and expediency)* ont substitué à la violence, et qui doit également nous rendre maîtres des terres que nous réclamons en vertu de la découverte, et que nous assure d'ailleurs le droit qu'ont les

Je viens de retracer de grands maux, j'ajoute qu'ils me paraissent irrémédiables. Je crois que la race indienne de l'Amérique du Nord est condamnée à périr, et je ne puis m'empêcher de penser que le jour où les Européens se seront établis sur les bords de l'océan Pacifique, elle aura cessé d'exister [9].

Les Indiens de l'Amérique du Nord n'avaient que deux voies de salut : la guerre ou la civilisation; en d'autres termes, il leur fallait détruire les Européens ou devenir leurs égaux.

A la naissance des colonies, il leur eût été possible, en unissant leurs forces, de se délivrer du petit nombre d'étrangers qui venaient d'aborder sur les rivages du continent [10]. Plus d'une fois ils ont tenté de le faire et se sont vus sur le point d'y réussir. Aujourd'hui la disproportion des ressources est trop grande pour qu'ils puissent songer à une pareille entreprise. Il s'élève encore cependant, parmi les nations indiennes, des hommes de génie qui prévoient le sort final réservé aux populations sauvages et cherchent à réunir toutes les tribus dans la haine commune des Européens; mais leurs efforts sont impuissants. Les peuplades qui avoisinent les blancs sont déjà trop affaiblies pour offrir une résistance efficace; les autres, se livrant à cette insouciance puérile du lendemain qui caractérise la nature sauvage, attendent que le danger se présente pour s'en occuper; les uns ne peuvent, les autres ne veulent point agir.

nations civilisées de s'établir sur le territoire occupé par les tribus sauvages.

« Jusqu'à ce jour, plusieurs causes n'ont cessé de diminuer aux yeux des Indiens le prix du sol qu'ils occupent, et ensuite les mêmes causes les ont portés à nous le vendre sans peine. L'usage d'acheter aux sauvages leur droit d'*occupant (right of occupancy)* n'a donc jamais pu retarder, dans un degré perceptible, la prospérité des Etats-Unis. » *(Documents législatifs,* 21e congrès, n° 227, p. 6.)

9. Cette opinion nous a, du reste, paru celle de presque tous les hommes d'Etat américains.

« Si l'on juge de l'avenir par le passé, disait M. Cass au congrès, on doit prévoir une diminution progressive dans le nombre des Indiens, et s'attendre à l'extinction finale de leur race. Pour que cet événement n'eût pas lieu, il faudrait que nos frontières cessassent de s'étendre, et que les sauvages se fixassent au-delà, ou bien qu'il s'opérât un changement complet dans nos rapports avec eux, ce qu'il serait peu raisonnable d'attendre. »

10. Voyez entre autres la guerre entreprise par les Wampanoags, et les autres tribus confédérées, sous la conduite de Métacom, en 1675, contre les colons de la Nouvelle-Angleterre, et celle que les Anglais eurent à soutenir en 1622 dans la Virginie.

Il est facile de prévoir que les Indiens ne voudront jamais se civiliser, ou qu'ils l'essaieront trop tard, quand ils viendront à le vouloir.

La civilisation est le résultat d'un long travail social qui s'opère dans un même lieu, et que les différentes générations se lèguent les unes aux autres en se succédant. Les peuples chez lesquels la civilisation parvient le plus difficilement à fonder son empire sont les peuples chasseurs. Les tribus de pasteurs changent de lieux, mais elles suivent toujours dans leurs migrations un ordre régulier, et reviennent sans cesse sur leurs pas; la demeure des chasseurs varie comme celle des animaux mêmes qu'ils poursuivent.

Plusieurs fois on a tenté de faire pénétrer les lumières parmi les Indiens en leur laissant leurs mœurs vagabondes; les jésuites l'avaient entrepris dans le Canada, les puritains dans la Nouvelle-Angleterre [11]. Les uns et les autres n'ont rien fait de durable. La civilisation naissait sous la hutte et allait mourir dans les bois. La grande faute de ces législateurs des Indiens était de ne pas comprendre que, pour parvenir à civiliser un peuple, il faut avant tout obtenir qu'il se fixe, et il ne saurait le faire qu'en cultivant le sol; il s'agissait donc d'abord de rendre les Indiens cultivateurs.

Non seulement les Indiens ne possèdent pas ce préliminaire indispensable de la civilisation, mais il leur est très difficile de l'acquérir.

Les hommes qui se sont une fois livrés à la vie oisive et aventureuse des chasseurs sentent un dégoût presque insurmontable pour les travaux constants et réguliers qu'exige la culture. On peut s'en apercevoir au sein même de nos sociétés; mais cela est bien plus visible encore chez les peuples pour lesquels les habitudes de chasse sont devenues des coutumes nationales.

Indépendamment de cette cause générale, il en est une non moins puissante et qui ne se rencontre que chez les Indiens. Je l'ai déjà indiquée; je crois devoir y revenir.

Les indigènes de l'Amérique du Nord ne considèrent pas seulement le travail comme un mal, mais comme

11. Voyez les différents historiens de la Nouvelle-Angleterre. Voyez aussi l'*Histoire de la Nouvelle-France*, par Charlevoix, et les *Lettres édifiantes*.

un déshonneur, et leur orgueil lutte contre la civilisation presque aussi obstinément que leur paresse [12].

Il n'y a point d'Indien si misérable qui, sous sa hutte d'écorce, n'entretienne une superbe idée de sa valeur individuelle; il considère les soins de l'industrie comme des occupations avilissantes; il compare le cultivateur au bœuf qui trace un sillon, et dans chacun de nos arts il n'aperçoit que des travaux d'esclaves. Ce n'est pas qu'il n'ait conçu une très haute idée du pouvoir des blancs et de la grandeur de leur intelligence; mais, s'il admire le résultat de nos efforts, il méprise les moyens qui nous l'ont fait obtenir, et, tout en subissant notre ascendant, il se croit encore supérieur à nous. La chasse et la guerre lui semblent les seuls soins dignes d'un homme [13]. L'Indien, au fond de la misère de ses bois, nourrit donc les mêmes idées, les mêmes opinions que le noble du Moyen Age dans son château fort, et il ne lui manque, pour achever de lui ressembler, que de devenir conquérant. Ainsi, chose singulière! c'est dans les forêts du nouveau monde, et non parmi les Européens qui peuplent ses rivages, que se retrouvent aujourd'hui les anciens préjugés de l'Europe.

J'ai cherché plus d'une fois, dans le cours de cet ouvrage, à faire comprendre l'influence prodigieuse que me paraissait exercer l'état social sur les lois et les mœurs des hommes. Qu'on me permette d'ajouter à ce sujet un seul mot.

---

12. « Dans toutes les tribus, dit Volney dans son *Tableau des Etats-Unis*, p. 423, il existe encore une génération de vieux guerriers qui, en voyant manier la houe, ne cessent de crier à la dégradation des mœurs antiques, et qui prétendent que les sauvages ne doivent leur décadence qu'à ces innovations, et que, pour recouvrer leur gloire et leur puissance, il leur suffirait de revenir à leurs mœurs primitives. »

13. On trouve dans un document officiel la peinture suivante :

« Jusqu'à ce qu'un jeune homme ait été aux prises avec l'ennemi, et puisse se vanter de quelques prouesses, on n'a pour lui aucune considération : on le regarde à peu près comme une femme.

« A leurs grandes danses de guerre, les guerriers viennent l'un après l'autre frapper le *poteau*, comme ils l'appellent, et racontent leurs exploits : dans cette occasion, leur auditoire est composé des parents, amis et compagnons du narrateur. L'impression profonde que produisent sur eux ses paroles paraît manifestement au silence avec lequel on l'écoute, et se manifeste bruyamment par les applaudissements qui accompagnent la fin de ses récits. Le jeune homme qui n'a rien à raconter dans de semblables réunions se considère comme très malheureux, et il n'est pas sans exemple que de jeunes guerriers dont les passions avaient été ainsi excitées, se soient éloignés tout à coup de la danse, et, partant seuls, aient été chercher des trophées, qu'ils pussent montrer et des aventures dont il leur fût permis de se glorifier. »

Lorsque j'aperçois la ressemblance qui existe entre les institutions politiques de nos pères, les Germains, et celles des tribus errantes de l'Amérique du Nord, entre les coutumes retracées par Tacite, et celles dont j'ai pu quelquefois être le témoin, je ne saurais m'empêcher de penser que la même cause a produit, dans les deux hémisphères, les mêmes effets, et qu'au milieu de la diversité apparente des choses humaines, il n'est pas impossible de retrouver un petit nombre de faits générateurs dont tous les autres découlent. Dans tout ce que nous nommons les institutions germaines, je suis donc tenté de ne voir que des habitudes de barbares, et des opinions de sauvages dans ce que nous appelons les idées féodales.

Quels que soient les vices et les préjugés qui empêchent les Indiens de l'Amérique du Nord de devenir cultivateurs et civilisés, quelquefois la nécessité les y oblige.

Plusieurs nations considérables du Sud, entre autres celles des Cherokees et des Creeks [14], se sont trouvées comme enveloppées par les Européens, qui, débarquant sur les rivages de l'Océan, descendant l'Ohio et remontant le Mississipi, arrivaient à la fois autour d'elles. On ne les a point chassées de place en place, ainsi que les tribus du Nord, mais on les a resserrées peu à peu dans les limites trop étroites, comme des chasseurs font d'abord l'enceinte d'un taillis avant de pénétrer simultanément dans l'intérieur. Les Indiens, placés alors entre la civilisation et la mort, se sont vus réduits à vivre honteusement de leur travail comme les blancs; ils sont donc devenus cultivateurs; et sans quitter entièrement ni leurs habitudes, ni leurs mœurs, en ont sacrifié ce qui était absolument nécessaire à leur existence.

Les Cherokees allèrent plus loin; ils créèrent une langue écrite, établirent une forme assez stable de gouvernement;

---

14. Ces nations se trouvent aujourd'hui englobées dans les Etats de Géorgie, de Tennessee, d'Alabama et de Mississippi.

Il y avait jadis au sud (on en voit les restes) quatre grandes nations : les Choctaws, les Chikasaws, les Creeks et les Cherokees.

Les restes de ces quatre nations formaient encore, en 1830, environ 75 000 individus. On compte qu'il se trouve à présent, sur le territoire occupé ou réclamé par l'Union anglo-américaine, environ 300 000 Indiens. (Voyez *Proceedings of the Indian Board in the city of New York.*) Les documents officiels fournis au congrès portent ce nombre à 313 130. Le lecteur qui serait curieux de connaître le nom et la force de toutes les tribus qui habitent le territoire anglo-américain devra consulter les documents que je viens d'indiquer. (*Documents législatifs*, 20e congrès, no 117, p. 90-105.)

et, comme tout marche d'un pas précipité dans le nouveau monde, ils eurent un journal [15] avant d'avoir tous des habits.

Ce qui a singulièrement favorisé le développement rapide des habitudes européennes chez ces Indiens a été la présence des métis [16]. Participant aux lumières de son père sans abandonner entièrement les coutumes sauvages de sa race maternelle, le métis forme le lien naturel entre la civilisation et la barbarie. Partout où les métis se sont multipliés, on a vu les sauvages modifier peu à peu leur état social et changer leurs mœurs [17].

Le succès des Cherokees prouve donc que les Indiens ont la faculté de se civiliser, mais il ne prouve nullement qu'ils puissent y réussir.

Cette difficulté que trouvent les Indiens à se soumettre à la civilisation naît d'une cause générale à laquelle il leur est presque impossible de se soustraire.

15. J'ai rapporté en France un ou deux exemplaires de cette singulière publication.

16. Voyez dans le rapport du comité des affaires indiennes, 21e congrès, no 227, p. 23, ce qui fait que les métis se sont multipliés chez les Cherokees ; la cause principale remonte à la guerre de l'indépendance. Beaucoup d'Anglo-Américains de la Géorgie ayant pris parti pour l'Angleterre furent contraints de se retirer chez les Indiens, et s'y marièrent.

17. Malheureusement les métis ont été en plus petit nombre et ont exercé une moindre influence dans l'Amérique du Nord que partout ailleurs.

Deux grandes nations de l'Europe ont peuplé cette portion du continent américain : les Français et les Anglais.

Les premiers n'ont pas tardé à contracter des unions avec les filles des indigènes ; mais le malheur voulut qu'il se trouvât une secrète affinité entre le caractère indien et le leur. Au lieu de donner aux barbares le goût et les habitudes de la vie civilisée, ce sont eux qui souvent se sont attachés avec passion à la vie sauvage : ils sont devenus les hôtes les plus dangereux des déserts, et ont conquis l'amitié de l'Indien en exagérant ses vices et ses vertus. M. de Sénonville, gouverneur du Canada, écrivait à Louis XIV, en 1685 : « On a cru longtemps qu'il fallait approcher les sauvages de nous pour les franciser ; on a tout lieu de reconnaître qu'on se trompait. Ceux qui se sont approchés de nous ne se sont pas rendus Français, et les Français qui les ont hantés sont devenus sauvages. Ils affectent de se mettre comme eux, de vivre comme eux. » (*Histoire de la Nouvelle-France*, par Charlevoix, vol. II, p. 345.)

L'Anglais, au contraire, demeurant obstinément attaché aux opinions, aux usages et aux moindres habitudes de ses pères, est resté au milieu des solitudes américaines ce qu'il était au sein des villes de l'Europe ; il n'a donc voulu établir aucun contact avec des sauvages qu'il méprisait, et a évité avec soin de mêler son sang à celui des barbares.

Ainsi, tandis que le Français n'exerçait aucune influence salutaire sur les Indiens, l'Anglais leur était toujours étranger.

Si l'on jette un regard attentif sur l'histoire, on découvre qu'en général les peuples barbares se sont élevés peu à peu d'eux-mêmes, et par leurs propres efforts, jusqu'à la civilisation.

Lorsqu'il leur est arrivé d'aller puiser la lumière chez une nation étrangère, ils occupaient alors vis-à-vis d'elle le rang de vainqueurs, et non la position de vaincus.

Lorsque le peuple conquis est éclairé et le peuple conquérant à demi sauvage, comme dans l'invasion de l'Empire romain par les nations du Nord, ou dans celle de la Chine par les Mongols, la puissance que la victoire assure au barbare suffit pour le tenir au niveau de l'homme civilisé et lui permettre de marcher son égal, jusqu'à ce qu'il devienne son émule; l'un a pour lui la force, l'autre l'intelligence; le premier admire les sciences et les arts des vaincus, le second envie le pouvoir des vainqueurs. Les barbares finissent par introduire l'homme policé dans leurs palais, et l'homme policé leur ouvre à son tour ses écoles. Mais quand celui qui possède la force matérielle jouit en même temps de la prépondérance intellectuelle, il est rare que le vaincu se civilise; il se retire ou est détruit.

C'est ainsi qu'on peut dire d'une manière générale que les sauvages vont chercher la lumière les armes à la main, mais qu'ils ne la reçoivent pas.

Si les tribus indiennes qui habitent maintenant le centre du continent pouvaient trouver en elles-mêmes assez d'énergie pour entreprendre de se civiliser, elles y réussiraient peut-être. Supérieures alors aux nations barbares qui les environneraient, elles prendraient peu à peu des forces et de l'expérience, et, quand les Européens paraîtraient enfin sur leurs frontières, elles seraient en état, sinon de maintenir leur indépendance, du moins de faire reconnaître leurs droits au sol et de s'incorporer aux vainqueurs. Mais le malheur des Indiens est d'entrer en contact avec le peuple le plus civilisé, et j'ajouterai le plus avide du globe, alors qu'ils sont encore eux-mêmes à moitié barbares; de trouver dans leurs instituteurs des maîtres, et de recevoir à la fois l'oppression et la lumière.

Vivant au sein de la liberté des bois, l'Indien de l'Amérique du Nord était misérable, mais il ne se sentait inférieur à personne; du moment où il veut pénétrer dans la hiérarchie sociale des blancs, il ne saurait y occuper que le dernier rang; car il entre ignorant et pauvre dans une société où règnent la science et la richesse. Après avoir mené une vie agitée, pleine de maux et de dangers, mais en même temps remplie d'émotions et de grandeur [18], il lui faut se soumettre à une existence monotone, obscure et dégradée. Gagner par de pénibles travaux et au milieu de l'ignominie le pain qui doit le nourrir, tel est à ses yeux l'unique résultat de cette civilisation qu'on lui vante.

Et ce résultat même, il n'est pas toujours sûr de l'obtenir.

Lorsque les Indiens entreprennent d'imiter les Européens leurs voisins, et de cultiver comme ceux-ci la terre, ils se trouvent aussitôt exposés aux effets d'une

18. Il y a dans la vie aventureuse des peuples chasseurs je ne sais quel attrait irrésistible qui saisit le cœur de l'homme et l'entraîne en dépit de sa raison et de l'expérience. On peut se convaincre de cette vérité en lisant les *Mémoires de Tanner.*

Tanner est un Européen qui a été enlevé à l'âge de six ans par les Indiens, et qui est resté trente ans dans les bois avec eux. Il est impossible de rien voir de plus affreux que les misères qu'il décrit. Il nous montre des tribus sans chefs, des familles sans nations, des hommes isolés, débris mutilés de tribus puissantes, errant au hasard au milieu des glaces et parmi les solitudes désolées du Canada. La faim et le froid les poursuivent ; chaque jour la vie semble prête à leur échapper. Chez eux les mœurs ont perdu leur empire, les traditions sont sans pouvoir. Les hommes deviennent de plus en plus barbares. Tanner partage tous ces maux ; il connaît son origine européenne ; il n'est point retenu de force loin des blancs ; il vient au contraire chaque année trafiquer avec eux, parcourt leurs demeures, voit leur aisance ; il sait que du jour où il voudra rentrer au sein de la vie civilisée il pourra facilement y parvenir, et il reste trente ans dans les déserts. Lorsqu'il retourne enfin au milieu d'une société civilisée, il confesse que l'existence dont il a décrit les misères a pour lui des charmes secrets qu'il ne saurait définir ; il y revient sans cesse après l'avoir quittée et ne s'arrache à tant de maux qu'avec mille regrets ; et lorsqu'il est enfin fixé au milieu des blancs, plusieurs de ses enfants refusent de venir partager avec lui sa tranquillité et son aisance.

J'ai moi-même rencontré Tanner à l'entrée du lac Supérieur. Il m'a paru ressembler bien plus encore à un sauvage qu'à un homme civilisé.

On ne trouve dans l'ouvrage de Tanner ni ordre ni goût ; mais l'auteur y fait, à son insu même, une peinture vivante des préjugés, des passions, des vices, et surtout des misères de ceux au milieu desquels il a vécu.

M. le vicomte Ernest de Blosseville, auteur d'un excellent ouvrage sur les colonies pénales d'Angleterre, a traduit les *Mémoires de Tanner.* M. de Blosseville a joint à sa traduction des notes d'un grand intérêt qui permettront au lecteur de comparer les faits racontés par Tanner avec ceux déjà relatés par un grand nombre d'observateurs anciens et modernes.

Tous ceux qui désirent connaître l'état actuel et prévoir la destinée future des races indiennes de l'Amérique du Nord doivent consulter l'ouvrage de M. de Blosseville.

concurrence très funeste. Le blanc est maître des secrets de l'agriculture. L'Indien débute grossièrement dans un art qu'il ignore. L'un fait croître sans peine de grandes moissons, l'autre n'arrache des fruits à la terre qu'avec mille efforts.

L'Européen est placé au milieu d'une population dont il connaît et partage les besoins.

Le sauvage est isolé au milieu d'un peuple ennemi dont il connaît incomplètement les mœurs, la langue et les lois, et dont pourtant il ne saurait se passer. Ce n'est qu'en échangeant ses produits contre ceux des blancs qu'il peut trouver l'aisance, car ses compatriotes ne lui sont plus que d'un faible secours.

Ainsi donc, quand l'Indien veut vendre les fruits de ses travaux, il ne trouve pas toujours l'acheteur que le cultivateur européen découvre sans peine, et il ne saurait produire qu'à grands frais ce que l'autre livre à bas prix.

L'Indien ne s'est donc soustrait aux maux auxquels sont exposées les nations barbares que pour se soumettre aux plus grandes misères des peuples policés, et il rencontre presque autant de difficultés à vivre au sein de notre abondance qu'au milieu de nos forêts.

Chez lui, cependant, les habitudes de la vie errante ne sont pas encore détruites. Les traditions n'ont pas perdu leur empire; le goût de la chasse n'est pas éteint. Les joies sauvages qu'il a éprouvées jadis au fond des bois se peignent alors avec de plus vives couleurs à son imagination troublée; les privations qu'il y a endurées lui semblent au contraire moins affreuses, les périls qu'il y rencontrait moins grands. L'indépendance dont il jouissait chez ses égaux contraste avec la position servile qu'il occupe dans une société civilisée.

D'un autre côté, la solitude dans laquelle il a si longtemps vécu libre est encore près de lui; quelques heures de marche peuvent la lui rendre. Du champ à moitié défriché dont il tire à peine de quoi se nourrir, les blancs ses voisins lui offrent un prix qui lui semble élevé. Peut-être cet argent que lui présentent les Européens lui permettrait-il de vivre heureux et tranquille loin d'eux. Il quitte la charrue, reprend ses armes, et rentre pour toujours au désert [19].

---

19. Cette influence destructive qu'exercent les peuples très civilisés sur ceux qui le sont moins se fait remarquer chez les Européens eux-mêmes.

On peut juger de la vérité de ce triste tableau par ce qui se passe chez les Creeks et les Cherokees, que j'ai cités.

Ces Indiens, dans le peu qu'ils ont fait, ont assurément montré autant de génie naturel que les peuples de l'Europe dans leurs plus vastes entreprises; mais les nations, comme les hommes, ont besoin de temps pour apprendre, quels que soient leur intelligence et leurs efforts.

Pendant que ces sauvages travaillaient à se civiliser, les Européens continuaient à les envelopper de toutes parts et à les resserrer de plus en plus. Aujourd'hui, les deux races se sont enfin rencontrées; elles se touchent. L'Indien est déjà devenu supérieur à son père le sauvage, mais il est encore fort inférieur au blanc son voisin. A l'aide de leurs ressources et de leurs lumières, les Européens n'ont pas tardé à s'approprier la plupart des avantages que la possession du sol pouvait fournir aux indigènes; ils se sont établis au milieu d'eux, se sont emparés de la terre ou l'ont achetée à vil prix, et les ont ruinés par une concurrence que ces derniers ne pouvaient en aucune

Des Français avaient fondé, il y a près d'un siècle, au milieu du désert, la ville de Vincennes sur le Wabash. Ils y vécurent dans une grande abondance jusqu'à l'arrivée des émigrants américains. Ceux-ci commencèrent aussitôt à ruiner les anciens habitants par la concurrence; ils leur achetèrent ensuite leurs terres à vil prix. Au moment où M. de Volney, auquel j'emprunte ce détail, traversa Vincennes, le nombre des Français était réduit à une centaine d'individus, dont la plupart se disposaient à passer à la Louisiane et au Canada. Ces Français étaient des hommes honnêtes, mais sans lumières et sans industrie; ils avaient contracté une partie des habitudes sauvages. Les Américains, qui leur étaient peut-être inférieurs sous le point de vue moral, avaient sur eux une immense supériorité intellectuelle : ils étaient industrieux, instruits, riches et habitués à se gouverner eux-mêmes.

J'ai moi-même vu au Canada, où la différence intellectuelle entre les deux races est bien moins prononcée, l'Anglais, maître du commerce et de l'industrie dans le pays du Canadien, s'étendre de tous côtés, et resserrer le Français dans des limites trop étroites.

De même, à la Lousiane, presque toute l'activité commerciale et industrielle se concentre entre les mains des Anglo-Américains.

Quelque chose de plus frappant encore se passe dans la province du Texas; l'Etat du Texas fait partie, comme on sait, du Mexique, et lui sert de frontière du côté des Etats-Unis. Depuis quelques années, les Anglo-Américains pénètrent individuellement dans cette province encore mal peuplée, achètent les terres, s'emparent de l'industrie, et se substituent rapidement à la population originaire. On peut prévoir que si le Mexique ne se hâte d'arrêter ce mouvement, le Texas ne tardera pas à lui échapper.

Si quelques différences, comparativement peu sensibles dans la civilisation européenne, amènent de pareils résultats, il est facile de comprendre ce qui doit arriver quand la civilisation la plus perfectionnée de l'Europe entre en contact avec la barbarie indienne.

façon soutenir. Isolés dans leur propre pays, les Indiens n'ont plus formé qu'une petite colonie d'étrangers incommodes au milieu d'un peuple nombreux et dominateur [20].

Washington avait dit, dans un de ses messages au congrès : « Nous sommes plus éclairés et plus puissants que les nations indiennes; il est de notre honneur de les traiter avec bonté et même avec générosité. »

Cette noble et vertueuse politique n'a point été suivie.

A l'avidité des colons se joint d'ordinaire la tyrannie du gouvernement. Quoique les Cherokees et les Creeks soient établis sur le sol qu'ils habitaient avant l'arrivée des Européens, bien que les Américains aient souvent traité avec eux comme avec des nations étrangères, les Etats au milieu desquels ils se trouvent n'ont point voulu les reconnaître pour des peuples indépendants, et ils ont entrepris de soumettre ces hommes, à peine sortis des forêts, à leurs magistrats, à leurs coutumes et à leurs lois [21]. La misère avait poussé ces Indiens infortunés vers la civilisation, l'oppression les repousse aujourd'hui vers la barbarie. Beaucoup d'entre eux, quittant leurs champs

20. Voyez, dans les documents législatifs, 21e congrès, no 89, les excès de tous genres commis par la population blanche sur le territoire des Indiens. Tantôt les Anglo-Américains s'établissent sur une partie du territoire, comme si la terre manquait ailleurs, et il faut que les troupes du congrès viennent les expulser; tantôt ils enlèvent les bestiaux, brûlent les maisons, coupent les fruits des indigènes ou exercent des violences sur leurs personnes.

Il résulte de toutes ces pièces la preuve que les indigènes sont chaque jour victimes de l'abus de la force. L'Union entretient habituellement parmi les Indiens un agent chargé de la représenter; le rapport de l'agent des Cherokees se trouve parmi les pièces que je cite : le langage de ce fonctionnaire est presque toujours favorable aux sauvages. « L'intrusion des blancs sur le territoire des Cherokees, dit-il, p. 12, causera la ruine de ceux qui y habitent, et qui y mènent une existence pauvre et inoffensive. » Plus loin on voit que l'Etat de Géorgie, voulant resserrer les limites des Cherokees, procède à un bornage; l'agent fédéral fait remarquer que le bornage n'ayant été fait que par les blancs, et non contradictoirement, n'a aucune valeur.

21. En 1829, l'Etat d'Alabama divise le territoire des Creeks en comtés, et soumet la population indienne à des magistrats européens.

En 1830, l'Etat du Mississippi assimile les Choctaws et les Chickasas aux blancs, et déclare que ceux d'entre eux qui prendront le titre de chef seront punis de 1 000 dollars d'amende et d'un an de prison.

Lorsque l'Etat de Mississippi étendit ainsi ses lois sur les Indiens Chactas qui habitaient dans ses limites, ceux-ci s'assemblèrent; leur chef leur fit connaître quelle était la prétention des blancs, et leur lut quelques-unes des lois auxquelles on voulait les soumettre : les sauvages déclarèrent d'une commune voix qu'il valait mieux s'enfoncer de nouveau dans les déserts. (Mississippi papers.)

à moitié défrichés, reprennent l'habitude de la vie sauvage.

Si l'on fait attention aux mesures tyranniques adoptées par les législateurs des Etats du Sud, à la conduite de leurs gouverneurs et aux actes de leurs tribunaux, on se convaincra aisément que l'expulsion complète des Indiens est le but final où tendent simultanément tous leurs efforts. Les Américains de cette partie de l'Union voient avec jalousie les terres que possèdent les indigènes [22]; ils sentent que ces derniers n'ont point encore complètement perdu les traditions de la vie sauvage, et avant que la civilisation les ait solidement attachés au sol, ils veulent les réduire au désespoir et les forcer à s'éloigner.

Opprimés par les Etats particuliers, les Creeks et les Cherokees se sont adressés au gouvernement central. Celui-ci n'est point insensible à leurs maux, il voudrait sincèrement sauver les restes des indigènes et leur assurer la libre possession du territoire que lui-même leur a garantie [23]; mais quand il cherche à exécuter ce dessein, les Etats particuliers lui opposent une résistance formidable, et alors il se résout sans peine à laisser périr quelques tribus sauvages déjà à moitié détruites, pour ne pas mettre l'Union américaine en danger.

Impuissant à protéger les Indiens, le gouvernement fédéral voudrait au moins adoucir leur sort; dans ce but, il a entrepris de les transporter à ses frais dans d'autres lieux.

Entre les 33e et 37e degrés de latitude nord, s'étend une vaste contrée qui a pris le nom d'Arkansas, du fleuve principal qui l'arrose. Elle borne d'un côté les frontières du Mexique, de l'autre les rives du Mississippi. Une multitude de ruisseaux et de rivières la sillonnent de tous côtés, le climat en est doux et le sol fertile. On n'y rencontre que quelques hordes errantes de sauvages. C'est dans la portion de ce pays, qui avoisine le plus le Mexique, et à une grande distance des établissements américains,

22. Les Géorgiens, qui se trouvent si incommodés du voisinage des Indiens, occupent un territoire qui ne compte pas encore plus de sept habitants par mille carré. En France, il y a cent soixante-deux individus dans le même espace.

23. En 1818, le congrès ordonna que le territoire d'Arkansas serait visité par des commissaires américains, accompagnés d'une députation de Creeks, de Choctaws et de Chickasas. Cette expédition était commandée par MM. Kennerly, McCoy, Wash Hood et John Bell. Voyez les différents rapports des commissaires et leur journal dans les papiers du congrès, n° 87, *House of Representatives*.

que le gouvernement de l'Union veut transporter les débris des populations indigènes du Sud.

A la fin de l'année 1831, on nous a assuré que 10 000 Indiens avaient déjà été descendus sur les rivages de l'Arkansas; d'autres arrivaient chaque jour. Mais le congrès n'a pu créer encore une volonté unanime parmi ceux dont il veut régler le sort : les uns consentent avec joie à s'éloigner du foyer de la tyrannie; les plus éclairés refusent d'abandonner leurs moissons naissantes et leurs nouvelles demeures; ils pensent que si l'œuvre de la civilisation vient à s'interrompre, on ne la reprendra plus; ils craignent que les habitudes sédentaires, à peine contractées, ne se perdent sans retour au milieu de pays encore sauvages, et où rien n'est préparé pour la subsistance d'un peuple cultivateur; ils savent qu'ils trouveront dans ces nouveaux déserts des hordes ennemies, et pour leur résister ils n'ont plus l'énergie de la barbarie, sans avoir encore acquis les forces de la civilisation. Les Indiens découvrent d'ailleurs sans peine tout ce qu'il y a de provisoire dans l'établissement qu'on leur propose. Qui leur assurera qu'ils pourront enfin reposer en paix dans leur nouvel asile ? Les Etats-Unis s'engagent à les y maintenir; mais le territoire qu'ils occupent maintenant leur avait été garanti jadis par les serments les plus solennels [24]. Aujourd'hui le gouvernement américain ne leur ôte pas, il est vrai, leurs terres, mais il les laisse envahir. Dans peu d'années, sans doute, la même population blanche qui se presse maintenant autour d'eux sera de nouveau sur leurs pas dans les solitudes d'Arkansas; ils retrouveront alors les mêmes maux sans les mêmes remèdes; et la terre venant tôt ou tard à leur manquer, il leur faudra toujours se résigner à mourir.

Il y a moins de cupidité et de violence dans la manière d'agir de l'Union envers les Indiens que dans la politique suivie par les Etats; mais les deux gouvernements manquent également de bonne foi.

---

24. On trouve, dans le traité fait avec les Creeks en 1790, cette clause : « Les Etats-Unis garantissent solennellement à la nation des Creeks toutes les terres qu'elle possède dans le territoire de l'Union. »

Le traité conclu en juillet 1791 avec les Cherokees contient ce qui suit : « Les Etats-Unis garantissent solennellement à la nation des Cherokees toutes les terres qu'elle n'a point précédemment cédées. S'il arrivait qu'un citoyen des Etats-Unis, ou tout autre qu'un Indien, vînt s'établir sur le territoire des Cherokees, les Etats-Unis déclarent qu'ils retirent à ce citoyen leur protection, et qu'ils le livrent à la nation des Cherokees pour le punir comme bon lui semblera. » Art. 8.

Les Etats, en étendant ce qu'ils appellent le bienfait de leurs lois sur les Indiens, comptent que ces derniers aimeront mieux s'éloigner que de s'y soumettre; et le gouvernement central, en promettant à ces infortunés un asile permanent dans l'Ouest, n'ignore pas qu'il ne peut le leur garantir [25].

Ainsi, les Etats, par leur tyrannie, forcent les sauvages à fuir; l'Union, par ses promesses et à l'aide de ses ressources, rend cette fuite aisée. Ce sont des mesures différentes qui tendent au même but [26].

« Par la volonté de notre Père céleste qui gouverne l'univers, disaient les Cherokees dans leur pétition au congrès [27], la race des hommes rouges d'Amérique est devenue petite; la race blanche est devenue grande et renommée.

« Lorsque vos ancêtres arrivèrent sur nos rivages, l'homme rouge était fort, et, quoiqu'il fût ignorant et sauvage, il les reçut avec bonté et leur permit de reposer leurs pieds engourdis sur la terre sèche. Nos pères et les vôtres se donnèrent la main en signe d'amitié, et vécurent en paix.

« Tout ce que demanda l'homme blanc pour satisfaire ses besoins, l'Indien s'empressa de lui accorder. L'In-

---

25. Ce qui ne l'empêche pas de le leur promettre de la manière la plus formelle. Voyez la lettre du président adressée aux Creeks le 23 mars 1829 (*Proceedings of the Indian Board in the city of New York*, p. 5) : « Au-delà du grand fleuve (le Mississippi), votre Père, dit-il, a préparé, pour vous y recevoir, un vaste pays. Là, vos frères les blancs ne viendront pas vous troubler; ils n'auront aucuns droits sur vos terres; vous pourrez y vivre vous et vos enfants, au milieu de la paix et de l'abondance, aussi longtemps que l'herbe croîtra et que les ruisseaux couleront; elles vous *appartiendront à toujours*. »

Dans une lettre écrite aux Cherokees par le secrétaire du département de la Guerre, le 18 avril 1829, ce fonctionnaire leur déclare qu'ils ne doivent pas se flatter de conserver la jouissance du territoire qu'ils occupent en ce moment, mais il leur donne cette même assurance positive pour le temps où ils seront de l'autre côté du Mississippi (même ouvrage, p. 6) : comme si le pouvoir qui lui manque maintenant ne devait pas lui manquer de même alors!

26. Pour se faire une idée exacte de la politique suivie par les Etats particuliers et par l'Union vis-à-vis des Indiens, il faut consulter : 1° les lois des Etats particuliers relatives aux Indiens (ce recueil se trouve dans les documents législatifs, 21e congrès, n° 319); 2° les lois de l'Union relatives au même objet, et en particulier celle du 30 mars 1802 (ces lois se trouvent dans l'ouvrage de M. Story intitulé : *Laws of the United States*); 3° enfin, pour connaître quel est l'état actuel des relations de l'Union avec toutes les tribus indiennes, voyez le rapport fait par M. Cass, secrétaire d'Etat de la Guerre, le 29 novembre 1823.

27. Le 19 novembre 1829. Ce morceau est traduit textuellement.

dien était alors le maître, et l'homme blanc le suppliant. Aujourd'hui, la scène est changée : la force de l'homme rouge est devenue faiblesse. A mesure que ses voisins croissaient en nombre, son pouvoir diminuait de plus en plus ; et maintenant, de tant de tribus puissantes qui couvraient la surface de ce que vous nommez les Etats-Unis, à peine en reste-t-il quelques-unes que le désastre universel ait épargnées. Les tribus du Nord, si renommées jadis parmi nous pour leur puissance, ont déjà à peu près disparu. Telle a été la destinée de l'homme rouge d'Amérique.

« Nous voici les derniers de notre race, nous faut-il aussi mourir ?

« Depuis un temps immémorial, notre Père commun, qui est au ciel, a donné à nos ancêtres la terre que nous occupons ; nos ancêtres nous l'ont transmise comme leur héritage. Nous l'avons conservée avec respect, car elle contient leur cendre. Cet héritage, l'avons-nous jamais cédé ou perdu ? Permettez-nous de vous demander humblement quel meilleur droit un peuple peut avoir à un pays que le droit d'héritage et la possession immémoriale ? Nous savons que l'Etat de Géorgie et le président des Etats-Unis prétendent aujourd'hui que nous avons perdu ce droit. Mais ceci nous semble une allégation gratuite. A quelle époque l'aurions-nous perdu ? Quel crime avons-nous commis qui puisse nous priver de notre patrie ? Nous reproche-t-on d'avoir combattu sous les drapeaux du roi de la Grande-Bretagne lors de la guerre de l'Indépendance ? Si c'est là le crime dont on parle, pourquoi dans le premier traité qui a suivi cette guerre n'y déclarâtes-vous pas que nous avions perdu la propriété de nos terres ? pourquoi n'insérâtes-vous pas alors dans ce traité un article ainsi conçu : Les Etats-Unis veulent bien accorder la paix à la nation des Cherokees, mais pour les punir d'avoir pris part à la guerre, il est déclaré qu'on ne les considérera plus que comme fermiers du sol, et qu'ils seront assujettis à s'éloigner quand les Etats qui les avoisinent demanderont qu'ils le fassent ? C'était le moment de parler ainsi ; mais nul ne s'avisa alors d'y penser, et jamais nos pères n'eussent consenti à un traité dont le résultat eût été de les priver de leurs droits les plus sacrés et de leur ravir leur pays. »

Tel est le langage des Indiens : ce qu'ils disent est vrai ; ce qu'ils prévoient me semble inévitable.

De quelque côté qu'on envisage la destinée des indi-

gènes de l'Amérique du Nord, on ne voit que maux irrémédiables : s'ils restent sauvages, on les pousse devant soi
en marchant; s'ils veulent se civiliser, le contact d'hommes
plus civilisés qu'eux les livre à l'oppression et à la misère.
S'ils continuent à errer de déserts en déserts, ils périssent;
s'ils entreprennent de se fixer, ils périssent encore. Ils ne
peuvent s'éclairer qu'à l'aide des Européens, et l'approche
des Européens les déprave et les repousse vers la barbarie. Tant qu'on les laisse dans leurs solitudes, ils
refusent de changer leurs mœurs, et il n'est plus temps
de le faire quand ils sont enfin contraints de le vouloir.

Les Espagnols lâchent leurs chiens sur les Indiens
comme sur des bêtes farouches; ils pillent le nouveau
monde ainsi qu'une ville prise d'assaut, sans discernement
et sans pitié; mais on ne peut tout détruire, la fureur a
un terme : le reste des populations indiennes échappées
aux massacres finit par se mêler à ses vainqueurs et par
adopter leur religion et leurs mœurs [28].

La conduite des Américains des Etats-Unis envers les
indigènes respire au contraire le plus pur amour des
formes et de la légalité. Pourvu que les Indiens demeurent
dans l'état sauvage, les Américains ne se mêlent nullement
de leurs affaires et les traitent en peuples indépendants;
ils ne se permettent point d'occuper leurs terres sans les
avoir dûment acquises au moyen d'un contrat; et si par
hasard une nation indienne ne peut plus vivre sur son
territoire, ils la prennent fraternellement par la main et la
conduisent eux-mêmes mourir hors du pays de ses pères.

Les Espagnols, à l'aide de monstruosités sans exemples,
en se couvrant d'une honte ineffaçable, n'ont pu parvenir
à exterminer la race indienne, ni même à l'empêcher de
partager leurs droits; les Américains des Etats-Unis ont
atteint ce double résultat avec une merveilleuse facilité,
tranquillement, légalement, philanthropiquement, sans
répandre de sang, sans violer un seul des grands principes de la morale [29] aux yeux du monde. On ne saurait

28. Il ne faut pas du reste faire honneur de ce résultat aux Espagnols. Si les tribus indiennes n'avaient pas déjà été fixées au sol par
l'agriculture au moment de l'arrivée des Européens, elles auraient sans
doute été détruites dans l'Amérique du Sud comme dans l'Amérique
du Nord.

29. Voyez entre autres le rapport fait par M. Bell au nom du comité
des affaires indiennes, le 24 février 1830, dans lequel on établit, p. 5,
par des raisons très logiques, et où l'on prouve fort doctement que :
« The fundamental principle, that the Indians had no right by virtue
of their ancient possession either of soil, or sovereignty, has never been

détruire les hommes en respectant mieux les lois de l'humanité.

Position qu'occupe la race noire
aux états-unis [30];
dangers que sa présence fait courir aux blancs

Pourquoi il est plus difficile d'abolir l'esclavage et d'en faire disparaître la trace chez les modernes que chez les anciens. — Aux Etats-Unis, le préjugé des blancs contre les noirs semble devenir plus fort à mesure qu'on détruit l'esclavage. — Situation des nègres dans les Etats du Nord et du Sud. — Pourquoi les Américains abolissent l'esclavage. — La servitude, qui abrutit l'esclave, appauvrit le maître. — Différences qu'on remarque entre la rive droite et la rive gauche de l'Ohio. — A quoi il faut les attribuer. — La race noire rétrograde vers le sud, comme le fait l'esclavage. — Comment ceci s'explique. — Difficultés que rencontrent les Etats du Sud à abolir l'esclavage. — Dangers de l'avenir. — Préoccupation des esprits. — Fondation d'une colonie noire en Afrique. — Pourquoi les Américains du Sud, en même temps qu'ils se dégoûtent de l'esclavage, accroissent ses rigueurs.

abandoned expressly or by implication. » C'est-à-dire que *les Indiens, en vertu de leur ancienne possession, n'ont acquis aucun droit de propriété ni de souveraineté, principe fondamental qui n'a jamais été abandonné, ni expressément, ni tacitement.*

En lisant ce rapport, rédigé d'ailleurs par une main habile, on est étonné de la facilité et de l'aisance avec lesquelles, dès les premiers mots, l'auteur se débarrasse des arguments fondés sur le droit naturel et sur la raison, qu'il nomme des principes abstraits et théoriques. Plus j'y songe et plus je pense que la seule différence qui existe entre l'homme civilisé et celui qui ne l'est pas, par rapport à la justice, est celle-ci : l'un conteste à la justice des droits que l'autre se contente de violer.

30. Avant de traiter cette matière, je dois un avertissement au lecteur. Dans un livre dont j'ai parlé au commencement de cet ouvrage, et qui est sur le point de paraître, M. Gustave de Beaumont, mon compagnon de voyage, a eu pour principal objet de faire connaître en France quelle est la position des nègres au milieu de la population blanche des Etats-Unis. M. de Beaumont a traité à fond une question que mon sujet m'a seulement permis d'effleurer.

Son livre, dont les notes contiennent un très grand nombre de documents législatifs et historiques, fort précieux et entièrement inconnus, présente en outre des tableaux dont l'énergie ne saurait être égalée que par la vérité. C'est l'ouvrage de M. de Beaumont que devront lire ceux qui voudront comprendre à quel excès de tyrannie sont peu à peu poussés les hommes quand une fois ils ont commencé à sortir de la nature et de l'humanité.

Les Indiens mourront dans l'isolement comme ils ont vécu; mais la destinée des nègres est en quelque sorte enlacée dans celle des Européens. Les deux races sont liées l'une à l'autre, sans pour cela se confondre; il leur est aussi difficile de se séparer complètement que de s'unir.

Le plus redoutable de tous les maux qui menacent l'avenir des Etats-Unis naît de la présence des noirs sur leur sol. Lorsqu'on cherche la cause des embarras présents et des dangers futurs de l'Union, on arrive presque toujours à ce premier fait, de quelque point qu'on parte.

Les hommes ont en général besoin de grands et constants efforts pour créer des maux durables; mais il est un mal qui pénètre dans le monde furtivement : d'abord on l'aperçoit à peine au milieu des abus ordinaires du pouvoir; il commence avec un individu dont l'histoire ne conserve pas le nom; on le dépose comme un germe maudit sur quelque point du sol; il se nourrit ensuite de lui-même, s'étend sans effort, et croît naturellement avec la société qui l'a reçu : ce mal est l'esclavage.

Le christianisme avait détruit la servitude; les chrétiens du XVIe siècle l'ont rétablie; ils ne l'ont jamais admise cependant que comme une exception dans leur système social, et ils ont pris soin de la restreindre à une seule des races humaines. Ils ont ainsi fait à l'humanité une blessure moins large, mais infiniment plus difficile à guérir.

Il faut discerner deux choses avec soin : l'esclavage en lui-même et ses suites.

Les maux immédiats produits par l'esclavage étaient à peu près les mêmes chez les anciens qu'ils le sont chez les modernes, mais les suites de ces maux étaient différentes. Chez les anciens, l'esclave appartenait à la même race que son maître, et souvent il lui était supérieur en éducation et en lumières [31]. La liberté seule les séparait; la liberté étant donnée, ils se confondaient aisément.

Les anciens avaient donc un moyen bien simple de se délivrer de l'esclavage et de ses suites; ce moyen était l'affranchissement, et dès qu'ils l'ont employé d'une manière générale, ils ont réussi.

---

[31]. On sait que plusieurs des auteurs les plus célèbres de l'Antiquité étaient ou avaient été des esclaves : Esope et Térence sont de ce nombre. Les esclaves n'étaient pas toujours pris parmi les nations barbares : la guerre mettait des hommes très civilisés dans la servitude.

Ce n'est pas que, dans l'antiquité, les traces de la servitude ne subsistassent encore quelque temps après que la servitude était détruite.

Il y a un préjugé naturel qui porte l'homme à mépriser celui qui a été son inférieur, longtemps encore après qu'il est devenu son égal ; à l'inégalité réelle que produit la fortune ou la loi, succède toujours une inégalité imaginaire qui a ses racines dans les mœurs ; mais chez les anciens, cet effet secondaire de l'esclavage avait un terme. L'affranchi ressemblait si fort aux hommes d'origine libre, qu'il devenait bientôt impossible de le distinguer au milieu d'eux.

Ce qu'il y avait de plus difficile chez les anciens était de modifier la loi ; chez les modernes, c'est de changer les mœurs, et, pour nous, la difficulté réelle commence où l'antiquité la voyait finir.

Cela vient de ce que chez les modernes le fait immatériel et fugitif de l'esclavage se combine de la manière la plus funeste avec le fait matériel et permanent de la différence de race. Le souvenir de l'esclavage déshonore la race, et la race perpétue le souvenir de l'esclavage.

Il n'y a pas d'Africain qui soit venu librement sur les rivages du nouveau monde ; d'où il suit que tous ceux qui s'y trouvent de nos jours sont esclaves ou affranchis. Ainsi, le nègre, avec l'existence, transmet à tous ses descendants le signe extérieur de son ignominie. La loi peut détruire la servitude ; mais il n'y a que Dieu seul qui puisse en faire disparaître la trace.

L'esclave moderne ne diffère pas seulement du maître par la liberté, mais encore par l'origine. Vous pouvez rendre le nègre libre, mais vous ne sauriez faire qu'il ne soit pas vis-à-vis de l'Européen dans la position d'un étranger.

Ce n'est pas tout encore : cet homme qui est né dans la bassesse ; cet étranger que la servitude a introduit parmi nous, à peine lui reconnaissons-nous les traits généraux de l'humanité. Son visage nous paraît hideux, son intelligence nous semble bornée, ses goûts sont bas ; peu s'en faut que nous ne le prenions pour un être intermédiaire entre la brute et l'homme [32].

---

32. Pour que les blancs quittassent l'opinion qu'ils ont conçue de l'infériorité intellectuelle et morale de leurs anciens esclaves, il faudrait que les nègres changeassent, et ils ne peuvent changer tant que subsiste cette opinion.

Les modernes, après avoir aboli l'esclavage, ont donc encore à détruire trois préjugés bien plus insaisissables et plus tenaces que lui : le préjugé du maître, le préjugé de race, et enfin le préjugé du blanc.

Il nous est fort difficile, à nous qui avons eu le bonheur de naître au milieu d'hommes que la nature avait faits nos semblables et la loi nos égaux ; il nous est fort difficile, dis-je, de comprendre quel espace infranchissable sépare le nègre d'Amérique de l'Européen. Mais nous pouvons en avoir une idée éloignée en raisonnant par analogie.

Nous avons vu jadis parmi nous de grandes inégalités qui n'avaient leurs principes que dans la législation. Quoi de plus fictif qu'une infériorité purement légale ! Quoi de plus contraire à l'insinct de l'homme que des différences permanentes établies entre des gens évidemment semblables ! Ces différences ont cependant subsisté pendant des siècles ; elles subsistent encore en mille endroits ; partout elles ont laissé des traces imaginaires, mais que le temps peut à peine effacer. Si l'inégalité créée seulement par la loi est si difficile à déraciner, comment détruire celle qui semble, en outre, avoir ses fondements immuables dans la nature elle-même ?

Pour moi, quand je considère avec quelle peine les corps aristocratiques, de quelque nature qu'ils soient, arrivent à se fondre dans la masse du peuple, et le soin extrême qu'ils prennent de conserver pendant des siècles les barrières idéales qui les en séparent, je désespère de voir disparaître une aristocratie fondée sur des signes visibles et impérissables.

Ceux qui espèrent que les Européens se confondront un jour avec les nègres me paraissent donc caresser une chimère. Ma raison ne me porte point à le croire, et je ne vois rien qui me l'indique dans les faits.

Jusqu'ici, partout où les blancs ont été les plus puissants, ils ont tenu les nègres dans l'avilissement ou dans l'esclavage. Partout où les nègres ont été les plus forts, ils ont détruit les blancs ; c'est le seul compte qui se soit jamais ouvert entre les deux races.

Si je considère les Etats-Unis de nos jours, je vois bien que, dans certaine partie du pays, la barrière légale qui sépare les deux races tend à s'abaisser, non celle des mœurs : j'aperçois l'esclavage qui recule ; le préjugé qu'il a fait naître est immobile.

Dans la portion de l'Union où les nègres ne sont plus

esclaves, se sont-ils rapprochés des blancs ? Tout homme qui a habité les Etats-Unis aura remarqué qu'un effet contraire s'était produit.

Le préjugé de race me paraît plus fort dans les Etats qui ont aboli l'esclavage que dans ceux où l'esclavage existe encore, et nulle part il ne se montre aussi intolérant que dans les Etats où la servitude a toujours été inconnue.

Il est vrai qu'au nord de l'Union la loi permet aux nègres et aux blancs de contracter des alliances légitimes; mais l'opinion déclare infâme le blanc qui s'unirait à une négresse, et il serait très difficile de citer l'exemple d'un pareil fait.

Dans presque tous les Etats où l'esclavage est aboli, on a donné au nègre des droits électoraux; mais s'il se présente pour voter, il court risque de la vie. Opprimé, il peut se plaindre, mais il ne trouve que des blancs parmi ses juges. La loi cependant lui ouvre le banc des jurés, mais le préjugé l'en repousse. Son fils est exclu de l'école où vient s'instruire le descendant des Européens. Dans les théâtres, il ne saurait, au prix de l'or, acheter le droit de se placer à côté de celui qui fut son maître; dans les hôpitaux, il gît à part. On permet au noir d'implorer le même Dieu que les blancs, mais non de le prier au même autel. Il a ses prêtres et ses temples. On ne lui ferme point les portes du ciel : à peine cependant si l'inégalité s'arrête au bord de l'autre monde. Quand le nègre n'est plus, on jette ses os à l'écart, et la différence des conditions se retrouve jusque dans l'égalité de la mort.

Ainsi le nègre est libre, mais il ne peut partager ni les droits, ni les plaisirs, ni les travaux, ni les douleurs, ni même le tombeau de celui dont il a été déclaré l'égal; il ne saurait se rencontrer nulle part avec lui, ni dans la vie ni dans la mort.

Au Sud, où l'esclavage existe encore, on tient moins soigneusement les nègres à l'écart; ils partagent quelquefois les travaux des blancs et leurs plaisirs; on consent jusqu'à un certain point à se mêler avec eux; la législation est plus dure à leur égard; les habitudes sont plus tolérantes et plus douces.

Au Sud, le maître ne craint pas d'élever jusqu'à lui son esclave, parce qu'il sait qu'il pourra toujours, s'il le veut, le rejeter dans la poussière. Au Nord, le blanc n'aperçoit plus distinctement la barrière qui doit le séparer d'une race avilie, et il s'éloigne du nègre avec d'autant plus de soin qu'il craint d'arriver un jour à se confondre avec lui.

Chez l'Américain du Sud, la nature, rentrant quelquefois dans ses droits, vient pour un moment rétablir entre les blancs et les noirs l'égalité. Au Nord, l'orgueil fait taire jusqu'à la passion la plus impérieuse de l'homme. L'Américain du Nord consentirait peut-être à faire de la négresse la compagne passagère de ses plaisirs, si les législateurs avaient déclaré qu'elle ne doit pas aspirer à partager sa couche; mais elle peut devenir son épouse, et il s'éloigne d'elle avec une sorte d'horreur.

C'est ainsi qu'aux Etats-Unis le préjugé qui repousse les nègres semble croître à proportion que les nègres cessent d'être esclaves, et que l'inégalité se grave dans les mœurs à mesure qu'elle s'efface dans les lois.

Mais si la position relative de deux races qui habitent les Etats-Unis est telle que je viens de la montrer, pourquoi les Américains ont-ils aboli l'esclavage au nord de l'Union, pourquoi le conservent-ils au midi, et d'où vient qu'ils y aggravent ses rigueurs ?

Il est facile de répondre. Ce n'est pas dans l'intérêt des nègres, mais dans celui des blancs, qu'on détruit l'esclavage aux Etats-Unis.

Les premiers nègres ont été importés dans la Virginie vers l'année 1621 [33]. En Amérique, comme dans tout le reste de la terre, la servitude est donc née au Sud. De là elle a gagné de proche en proche; mais à mesure que l'esclavage remontait vers le Nord, le nombre des esclaves allait décroissant [34]; on a toujours vu très peu de nègres dans la Nouvelle-Angleterre.

---

33. Voyez l'*Histoire de la Virginie*, par Beverley. Voyez aussi, dans les *Mémoires de Jefferson*, de curieux détails sur l'introduction des nègres en Virginie et sur le premier acte qui en a prohibé l'importation en 1778.

34. Le nombre des esclaves était moins grand dans le Nord, mais les avantages résultant de l'esclavage n'y étaient pas plus contestés qu'au Sud. En 1740, la législature de l'Etat de New York déclare qu'on doit encourager le plus possible l'importation directe des esclaves, et que la contrebande doit être sévèrement punie, comme tendant à décourager le commerçant honnête. (*Kent's Commentaries*, vol. II, p. 206.)

On trouve dans la Collection historique du Massachusetts, vol. IV, p. 193, des recherches curieuses de Belknap sur l'esclavage dans la Nouvelle-Angleterre. Il en résulte que, dès 1630, les nègres furent introduits, mais que dès lors la législation et les mœurs se montrèrent opposées à l'esclavage.

Voyez également dans cet endroit la manière dont l'opinion publique, ensuite la loi, parvinrent à détruire la servitude.

Les colonies étaient fondées; un siècle s'était déjà écoulé, et un fait extraordinaire commençait à frapper tous les regards. Les provinces qui ne possédaient pour ainsi dire point d'esclaves croissaient en population, en richesses et en bien-être, plus rapidement que celles qui en avaient.

Dans les premières, cependant, l'habitant était obligé de cultiver lui-même le sol, ou de louer les services d'un autre; dans les secondes, il trouvait à sa disposition les ouvriers dont il ne rétribuait pas les efforts. Il y avait donc travail et frais d'un côté, loisirs et économie de l'autre : cependant l'avantage restait aux premiers.

Ce résultat paraissait d'autant plus difficile à expliquer que les émigrants, appartenant tous à la même race européenne, avaient les mêmes habitudes, la même civilisation, les mêmes lois, et ne différaient que par des nuances peu sensibles.

Le temps continuait à marcher : quittant les bords de l'océan Atlantique les Anglo-Américains s'enfonçaient tous les jours davantage dans les solitudes de l'Ouest; ils y rencontraient des terrains et des climats nouveaux; ils avaient à y vaincre des obstacles de diverses nature; leurs races se mêlaient, des hommes du Sud montaient au Nord, des hommes du Nord descendaient au Sud. Au milieu de toutes ces causes, le même fait se reproduisait à chaque pas; et, en général, la colonie où ne se trouvaient point d'esclaves devenait plus peuplée et plus prospère que celle où l'esclavage était en vigueur.

A mesure qu'on avançait, on commençait donc à entrevoir que la servitude, si cruelle à l'esclave, était funeste au maître.

Mais cette vérité reçut sa dernière démonstration lorsqu'on fut parvenu sur les bords de l'Ohio.

Le fleuve que les Indiens avaient nommé par excellence l'Ohio, ou la Belle-Rivière, arrose de ses eaux l'une des plus magnifiques vallées dont l'homme ait jamais fait son séjour. Sur les deux rives de l'Ohio s'étendent des terrains ondulés, où le sol offre chaque jour au laboureur d'inépuisables trésors : sur les deux rives, l'air est également sain et le climat tempéré; chacune d'elles forme l'extrême frontière d'un vaste Etat : celui qui suit à gauche les mille sinuosités que décrit l'Ohio dans son cours se nomme le Kentucky; l'autre a emprunté son nom au fleuve lui-même. Les deux Etats ne diffèrent que dans un seul point : le Kentucky a admis des esclaves, l'Etat de l'Ohio les a tous rejetés de son sein [35].

Le voyageur qui, placé au milieu de l'Ohio, se laisse entraîner par le courant jusqu'à l'embouchure du fleuve dans le Mississippi, navigue donc pour ainsi dire entre la liberté et la servitude; et il n'a qu'à jeter autour de lui ses regards pour juger en un instant laquelle est la plus favorable à l'humanité.

Sur la rive gauche du fleuve, la population est clair-semée; de temps en temps on aperçoit une troupe d'esclaves parcourant d'un air insouciant des champs à moitié déserts; la forêt primitive reparaît sans cesse; on dirait que la société est endormie; l'homme semble oisif, la nature offre l'image de l'activité et de la vie.

De la rive droite s'élève au contraire une rumeur confuse qui proclame au loin la présence de l'industrie; de riches moissons couvrent les champs; d'élégantes demeures annoncent le goût et les soins du laboureur; de toutes parts l'aisance se révèle; l'homme paraît riche et content : il travaille [36].

L'Etat du Kentucky a été fondé en 1775, l'Etat de l'Ohio ne l'a été que douze ans plus tard : douze ans en Amérique, c'est plus d'un demi-siècle en Europe. Aujourd'hui la population de l'Ohio excède déjà de 250 000 habitants celle du Kentucky [37].

Ces effets divers de l'esclavage et de la liberté se comprennent aisément; ils suffisent pour expliquer bien des différences qui se rencontrent entre la civilisation antique et celle de nos jours.

Sur la rive gauche de l'Ohio le travail se confond avec l'idée de l'esclavage; sur la rive droite, avec celle du bien-être et des progrès; là il est dégradé, ici on l'honore; sur la rive gauche du fleuve, on ne peut trouver d'ouvriers

---

35. Non seulement l'Ohio n'admet pas l'esclavage, mais il prohibe l'entrée de son territoire aux nègres libres, et leur défend d'y rien acquérir. Voyez les statuts de l'Ohio.

36. Ce n'est pas seulement l'homme individu qui est actif dans l'Ohio; l'Etat fait lui-même d'immenses entreprises; l'Etat d'Ohio a établi entre le lac Erié et l'Ohio, un canal au moyen duquel la vallée du Mississippi communique avec la rivière du Nord. Grâce à ce canal, les marchandises d'Europe qui arrivent à New York peuvent descendre par eau jusqu'à la Nouvelle-Orléans, à travers plus de cinq cents lieues de continent.

37. Chiffre exact d'après le recensement de 1830 :

Kentucky,	688 844.
Ohio,	937 669.

appartenant à la race blanche, ils craindraient de ressembler à des esclaves ; il faut s'en rapporter aux soins des nègres ; sur la rive droite on chercherait en vain un oisif : le blanc étend à tous les travaux son activité et son intelligence.

Ainsi donc les hommes qui, dans le Kentucky, sont chargés d'exploiter les richesses naturelles du sol n'ont ni zèle ni lumière ; tandis que ceux qui pourraient avoir ces deux choses ne font rien, ou passent dans l'Ohio, afin d'utiliser leur industrie et de pouvoir l'exercer sans honte.

Il est vrai que dans le Kentucky les maîtres font travailler les esclaves sans être obligés de les payer, mais ils tirent peu de fruits de leurs efforts, tandis que l'argent qu'ils donneraient aux ouvriers libres se retrouverait avec usure dans le prix de leurs travaux.

L'ouvrier libre est payé, mais il fait plus vite que l'esclave, et la rapidité de l'exécution est un des grands éléments de l'économie. Le blanc vend ses secours, mais on ne les achète que quand ils sont utiles ; le noir n'a rien à réclamer pour prix de ses services, mais on est obligé de le nourrir en tout temps ; il faut le soutenir dans sa vieillesse comme dans son âge mûr, dans sa stérile enfance comme durant les années fécondes de sa jeunesse, pendant la maladie comme en santé. Ainsi ce n'est qu'en payant qu'on obtient le travail de ces deux hommes : l'ouvrier libre reçoit un salaire ; l'esclave, une éducation, des aliments, des soins, des vêtements ; l'argent que dépense le maître pour l'entretien de l'esclave s'écoule peu à peu et en détail ; on l'aperçoit à peine : le salaire que l'on donne à l'ouvrier se livre d'un seul coup, et il semble n'enrichir que celui qui le reçoit ; mais en réalité l'esclave a plus coûté que l'homme libre, et ses travaux ont été moins productifs [38].

38. Indépendamment de ces causes, qui, partout où les ouvriers libres abondent, rendent leur travail plus productif et plus économique que celui des esclaves, il en faut signaler une autre qui est particulière aux Etats-Unis : sur toute la surface de l'Union on n'a encore trouvé le moyen de cultiver avec succès la canne à sucre que sur les bords du Mississippi, près de l'embouchure de ce fleuve, dans le golfe du Mexique. A la Lousiane. La culture de la canne est extrêmement avantageuse : nulle part le laboureur ne retire un aussi grand prix de ses travaux ; et, comme il s'établit toujours un certain rapport entre les frais de production et les produits, le prix des esclaves est fort élevé à la Lousiane. Or, la Lousiane étant du nombre des Etats confédérés, on peut y transporter des esclaves de toutes les parties de l'Union ;

L'influence de l'esclavage s'étend encore plus loin; elle pénètre jusque dans l'âme même du maître, et imprime une direction particulière à ses idées et à ses goûts.

Sur les deux rives de l'Ohio, la nature a donné à l'homme un caractère entreprenant et énergique; mais de chaque côté du fleuve il fait de cette qualité commune un emploi différent.

Le blanc de la rive droite, obligé de vivre par ses propres efforts, a placé dans le bien-être matériel le but principal de son existence; et comme le pays qu'il habite présente à son industrie d'inépuisables ressources, et offre à son activité des appâts toujours renaissants, son ardeur d'acquérir a dépassé les bornes ordinaires de la cupidité humaine : tourmenté du désir des richesses, on le voit entrer avec audace dans toutes les voies que la fortune lui ouvre; il devient indifféremment marin, pionnier, manufacturier, cultivateur, supportant avec une égale constance les travaux ou les dangers attachés à ces différentes professions; il y a quelque chose de merveilleux dans les ressources de son génie, et une sorte d'héroïsme dans son avidité pour le gain.

L'Américain de la rive gauche ne méprise pas seulement le travail, mais toutes les entreprises que le travail fait réussir; vivant dans une oisive aisance, il a les goûts des hommes oisifs; l'argent a perdu une partie de sa valeur à ses yeux; il poursuit moins la fortune que l'agitation et le plaisir, et il porte de ce côté l'énergie que son voisin déploie ailleurs; il aime passionnément la chasse et la guerre; il se plaît dans les exercices les plus violents du corps; l'usage des armes lui est familier, et dès son enfance il a appris à jouer sa vie dans des combats singuliers. L'esclavage n'empêche donc pas seulement les blancs de faire fortune, il les détourne de le vouloir.

Les mêmes causes opérant continuellement depuis deux siècles en sens contraires dans les colonies anglaises de l'Amérique septentrionale, ont fini par mettre une différence prodigieuse entre la capacité commerciale de l'homme du Sud et celle de l'homme du Nord. Aujourd'hui, il n'y a que le Nord qui ait des vaisseaux, des manufactures, des routes de fer et des canaux.

---

le prix qu'on donne d'un esclave à la Nouvelle-Orléans élève donc le prix des esclaves sur tous les autres marchés. Il en résulte que, dans les pays où la terre rapporte peu, les frais de la culture par les esclaves continuent à être très considérables, ce qui donne un grand avantage à la concurrence des ouvriers libres.

Cette différence se remarque non seulement en comparant le Nord et le Sud, mais en comparant entre eux les habitants du Sud. Presque tous les hommes qui dans les Etats les plus méridionaux de l'Union se livrent à des entreprises commerciales et cherchent à utiliser l'esclavage sont venus du Nord; chaque jour, les gens du Nord se répandent dans cette partie du territoire amériricain où la concurrence est moins à craindre pour eux; ils y découvrent des ressources que n'y apercevaient point les habitants, et se pliant à un système qu'ils désapprouvent, ils parviennent à en tirer un meilleur parti que ceux qui le soutiennent encore après l'avoir fondé.

Si je voulais pousser plus loin le parallèle, je prouverais aisément que presque toutes les différences qui se remarquent entre le caractère des Américains au Sud et au Nord ont pris naissance dans l'esclavage; mais ce serait sortir de mon sujet : je cherche en ce moment, non pas quels sont tous les effets de la servitude, mais quels effets elle produit sur la prospérité matérielle de ceux qui l'ont admise.

Cette influence de l'esclavage sur la production des richesses ne pouvait être que très imparfaitement connue de l'Antiquité. La servitude existait alors dans tout l'univers policé, et les peuples qui ne la connaissaient point étaient des barbares.

Aussi le christianisme n'a-t-il détruit l'esclavage qu'en faisant valoir les droits de l'esclave; de nos jours on peut l'attaquer au nom du maître : sur ce point l'intérêt et la morale sont d'accord.

A mesure que ces vérités se manifestaient aux Etats-Unis, on voyait l'esclavage reculer peu à peu devant les lumières de l'expérience.

La servitude avait commencé au Sud et s'était ensuite étendue vers le Nord, aujourd'hui elle se retire. La liberté, partie du Nord, descend sans s'arrêter vers le Sud. Parmi les grands Etats, la Pennsylvanie forme aujourd'hui l'extrême limite de l'esclavage vers le Nord, mais dans ces limites mêmes il est ébranlé; le Maryland, qui est immédiatement au-dessous de la Pennsylvanie, se prépare chaque jour à s'en passer, et déjà la Virginie, qui suit le Maryland, discute son utilité et ses dangers [39].

---

39. Il y a une raison particulière qui achève de détacher de la cause de l'esclavage les deux derniers Etats que je viens de nommer.

Il ne se fait pas un grand changement dans les institutions humaines sans qu'au milieu des causes de ce changement on ne découvre la loi des successions.

Lorsque l'inégalité des partages régnait au Sud, chaque famille était représentée par un homme riche qui ne sentait pas plus le besoin que le goût du travail; autour de lui vivaient de la même manière, comme autant de plantes parasites, les membres de sa famille que la loi avait exclus de l'héritage commun; on voyait alors dans toutes les familles du Sud ce qu'on voit encore de nos jours dans les familles nobles de certains pays de l'Europe, où les cadets, sans avoir la même richesse que l'aîné, restent aussi oisifs que lui. Cet effet semblable était produit en Amérique et en Europe par des causes entièrement analogues. Dans le Sud des Etats-Unis, la race entière des blancs formait un corps aristocratique à la tête duquel se tenaient un certain nombre d'individus privilégiés dont la richesse était permanente et les loisirs héréditaires. Ces chefs de la noblesse américaine perpétuaient dans le corps dont ils étaient les représentants les préjugés traditionnels de la race blanche, et maintenaient l'oisiveté en honneur. Dans le sein de cette aristocratie, on pouvait rencontrer des pauvres, mais non des travailleurs; la misère y paraissait préférable à l'industrie; les ouvriers nègres et esclaves ne trouvaient donc point de concurrents, et, quelque opinion qu'on pût avoir sur l'utilité de leurs efforts, il fallait bien les employer, puisqu'ils étaient seuls.

Du moment où la loi des successions a été abolie, toutes les fortunes ont commencé à diminuer simultanément, toutes les familles se sont rapprochées par un même mouvement de l'état où le travail devient nécessaire à l'existence; beaucoup d'entre elles ont entièrement disparu; toutes ont entrevu le moment où il faudrait que chacun pourvût soi-même à ses besoins. Aujourd'hui on voit encore des riches, mais ils ne forment plus un corps compact et héréditaire; ils n'ont pu adopter un

---

L'ancienne richesse de cette partie de l'Union était principalement fondée sur la culture du tabac. Les esclaves sont particulièrement appropriés à cette culture : or, il arrive que depuis bien des années le tabac perd de sa valeur vénale; cependant la valeur des esclaves reste toujours la même. Ainsi le rapport entre les frais de production et les produits est changé. Les habitants du Maryland et de la Virginie se sentent donc plus disposés qu'ils ne l'étaient il y a trente ans, soit à se passer d'esclaves dans la culture du tabac, soit à abandonner en même temps la culture du tabac et l'esclavage.

esprit, y persévérer et le faire pénétrer dans tous les rangs. On a donc commencé à abandonner d'un commun accord le préjugé qui flétrissait le travail; il y a eu plus de pauvres, et les pauvres ont pu sans rougir s'occuper des moyens de gagner leur vie. Ainsi l'un des effets les plus prochains de l'égalité des partages a été de créer une classe d'ouvriers libres. Du moment où l'ouvrier libre est entré en concurrence avec l'esclave, l'infériorité de ce dernier s'est fait sentir, et l'esclavage a été attaqué dans son principe même, qui est l'intérêt du maître.

A mesure que l'esclavage recule, la race noire le suit dans sa marche rétrograde, et retourne avec lui vers les tropiques, d'où elle est originairement venue.

Ceci peut paraître extraordinaire au premier abord, on va bientôt le concevoir.

En abolissant le principe de servitude, les Américains ne mettent point les esclaves en liberté.

Peut-être comprendrait-on avec peine ce qui va suivre, si je ne citais un exemple; je choisirai celui de l'Etat de New York. En 1788, l'Etat de New York prohibe dans son sein la vente des esclaves. C'était d'une manière détournée en prohiber l'importation. Dès lors le nombre des nègres ne s'accroît plus que suivant l'accroissement naturel de la population noire. Huit ans après, on prend une mesure plus décisive, et l'on déclare qu'à partir du 4 juillet 1799 tous les enfants qui naîtront de parents esclaves seront libres. Toute voie d'accroissement est alors fermée; il y a encore des esclaves, mais on peut dire que la servitude n'existe plus.

A partir de l'époque où un Etat du Nord prohibe aussi l'importation des esclaves, on ne retire plus de noirs du Sud pour les transporter dans son sein.

Du moment où un Etat du Nord défend la vente des nègres, l'esclave ne pouvant plus sortir des mains de celui qui le possède devient une propriété incommode, et on a intérêt à le transporter au Sud.

Le jour où un Etat du Nord déclare que le fils de l'esclave naîtra libre, ce dernier perd une grande partie de sa valeur vénale; car sa postérité ne peut plus entrer dans le marché, et on a encore un grand intérêt à le transporter au Sud.

Ainsi la même loi empêche que les esclaves du Sud ne viennent au Nord, et pousse ceux du Nord vers le Sud.

Mais voici une autre cause plus puissante que toutes celles dont je viens de parler.

A mesure que le nombre des esclaves diminue dans un Etat, le besoin des travailleurs libres s'y fait sentir. A mesure que les travailleurs libres s'emparent de l'industriel, le travail de l'esclave étant moins productif, celui-ci devient une propriété médiocre ou inutile et on a encore grand intérêt à l'exporter au Sud, où la concurrence n'est pas à craindre.

L'abolition de l'esclavage ne fait donc pas arriver l'esclave à la liberté; elle le fait seulement changer de maître : du septentrion, il passe au midi.

Quant aux nègres affranchis et à ceux qui naissent après que l'esclavage a été aboli, ils ne quittent point le Nord pour passer au Sud, mais ils se trouvent vis-à-vis des Européens dans une position analogue à celle des indigènes; ils restent à moitié civilisés et privés de droits au milieu d'une population qui leur est infiniment supérieure en richesses et en lumières; ils sont en butte à la tyrannie des lois [40] et à l'intolérance des mœurs. Plus malheureux sous un certain rapport que les Indiens, ils ont contre eux les souvenirs de l'esclavage, et ils ne peuvent réclamer la possession d'un seul endroit du sol; beaucoup succombent à leur misère [41]; les autres se concentrent dans les villes, où, se chargeant des plus grossiers travaux, ils mènent une existence précaire et misérable.

Quand, d'ailleurs, le nombre des nègres continuerait à croître de la même manière qu'à l'époque où ils ne possédaient pas encore la liberté, le nombre des blancs augmentant avec une double vitesse après l'abolition de l'esclavage, les noirs seraient bientôt comme engloutis au milieu des flots d'une population étrangère.

Un pays cultivé par des esclaves est en général moins peuplé qu'un pays cultivé par des hommes libres; de plus, l'Amérique est une contrée nouvelle; au moment donc où un Etat abolit l'esclavage, il n'est encore qu'à

---

40. Les Etats où l'esclavage est aboli s'appliquent ordinairement à rendre fâcheux aux nègres libres le séjour de leur territoire; et comme il s'établit sur ce point une sorte d'émulation entre les différents Etats, les malheureux nègres ne peuvent que choisir entre des maux.

41. Il existe une grande différence entre la mortalité des blancs et celle des noirs dans les Etats où l'esclavage est aboli : de 1820 à 1831, il n'est mort à Philadelphie qu'un blanc sur quarante-deux individus appartenant à la race blanche, tandis qu'il y est mort un nègre sur vingt et un individus appartenant à la race noire. La mortalité n'est pas si grande à beaucoup près parmi les nègres esclaves. (Voyez *Emmerson's medical Statistics*, p. 28.)

l'esclavage est naturellement plus approprié au pays d'où l'on tire les produits que je viens de nommer.

Le tabac, le coton, la canne ne croissent qu'au Sud; ils y forment les sources principales de la richesse du pays. En détruisant l'esclavage, les hommes du Sud se trouveraient dans l'une de ces deux alternatives : ou ils seraient obligés de changer leur système de culture, et alors ils entreraient en concurrence avec les hommes du Nord, plus actifs et plus expérimentés qu'eux; ou ils cultiveraient les mêmes produits sans esclaves, et alors ils auraient à supporter la concurrence des autres Etats du Sud qui les auraient conservés.

Ainsi le Sud a des raisons particulières de garder l'esclavage, que n'a point le Nord.

Mais voici un autre motif plus puissant que tous les autres. Le Sud pourrait bien, à la rigueur, abolir la servitude; mais comment se délivrerait-il des noirs ? Au Nord, on chasse en même temps l'esclavage et les esclaves. Au Sud, on ne peut espérer d'atteindre en même temps ce double résultat.

En prouvant que la servitude était plus naturelle et plus avantageuse au Sud qu'au Nord, j'ai suffisamment indiqué que le nombre des esclaves devait y être beaucoup plus grand. C'est dans le Sud qu'ont été amenés les premiers Africains; c'est là qu'ils sont toujours arrivés en plus grand nombre. A mesure qu'on s'avance vers le Sud, le préjugé qui maintient l'oisiveté en honneur prend de la puissance. Dans les Etats qui avoisinent le plus les tropiques, il n'y a pas un blanc qui travaille. Les nègres sont donc naturellement plus nombreux au Sud qu'au Nord. Chaque jour, comme je l'ai dit plus haut, ils le deviennent davantage; car, à proportion qu'on détruit l'esclavage à une des extrémités de l'Union, les nègres s'accumulent à l'autre. Ainsi, le nombre des noirs augmente au Sud, non seulement par le mouvement naturel de la population, mais encore par l'émigration forcée des nègres du Nord. La race africaine a, pour croître dans cette partie de l'Union, des causes analogues à celles qui font grandir si vite la race européenne au Nord.

Dans l'Etat du Maine, on compte un nègre sur trois cents habitants; dans le Massachusetts, un sur cent; dans l'Etat de New York, deux sur cent; en Pennsylvanie, trois; au Maryland, trente-quatre; quarante-deux dans la Virginie, et cinquante-cinq enfin dans la Caroline du

Sud [45]. Telle était la proportion des noirs par rapport à celle des blancs dans l'année 1830. Mais cette proportion change sans cesse : chaque jour elle devient plus petite au Nord et plus grande au Sud.

Il est évident que dans les Etats les plus méridionaux de l'Union, on ne saurait abolir l'esclavage comme on l'a fait dans les Etats du Nord, sans courir de très grands dangers, que ceux-ci n'ont point eu à redouter.

Nous avons vu comment les Etats du Nord ménageaient la transition entre l'esclavage et la liberté. Ils gardent la génération présente dans les fers et émancipent les races futures; de cette manière, on n'introduit les nègres que peu à peu dans la société, et tandis qu'on retient dans la servitude l'homme qui pourrait faire un mauvais usage de son indépendance, on affranchit celui qui, avant de devenir maître de lui-même, peut encore apprendre l'art d'être libre.

Il est difficile de faire l'application de cette méthode au Sud. Lorsqu'on déclare qu'à partir de certaine époque le fils du nègre sera libre, on introduit le principe et l'idée de la liberté dans le sein même de la servitude : les noirs que le législateur garde dans l'esclavage, et qui voient leurs fils en sortir, s'étonnent de ce partage inégal que fait entre eux la destinée; ils s'inquiètent et s'irritent. Dès lors, l'esclavage a perdu à leurs yeux l'espèce de puissance morale que lui donnaient le temps et la coutume; il en est réduit à n'être plus qu'un abus visible de la force. Le Nord n'avait rien à craindre de ce contraste, parce qu'au Nord les noirs étaient en petit nombre, et les blancs très nombreux. Mais si cette première aurore de la liberté venait à éclairer en même temps deux millions d'hommes, les oppresseurs devraient trembler.

Après avoir affranchi les fils de leurs esclaves, les

---

45. On lit dans l'ouvrage américain intitulé *Letters on the Colonisation Society*, par Carey, 1833, ce qui suit : « Dans la Caroline du Sud, depuis quarante ans, la race noire croît plus vite que celle des blancs. En faisant un ensemble de la population des cinq Etats du Sud qui ont d'abord eu des esclaves, dit encore M. Carey, le Maryland, la Virginie, la Caroline du Nord, la Caroline du Sud et la Géorgie, on découvre que, de 1790 à 1830, les blancs ont augmenté dans le rapport de 80 par 100 dans ces Etats, et les noirs dans celui de 112 par 100. »

Aux Etats-Unis, en 1830, les hommes appartenant aux deux races étaient distribués de la manière suivante : Etats où l'esclavage est aboli, 6 565 434 blancs, 120 520 nègres. Etats où l'esclavage existe encore, 3 960 814 blancs, 2 208 102 nègres.

Européens du Sud seraient bientôt contraints d'étendre à toute la race noire le même bienfait.

Dans le Nord, comme je l'ai dit plus haut, du moment où l'esclavage est aboli, et même du moment où il devient probable que le temps de son abolition approche, il se fait un double mouvement : les esclaves quittent le pays pour être transportés plus au Sud ; les blancs des Etats du Nord et les émigrants d'Europe affluent à leur place.

Ces deux causes ne peuvent opérer de la même manière dans les derniers Etats du Sud. D'une part, la masse des esclaves y est trop grande pour qu'on puisse espérer de leur faire quitter le pays ; d'autre part, les Européens et les Anglo-Américains du Nord redoutent de venir habiter une contrée où l'on n'a point encore réhabilité le travail. D'ailleurs, ils regardent avec raison les Etats où la proportion des nègres surpasse ou égale celle des blancs comme menacés de grands malheurs, et ils s'abstiennent de porter leur industrie de ce côté.

Ainsi, en abolissant l'esclavage, les hommes du Sud ne parviendraient pas, comme leurs frères du Nord, à faire arriver graduellement les nègres à la liberté ; ils ne diminueraient pas sensiblement le nombre des noirs, et ils resteraient seuls pour les contenir. Dans le cours de peu d'années, on verrait donc un grand peuple de nègres libres placé au milieu d'une nation à peu près égale de blancs.

Les mêmes abus de pouvoir qui maintiennent aujourd'hui l'esclavage deviendraient alors dans le Sud la source des plus grands dangers qu'auraient à redouter les blancs. Aujourd'hui le descendant des Européens possède seul la terre ; il est maître absolu de l'industrie ; seul il est riche, éclairé, armé. Le noir ne possède aucun de ces avantages ; mais il peut s'en passer, il est esclave. Devenu libre, chargé de veiller lui-même sur son sort, peut-il rester privé de toutes ces choses sans mourir ? Ce qui faisait la force du blanc, quand l'esclavage existait, l'expose donc à mille périls après que l'esclavage est aboli.

Laissant le nègre en servitude, on peut le tenir dans un état voisin de la brute ; libre, on ne peut l'empêcher de s'instruire assez pour apprécier l'étendue de ses maux et en entrevoir le remède. Il y a d'ailleurs un singulier principe de justice relative qu'on trouve très profondément enfoncé dans le cœur humain. Les hommes sont beaucoup plus frappés de l'inégalité qui existe dans l'intérieur d'une même classe que des inégalités qu'on remarque entre les différentes classes. On comprend l'esclavage; mais comment concevoir l'existence de plusieurs millions de citoyens éternellement pliés sous l'infamie et livrés à des misères héréditaires ? Dans le Nord, une population de nègres affranchis éprouve ces maux et ressent ces injustices; mais elle est faible et réduite; dans le Sud elle serait nombreuse et forte.

Du moment où l'on admet que les blancs et les nègres émancipés sont placés sur le même sol comme des peuples étrangers l'un à l'autre, on comprendra sans peine qu'il n'y a plus que deux chances dans l'avenir : il faut que les nègres et les blancs se confondent entièrement ou se séparent.

J'ai déjà exprimé plus haut quelle était ma conviction sur le premier moyen [46]. Je ne pense pas que la race blanche et la race noire en viennent nulle part à vivre sur un pied d'égalité.

Mais je crois que la difficulté sera bien plus grande encore aux Etats-Unis que partout ailleurs. Il arrive qu'un homme se place en dehors des préjugés de religion, de pays, de race, et si cet homme est roi, il peut opérer de surprenantes révolutions dans la société : un peuple tout entier ne saurait se mettre ainsi en quelque sorte au-dessus de lui-même.

Un despote venant à confondre les Américains et leurs anciens esclaves sous le même joug parviendrait peut-être à les mêler : tant que la démocratie américaine restera à la tête des affaires, nul n'osera tenter une pareille entreprise, et l'on peut prévoir que, plus les blancs des Etats-Unis seront libres, plus ils chercheront à s'isoler [47].

J'ai dit ailleurs que le véritable lien entre l'Européen et l'Indien était le métis; de même la véritable transition entre le blanc et le nègre, c'est le mulâtre : partout où il se trouve un très grand nombre de mulâtres, la fusion entre les deux races n'est pas impossible.

Il y a des parties de l'Amérique où l'Européen et le

---

46. Cette opinion, du reste, est appuyée sur des autorités bien autrement graves que la mienne. On lit entre autres dans les *Mémoires de Jefferson* : « Rien n'est plus clairement écrit dans le livre des destinées que l'affranchissement des noirs, et il est tout aussi certain que les deux races également libres ne pourront vivre sous le même gouvernement. La nature, l'habitude et l'opinion ont établi entre elles des barrières insurmontables. » (Voyez *Extrait des Mémoires de Jefferson*, par M. Conseil.)

47. Si les Anglais des Antilles s'étaient gouvernés eux-mêmes, on peut compter qu'ils n'eussent pas accordé l'acte d'émancipation que la mère patrie vient d'imposer.

nègre se sont tellement croisés qu'il est difficile de rencontrer un homme qui soit tout à fait blanc ou tout à fait noir : arrivées à ce point, on peut réellement dire que les races se sont mêlées ; ou plutôt, à leur place, il en est survenu une troisième qui tient des deux sans être précisément ni l'une ni l'autre.

De tous les Européens, les Anglais sont ceux qui ont le moins mêlé leur sang à celui des nègres. On voit au sud de l'Union plus de mulâtres qu'au nord, mais infiniment moins que dans aucune autre colonie européenne ; les mulâtres sont très peu nombreux aux Etats-Unis ; ils n'ont aucune force par eux-mêmes, et dans les querelles de races, ils font d'ordinaire cause commune avec les blancs. C'est ainsi qu'en Europe on voit souvent les laquais des grands seigneurs trancher du noble avec le peuple.

Cet orgueil d'origine, naturel à l'Anglais, est encore singulièrement accru chez l'Américain par l'orgueil individuel que la liberté démocratique fait naître. L'homme blanc des Etats-Unis est fier de sa race et fier de lui-même.

D'ailleurs, les blancs et les nègres ne venant pas à se mêler dans le Nord de l'Union, comment se mêleraient-ils dans le Sud ? Peut-on supposer un instant que l'Américain du Sud, placé comme il le sera toujours, entre l'homme blanc, dans toute sa supériorité physique et morale, et le nègre, puisse jamais songer à se confondre avec ce dernier ? L'Américain du Sud a deux passions énergiques qui le porteront toujours à s'isoler : il craindra de ressembler au nègre son ancien esclave, et de descendre au-dessous du blanc son voisin.

S'il fallait absolument prévoir l'avenir, je dirais que, suivant le cours probable des choses, l'abolition de l'esclavage au Sud fera croître la répugnance que la population blanche y éprouve pour les noirs. Je fonde cette opinion sur ce que j'ai déjà remarqué d'analogue au Nord. J'ai dit que les hommes blancs du Nord s'éloignent des nègres avec d'autant plus de soin que le législateur marque moins la séparation légale qui doit exister entre eux : pourquoi n'en serait-il pas de même au Sud ? Dans le Nord, quand les blancs craignent d'arriver à se confondre avec les noirs, ils redoutent un danger imaginaire. Au Sud, où le danger serait réel, je ne puis croire que la crainte fût moindre.

Si, d'une part, on reconnaît (et le fait n'est pas dou-

teux) que dans l'extrémité sud, les noirs s'accumulent
sans cesse et croissent plus vite que les blancs; si, d'une
autre, on concède qu'il est impossible de prévoir l'époque
où les noirs et les blancs arriveront à se mêler et à retirer
de l'état de société les mêmes avantages, ne doit-on pas
en conclure que, dans les Etats du Sud, les noirs et les
blancs finiront tôt ou tard par entrer en lutte?

Quel sera le résultat final de cette lutte?

On comprendra sans peine que sur ce point il faut se
renfermer dans le vague des conjectures. L'esprit humain
parvient avec peine à tracer en quelque sorte un grand
cercle autour de l'avenir; mais en dedans de ce cercle
s'agite le hasard qui échappe à tous les efforts. Dans le
tableau de l'avenir, le hasard forme toujours comme le
point obscur où l'œil de l'intelligence ne saurait pénétrer.
Ce qu'on peut dire est ceci : dans les Antilles, c'est la
race blanche qui semble destinée à succomber; sur le
continent, la race noire.

Dans les Antilles, les blancs sont isolés au milieu d'une
immense population de noirs; sur le continent, les noirs
sont placés entre la mer et un peuple innombrable, qui
déjà s'étend au-dessus d'eux comme une masse compacte,
depuis les glaces du Canada jusqu'aux frontières de la
Virginie, depuis les rivages du Missouri jusqu'aux bords
de l'océan Atlantique. Si les blancs de l'Amérique du
Nord restent unis il est difficile de croire que les nègres
puissent échapper à la destruction qui les menace; ils
succomberont sous le fer ou la misère. Mais les populations noires accumulées le long du golfe du Mexique
ont des chances de salut si la lutte entre les deux races
vient à s'établir alors que la confédération américaine
sera dissoute. Une fois l'anneau fédéral brisé, les hommes
du Sud auraient tort de compter sur un appui durable
de la part de leurs frères du Nord. Ceux-ci savent que le
danger ne peut jamais les atteindre; si un devoir positif
ne les contraint de marcher au secours du Sud, on peut
prévoir que les sympathies de race seront impuissantes.

Quelle que soit, du reste, l'époque de la lutte, les blancs
du Sud, fussent-ils abandonnés à eux-mêmes, se présen-
teront dans la lice avec une immense supériorité de
lumières et de moyens; mais les noirs auront pour eux le
nombre et l'énergie du désespoir. Ce sont là de grandes
ressources quand on a les armes à la main. Peut-être
arrivera-t-il alors à la race blanche du Sud ce qui est
arrivé aux Maures d'Espagne. Après avoir occupé le pays

pendant des siècles, elle se retirera enfin peu à peu vers la contrée d'où ses aïeux sont autrefois venus, abandonnant aux nègres la possession d'un pays que la Providence semble destiner à ceux-ci, puisqu'ils y vivent sans peine et y travaillent plus facilement que les blancs.

Le danger plus ou moins éloigné, mais inévitable, d'une lutte entre les noirs et les blancs qui peuplent le Sud de l'Union, se présente sans cesse comme un rêve pénible à l'imagination des Américains. Les habitants du Nord s'entretiennent chaque jour de ces périls, quoique directement ils n'aient rien à en craindre. Ils cherchent vainement à trouver un moyen de conjurer les malheurs qu'ils prévoient.

Dans les Etats du Sud, on se tait; on ne parle point de l'avenir aux étrangers; on évite de s'en expliquer avec ses amis; chacun se le cache pour ainsi dire à soi-même. Le silence du Sud a quelque chose de plus effrayant que les craintes bruyantes du Nord.

Cette préoccupation générale des esprits a donné naissance à une entreprise presque ignorée qui peut changer le sort d'une partie de la race humaine.

Redoutant les dangers que je viens de décrire, un certain nombre de citoyens américains se réunirent en société dans le but d'importer à leurs frais sur les côtes de la Guinée les nègres libres qui voudraient échapper à la tyrannie qui pèse sur eux [48].

En 1820, la société dont je parle parvint à fonder en Afrique, par le 7e degré de latitude nord, un établissement auquel elle donna le nom de *Liberia*. Les dernières nouvelles annonçaient que deux mille cinq cents nègres se trouvaient déjà réunis sur ce point. Transportés dans leur ancienne patrie, les noirs y ont introduit des institutions américaines. Liberia a un système représentatif, des jurés nègres, des magistrats nègres, des prêtres nègres; on y voit des temples et des journaux, et, par un retour singulier des vicissitudes de ce monde, il est défendu aux blancs de se fixer dans ses murs [49].

48. Cette société prit le nom de Société de Colonisation des noirs. Voyez ses rapports annuels, et notamment le quinzième. Voyez aussi la brochure déjà indiquée intitulée : *Letters on the Colonisation Society and on its probable results*, par M. Carey. Philadelphie, avril 1833.

49. Cette dernière règle a été tracée par les fondateurs eux-mêmes de l'établissement. Ils ont craint qu'il n'arrivât en Afrique quelque chose d'analogue à ce qui se passe sur les frontières des Etats-Unis,

Voilà à coup sûr un étrange jeu de la fortune! Deux siècles se sont écoulés depuis le jour où l'habitant de l'Europe entreprit d'enlever les nègres à leur famille et à leur pays pour les transporter sur les rivages de l'Amérique du Nord. Aujourd'hui on rencontre l'Européen occupé à charrier de nouveau à travers l'océan Atlantique les descendants de ces mêmes nègres, afin de les reporter sur le sol d'où il avait jadis arraché leurs pères. Des barbares ont été puiser les lumières de la civilisation au sein de la servitude et apprendre dans l'esclavage l'art d'être libres.

Jusqu'à nos jours, l'Afrique était fermée aux arts et aux sciences des blancs. Les lumières de l'Europe, importées par des Africains, y pénétreront peut-être. Il y a donc une belle et grande idée dans la fondation de Liberia; mais cette idée, qui peut devenir si féconde pour l'ancien monde, est stérile pour le nouveau.

En douze ans, la Société de colonisation des noirs a transporté en Afrique deux mille cinq cents nègres. Pendant le même espace de temps, il en naissait environ sept cent mille dans les Etats-Unis.

La colonie de Liberia fût-elle en position de recevoir chaque année des milliers de nouveaux habitants, et ceux-ci en état d'y être conduits utilement; l'Union se mît-elle à la place de la Société et employât-elle annuellement ses trésors [50] et ses vaisseaux à exporter des nègres en Afrique, elle ne pourrait point encore balancer le seul progrès naturel de la population parmi les noirs; et n'enlevant pas chaque année autant d'hommes qu'il en vient au monde, elle ne parviendrait pas même à suspendre les développements du mal qui grandit chaque jour dans son sein [51].

et que les nègres, comme les Indiens, entrant en contact avec une race plus éclairée que la leur, ne fussent détruits avant de pouvoir se civiliser.

50. Il se rencontrerait bien d'autres difficultés encore dans une pareille entreprise. Si l'Union, pour transporter les nègres d'Amérique en Afrique, entreprenait d'acheter les noirs à ceux dont ils sont les esclaves, le prix des nègres, croissant en proportion de leur rareté, s'élèverait bientôt à des sommes énormes, et il n'est pas croyable que les Etats du Nord consentissent à faire une semblable dépense, dont ils ne devraient point recueillir les fruits. Si l'Union s'emparait de force ou acquérait à un bas prix fixé par elle les esclaves du Sud, elle créerait une résistance insurmontable parmi les Etats situés dans cette partie de l'Union. Des deux côtés on aboutit à l'impossible.

51. Il y avait en 1830 dans les Etats-Unis 2 010 327 esclaves, et 319 439 affranchis; en tout 2 329 766 nègres; ce qui formait un peu

La race nègre ne quittera plus les rivages du continent américain, où les passions et les vices de l'Europe l'ont fait descendre; elle ne disparaîtra du nouveau monde qu'en cessant d'exister. Les habitants des Etats-Unis peuvent éloigner les malheurs qu'ils redoutent, mais ils ne sauraient aujourd'hui en détruire la cause.

Je suis obligé d'avouer que je ne considère pas l'abolition de la servitude comme un moyen de retarder, dans les Etats du Sud, la lutte des deux races.

Les nègres peuvent rester longtemps esclaves sans se plaindre; mais entrés au nombre des hommes libres, ils s'indigneront bientôt d'être privés de presque tous les droits de citoyens; et ne pouvant devenir les égaux des blancs, ils ne tarderont pas à se montrer leurs ennemis.

Au Nord, on avait tout profit à affranchir les esclaves; on se délivrait ainsi de l'esclavage, sans avoir rien à redouter des nègres libres. Ceux-ci étaient trop peu nombreux pour réclamer jamais leurs droits. Il n'en est pas de même au Sud.

La question de l'esclavage était pour les maîtres, au Nord, une question commerciale et manufacturière; au Sud, c'est une question de vie ou de mort. Il ne faut donc pas confondre l'esclavage au Nord et au Sud.

Dieu me garde de chercher, comme certains auteurs américains, à justifier le principe de la servitude des nègres; je dis seulement que tous ceux qui ont admis cet affreux principe autrefois ne sont pas également libres aujourd'hui de s'en départir.

Je confesse que quand je considère l'Etat du Sud, je ne découvre, pour la race blanche qui habite ces contrées, que deux manières d'agir : affranchir les nègres et les fondre avec elle; rester isolés d'eux et les tenir le plus longtemps possible dans l'esclavage. Les moyens termes me paraissent aboutir prochainement à la plus horrible de toutes les guerres civiles, et peut-être à la ruine de l'une des deux races.

Les Américains du Sud envisagent la question sous ce point de vue, et ils agissent en conséquence. Ne voulant pas se fondre avec les nègres, ils ne veulent point les mettre en liberté.

Ce n'est pas que tous les habitants du Sud regardenr l'esclavage comme nécessaire à la richesse du maître; sur

plus du cinquième de la population totale des Etats-Unis à la même époque.

ce point, beaucoup d'entre eux sont d'accord avec les hommes du Nord, et admettent volontiers avec ceux-ci que la servitude est un mal; mais ils pensent qu'il faut conserver ce mal pour vivre.

Les lumières, en s'accroissant au Sud, ont fait apercevoir aux habitants de cette partie du territoire que l'esclavage est nuisible au maître, et ces mêmes lumières leur montrent, plus clairement qu'ils ne l'avaient vu jusqu'alors, la presque impossibilité de le détruire. De là un singulier contraste : l'esclavage s'établit de plus en plus dans les lois, à mesure que son utilité est plus contestée; et tandis que son principe est graduellement aboli dans le Nord, on tire au Midi, de ce même principe, des conséquences de plus en plus rigoureuses.

La législation des Etats du Sud relative aux esclaves présente de nos jours une sorte d'atrocité inouïe, et qui seule vient révéler quelque perturbation profonde dans les lois de l'humanité. Il suffit de lire la législation des Etats du Sud pour juger la position désespérée des deux races qui les habitent.

Ce n'est pas que les Américains de cette partie de l'Union aient précisément accru les rigueurs de la servitude; ils ont, au contraire, adouci le sort matériel des esclaves. Les anciens ne connaissaient que les fers et la mort pour maintenir l'esclavage; les Américains du Sud de l'Union ont trouvé des garanties plus intellectuelles pour la durée de leur pouvoir. Ils ont, si je puis m'exprimer ainsi, spiritualisé le despotisme et la violence. Dans l'Antiquité, on cherchait à empêcher l'esclave de briser ses fers; de nos jours, on a entrepris de lui en ôter le désir.

Les anciens enchaînaient le corps de l'esclave, mais ils laissaient son esprit libre et lui permettaient de s'éclairer. En cela ils étaient conséquents avec eux-mêmes; il y avait alors une issue naturelle à la servitude : d'un jour à l'autre l'esclave pouvait devenir libre et égal à son maître.

Les Américains du Sud, qui ne pensent point qu'à aucune époque les nègres puissent se confondre avec eux, ont défendu, sous des peines sévères, de leur apprendre à lire et à écrire. Ne voulant pas les élever à leur niveau, ils les tiennent aussi près que possible de la brute.

De tout temps, l'espérance de la liberté avait été placée au sein de l'esclavage pour en adoucir les rigueurs.

Les Américains du Sud ont compris que l'affranchissement offrait toujours des dangers, quand l'affranchi ne pouvait arriver un jour à s'assimiler au maître. Donner à un homme la liberté et le laisser dans la misère et l'ignominie, qu'est-ce faire, sinon fournir un chef futur à la révolte des esclaves ? On avait d'ailleurs remarqué depuis longtemps que la présence du nègre libre jetait une inquiétude vague au fond de l'âme de ceux qui ne l'étaient pas, et y faisait pénétrer, comme une lueur douteuse, l'idée de leurs droits. Les Américains du Sud ont enlevé aux maîtres, dans la plupart des cas, la faculté d'affranchir [52].

J'ai rencontré au Sud de l'Union un vieillard qui jadis avait vécu dans un commerce illégitime avec une de ses négresses. Il en avait eu plusieurs enfants qui, en venant au monde, étaient devenus esclaves de leur père. Plusieurs fois celui-ci avait songé à leur léguer au moins la liberté, mais des années s'étaient écoulées avant qu'il pût lever les obstacles mis à l'affranchissement par le législateur. Pendant ce temps, la vieillesse était venue, et il allait mourir. Il se représentait alors ses fils traînés de marchés en marchés, et passant de l'autorité paternelle sous la verge d'un étranger. Ces horribles images jetaient dans le délire son imagination expirante. Je le vis en proie aux angoisses du désespoir, et je compris alors comment la nature savait se venger des blessures que lui faisaient les lois.

Ces maux sont affreux, sans doute; mais ne sont-ils pas la conséquence prévue et nécessaire du principe même de la servitude parmi les modernes ?

Du moment où les Européens ont pris leurs esclaves dans le sein d'une race d'hommes différente de la leur, que beaucoup d'entre eux considéraient comme inférieure aux autres races humaines, et à laquelle tous envisagent avec horreur l'idée de s'assimiler jamais, ils ont supposé l'esclavage éternel; car, entre l'extrême inégalité que crée la servitude et la complète égalité que produit naturellement parmi les hommes l'indépendance, il n'y a point d'état intermédiaire qui soit durable. Les Européens ont senti vaguement cette vérité, mais sans se l'avouer. Toutes les fois qu'il s'est agi des nègres, on les a vus obéir tantôt à leur intérêt ou à leur orgueil, tantôt à leur pitié. Ils ont violé envers le noir tous les droits

52. L'affranchissement n'est point interdit, mais soumis à des formalités qui le rendent difficile.

de l'humanité, et puis ils l'ont instruit de la valeur et de l'inviolabilité de ces droits. Ils ont ouvert leurs rangs à leurs esclaves, et quand ces derniers tentaient d'y pénétrer, ils les ont chassés avec ignominie. Voulant la servitude, ils se sont laissé entraîner, malgré eux ou à leur insu, vers la liberté, sans avoir le courage d'être ni complètement iniques, ni entièrement justes.

S'il est impossible de prévoir une époque où les Américains du Sud mêleront leur sang à celui des nègres, peuvent-ils, sans s'exposer eux-mêmes à périr, permettre que ces derniers arrivent à la liberté ? Et s'ils sont obligés, pour sauver leur propre race, de vouloir les maintenir dans les fers, ne doit-on pas les excuser de prendre les moyens les plus efficaces pour y parvenir ?

Ce qui se passe dans le sud de l'Union me semble tout à la fois la conséquence la plus horrible et la plus naturelle de l'esclavage. Lorsque je vois l'ordre de la nature renversé, quand j'entends l'humanité qui crie et se débat en vain sous les lois, j'avoue que je ne trouve point d'indignation pour flétrir les hommes de nos jours, auteurs de ces outrages; mais je rassemble toute ma haine contre ceux qui, après plus de mille ans d'égalité, ont introduit de nouveau la servitude dans le monde.

Quels que soient, du reste, les efforts des Américains du Sud pour conserver l'esclavage, ils n'y réussiront pas toujours. L'esclavage, resserré sur un seul point du globe, attaqué par le christianisme comme injuste, par l'économie politique comme funeste; l'esclavage, au milieu de la liberté démocratique et des lumières de notre âge, n'est point une institution qui puisse durer. Il cessera par le fait de l'esclave ou par celui du maître. Dans les deux cas, il faut s'attendre à de grands malheurs.

Si on refuse la liberté aux nègres du Sud, ils finiront par la saisir violemment eux-mêmes; si on la leur accorde, ils ne tarderont pas à en abuser.

QUELLES SONT LES CHANCES DE DURÉE DE L'UNION AMÉRICAINE ? QUELS DANGERS LA MENACENT ?

Ce qui fait la force prépondérante réside dans les Etats plutôt que dans l'Union. — La confédération ne durera qu'autant que tous les Etats qui la composent voudront en faire partie. — Causes qui doivent les porter à rester unis. — Utilité d'être unis pour résister aux étrangers et pour n'avoir pas d'étrangers en Amérique. — La Providence n'a pas élevé de barrières naturelles entre les différents États. — Il n'existe pas d'intérêts matériels qui les divisent. — Intérêt qu'a le Nord à la prospérité et à l'union du Sud et de l'Ouest; le Sud à celles du Nord et de l'Ouest; l'Ouest à celles des deux autres. — Intérêts immatériels qui unissent les Américains. — Uniformité des opinions. — Les dangers de la confédération naissent de la différence des caractères dans les hommes qui la composent et de leurs passions. — Caractères des hommes du Sud et du Nord. — La croissance rapide de l'Union est un de ses plus grands périls. — Marche de la population vers le nord-ouest. — Gravitation de la puissance de ce côté. — Passions que ces mouvements rapides de la fortune font naître. — L'Union subsistant, son gouvernement tend-il à prendre de la force ou à s'affaiblir? — Divers signes d'affaiblissement. — Internal improvements. *— Terres désertes. — Indiens. — Affaire de la banque. — Affaire du tarif. — Le général Jackson.*

De l'existence de l'Union dépend en partie le maintien de ce qui existe dans chacun des Etats qui la composent. Il faut donc examiner d'abord quel est le sort probable de l'Union. Mais, avant tout, il est bon de se fixer sur un point : si la confédération actuelle venait à se briser, il me paraît incontestable que les Etats qui en font partie ne retourneraient pas à leur individualité première. A la place d'une Union, il s'en formerait plusieurs. Je n'entends point rechercher sur quelles bases ces nouvelles Unions viendraient à s'établir; ce que je veux montrer, ce sont les causes qui peuvent amener le démembrement de la confédération actuelle.

Pour y parvenir, je vais être obligé de parcourir de nouveau quelques-unes des routes dans lesquelles j'étais précédemment entré. Je devrai exposer aux regards plusieurs objets qui sont déjà connus. Je sais qu'en agissant ainsi je m'expose aux reproches du lecteur; mais l'importance de la matière qui me reste à traiter est mon excuse. Je préfère me répéter quelquefois que de n'être pas compris, et j'aime mieux nuire à l'auteur qu'au sujet.

Les législateurs qui ont formé la constitution de 1789 se sont efforcés de donner au pouvoir fédéral une existence à part et une force prépondérante.

Mais ils étaient bornés par les conditions mêmes du problème qu'ils avaient à résoudre. On ne les avait point chargés de constituer le gouvernement d'un peuple unique, mais de régler l'association de plusieurs peuples; et quels que fussent leurs désirs, il fallait toujours qu'ils en arrivassent à partager l'exercice de la souveraineté.

Pour bien comprendre quelles furent les conséquences de ce partage, il est nécessaire de faire une courte distinction entre les actes de la souveraineté.

Il y a des objets qui sont nationaux par leur nature, c'est-à-dire qui ne se rapportent qu'à la nation prise en corps, et ne peuvent être confiés qu'à l'homme ou à l'assemblée qui représente le plus complètement la nation entière. Je mettrai de ce nombre la guerre et la diplomatie.

Il en est d'autres qui sont provinciaux de leur nature, c'est-à-dire qui ne se rapportent qu'à certaines localités et ne peuvent être convenablement traités que dans la localité même. Tel est le budget des communes.

On rencontre enfin des objets qui ont une nature mixte : ils sont nationaux, en ce qu'ils intéressent tous les individus qui composent la nation; ils sont provinciaux, en ce qu'il n'y a pas nécessité que la nation elle-même y pourvoie. Ce sont, par exemple, les droits qui règlent l'état civil et politique des citoyens. Il n'existe pas d'état social sans droits civils et politiques. Ces droits intéressent donc également tous les citoyens; mais il n'est pas toujours nécessaire à l'existence et à la prospérité de la nation que ces droits soient uniformes, et par conséquent qu'ils soient réglés par le pouvoir central.

Parmi les objets dont s'occupe la souveraineté, il y a donc deux catégories nécessaires; on les retrouve dans toutes les sociétés bien constituées, quelle que soit du reste la base sur laquelle le pacte social ait été établi.

Entre ces deux points extrêmes sont placés, comme une masse flottante, les objets généraux, mais non nationaux, que j'ai appelés mixtes. Ces objets n'étant ni exclusivement nationaux, ni entièrement provinciaux, le soin d'y pourvoir peut être attribué au gouvernement national ou au gouvernement provincial, suivant les conventions de ceux qui s'associent, sans que le but de l'association cesse d'être atteint.

Le plus souvent, de simples individus s'unissent pour former le souverain et leur réunion compose un peuple. Au-dessous du gouvernement général qu'ils se sont donné, on ne rencontre alors que des forces individuelles ou des pouvoirs collectifs dont chacun représente une fraction très minime du souverain. Alors aussi c'est le gouvernement général qui est le plus naturellement appelé à régler, non seulement les objets nationaux par leur essence, mais la plus grande partie des objets mixtes dont j'ai déjà parlé. Les localités en sont réduites à la portion de souveraineté qui est indispensable à leur bien-être.

Quelquefois, par un fait antérieur à l'association, le souverain se trouve composé de corps politiques déjà organisés; il arrive alors que le gouvernement provincial se charge de pourvoir, non seulement aux objets exclusivement provinciaux de leur nature, mais encore à tout ou partie des objets mixtes dont il vient d'être question. Car les nations confédérées, qui formaient elles-mêmes des souverains avant leur union, et qui continuent à représenter une fraction très considérable du souverain, quoiqu'elles se soient unies, n'ont entendu céder au gouvernement général que l'exercice des droits indispensables à l'Union.

Quand le gouvernement national, indépendamment des prérogatives inhérentes à sa nature, se trouve revêtu du droit de régler les objets mixtes de la souveraineté, il possède une force prépondérante. Non seulement il a beaucoup de droits, mais tous les droits qu'il n'a pas sont à sa merci, et il est à craindre qu'il n'en vienne jusqu'à enlever aux gouvernements provinciaux leurs prérogatives naturelles et nécessaires.

Lorsque c'est, au contraire, le gouvenement provincial qui se trouve revêtu du droit de régler les objets mixtes, il règne dans la société une tendance opposée. La force prépondérante réside alors dans la province, non dans la nation; et on doit redouter que le gouvernement national ne finisse par être dépouillé des privilèges nécessaires à son existence.

Les peuples uniques sont donc naturellement portés vers la centralisation, et les confédérations vers le démembrement.

Il ne reste plus qu'à appliquer ces idées générales à l'Union américaine.

Aux Etats particuliers revenait forcément le droit de régler les objets purement provinciaux.

De plus, ces mêmes Etats retinrent celui de fixer la capacité civile et politique des citoyens, de régler les rapports des hommes entre eux, et de leur rendre la justice; droits qui sont généraux de leur nature, mais qui n'appartiennent pas nécessairement au gouvernement national.

Nous avons vu qu'au gouvernement de l'Union fut délégué le pouvoir d'ordonner au nom de toute la nation, dans les cas où la nation aurait à agir comme un seul et même individu. Il la représenta vis-à-vis des étrangers; il dirigea contre l'ennemi commun les forces communes. En un mot, il s'occupa des objets que j'ai appelés exclusivement nationaux.

Dans ce partage des droits de la souveraineté, la part de l'Union semble encore au premier abord plus grande que celle des Etats; un examen un peu approfondi démontre que, par le fait, elle est moindre.

Le gouvernement de l'Union exécute des entreprises plus vastes, mais on le sent rarement agir. Le gouvernement provincial fait de plus petites choses, mais il ne se repose jamais et révèle son existence à chaque instant.

Le gouvernement de l'Union veille sur les intérêts généraux du pays; mais les intérêts généraux d'un peuple n'ont qu'une influence contestable sur le bonheur individuel.

Les affaires de la province influent au contraire visiblement sur le bien-être de ceux qui l'habitent.

L'Union assure l'indépendance et la grandeur de la nation, choses qui ne touchent pas immédiatement les particuliers. L'Etat maintient la liberté, règle les droits, garantit la fortune, assure la vie, l'avenir tout entier de chaque citoyen.

Le gouvernement fédéral est placé à une grande distance de ses sujets; le gouvernement provincial est à la portée de tous. Il suffit d'élever la voix pour être entendu de lui. Le gouvernement central a pour lui les passions de quelques hommes supérieurs qui aspirent à le diriger : du côté du gouvernement provincial se trouve l'intérêt des hommes de second ordre qui n'espèrent obtenir de puissance que dans leur Etat; et ce sont ceux-là qui, placés près du peuple, exercent sur lui le plus de pouvoir.

Les Américains ont donc bien plus à attendre et à craindre de l'Etat que de l'Union; et, suivant la marche naturelle du cœur humain, ils doivent s'attacher bien plus vivement au premier qu'à la seconde.

En ceci les habitudes et les sentiments sont d'accord avec les intérêts.

Quand une nation compacte fractionne sa souveraineté et arrive à l'état de confédération, les souvenirs, les usages, les habitudes, luttent longtemps contre les lois et donnent au gouvernement central une force que celles-ci lui refusent. Lorsque des peuples confédérés se réunissent dans une seule souveraineté, les mêmes causes agissent en sens contraire. Je ne doute point que si la France devenait une république confédérée comme celle des Etats-Unis, le gouvernement ne s'y montrât d'abord plus énergique que celui de l'Union; et si l'Union se constituait en monarchie comme la France, je pense que le gouvernement américain resterait pendant quelque temps plus débile que le nôtre. Au moment où la vie nationale a été créée chez les Anglo-Américains, l'existence provinciale était déjà ancienne, des rapports nécessaires s'étaient établis entre les communes et les individus des mêmes Etats; on s'y était habitué à considérer certains objets sous un point de vue commun, et à s'occuper exclusivement de certaines entreprises comme représentant un intérêt spécial.

L'Union est un corps immense qui offre au patriotisme un objet vague à embrasser. L'Etat a des formes arrêtées et des bornes circonscrites; il représente un certain nombre de choses connues et chères à ceux qui l'habitent. Il se confond avec l'image même du sol, s'identifie à la propriété, à la famille, aux souvenirs du passé, aux travaux du présent, aux rêves de l'avenir. Le patriotisme, qui le plus souvent n'est qu'une extension de l'égoïsme individuel, est donc resté dans l'Etat et n'a pour ainsi dire point passé à l'Union.

Ainsi les intérêts, les habitudes, les sentiments se réunissent pour concentrer la véritable vie politique dans l'Etat, et non dans l'Union.

On peut facilement juger de la différence des forces des deux gouvernements, en voyant se mouvoir chacun d'eux dans le cercle de sa puissance.

Toutes les fois qu'un gouvernement d'Etat s'adresse à un homme ou à une association d'hommes, son langage est clair et impératif; il en est de même du gouvernement fédéral, quand il parle à des individus; mais dès qu'il se trouve en face d'un Etat, il commence à parlementer : il explique ses motifs et justifie sa conduite; il argumente, il conseille, il n'ordonne guère. S'élève-t-il des doutes sur les limites des pouvoirs constitutionnels de chaque gouvernement, le gouvernement provincial réclame son droit avec hardiesse et prend des mesures promptes et énergiques pour le soutenir. Pendant ce temps le gouvernement de l'Union raisonne; il en appelle au bon sens de la nation, à ses intérêts, à sa gloire; il temporise, il négocie; ce n'est que réduit à la dernière extrémité qu'il se détermine enfin à agir. Au premier abord, on pourrait croire que c'est le gouvernement provincial qui est armé des forces de toute la nation, et que le congrès représente un Etat.

Le gouvernement fédéral, en dépit des efforts de ceux qui l'ont constitué, est donc, comme je l'ai déjà dit ailleurs, par sa nature même, un gouvernement faible qui, plus que tout autre, a besoin du libre concours des gouvernés pour subsister.

Il est aisé de voir que son objet est de réaliser avec facilité la volonté qu'ont les Etats de rester unis. Cette première condition remplie, il est sage, fort et agile. On l'a organisé de manière à ne rencontrer habituellement devant lui que des individus et à vaincre aisément les résistances qu'on voudrait opposer à la volonté commune, mais le gouvernement fédéral n'a pas été établi dans la prévision que les Etats ou plusieurs d'entre eux cesseraient de vouloir être unis.

Si la souveraineté de l'Union entrait aujourd'hui en lutte avec celle des Etats, on peut aisément prévoir qu'elle succomberait; je doute même que le combat s'engageât jamais d'une manière sérieuse. Toutes les fois qu'on opposera une résistance opiniâtre au gouvernement fédéral, on le verra céder. L'expérience a prouvé jusqu'à présent que quand un Etat voulait obstinément une chose et la demandait résolument, il ne manquait jamais de l'obtenir; et que quand il refusait nettement d'agir [53], on le laissait libre de faire.

Le gouvernement de l'Union eût-il une force qui lui fût propre, la situation matérielle du pays lui en rendrait l'usage fort difficile [54].

Les Etats-Unis couvrent un immense territoire; de longues distances les séparent; la population y est éparpillée au milieu de pays encore à moitié déserts. Si l'Union entreprenait de maintenir par les armes les

53. Voyez la conduite des Etats du Nord dans la guerre de 1812. « Durant cette guerre, dit Jefferson dans une lettre du 17 mars 1817 au général La Fayette, quatre des Etats de l'Est n'étaient plus liés au reste de l'Union que comme des cadavres à des hommes vivants. » (*Correspondance de Jefferson*, publiée par M. Conseil.)

54. L'état de paix où se trouve l'Union ne lui donne aucun prétexte pour avoir une armée permanente. Sans armée permanente, un gouvernement n'a rien de préparé d'avance pour profiter du moment favorable, vaincre la résistance et enlever par surprise le souverain pouvoir.

confédérés dans le devoir, sa position se trouverait analogue à celle qu'occupait l'Angleterre lors de la guerre de l'indépendance.

D'ailleurs, un gouvernement, fût-il fort, ne saurait échapper qu'avec peine aux conséquences d'un principe, quand une fois il a admis ce principe lui-même comme fondement du droit public qui doit le régir. La confédération a été formée par la libre volonté des Etats; ceux-ci, en s'unissant, n'ont point perdu leur nationalité et ne se sont point fondus dans un seul et même peuple. Si aujourd'hui un de ces mêmes Etats voulait retirer son nom du contrat, il serait assez difficile de lui prouver qu'il ne peut le faire. Le gouvernement fédéral, pour le combattre, ne s'appuierait d'une manière évidente ni sur la force, ni sur le droit.

Pour que le gouvernement fédéral triomphât aisément de la résistance que lui opposeraient quelques-uns de ses sujets, il faudrait que l'intérêt particulier d'un ou de plusieurs d'entre eux fût intimement lié à l'existence de l'Union, comme cela s'est vu souvent dans l'histoire des confédérations.

Je suppose que parmi ces Etats que le lien fédéral rassemble il en soit quelques-uns qui jouissent à eux seuls des principaux avantages de l'union, ou dont la prospérité dépende entièrement du fait de l'union; il est clair que le pouvoir central trouvera dans ceux-là un très grand appui pour maintenir les autres dans l'obéissance. Mais alors il ne tirera plus sa force de lui-même, il la puisera dans un principe qui est contraire à sa nature. Les peuples ne se confédèrent que pour retirer des avantages égaux de l'union, et, dans le cas cité plus haut, c'est parce que l'inégalité règne entre les nations unies que le gouvernement fédéral est puissant.

Je suppose encore que l'un des Etats confédérés ait acquis une assez grande prépondérance pour s'emparer à lui seul du pouvoir central; il considérera les autres Etats comme ses sujets et fera respecter, dans la prétendue souveraineté de l'Union, sa propre souveraineté. On fera alors de grandes choses au nom du gouvernement fédéral, mais, à vrai dire, ce gouvernement n'existera plus [55].

---

55. C'est ainsi que la province de la Hollande, dans la république des Pays-Bas, et l'empereur, dans la Confédération germanique, se sont quelquefois mis à la place de l'Union, et ont exploité dans leur intérêt particulier la puissance fédérale.

Dans ces deux cas, le pouvoir qui agit au nom de la confédération devient d'autant plus fort qu'on s'écarte davantage de l'état naturel et du principe reconnu des confédérations.

En Amérique, l'union actuelle est utile à tous les Etats, mais elle n'est essentielle à aucun d'eux. Plusieurs Etats briseraient le lien fédéral que le sort des autres ne serait pas compromis, bien que la somme de leur bonheur fût moindre. Comme il n'y a point d'Etat dont l'existence ou la prospérité soit entièrement liée à la confédération actuelle, il n'y en pas non plus qui soit disposé à faire de très grands sacrifices personnels pour la conserver.

D'un autre côté, on n'aperçoit pas d'Etat qui ait, quant à présent, un grand intérêt d'ambition à maintenir la confédération telle que nous la voyons de nos jours. Tous n'exercent point sans doute la même influence dans les conseils fédéraux, mais on n'en voit aucun qui doive se flatter d'y dominer, et qui puisse traiter ses confédérés en inférieurs ou en sujets.

Il me paraît donc certain que si une portion de l'Union voulait sérieusement se séparer de l'autre, non seulement on ne pourrait pas l'en empêcher, mais on ne tenterait même pas de le faire. L'Union actuelle ne durera donc qu'autant que tous les Etats qui la composent continueront à vouloir en faire partie.

Ce point fixé, nous voici plus à l'aise : il ne s'agit plus de rechercher si les Etats actuellement confédérés pourront se séparer, mais s'ils voudront rester unis.

Parmi toutes les raisons qui rendent l'union actuelle utile aux Américains, on en rencontre deux principales dont l'évidence frappe aisément tous les yeux.

Quoique les Américains soient pour ainsi dire seuls sur leur continent, le commerce leur donne pour voisins tous les peuples avec lesquels ils trafiquent. Malgré leur isolement apparent, les Américains ont donc besoin d'être forts, et ils ne peuvent être forts qu'en restant tous unis.

Les Etats, en se désunissant, ne diminueraient pas seulement leur force vis-à-vis des étrangers, ils créeraient des étrangers sur leur propre sol. Dès lors ils entreraient dans un système de douanes intérieures ; ils diviseraient les vallées par des lignes imaginaires ; ils emprisonneraient le cours des fleuves et gêneraient de toutes les manières l'exploitation de l'immense continent que Dieu leur a accordé pour domaine.

Aujourd'hui ils n'ont pas d'invasion à redouter, conséquemment pas d'armées à entretenir, pas d'impôts à lever ; si l'Union venait à se briser, le besoin de toutes ces choses ne tarderait peut-être pas à se faire sentir.

Les Américains ont donc un immense intérêt à rester unis.

D'un autre côté, il est presque impossible de découvrir quelle espèce d'intérêt matériel une portion de l'Union aurait, quant à présent, à se séparer des autres.

Lorsqu'on jette les yeux sur une carte des Etats-Unis et qu'on aperçoit la chaîne des monts Alléghanys, courant du Nord-Est au Sud-Ouest, et parcourant le pays sur une étendue de 400 lieues, on est tenté de croire que le but de la Providence a été d'élever entre le bassin du Mississippi et les côtes de l'océan Atlantique une de ces barrières naturelles qui, s'opposant aux rapports permanents des hommes entre eux, forment comme les limites nécessaires des différents peuples.

Mais la hauteur moyenne des Alléghanys ne dépasse pas 800 mètres [56]. Leurs sommets arrondis et les spacieuses vallées qu'ils renferment dans leurs contours présentent en mille endroits un accès facile. Il y a plus, les principaux fleuves qui viennent verser leurs eaux dans l'océan Atlantique, l'Hudson, la Susquehanna, le Potomac, ont leurs sources au-delà des Alléghanys, sur un plateau ouvert qui borde le bassin du Mississippi. Partis de cette région [57], ils se font jour à travers le rempart qui semblait devoir les rejeter à l'Occident et tracent, au sein des montagnes, des routes naturelles toujours ouvertes à l'homme.

Aucune barrière ne s'élève donc entre les différentes parties du pays occupé de nos jours par les Anglo-Américains. Loin que les Alléghanys servent de limites à des peuples, ils ne bornent même point des Etats. Le New York, la Pennsylvanie et la Virginie les renferment dans leur enceinte et s'étendent autant à l'Occident qu'à l'Orient de ces montagnes [58].

---

56. Hauteur moyenne des Alléghanys, suivant Volney (*Tableau des Etats-Unis*, p. 33), 700 à 800 mètres ; 5 000 à 6 000 pieds, suivant Darby : la plus grande hauteur des Vosges est de 1 400 mètres au-dessus du niveau de la mer.

57. Voyez *View of the United States*, par Darby, p. 64 et 79.

58. La chaîne des Alléghanys n'est pas plus haute que celle des Vosges et n'offre pas autant d'obstacles que cette dernière aux efforts de l'industrie humaine. Les pays situés sur le versant oriental des

Le territoire occupé de nos jours par les vingt-quatre États de l'Union et les trois grands districts qui ne sont pas encore placés au nombre des États, quoiqu'ils aient déjà des habitants, couvre une superficie de 131 144 lieues carrées [59], c'est-à-dire qu'il présente déjà une surface presque égale à cinq fois celle de la France. Dans ces limites se rencontrent un sol varié, des températures différentes et des produits très divers.

Cette grande étendue de territoire occupé par les républiques anglo-américaines a fait naître des doutes sur le maintien de leur union. Ici il faut distinguer : des intérêts contraires se créent quelquefois dans les différentes provinces d'un vaste empire et finissent par entrer en lutte : il arrive alors que la grandeur de l'État est ce qui compromet le plus sa durée. Mais si les hommes qui couvrent ce vaste territoire n'ont pas entre eux d'intérêts contraires, son étendue même doit servir à leur prospérité, car l'unité du gouvernement favorise singulièrement l'échange qui peut se faire des différents produits du sol, et en rendant leur écoulement plus facile, il en augmente la valeur.

Or je vois bien dans les différentes parties de l'Union des intérêts différents, mais je n'en découvre pas qui soient contraires les uns aux autres.

Les États du Sud sont presque exclusivement cultivateurs ; les États du Nord sont particulièrement manufacturiers et commerçants ; les États de l'Ouest sont en même temps manufacturiers et cultivateurs. Au Sud, on récolte du tabac, du riz, du coton et du sucre ; au Nord et à l'Ouest, du maïs et du blé. Voilà des sources diverses de richesses ; mais pour puiser dans ces sources, il y a un moyen commun et également favorable pour tous, c'est l'union.

Le Nord, qui charrie les richesses des Anglo-Américains dans toutes les parties du monde, et les richesses de l'univers dans le sein de l'Union, a un intérêt évident à ce que la confédération subsiste telle qu'elle est de nos jours, afin que le nombre des producteurs et des consommateurs américains qu'il est appelé à servir reste le plus grand possible. Le Nord est l'entremetteur le plus naturel

Alléghanys sont donc aussi naturellement liés à la vallée du Mississippi que la Franche-Comté, la haute Bourgogne et l'Alsace le sont à la France.

59. 1 002 600 milles carrés. Voyez *View of the United States*, par Darby, p. 435.

entre le sud et l'ouest de l'Union, d'une part, et de l'autre le reste du monde; le Nord doit donc désirer que le Sud et l'Ouest restent unis et prospères, afin qu'ils fournissent à ses manufactures des matières premières et du fret à ses vaisseaux.

Le Sud et l'Ouest ont, de leur côté, un intérêt plus direct encore à la conservation de l'Union et à la prospérité du Nord. Les produits du Sud s'exportent, en grande partie, au-delà des mers; le Sud et l'Ouest ont donc besoin des ressources commerciales du Nord. Ils doivent vouloir que l'Union ait une grande puissance maritime pour pouvoir les protéger efficacement. Le Sud et l'Ouest doivent contribuer volontiers aux frais d'une marine, quoiqu'ils n'aient pas de vaisseaux; car si les flottes de l'Europe venaient bloquer les ports du Sud et le delta du Mississippi, que deviendraient le riz des Carolines, le tabac de la Virginie, le sucre et le coton qui croissent dans les vallées du Mississippi? Il n'y a donc pas une portion du budget fédéral qui ne s'applique à la conservation d'un intérêt matériel commun à tous les confédérés.

Indépendamment de cette utilité commerciale, le Sud et l'Ouest de l'Union trouvent un grand avantage politique à rester unis entre eux et avec le Nord.

Le Sud renferme dans son sein une immense population d'esclaves, population menaçante dans le présent, plus menaçante encore dans l'avenir.

Les Etats de l'Ouest occupent le fond d'une seule vallée. Les fleuves qui arrosent le territoire de ces Etats, partant des montagnes Rocheuses ou des Alléghanys, viennent tous mêler leurs eaux à celles du Mississippi et roulent avec lui vers le golfe du Mexique. Les Etats de l'Ouest sont entièrement isolés, par leur position, des traditions de l'Europe et de la civilisation de l'ancien monde.

Les habitants du Sud doivent donc désirer de conserver l'Union, pour ne pas demeurer seuls en face des noirs, et les habitants de l'Ouest, afin de ne pas se trouver enfermés au sein de l'Amérique centrale sans communication libre avec l'univers.

Le Nord, de son côté, doit vouloir que l'Union ne se divise point, afin de rester comme l'anneau qui joint ce grand corps au reste du monde.

Il existe donc un lien étroit entre les intérêts matériels de toutes les parties de l'Union.

J'en dirai autant pour les opinions et les sentiments

qu'on pourrait appeler les intérêts immatériels de l'homme.

Les habitants des Etats-Unis parlent beaucoup de leur amour pour la patrie ; j'avoue que je ne me fie point à ce patriotisme réfléchi qui se fonde sur l'intérêt et que l'intérêt, en changeant d'objet, peut détruire.

Je n'attache pas non plus une très grande importance au langage des Américains, lorsqu'ils manifestent chaque jour l'intention de conserver le système fédéral qu'ont adopté leurs pères.

Ce qui maintient un grand nombre de citoyens sous le même gouvernement, c'est bien moins la volonté raisonnée de demeurer unis que l'accord instinctif et en quelque sorte involontaire qui résulte de la similitude des sentiments et de la ressemblance des opinions.

Je ne conviendrai jamais que des hommes forment une société par cela seul qu'ils reconnaissent le même chef et obéissent aux mêmes lois ; il n'y a société que quand des hommes considèrent un grand nombre d'objets sous le même aspect ; lorsque, sur un grand nombre de sujets, ils ont les mêmes opinions ; quand enfin les mêmes faits font naître en eux les mêmes impressions et les mêmes pensées.

Celui qui, envisageant la question sous ce point de vue, étudierait ce qui se passe aux Etats-Unis, découvrirait sans peine que leurs habitants, divisés comme ils le sont en vingt-quatre souverainetés distinctes, constituent cependant un peuple unique ; et peut-être même arriverait-il à penser que l'état de société existe plus réellement au sein de l'Union anglo-américaine que parmi certaines nations de l'Europe qui n'ont pourtant qu'une seule législation et se soumettent à un seul homme.

Quoique les Anglo-Américains aient plusieurs religions, ils ont tous la même manière d'envisager la religion.

Ils ne s'entendent pas toujours sur les moyens à prendre pour bien gouverner et varient sur quelques-unes des formes qu'il convient de donner au gouvernement, mais ils sont d'accord sur les principes généraux qui doivent régir les sociétés humaines. Du Maine aux Florides, du Missouri jusqu'à l'océan Atlantique, on croit que l'origine de tous les pouvoirs légitimes est dans le peuple. On conçoit les mêmes idées sur la liberté et l'égalité ; on professe les mêmes opinions sur la presse, le droit d'association, le jury, la responsabilité des agents du pouvoir.

Si nous passons des idées politiques et religieuses aux opinions philosophiques et morales qui règlent les actions journalières de la vie et dirigent l'ensemble de la conduite, nous remarquerons le même accord.

Les Anglo-Américains [60] placent dans la raison universelle l'autorité morale, comme le pouvoir politique dans l'universalité des citoyens, et ils estiment que c'est au sens de tous qu'il faut s'en rapporter pour discerner ce qui est permis ou défendu, ce qui est vrai ou faux. La plupart d'entre eux pensent que la connaissance de son intérêt bien entendu suffit pour conduire l'homme vers le juste et l'honnête. Ils croient que chacun en naissant a reçu la faculté de se gouverner lui-même, et que nul n'a le droit de forcer son semblable à être heureux. Tous ont une foi vive dans la perfectibilité humaine; ils jugent que la diffusion des lumières doit nécessairement produire des résultats utiles, l'ignorance amener des effets funestes; tous considèrent la société comme un corps en progrès; l'humanité comme un tableau changeant, où rien n'est et ne doit être fixe à toujours, et ils admettent que ce qui leur semble bien aujourd'hui peut demain être remplacé par le mieux qui se cache encore.

Je ne dis point que toutes ces opinions soient justes, mais elles sont américaines.

En même temps que les Anglo-Américains sont ainsi unis entre eux par des idées communes, ils sont séparés de tous les autres peuples par un sentiment, l'orgueil.

Depuis cinquante ans on ne cesse de répéter aux habitants des Etats-Unis qu'ils forment le seul peuple religieux, éclairé et libre. Ils voient que chez eux jusqu'à présent les institutions démocratiques prospèrent, tandis qu'elles échouent dans le reste du monde; ils ont donc une opinion immense d'eux-mêmes, et ils ne sont pas éloignés de croire qu'ils forment une espèce à part dans le genre humain.

Ainsi donc les dangers dont l'Union américaine est menacée ne naissent pas plus de la diversité des opinions que de celle des intérêts. Il faut les chercher dans la variété des caractères et dans les passions des Américains.

Les hommes qui habitent l'immense territoire des

60. Je n'ai pas besoin, je pense, de dire que par ces expressions : *les Anglo-Américains*, j'entends seulement parler de la grande majorité d'entre eux. En dehors de cette majorité se tiennent toujours quelques individus isolés.

Etats-Unis sont presque tous issus d'une souche commune; mais à la longue le climat et surtout l'esclavage ont introduit des différences marquées entre le caractère des Anglais du Sud des Etats-Unis et le caractère des Anglais du Nord.

On croit généralement parmi nous que l'esclavage donne à une portion de l'Union des intérêts contraires à ceux de l'autre. Je n'ai point remarqué qu'il en fût ainsi. L'esclavage n'a pas créé au Sud des intérêts contraires à ceux du Nord; mais il a modifié le caractère des habitants du Sud, et leur a donné des habitudes différentes.

J'ai fait connaître ailleurs quelle influence avait exercée la servitude sur la capacité commerciale des Américains du Sud; cette même influence s'étend également à leurs mœurs.

L'esclave est un serviteur qui ne discute point et se soumet à tout sans murmurer. Quelquefois il assassine son maître, mais il ne lui résiste jamais. Dans le Sud il n'y a pas de familles si pauvres qui n'aient des esclaves. L'Américain du Sud, dès sa naissance, se trouve investi d'une sorte de dictature domestique; les premières notions qu'il reçoit de la vie lui font connaître qu'il est né pour commander, et la première habitude qu'il contracte est celle de dominer sans peine. L'éducation tend donc puissamment à faire de l'Américain du Sud un homme altier, prompt, irascible, violent, ardent dans ses désirs, impatient des obstacles; mais facile à décourager s'il ne peut triompher du premier coup.

L'Américain du Nord ne voit pas d'esclaves accourir autour de son berceau. Il n'y rencontre même pas de serviteurs libres, car le plus souvent il en est réduit à pourvoir lui-même à ses besoins. A peine est-il au monde que l'idée de la nécessité vient de toutes parts se présenter à son esprit; il apprend donc de bonne heure à connaître exactement par lui-même la limite naturelle de son pouvoir; il ne s'attend point à plier par la force les volontés qui s'opposeront à la sienne, et il sait que, pour obtenir l'appui de ses semblables, il faut avant tout gagner leurs faveurs. Il est donc patient, réfléchi, tolérant, lent à agir, et persévérant dans ses desseins.

Dans les Etats méridionaux, les plus pressants besoins de l'homme sont toujours satisfaits. Ainsi l'Américain du Sud n'est point préoccupé par les soins matériels de la vie; un autre se charge d'y songer pour lui. Libre sur ce point, son imagination se dirige vers d'autres objets plus grands et moins exactement définis. L'Américain du Sud aime la grandeur, le luxe, la goire, le bruit, les plaisirs, l'oisiveté surtout; rien ne le contraint à faire des efforts pour vivre, et comme il n'a pas de travaux nécessaires, il s'endort et n'en entreprend même pas d'utiles.

L'égalité des fortunes régnant au Nord, et l'esclavage n'y existant plus, l'homme s'y trouve comme absorbé par ces mêmes soins matériels que le blanc dédaigne au Sud. Depuis son enfance il s'occupe à combattre la misère, et il apprend à placer l'aisance au-dessus de toutes les jouissances de l'esprit et du cœur. Concentrée dans les petits détails de la vie, son imagination s'éteint, ses idées sont moins nombreuses et moins générales, mais elles deviennent plus pratiques, plus claires et plus précises. Comme il dirige vers l'unique étude du bien-être tous les efforts de son intelligence, il ne tarde pas à y exceller; il sait admirablement tirer parti de la nature et des hommes pour produire la richesse; il comprend merveilleusement l'art de faire concourir la société à la prospérité de chacun de ses membres, et à extraire de l'égoïsme individuel le bonheur de tous.

L'homme du Nord n'a pas seulement de l'expérience, mais du savoir; cependant il ne prise point la science comme un plaisir, il l'estime comme un moyen, et il n'en saisit avec avidité que les applications utiles.

L'Américain du Sud est plus spontané, plus spirituel, plus ouvert, plus généreux, plus intellectuel et plus brillant.

L'Américain du Nord est plus actif, plus raisonnable, plus éclairé et plus habile.

L'un a les goûts, les préjugés, les faiblesses et la granduer de toutes les aristocraties.

L'autre, les qualités et les défauts qui caractérisent la classe moyenne.

Réunissez deux hommes en société, donnez à ces deux hommes les mêmes intérêts et en partie les mêmes opinions; si leur caractère, leurs lumières et leur civilisation diffèrent, il y a beaucoup de chances pour qu'ils ne s'accordent pas. La même remarque est applicable à une société de nations.

L'esclavage n'attaque donc pas directement la confédération américaine par les intérêts, mais indirectement par les mœurs.

Les Etats qui adhérèrent au pacte fédéral en 1790 étaient au nombre de treize; la confédération en compte vingt-quatre aujourd'hui. La population qui se montait à près de quatre millions en 1790 avait quadruplé dans l'espace de quarante ans; elle s'élevait en 1830 à près de treize millions [61].

De pareils changements ne peuvent s'opérer sans danger.

Pour une société de nations comme pour une société d'individus, il y a trois chances principales de durée : la sagesse des sociétaires, leur faiblesse individuelle, et leur petit nombre.

Les Américains qui s'éloignent des bords de l'océan Atlantique pour s'enfoncer dans l'Ouest sont des aventuriers impatients de toute espèce de joug, avides de richesses, souvent rejetés par les Etats qui les ont vus naître. Ils arrivent au milieu du désert sans se connaître les uns les autres. Ils n'y trouvent pour les contenir ni traditions, ni esprit de famille, ni exemples. Parmi eux, l'empire des lois est faible, et celui des mœurs plus faible encore. Les hommes qui peuplent chaque jour les vallées du Mississippi sont donc inférieurs, à tous égards, aux Américains qui habitent dans les anciennes limites de l'Union. Cependant ils exercent déjà une grande influence dans ses conseils, et ils arrivent au gouvernement des affaires communes avant d'avoir appris à se diriger eux-mêmes [62].

Plus les sociétaires sont individuellement faibles et plus la société a de chances de durée, car ils n'ont alors de sécurité qu'en restant unis. Quand, en 1790, la plus peuplée des républiques américaines n'avait pas 500 000 habitants [63], chacune d'elles sentait son insignifiance comme peuple indépendant, et cette pensée lui rendait plus aisée l'obéissance à l'autorité fédérale. Mais lorsque l'un des Etats confédérés compte 2 000 000 d'habitants comme l'Etat de New York, et couvre un territoire dont la superficie est égale au quart de celle de la France [64], il se sent

---

61. Recensement de 1790, 3 929 328.
           de 1830, 12 856 163.
62. Ceci n'est, il est vrai, qu'un péril passager. Je ne doute pas qu'avec le temps la société ne vienne à s'asseoir et à se régler dans l'ouest comme elle l'a déjà fait sur les bords de l'océan Atlantique.
63. La Pennsylvanie avait 431 373 habitants en 1790.
64. Superficie de l'Etat de New York, 6 213 lieues carrées (500 milles carrés). Voyez *View of the United States*, par Darby, p. 435.

fort par lui-même, et s'il continue à désirer l'union comme utile à son bien-être, il ne la regarde plus comme nécessaire à son existence; il peut se passer d'elle; et, consentant à y rester, il ne tarde pas à vouloir y être prépondérant.

La multiplication seule des membres de l'Union tendrait déjà puissamment à briser le lien fédéral. Tous les hommes placés dans le même point de vue n'envisagent pas de la même manière les mêmes objets. Il en est ainsi à plus forte raison quand le point de vue est différent. A mesure donc que le nombre des républiques américaines augmente, on voit diminuer la chance de réunir l'assentiment de toutes sur les mêmes lois.

Aujourd'hui les intérêts des différentes parties de l'Union ne sont pas contraires entre eux; mais qui pourrait prévoir les changements divers qu'un avenir prochain fera naître dans un pays où chaque jour crée des villes et chaque lustre des nations ?

Depuis que les colonies anglaises sont fondées, le nombre des habitants y double tous les vingt-deux ans à peu près; je n'aperçois pas de causes qui doivent d'ici à un siècle arrêter ce mouvement progressif de la population anglo-américaine. Avant que cent ans se soient écoulés, je pense que le territoire occupé ou réclamé par les Etats-Unis sera couvert par plus de cent millions d'habitants et divisé en quarante Etats [65].

J'admets que ces cent millions d'hommes n'ont point d'intérêts différents; je leur donne à tous, au contraire, un avantage égal à rester unis, et je dis que par cela même qu'ils sont cent millions formant quarante nations distinctes et inégalement puissantes, le maintien du gouvernement fédéral n'est plus qu'un accident heureux.

65. Si la population continue à doubler en vingt-deux ans, pendant un siècle encore, comme elle a fait depuis deux cents ans, en 1852 on comptera dans les Etats-Unis vingt-quatre millions d'habitants, quarante-huit en 1874, et quatre-vingt-seize en 1896. Il en serait ainsi quand même on rencontrerait sur le versant oriental des montagnes Rocheuses des terrains qui se refuseraient à la culture. Les terres déjà occupées peuvent très facilement contenir ce nombre d'habitants. Cent millions d'hommes répandus sur le sol occupé en ce moment par les vingt-quatre Etats et les trois territoires dont se compose l'Union ne donneraient que 762 individus par lieue carrée, ce qui serait encore bien éloigné de la population moyenne de la France, qui est de 1 006; de celle de l'Angleterre, qui est de 1 457; et ce qui resterait même au-dessous de la population de la Suisse. La Suisse, malgré ses lacs et ses montagnes, compte 783 habitants par lieue carrée. Voyez Malte-Brun, vol. VI, p. 92.

Je veux bien ajouter foi à la perfectibilité humaine; mais jusqu'à ce que les hommes aient changé de nature et se soient complètement transformés, je refuserai de croire à la durée d'un gouvernement dont la tâche est de tenir ensemble quarante peuples divers répandus sur une surface égale à la moitié de l'Europe [66], d'éviter entre eux les rivalités, l'ambition et les luttes, et de réunir l'action de leurs volontés indépendantes vers l'accomplissement des mêmes desseins.

Mais le plus grand péril que court l'Union en grandissant vient du déplacement continuel de forces qui s'opère dans son sein.

Des bords du lac Supérieur au golfe du Mexique, on compte, à vol d'oiseau, environ quatre cents lieues de France. Le long de cette ligne immense serpente la frontière des Etats-Unis; tantôt elle rentre en dedans de ces limites, le plus souvent elle pénètre bien au-delà parmi les déserts. On a calculé que sur tout ce vaste front les blancs s'avançaient chaque année, terme moyen, de sept lieues [67]. De temps en temps il se présente un obstacle : c'est un district improductif, un lac, une nation indienne qu'on rencontre inopinément sur son chemin. La colonne s'arrête alors un instant; ses deux extrémités se courbent sur elles-mêmes et, après qu'elles se sont rejointes, on recommence à s'avancer. Il y a dans cette marche graduelle et continue de la race européenne vers les montagnes Rocheuses quelque chose de providentiel : c'est comme un déluge d'hommes qui monte sans cesse et que soulève chaque jour la main de Dieu.

Au-dedans de cette première ligne de conquérants, on bâtit des villes et on fonde de vastes Etats. En 1790, il se trouvait à peine quelques milliers de pionniers répandus dans les vallées du Mississippi; aujourd'hui ces mêmes vallées contiennent autant d'hommes qu'en renfermait l'Union tout entière en 1790. La population s'y élève à près de quatre millions d'habitants [68]. La ville de Washington a été fondée en 1800, au centre même de la confédération américaine; maintenant, elle se trouve placée à l'une de ses extrémités. Les députés des derniers

66. Le territoire des Etats-Unis a une superficie de 295 000 lieues carrées; celui de l'Europe, suivant Malte-Brun, vol. VI, p. 4, est de 500 000.

67. Voyez *Documents législatifs*, 20e congrès, no 117, p. 105.

68. 3 672 371, dénombrement de 1830.

Etats de l'Ouest [69], pour venir occuper leur siège au congrès, sont déjà obligés de faire un trajet aussi long que le voyageur qui se rendrait de Vienne à Paris.

Tous les Etats de l'Union sont entraînés en même temps vers la fortune; mais tous ne sauraient croître et prospérer dans la même proportion.

Au nord de l'Union, des rameaux détachés de la chaîne des Alléghanys s'avançant jusque dans l'océan Atlantique, y forment des rades spacieuses et des ports toujours ouverts aux plus grands vaisseaux. A partir du Potomac, au contraire, et en suivant les côtes de l'Amérique jusqu'à l'embouchure du Mississippi. on ne rencontre plus qu'un terrain plat et sablonneux. Dans cette partie de l'Union, la sortie de presque tous les fleuves est obstruée, et les ports qui s'ouvrent de loin en loin au milieu de ces lagunes ne présentent point aux vaisseaux la même profondeur et offrent au commerce des facilités beaucoup moins grandes que ceux du Nord.

A cette première infériorité qui naît de la nature s'en joint une autre qui vient des lois.

Nous avons vu que l'esclavage, qui est aboli au Nord, existe encore au Midi, et j'ai montré l'influence funeste qu'il exerce sur le bien-être du maître lui-même.

Le Nord doit donc être plus commerçant [70] et plus

---

69. De Jefferson, capitale de l'Etat de Missouri, à Washington, on compte 1 019 milles, ou 420 lieues de poste. (*American Almanac*, 1831, p. 48.)

70. Pour juger de la différence qui existe entre le mouvement commercial du Sud et celui du Nord, il suffit de jeter les yeux sur le tableau suivant :

En 1829, les vaisseaux du grand et du petit commerce appartenant à la Virginie, aux deux Carolines et à la Géorgie (les quatre grands Etats du Sud), ne jaugeaient que 5 243 tonneaux.

Dans la même année, les navires du seul Etat de Massachusetts jaugeaient 17 322 tonneaux (*).

Ainsi le seul Etat du Massachusetts avait trois fois plus de vaisseaux que les quatre Etats susnommés.

Cependant l'Etat du Massachusetts n'a que 959 lieues carrées de superficie (7 335 milles carrés) et 610 014 habitants, tandis que les quatre Etats dont je parle ont 27 204 lieues carrées (210 000 milles) et 3 047 767 habitants. Ainsi la superficie de l'Etat de Massachusetts ne forme que la trentième partie de la superficie des quatre Etats, et sa population est cinq fois moins grande que la leur (**). L'esclavage nuit de plusieurs manières à la prospérité commerciale du Sud : Il diminue l'esprit d'entreprise chez les blancs, et il empêche qu'ils ne trouvent à leur disposition les matelots dont ils auraient besoin. La marine ne se recrute, en général, que dans la dernière classe de la

---

* *Documents législatifs*, 21e congrès, 2e session, no 140 p. 244.
** *View of the United States*, par Darby.

industrieux que le Sud. Il est naturel que la population
et la richesse s'y portent plus rapidement.

Les Etats situés sur le bord de l'océan Atlantique sont
déjà à moitié peuplés. La plupart des terres y ont un
maître; ils ne sauraient donc recevoir le même nombre
d'émigrants que les Etats de l'Ouest qui livrent encore
un champ sans borne à l'industrie. Le bassin du Mississippi est infiniment plus fertile que les côtes de l'océan
Atlantique. Cette raison, ajoutée à toutes les autres,
pousse énergiquement les Européens vers l'Ouest. Ceci
se démontre rigoureusement par des chiffres.

Si l'on opère sur l'ensemble des Etats-Unis, on trouve
que, depuis quarante ans, le nombre des habitants y est
à peu près triplé. Mais si on n'envisage que le bassin du
Mississippi, on découvre que, dans le même espace de
temps, la population [71] y est devenue trente et une fois
plus grande [72].

Chaque jour, le centre de la puissance fédérale se
déplace. Il y a quarante ans, la majorité des citoyens de
l'Union était sur les bords de la mer, aux environs de
l'endroit où s'élève aujourd'hui Washington; maintenant
elle se trouve plus enfoncée dans les terres et plus au
Nord; on ne saurait douter qu'avant vingt ans elle ne
soit de l'autre côté des Alléghanys. L'Union subsistant, le
bassin du Mississippi, par sa fertilité et son étendue, est
nécessairement appelé à devenir le centre permanent de la
puissance fédérale. Dans trente ou quarante ans, le bassin
du Mississippi aura pris son rang naturel. Il est facile
de calculer qu'alors sa population, comparée à celle des
Etats placés sur les bords de l'Atlantique, sera dans la
proportion de 40 à 11 à peu près. Encore quelques
années, la direction de l'Union échappera donc complètement aux Etats qui l'ont fondée, et la population des
vallées du Mississippi dominera dans les conseils fédéraux.

Cette gravitation continuelle des forces et de l'influence fédérale vers le Nord-Ouest se révèle tous les

population. Or, ce sont les esclaves qui, au Sud, forment cette classe,
et il est difficile de les utiliser à la mer : leur service serait inférieur à
celui des blancs, et on aurait toujours à craindre qu'ils ne se révol-
tassent au milieu de l'océan, ou ne prissent la fuite en abordant les
rivages étrangers.

71. *View of the United States*, par Darby, p. 444.

72. Remarquez que, quand je parle du bassin du Mississippi, je
n'y comprends point la portion des Etats de New York, de Pennsylvanie
et de Virginie, placée à l'ouest des Alléghanys, et qu'on doit cependant considérer comme en faisant aussi partie.

dix ans, lorsque après avoir fait un recensement général de la population on fixe de nouveau le nombre des représentants que chaque Etat doit envoyer au congrès [73].

En 1790, la Virginie avait dix-neuf représentants au congrès. Ce nombre a continué à croître jusqu'en 1813, où on le vit atteindre le chiffre de vingt-trois. Depuis cette époque, il a commencé à diminuer. Il n'était plus en 1833 que de vingt et un [74]. Pendant cette même période, l'Etat de New York suivait une progression contraire : en 1790, il avait au congrès dix représentants ; en 1813, vingt-sept ; en 1823, trente-quatre ; en 1833, quarante. L'Ohio n'avait qu'un seul représentant en 1803 ; en 1833 il en comptait dix-neuf.

Il est difficile de concevoir une union durable entre deux peuples dont l'un est pauvre et faible, l'autre riche et fort, alors même qu'il serait prouvé que la force et la richesse de l'un ne sont point la cause de la faiblesse et de la pauvreté de l'autre. L'union est plus difficile encore à maintenir dans le temps où l'un perd des forces et où l'autre est en train d'en acquérir.

73. On s'aperçoit alors que, pendant les dix ans qui viennent de s'écouler, tel Etat a accru sa population dans la proportion de 5 sur 100, comme le Delaware ; tel autre dans la proportion de 250 sur 100, comme le territoire du Michigan. La Virginie découvre que, durant la même période, elle a augmenté le nombre de ses habitants dans le rapport de 13 sur 100, tandis que l'Etat limitrophe de l'Ohio a augmenté le nombre des siens dans le rapport de 61 à 100. Voyez la table générale contenue au *National Calendar*, vous serez frappé de ce qu'il y a d'inégal dans la fortune des différents Etats.

74. On va voir plus loin que, pendant la dernière période, la population de la Virginie a crû dans la proportion de 13 à 100. Il est nécessaire d'expliquer comment le nombre des représentants d'un Etat peut décroître lorsque la population de l'Etat, loin de décroître elle-même, est en progrès.

Je prends pour objet de comparaison la Virginie, que j'ai déjà citée. Le nombre des députés de la Virginie, en 1823, était en proportion du nombre total des députés de l'Union ; le nombre des députés de la Virginie en 1833 est de même en proportion du nombre total des députés de l'Union en 1833, et en proportion du rapport de sa population, accrue pendant ces dix années. Le rapport du nouveau nombre de députés de la Virginie à l'ancien sera donc proportionnel, d'une part au rapport du nouveau nombre total des députés à l'ancien, et d'autre part au rapport des proportions d'accroissement de la Virginie et de toute l'Union. Ainsi, pour que le nombre des députés de la Virginie reste stationnaire, il suffit que le rapport de la proportion d'accroissement du petit pays à celle du grand soit l'inverse du rapport du nouveau nombre total des députés à l'ancien ; et pour peu que cette proportion d'accroissement de la population virginienne soit dans un plus faible rapport avec la proportion d'accroissement de toute l'Union, que le nouveau nombre des députés de l'Union avec l'ancien, le nombre des députés de la Virginie sera diminué.

Cet accroissement rapide et disproportionné de certains Etats menace l'indépendance des autres. Si New York, avec ses deux millions d'habitants et ses quarante représentants, voulait faire la loi au congrès, il y parviendrait peut-être. Mais alors même que les Etats les plus puissants ne chercheraient point à opprimer les moindres, le danger existerait encore, car il est dans la possibilité du fait presque autant que dans le fait lui-même.

Les faibles ont rarement confiance dans la justice et la raison des forts. Les Etats qui croissent moins vite que les autres jettent donc des regards de méfiance et d'envie vers ceux que la fortune favorise. De là ce profond malaise et cette inquiétude vague qu'on remarque dans une partie de l'Union, et qui contrastent avec le bien-être et la confiance qui règnent dans l'autre. Je pense que l'attitude hostile qu'a prise le Sud n'a point d'autres causes.

Les hommes du Sud sont, de tous les Américains, ceux qui devraient tenir le plus à l'Union, car ce sont eux surtout qui souffriraient d'être abandonnés à eux-mêmes; cependant ils sont les seuls qui menacent de briser le faisceau de la confédération. D'où vient cela? Il est facile de le dire : le Sud, qui a fourni quatre présidents à la confédération [75]; qui sait aujourd'hui que la puissance fédérale lui échappe; qui, chaque année, voit diminuer le nombre de ses représentants au congrès et croître ceux du Nord et de l'Ouest; le Sud, peuplé d'hommes ardents et irascibles, s'irrite et s'inquiète. Il tourne avec chagrin ses regards sur lui-même; interrogeant le passé, il se demande chaque jour s'il n'est point opprimé. Vient-il à découvrir qu'une loi de l'Union ne lui est pas évidemment favorable, il s'écrie qu'on abuse à son égard de la force; il réclame avec ardeur, et si sa voix n'est point écoutée, il s'indigne et menace de se retirer d'une société dont il a les charges sans avoir les profits.

« Les lois du tarif, disaient les habitants de la Caroline en 1832, enrichissent le Nord et ruinent le Sud; car, sans cela, comment pourrait-on concevoir que le Nord, avec son climat inhospitalier et son sol aride, augmentât sans cesse ses richesses et son pouvoir, tandis que le Sud, qui forme comme le jardin de l'Amérique, tombe rapidement en décadence [76]? »

75. Washington, Jefferson, Madison et Monroe.
76. Voyez le rapport fait par son comité à la Convention, qui a proclamé la nullification dans la Caroline du Sud.

Si les changements dont j'ai parlé s'opéraient graduellement, de manière que chaque génération ait au moins le temps de passer avec l'ordre de choses dont elle a été le témoin, le danger serait moindre; mais il y a quelque chose de précipité, je pourrais presque dire de révolutionnaire, dans les progrès que fait la société en Amérique. Le même citoyen a pu voir son Etat marcher à la tête de l'Union et devenir ensuite impuissant dans les conseils fédéraux. Il y a telle république anglo-américaine qui a grandi aussi vite qu'un homme, et qui est née, a crû et est arrivée à maturité en trente ans.

Il ne faut pas s'imaginer cependant que les Etats qui perdent la puissance se dépeuplent ou dépérissent; leur prospérité ne s'arrête point; ils croissent même plus promptement qu'aucun royaume de l'Europe [77]. Mais il leur semble qu'ils s'appauvrissent, parce qu'ils ne s'enrichissent pas si vite que leur voisin, et ils croient perdre leur puissance parce qu'ils entrent tout à coup en contact avec une puissance plus grande que la leur [78] : ce sont donc leurs sentiments et leurs passions qui sont blessés plus que leurs intérêts. Mais n'en est-ce point assez pour que la confédération soit en péril ? Si, depuis le commencement du monde, les peuples et les rois n'avaient eu en vue que leur utilité réelle, on saurait à peine ce que c'est que la guerre parmi les hommes.

Ainsi le plus grand danger qui menace les Etats-Unis naît de leur prospérité même; elle tend à créer chez plusieurs des confédérés l'enivrement qui accompagne l'augmentation rapide de la fortune, et, chez les autres, l'envie, la méfiance et les regrets qui en suivent le plus souvent la perte.

Les Américains se réjouissent en contemplant ce mouvement extraordinaire; ils devraient, ce me semble,

77. La population d'un pays forme assurément le premier élément de sa richesse. Durant cette même période de 1820 à 1832, pendant laquelle la Virginie a perdu deux députés aux congrès, sa population s'est accrue dans la proportion de 13,7 à 100; celle des Carolines dans le rapport de 15 à 100, et celle de la Géorgie dans la proportion de 51,5 à 100. (Voyez *American Almanac*, 1832, p. 162.) Or, la Russie, qui est le pays d'Europe où la population croît le plus vite, n'augmente en dix ans le nombre de ses habitants que dans la proportion de 9,5 à 100; la France dans celle de 7 à 100, et l'Europe en masse dans celle de 4,7 à 100 (voyez Malte-Brun, vol. VI, p. 95).

78. Il faut avouer cependant que la dépréciation qui s'est opérée dans le prix du tabac, depuis cinquante ans, a notablement diminué l'aisance des cultivateurs du Sud; mais ce fait est indépendant de la volonté des hommes du Nord comme de la leur.

l'envisager avec regret et avec crainte. Les Américains des Etats-Unis, quoi qu'ils fassent, deviendront un des plus grands peuples du monde; ils couvriront de leurs rejetons presque toute l'Amérique du Nord; le continent qu'ils habitent est leur domaine, il ne saurait leur échapper. Qui les presse donc de s'en mettre en possession dès aujourd'hui ? la richesse, la puissance et la gloire ne peuvent leur manquer un jour, et ils se précipitent vers cette immense fortune comme s'il ne leur restait qu'un moment pour s'en saisir.

Je crois avoir démontré que l'existence de la confédération actuelle dépendait entièrement de l'accord de tous les confédérés à vouloir rester unis; et, partant de cette donnée, j'ai recherché quelles étaient les causes qui pouvaient porter les différents Etats à vouloir se séparer. Mais il y a pour l'Union deux manières de périr : l'un des Etats confédérés peut vouloir se retirer du contrat et briser violemment ainsi le lien commun; c'est à ce cas que se rapportent la plupart des remarques que j'ai faites ci-devant; le gouvernement fédéral peut perdre progressivement sa puissance par une tendance simultanée des républiques unies à reprendre l'usage de leur indépendance. Le pouvoir central, privé successivement de toutes ses prérogatives, réduit par un accord tacite à l'impuissance, deviendrait inhabile à remplir son objet, et la seconde Union périrait comme la première par une sorte d'imbécillité sénile.

L'affaiblissement graduel du lien fédéral, qui conduit finalement à l'annulation de l'Union, est d'ailleurs en lui-même un fait distinct qui peut amener beaucoup d'autres résultats moins extrêmes avant de produire celui-là. La confédération existerait encore, que déjà la faiblesse de son gouvernement pourrait réduire la nation à l'impuissance, causer l'anarchie au-dedans et le ralentissement de la prospérité générale du pays.

Après avoir recherché ce qui porte les Anglo-Américains à se désunir, il est donc important d'examiner si, l'Union subsistant, leur gouvernement agrandit la sphère de son action ou la resserre, s'il devient plus énergique ou plus faible.

Les Américains sont évidemment préoccupés d'une grande crainte. Ils s'aperçoivent que chez la plupart des peuples du monde, l'exercice des droits de la souveraineté tend à se concentrer en peu de mains, et ils s'effrayent à l'idée qu'il finira par en être ainsi chez eux. Les hommes d'État eux-mêmes éprouvent ces terreurs, ou du moins feignent de les éprouver ; car en Amérique, la centralisation n'est point populaire, et on ne saurait courtiser plus habilement la majorité qu'en s'élevant contre les prétendus empiétements du pouvoir central. Les Américains refusent de voir que dans les pays où se manifeste cette tendance centralisante qui les effraye, on ne rencontre qu'un seul peuple, tandis que l'Union est une confédération de peuples différents ; fait qui suffit pour déranger toutes les prévisions fondées sur l'analogie.

J'avoue que je considère ces craintes d'un grand nombre d'Américains comme entièrement imaginaires. Loin de redouter avec eux la consolidation de la souveraineté dans les mains de l'Union, je crois que le gouvernement fédéral s'affaiblit d'une manière visible.

Pour prouver ce que j'avance sur ce point, je n'aurai pas recours à des faits anciens, mais à ceux dont j'ai pu être le témoin, ou qui ont eu lieu de notre temps.

Quand on examine attentivement ce qui se passe aux États-Unis, on découvre sans peine l'existence de deux tendances contraires ; ce sont comme deux courants qui parcourent le même lit en sens opposé.

Depuis quarante-cinq ans que l'Union existe, le temps a fait justice d'une foule de préjugés provinciaux qui d'abord militaient contre elle. Le sentiment patriotique qui attachait chacun des Américains à son État est devenu moins exclusif. En se connaissant mieux, les diverses parties de l'Union se sont rapprochées. La poste, ce grand lien des esprits, pénètre aujourd'hui jusque dans le fond des déserts [79] ; des bateaux à vapeur font communiquer entre eux chaque jour tous les points de la côte. Le commerce descend et remonte les fleuves de l'intérieur avec une rapidité sans exemple [80]. A ces facilités que la nature et l'art ont créées, se joignent l'instabilité des

79. En 1832, le district du Michigan, qui n'a que 31 639 habitants, et ne forme encore qu'un désert à peine frayé, présentait le développement de 940 milles de routes de poste. Le territoire presque entièrement sauvage d'Arkansas était déjà traversé par 1 938 milles de routes de poste. Voyez *The Report of the postmaster general*, 30 novembre 1833. Le port seul des journaux dans toute l'Union rapporte par an 254 796 dollars.

80. Dans le cours de dix ans, de 1821 à 1831, 271 bateaux à vapeur ont été lancés dans les seules rivières qui arrosent la vallée du Mississippi.

En 1829, il existait aux États-Unis 256 bateaux à vapeur. Voyez *Documents législatifs*, n° 140, p 274.

désirs, l'inquiétude de l'esprit, l'amour des richesses, qui, poussant sans cesse l'Américain hors de sa demeure, le mettent en communication avec un grand nombre de ses concitoyens. Il parcourt son pays en tous sens; il visite toutes les populations qui l'habitent. On ne rencontre pas de province de France dont les habitants se connaissent aussi parfaitement entre eux que les 13 millions d'hommes qui couvrent la surface des Etats-Unis.

En même temps que les Américains se mêlent, ils s'assimilent; les différences que le climat, l'origine et les institutions avaient mises entre eux, diminuent. Ils se rapprochent tous de plus en plus d'un type commun. Chaque année, des milliers d'hommes partis du Nord se répandent dans toutes les parties de l'Union : ils apportent avec eux leurs croyances, leurs opinions, leurs mœurs, et comme leurs lumières sont supérieures à celles des hommes parmi lesquels ils vont vivre, ils ne tardent pas à s'emparer des affaires et à modifier la société à leur profit. Cette émigration continuelle du Nord vers le Midi favorise singulièrement la fusion de tous les caractères provinciaux dans un seul caractère national. La civilisation du Nord semble donc destinée à devenir la mesure commune sur laquelle tout le reste doit se régler un jour.

A mesure que l'industrie des Américains fait des progrès, on voit se resserrer les liens commerciaux qui unissent tous les Etats confédérés, et l'union entre dans les habitudes après avoir été dans les opinions. Le temps, en marchant, achève de faire disparaître une foule de terreurs fantastiques qui tourmentaient l'imagination des hommes de 1789. Le pouvoir fédéral n'est point devenu oppresseur; il n'a pas détruit l'indépendance des Etats; il ne conduit pas les confédérés à la monarchie; avec l'Union, les petits Etats ne sont pas tombés dans la dépendance des grands. La confédération a continué à croître sans cesse en population, en richesse, en pouvoir.

Je suis donc convaincu que de notre temps les Américains ont moins de difficultés naturelles à vivre unis, qu'ils n'en trouvèrent en 1789; l'Union a moins d'ennemis qu'alors.

Et, cependant, si l'on veut étudier avec soin l'histoire des Etats-Unis depuis quarante-cinq ans, on se convaincra sans peine que le pouvoir fédéral décroît.

Il n'est pas difficile d'indiquer les causes de ce phénomène.

Au moment où la constitution de 1789 fut promulguée, tout périssait dans l'anarchie; l'Union qui succéda à ce désordre excitait beaucoup de crainte et de haine; mais elle avait d'ardents amis, parce qu'elle était l'expression d'un grand besoin. Quoique plus attaqué alors qu'il ne l'est aujourd'hui, le pouvoir fédéral atteignit donc rapidement le maximum de son pouvoir, ainsi qu'il arrive d'ordinaire à un gouvernement qui triomphe après avoir exalté ses forces dans la lutte. A cette époque, l'interprétation de la constitution sembla étendre plutôt que resserrer la souveraineté fédérale, et l'Union présenta sous plusieurs rapports le spectacle d'un seul et même peuple, dirigé, au-dedans comme au-dehors, par un seul gouvernement.

Mais pour en arriver à ce point, le peuple s'était mis en quelque sorte au-dessus de lui-même.

La constitution n'avait pas détruit l'individualité des Etats, et tous les corps, quels qu'ils soient, ont un instinct secret qui les porte vers l'indépendance. Cet instinct est plus prononcé encore dans un pays comme l'Amérique où chaque village forme une sorte de république habituée à se gouverner elle-même.

Il y eut donc effort de la part des Etats qui se soumirent à la prépondérance fédérale. Et tout effort, fût-il couronné d'un grand succès, ne peut manquer de s'affaiblir avec la cause qui l'a fait naître.

A mesure que le gouvernement fédéral affermissait son pouvoir, l'Amérique reprenait son rang parmi les nations, la paix renaissait sur les frontières, le crédit public se relevait; à la confusion succédait un ordre fixe et qui permettait à l'industrie individuelle de suivre sa marche naturelle et de se développer en liberté.

Ce fut cette prospérité même qui commença à faire perdre de vue la cause qui l'avait produite; le péril passé, les Américains ne trouvèrent plus en eux l'énergie et le patriotisme qui avaient aidé à le conjurer. Délivrés des craintes qui les préoccupaient, ils rentrèrent aisément dans le cours de leurs habitudes et s'abandonnèrent sans résistance à la tendance ordinaire de leurs penchants. Du moment où un gouvernement fort ne parut plus nécessaire, on recommença à penser qu'il était gênant. Tout prospérait avec l'Union et l'on ne se détacha point de l'Union; mais on voulut sentir à peine l'action du pouvoir qui la représentait. En général, on désira rester uni, et dans chaque fait particulier on tendit à redevenir

indépendant. Le principe de la confédération fut chaque
jour plus facilement admis et moins appliqué; ainsi le
gouvernement fédéral, en créant l'ordre et la paix, amena
lui-même sa décadence.

Dès que cette disposition des esprits commença à se
manifester au-dehors, les hommes de parti, qui vivent
des passions du peuple, se mirent à l'exploiter à leur
profit.

Le gouvernement fédéral se trouva dès lors dans une
situation très critique; ses ennemis avaient la faveur
populaire, et c'est en promettant de l'affaiblir qu'on
obtenait le droit de le diriger.

A partir de cette époque, toutes les fois que le gouvernement de l'Union est entré en lice avec celui des Etats,
il n'a presque jamais cessé de reculer. Quand il y a eu
lieu d'interpréter les termes de la constitution fédérale,
l'interprétation a été le plus souvent contraire à l'Union
et favorable aux Etats.

La constitution donnait au gouvernement fédéral le
soin de pourvoir aux intérêts nationaux : on avait pensé
que c'était à lui à faire ou à favoriser, dans l'intérieur,
les grandes entreprises qui étaient de nature à accroître
la prospérité de l'Union tout entière *(internal improvements)*, telles, par exemple, que les canaux.

Les Etats s'effrayèrent à l'idée de voir une autre autorité que la leur disposer ainsi d'une portion de leur
territoire. Ils craignirent que le pouvoir central, acqué-
rant de cette manière dans leur propre sein un patronage
redoutable, ne vînt à y exercer une influence qu'ils voulaient réserver tout entière à leurs seuls agents.

Le parti démocratique, qui a toujours été opposé à
tous les développements de la puissance fédérale, éleva
donc la voix; on accusa le congrès d'usurpation; le chef
de l'Etat, d'ambition. Le gouvernement central, intimidé
par ces clameurs, finit par reconnaître lui-même son
erreur, et par se renfermer exactement dans la sphère
qu'on lui traçait.

La constitution donne à l'Union le privilège de traiter
avec les peuples étrangers. L'Union avait en général
considéré sous ce point de vue les tribus indiennes qui
bordent les frontières de son territoire. Tant que ces
sauvages consentirent à fuir devant la civilisation, le
droit fédéral ne fut pas contesté; mais du jour où une
tribu indienne entreprit de se fixer sur un point du sol,
les Etats environnants réclamèrent un droit de possession

sur ces terres et un droit de souveraineté sur les hommes qui en faisaient partie. Le gouvernement central se hâta de reconnaître l'un et l'autre, et, après avoir traité avec les Indiens comme avec des peuples indépendants, il les livra comme des sujets à la tyrannie législative des Etats [81].

Parmi les Etats qui s'étaient formés sur le bord de l'Atlantique, plusieurs s'étendaient indéfiniment à l'Ouest dans des déserts où les Européens n'avaient point encore pénétré. Ceux dont les limites étaient irrévocablement fixées voyaient d'un œil jaloux l'avenir immense ouvert à leurs voisins. Ces derniers, dans un esprit de conciliation, et afin de faciliter l'acte d'Union, consentirent à se tracer des limites et abandonnèrent à la confédération tout le territoire qui pouvait se trouver au-delà [82].

Depuis cette époque, le gouvernement fédéral est devenu propriétaire de tout le terrain inculte qui se rencontre en dehors des treize Etats primitivement confédérés. C'est lui qui se charge de le diviser et de le vendre, et l'argent qui en revient est versé exclusivement dans le trésor de l'Union. A l'aide de ce revenu, le gouvernement fédéral achète aux Indiens leurs terres, ouvre des routes dans les nouveaux districts, et y facilite de tout son pouvoir le développement rapide de la société.

Or, il est arrivé que dans ces mêmes déserts cédés jadis par les habitants des bords de l'Atlantique se sont formés avec le temps de nouveaux Etats. Le congrès a continué à vendre, au profit de la nation tout entière, les terres incultes que ces Etats renferment encore dans leur sein. Mais aujourd'hui ceux-ci prétendent qu'une fois constitués, ils doivent avoir le droit exclusif d'appliquer le produit de ces ventes à leur propre usage. Les réclamations étant devenues de plus en plus menaçantes, le congrès crut devoir enlever à l'Union une partie des privilèges dont elle avait joui jusqu'alors, et à la fin de 1832, il fit une loi par laquelle, sans céder aux nouvelles républiques de l'Ouest la propriété de leurs terres incultes,

---

81. Voyez dans les documents législatifs, que j'ai déjà cités au chapitre des Indiens, la lettre du président des Etats-Unis aux Cherokees, sa correspondance à ce sujet avec ses agents et ses messages au congrès.

82. Le premier acte de cession eut lieu de la part de l'Etat de New York en 1780; la Virginie, le Massachusetts, le Connecticut, la Caroline du Sud, la Caroline du Nord suivirent cet exemple à différentes périodes, la Géorgie fut la dernière; son acte de cession ne remonte qu'à 1802.

il appliquait cependant à leur profit seul la plus grande partie du revenu qu'on en tirait [83].

Il suffit de parcourir les Etats-Unis pour apprécier les avantages que le pays retire de la banque. Ces avantages sont de plusieurs sortes; mais il en est un surtout qui frappe l'étranger : les billets de la Banque des Etats-Unis sont reçus à la frontière des déserts pour la même valeur qu'à Philadelphie, où est le siège de ses opérations [84].

La Banque des Etats-Unis est cependant l'objet de grandes haines. Ses directeurs se sont prononcés contre le président, et on les accuse, non sans vraisemblance, d'avoir abusé de leur influence pour entraver son élection. Le président attaque donc l'institution que ces derniers représentent avec toute l'ardeur d'une inimitié personnelle. Ce qui a encouragé le président à poursuivre ainsi sa vengeance, c'est qu'il se sent appuyé sur les instincts secrets de la majorité.

La Banque forme le grand lien monétaire de l'Union comme le congrès en est le grand lien législatif, et les mêmes passions qui tendent à rendre les Etats indépendants du pouvoir central tendent à la destruction de la Banque.

La Banque des Etats-Unis possède toujours en ses mains un grand nombre de billets appartenant aux banques provinciales; elle peut chaque jour obliger ces dernières à rembourser leurs billets en espèces. Pour elle, au contraire, un pareil danger n'est point à craindre; la grandeur de ses ressources disponibles lui permet de faire face à toutes les exigences. Menacées ainsi dans leur existence, les banques provinciales sont forcées d'user de retenue, et de ne mettre dans la circulation qu'un nombre de billets proportionné à leur capital. Les banques provinciales ne souffrent qu'avec impatience ce contrôle salutaire. Les journaux qui leur sont vendus, et le président que son intérêt a rendu leur organe, attaquent donc la Banque avec une sorte de

83. Le président refusa, il est vrai, de sanctionner cette loi, mais il en admit complètement le principe. Voyez *Message du 8 décembre 1833*.

84. La Banque actuelle des Etats-Unis a été créée en 1816, avec un capital de 35 000 000 de dollars (185 500 000 F) : son privilège expire en 1836. L'année dernière, le congrès fit une loi pour le renouveler; mais le président refusa sa sanction. La lutte est aujourd'hui engagée de part et d'autre avec une violence extrême, et il est facile de présager la chute prochaine de la Banque.

fureur. Ils soulèvent contre elle les passions locales et l'aveugle instinct démocratique du pays. Suivant eux, les directeurs de la Banque forment un corps aristocratique et permanent dont l'influence ne peut manquer de se faire sentir dans le gouvernement, et doit altérer tôt ou tard les principes d'égalité sur lesquels repose la société américaine.

La lutte de la Banque contre ses ennemis n'est qu'un incident du grand combat que livrent en Amérique les provinces au pouvoir central; l'esprit d'indépendance et de démocratie, à l'esprit de hiérarchie et de subordination. Je ne prétends point que les ennemis de la Banque des Etats-Unis soient précisément les mêmes individus qui, sur d'autres points, attaquent le gouvernement fédéral; mais je dis que les attaques contre la Banque des Etats-Unis sont le produit des mêmes instincts qui militent contre le gouvernement fédéral, et que le grand nombre des ennemis de la première est un symptôme fâcheux de l'affaiblissement du second.

Mais jamais l'Union ne se montra plus débile que dans la fameuse affaire du tarif [85].

Les guerres de la révolution française et celle de 1812, en empêchant la libre communication entre l'Amérique et l'Europe, avaient créé des manufactures au nord de l'Union. Lorsque la paix eut rouvert aux produits de l'Europe le chemin du nouveau monde, les Américains crurent devoir établir un système de douanes qui pût tout à la fois protéger leur industrie naissante et acquitter le montant des dettes que la guerre leur avait fait contracter.

Les Etats du Sud, qui n'ont pas de manufactures à encourager, et qui ne sont que cultivateurs, ne tardèrent pas à se plaindre de cette mesure.

Je ne prétends point examiner ici ce qu'il pouvait y avoir d'imaginaire ou de réel dans leurs plaintes, je dis les faits.

Dès l'année 1820, la Caroline du Sud, dans une pétition au congrès, déclarait que la loi du tarif était *inconstitutionnelle, oppressive* et *injuste*. Depuis, la Géorgie, la Virginie, la Caroline du Nord, l'Etat de l'Alabama et celui du Mississippi, firent des réclamations plus ou moins énergiques dans le même sens.

85. Voyez principalement, pour les détails de cette affaire, les *Documents législatifs*, 22e congrès, 2e session, n° 30.

Loin de tenir compte de ces murmures, le congrès, dans les années 1824 et 1828, éleva encore les droits du tarif et en consacra de nouveau le principe.

Alors on produisit, ou plutôt on rappela au Sud une doctrine célèbre qui prit le nom de *nullification*.

J'ai montré en son lieu que le but de la constitution fédérale n'a point été d'établir une ligue, mais de créer un gouvernement national. Les Américains des Etats-Unis, dans tous les cas prévus par leur constitution, ne forment qu'un seul et même peuple. Sur tous ces points-là, la volonté nationale s'exprime, comme chez tous les peuples constitutionnels, à l'aide d'une majorité. Une fois que la majorité a parlé, le devoir de la minorité est de se soumettre.

Telle est la doctrine légale, la seule qui soit d'accord avec le texte de la constitution et l'intention connue de ceux qui l'établirent.

Les *nullificateurs* du Sud prétendent au contraire que les Américains, en s'unissant, n'ont point entendu se fondre dans un seul et même peuple, mais qu'ils ont seulement voulu former une ligue de peuples indépendants; d'où il suit que chaque Etat ayant conservé sa souveraineté complète, sinon en action du moins en principe, a le droit d'interpréter les lois du congrès, et de suspendre dans son sein l'exécution de celles qui lui semblent opposées à la constitution ou à la justice.

Toute la doctrine de la nullification se trouve résumée dans une phrase prononcée en 1833 devant le sénat des Etats-Unis par M. Calhoun, le chef avoué des nullificateurs du Sud :

« La constitution, dit-il, est un contrat dans lequel les Etats ont paru comme souverains. Or, toutes les fois qu'il intervient un contrat entre des parties qui ne connaissent point de commun arbitre, chacune d'elles retient le droit de juger par elle-même l'étendue de son obligation. »

Il est manifeste qu'une pareille doctrine détruit en principe le lien fédéral et ramène en fait l'anarchie, dont la constitution de 1789 avait délivré les Américains.

Lorsque la Caroline du Sud vit que le congrès se montrait sourd à ses plaintes, elle menaça d'appliquer à la loi fédérale du tarif la doctrine des nullificateurs. Le congrès persista dans son système; enfin l'orage éclata.

Dans le courant de 1832, le peuple de la Caroline du

Sud [86] nomma une convention nationale pour aviser aux moyens extraordinaires qui restaient à prendre; et le 24 novembre de la même année, cette convention publia, sous le nom d'ordonnance, une loi qui frappait de nullité la loi fédérale du tarif, défendait de prélever les droits qui y étaient portés, et de recevoir les appels qui pourraient être faits aux tribunaux fédéraux [87]. Cette ordonnance ne devait être mise en vigueur qu'au mois de février suivant, et il était indiqué que si le congrès modifiait avant cette époque le tarif, la Caroline du Sud pourrait consentir à ne pas donner d'autres suites à ses menaces. Plus tard, on exprima, mais d'une manière vague et indéterminée, le désir de soumettre la question à une assemblée extraordinaire de tous les Etats confédérés.

En attendant, la Caroline du Sud armait ses milices et se préparait à la guerre.

Que fit le congrès ? Le congrès, qui n'avait pas écouté ses sujets suppliants, prêta l'oreille à leurs plaintes dès qu'il leur vit les armes à la main [88]. Il fit une loi [89] suivant laquelle les droits portés au tarif devaient être réduits progressivement pendant dix ans, jusqu'à ce qu'on les eût amenés à ne pas dépasser les besoins du gouvernement. Ainsi le congrès abandonna complètement le prin-

86. C'est-à-dire une majorité du peuple; car le parti opposé, nommé *Union Party*, compta toujours une très forte et très active minorité en sa faveur. La Caroline peut avoir environ 47 000 électeurs; 30 000 étaient favorables à la nullification, et 17 000 contraires.

87. Cette ordonnance fut précédée du rapport d'un comité chargé d'en préparer la rédaction : ce rapport renferme l'exposition et le but de la loi. On y lit, p. 34 : « Lorsque les droits réservés aux différents Etats par la constitution sont violés de propos délibéré, le droit et le devoir de ces Etats est d'intervenir, afin d'arrêter les progrès du mal, de s'opposer à l'usurpation, et de maintenir dans leurs respectives limites les pouvoirs et privilèges qui leur appartiennent, comme *souverains indépendants*. Si les Etats ne possédaient pas ce droit, en vain se prétendraient-ils souverains. La Caroline du Sud déclare ne reconnaître sur la terre aucun tribunal qui soit placé au-dessus d'elle. Il est vrai qu'elle a passé, avec d'autres Etats souverains comme elle, un contrat solennel d'union *(a solemn contract of union)*, mais elle réclame et exercera le droit d'expliquer quel en est le sens à ses yeux, et lorsque ce contrat est violé par ses associés et par le gouvernement qu'ils ont créé, elle veut user du droit évident *(unquestionable)* de juger quelle est l'étendue de l'infraction, et quelles sont les mesures à prendre pour en obtenir justice. »

88. Ce qui acheva de déterminer le congrès à cette mesure, ce fut une démonstration du puissant Etat de Virginie, dont la législature s'offrit à servir d'arbitre entre l'Union et la Caroline du Sud. Jusque-là cette dernière avait paru entièrement abandonnée, même par les Etats qui avaient réclamé avec elle.

89. Loi du 2 mars 1833.

cipe du tarif. A un droit protecteur de l'industrie, il substitua une mesure purement fiscale [90]. Pour dissimuler sa défaite, le gouvernement de l'Union eut recours à un expédient qui est fort à l'usage des gouvernements faibles : en cédant sur les faits, il se montra inflexible sur les principes. En même temps que le congrès changeait la législation du tarif, il passait une autre loi en vertu de laquelle le président était investi d'un pouvoir extraordinaire pour surmonter par la force les résistances qui dès lors n'étaient plus à craindre.

La Caroline du Sud ne consentit même pas à laisser à l'Union ces faibles apparences de la victoire; la même convention nationale qui avait frappé de nullité la loi du tarif s'étant assemblée de nouveau accepta la concession qui lui était offerte; mais en même temps, elle déclara n'en persister qu'avec plus de force dans la doctrine des nullificateurs, et, pour le prouver, elle annula la loi qui conférait des pouvoirs extraordinaires au président, quoiqu'il fût bien certain qu'on n'en ferait point usage.

Presque tous les actes dont je viens de parler ont eu lieu sous la présidence du général Jackson. On ne saurait nier que, dans l'affaire du tarif, ce dernier n'ait soutenu avec habileté et vigueur les droits de l'Union. Je crois cependant qu'il faut mettre au nombre des dangers que court aujourd'hui le pouvoir fédéral la conduite même de celui qui le représente.

Quelques personnes se sont formé en Europe, sur l'influence que peut exercer le général Jackson dans les affaires de son pays, une opinion qui paraît fort extravagante à ceux qui ont vu les choses de près.

On a entendu dire que le général Jackson avait gagné des batailles, que c'était un homme énergique, porté par caractère et par habitude à l'emploi de la force, désireux du pouvoir et despote par goût. Tout cela est peut-être vrai, mais les conséquences qu'on a tirées de ces vérités sont de grandes erreurs.

On s'est imaginé que le général Jackson voulait établir aux Etats-Unis la dictature, qu'il allait y faire régner l'esprit militaire, et donner au pouvoir central une extension dangereuse pour les libertés provinciales. En Amérique, le temps de semblables entreprises et le siècle de pareils hommes ne sont point encore venus : si le général

90. Cette loi fut suggérée par M. Clay et passa en quatre jours, dans les deux chambres du congrès, à une immense majorité.

Jackson eût voulu dominer de cette manière, il eût assurément perdu sa position politique et compromis sa vie : aussi n'a-t-il pas été assez imprudent pour le tenter.

Loin de vouloir étendre le pouvoir fédéral, le président actuel représente, au contraire, le parti qui veut restreindre ce pouvoir aux termes les plus clairs et les plus précis de la constitution, et qui n'admet point que l'interprétation puisse jamais être favorable au gouvernement de l'Union; loin de se présenter comme le champion de la centralisation, le général Jackson est l'agent des jalousies provinciales; ce sont les passions *décentralisantes* (si je puis m'exprimer ainsi) qui l'ont porté au souverain pouvoir. C'est en flattant chaque jour ces passions qu'il s'y maintient et y prospère. Le général Jackson est l'esclave de la majorité : il la suit dans ses volontés, dans ses désirs, dans ses instincts à moitié découverts, ou plutôt il la devine et court se placer à sa tête.

Toutes les fois que le gouvernement des Etats entre en lutte avec celui de l'Union, il est rare que le président ne soit pas le premier à douter de son droit; il devance presque toujours le pouvoir législatif; quand il y a lieu à interprétation sur l'étendue de la puissance fédérale, il se range en quelque sorte contre lui-même; il s'amoindrit, il se voile, il s'efface. Ce n'est point qu'il soit naturellement faible ou ennemi de l'Union; lorsque la majorité s'est prononcée contre les prétentions des nullificateurs du Sud, on l'a vu se mettre à sa tête, formuler avec netteté et énergie les doctrines qu'elle professait et en appeler le premier à la force. Le général Jackson, pour me servir d'une comparaison empruntée au vocabulaire des partis américains, me semble *fédéral* par goût et *républicain* par calcul.

Après s'être ainsi abaissé devant la majorité pour gagner sa faveur, le général Jackson se relève; il marche alors vers les objets qu'elle poursuit elle-même, ou ceux qu'elle ne voit pas d'un œil jaloux, en renversant devant lui tous les obstacles. Fort d'un appui que n'avaient point ses prédécesseurs, il foule aux pieds ses ennemis personnels partout où il les trouve, avec une facilité qu'aucun président n'a rencontrée; il prend sous sa responsabilité des mesures que nul n'aurait jamais avant lui osé prendre; il lui arrive même de traiter la représentation nationale avec une sorte de dédain presque insultant; il refuse de sanctionner les lois du congrès et souvent omet de répondre à ce grand corps. C'est un favori qui parfois rudoie son maître. Le pouvoir du général Jackson augmente donc sans cesse; mais celui du président diminue. Dans ses mains, le gouvernement fédéral est fort; il passera énervé à son successeur.

Ou je me trompe étrangement, ou le gouvernement fédéral des Etats-Unis tend chaque jour à s'affaiblir; il se retire successivement des affaires, il resserre de plus en plus le cercle de son action. Naturellement faible, il abandonne mêmes les apparences de la force. D'une autre part, j'ai cru voir qu'aux Etats-Unis le sentiment de l'indépendance devenait de plus en plus vif dans les Etats, l'amour du gouvernement provincial de plus en plus prononcé.

On veut l'Union; mais réduite à une ombre : on la veut forte en certains cas et faible dans tous les autres; on prétend qu'en temps de guerre elle puisse réunir dans ses mains les forces nationales et toutes les ressources du pays, et qu'en temps de paix elle n'existe pour ainsi dire point; comme si cette alternative de débilité et de vigueur était dans la nature.

Je ne vois rien qui puisse, quant à présent, arrêter ce mouvement général des esprits; les causes qui l'ont fait naître ne cessent point d'opérer dans le même sens. Il se continuera donc, et l'on peut prédire que, s'il ne survient pas quelque circonstance extraordinaire, le gouvernement de l'Union ira chaque jour s'affaiblissant.

Je crois cependant que nous sommes encore loin du temps où le pouvoir fédéral, incapable de protéger sa propre existence et de donner la paix au pays, s'éteindra en quelque sorte de lui-même. L'Union est dans les mœurs, on la désire; ses résultats sont évidents, ses bienfaits visibles. Quand on s'apercevra que la faiblesse du gouvernement fédéral compromet l'existence de l'Union, je ne doute point qu'on ne voie naître un mouvement de réaction en faveur de la force.

Le gouvernement des Etats-Unis est, de tous les gouvernements fédéraux qui ont été établis jusqu'à nos jours, celui qui est le plus naturellement destiné à agir : tant qu'on ne l'attaquera pas d'une manière indirecte par l'interprétation de ses lois, tant qu'on n'altérera pas profondément sa substance, un changement d'opinion, une crise intérieure, une guerre, pourraient lui redonner tout à coup la vigueur dont il a besoin.

Ce que j'ai voulu constater est seulement ceci : bien

des gens, parmi nous, pensent qu'aux Etats-Unis il y a un mouvement des esprits qui favorise la centralisation du pouvoir dans les mains du président et du congrès. Je prétends qu'on y remarque visiblement un mouvement contraire. Loin que le gouvernement fédéral, en vieillissant, prenne de la force et menace la souveraineté des Etats, je dis qu'il tend chaque jour à s'affaiblir, et que la souveraineté seule de l'Union est en péril. Voilà ce que le présent révèle. Quel sera le résultat final de cette tendance, quels événements peuvent arrêter, retarder ou hâter le mouvement que j'ai décrit ? L'avenir les cache, et je n'ai pas la prétention de pouvoir soulever son voile.

DES INSTITUTIONS RÉPUBLICAINES AUX ÉTATS-UNIS, QUELLES SONT LEURS CHANCES DE DURÉE ?

L'union n'est qu'un accident. — Les institutions républicaines ont plus d'avenir. — La république est, quant à présent, l'état naturel des Anglo-Américains. — Pourquoi. — Afin de la détruire, il faudrait changer en même temps toutes les lois et modifier toutes les mœurs. — Difficultés que trouvent les Américains à créer une aristocratie.

Le démembrement de l'Union, en introduisant la guerre au sein des Etats aujourd'hui confédérés, et avec elle les armées permanentes, la dictature et les impôts, pourrait à la longue y compromettre le sort des institutions républicaines.

Il ne faut pas confondre cependant l'avenir de la république et celui de l'Union.

L'Union est un accident qui ne durera qu'autant que les circonstances le favoriseront, mais la république me semble l'état naturel des Américains; et il n'y a que l'action continue de causes contraires et agissant toujours dans le même sens qui pût lui substituer la monarchie.

L'Union existe principalement dans la loi qui l'a créée. Une seule révolution, un changement dans l'opinion publique peut la briser pour jamais. La république a des racines plus profondes.

Ce qu'on entend par république aux Etats-Unis, c'est l'action lente et tranquille de la société sur elle-même. C'est un état régulier fondé réellement sur la volonté éclairée du peuple. C'est un gouvernement conciliateur, où les résolutions se mûrissent longuement, se discutent avec lenteur et s'exécutent avec maturité.

Les républicains, aux Etats-Unis, prisent les mœurs, respectent les croyances, reconnaissent les droits. Ils professent cette opinion, qu'un peuple doit être moral, religieux et modéré, en proportion qu'il est libre. Ce qu'on appelle la république aux Etats-Unis, c'est le règne tranquille de la majorité. La majorité, après qu'elle a eu le temps de se reconnaître et de constater son existence, est la source commune des pouvoirs. Mais la majorité elle-même n'est pas toute-puissante. Au-dessus d'elle, dans le monde moral, se trouvent l'humanité, la justice et la raison; dans le monde politique, les droits acquis. La majorité reconnaît ces deux barrières, et s'il lui arrive de les franchir, c'est qu'elle a des passions, comme chaque homme, et que, semblable à eux, elle peut faire le mal en discernant le bien.

Mais nous avons fait en Europe d'étranges découvertes.

La république, suivant quelques-uns d'entre nous, ce n'est pas le règne de la majorité, comme on l'a cru jusqu'ici, c'est le règne de ceux qui se portent fort pour la majorité. Ce n'est pas le peuple qui dirige dans ces sortes de gouvernements, mais ceux qui savent le plus grand bien du peuple : distinction heureuse, qui permet d'agir au nom des nations sans les consulter, et de réclamer leur reconnaissance en les foulant aux pieds. Le gouvernement républicain est, du reste, le seul auquel il faille reconnaître le droit de tout faire, et qui puisse mépriser ce qu'ont jusqu'à présent respecté les hommes, depuis les plus hautes lois de la morale jusqu'aux règles vulgaires du sens commun.

On avait pensé, jusqu'à nous, que le despotisme était odieux, quelles que fussent ses formes. Mais on a découvert de nos jours qu'il y avait dans le monde des tyrannies légitimes et de saintes injustices, pourvu qu'on les exerçât au nom du peuple.

Les idées que les Américains se sont faites de la république leur en facilitent singulièrement l'usage et assurent sa durée. Chez eux, si la pratique du gouvernement républicain est souvent mauvaise, du moins la théorie est bonne, et le peuple finit toujours par y conformer ses actes.

Il était impossible, dans l'origine, et il serait encore très difficile d'établir en Amérique une administration centralisée. Les hommes sont dispersés sur un trop grand espace et séparés par trop d'obstacles naturels pour qu'un seul puisse entreprendre de diriger les détails de leur existence. L'Amérique est donc par excellence le pays du gouvernement provincial et communal.

A cette cause, dont l'action se faisait également sentir sur tous les Européens du nouveau monde, les Anglo-Américains en ajoutèrent plusieurs autres qui leur étaient particulières.

Lorsque les colonies de l'Amérique du Nord furent établies la liberté municipale avait déjà pénétré dans les lois ainsi que dans les mœurs anglaises, et les émigrants anglais l'adoptèrent non seulement comme une chose nécessaire, mais comme un bien dont ils connaissaient tout le prix.

Nous avons vu, de plus, de quelle manière les colonies avaient été fondées. Chaque province, et pour ainsi dire chaque district, fut peuplé séparément par des hommes étrangers les uns aux autres, ou associés dans des buts différents.

Les Anglais des Etats-Unis se sont donc trouvés, dès l'origine, divisés en un grand nombre de petites sociétés distinctes qui ne se rattachaient à aucun centre commun, et il a fallu que chacune de ces petites sociétés s'occupât de ses propres affaires, puisqu'on n'apercevait nulle part une autorité centrale qui dût naturellement et qui pût facilement y pourvoir.

Ainsi la nature du pays, la manière même dont les colonies anglaises ont été fondées, les habitudes des premiers émigrants, tout se réunissait pour y développer à un degré extraordinaire les libertés communales et provinciales.

Aux Etats-Unis, l'ensemble des institutions du pays est donc essentiellement républicain; pour y détruire d'une façon durable les lois qui fondent la république, il faudrait en quelque sorte abolir à la fois toutes les lois.

Si, de nos jours, un parti entreprenait de fonder la monarchie aux Etats-Unis, il serait dans une position encore plus difficile que celui qui voudrait proclamer dès à présent la république en France. La royauté ne trouverait point la législation préparée d'avance pour elle, et ce serait bien réellement alors qu'on verrait une monarchie entourée d'institutions républicaines.

Le principe monarchique pénétrerait aussi difficilement dans les mœurs des Américains.

Aux Etats-Unis, le dogme de la souveraineté du peuple n'est point une doctrine isolée qui ne tienne ni aux habitudes, ni à l'ensemble des idées dominantes; on peut, au contraire, l'envisager comme le dernier anneau d'une chaîne d'opinions qui enveloppe le monde anglo-américain tout entier. La Providence a donné à chaque individu, quel qu'il soit, le degré de raison nécessaire pour qu'il puisse se diriger lui-même dans les choses qui l'intéressent exclusivement. Telle est la grande maxime sur laquelle, aux Etats-Unis, repose la société civile et politique : le père de famille en fait l'application à ses enfants, le maître à ses serviteurs, la commune à ses administrés, la province aux communes, l'Etat aux provinces, l'Union aux Etats. Etendue à l'ensemble de la nation, elle devient le dogme de la souveraineté du peuple.

Ainsi, aux Etats-Unis, le principe générateur de la république est le même qui règle la plupart des actions humaines. La république pénètre donc, si je puis m'exprimer ainsi, dans les idées, dans les opinions et dans toutes les habitudes des Américains en même temps qu'elle s'établit dans leurs lois; et pour arriver à changer les lois, il faudrait qu'ils en vinssent à se changer en quelque sorte tout entiers. Aux Etats-Unis, la religion du plus grand nombre elle-même est républicaine; elle soumet les vérités de l'autre monde à la raison individuelle, comme la politique abandonne au bon sens de tous le soin des intérêts de celui-ci, et elle consent que chaque homme prenne librement la voie qui doit le conduire au ciel, de la même manière que la loi reconnaît à chaque citoyen le droit de choisir son gouvernement.

Evidemment, il n'y a qu'une longue série de faits ayant tous la même tendance, qui puisse substituer à cet ensemble de lois, d'opinions et de mœurs, un ensemble de mœurs, d'opinions et de lois contraires.

Si les principes républicains doivent périr en Amérique, ils ne succomberont qu'après un long travail social, fréquemment interrompu, souvent repris; plusieurs fois ils sembleront renaître, et ne disparaîtront sans retour que quand un peuple entièrement nouveau aura pris la place de celui qui existe de nos jours. Or, rien ne saurait faire présager une semblable révolution, aucun signe ne l'annonce.

Ce qui vous frappe le plus à votre arrivée aux Etats-Unis, c'est l'espèce de mouvement tumultueux au sein duquel se trouve placée la société politique. Les lois changent sans cesse, et au premier abord il semble impossible qu'un peuple si peu sûr de ses volontés n'en arrive pas bientôt à substituer à la forme actuelle de son gouvernement une forme entièrement nouvelle. Ces craintes sont prématurées. Il y a, en fait d'institutions politiques, deux espèces d'instabilités qu'il ne faut pas confondre : l'une s'attache aux lois secondaires; celle-là peut régner longtemps au sein d'une société bien assise; l'autre ébranle sans cesse les bases mêmes de la constitution, et attaque les principes générateurs des lois; celle-ci e toujours suivie de troubles et de révolutions; la nation qui la souffre est dans un état violent et transitoire. L'expérience fait connaître que ces deux espèces d'instabilités législatives n'ont pas entre elles de lien nécessaire, car on les a vues exister conjointement ou séparément suivant les temps et les lieux. La première se rencontre aux Etats-Unis, mais non la seconde. Les Américains changent fréquemment les lois, mais le fondement de la constitution est respecté.

De nos jours, le principe républicain règne en Amérique comme le principe monarchique dominait en France sous Louis XIV. Les Français d'alors n'étaient pas seulement amis de la monarchie, mais encore ils n'imaginaient pas qu'on pût rien mettre à la place; ils l'admettaient ainsi qu'on admet le cours du soleil et les vicissitudes des saisons. Chez eux le pouvoir royal n'avait pas plus d'avocats que d'adversaires.

C'est ainsi que la république existe en Amérique, sans combat, sans opposition, sans preuve, par un accord tacite, une sorte de *consensus universalis*.

Toutefois, je pense qu'en changeant aussi souvent qu'ils le font leurs procédés administratifs, les habitants des Etats-Unis compromettent l'avenir du gouvernement républicain.

Gênés sans cesse dans leurs projets par la versatilité continuelle de la législation, il est à craindre que les hommes ne finissent par considérer la république comme une façon incommode de vivre en société; le mal résultant de l'instabilité des lois secondaires ferait alors mettre en question l'existence des lois fondamentales, et amènerait indirectement une révolution; mais cette époque est encore bien loin de nous.

Ce qu'on peut prévoir dès à présent, c'est qu'en sortant de la république, les Américains passeraient rapidement au despotisme, sans s'arrêter très longtemps dans la monarchie. Montesquieu a dit qu'il n'y avait rien de plus absolu que l'autorité d'un prince qui succède à la république, les pouvoirs indéfinis qu'on avait livrés sans crainte à un magistrat électif se trouvant alors remis dans les mains d'un chef héréditaire. Ceci est généralement vrai, mais particulièrement applicable à une république démocratique. Aux Etats-Unis, les magistrats ne sont pas élus par une classe particulière de citoyens, mais par la majorité de la nation ; ils représentent immédiatement les passions de la multitude, et dépendent entièrement de ses volontés ; ils n'inspirent donc ni haine ni crainte : aussi j'ai fait remarquer le peu de soins qu'on avait pris de limiter leur pouvoir en traçant des bornes à son action, et quelle part immense on avait laissée à leur arbitraire. Cet ordre de choses a créé des habitudes qui lui survivraient. Le magistrat américain garderait sa puissance indéfinie en cessant d'être responsable, et il est impossible de dire où s'arrêterait alors la tyrannie.

Il y a des gens parmi nous qui s'attendent à voir l'aristocratie naître en Amérique, et qui prévoient déjà avec exactitude l'époque où elle doit s'emparer du pouvoir.

J'ai déjà dit, et je répète, que le mouvement actuel de la société américaine me semble de plus en plus démocratique.

Cependant je ne prétends point qu'un jour les Américains n'arrivent pas à restreindre chez eux le cercle des droits politiques, ou à confisquer ces mêmes droits au profit d'un homme ; mais je ne puis croire qu'ils en confient jamais l'usage exclusif à une classe particulière de citoyens, ou, en d'autres termes, qu'ils fondent une aristocratie.

Un corps aristocratique se compose d'un certain nombre de citoyens qui, sans être placés très loin de la foule, s'élèvent cependant d'une manière permanente au-dessus d'elle ; qu'on touche et qu'on ne peut frapper ; auxquels on se mêle chaque jour, et avec lesquels on ne saurait se confondre.

Il est impossible de rien imaginer de plus contraire à la nature et aux instincts secrets du cœur humain qu'une sujétion de cette espèce : livrés à eux-mêmes, les hommes préféreront toujours le pouvoir arbitraire d'un roi à l'administration régulière des nobles.

Une aristocratie, pour durer, a besoin de fonder

l'inégalité en principe, de la légaliser d'avance, et de l'introduire dans la famille en même temps qu'elle la répand dans la société; toutes choses qui répugnent si fortement à l'équité naturelle, qu'on ne saurait les obtenir des hommes que par la contrainte.

Depuis que les sociétés humaines existent, je ne crois pas qu'on puisse citer l'exemple d'un seul peuple qui, livré à lui-même et par ses propres efforts, ait créé une aristocratie dans son sein : toutes les aristocraties du Moyen Age sont filles de la conquête. Le vainqueur était le noble, le vaincu le serf. La force imposait alors l'inégalité, qui, une fois entrée dans les mœurs, se maintenait d'elle-même et passait naturellement dans les lois.

On a vu des sociétés qui, par suite d'événements antérieurs à leur existence, sont pour ainsi dire nées aristocratiques, et que chaque siècle ramenait ensuite vers la démocratie. Tel fut le sort des Romains, et celui des barbares qui s'établirent après eux. Mais un peuple qui, parti de la civilisation et de la démocratie, se rapprocherait par degrés de l'inégalité des conditions, et finirait par établir dans son sein des privilèges inviolables et des catégories exclusives, voilà ce qui serait nouveau dans le monde.

Rien n'indique que l'Amérique soit destinée à donner la première un pareil spectacle.

Quelques considérations
sur les causes de la grandeur commerciale
des États-Unis

Les Américains sont appelés par la nature à être un grand peuple maritime. — Étendue de leurs rivages. — Profondeur des ports. — Grandeur des fleuves. — C'est cependant bien moins à des causes physiques qu'à des causes intellectuelles et morales qu'on doit attribuer la supériorité commerciale des Anglo-Américains. — Raison de cette opinion. — Avenir des Anglo-Américains comme peuple commerçant. — La ruine de l'Union n'arrêterait point l'essor maritime des peuples qui la composent. — Pourquoi. — Les Anglo-Américains sont naturellement appelés à servir les besoins des habitants de l'Amérique du Sud. — Ils deviendront, comme les Anglais, les facteurs d'une grande partie du monde.

Depuis la baie de Fondy jusqu'à la rivière Sabine dans

le golfe du Mexique, la côte des Etats-Unis s'étend sur une longueur de neuf cents lieues à peu près.

Ces rivages forment une seule ligne non interrompue; ils sont tous placés sous la même domination.

Il n'y a pas de peuple au monde qui puisse offrir au commerce des ports plus profonds, plus vastes et plus sûrs que les Américains.

Les habitants des Etats-Unis composent une grande nation civilisée que la fortune a placée au milieu des déserts, à douze cents lieues du foyer principal de la civilisation. L'Amérique a donc un besoin journalier de l'Europe. Avec le temps, les Américains parviendront sans doute à produire ou à fabriquer chez eux la plupart des objets qui leur sont nécessaires, mais jamais les deux continents ne pourront vivre entièrement indépendants l'un de l'autre : il existe trop de liens naturels entre leurs besoins, leurs idées, leurs habitudes et leurs mœurs.

L'Union a des productions qui nous sont devenues nécessaires, et que notre sol se refuse entièrement à fournir, ou ne peut donner qu'à grands frais. Les Américains ne consomment qu'une très petite partie de ces produits; ils nous vendent le reste.

L'Europe est donc le marché de l'Amérique, comme l'Amérique est le marché de l'Europe; et le commerce maritime est aussi nécessaire aux habitants des Etats-Unis pour amener leurs matières premières dans nos ports que pour transporter chez eux nos objets manufacturés.

Les Etats-Unis devaient donc fournir un grand aliment à l'industrie des peuples maritimes, s'ils renonçaient eux-mêmes au commerce, comme l'ont fait jusqu'à présent les Espagnols du Mexique; ou devenir une des premières puissances maritimes du globe : cette alternative était inévitable.

Les Anglo-Américains ont de tout temps montré un goût décidé pour la mer. L'indépendance, en brisant les liens commerciaux qui les unissaient à l'Angleterre, donna à leur génie maritime un nouvel et puissant essor. Depuis cette époque, le nombre des vaisseaux de l'Union s'est accru dans une progression presque aussi rapide que le nombre de ses habitants. Aujourd'hui ce sont les Américains eux-mêmes qui transportent chez eux les neuf dixièmes des produits de l'Europe [91]. Ce sont encore

91. La valeur totale des importations de l'année finissant au·

des Américains qui apportent aux consommateurs d'Europe les trois quarts des exportations du nouveau monde [92].

Les vaisseaux des Etats-Unis remplissent le port du Havre et celui de Liverpool. On ne voit qu'un petit nombre de bâtiments anglais ou français dans le port de New York [93].

Ainsi non seulement le commerçant américain brave la concurrence sur son propre sol, mais il combat encore avec avantage les étrangers sur le leur.

Ceci s'explique aisément : de tous les vaisseaux du monde, ce sont les navires des Etats-Unis qui traversent les mers au meilleur marché. Tant que la marine marchande des Etats-Unis conservera sur les autres cet avantage, non seulement elle gardera ce qu'elle a conquis, mais elle augmentera chaque jour ses conquêtes.

C'est un problème difficile à résoudre que celui de savoir pourquoi les Américains naviguent à plus bas prix que les autres hommes : on est tenté d'abord d'attribuer cette supériorité à quelques avantages matériels que la nature aurait mis à leur seule portée; mais il n'en est point ainsi.

Les vaisseaux américains coûtent presque aussi cher à bâtir que les nôtres [94]; ils ne sont pas mieux construits, et durent en général moins longtemps.

30 septembre 1832 a été de 101 129 266 dollars. Les importations faites sur navires étrangers ne figurent que pour une somme de 10 731 039 dollars, à peu près un dixième.

92. La valeur totale des exportations, pendant la même année, a été de 87 176 943 dollars; la valeur exportée sur vaisseaux étrangers a été de 21 036 183 dollars, ou à peu près le quart (*William's register*, 1833, p. 398).

93. Pendant les années 1829, 1830, 1831, il est entré dans les ports de l'Union des navires jaugeant ensemble 3 307 719 tonneaux. Les navires étrangers ne fournissent à ce total que 544 571 tonneaux. Ils étaient donc dans la proportion de 16 à 100 à peu près (*National Calendar*, 1833, p. 304).

Durant les années 1820, 1826 et 1?3·· .es vaisseaux anglais entrés dans les ports de Londres, Liverpool et Hull ont jaugé 443 800 tonneaux. Les vaisseaux étrangers entrés dans les mêmes ports pendant les mêmes années jaugeaient 159 431 tonneaux. Le rapport entre eux était donc comme 36 est à 100 à peu près (*Companion to the Almanac*, 1834, p. 169).

Dans l'année 1832, le rapport des bâtiments étrangers et des bâtiments anglais entrés dans les ports de la Grande-Bretagne était comme 20 à 100.

94. Les matières premières, en général, coûtent moins cher en Amérique qu'en Europe, mais le prix de la main-d'œuvre y est beaucoup plus élevé.

Le salaire du matelot américain est plus élevé que celui du matelot d'Europe; ce qui le prouve, c'est le grand nombre d'Européens qu'on rencontre dans la marine marchande des Etats-Unis.

D'où vient donc que les Américains naviguent à meilleur marché que nous?

Je pense qu'on chercherait vainement les causes de cette supériorité dans des avantages matériels; elle tient à des qualités purement intellectuelles et morales.

Voici une comparaison qui éclaircira ma pensée:

Pendant les guerres de la Révolution, les Français introduisirent dans l'art militaire une tactique nouvelle qui troubla les plus vieux généraux et faillit détruire les plus anciennes monarchies de l'Europe. Ils entreprirent pour la première fois de se passer d'une foule de choses qu'on avait jusqu'alors jugées indispensables à la guerre; ils exigèrent de leurs soldats des efforts nouveaux que les nations policées n'avaient jamais demandés aux leurs; on les vit tout faire en courant, et risquer sans hésiter la vie des hommes en vue du résultat à obtenir.

Les Français étaient moins nombreux et moins riches que leurs ennemis; ils possédaient infiniment moins de ressources; cependant ils furent constamment victorieux, jusqu'à ce que ces derniers eussent pris le parti de les imiter.

Les Américains ont introduit quelque chose d'analogue dans le commerce. Ce que les Français faisaient pour la victoire, ils le font pour le bon marché.

Le navigateur européen ne s'aventure qu'avec prudence sur les mers; il ne part que quand le temps l'y convie; s'il lui survient un accident imprévu, il rentre au port, la nuit, il serre une partie de ses voiles, et lorsqu'il voit l'Océan blanchir à l'approche des terres, il ralentit sa course et interroge le soleil.

L'Américain néglige ces précautions et brave ces dangers. Il part tandis que la tempête gronde encore; la nuit comme le jour il abandonne au vent toutes ses voiles; il répare en marchant son navire fatigué par l'orage, et lorsqu'il approche enfin du terme de sa course, il continue à voler vers le rivage, comme si déjà il apercevait le port.

L'Américain fait souvent naufrage; mais il n'y a pas de navigateur qui traverse les mers aussi rapidement que lui. Faisant les mêmes choses qu'un autre en moins de temps, il peut les faire à moins de frais.

Avant de parvenir au terme d'un voyage de long cours, le navigateur d'Europe croit devoir aborder plusieurs fois sur son chemin. Il perd un temps précieux à chercher le port de relâche ou à attendre l'occasion d'en sortir, et il paye chaque jour le droit d'y rester.

Le navigateur américain part de Boston pour aller acheter du thé à la Chine. Il arrive à Canton, y reste quelques jours et revient. Il a parcouru en moins de deux ans la circonférence entière du globe, et il n'a vu la terre qu'une seule fois. Durant une traversée de huit ou dix mois, il a bu de l'eau saumâtre et a vécu de viande salée; il a lutté sans cesse contre la mer, contre la maladie, contre l'ennui; mais à son retour, il peut vendre la livre de thé un sou de moins que le marchand anglais : le but est atteint.

Je ne saurais mieux exprimer ma pensée qu'en disant que les Américains mettent une sorte d'héroïsme dans leur manière de faire le commerce.

Il sera toujours très difficile au commerçant d'Europe de suivre dans la même carrière son concurrent d'Amérique. L'Américain, en agissant de la manière que j'ai décrite plus haut, ne suit pas seulement un calcul, il obéit surtout à sa nature.

L'habitant des Etats-Unis éprouve tous les besoins et tous les désirs qu'une civilisation avancée fait naître, et il ne trouve pas autour de lui, comme en Europe, une société savamment organisée pour y satisfaire; il est donc souvent obligé de se procurer par lui-même les objets divers que son éducation et ses habitudes lui ont rendus nécessaires. En Amérique, il arrive quelquefois que le même homme laboure son champ, bâtit sa demeure, fabrique ses outils, fait ses souliers et tisse de ses mains l'étoffe grossière qui doit le couvrir. Ceci nuit au perfectionnement de l'industrie, mais sert puissamment à développer l'intelligence de l'ouvrier. Il n'y a rien qui tende plus que la grande division du travail à matérialiser l'homme et à ôter de ses œuvres jusqu'à la trace de l'âme. Dans un pays comme l'Amérique, où les hommes spéciaux sont si rares, on ne saurait exiger un long apprentissage de chacun de ceux qui embrassent une profession. Les Américains trouvent donc une grande facilité à changer d'état, et ils en profitent, suivant les besoins du moment. On en rencontre qui ont été successivement avocats, agriculteurs, commerçants, ministres évangéliques, médecins. Si l'Américain est moins habile que l'Européen dans chaque industrie, il n'y en a presque point qui lui soit entièrement étrangère. Sa capacité est plus générale, le cercle de son intelligence est plus étendu. L'habitant des Etats-Unis n'est donc jamais arrêté par aucun axiome d'état; il échappe à tous les préjugés de profession; il n'est pas plus attaché à un système d'opération qu'à un autre; il ne se sent pas plus lié à une méthode ancienne qu'à une nouvelle; il ne s'est créé aucune habitude, et il se soustrait aisément à l'empire que les habitudes étrangères pourraient exercer sur son esprit, car il sait que son pays ne ressemble à aucun autre, et que sa situation est nouvelle dans le monde.

L'Américain habite une terre de prodiges, autour de lui tout se remue sans cesse, et chaque mouvement semble un progrès. L'idée du nouveau se lie donc intimement dans son esprit à l'idée du mieux. Nulle part il n'aperçoit la borne que la nature peut avoir mise aux efforts de l'homme; à ses yeux, ce qui n'est pas est ce qui n'a point encore été tenté.

Ce mouvement universel qui règne aux Etats-Unis, ces retours fréquents de la fortune, ce déplacement imprévu des richesses publiques et privées, tout se réunit pour entretenir l'âme dans une sorte d'agitation fébrile qui la dispose admirablement à tous les efforts, et la maintient pour ainsi dire au-dessus du niveau commun de l'humanité. Pour un Américain, la vie entière se passe comme un partie de jeu, un temps de révolution, un jour de bataille.

Ces mêmes causes opérant en même temps sur tous les individus finissent par imprimer une impulsion irrésistible au caractère national. L'Américain pris au hasard doit donc être un homme ardent dans ses désirs, entreprenant, aventureux, surtout novateur. Cet esprit se retrouve, en effet, dans toutes ses œuvres; il l'introduit dans ses lois politiques, dans ses doctrines religieuses, dans ses théories d'économie sociale, dans son industrie privée; il le porte partout avec lui, au fond des bois comme au sein des villes. C'est ce même esprit qui, appliqué au commerce maritime, fait naviguer l'Américain plus vite et à meilleur marché que tous les commerçants du monde.

Aussi longtemps que les marins des Etats-Unis garderont ces avantages intellectuels et la supériorité pratique qui en dérive, non seulement ils continueront à pourvoir eux-mêmes aux besoins des producteurs et des consommateurs de leur pays, mais ils tendront de plus en plus à devenir, comme les Anglais [95], les facteurs des autres peuples.

Ceci commence à se réaliser sous nos yeux. Déjà nous voyons les navigateurs américains s'introduire comme agents intermédiaires dans le commerce de plusieurs nations de l'Europe [96]; l'Amérique leur offre un avenir plus grand encore.

Les Espagnols et les Portugais ont fondé dans l'Amérique du Sud de grandes colonies qui, depuis, sont devenues des empires. La guerre civile et le despotisme désolent aujourd'hui ces vastes contrées. Le mouvement de la population s'y arrête, et le petit nombre d'hommes qui les habite, absorbé dans le soin de se défendre, éprouve à peine le besoin d'améliorer son sort.

Mais il ne saurait en être toujours ainsi. L'Europe livrée à elle-même est parvenue par ses propres efforts à percer les ténèbres du Moyen Âge; l'Amérique du Sud est chrétienne comme nous; elle a nos lois, nos usages; elle renferme tous les germes de civilisation qui se sont développés au sein des nations européennes et de leurs rejetons; l'Amérique du Sud a de plus que nous notre exemple : pourquoi resterait-elle toujours barbare ?

Il ne s'agit évidemment ici que d'une question de temps : une époque plus ou moins éloignée viendra sans doute où les Américains du Sud formeront des nations florissantes et éclairées.

Mais lorsque les Espagnols et les Portugais de l'Amérique méridionale commenceront à éprouver les besoins des peuples policés, ils seront encore loin de pouvoir y satisfaire eux-mêmes; derniers nés de la civilisation, ils subiront la supériorité déjà acquise par leurs aînés. Ils seront agriculteurs longtemps avant d'être manufacturiers et commerçants, et ils auront besoin de l'entremise des étrangers pour aller vendre leurs produits au-delà des mers et se procurer en échange les objets dont la nécessité nouvelle se fera sentir.

On ne saurait douter que les Américains du Nord de

95. Il ne faut pas croire que les vaisseaux anglais soient uniquement occupés à transporter en Angleterre les produits étrangers ou à transporter chez les étrangers les produits anglais; de nos jours la marine marchande d'Angleterre forme comme une grande entreprise de voitures publiques, prêtes à servir tous les producteurs du monde et à faire communiquer tous les peuples entre eux. Le génie maritime des Américains les porte à élever une entreprise rivale de celle des Anglais.

96. Une partie du commerce de la Méditerranée se fait déjà sur des vaisseaux américains.

l'Amérique ne soient appelés à pourvoir un jour aux besoins des Américains du Sud. La nature les a placés près d'eux. Elle leur a ainsi fourni de grandes facilités pour connaître et apprécier les besoins des premiers, pour lier avec ces peuples des relations permanentes et s'emparer graduellement de leur marché. Le commerçant des Etats-Unis ne pourrait perdre ces avantages naturels que s'il était fort inférieur au commerçant d'Europe, et il lui est au contraire supérieur en plusieurs points. Les Américains des Etats-Unis exercent déjà une grande influence morale sur tous les peuples du nouveau monde. C'est d'eux que part la lumière. Toutes les nations qui habitent sur le même continent sont déjà habituées à les considérer comme les rejetons les plus éclairés, les plus puissants et les plus riches de la grande famille américaine. Ils tournent donc sans cesse vers l'Union leurs regards, et ils s'assimilent, autant que cela est en leur pouvoir, aux peuples qui la composent. Chaque jour ils viennent puiser aux Etats-Unis des doctrines politiques et y emprunter des lois.

Les Américains des Etats-Unis se trouvent vis-à-vis des peuples de l'Amérique du Sud précisément dans la même situation que leurs pères les Anglais vis-à-vis des Italiens, des Espagnols, des Portugais et de tous ceux des peuples de l'Europe qui, étant moins avancés en civilisation et en industrie, reçoivent de leurs mains la plupart des objets de consommation.

L'Angleterre est aujourd'hui le foyer naturel du commerce de presque toutes les nations qui l'approchent; l'Union américaine est appelée à remplir le même rôle dans l'autre hémisphère. Chaque peuple qui naît ou qui grandit dans le nouveau monde, y naît donc et y grandit en quelque sorte au profit des Anglo-Américains.

Si l'Union venait à se dissoudre, le commerce des Etats qui l'ont formée serait sans doute retardé quelque temps dans son essor, moins toutefois qu'on ne le pense. Il est évident que, quoi qu'il arrive, les Etats commerçants resteront unis. Ils se touchent tous; il y a entre eux identité parfaite d'opinions, d'intérêts et de mœurs, et seuls ils peuvent composer une très grande puissance maritime. Alors même que le Sud de l'Union deviendrait indépendant du Nord, il n'en résulterait pas qu'il pût se passer de lui. J'ai dit que le Sud n'est pas commerçant; rien n'indique encore qu'il le doive devenir. Les Américains du Sud des Etats-Unis seront donc obligés pendant longtemps d'avoir recours aux étrangers pour exporter leurs produits et apporter chez eux les objets qui sont nécessaires à leurs besoins. Or, de tous les intermédiaires qu'ils peuvent prendre, leurs voisins du Nord sont à coup sûr ceux qui peuvent les servir à meilleur marché. Ils les serviront donc, car le bon marché est la loi suprême du commerce. Il n'y a pas de volonté souveraine ni de préjugés nationaux qui puissent lutter longtemps contre le bon marché. On ne saurait voir de haine plus envenimée que celle qui existe entre les Américains des Etats-Unis et les Anglais. En dépit de ces sentiments hostiles, les Anglais fournissent cependant aux Américains la plupart des objets manufacturés, par la seule raison qu'ils les font payer moins cher que les autres peuples. La prospérité croissante de l'Amérique tourne ainsi, malgré le désir des Américains, au profit de l'industrie manufacturière de l'Angleterre.

La raison indique et l'expérience prouve qu'il n'y a pas de grandeur commerciale qui soit durable si elle ne peut s'unir, au besoin, à une puissance militaire.

Cette vérité est aussi bien comprise aux Etats-Unis que partout ailleurs. Les Américains sont déjà en état de faire respecter leur pavillon; bientôt ils pourront le faire craindre.

Je suis convaincu que le démembrement de l'Union, loin de diminuer les forces navales des Américains, tendrait fortement à les augmenter. Aujourd'hui les Etats commerçants sont liés à ceux qui ne le sont pas, et ces derniers ne se prêtent souvent qu'à regret à accroître une puissance maritime dont ils ne profitent qu'indirectement.

Si, au contraire, tous les Etats commerçants de l'Union ne formaient qu'un seul et même peuple, le commerce deviendrait pour eux un intérêt national du premier ordre; ils seraient donc disposés à faire de très grands sacrifices pour protéger leurs vaisseaux, et rien ne les empêcherait de suivre sur ce point leurs désirs.

Je pense que les nations, comme les hommes, indiquent presque toujours, dès leur jeune âge, les principaux traits de leur destinée. Quand je vois de quel esprit les Anglo-Américains mènent le commerce, les facilités qu'ils trouvent à le faire, les succès qu'ils y obtiennent, je ne puis m'empêcher de croire qu'ils deviendront un jour la première puissance maritime du globe. Ils sont poussés à s'emparer des mers, comme les Romains à conquérir le monde.

CONCLUSION

Voici que j'approche du terme. Jusqu'à présent, en parlant de la destinée future des Etats-Unis, je me suis efforcé de diviser mon sujet en diverses parties, afin d'étudier avec plus de soin chacune d'elles.

Je voudrais maintenant les réunir toutes dans un seul point de vue. Ce que je dirai sera moins détaillé, mais plus sûr. J'apercevrai moins distinctement chaque objet; j'embrasserai avec plus de certitude les faits généraux. Je serai comme le voyageur qui, en sortant des murs d'une vaste cité, gravit la colline prochaine. A mesure qu'il s'éloigne, les hommes qu'il vient de quitter disparaissent à ses yeux; leurs demeures se confondent; il ne voit plus les places publiques; il discerne avec peine la trace des rues; mais son œil suit plus aisément les contours de la ville, et pour la première fois, il en saisit la forme. Il me semble que je découvre de même devant moi l'avenir entier de la race anglaise dans le nouveau monde. Les détails de cet immense tableau sont restés dans l'ombre; mais mon regard en comprend l'ensemble, et je conçois une idée claire du tout.

Le territoire occupé ou possédé de nos jours par les Etats-Unis d'Amérique forme à peu près la vingtième partie des terres habitées.

Quelque étendues que soient ces limites, on aurait tort de croire que la race anglo-américaine s'y renfermera toujours; elle s'étend déjà bien au-delà.

Il fut un temps où nous aussi nous pouvions créer dans les déserts américains une grande nation française et balancer avec les Anglais les destinées du nouveau monde. La France a possédé autrefois dans l'Amérique du Nord un territoire presque aussi vaste que l'Europe entière. Les trois plus grands fleuves du continent coulaient alors tout entiers sous nos lois. Les nations indiennes qui habitent depuis l'embouchure du Saint-Laurent jusqu'au delta du Mississippi n'entendaient parler que notre langue; tous les établissements européens répandus sur cet immense espace rappelaient le souvenir de la patrie : c'étaient Louisbourg, Montmorency, Duquesne, Saint-Louis, Vincennes, la Nouvelle-Orléans, tous noms chers à la France et familiers à nos oreilles.

Mais un concours de circonstances qu'il serait trop long d'énumérer [1] nous a privés de ce magnifique héritage. Partout où les Français étaient peu nombreux et mal établis, ils ont disparu. Le reste s'est aggloméré sur un petit espace et a passé sous d'autres lois. Les quatre cent mille Français du bas Canada forment aujourd'hui comme les débris d'un peuple ancien perdu au milieu des flots d'une nation nouvelle. Autour d'eux la population étrangère grandit sans cesse; elle s'étend de tous côtés; elle pénètre jusque dans les rangs des anciens maîtres du sol, domine dans leurs villes et dénature leur langue. Cette population est identique à celle des Etats-Unis. J'ai donc raison de dire que la race anglaise ne s'arrête point aux limites de l'Union, mais s'avance bien au-delà vers le nord-est.

Au nord-ouest, on ne rencontre que quelques établissements russes sans importance; mais au sud-ouest, le Mexique se présente devant les pas des Anglo-Américains comme une barrière.

Ainsi donc, il n'y a plus, à vrai dire, que deux races rivales qui se partagent aujourd'hui le nouveau monde, les Espagnols et les Anglais.

Les limites qui doivent séparer ces deux races ont été fixées par un traité. Mais quelque favorable que soit ce traité aux Anglo-Américains, je ne doute point qu'ils ne viennent bientôt à l'enfreindre.

Au-delà des frontières de l'Union s'étendent, du côté du Mexique, de vastes provinces qui manquent encore d'habitants. Les hommes des Etats-Unis pénétreront dans ces solitudes avant ceux mêmes qui ont droit à les

---

1. En première ligne celle-ci : les peuples libres et habitués au régime municipal parviennent bien plus aisément que les autres à créer de florissantes colonies. L'habitude de penser par soi-même et se gouverner est indispensable dans un pays nouveau, où le succès dépend nécessairement en grande partie des efforts individuels de colons.

occuper. Ils s'en approprieront le sol, ils s'y établiront en société, et quand le légitime propriétaire se présentera enfin, il trouvera le désert fertilisé et des étrangers tranquillement assis dans son héritage.

La terre du nouveau monde appartient au premier occupant, et l'empire y est le prix de la course.

Les pays déjà peuplés auront eux-mêmes de la peine à se garantir de l'invasion.

J'ai déjà parlé précédemment de ce qui se passe dans la province du Texas. Chaque jour, les habitants des Etats-Unis s'introduisent peu à peu dans le Texas, ils y acquièrent des terres, et tout en se soumettant aux lois du pays, ils y fondent l'empire de leur langue et de leurs mœurs. La province du Texas est encore sous la domination du Mexique; mais bientôt on n'y trouvera pour ainsi dire plus de Mexicains. Pareille chose arrive sur tous les points où les Anglo-Américains entrent en contact avec des populations d'une autre origine.

On ne peut se dissimuler que la race anglaise n'ait acquis une immense prépondérance sur toutes les autres races européennes du nouveau monde. Elle leur est très supérieure en civilisation, en industrie et en puissance. Tant qu'elle n'aura devant elle que des pays déserts ou peu habités, tant qu'elle ne rencontrera pas sur son chemin des populations agglomérées, à travers lesquelles il lui soit impossible de se frayer un passage, on la verra s'étendre sans cesse. Elle ne s'arrêtera pas aux lignes tracées dans les traités, mais elle débordera de toutes parts au-dessus de ces digues imaginaires.

Ce qui facilite encore merveilleusement ce développement rapide de la race anglaise dans le nouveau monde, c'est la position géographique qu'elle y occupe.

Lorsqu'on s'élève vers le nord au-dessus de ses frontières septentrionales, on rencontre les glaces polaires, et lorsqu'on descend de quelques degrés au-dessous de ses limites méridionales, on entre au milieu des feux de l'équateur. Les Anglais d'Amérique sont donc placés dans la zone la plus tempérée et la portion la plus habitable du continent.

On se figure que le mouvement prodigieux qui se fait remarquer dans l'accroissement de la population aux Etats-Unis ne date que de l'indépendance : c'est une erreur. La population croissait aussi vite sous le système colonial que de nos jours; elle doublait de même à peu près en vingt-deux ans. Mais on opérait alors sur des milliers d'habitants; on opère maintenant sur des millions. Le même fait qui passait inaperçu il y a un siècle frappe aujourd'hui tous les esprits.

Les Anglais du Canada, qui obéissent à un roi, augmentent de nombre et s'étendent presque aussi vite que les Anglais des Etats-Unis, qui vivent sous un gouvernement républicain.

Pendant les huit années qu'a duré la guerre de l'Indépendance, la population n'a cessé de s'accroître suivant le rapport précédemment indiqué.

Quoiqu'il existât alors, sur les frontières de l'Ouest, de grandes nations indiennes liguées avec les Anglais, le mouvement de l'émigration vers l'Occident ne s'est pour ainsi dire jamais ralenti. Pendant que l'ennemi ravageait les côtes de l'Atlantique, le Kentucky, les districts occidentaux de la Pennsylvanie, l'Etat de Vermont et celui du Maine se remplissaient d'habitants. Le désordre qui suivit la guerre n'empêcha point non plus la population de croître et n'arrêta pas sa marche progressive dans le désert. Ainsi, la différence des lois, l'état de paix ou l'état de guerre, l'ordre ou l'anarchie, n'ont influé que d'une manière insensible sur le développement successif des Anglo-Américains.

Ceci se comprend sans peine : il n'existe pas de causes assez générales pour se faire sentir à la fois sur tous les points d'un si immense territoire. Ainsi il y a toujours une grande portion de pays où l'on est assuré de trouver un abri contre les calamités qui frappent l'autre, et quelque grands que soient les maux, le remède offert est toujours plus grand encore.

Il ne faut donc pas croire qu'il soit possible d'arrêter l'essor de la race anglaise du nouveau monde. Le démembrement de l'Union, en amenant la guerre sur le continent, l'abolition de la république, en y introduisant la tyrannie, peuvent retarder ses développements, mais non l'empêcher d'atteindre le complément nécessaire de sa destinée Il n'y a pas de pouvoir sur la terre qui puisse fermer devant les pas des émigrants ces fertiles déserts ouverts de toutes parts à l'industrie et qui présentent un asile à toutes les misères. Les événements futurs, quels qu'ils soient, n'enlèveront aux Américains ni leur climat, ni leurs mers intérieures, ni leurs grands fleuves, ni la fertilité de leur sol. Les mauvaises lois, les révolutions et l'anarchie, ne sauraient détruire parmi eux le goût du bien-être et l'esprit d'entreprise qui semble le caractère distinctif de leur race, ni éteindre tout à fait les lumières qui les éclairent.

Ainsi, au milieu de l'incertitude de l'avenir, il y a du moins un événement qui est certain. A une époque que nous pouvons dire prochaine, puisqu'il s'agit ici de la vie des peuples, les Anglo-Américains couvriront seuls tout l'immense espace compris entre les glaces polaires et les tropiques ; ils se répandront des grèves de l'océan Atlantique jusqu'aux rivages de la mer du Sud.

Je pense que le territoire sur lequel la race anglo-américaine doit un jour s'étendre égale les trois quarts de l'Europe [2]. Le climat de l'Union est, à tout prendre, préférable à celui de l'Europe ; ses avantages naturels sont aussi grands ; il est évident que sa population ne saurait manquer d'être un jour proportionnelle à la nôtre.

L'Europe, divisée entre tant de peuples divers ; l'Europe, à travers les guerres sans cesse renaissantes et la barbarie du Moyen Age, est parvenue à avoir quatre cent dix habitants [3] par lieue carrée. Quelle cause si puissante pourrait empêcher les Etats-Unis d'en avoir autant un jour ?

Il se passera bien des siècles avant que les divers rejetons de la race anglaise d'Amérique cessent de présenter une physionomie commune. On ne peut prévoir l'époque où l'homme pourra établir dans le nouveau monde l'inégalité permanente des conditions.

Quelles que soient donc les différences que la paix ou la guerre, la liberté ou la tyrannie, la prospérité ou la misère, mettent un jour dans la destinée des divers rejetons de la grande famille anglo-américaine, ils conserveront tous du moins un état social analogue et auront de commun les usages et les idées qui découlent de l'état social.

Le seul lien de la religion a suffi au Moyen Age pour réunir dans une même civilisation les races diverses qui peuplèrent l'Europe. Les Anglais du nouveau monde ont entre eux mille autres liens, et ils vivent dans un siècle où tout cherche à s'égaliser parmi les hommes.

Le Moyen Age était une époque de fractionnement. Chaque peuple, chaque province, chaque cité, chaque

2. Les Etats-Unis seuls couvrent déjà un espace égal à la moitié de l'Europe. La superficie de l'Europe est de 500 000 lieues carrées ; sa population de 205 000 000 d'habitants. Malte-Brun, vol. VI, liv. CXIV, p. 4.

3. Voyez Malte-Brun, vol. VI, liv. CXVI, p. 92.

famille, tendaient alors fortement à s'individualiser. De nos jours, un mouvement contraire se fait sentir, les peuples semblent marcher vers l'unité. Des liens intellectuels unissent entre elles les parties les plus éloignées de la terre, et les hommes ne sauraient rester un seul jour étrangers les uns aux autres, ou ignorants de ce qui se passe dans un coin quelconque de l'univers : aussi remarque-t-on aujourd'hui moins de différence entre les Européens et leurs descendants du nouveau monde, malgré l'Océan qui les divise, qu'entre certaines villes du XIIIᵉ siècle qui n'étaient séparées que par une rivière.

Si ce mouvement d'assimiliation rapproche des peuples étrangers, il s'oppose à plus forte raison à ce que les rejetons du même peuple deviennent étrangers les uns aux autres.

Il arrivera donc un temps où l'on pourra voir dans l'Amérique du Nord cent cinquante millions d'hommes [4] égaux entre eux, qui tous appartiendront à la même famille, qui auront le même point de départ, la même civilisation, la même langue, la même religion, les mêmes habitudes, les mêmes mœurs, et à travers lesquels la pensée circulera sous la même forme et se peindra des mêmes couleurs. Tout le reste est douteux, mais ceci est certain. Or, voici un fait entièrement nouveau dans le monde, et dont l'imagination elle-même ne saurait saisir la portée.

Il y a aujourd'hui sur la terre deux grands peuples qui, partis de points différents, semblent s'avancer vers le même but : ce sont les Russes et les Anglo-Américains.

Tous deux ont grandi dans l'obscurité; et tandis que les regards des hommes étaient occupés ailleurs, ils se sont placés tout à coup au premier rang des nations, et le monde a appris presque en même temps leur naissance et leur grandeur.

Tous les autres peuples paraissent avoir atteint à peu près les limites qu'a tracées la nature, et n'avoir plus qu'à conserver; mais eux sont en croissance [5] : tous les autres sont arrêtés ou n'avancent qu'avec mille efforts; eux seuls marchent d'un pas aisé et rapide dans une carrière dont l'œil ne saurait encore apercevoir la borne.

4. C'est la population proportionnelle à celle de l'Europe, en prenant la moyenne de 410 hommes par lieue carrée.

5. La Russie est, de toutes les nations de l'ancien monde, celle dont la population augmente le plus rapidement, proportion gardée.

L'Américain lutte contre les obstacles que lui oppose la nature; le Russe est aux prises avec les hommes. L'un combat le désert et la barbarie, l'autre la civilisation revêtue de toutes ses armes : aussi les conquêtes de l'Américain se font-elles avec le soc du laboureur, celles du Russe avec l'épée du soldat.

Pour atteindre son but, le premier s'en repose sur l'intérêt personnel, et laisse agir, sans les diriger, la force et la raison des individus.

Le second concentre en quelque sorte dans un homme toute la puissance de la société.

L'un a pour principal moyen d'action la liberté; l'autre, la servitude.

Leur point de départ est différent, leurs voies sont diverses; néanmoins, chacun d'eux semble appelé par un dessein secret de la Providence à tenir un jour dans ses mains les destinées de la moitié du monde.

NOTES

PREMIÈRE PARTIE

(A) Page 78.

Voyez, sur tous les pays de l'ouest où les Européens n'ont pas encore pénétré, les deux voyages entrepris par le major Long, aux frais du congrès.

M. Long dit notamment, à propos du grand désert américain, qu'il faut tirer une ligne à peu près parallèle au 20e degré de longitude (méridien de Washington [1]), partant de la rivière Rouge et aboutissant à la rivière Plate. De cette ligne imaginaire jusqu'aux montagnes Rocheuses, qui bornent la vallée du Mississippi à l'ouest, s'étendent d'immenses plaines, couvertes en général de sable qui se refuse à la culture, ou parsemées de pierres granitiques. Elles sont privées d'eau en été. On n'y rencontre que de grands troupeaux de buffles et de chevaux sauvages. On y voit aussi quelques hordes d'Indiens, mais en petit nombre.

Le major Long a entendu dire qu'en s'élevant au-dessus de la rivière Plate, dans la même direction, on rencontrait toujours à sa gauche le même désert; mais il n'a pas pu vérifier par lui-même l'exactitude de ce rapport. *Long's expedition*, vol. II, p. 361.

Quelque confiance que mérite la relation du major Long, il ne faut pas cependant oublier qu'il n'a fait que traverser le pays dont il parle, sans tracer de grands zigzags au-dehors de la ligne qu'il suivait.

(B) Page 79.

L'Amérique du Sud, dans ses régions intertropicales, produit avec une incroyable profusion ces plantes grimpantes connues sous le nom générique de lianes. La flore des Antilles en présente à elle seule plus de quarante espèces différentes.

Parmi les plus gracieux d'entre ces arbustes se trouve la grenadille. Cette jolie plante, dit Descourtiz dans sa description du règne végétal aux Antilles, au moyen des vrilles dont elle est munie, s'attache aux arbres et y forme des arcades mobiles, des colonnades riches et élégantes par la beauté des fleurs pourpres variées de bleu qui les décorent, et qui flattent l'odorat par le parfum qu'elles exhalent; vol. I, p. 265.

L'acacia à grandes gousses est une liane très grosse qui se développe rapidement, et, courant d'arbres en arbres, couvre quelquefois plus d'une demi-lieue; vol. III, p. 227.

1. Le 20e degré de longitude, suivant le méridien de Washington, se rapporte à peu près au 99e degré suivant le méridien de Paris.

(C) Page 81.

SUR LES LANGUES AMÉRICAINES

Les langues que parlent les Indiens de l'Amérique, depuis le pôle arctique jusqu'au cap Horn, sont toutes formées, dit-on, sur le même modèle, et soumises aux mêmes règles grammaticales; d'où on peut conclure, avec une grande vraisemblance, que toutes les nations indiennes sont sorties de la même souche.

Chaque peuplade du continent américain parle un dialecte différent; mais les langues proprement dites sont en très petit nombre, ce qui tendrait encore à prouver que les nations du nouveau monde n'ont pas une origine fort ancienne.

Enfin les langues de l'Amérique sont d'une extrême régularité; il est donc probable que les peuples qui s'en servent n'ont pas encore été soumis à de grandes révolutions et ne se sont pas mêlés forcément ou volontairement à des nations étrangères; car c'est en général l'union de plusieurs langues dans une seule qui produit les irrégularités de la grammaire.

Il n'y a pas longtemps que les langues américaines, et en particulier les langues de l'Amérique du Nord, ont attiré l'attention sérieuse des philologues. On a découvert alors, pour la première fois, que cet idiome d'un peuple barbare était le produit d'un système d'idées très compliquées et de combinaisons fort savantes. On s'est aperçu que ces langues étaient fort riches et qu'en les formant on avait pris grand soin de ménager la délicatesse de l'oreille.

Le système grammatical des Américains diffère de tous les autres en plusieurs points, mais principalement en celui-ci.

Quelques peuples de l'Europe, entre autres les Allemands, ont la faculté de combiner au besoin différentes expressions, et de donner ainsi un sens complexe à certains mots. Les Indiens ont étendu de la manière la plus surprenante cette faculté, et sont parvenus à fixer pour ainsi dire sur un seul point un très grand nombre d'idées. Ceci se comprendra sans peine à l'aide d'un exemple cité par M. Duponceau, dans les *Mémoires de la Société philosophique d'Amérique*.

Lorsqu'une femme delaware joue avec un chat ou avec un jeune chien, dit-il, on l'entend quelquefois prononcer le mot *kuligatschis*. Ce mot est ainsi composé : *K* est le signe de la seconde personne, et signifie *tu* ou *ton ; uli*, qu'on prononce *ouli*, un fragment du mot *wulit*, qui signifie *beau, joli ; gat* est un autre fragment du mot *wichgat*, qui signifie *patte ;* enfin *schis*, qu'on prononce *chise*, est une terminaison diminutive qui apporte avec elle l'idée de la petitesse. Ainsi, dans un seul mot, la femme indienne a dit : Ta jolie petite patte.

Voici un autre exemple qui montre avec quel bonheur les sauvages de l'Amérique savaient composer leurs mots.

Un jeune homme en delaware se dit *pilapé*. Ce mot est formé de *pilsit*, chaste, innocent; et de *lénapé*, homme : c'est-à-dire l'homme dans sa pureté et son innocence.

Cette faculté de combiner entre eux les mots se fait surtout remarquer d'une manière fort étrange dans la formation des verbes. L'action la plus compliquée se rend souvent par un seul verbe; presque toutes les nuances de l'idée agissent sur le verbe et le modifient.

Ceux qui voudraient examiner plus en détail ce sujet, que je n'ai fait moi-même qu'effleurer très superficiellement, devront lire :

1° La Correspondance de M. Duponceau avec le révérend Hecwelder, relativement aux langues indiennes. Cette correspondance se trouve dans le premier volume des *Mémoires de la Société philosophique d'Amérique*, publiés à Philadelphie, en 1819, chez Abraham Small, p. 356-464.

2° La grammaire de la langue delaware ou lenape, par Geiberger, et la préface de M. Duponceau, qui y est jointe. Le tout se trouve dans les mêmes collections, vol. III.

3° Un résumé fort bien fait de ces travaux, contenu à la fin du volume VI de l'*Encyclopédie américaine.*

(D) Page 83.

On trouve dans Charlevoix, tome I, p. 235, l'histoire de la première guerre que les Français du Canada eurent à soutenir, en 1610, contre les Iroquois. Ces derniers, quoique armés de flèches et d'arcs, opposèrent une résistance désespérée aux Français et à leurs alliés. Charlevoix, qui n'est cependant pas un grand peintre, fait très bien voir dans ce morceau le contraste qu'offraient les mœurs des Européens et celles des sauvages, ainsi que les différentes manières dont ces deux races entendaient l'honneur.

« Les Français, dit-il, se saisirent des peaux de castor dont les Iroquois, qu'ils voyaient étendus sur la place, étaient couverts. Les Hurons, leurs alliés, furent scandalisés à ce spectacle. Ceux-ci, de leur côté, commencèrent à exercer toutes leurs cruautés ordinaires sur les prisonniers, et dévorèrent un de ceux qui avaient été tués, ce qui fit horreur aux Français. Ainsi, ajoute Charlevoix, ces barbares faisaient gloire d'un désintéressement qu'ils étaient surpris de ne pas trouver dans notre nation, et ne comprenaient pas qu'il y eût bien moins de mal à dépouiller les morts qu'à se repaître de leurs chairs comme des bêtes féroces. »

Le même Charlevoix, dans un autre endroit, vol. I, p. 230, peint de cette manière le premier supplice dont Champlain fut le témoin, et le retour des Hurons dans leur village.

« Après avoir fait huit lieues, dit-il, nos alliés s'arrêtèrent, et, prenant un de leurs captifs, ils lui reprochèrent toutes les cruautés qu'il avait exercées sur des guerriers de leur nation qui étaient tombés dans ses mains, et lui déclarèrent qu'il devait s'attendre à être traité de la même manière, ajoutant que, s'il avait du cœur, il le témoignerait en chantant. Il entonna aussitôt sa chanson de guerre, et toutes celles qu'il savait, mais sur un ton fort triste, dit Champlain, qui n'avait pas encore eu le temps de connaître que toute la musique des sauvages a quelque chose de lugubre. Son supplice, accompagné de toutes les horreurs dont nous parlerons dans la suite, effraya les Français qui firent en vain tous leurs efforts pour y mettre fin. La nuit suivante, un Huron ayant rêvé qu'on était poursuivi, la retraite se changea en une véritable fuite, et les sauvages ne s'arrêtèrent plus dans aucun endroit qu'ils ne fussent hors de tout danger.

« Du moment qu'ils eurent aperçu les cabanes de leur village, ils coupèrent de longs bâtons auxquels ils attachèrent les chevelures qu'ils avaient eues en partage, et les portèrent comme en triomphe. A cette vue les femmes accoururent, se jetèrent à la nage, et, ayant joint les canots, elles prirent ces chevelures toutes sanglantes des mains de leurs maris, et se les attachèrent au cou.

« Les guerriers offrirent un de ces horribles trophées à Champlain, et lui firent en outre présent de quelques arcs et de quelques flèches, seules dépouilles des Iroquois dont ils eussent voulu s'emparer, le priant de les montrer au roi de France. »

Champlain vécut seul tout un hiver au milieu de ces barbares, sans que sa personne ou ses propriétés fussent un instant compromises.

(E) Page 99.

Quoique le rigorisme puritain qui a présidé à la naissance des colonies anglaises d'Amérique se soit déjà fort affaibli, on en trouve encore dans les habitudes et dans les lois des traces extraordinaires.

En 1792, à l'époque même où la république antichrétienne de France commençait son existence éphémère, le corps législatif du Massachusetts promulguait la loi qu'on va lire, pour forcer les citoyens à l'observation du dimanche. Voici le préambule et les principales dispositions de cette loi, qui mérite d'attirer toute l'attention du lecteur :

« Attendu, dit le législateur, que l'observation du dimanche est d'un intérêt public; qu'elle produit une suspension utile dans les travaux; qu'elle porte les hommes à réfléchir sur les devoirs de la vie et sur les erreurs auxquelles l'humanité est si sujette; qu'elle permet d'honorer en particulier et en public le Dieu créateur et gouverneur de l'univers, et de se livrer à ces actes de charité qui font l'ornement et le soulagement des sociétés chrétiennes;

« Attendu que des personnes irréligieuses ou légères, oubliant les devoirs que le dimanche impose et l'avantage que la société en retire, en profanant la sainteté en se livrant à leurs plaisirs ou à leurs travaux; que cette manière d'agir est contraire à leurs propres intérêts comme chrétiens; que, de plus, elle est de nature à troubler ceux qui ne suivent pas leur exemple, et porte un préjudice réel à la société tout entière en introduisant dans son sein le goût de la dissipation et les habitudes dissolues;

« Le sénat et la chambre des représentants ordonnent ce qui suit :

« 1° Nul ne pourra, le jour du dimanche, tenir ouvert sa boutique ou son atelier. Nul ne pourra, le même jour, s'occuper d'aucun travail ou affaires quelconques, assister à aucun concert, bal ou spectacle d'aucun genre, ni se livrer à aucune espèce de chasse, jeu, récréation, sous peine d'amende. L'amende ne sera pas moindre de 10 shillings, et n'excédera pas 20 shillings pour chaque contravention.

« 2° Aucun voyageur, conducteur, charretier, excepté en cas de nécessité, ne pourra voyager le dimanche, sous peine de la même amende.

« 3° Les cabaretiers, détaillants, aubergistes, empêcheront qu'aucun habitant domicilié dans leur commune ne vienne chez eux le dimanche, pour y passer le temps en plaisirs ou en affaires. En cas de contravention, l'aubergiste et son hôte payeront l'amende. De plus, l'aubergiste pourra perdre sa licence.

« 4° Celui qui, étant en bonne santé et sans raison suffisante, omettra pendant trois mois de rendre à Dieu un culte public, sera condamné à 10 shillings d'amende.

« 5° Celui qui, dans l'enceinte d'un temple, tiendra une conduite inconvenante, payera une amende de 5 shillings à 40.

« 6° Sont chargés de tenir la main à l'exécution de la présente loi, les tythingmen des communes [1]. Ils ont le droit de visiter le dimanche tous les appartements des hôtelleries ou lieux publics. L'aubergiste qui leur refuserait l'entrée de sa maison sera condamné pour ce seul fait à 40 shillings d'amende.

« Les tythingmen devront arrêter les voyageurs, et s'enquérir de la raison qui les a obligés de se mettre en route le dimanche. Celui qui

---

1. Ce sont des officiers élus chaque année, et qui, par leurs fonctions, se rapprochent tout à la fois du garde-champêtre et de l'officier de police judiciaire en France

refusera de répondre sera condamné à une amende qui pourra être de 5 livres sterling.

« Si la raison donnée par le voyageur ne paraît pas suffisante au tythingman, il poursuivra ledit voyageur devant le juge de paix du canton. » *Loi du 8 mars 1792. General Laws of Massachusetts*, vol. I, p. 410.

Le 11 mars 1797, une nouvelle loi vint augmenter le taux des amendes, dont moitié dut appartenir à celui qui poursuivait le délinquant. *Même collection*, vol. I, p. 525.

Le 16 février 1816, une nouvelle loi confirma ces mêmes mesures. *Même collection*, vol. II, p. 405.

Des dispositions analogues existent dans les lois de l'Etat de New York, révisées en 1827 et 1828. (Voyez *Revised Statutes*, partie Ire, chap. xx, p. 675.) Il y est dit que le dimanche nul ne pourra chasser, pêcher, jouer ni fréquenter les maisons où l'on donne à boire. Nul ne pourra voyager, si ce n'est en cas de nécessité.

Ce n'est pas la seule trace que l'esprit religieux et les mœurs austères des premiers émigrants aient laissé dans les lois.

On lit dans les statuts révisés de l'Etat de New York, vol. I, p. 662, l'article suivant :

« Quiconque gagnera ou perdra dans l'espace de vingt-quatre heures, en jouant ou en pariant, la somme de 25 dollars (environ 132 francs), sera réputé coupable d'un délit *(misdemeanor)*, et sur la preuve du fait, sera condamné à une amende égale au moins à cinq fois la valeur de la somme perdue ou gagnée; laquelle amende sera versée dans les mains de l'inspecteur des pauvres de la commune.

« Celui qui perd 25 dollars ou plus peut les réclamer en justice. S'il omet de le faire, l'inspecteur des pauvres peut actionner le gagnant, et lui faire donner, au profit des pauvres, la somme gagnée et une somme triple de celle-là. »

Les lois que nous venons de citer sont très récentes; mais qui pourrait les comprendre sans remonter jusqu'à l'origine même des colonies ? Je ne doute point que de nos jours la partie pénale de cette législation ne soit que fort rarement appliquée; les lois conservent leur inflexibilité quand déjà les mœurs se sont pliées au mouvement du temps. Cependant l'observation du dimanche en Amérique est encore ce qui frappe le plus vivement l'étranger.

Il y a notamment une grande ville américaine dans laquelle, à partir du samedi soir, le mouvement social est comme suspendu. Vous la parcourez à l'heure qui semble convier l'âge mûr aux affaires et la jeunesse aux plaisirs, et vous vous trouvez dans une profonde solitude. Non seulement personne ne travaille, mais personne ne paraît vivre. On n'entend ni le mouvement de l'industrie, ni les accents de la joie, ni même le murmure confus qui s'élève sans cesse du sein d'une grande cité. Des chaînes sont tendues aux environs des églises; les volets des maisons à demi fermés ne laissent qu'à regret pénétrer un rayon du soleil dans la demeure des citoyens. A peine de loin en loin apercevez-vous un homme isolé qui se coule sans bruit à travers les carrefours déserts et le long des rues abandonnées.

Le lendemain à la pointe du jour, le roulement des voitures, le bruit des marteaux, les cris de la population recommencent à se faire entendre; la cité se réveille; une foule inquiète se précipite vers les foyers du commerce et de l'industrie; tout se remue, tout s'agite, tout se presse autour de vous. A une sorte d'engourdissement léthargique succède une activité fébrile; on dirait que chacun n'a qu'un seul jour à sa disposition pour acquérir la richesse et pour en jouir.

(F) Page 104.

Il est inutile de dire que, dans le chapitre qu'on vient de lire, je n'ai point prétendu faire une histoire de l'Amérique. Mon seul but a été de mettre le lecteur à même d'apprécier l'influence qu'avaient exercée les opinions et les mœurs des premiers émigrants sur le sort des différentes colonies et de l'Union en général. J'ai donc dû me borner à citer quelques fragments détachés.

Je ne sais si je me trompe, mais il me semble qu'en marchant dans la route que je ne fais ici qu'indiquer, on pourrait présenter sur le premier âge des républiques américaines des tableaux qui ne seraient pas indignes d'attirer les regards du public, et qui donneraient sans doute matière à réfléchir aux hommes d'Etat. Ne pouvant me livrer moi-même à ce travail, j'ai voulu du moins le faciliter à d'autres. J'ai donc cru devoir présenter ici une courte nomenclature et une analyse abrégée des ouvrages dans lesquels il me paraîtrait le plus utile de puiser.

Au nombre des documents généraux qu'on pourrait consulter avec fruit, je placerai d'abord l'ouvrage intitulé : *Historical collection of state papers and other authentic documents, intended as materials for an history of the United States of America ; by Ebenezer Hazard.*

Le premier volume de cette compilation, qui fut imprimé à Philadelphie en 1792, contient la copie textuelle de toutes les chartes accordées par la couronne d'Angleterre aux émigrants, ainsi que les principaux actes des gouvernements coloniaux durant les premiers temps de leur existence. On y trouve entre autres un grand nombre de documents authentiques sur les affaires de la Nouvelle-Angleterre et de la Virginie pendant cette période.

Le second volume est consacré presque tout entier aux actes de la confédération de 1643. Ce pacte fédéral, qui eut lieu entre les colonies de la Nouvelle-Angleterre, dans le but de résister aux Indiens, fut le premier exemple d'union que donnèrent les Anglo-Américains. Il y eut encore plusieurs autres confédérations de la même nature, jusqu'à celle de 1776, qui amena l'indépendance des colonies.

La collection historique de Philadelphie se trouve à la Bibliothèque royale.

Chaque colonie a de plus ses monuments historiques, dont plusieurs sont très précieux. Je commence mon examen par la Virginie, qui est l'Etat le plus anciennement peuplé.

Le premier de tous les historiens de la Virginie est son fondateur, le capitaine Jean Smith. Le capitaine Smith nous a laissé un volume in-4°, intitulé : *The general history of Virginia and New-England, by Captain John Smith, some time governor in those countryes and admiral of New-England,* imprimé à Londres en 1627. (Ce volume se trouve à la Bibliothèque royale.) L'ouvrage de Smith est orné de cartes et de gravures très curieuses, qui datent du temps où il a été imprimé. Le récit de l'historien s'étend depuis l'année 1584 jusqu'en 1626. Le livre de Smith est estimé et mérite de l'être. L'auteur est un des plus célèbres aventuriers qui aient paru dans le siècle plein d'aventures à la fin duquel il a vécu : le livre lui-même respire cette ardeur de découvertes, cet esprit d'entreprise qui caractérisaient les hommes d'alors ; on y retrouve ces mœurs chevaleresques qu'on mêlait au négoce, et qu'on faisait servir à l'acquisition des richesses.

Mais ce qui est surtout remarquable dans le capitaine Smith, c'est qu'il mêle aux vertus de ses contemporains des qualités qui sont restées étrangères à la plupart d'entre eux ; son style est simple et net, ses récits ont tous le cachet de la vérité, ses descriptions ne sont point ornées.

Cet auteur jette sur l'état des Indiens à l'époque de la découverte de l'Amérique du Nord des lumières précieuses.

Le second historien à consulter est Beverley. L'ouvrage de Bever ley, qui forme un volume in-12, a été traduit en français, et imprimé à Amsterdam en 1707. L'auteur commence ses récits à l'année 1585 et les termine à l'année 1700. La première partie de son livre contient des documents historiques proprement dits, relatifs à l'enfance de la colonie. La seconde renferme une peinture curieuse de l'état des Indiens à cette époque reculée. La troisième donne des idées très claires sur les mœurs, l'état social, les lois et les habitudes politiques des Virginiens du temps de l'auteur.

Beverley était originaire de la Virginie, ce qui lui fait dire en commençant, « qu'il supplie les lecteurs de ne point examiner son ouvrage en critiques trop rigides, attendu qu'étant né aux Indes, il n'aspire point à la pureté du langage ». Malgré cette modestie de colon, l'auteur témoigne, dans tout le cours de son livre, qu'il supporte impatiemment la suprématie de la mère patrie. On trouve également dans l'ouvrage de Beverley des traces nombreuses de cet esprit de liberté civile qui animait dès lors les colonies anglaises d'Amérique. On y rencontre aussi la trace des divisions qui ont si longtemps existé au milieu d'elles, et qui ont retardé leur indépendance. Beverley déteste ses voisins catholiques du Maryland plus encore que le gouvernement anglais. Le style de cet auteur est simple; ses récits sont souvent pleins d'intérêt et inspirent la confiance. La traduction française de l'histoire de Beverley se trouve dans la Bibliothèque royale.

J'ai vu en Amérique, mais je n'ai pu retrouver en France, un ouvrage qui mériterait aussi d'être consulté; il est intitulé : *History of Virginia*, *by William Stith*. Ce livre offre des détails curieux, mais il m'a paru long et diffus.

Le plus ancien et le meilleur document qu'on puisse consulter sur l'histoire des Carolines est un livre petit in-4°, intitulé : *The History of Carolina, by John Lawson*, imprimé à Londres en 1718.

L'ouvrage de Lawson contient d'abord un voyage de découvertes, dans l'ouest de la Caroline. Ce voyage est écrit en forme de journal; les récits de l'auteur sont confus; ses observations sont très superficielles; on y trouve seulement une peinture assez frappante des ravages que causaient la petite vérole et l'eau-de-vie parmi les sauvages de cette époque, et un tableau curieux de la corruption des mœurs qui régnait parmi eux, et que la présence des Européens favorisait.

La deuxième partie de l'ouvrage de Lawson est consacrée à retracer l'état physique de la Caroline, et à faire connaître ses productions.

Dans la troisième partie, l'auteur fait une description intéressante des mœurs, des usages et du gouvernement des Indiens de cette époque.

Il y a souvent de l'esprit et de l'originalité dans cette portion du livre.

L'histoire de Lawson est terminée par la charte accordée à la Caroline du temps de Charles II.

Le ton général de cet ouvrage est léger, souvent licencieux, et forme un parfait contraste avec le style profondément grave des ouvrages publiés à cette même époque dans la Nouvelle-Angleterre.

L'histoire de Lawson est un document extrêmement rare en Amérique, et qu'on ne peut se procurer en Europe. Il y en a cependant un exemplaire à la Bibliothèque royale.

De l'extrémité sud des États-Unis je passe immédiatement à l'extrémité nord. L'espace intermédiaire n'a été peuplé que plus tard.

Je dois indiquer d'abord une compilation fort curieuse intitulée : *Collection of the Massachusetts historical Society*, imprimée pour la première fois à Boston en 1792, réimprimée en 1806. Cet ouvrage n'existe pas à la Bibliothèque royale, ni, je crois, dans aucune autre.

Cette collection (qui se continue) renferme une foule de documents très précieux relativement à l'histoire des différents Etats de la Nouvelle-Angleterre. On y trouve des correspondances inédites et des pièces authentiques qui étaient enfouies dans les archives provinciales. L'ouvrage tout entier de Gookin relatif aux Indiens y a été inséré.

J'ai indiqué plusieurs fois, dans le cours du chapitre auquel se rapporte cette note, l'ouvrage de Nathaniel Morton intitulé : *New-England's Memorial*. Ce que j'en ai dit suffit pour prouver qu'il mérite d'attirer l'attention de ceux qui voudraient connaître l'histoire de la Nouvelle-Angleterre. Le livre de Nathaniel Morton forme un vol. in-8°, réimprimé à Boston en 1826. Il n'existe pas à la Bibliothèque royale.

Le document le plus estimé et le plus important que l'on possède sur l'histoire de la Nouvelle-Angleterre est l'ouvrage du R. Cotton Mather, intitulé : *Magnalia Christi Americana, or the ecclesiastical history of New-England*, 1620-1698, 2 vol. in-8°, réimprimés à Harford en 1820. Je ne crois pas qu'on le trouve à la Bibliothèque royale.

L'auteur a divisé son ouvrage en sept livres.

Le premier présente l'histoire de ce qui a préparé et amené la fondation de la Nouvelle-Angleterre.

Le deuxième contient la vie des premiers gouverneurs et des principaux magistrats qui ont administré ce pays.

Le troisième est consacré à la vie et aux travaux des ministres évangéliques qui, pendant la même période, y ont dirigé les âmes.

Dans le quatrième, l'auteur fait connaître la fondation et le développement de l'université de Cambridge (Massachusetts).

Au cinquième, il expose les principes et la discipline de l'Eglise de la Nouvelle-Angleterre.

Le sixième est consacré à retracer certains faits qui dénotent, suivant Mather, l'action bienfaisante de la Providence sur les habitants de la Nouvelle-Angleterre.

Dans le septième, enfin, l'auteur nous apprend les hérésies et les troubles auxquels a été exposée l'Eglise de la Nouvelle-Angleterre.

Cotton Mather était un ministre évangélique qui, après être né à Boston, y a passé sa vie.

Toute l'ardeur et toutes les passions religieuses qui ont amené la fondation de la Nouvelle-Angleterre animent et vivifient ses récits. On découvre fréquemment des traces de mauvais goût dans sa manière d'écrire; mais il attache, parce qu'il est plein d'un enthousiasme qui finit par se communiquer au lecteur. Il est souvent intolérant, plus souvent crédule; mais on n'aperçoit jamais en lui l'envie de tromper; quelquefois même son ouvrage présente de beaux passages et des pensées vraies et profondes, telles que celles-ci :

« Avant l'arrivée des puritains, dit-il, vol. I, chap. IV, p. 61, les Anglais avaient plusieurs fois essayé de peupler le pays que nous habitons; mais comme ils ne visaient pas plus haut qu'au succès de leurs intérêts matériels, ils furent bientôt abattus par les obstacles; il n'en a pas été ainsi des hommes qui arrivèrent en Amérique, poussés et soutenus par une haute pensée religieuse. Quoique ceux-ci aient trouvé plus d'ennemis que n'en rencontrèrent peut-être jamais les fondateurs d'aucune colonie, ils persistèrent dans leur dessein, et l'établissement qu'ils ont formé subsiste encore de nos jours. »

Mather mêle parfois à l'austérité de ses tableaux des images pleines de douceur et de tendresse : après avoir parlé d'une dame anglaise que l'ardeur religieuse avait entraînée avec son mari en Amérique, et qui bientôt succomba aux fatigues et aux misères de l'exil, il ajoute :

« Quant a son vertueux époux, Isaac Johnson, il essaya de vivre sans elle, et ne l'ayant pas pu, il mourut. (V. I, p. 71.)

Le livre de Mather fait admirablement connaître le temps et le pays qu'il cherche à décrire.

Veut-il nous apprendre quels motifs portèrent les puritains à chercher un asile au-delà des mers, il dit :

« Le Dieu du ciel fit un appel à ceux d'entre son peuple qui habitaient l'Angleterre. Parlant en même temps à des milliers d'hommes qui ne s'étaient jamais vus les uns les autres, il les remplit du désir de quitter les commodités de la vie qu'ils trouvaient dans leur patrie, de traverser un terrible océan pour aller s'établir au milieu de déserts plus formidables encore, dans l'unique but de s'y soumettre sans obstacle à ses lois.

« Avant d'aller plus loin, ajoute-t-il, il est bon de faire connaître quels ont été les motifs de cette entreprise, afin qu'ils soient bien compris de la postérité; il est surtout important d'en rappeler le souvenir aux hommes de nos jours, de peur que, perdant de vue l'objet que poursuivaient leurs pères, ils ne négligent les vrais intérêts de la Nouvelle-Angleterre. Je placerai donc ici ce qui se trouve dans un manuscrit où quelques-uns de ces motifs furent alors exposés.

« Premier motif : Ce serait rendre un très grand service à l'Eglise que de porter l'Evangile dans cette partie du monde (l'Amérique du Nord), et d'élever un rempart qui puisse défendre les fidèles contre l'Antéchrist dont on travaille à fonder l'empire dans le reste de l'univers.

« Deuxième motif : Toutes les autres Eglises d'Europe ont été frappées de désolation, et il est à craindre que Dieu n'ait porté le même arrêt contre la nôtre. Qui sait s'il n'a pas eu soin de préparer cette place (la Nouvelle-Angleterre) pour servir de refuge à ceux qu'il veut sauver de la destruction générale ?

« Troisième motif : Le pays où nous vivons semble fatigué d'habitants; l'homme, qui est la plus précieuse des créatures, a ici moins de valeur que le sol qu'il foule sous ses pas. On regarde comme un pesant fardeau d'avoir des enfants, des voisins, des amis; on fuit le pauvre; les hommes repoussent ce qui devrait causer les plus grandes jouissances de ce monde, si les choses étaient suivant l'ordre naturel.

« Quatrième motif : Nos passions sont arrivées à ce point qu'il n'y a pas de fortune qui puisse mettre un homme en état de maintenir son rang parmi ses égaux. Et cependant celui qui ne peut y réussir est en butte au mépris : d'où il résulte que dans toutes les professions on cherche à s'enrichir par des moyens illicites, et il devient difficile aux gens de bien d'y vivre à leur aise et sans déshonneur.

« Cinquième motif : Les écoles où l'on enseigne les sciences et la religion sont si corrompues, que la plupart des enfants, et souvent les meilleurs, les plus distingués d'entre eux, et ceux qui faisaient naître les plus légitimes espérances, se trouvent entièrement pervertis par la multitude des mauvais exemples dont ils sont témoins, et par la licence qui les environne.

« Sixième motif : La terre entière n'est-elle pas le jardin du Seigneur ? Dieu ne l'a-t-il pas livrée aux fils d'Adam pour qu'ils la cultivent et l'embellissent ? Pourquoi nous laissons-nous mourir de faim faute de place, tandis que de vastes contrées également propres à l'usage de l'homme restent inhabitées et sans culture ?

« Septième motif : Elever une Eglise réformée et la soutenir dans son enfance; unir nos forces avec celles d'un peuple fidèle pour la fortifier, la faire prospérer et la sauver des hasards, et peut-être de la misère complète à laquelle elle serait exposée sans cet appui, quelle œuvre plus noble et plus belle, quelle entreprise plus digne d'un chrétien ?

« Huitième motif : Si les hommes dont la piété est connue, et qui vivent ici (en Angleterre) au milieu de la richesse et du bonheur abandonnaient ces avantages pour travailler à l'établissement de cette Eglise réformée, et consentaient à partager avec elle un sort obscur et pénible, ce serait un grand et utile exemple qui ranimerait la foi des fidèles dans les prières qu'ils adressent à Dieu en faveur de la colonie, et qui porterait beaucoup d'autres hommes à se joindre à eux. »

Plus loin, exposant les principes de l'Eglise de la Nouvelle-Angleterre en matière de morale, Mather s'élève avec violence contre l'usage de porter des santés à table, ce qu'il nomme une habitude païenne et abominable.

Il proscrit avec la même rigueur tous les ornements que les femmes peuvent mêler à leurs cheveux, et condamne sans pitié la mode qui s'établit, dit-il, parmi elles, de se découvrir le cou et les bras.

Dans une autre partie de son ouvrage, il nous raconte fort au long plusieurs faits de sorcellerie qui ont effrayé la Nouvelle-Angleterre. On voit que l'action visible du démon dans les affaires de ce monde lui semble une vérité incontestable et démontrée.

Dans un grand nombre d'endroits de ce même livre se révèle l'esprit de liberté civile et d'indépendance politique qui caractérisait les contemporains de l'auteur. Leurs principes en matière de gouvernement se montrent à chaque pas. C'est ainsi, par exemple, qu'on voit les habitants du Massachusetts, dès l'année 1630, dix ans après la fondation de Plymouth, consacrer 400 livres sterling à l'établissement de l'université de Cambridge.

Si je passe des documents généraux relatifs à l'histoire de la Nouvelle-Angleterre à ceux qui se rapportent aux divers Etats compris dans ses limites, j'aurai d'abord à indiquer l'ouvrage intitulé : *The History of the colony of Massachusetts, by Hutchinson lieutenant-governor of the Massachusetts province,* 2 vol. in-8°. Il se trouve à la Bibliothèque royale un exemplaire de ce livre ; c'est une seconde édition imprimée à Londres en 1765.

L'histoire de Hutchinson, que j'ai plusieurs fois citée dans le chapitre auquel cette note se rapporte, commence à l'année 1628 et finit en 1750. Il règne dans tout l'ouvrage un grand air de véracité ; le style en est simple et sans apprêt. Cette histoire est très détaillée.

Le meilleur document à consulter, quant au Connecticut, est l'histoire de Benjamin Trumbull, intitulée : *A complete History of Connecticut, civil and ecclesiastical,* 1630-1764, 2 vol. in-8°, imprimés en 1818 à New Haven. Je ne crois pas que l'ouvrage de Trumbull se trouve à la Bibliothèque royale.

Cette histoire contient un exposé clair et froid de tous les événements survenus dans le Connecticut durant la période indiquée au titre. L'auteur a puisé aux meilleures sources, et ses récits conservent le cachet de la vérité. Tout ce qu'il dit des premiers temps du Connecticut est extrêmement curieux. Voyez notamment dans son ouvrage la *Constitution de 1639,* vol. I, chap. VI, p. 100 ; et aussi les *Lois pénales du Connecticut,* vol. I, chap. VII, p. 123.

On estime avec raison l'ouvrage de Jérémie Belknap intitulé : *History of New Hampshire,* 2 vol. in-8°, imprimés à Boston en 1792. Voyez particulièrement, dans l'ouvrage de Belknap, le chap. III du premier volume. Dans ce chapitre, l'auteur donne sur les principes politiques et religieux des puritains, sur les causes de leur émigration, et sur leurs lois, des détails extrêmement précieux. On y trouve cette citation curieuse d'un sermon prononcé en 1663 : « Il faut que la Nouvelle-Angleterre se rappelle sans cesse qu'elle a été fondée dans un but de religion et non dans un but de commerce. On lit sur son front qu'elle a fait profession de pureté en matière de doctrine et de discipline.

Que les commerçants et tous ceux qui sont occupés à placer denier sur denier se souviennent donc que c'est la religion et non le gain qui a été l'objet de la fondation de ces colonies. S'il est quelqu'un parmi nous qui, dans l'estimation qu'il fait du monde et de la religion, regarde le premier comme 13 et prend la seconde seulement pour 12, celui-là n'est pas animé des sentiments d'un véritable fils de la Nouvelle-Angleterre. » Les lecteurs rencontreront dans Belknap plus d'idées générales et plus de force de pensée que n'en présentent jusqu'à présent les autres historiens américains.

J'ignore si ce livre se trouve à la Bibliothèque royale.

Parmi les Etats du centre dont l'existence est déjà ancienne, et qui méritent de nous occuper, se distinguent surtout l'Etat de New York et la Pennsylvanie. La meilleure histoire que nous ayons de l'Etat de New York est intitulée : *History of New York*, par William Smith, imprimée à Londres en 1757. Il en existe une traduction française, également imprimée à Londres en 1767, 1 vol. in-12. Smith nous fournit d'utiles détails sur les guerres des Français et des Anglais en Amérique. C'est de tous les historiens américains celui qui fait le mieux connaître la fameuse confédération des Iroquois.

Quant à la Pennsylvanie, je ne saurais mieux faire qu'indiquer l'ouvrage de Proud intitulé : *The history of Pennsylvania, from the original institution and settlement of that province, under the first proprietor and governor William Penn, in 1681 till after the year 1742*, par Robert Proud, 2 vol. in-8°, imprimés à Philadelphie en 1797.

Ce livre mérite particulièrement d'attirer l'attention du lecteur; il contient une foule de documents très curieux sur Penn, la doctrine des quakers, le caractère, les mœurs, les usages des premiers habitants de la Pennsylvanie. Il n'existe pas, à ce que je crois, à la Bibliothèque.

Je n'ai pas besoin d'ajouter que parmi les documents les plus importants relatifs à la Pennsylvanie se placent les œuvres de Penn lui-même et celles de Franklin. Ces ouvrages sont connus d'un grand nombre de lecteurs.

La plupart des livres que je viens de citer avaient déjà été consultés par moi durant mon séjour en Amérique. La Bibliothèque royale a bien voulu m'en confier quelques-uns; les autres m'ont été prêtés par M. Warden, ancien consul général des Etats-Unis à Paris, auteur d'un excellent ouvrage sur l'Amérique. Je ne veux point terminer cette note sans prier M. Warden d'agréer ici l'expression de ma reconnaissance.

(G) Page 112.

On trouve ce qui suit dans les *Mémoires de Jefferson* : « Dans les premiers temps de l'établissement des Anglais en Virginie, quand on obtenait des terres pour peu de chose, ou même pour rien, quelques individus prévoyants avaient acquis de grandes concessions, et désirant maintenir la splendeur de leur famille, ils avaient substitué leurs biens à leurs descendants. La transmission de ces propriétés de génération en génération, à des hommes qui portaient le même nom, avait fini par élever une classe distincte de familles qui, tenant de la loi le privilège de perpétuer leurs richesses, formaient de cette manière une espèce d'ordre de patriciens distingués par la grandeur et le luxe de leurs établissements. C'est parmi cet ordre que le roi choisissait d'ordinaire ses conseillers d'Etat. » *(Jefferson's Memoirs.)*

Aux Etats-Unis, les principales dispositions de la loi anglaise relative aux successions ont été universellement rejetées.

« La première règle que nous suivons en matière de succession, dit M. Kent, est celle-ci : Lorsqu'un homme meurt intestat, son bien passe à ses héritiers en ligne directe; s'il n'y a qu'un héritier ou une héritière, il ou elle recueille seul toute la succession. S'il existe plusieurs héritiers du même degré, ils partagent également entre eux la succession, sans distinction de sexe. »

Cette règle fut prescrite pour la première fois dans l'Etat de New York par un statut du 23 février 1786 (voyez *Revised Statutes*, vol. III; *Appendice*, p. 48); elle a été adoptée depuis dans les statuts révisés du même Etat. Elle prévaut maintenant dans toute l'étendue des Etats-Unis, avec cette seule exception que dans l'Etat de Vermont l'héritier mâle prend double portion. *Kent's Commentaries*, vol. IV, p. 370.

M. Kent, dans le même ouvrage, vol. IV, p. 1-22, fait l'historique de la législation américaine relative aux substitutions. Il en résulte qu'avant la révolution d'Amérique les lois anglaises sur les substitutions formaient le droit commun dans les colonies. Les substitutions proprement dites *(Estates' tail)* furent abolies en Virginie dès 1776 (cette abolition eut lieu sur la motion de Jefferson; voyez *Jefferson's Memoirs*), dans l'Etat de New York en 1786. La même abolition a eu lieu depuis dans la Caroline du Nord, le Kentucky, le Tennessee, la Géorgie, le Missouri. Dans le Vermont, l'Etat d'Indiana, d'Illinois, de la Caroline du Sud et de la Lousiane, les substitutions ont toujours été inusitées. Les Etats qui ont cru devoir conserver la législation anglaise relative aux substitutions l'ont modifiée de manière à lui ôter ses principaux caractères aristocratiques. « Nos principes généraux en matière de gouvernement, dit M. Kent, tendent à favoriser la libre circulation de la propriété. »

Ce qui frappe singulièrement le lecteur français qui étudie la législation américaine relative aux successions, c'est que nos lois sur la même matière sont infiniment plus démocratiques encore que les leurs.

Les lois américaines partagent également les biens du père, mais dans le cas seulement où sa volonté n'est pas connue : « car chaque homme, dit la loi, dans l'Etat de New York (*Revised Statutes*, vol. III; *Appendice*, p. 51), a pleine liberté, pouvoir et autorité, de disposer de ses biens par testament, de léguer, diviser, en faveur de quelque personne que ce puisse être, pourvu qu'il ne teste pas en faveur d'un corps politique ou d'une société organisée. »

La loi française fait du partage égal ou presque égal la règle du testateur.

La plupart des républiques américaines admettent encore les substitutions et se bornent à en restreindre les effets.

La loi française ne permet les substitutions dans aucun cas.

Si l'état social des Américains est encore plus démocratique que le nôtre, nos lois sont donc plus démocratiques que les leurs. Ceci s'explique mieux qu'on ne le pense : en France, la démocratie est encore occupée à démolir; en Amérique, elle règne tranquillement sur des ruines.

(H) Page 120.

RÉSUMÉ DES CONDITIONS ÉLECTORALES AUX ÉTATS-UNIS

Tous les Etats accordent la jouissance des droits électoraux à vingt et un ans. Dans tous les Etats, il faut avoir résidé un certain temps dans le district où l'on vote. Ce temps varie depuis trois mois jusqu'à deux ans.

Quant au cens : dans l'Etat de Massachusetts, il faut, pour être électeur, avoir 3 livres sterling de revenu, ou 60 de capital.

Dans le Rhode-Island, il faut posséder une propriété foncière valant 133 dollars (704 francs).

Dans le Connecticut, il faut avoir une propriété dont le revenu soit de 17 dollars (90 francs environ). Un an de service dans la milice donne également le droit électoral.

Dans le New Jersey, l'électeur doit avoir 50 livres sterling de fortune.

Dans la Caroline du Sud et le Maryland, l'électeur doit posséder 50 acres de terre.

Dans le Tennessee, il doit posséder une propriété quelconque.

Dans les Etats de Mississippi, Ohio, Géorgie, Virginie, Pennsylvanie, Delaware, New York, il suffit, pour être électeur, de payer des taxes : dans la plupart de ces Etats, le service de la milice équivaut au paiement de la taxe.

Dans le Maine et dans le New Hampshire, il suffit de n'être pas porté sur la liste des indigents.

Enfin, dans les Etats de Missouri, Alabama, Illinois, Louisiane, Indiana, Kentucky, Vermont, on n'exige aucune condition qui ait rapport à la fortune de l'électeur.

Il n'y a, je pense, que la Caroline du Nord qui impose aux électeurs du sénat d'autres conditions qu'aux électeurs de la chambre des représentants. Les premiers doivent posséder en propriété 50 acres de terre. Il suffit, pour pouvoir élire les représentants, de payer une taxe.

(I) Page 163.

Il existe aux Etats-Unis un système prohibitif. Le petit nombre des douaniers et la grande étendue des côtes rendent la contrebande très facile; cependant on l'y fait infiniment moins qu'ailleurs, parce que chacun travaille à la réprimer.

Comme il n'y a pas de police préventive aux Etats-Unis, on y voit plus d'incendies qu'en Europe; mais en général ils sont éteints plus tôt, parce que la population environnante ne manque pas de se porter avec rapidité sur le lieu du danger.

(K) Page 165.

Il n'est pas juste dire que la centralisation soit née de la révolution française; la révolution française l'a perfectionnée, mais ne l'a point créée. Le goût de la centralisation et la manie réglementaire remontent, en France, à l'époque où les légistes sont entrés dans le gouvernement; ce qui nous reporte au temps de Philippe le Bel. Depuis lors, ces deux choses n'ont jamais cessé de croître. Voici ce que M. de Malesherbes, parlant au nom de la cour des aides, disait au roi Louis XVI, en 1775[1] :

« ... Il restait à chaque corps, à chaque communauté de citoyens le droit d'administrer ses propres affaires; droit que nous ne disons pas qui fasse partie de la constitution primitive du royaume, car il remonte bien plus haut : c'est le droit naturel, c'est le droit de la raison. Cependant il a été enlevé à vos sujets, Sire, et nous ne craindrons pas de dire que l'administration est tombée à cet égard dans des excès qu'on peut nommer puérils.

« Depuis que des ministres puissants se sont fait un principe politique de ne point laisser convoquer d'assemblée nationale, on en est venu de conséquences en conséquences jusqu'à déclarer nulles les délibérations des habitants d'un village quand elles ne sont pas autorisées par un intendant; en sorte que, si cette communauté a une dépense à faire, il faut prendre l'attache du subdélégué de l'intendant, par conséquent suivre le plan qu'il a adopté, employer les ouvriers

---

1. Voyez *Mémoires pour servir à l'histoire du droit public de la France en matière d'impôts*, p. 654, imprimés à Bruxelles en 1779.

qu'il favorise, les payer suivant son arbitraire ; et si la communauté a un procès à soutenir, il faut aussi qu'elle se fasse autoriser par l'intendant. Il faut que la cause soit plaidée à ce premier tribunal avant d'être portée devant la justice. Et si l'avis de l'intendant est contraire aux habitants, ou si leur adversaire a du crédit à l'intendance, la communauté est déchue de la faculté de défendre ses droits. Voilà, Sire, par quels moyens on a travaillé à étouffer en France tout esprit municipal, à éteindre, si on le pouvait, jusqu'aux sentiments de citoyens ; on a pour ainsi dire *interdit* la nation entière, et on lui a donné des tuteurs. »

Que pourrait-on dire de mieux aujourd'hui, que la révolution française a fait ce qu'on appelle ses *conquêtes* en matière de centralisation ?

En 1789, Jefferson écrivait de Paris à un de ses amis : « Il n'est pas de pays où la manie de trop gouverner ait pris de plus profondes racines qu'en France, et où elle cause plus de mal. » *Lettres à Madison*, 28 août 1789.

La vérité est qu'en France, depuis plusieurs siècles, le pouvoir central a toujours fait tout ce qu'il a pu pour étendre la centralisation administrative ; il n'a jamais eu dans cette carrière d'autres limites que ses forces.

Le pouvoir central né de la révolution française a marché plus avant en ceci qu'aucun de ses prédécesseurs, parce qu'il a été plus fort et plus savant qu'aucun d'eux : Louis XIV soumettait les détails de l'existence communale aux bons plaisirs d'un intendant ; Napoléon les a soumis à ceux du ministre. C'est toujours le même principe, étendu à des conséquences plus ou moins reculées.

(L) Page 169.

Cette immutabilité de la constitution en France est une conséquence forcée de nos lois.

Et, pour parler d'abord de la plus importante de toutes les lois, celle qui règle l'ordre de succession au trône, qu'y a-t-il de plus immuable dans son principe qu'un ordre politique fondé sur l'ordre naturel de succession de père en fils ? En 1814, Louis XVIII avait fait reconnaître cette perpétuité de la loi de succession politique en faveur de sa famille ; ceux qui ont réglé les conséquences de la révolution de 1830 ont suivi son exemple : seulement ils ont établi la perpétuité de la loi au profit d'une autre famille ; ils ont imité en ceci le chancelier Maupeou, qui, en instituant le nouveau parlement sur les ruines de l'ancien, eut soin de déclarer dans la même ordonnance que les nouveaux magistrats seraient inamovibles ainsi que l'étaient leurs prédécesseurs.

Les lois de 1830, non plus que celles de 1814, n'indiquent aucun moyen de changer la constitution. Or, il est évident que les moyens ordinaires de la législation ne sauraient suffire à cela.

De qui le roi tient-il ses pouvoirs ? de la constitution. De qui les pairs ? de la constitution. De qui les députés ? de la constitution. Comment donc le roi, les pairs et les députés, en se réunissant, pourraient-ils changer quelque chose à une loi en vertu de laquelle seule ils gouvernent ? Hors de la constitution ils ne sont rien : sur quel terrain se placeraient-ils donc pour changer la constitution ? De deux choses l'une : ou leurs efforts sont impuissants contre la charte, qui continue à exister en dépit d'eux, et alors ils continuent à régner en son nom ; ou ils parviennent à changer la charte, et alors la loi par laquelle ils existaient n'existant plus, ils ne sont plus rien eux-mêmes. En détruisant la charte, ils se sont détruits.

Cela est bien plus visible encore dans les lois de 1830 que dans celles de 1814. En 1814, le pouvoir royal se plaçait en quelque sorte en dehors et au-dessus de la constitution; mais en 1830, il est, de son aveu, créé par elle, et n'est absolument rien sans elle.

Ainsi donc une partie de notre constitution est immuable, parce qu'on l'a jointe à la destinée d'une famille; et l'ensemble de la constitution est également immuable, parce qu'on n'aperçoit point de moyens légaux de la changer.

Tout ceci n'est point applicable à l'Angleterre. L'Angleterre n'ayant point de constitution écrite, qui peut dire qu'on change sa constitution ?

(M) Page 169.

Les auteurs les plus estimés qui ont écrit sur la constitution anglaise établissent comme à l'envi cette omnipotence du parlement.

Delolme dit, chap. x, p. 77 : *It is a fundamental principle with the English lawyers, that parliament can do every thing, except making a woman a man or a man a woman.*

Blakstone s'explique plus catégoriquement encore, sinon plus énergiquement, que Delolme; voici en quels termes :

« La puissance et la juridiction du parlement sont si étendues et si absolues, suivant sir Edouard Coke (4 Hist. 36), soit sur les personnes, soit sur les affaires, qu'aucunes limites ne peuvent lui être assignées... On peut, ajoute-t-il, dire avec vérité de cette cour : *Si antiquitatem spectes et vetustissima ; si dignitatem, est honoratissima ; si jurisdictionem, est capacissima.* Son autorité, souveraine et sans contrôle, peut faire confirmer, étendre, restreindre, abroger, révoquer, renouveler et interpréter les lois sur les matières de toutes dénominations ecclésiastiques, temporelles, civiles, militaires, maritimes, criminelles. C'est au parlement que la constitution de ces royaumes a confié ce pouvoir despotique et absolu qui, dans tout gouvernement, doit résider quelque part. Les griefs, les remèdes à apporter, les déterminations hors du cours ordinaire des lois, tout est atteint par ce tribunal extraordinaire. Il peut régler ou changer la succession au trône, comme il l'a fait sous les règnes de Henri VIII et de Guillaume III; il peut altérer la religion nationale établie, comme il l'a fait en diverses circonstances sous les règnes de Henri VIII et de ses enfants; il peut *changer et créer de nouveau la constitution du royaume* et des parlements eux-mêmes, comme il l'a fait par l'acte d'union de l'Angleterre et de l'Ecosse, et par divers statuts pour les élections triennales et septennales. En un mot, il peut faire tout ce qui n'est pas naturellement impossible : aussi n'a-t-on pas fait scrupule d'appeler son pouvoir, par une figure peut-être trop hardie, la *toute-puissance* du parlement. »

(N) Page 181.

Il n'y a pas de matière sur laquelle les constitutions américaines s'accordent mieux que sur le jugement politique.

Toutes les constitutions qui s'occupent de cet objet donnent à la chambre des représentants le droit exclusif d'accuser, excepté la seule constitution de la Caroline du Nord, qui accorde ce même droit aux grands jurys (article 23).

Presque toutes les constitutions donnent au sénat, ou à l'assemblée qui en tient la place, le droit exclusif de juger.

Les seules peines que puissent prononcer les tribunaux politiques sont : la destitution ou l'interdiction des fonctions publiques à l'avenir. Il n'y a que la constitution de Virginie qui permette de prononcer toute espèce de peines.

Les crimes qui peuvent donner lieu au jugement politique sont : dans la constitution fédérale (sect. IV, art. I), dans celle d'Indiana

(art. 3, p. 23 et 24), de New York (art. 5), de Delaware (art. 5), la
haute trahison, la corruption et autres grands crimes ou délits;

Dans la constitution de Massachusetts (chap. I, sect. II), de la Caroline du Nord (art. 23), et de Virginie (p. 252), la mauvaise conduite
et la mauvaise administration;

Dans la constitution de New Hampshire (p. 105), la corruption, les
manœuvres coupables et la mauvaise administration;

Dans le Vermont (chap. II, art. 24), la mauvaise administration;

Dans la Caroline du Sud (art. 5), le Kentucky (art. 5), le Tennessee
(art. 4), l'Ohio (art. I, § 23, 24), la Louisiane (art. 5), le Mississippi
(art. 5), l'Alabama (art. 6), la Pennsylvanie (art. 4), les délits commis
dans les fonctions.

Dans les Etats d'Illinois, de Géorgie, du Maine et du Connecticut,
on ne spécifie aucun crime.

(O) Page 249.

Il est vrai que les puissances de l'Europe peuvent faire à l'Union de
grandes guerres maritimes; mais il y a toujours plus de facilité et
moins de danger à soutenir une guerre maritime qu'une guerre continentale. La guerre maritime n'exige qu'une seule espèce d'efforts. Un
peuple commerçant qui consentira à donner à son gouvernement l'argent nécessaire est toujours sûr d'avoir des flottes. Or, on peut beaucoup plus aisément déguiser aux nations les sacrifices d'argent que les
sacrifices d'hommes et les efforts personnels. D'ailleurs, des défaites
sur mer compromettent rarement l'existence ou l'indépendance du
peuple qui les éprouve.

Quant aux guerres continentales, il est évident que les peuples de
l'Europe ne peuvent en faire de dangereuses à l'Union américaine.

Il est bien difficile de transporter et d'entretenir en Amérique plus
de 25 000 soldats; ce qui représente une nation de 2 000 000 d'hommes
à peu près. La plus grande nation européenne luttant de cette manière
contre l'Union est dans la même position où serait une nation de
2 000 000 d'habitants en guerre contre une de 12 000 000. Ajoutez à
cela que l'Américain est à portée de toutes ses ressources et l'Européen
à 1 500 lieues des siennes, et que l'immensité du territoire des Etats-
Unis présenterait seule un obstacle insurmontable à la conquête.

DEUXIÈME PARTIE

(A) Page 271.

C'est en avril 1704 que parut le premier journal américain. Il fut
publié à Boston. Voyez *Collection de la Société historique de Massachusetts*, vol. VI, p. 66.

On aurait tort de croire que la presse périodique ait toujours été
entièrement libre en Amérique; on a tenté d'y établir quelque chose
d'analogue à la censure préalable et au cautionnement.

Voici ce qu'on trouve dans les documents législatifs du Massachusetts, à la date du 14 janvier 1722.

Le comité nommé par l'assemblée générale (le corps législatif de la
province) pour examiner l'affaire relative au journal intitulé : *New
England courant*, « pense que la tendance dudit journal est de tourner
la religion en dérision et de la faire tomber dans le mépris; que les
saints auteurs y sont traités d'une manière profane et irrévérencieuse;
que la conduite des ministres de l'Evangile y est interprétée avec
malice; que le gouvernement de Sa Majesté y est insulté, et que la paix

et la tranquillité de cette province sont troublées par ledit journal; en conséquence, le comité est d'avis qu'on défende à James Franklin, l'imprimeur et l'éditeur, de ne plus imprimer et publier à l'avenir ledit journal ou tout autre écrit, avant de le avoir soumis au secrétaire de la province. Les juges de paix du canton de Suffolk seront chargés d'obtenir du sieur Franklin un cautionnement qui répondra de sa bonne conduite pendant l'année qui va s'écouler. »

La proposition du comité fut acceptée et devint loi, mais l'effet en fut nul. Le journal éluda la défense en mettant le nom de *Benjamin* Franklin au lieu de *James* Franklin au bas de ses colonnes, et l'opinion acheva de faire justice de la mesure.

(B) Page 374.

Pour être électeurs des comtés (ceux qui représentent la propriété territoriale) avant le bill de la réforme passé en 1832, il fallait avoir en toute propriété ou en bail à vie un fonds de terre rapportant net 40 shillings de revenu. Cette loi fut faite sous Henri VI, vers 1450. Il a été calculé que 40 shillings du temps de Henri VI pouvaient équivaloir à 30 liv. sterling de nos jours. Cependant on a laissé subsister jusqu'en 1832 cette base adoptée dans le XVe siècle, ce qui prouve combien la constitution anglaise devenait démocratique avec le temps, même en paraissant immobile. Voyez *Delolme;* voyez aussi *Blackstone*, liv. I, chap. IV.

Les jurés anglais sont choisis par le shérif du comté (*Delolme*, t. Ier, chap. XII). Le shérif est en général un homme considérable du comté; il remplit des fonctions judiciaires et administratives; il représente le roi, et est nommé par lui tous les ans (*Blackstone*, liv. I, chap. IX). Sa position le place au-dessus du soupçon de corruption de la part des parties; d'ailleurs, si son impartialité est mise en doute, on peut récuser en masse le jury qu'il a nommé, et alors un autre officier est chargé de choisir de nouveaux jurés. Voyez *Blackstone*, liv. III, chap. XXIII.

Pour avoir le droit d'être juré, il faut être possesseur d'un fonds de terre de la valeur de 10 shillings au moins de revenu (*Blackstone*, liv. III, chap. XXIII). On remarquera que cette condition fut imposée sous le règne de Guillaume et Marie, c'est-à-dire vers 1700, époque où le prix de l'argent était infiniment plus élevé que de nos jours. On voit que les Anglais ont fondé leur système de jury, non sur la capacité, mais sur la propriété foncière, comme toutes leurs autres institutions politiques.

On a fini par admettre les fermiers au jury, mais on a exigé que leurs baux fussent très longs, et qu'ils se fissent un revenu net de 20 shillings, indépendamment de la rente. (*Blackstone*, idem.)

(C) Page 374.

La constitution fédérale a introduit le jury dans les tribunaux de l'Union de la même manière que les Etats l'avaient introduit eux-mêmes dans leurs cours particulières; de plus, elle n'a pas établi de règles qui lui soient propres pour le choix des jurés. Les cours fédérales puisent dans la liste ordinaire des jurés que chaque Etat a dressée pour son usage. Ce sont donc les lois des Etats qu'il faut examiner pour connaître la théorie de la composition du jury en Amérique. Voyez *Story's Commentaries on the constitution*, liv. III, chap. XXXVIII, p. 654-659. *Sergeant's constitutional law*, p. 165. Voyez aussi les lois fédérales de 1789, 1800 et 1802 sur la matière.

Pour faire bien connaître les principes des Américains dans ce qui regarde la composition du jury, j'ai puisé dans les lois d'Etats éloignés les uns des autres. Voici les idées générales qu'on peut retirer de cet examen.

En Amérique, tous les citoyens qui sont électeurs ont le droit d'être jurés. Le grand Etat de New York a cependant établi une légère différence entre les deux capacités ; mais c'est dans un sens contraire à nos lois, c'est-à-dire qu'il y a moins de jurés dans l'Etat de New York que d'électeurs. En général, on peut dire qu'aux Etats-Unis le droit de faire partie d'un jury, comme le droit d'élire des députés, s'étend à tout le monde ; mais l'exercice de ce droit n'est pas indistinctement remis entre toutes les mains.

Chaque année un corps de magistrats municipaux ou cantonaux, appelé *select-men* dans la Nouvelle-Angleterre, *supervisors* dans l'Etat de New York, *trustees* dans l'Ohio, *sheriffs* de la paroisse dans la Louisiane, font choix pour chaque canton d'un certain nombre de citoyens ayant le droit d'être jurés, et auxquels ils supposent la capacité de l'être. Ces magistrats, étant eux-mêmes électifs, n'excitent point de défiance ; leurs pouvoirs sont très étendus et fort arbitraires, comme ceux en général des magistrats républicains, et ils en usent souvent, dit-on, surtout dans la Nouvelle-Angleterre, pour écarter les jurés indignes ou incapables.

Les noms des jurés ainsi choisis sont transmis à la cour du comté, et sur la totalité de ces noms on tire au sort le jury qui doit prononcer dans chaque affaire.

Du reste, les Américains ont cherché par tous les moyens possibles à mettre le jury à la portée du peuple, et à le rendre aussi peu à charge que possible. Les jurés étant très nombreux, le tour de chacun ne revient guère que tous les trois ans. Les sessions se tiennent au chef-lieu de chaque comté, le comté répond à peu près à notre arrondissement. Ainsi, le tribunal vient se placer près du jury, au lieu d'attirer le jury près de lui, comme en France ; enfin les jurés sont indemnisés, soit par l'Etat, soit par les parties. Ils reçoivent, en général, un dollar (5,42 F) par jour, indépendamment des frais de voyage. En Amérique, le jury est encore regardé comme une charge ; mais c'est une charge facile à porter, et à laquelle on se soumet sans peine.

Voyez *Brevard's Digest of the public statute law of South Carolina*, 2ᵉ vol., p. 338 ; *id.*, vol. I, p. 454 et 456 ; *id.*, vol. II, p. 218.

Voyez *The general laws of Massachusetts revised and published by authority of the legislature*, vol. II, p. 331, 187.

Voyez *The revised statutes of the State of New York*, vol. II, p. 720, 411, 717, 643.

Voyez *The statute law of the State of Tennessee*, vol. I, p. 209.

Voyez *Acts of the State of Ohio*, p. 95 et 210.

Voyez *Digeste général des actes de la législature de la Louisiane*, vol. II, p. 55

(D) Page 377.

Lorsqu'on examine de près la constitution du jury civil parmi les Anglais, on découvre aisément que les jurés n'échappent jamais au contrôle du juge.

Il est vrai que le verdict du jury, au civil comme au criminel, comprend en général, dans une simple énonciation, le fait et le droit. Exemple : Une maison est réclamée par Pierre comme l'ayant achetée ; voici le fait. Son adversaire lui oppose l'incapacité du vendeur ; voici le droit. Le jury se borne à dire que la maison sera remise entre les mains de Pierre : il décide ainsi le fait et le droit. En introduisant le jury en matière civile, les Anglais n'ont pas conservé à l'opinion des jurés l'infaillibilité qu'ils lui accordent en matière criminelle, quand le verdict est favorable

Si le juge pense que le verdict a fait une fausse application de la loi, il peut refuser de le recevoir, et renvoyer les jurés délibérer.

Si le juge laisse passer le verdict sans observation, le procès n'est pas encore entièrement vidé : il y a plusieurs voies de recours ouvertes contre l'arrêt. Le principal consiste à demander à la justice que le verdict soit annulé, et qu'un nouveau jury soit assemblé. Il est vrai de dire qu'une pareille demande est rarement accordée, et ne l'est jamais plus de deux fois ; néanmoins j'ai vu le cas arriver sous mes yeux. Voyez *Blackstone,* liv. III, chap. XXIV ; *id.,* liv. III, chap. XXV

TABLE DES MATIÈRES

Biographie. Repères chronologiques 5
Préface. 7
Notes de la Préface. 44
Bibliographie 47

Introduction. 57

PREMIÈRE PARTIE

Chapitre Premier. — Configuration extérieure de
l'Amérique du Nord 75
Chap. II. — Du point de départ et de son impor-
tance pour l'avenir des Anglo-Américains . . 85
Raisons de quelques singularités que présentent
les lois et les coutumes des Anglo-Américains. . 104
Chap. III. — Etat social des Anglo-Américains. . 107
Que le point saillant de l'état social des Anglo-
Américains est essentiellement d'être démocra-
tique. 107
Conséquences politiques de l'état social des
Anglo-Américains 115
Chap. IV. — Du principe de la souveraineté du
peuple en Amérique 117
Chap. V. — Nécessité d'étudier ce qui se passe dans
les Etats particuliers avant de parler du gouver-
nement de l'Union 121
Du système communal en Amérique 122
Circonscription de la commune 124
Pouvoirs communaux dans la Nouvelle-Angle-
terre 124

De l'existence communale.   127
De l'esprit communal dans la Nouvelle-Angle-
terre   130
Du comté dans la Nouvelle-Angleterre . . .   133
De l'administration dans la Nouvelle-Angleterre.   134
Idées générales sur l'administration aux Etats-
Unis.   145
De l'Etat.   150
Pouvoir législatif de l'Etat.   150
Du pouvoir exécutif de l'Etat   152
Des effets politiques de la décentralisation admi-
nistrative aux Etats-Unis   153
CHAP. VI. — Du pouvoir judiciaire aux Etats-Unis,
et de son action sur la société politique . . .   167
Autres pouvoirs accordés aux juges américains .   173
CHAP. VII. — Du jugement politique aux Etats-
Unis   176
CHAP. VIII. — De la constitution fédérale . . .   182
Historique de la constitution fédérale   182
Tableau sommaire de la constitution fédérale. .   184
Attributions du gouvernement fédéral.   186
Pouvoirs fédéraux   188
Pouvoirs législatifs   188
Autre différence entre le sénat et la chambre des
représentants   191
Du pouvoir exécutif   192
En quoi la position du président aux Etats-Unis
diffère de celle d'un roi constitutionnel en
France   194
Causes accidentelles qui peuvent accroître l'in-
fluence du pouvoir exécutif   198
Pourquoi le président des Etats-Unis n'a pas
besoin, pour diriger les affaires, d'avoir la majo-
rité dans les chambres   199
De l'élection du président.   200
Mode de l'élection   204
Crise de l'élection   208
De la réélection du président   209
Des tribunaux fédéraux.   212
Manière de fixer la compétence des tribunaux
fédéraux   216
Différents cas de juridiction   218
Manière de procéder des tribunaux fédéraux. .   222
Rang élevé qu'occupe la cour suprême parmi les
grands pouvoirs de l'Etat   225

En quoi la constitution fédérale est supérieure à la constitution des Etats. 227
Ce qui distingue la constitution fédérale des Etats-Unis d'Amérique de toutes les autres constitutions fédérales 232
Des avantages du système fédératif en général, et de son utilité spéciale pour l'Amérique . . . 235
Ce qui fait que le système fédéral n'est pas à la portée de tous les peuples, et ce qui a permis aux Anglo-Américains de l'adopter. 241

DEUXIÈME PARTIE

CHAPITRE PREMIER. — Comment on peut dire rigoureusement qu'aux Etats-Unis c'est le peuple qui gouverne 255
CHAP. II. — Des partis aux Etats-Unis 256
Des restes du parti aristocratique aux Etats-Unis 261
CHAP. III. — De la liberté de la presse aux Etats-Unis 264
CHAP. IV. — De l'association politique aux Etats-Unis 274
CHAP. V. — Du gouvernement de la démocratie en Amérique. 283
Du vote universel 283
Des choix du peuple et des instincts de la démocratie américaine dans ses choix 284
Des causes qui peuvent corriger en partie ces instincts de la démocratie 287
Influence qu'a exercée la démocratie américaine sur les lois électorales. 290
Des fonctionnaires publics sous l'empire de la démocratie américaine 291
De l'arbitraire des magistrats sous l'empire de la démocratie américaine 294
Instabilité administrative aux Etats-Unis . . . 296
Des charges publiques sous l'empire de la démocratie américaine. 298
Des instincts de la démocratie américaine dans la fixation du traitement des fonctionnaires. . . . 302
Difficulté de discerner les causes qui portent le gouvernement américain à l'économie. 305

Peut-on comparer les dépenses publiques des
Etats-Unis à celles de France ?.   306
De la corruption et des vices des gouvernants
dans la démocratie; des effets qui en résultent sur
la moralité publique   312
De quels efforts la démocratie est capable . . .   314
Du pouvoir qu'exerce en général la démocratie
américaine sur elle-même   317
De la manière dont la démocratie américaine
conduit les affaires extérieures de l'Etat   319
CHAP. VI. — Quels sont les avantages réels que la
société américaine retire du gouvernement de la
démocratie ?.   325
De la tendance générale des lois sous l'empire de
la démocratie américaine, et de l'instinct de ceux
qui les appliquent   325
De l'esprit public aux Etats-Unis.   330
De l'idée des droits aux Etats-Unis.   333
Du respect pour la loi aux Etats-Unis.   336
Activité qui règne dans toutes les parties du corps
politique aux Etats-Unis; influence qu'elle
exerce sur la société   338
CHAP. VII. — De l'omnipotence de la majorité aux
Etats-Unis et de ses effets.   343
Comment l'omnipotence de la majorité aug-
mente, en Amérique, l'instabilité législative et
administrative qui est naturelle aux démocraties.   346
Tyrannie de la majorité.   348
Effets de l'omnipotence de la majorité sur l'arbitraire des fonctionnaires publics américains . .   351
Du pouvoir qu'exerce la majorité en Amérique
sur la pensée   352
Effets de la tyrannie de la majorité sur le caractère national des Américains; de l'esprit de cour
aux Etats-Unis.   355
Que le plus grand danger des républiques
américaines vient de l'omnipotence de la majorité.   358
CHAP. VIII. — De ce qui tempère, aux Etats-Unis,
la tyrannie de la majorité. — Absence de centralisation administrative   361
De l'esprit légiste aux Etats-Unis, et comment
il sert de contrepoids à la démocratie   362
Du jury aux Etats-Unis considéré comme institution politique   371

CHAP. IX. — Des causes principales qui tendent à maintenir la république démocratique aux Etats-Unis 379

Des causes accidentelles ou providentielles qui contribuent au maintien de la république démocratique aux Etats-Unis. 380

De l'influence des lois sur le maintien de la république démocratique aux Etats-Unis 391

De l'influence des mœurs sur le maintien de la république démocratique aux Etats-Unis. . . 392

De la religion considérée comme institution politique, et comment elle sert puissamment au maintien de la république démocratique chez les Américains 392

Influence indirecte qu'exercent les croyances religieuses sur la société politique aux Etats-Unis 396

Des principales causes qui rendent la religion puissante en Amérique 401

Comment les lumières, les habitudes et l'expérience pratique des Américains contribuent au succès des institutions démocratiques. . . . 408

Que les lois servent plus au maintien de la république démocratique, aux Etats-Unis, que les causes physiques, et les mœurs plus que les lois. 413

Les lois et les mœurs suffiraient-elles pour maintenir les institutions démocratiques autre part qu'en Amérique ? 417

Importance de ce qui précède par rapport à l'Europe 420

CHAP. X. — Quelques considérations sur l'état actuel et l'avenir probable des trois races qui habitent le territoire des Etats-Unis. 426

Etat actuel et avenir probable des tribus indiennes qui habitent le territoire possédé par l'Union. . 432

Position qu'occupe la race noire aux Etats-Unis; dangers que sa présence fait courir aux blancs . 453

Quelles sont les chances de durée de l'Union américaine ? — Quels dangers la menacent ?. . 480

Des institutions républicaines aux Etats-Unis; quelles sont leurs chances de durée ? 517

Quelques considérations sur les causes de la grandeur commerciale des Etats-Unis. 523

CONCLUSION. 533

NOTES 543

DERNIÈRES PARUTIONS

ARISTOTE
Petits Traités d'histoire naturelle (979)
Physique (887)

AVERROÈS
L'Intelligence et la pensée (974)
L'Islam et la raison (1132)

BERKELEY
Trois Dialogues entre Hylas et Philonous (990)

BOÈCE
Traités théologiques (876)

COMTE
Discours sur l'ensemble du positivisme (991)

DÉMOSTHÈNE
Les Philippiques, suivi de ESCHINE, contre Ctésiphon (1061)

DESCARTES
Le Discours de la méthode (1091)

DIDEROT
Lettre sur les aveugles. Lettre sur les sourds et muets (1081)

EURIPIDE
Théâtre complet I. Andromaque, Hécube, Les Troyennes, Le Cyclope (856)

FABLIAUX DU MOYEN ÂGE
(bilingue) (972)

GALIEN
Traités philosophiques et logiques (876)

HEGEL
Principes de la philosophie du droit (664)

HERDER
Histoire et cultures (1056)

HIPPOCRATE
L'Art de la médecine (838)

HUME
Essais esthétiques (1096)

IDRÎSÎ
La Première Géographie de l'Occident (1069)

JAMES
L'Espèce particulière et autres nouvelles (996)

KANT
Critique de la faculté de juger (1088)

LAFORGUE
Les Complaintes (897)
Les Moralités légendaires (1108)

LEOPOLD
Almanach d'un comté des sables (1060)

LORRIS
Le Roman de la Rose (bilingue) (1003)

MALLARMÉ
Écrits sur l'art (1029)

MARX & ENGELS
Manifeste du parti communiste (1002)

MONTAIGNE
Apologie de Raymond Sebond (1054)

MUSSET
Premières Poésies (998)
Poésies nouvelles (1067)

NIETZSCHE
Le Gai Savoir (718)
Par-delà bien et mal (1057)

PLATON
Alcibiade (987)
Apologie de Socrate. Criton (848)
Banquet (988)
Cratyle (954)

PONGE
Comment une figue de paroles et pourquoi (901)

POUCHKINE
Boris Godounov. Théâtre complet (1055)

PROUST
Écrits sur l'art (1053)

RODENBACH
Bruges-la-Morte (1011)

ROUSSEAU
Dialogues. Le Lévite d'Éphraïm (1021)

MME DE STAËL
Delphine (1099-1100)

TITE-LIVE
Histoire romaine. Les Progrès de l'hégémonie romaine (1005-1035)

THOMAS D'AQUIN
Contre Averroès (713)
Somme contre les Gentils (1045-1048, 4 vol. sous coffret 1049)

MIGUEL TORGA
La Création du monde (1042)

WILDE
Le Portrait de Mr. W.H. (1007)

GF-CORPUS

La Loi (3056)
Le Mal (3057)
Les Passions (3053)

La Religion (3040)
Le Travail (3025)

GF-DOSSIER

BALZAC
Eugénie Grandet (1110)

BEAUMARCHAIS
Le Mariage de Figaro (977)

CHATEAUBRIAND
Mémoires d'outre-tombe, livres I à V (906)

CORNEILLE
L'Illusion comique (951)
Trois Discours sur le poème
dramatique (1025)

DIDEROT
Jacques le Fataliste (904)
Paradoxe sur le comédien (1131)

ESCHYLE
L'Orestie (1125)
Les Perses (1127)

FLAUBERT
Bouvard et Pécuchet (1063)

FONTENELLE
Entretiens sur la pluralité des mondes (1024)

GOGOL
Nouvelles de Pétersbourg (1018)

HOMÈRE
L'Iliade (1124)

HUGO
Les Châtiments (1017)
Hernani (968)
Ruy Blas (908)

JAMES
Le Tour d'écrou (bilingue) (1034)

LESAGE
Turcaret (982)

MARIVAUX
La Double Inconstance (952)
Les Fausses Confidences (1065)
L'Île des esclaves (1064)
Le Jeu de l'amour et du hasard (976)

MAUPASSANT
Bel-Ami (1071)

MOLIÈRE
Dom Juan (903)
Le Misanthrope (981)
Tartuffe (995)

MONTAIGNE
Sans commencement et sans fin. Extraits de
Essais (980)

MUSSET
Les Caprices de Marianne (971)
Lorenzaccio (1026)
On ne badine pas avec l'amour (907)

LE MYTHE DE TRISTAN ET ISEUT (1133)

PLAUTE
Amphitryon (bilingue) (1015)

RACINE
Bérénice (902)
Iphigénie (1022)
Phèdre (1027)
Les Plaideurs (999)

ROTROU
Le Véritable Saint Genest (1052)

ROUSSEAU
Les Rêveries du promeneur solitaire
(905)

SÉNÈQUE
Médée (992)

SHAKESPEARE
Henry V (bilingue) (1120)

SOPHOCLE
Antigone (1023)

STENDHAL
La Chartreuse de Parme (1119)

WILDE
L'Importance d'être constant (bilingue)
(1074)

ZOLA
L'Assommoir (1085)
Au Bonheur des Dames (1086)
Germinal (1072)
Nana (1106)

GF Flammarion

023643/1-VIII-2002. — **Bussière Camedan Imprimeries,** St-Amand (Cher).
N° d'édition : FG035325. — 1ᵉʳ trimestre 1981. — Printed in France